2025
KBS 한국어능력시험
기출 분석 2주 합격

시대에듀

머리글

"빈출 유형으로 학습하자!"

- **빈출(頻出)** … 「명사」 자주 나오거나 나타남.
- **유형(類型)** … 「명사」 성질이나 특징 따위가 공통적인 것끼리 묶은 하나의 틀

어떤 시험이든 기출문제를 분석하는 것은 가장 기본적인 공부 방법입니다. 기출문제를 분석한다는 것은 그 시험이 실시된 이래 영역별로 어떤 내용이 어떤 식으로 출제되었는지, 또 얼마나 출제되었는지를 파악해 보는 것이지요. 그리고 이것을 정리한 것이 바로 '빈출 유형'입니다.

KBS 한국어능력시험은 문제의 형식이 조금씩 달라질 뿐, 묻고자 하는 본질적인 내용은 크게 변하지 않습니다. 때로는 이전에 출제되었던 선지가 다시 나오기도 합니다.

따라서 기출문제는 효율적인 학습을 위한 선택과 집중에 큰 도움을 주는 최고의 자료라 할 수 있습니다. 그러나 우리가 모든 기출문제를 풀어 보기에는 너무 많은 시간과 노력이 필요하며, 무턱대고 많은 문제를 푸는 것만이 능사가 아닙니다. 가장 좋은 방법은 기출에서 자주 다루는 유형을 알고 그에 맞추어 공부하는 것입니다.

이에 본서는 효율적인 학습을 목표로 다음과 같이 구성하였습니다.

> **첫째,** 최근 몇 년간 반복적으로 출제되는 영역별 빈출 유형을 모았습니다.
> **둘째,** 효율적으로 공부할 수 있도록 시험에 필요한 핵심 이론만 정리하였습니다.
> **셋째,** 빈출 유형과 신유형 문제를 모두 반영한 실전 모의고사를 수록하였습니다.

시중에는 KBS 한국어능력시험을 준비하기 위한 수험서가 이미 많이 출간되어 있습니다. 그럼에도 불구하고 단기간 내 효과적으로 학습하고자 하는 수험생이라면, 본서를 통해 원하는 목표를 빠르게 달성할 수 있을 것입니다. 본서로 KBS 한국어능력시험을 준비하는 모든 수험생이 원하는 성과를 거두기를 기원합니다.

한국어능력시험연구회 씀

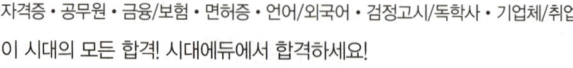

시험 안내

KBS 한국어능력시험은
문화체육관광부 공인번호 제2022-02호로 국가공인자격을 취득하였습니다.

🔸 자격증 활용

KBS 한국어능력시험은 2004년부터 지금까지 KBS 공채시험의 주요 자료로 반영되고 있습니다. 또한 고등학교, 대학교 신입생 모집 시는 물론 국방부 부사관 모집 시, 각종 기관·단체에서의 채용 시 가산점을 부여하는 등 많은 분야에서 적극 활용되고 있습니다.

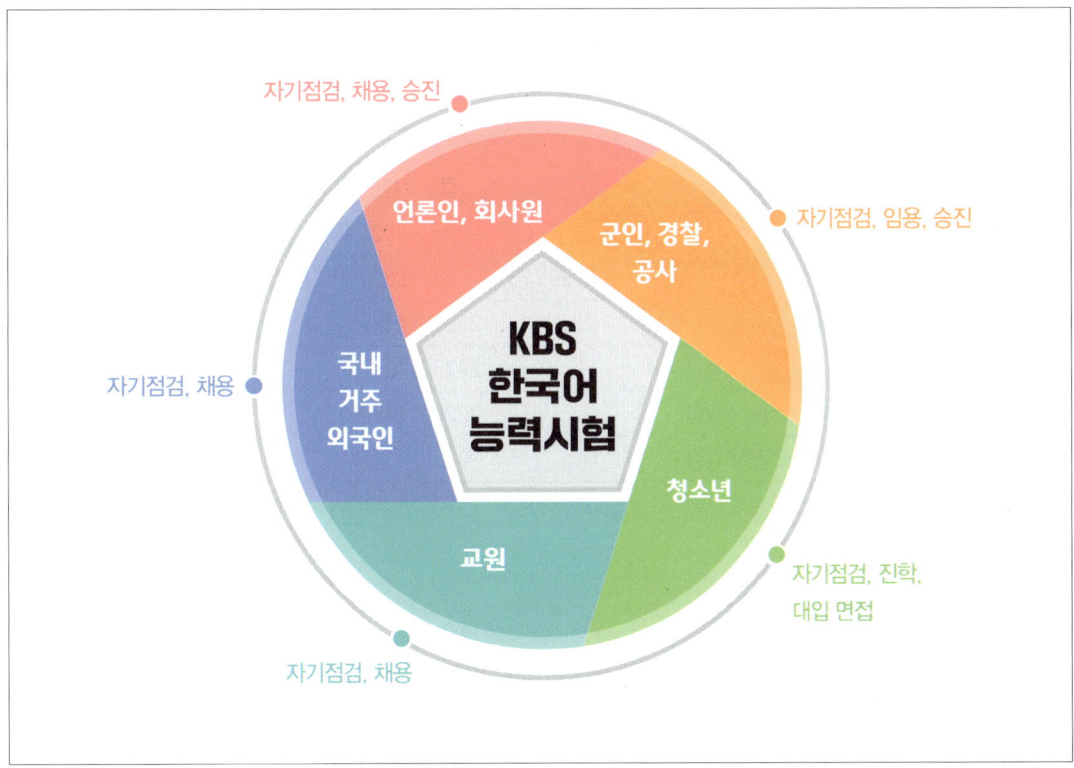

🔸 국가공인자격으로서 학점은행제 인정 확정

자격 학점 인정 기준이란 학점 인정 등에 관한 법률 제7조 제2항 제4호에 의거하여 자격 취득 및 자격 취득에 필요한 교육 과정 이수에 대하여 대학 및 전문대학에서 부여하는 학점에 상응하는 학점을 인정해 주기 위한 기준을 의미합니다. 자격별 학점 인정의 세부 기준은 교육부 장관의 승인을 받아 평생교육원의 장이 정합니다.

1급	2+급	2-급	3+급
10점	8점	5점	3점

시험 안내

출제 기준
1. **출제 방식**: 객관식 5지 선다형, 100문항
2. **출제 배점**: 문항당 균일 배점이 원칙이나 필요시 차등 배점
3. **출제 수준**: 고등학교 수준의 국어 교육을 정상적으로 받은 사람이 풀 수 있는 수준

시험 시간

시험 당일 09:30까지 입실, 시험 시간 10:00~12:00(쉬는 시간 없음)

듣기·말하기	읽기 외
10:00~10:25(총 25분)	10:25~12:00(총 95분)

시험 일정

구분	시험일	접수 기간	성적 발표일
81회	2024.10.20.(일)	2024.09.02.(월)~2024.10.04.(금)	2024.10.31.(목)
82회	2024.12.15.(일)	2024.11.04.(월)~2024.11.29.(금)	2024.12.26.(목)
83회	2025년 2월경	2025년 1월경	시험일 기준 약 열흘 뒤
84회	2025년 4월경	2025년 3월경	
85회	2025년 6월경	2025년 5월경	
86회	2025년 8월경	2025년 7월경	

※ 시험 일정은 변경될 수 있으니 반드시 시행처 홈페이지(www.klt.or.kr)를 확인하시기 바랍니다.

성적 및 등급
1. KBS 한국어능력시험의 성적은 절대평가가 아닌 KBS의 등급부여시스템으로 산정합니다.
2. 성적은 성적 조회 개시일로부터 2년간 유효합니다.
3. 총점은 990점이며, 국가공인자격증은 1급에서 4+급까지 발급합니다.

등급	점수	내용
1급	830~990점	전문가 수준의 뛰어난 한국어 사용 능력을 가지고 있음.
2+급	785~845점	일반인으로서 매우 뛰어난 수준의 한국어 사용 능력을 가지고 있음.
2-급	735~800점	일반인으로서 뛰어난 수준의 한국어 사용 능력을 가지고 있음.
3+급	675~750점	일반인으로서 보통 수준 이상의 한국어 사용 능력을 가지고 있음.
3-급	625~690점	국어 교육을 정상적으로 이수한 일정 수준 이상의 한국어 사용 능력을 가지고 있음.
4+급	535~640점	국어 교육을 정상적으로 이수한 수준의 한국어 사용 능력을 가지고 있음.
4-급	465~550점	고등학교 교육을 이수한 수준의 한국어 사용 능력을 가지고 있음.
무급	10~480점	한국어 사용 능력을 위해 노력해야 함.

※ KBS 한국어능력시험은 시행처 자체 등급부여시스템으로 점수와 등급을 산정하므로 위의 점수는 참고용입니다.

출제 영역

KBS 한국어능력시험은 이해 능력, 문법 능력, 창안 능력, 국어문화 능력, 표현 능력과 같이 5가지 국어 능력을 측정하는 시험입니다.

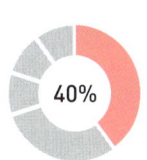

이해 능력 (듣기, 읽기)

듣기 능력
강의·강연·뉴스·토론·대화·인터뷰 자료 등 다양한 구어 담화를 듣고 문제를 해결할 수 있는지를 측정한다.

읽기 능력
문예·학술·실용 텍스트 등 다양한 텍스트를 주고 글에 대한 사실적·추론적·비판적 이해 능력을 측정한다.

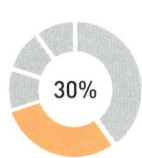

문법 능력 (어휘, 어법)

어휘력과 문법(어법) 능력
언어의 4대 기능(말하기, 듣기, 읽기, 쓰기)의 기초가 되는 능력으로, 어휘를 풍부하고 적절하게 사용하는 능력과 문법을 정확하게 구사하는 능력을 측정한다.

어휘력
고유어·한자어·외래어에 대한 이해 및 표현 능력과 4대 어문 규정(한글 맞춤법, 표준어 규정, 외래어 표기법, 로마자 표기법)에 대한 이해 능력, 순화어와 한자(漢字)에 대한 이해 및 사용 능력을 측정한다.

창안 능력 (창의적 언어 능력)

창안 능력
표어 제작, 제목 도출, 아이디어 창안, 창의적 수사, 한자성어(漢字成語)·속담(俗談) 활용 등의 능력을 측정한다.

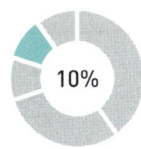

국어문화 능력 (국어 교과의 교양적 지식)

국어문화 능력
국어와 관련된 교양 상식에 대한 이해 능력으로, 국어학이나 국문학에 대한 지식을 측정한다.

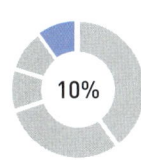

표현 능력 (쓰기, 말하기)

쓰기 능력
글을 쓸 때 거치는 '주제 선정 ➡ 자료 수집 ➡ 개요(outline) 작성 ➡ 집필 ➡ 퇴고'의 과정을 잘 이해하고 수행할 수 있는지를 측정한다.

말하기 능력
표준 발음법 관련 문항을 포함하여 발표·토론·협상·설득·논증·표준화법(언어 예절, 호칭어와 지칭어 사용 등)과 같은 다양한 말하기 상황과 관련된 능력을 측정한다.

출제 유형 분석

시행처에서는 국어 능력을 보다 변별력 있게 평가하기 위하여, 2019년 55회부터 문제 유형에 크고 작은 변화를 주었습니다. 하지만 2022년에 들어서는 비교적 문제 유형이 안정화되었으므로, 2025년 시험을 대비하기 위해서는 최신 기출문제 유형을 잘 파악하는 것이 중요합니다. 또, 일부 문제 유형에 변화가 있더라도 그 문제가 궁극적으로 요구하는 핵심 내용은 다르지 않으므로, 고득점을 위해서는 핵심 이론을 잘 숙지하고 관련 문제를 반복하여 학습하는 것이 좋습니다.

KBS 한국어능력시험을 출제 비중순으로 살펴보면 읽기, 듣기·말하기, 어휘, 어법, 창안, 국어문화, 쓰기의 총 7개 영역으로 나눌 수 있습니다.

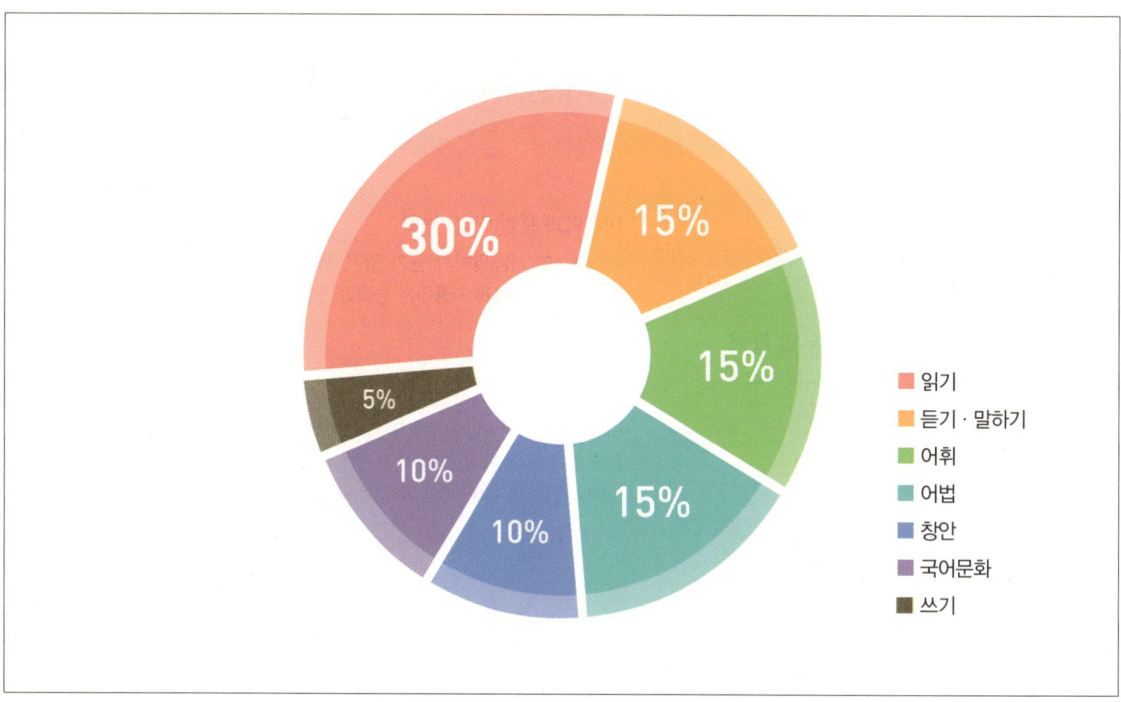

읽기(30문항)

구분	내용
문학 텍스트	문학 텍스트(시·소설) 이해하기
	문학 텍스트(시·소설) 추론하기
	문학 텍스트(시·소설) 비판하기
학술 텍스트	학술 텍스트(인문·사회·과학·예술 등) 이해하기
	학술 텍스트(인문·사회·과학·예술 등) 추론하기
	학술 텍스트(인문·사회·과학·예술 등) 비판하기
실용 텍스트	실용 텍스트(공문·보도 자료·설명서·시각 자료 등) 이해하기
	실용 텍스트(공문·보도 자료·설명서·시각 자료 등) 추론하기
	실용 텍스트(공문·보도 자료·설명서·시각 자료 등) 비판하기

듣기·말하기(15문항)

구분	내용
담화 유형 및 상황별 전략	공적·사적 대화
	설명·강연·발표·논평·뉴스
	설득·협상·대담·토론
공감적 소통	스토리텔링·낭독

어법(15문항)

구분	내용
한글 맞춤법	소리에 관한 것
	형태에 관한 것
	띄어쓰기
	그 밖의 것
	문장 부호
표준어 규정	표준어 사정 원칙
	표준 발음법
외래어 표기법	
로마자 표기법	
문장 다듬기	어법에 맞게 다듬기·중복 표현·번역 투 표현

국어문화(10문항)

구분	내용
국어학	국어사
	국어 문법론
국문학	한국 고전문학
	한국 현대문학
	국문학 이론 및 국문학사
미디어와 국어 생활	남북한 언어 비교
	방송 언어
	근대 광고의 문법 및 리터러시

어휘(15문항)

구분	내용
사전적 의미	고유어의 사전적 의미
	한자어의 사전적 의미
문맥적 의미	고유어의 문맥적 의미
	한자어의 문맥적 의미
	혼동하기 쉬운 어휘
의미 관계	어휘의 관계
	문맥 속 의미 관계
	고유어와 한자어의 의미 관계
	다의어·동음이의어
속담, 관용 표현, 한자성어	속담·관용 표현
	한자·한자성어
국어 순화	한자어 순화
	외래어 순화

창안(10문항)

구분	내용
텍스트 창안	조건에 맞는 내용 생성
	유비추론을 활용한 내용 생성
이미지 창안	추상적 그림을 활용한 내용 생성
	구체적 그림을 활용한 내용 생성
	시각 리터러시

쓰기(5문항)

구분	내용
글쓰기 계획	계획하기
	자료 활용 방안
	개요 작성
고쳐쓰기	미시적·거시적 점검

이 책의 구성과 특징

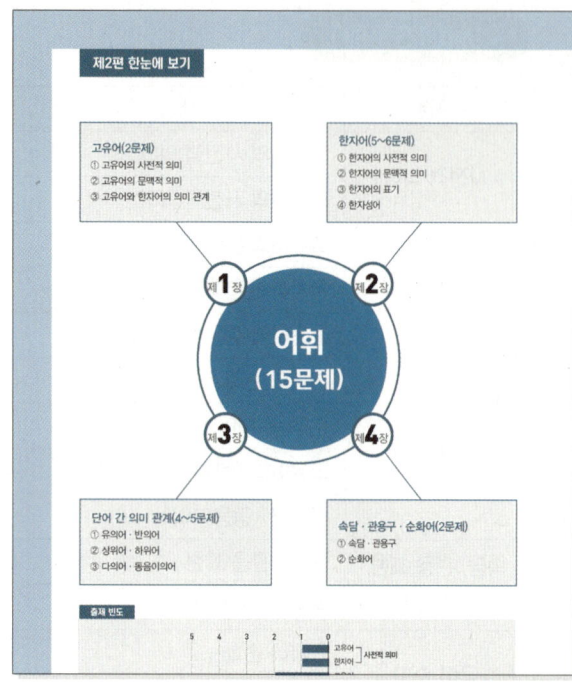
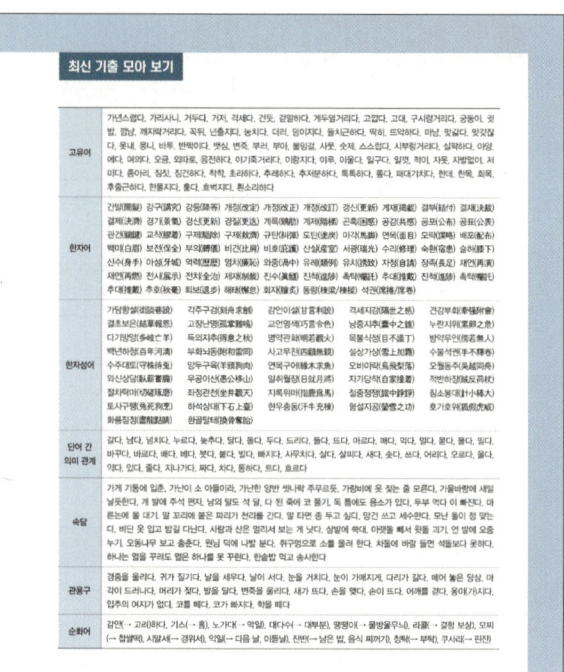

한눈에 파악하는 시험 경향
'한눈에 보기'와 '최신 기출 모아 보기'로 시험 경향을 한눈에 파악하여 전략적으로 학습할 수 있습니다.

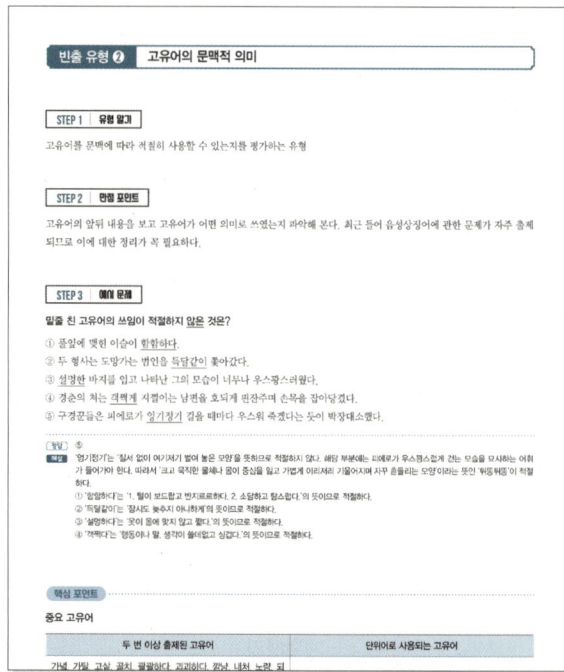
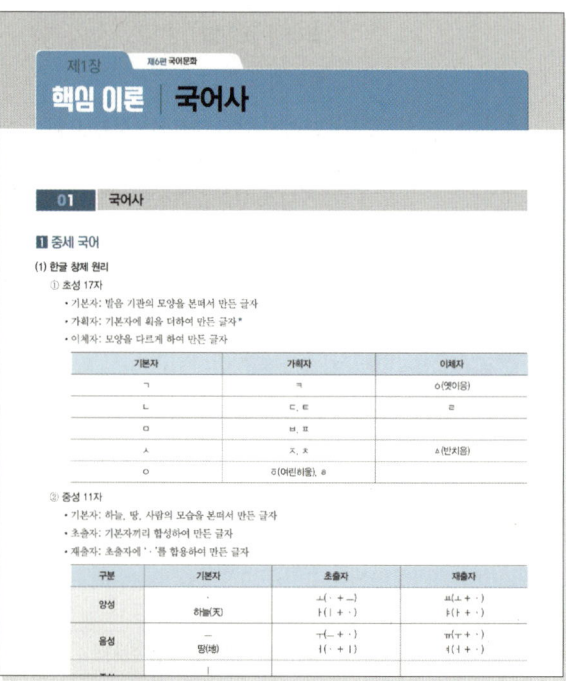

유형 알기 · 만점 포인트 · 예시 문제의 3 STEP
'유형 알기'와 '만점 포인트'로 유형에 따른 학습 방법 및 문제 접근 방법을 이해하고, 이를 '예시 문제'로 확인해 볼 수 있습니다.

꼭 알아야 하는 것만 모은 핵심 이론
시험에 꼭 필요한 이론만 선별하여 수록한 '핵심 이론'으로 효율적으로 학습하고, '핵심 포인트'와 '더 알아보기'로 보다 완벽하게 이론을 숙지할 수 있습니다.

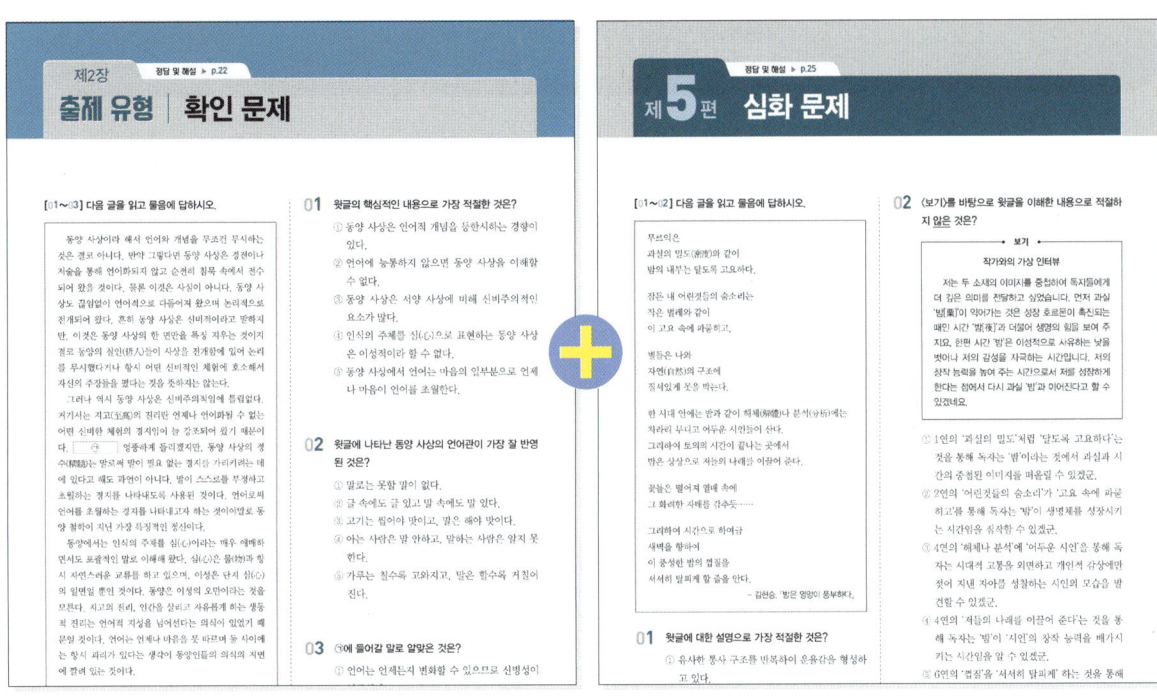

기출 포인트를 그대로 담은 확인 문제와 심화 문제

기출 동형 문제와 기출 변형 문제를 골고루 수록한 '확인 문제'와 '심화 문제'로 다양한 문제에 적응하고, 단계별로 학습할 수 있습니다.

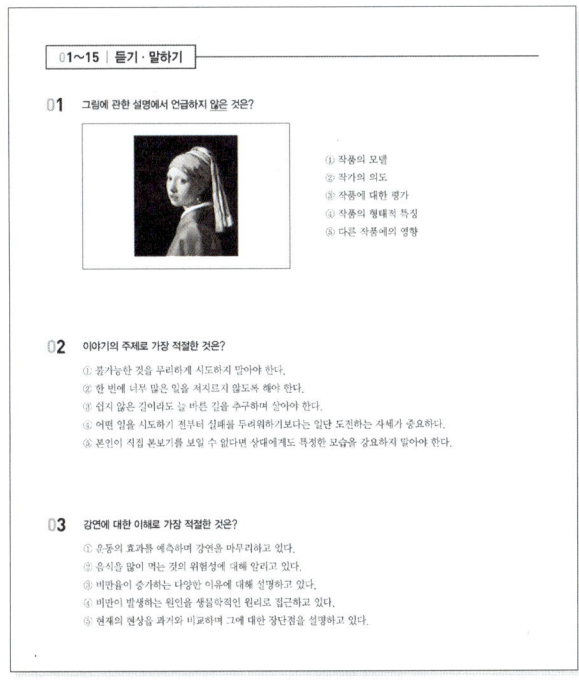

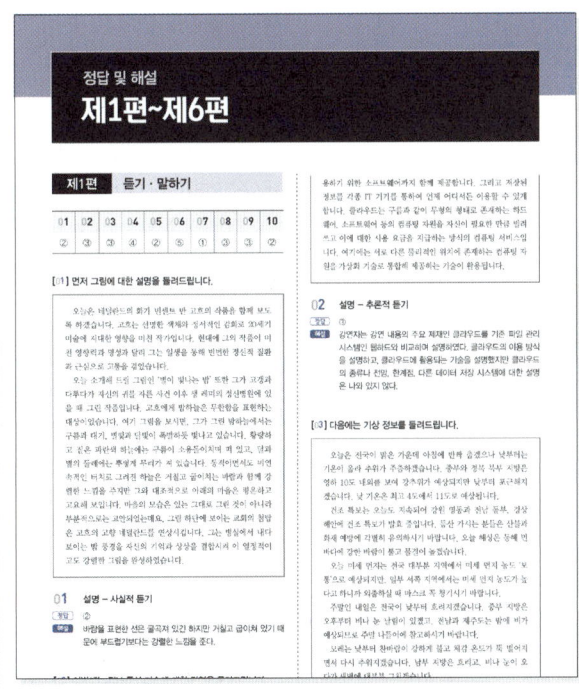

실전 감각을 위한 최종 모의고사

최신 기출 신유형을 반영하여 구성한 '실전 모의고사' 2회분을 실제 시험 시간에 맞추어 풀어 보며 마무리 학습을 할 수 있습니다.

꼼꼼히 풀이해 주는 정답 및 해설

문항별 상세한 정·오답 해설은 물론, 관련 이론에 대한 'TIP'으로 해설을 확인하면서 한번 더 학습할 수 있습니다.

이 책의 차례

본책 | 이론 및 문제

제1편 듣기·말하기

- 제1장 사실적 이해 · 4
- 제2장 추론적 이해 · 10
  - 출제 유형 확인 문제 · 14

제2편 어휘

- 제1장 고유어 · 20
  - 출제 유형 확인 문제 · 27
- 제2장 한자어 · 29
  - 출제 유형 확인 문제 · 46
- 제3장 단어 간 의미 관계 · 50
  - 출제 유형 확인 문제 · 73
- 제4장 속담·관용구·순화어 · 76
  - 출제 유형 확인 문제 · 89
- 심화 문제 · 90

제3편 어법

- 제1장 어문 규범 · 96
  - 출제 유형 확인 문제 · 134
- 제2장 올바른 문장 쓰기 · 137
  - 출제 유형 확인 문제 · 144
- 제3장 문법 요소 · 146
  - 출제 유형 확인 문제 · 157
- 제4장 외래어·로마자 표기법 · 160
  - 출제 유형 확인 문제 · 173
- 심화 문제 · 174

제4편 쓰기·창안

- 제1장 쓰기 · 180
  - 출제 유형 확인 문제 · 186
- 제2장 창안 · 189
  - 출제 유형 확인 문제 · 193

제5편 읽기

- 제1장 문학 · 202
  - 출제 유형 확인 문제 · 215
- 제2장 비문학 · 222
  - 출제 유형 확인 문제 · 227
- 심화 문제 · 239

제6편 국어문화	제1장 국어사와 국문학	252
	출제 유형 확인 문제	261
	제2장 생활국어	265
	출제 유형 확인 문제	280

부록 실전 모의고사	실전 모의고사 제1회	287
	실전 모의고사 제2회	329

책 속의 책 | 정답 및 해설

제1편	제1·2장 출제 유형 확인 문제	2

제2편	제1장 출제 유형 확인 문제	4
	제2장 출제 유형 확인 문제	5
	제3장 출제 유형 확인 문제	7
	제4장 출제 유형 확인 문제	9
	심화 문제	10

제3편	제1장 출제 유형 확인 문제	11
	제2장 출제 유형 확인 문제	13
	제3장 출제 유형 확인 문제	15
	제4장 출제 유형 확인 문제	16
	심화 문제	17

제4편	제1장 출제 유형 확인 문제	19
	제2장 출제 유형 확인 문제	20

제5편	제1장 출제 유형 확인 문제	21
	제2장 출제 유형 확인 문제	22
	심화 문제	25

제6편	제1장 출제 유형 확인 문제	27
	제2장 출제 유형 확인 문제	28

부록	실전 모의고사 제1회	30
	실전 모의고사 제2회	47

최신 기출 리포트

제80회 | 2024년 8월 18일(일)

영역(만점)	평균 점수(점)
문법(30)	15.81
이해(40)	32.65
표현(10)	9.28
창안(10)	8.71
국어문화(10)	6.92
합계(100)	73.37

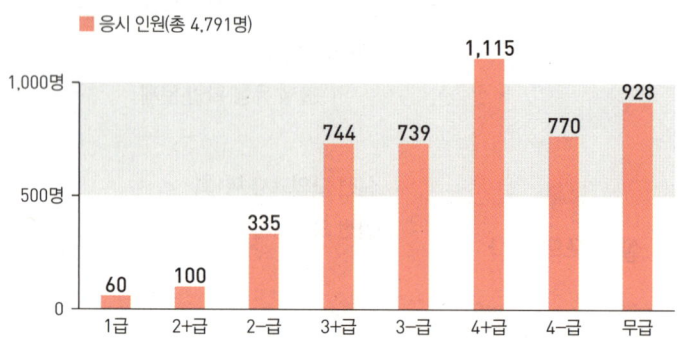

총평 직전 회차와 비교하여 응시 인원이 증가해, 중간 등급에 해당하는 3~~4+ 급의 비율이 하락한 반면 1, 3+, 4- 급의 비율은 높아졌습니다. 표준 편차는 8.99, 최고점은 915점이었습니다.

제79회 | 2024년 6월 16일(일)

영역(만점)	평균 점수(점)
문법(30)	15.86
이해(40)	30.92
표현(10)	9.46
창안(10)	9.27
국어문화(10)	6.53
합계(100)	72.03

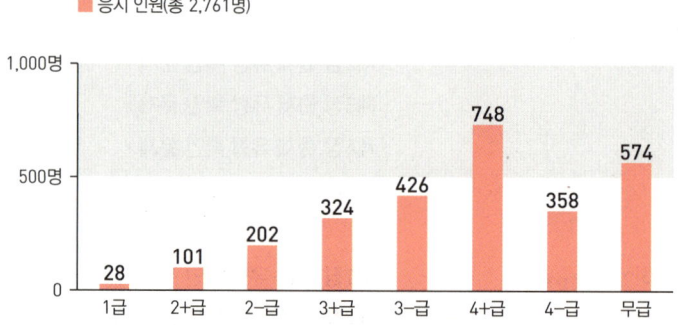

총평 직전 회차와 비교하여 이해과 창안 영역의 난도가 높아져, 중간 등급에 해당하는 3~4-급의 비율이 상승한 반면 1급의 비율은 하락했습니다. 표준 편차는 8.96, 최고점은 935점이었습니다.

제78회 | 2024년 4월 21일(일)

영역(만점)	평균 점수(점)
문법(30)	15.60
이해(40)	31.76
표현(10)	8.44
창안(10)	9.28
국어문화(10)	5.78
합계(100)	70.76

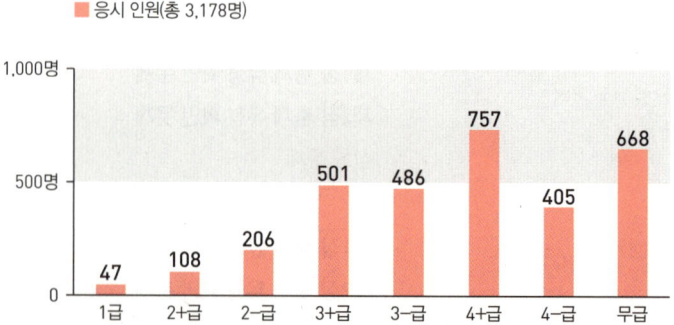

총평 직전 회차와 비교하여 문법과 국어문화 영역의 난도가 높아져, 중간 등급에 해당하는 4+~4-급의 비율이 하락한 반면 1~2-의 비율은 높아졌습니다. 표준 편차는 9.13, 최고점은 935점이었습니다.

정답률이 낮은 영역부터 공부하는
기출 분석 2주 합격 스터디 플래너 〔전략형〕

공부 목표: _____   목표 등급: _____급

1일 차 (D-14)	17~26쪽, 29~41쪽	총 공부 시간 ___h ___m
어휘 제1장 고유어		✓
– 빈출 어휘(고유어)		☐
제2장 한자어		☐
– 빈출 어휘(한자어)		☐
		☐
		☐

오늘 공부 리뷰 ☆☆☆☆☆

2일 차 (D-13)	42~45쪽, 50~72쪽	총 공부 시간 ___h ___m
어휘 – 빈출 어휘(한자성어)		☐
제3장 단어 간 의미 관계		☐
– 빈출 어휘(유의어)		☐
– 빈출 어휘(반의어)		☐
– 빈출 어휘(다의어와 동음이의어)		☐
		☐

오늘 공부 리뷰 ☆☆☆☆☆

3일 차 (D-12)	76~88쪽	총 공부 시간 ___h ___m
어휘 제4장 속담·관용구·순화어		☐
– 주요 표현(속담)		☐
– 주요 표현(관용구)		☐
– 주요 표현(순화어)		☐
		☐
		☐

오늘 공부 리뷰 ☆☆☆☆☆

4일 차 (D-11)	93~110쪽	총 공부 시간 ___h ___m
어법 제1장 어문 규범		☐
– 한글 맞춤법 제1~3장		☐
– 한글 맞춤법 제4~6장		☐
		☐
		☐
		☐

오늘 공부 리뷰 ☆☆☆☆☆

5일 차 (D-10)	111~133쪽	총 공부 시간 ___h ___m
어법 – 문장 부호		☐
– 표준어 규정 1부		☐
– 표준어 규정 2부		☐
		☐
		☐
		☐

오늘 공부 리뷰 ☆☆☆☆☆

6일 차 (D-9)	137~143쪽, 146~156쪽	총 공부 시간 ___h ___m
어법 제2장 올바른 문장 쓰기		☐
– 틀린 문장 고쳐쓰기		☐
제3장 문법 요소		☐
– 음운·단어·품사·문장		☐
		☐
		☐

오늘 공부 리뷰 ☆☆☆☆☆

7일 차 (D-8)	160~172쪽	총 공부 시간 ___h ___m
어법 제4장 외래어·로마자 표기법		☐
– 빈출 표기법		☐
		☐
		☐
		☐
		☐

오늘 공부 리뷰 ☆☆☆☆☆

전략형 중간 점검	1주차 총 공부 시간 ___h ___m
부족한 부분:	
잘한 부분:	

오늘 공부 리뷰 ☆☆☆☆☆

8일 차 (D-7)	199~221쪽	총 공부 시간 ___h ___m		9일 차 (D-6)	222~248쪽	총 공부 시간 ___h ___m
읽기 제1장 문학			☐	읽기 제2장 비문학		☐
– 시 · 소설			☐	제2장 확인 문제		☐
제1장 확인 문제			☐	심화 문제		☐
어휘 제1장 확인 문제 (27~28쪽)			☐	어휘 제3장 확인 문제 (73~75쪽)		☐
제2장 확인 문제 (46~49쪽)			☐	제4장 확인 문제 (89쪽)		☐
			☐	심화 문제 (90~92쪽)		☐
오늘 공부 리뷰 ☆☆☆☆☆				오늘 공부 리뷰 ☆☆☆☆☆		

10일 차 (D-5)	177~198쪽	총 공부 시간 ___h ___m		11일 차 (D-4)	249~282쪽	총 공부 시간 ___h ___m
쓰기·창안 제1장 쓰기			☐	국어문화 제1장 국어사와 국문학		☐
제1장 확인 문제			☐	– 국어사 · 국문학		☐
제2장 창안			☐	제1장 확인 문제		☐
제2장 확인 문제			☐	제2장 생활국어		☐
어법 제1장 확인 문제 (134~136쪽)			☐	– 빈출 표준 화법		☐
제2장 확인 문제 (144~145쪽)			☐	제2장 확인 문제		☐
오늘 공부 리뷰 ☆☆☆☆☆				오늘 공부 리뷰 ☆☆☆☆☆		

12일 차 (D-3)	4~16쪽	총 공부 시간 ___h ___m		13일 차 (D-2)	283~326쪽	시험 시간 : 120분 / 틀린 개수 ( )
듣기·말하기 제1장 사실적 이해			☐	실전 모의고사 제1회		☐
제2장 추론적 이해			☐	취약 영역:		☐
제1, 2장 확인 문제			☐			☐
어법 제3장 확인 문제 (157~159쪽)			☐	보완할 점:		☐
제4장 확인 문제 (173쪽)			☐			☐
심화 문제 (174~175쪽)			☐			☐
오늘 공부 리뷰 ☆☆☆☆☆				오늘 공부 리뷰 ☆☆☆☆☆		

14일 차 (D-1)	327~369쪽	시험 시간 : 120분 / 틀린 개수 ( )		전략형 최종 점검	2주차 총 공부 시간 ___h ___m
실전 모의고사 제2회			☐	부족한 부분:	
취약 영역:			☐		
			☐		
보완할 점:			☐	잘한 부분:	
			☐		
			☐		
모의고사 리뷰 ☆☆☆☆☆				2주차 공부 리뷰 ☆☆☆☆☆	

8일 차 (D-7)	160~176쪽	총 공부 시간 ___h ___m
어법 제4장 외래어 · 로마자 표기법		☐
－ 빈출 표기법		☐
제4장 확인 문제		☐
심화 문제		☐
		☐
		☐

오늘 공부 리뷰 ☆☆☆☆☆

9일 차 (D-6)	177~198쪽	총 공부 시간 ___h ___m
쓰기·창안 제1장 쓰기		☐
제1장 확인 문제		☐
제2장 창안		☐
제2장 확인 문제		☐
		☐
		☐

오늘 공부 리뷰 ☆☆☆☆☆

10일 차 (D-5)	199~221쪽	총 공부 시간 ___h ___m
읽기 제1장 문학		☐
－ 시·소설		☐
제1장 확인 문제		☐
		☐
		☐
		☐

오늘 공부 리뷰 ☆☆☆☆☆

11일 차 (D-4)	222~248쪽	총 공부 시간 ___h ___m
읽기 제2장 비문학		☐
제2장 확인 문제		☐
심화 문제		☐
		☐
		☐
		☐

오늘 공부 리뷰 ☆☆☆☆☆

12일 차 (D-3)	249~282쪽	총 공부 시간 ___h ___m
국어문화 제1장 국어사와 국문학		☐
－ 국어사·국문학		☐
제1장 확인 문제		☐
제2장 생활국어		☐
－ 빈출 표준 화법		☐
제2장 확인 문제		☐

오늘 공부 리뷰 ☆☆☆☆☆

13일 차 (D-2)	283~326쪽	시험 시간 : 120분 틀린 개수 ( )
실전 모의고사 제1회		☐
취약 영역:		☐
		☐
보완할 점:		☐
		☐
		☐

오늘 공부 리뷰 ☆☆☆☆☆

14일 차 (D-1)	327~369쪽	시험 시간 : 120분 틀린 개수 ( )
실전 모의고사 제2회		☐
취약 영역:		☐
		☐
보완할 점:		☐
		☐
		☐

모의고사 리뷰 ☆☆☆☆☆

기본형 최종 점검	2주차 총 공부 시간 ___h ___m
부족한 부분:	
잘한 부분:	

2주차 공부 리뷰 ☆☆☆☆☆

목차에 맞춰 차근차근 공부하는
기출 분석 2주 합격 스터디 플래너 [기본형]

공부 목표: _____   목표 등급: _____급

1일 차 (D-14)	4~28쪽	총 공부 시간 ___h ___m	2일 차 (D-13)	29~49쪽	총 공부 시간 ___h ___m
듣기·말하기 제1장 사실적 이해		✓	**어휘** 제2장 한자어		☐
제2장 추론적 이해		☐	– 빈출 어휘(한자어)		☐
제1, 2장 확인 문제		☐	– 빈출 어휘(한자성어)		☐
어휘 제1장 고유어		☐	제2장 확인 문제		☐
– 빈출 어휘(고유어)		☐			☐
제1장 확인 문제		☐			☐
오늘 공부 리뷰 ☆☆☆☆☆			오늘 공부 리뷰 ☆☆☆☆☆		

3일 차 (D-12)	50~75쪽	총 공부 시간 ___h ___m	4일 차 (D-11)	76~92쪽	총 공부 시간 ___h ___m
어휘 제3장 단어 간 의미 관계		☐	**어휘** 제4장 속담·관용구·순화어		☐
– 빈출 어휘(유의어)		☐	– 주요 표현(속담)		☐
– 빈출 어휘(반의어)		☐	– 주요 표현(관용구)		☐
– 빈출 어휘(다의어와 동음이의어)		☐	– 주요 표현(순화어)		☐
제3장 확인 문제		☐	제4장 확인 문제		☐
		☐	심화 문제		☐
오늘 공부 리뷰 ☆☆☆☆☆			오늘 공부 리뷰 ☆☆☆☆☆		

5일 차 (D-10)	93~110쪽	총 공부 시간 ___h ___m	6일 차 (D-9)	111~136쪽	총 공부 시간 ___h ___m
어법 제1장 어문 규범		☐	**어법** – 문장 부호		☐
– 한글 맞춤법 제1~3장		☐	– 표준어 규정 1부		☐
– 한글 맞춤법 제4~6장		☐	– 표준어 규정 2부		☐
		☐	제1장 확인 문제		☐
		☐			☐
		☐			☐
오늘 공부 리뷰 ☆☆☆☆☆			오늘 공부 리뷰 ☆☆☆☆☆		

7일 차 (D-8)	137~159쪽	총 공부 시간 ___h ___m	기본형 중간 점검		1주차 총 공부 시간 ___h ___m
어법 제2장 올바른 문장 쓰기		☐	부족한 부분:		
– 틀린 문장 고쳐쓰기		☐			
제2장 확인 문제		☐			
제3장 문법 요소		☐	잘한 부분:		
– 음운·단어·품사·문장		☐			
제3장 확인 문제		☐			
오늘 공부 리뷰 ☆☆☆☆☆			오늘 공부 리뷰 ☆☆☆☆☆		

※ 절취선을 잘라 책갈피로 쓰면서 매일 진도를 확인해 보세요.

KBS 한국어능력시험 기출 분석 2주 합격

제1편

듣기·말하기

제1장 사실적 이해

제2장 추론적 이해

'KBS 한국어능력시험 기출 분석 2주 합격' 100% 활용법

'듣기·말하기' 영역에서는 총 100문제 중 15문제가 출제돼요. 사실적 이해나 추론적 이해를 평가하는 문제가 주로 출제되며, 각 지문은 강연·뉴스·토론·대화 등 다양한 구어 담화로 구성되어 있습니다. 그중 가장 많이 출제되는 문제 유형과 지문을 추려 '빈출 유형'과 '확인 문제'에 수록하였으니 '빈출 유형'을 통해 사실적 이해와 추론적 이해 문제의 유형 공략법을 파악하고 '확인 문제'로 학습해 보세요.

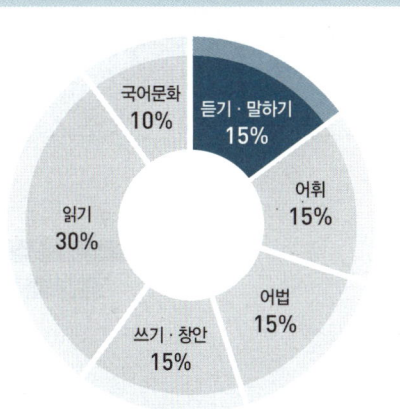

제1편 한눈에 보기

사실적 이해(7~8문제)
① 내용 파악하기(일치하는 내용 찾기)
② 설명 방식 이해하기
③ 인물의 생각 및 입장 이해하기

추론적 이해(7~8문제)
① 이어질 말 추론하기
② 갈등 원인 파악 및 중재하기

제1장   제2장

듣기·말하기
(15문제)

출제 빈도

```
8    7    6    5    4    3    2    1    0
━━━━━━━━━━━━━━━━━━━━━━━━━━━━━━━━  사실적 이해
    ━━━━━━━━━━━━━━━━━━━━━━━━━━━━  추론적 이해
```

최신 기출 모아 보기

1 듣기·말하기 문제 구성

문제 구성	개별 문제					묶음 문제		묶음 문제		묶음 문제		묶음 문제		묶음 문제	
문제 번호	1번	2번	3번	4번	5번	6번	7번	8번	9번	10번	11번	12번	13번	14번	15번
문제 유형	듣기 문제	듣기 문제	듣기 문제	듣기 문제	듣기 문제	듣기 문제	말하기 문제	듣기 문제	말하기 문제	듣기 문제	말하기 문제	듣기 문제	말하기 문제	듣기 문제	말하기 문제

1번부터 5번까지는 개별 문제로, 듣기 문제로만 구성된다. 1번에는 주로 그림에 대한 사실적 이해 문제가 출제되고 2번에는 우화나 역사 속 짧은 이야기 등의 주제를 파악하는 추론적 이해 문제가 출제된다. 3번에는 강연 내용에 대한 사실적 이해 문제, 4번에는 방송 내용에 대한 사실적 이해 문제가 출제되는데 방송 내용은 주로 영화 또는 음악에 대한 내용이다. 5번에는 낭독되는 시의 주제 또는 제목, 중심 소재 등을 묻는 추론적 이해 문제가 거의 고정적으로 출제된다.

6번부터 15번까지는 묶음 문제로, 한 지문에 듣기·말하기 문제가 연계되어 주로 각 지문에 대한 내용을 묻는 사실적 이해 문제와 인물의 말하기 전략 또는 발표나 강연 등의 구성적 특징을 묻는 추론적 이해 문제가 함께 출제된다.

2 지문 종류에 따른 소재

지문 종류	소재
그림(1번 문제)	움직 도르래와 고정 도르래, 자아 개념, 고대 이집트 벽화, 에드바르드 뭉크의 「절규」, 건축 양식, 레오나르도 다 빈치의 「모나리자」, 파블로 피카소의 「게르니카」, 요하네스 베르메르의 「진주 귀걸이를 한 소녀」, 클로드 모네의 「인상, 해돋이」, 김홍도의 「씨름도」
강연, 발표, 뉴스	국가지점번호, 골든 타임, 뉴로 피드백(양궁 훈련), 발상, 양육 방식, 호리병 주법(쇼트트랙), 잠, 씨 없는 수박, 플라스틱(환경 문제), 화상 수업, 나노 디그리(nano degree), 주거 면적, 부활초(물 없이 생존), 대기 혼합고, 보이스 피싱, 치매, 미술 속 과학, 자동차 색상과 사고의 연관성, 초두 효과, 화성 습지, 마케팅 전략, 냉장고와 세탁기, 김치, 촉법소년, 물가(物價), 유전자 가위 기술, 가우디 건축, 단수가격 전략, 만 나이 통일, 라면 조리법
라디오 방송(4번 문제)	러시아 민요 '머나먼 길', 조동진의 노래 '나뭇잎 사이로', 뮤지컬 '빨래', 에프 알 데이비드의 노래 'Words', 이날치의 노래 '범 내려온다', 싱잉볼, 정지용의 「향수」(시, 노래), 에드워드 엘가의 '사랑의 인사'(영화 속 클래식), 벤저민 얼 킹의 '스탠드 바이 미'(동명의 영화 주제가), 영화 '싱 스트리트', 이서희의 에세이 '방구석 뮤지컬'
낭독(5번 문제)	함민복의 「반성」·「부부」·「물고기」, 이해인의 「가을비에게」, 김현승의 「지각」, 김애란의 「잊기 좋은 이름」, 이재무의 「얼굴」, 강현호의 「새싹」, 김종길의 「고고(孤高)」, 정지용의 「춘설(春雪)」
공적 대화(6, 7번 문제)	금전 거래에 대한 법률 상식, 미국의 다문화 사회(멜팅 팟, 샐러드 볼), 옥스퍼드 영어 사전 등재 한국어 단어, 차별적 단어(메리 크리스마스), 과일 보관법, 불면증, 동물 복지, 화면 해설 작가, 소비 기한, 관광 선박 접근 규정, 슈퍼 블루문, 우주 망원경, 펄펄 끓는 지구
사적 대화(8, 9번 문제)	비혼, 공개 입양, 운송물 분실 여부, 진로, 고객 설득, 세대(世帶) 간 소음, 공동 주차 구역, 자기 점검, 재혼, 은퇴 시기, 현관 비밀번호(사생활), 무중력 증후군
협상, 중재(14, 15번 문제)	올바르지 않은 직장 문화, 학교 강당 이용, 중대형견 입마개 의무화, 공동 체육 시설 개방 시간, 업무 보고 방식, 지역 간 행사 분배, 직장 속 휴가 갈등

제1편 듣기·말하기

제1장 사실적 이해

기출 Point!
지문의 내용을 정확하고 신속하게 파악할 수 있는지 평가하는 문제 유형이다. 지문은 주로 강연, 발표, 뉴스 형태이며 정보성 내용을 담고 있다. 지문 속 정보 및 지문과의 내용 일치 여부를 파악하는 문제로 난도가 높지는 않으나, 듣기·말하기 묶음 문제의 경우 사실적 이해 문제와 추론적 이해 문제를 동시에 확인해야 하므로 신속한 내용 파악이 필요하다. 사실적 이해 문제는 듣기·말하기 영역의 전반에 걸쳐 출제된다.

빈출 유형 ❶ 내용 파악하기

STEP 1 | 유형 알기

듣기 지문 속 정보 및 지문과의 내용 일치 여부와 내용 구성 방식을 파악할 수 있는지 평가하는 유형

STEP 2 | 만점 포인트

듣기 지문의 내용을 놓치지 않고 정확하게 파악하는 것이 중요하다. 따라서 아래의 방법으로 문제를 푸는 것이 좋다.
- 문제가 시작되기 전에 문제를 미리 읽어 두고, 문제가 시작되면 들으면서 바로 선지의 옳고 그름을 판단하기
- 사실과 의견을 구분하며 듣기
- 목적에 따라 내용을 정리하거나 메모하며 듣기

STEP 3 | 예시 문제   ※ MP3로 듣기 지문을 들으며 문제를 풀어 보세요.

강연의 내용과 일치하지 않는 것은?

① 로봇에 대한 연구개발은 공장자동화 분야에 집중되고 있다.
② 노인지원 서비스, 교육 서비스 등은 개인 서비스 로봇에 해당한다.
③ 서비스 로봇은 개인 서비스 로봇과 전문 서비스 로봇으로 구분할 수 있다.
④ 인구의 고령화 현상, 가정용 보안 등으로 인해 서비스 로봇의 필요성이 증대되고 있다.
⑤ 서비스 로봇은 현재의 상황을 파악하여 사용자에게 필요한 서비스를 제공하는 로봇이다.

[정답] ①
[해설] 로봇에 대한 연구개발은 과거에는 공장자동화 분야에 집중되어 왔으나 최근에는 서비스 로봇으로 관심이 옮겨가고 있다고 하였다.

듣기 대본

먼저 로봇에 대한 강연을 들려드립니다.

1. 오늘은 서비스 로봇에 대해서 말씀드릴게요. 서비스 로봇이란 시간이나 장소에 관계없이 현재의 상황을 파악하여 사용자에게 필요한 서비스를 제공하는 네트워크와 소프트웨어 기반의 로봇을 말합니다.

2. 로봇에 대한 연구개발은 과거에는 공장자동화 분야에 집중되어 왔으나 최근에는 서비스 로봇으로 관심이 옮겨 가고 있습니다. 특히 개인이나 가정용 서비스 로봇 산업이 시장의 주목을 끌기 시작했습니다. 인구의 고령화 현상, 사회 복지, 가정용 보안 등에 대한 수요가 증가하면서 삶의 질 향상이라는 측면에서 서비스 로봇의 필요성이 증대되고 있기 때문입니다.

3. 서비스 로봇은 개인 서비스 로봇과 전문 서비스 로봇으로 구분할 수 있습니다. 개인 서비스 로봇은 개인 일상생활에 도움이 되는 서비스, 예를 들어 개인을 서비스할 수 있는 노인보행지도나 생활지원과 같은 노인지원 서비스, 가정교사와 같은 교육 서비스, 청소나 정리정돈과 같은 가사지원 서비스를 제공할 수 있습니다. 전문 서비스 로봇은 극한작업이나 공공 서비스에 이용되는 로봇을 말합니다. 사람이 할 수 없는 일을 하는 로봇으로, 안내나 도우미와 같은 공공 서비스 로봇, 화재 진압이나 인명 구조와 같은 극한작업 로봇, 군사용 로봇 등이 있습니다.

TIP 선지를 미리 읽고 '로봇 연구개발', '개인 서비스 로봇', '전문 서비스 로봇' 등 주요 개념에 대한 내용이 나오면 주의해서 듣는다.

만능 키워드

개념 정의 & 현상 & 종류

1. 서비스 로봇의 정의
2. 로봇 산업이 시장의 주목을 끌기 시작한 이유
3. 서비스 로봇의 종류 설명

더 알아보기

강연 · 발표 · 뉴스

가장 빈번하게 나오는 지문 유형으로, 건강, 사회, 문화, 과학 등 다양한 분야에 대한 내용이 나온다. 주로 내용 일치 여부나 설명 방식을 물어보는 문제가 많으므로 내용을 놓치지 않는 것이 중요하다.

- **빈출 질문**
  - 전문가의 설명과 일치하지 않는 것은?
  - 강연 · 발표 · 뉴스의 내용과 일치하지 않는 것은?
  - 이 강연 · 발표의 특징에 대한 설명으로 가장 적절한 것은?
  - 강연 · 발표 · 뉴스의 말하기 방식(내용 구성 전략)으로 적절하지 않은 것은?

빈출 유형 ❷ 설명 방식 이해하기

STEP 1 | 유형 알기

제시된 지문의 내용 설명 방식을 파악할 수 있는지 평가하는 유형

STEP 2 | 만점 포인트

듣기 지문 속 정보들이 서로 어떤 관계에 있는지 또는 듣기 지문의 내용 전개 방식은 무엇인지 파악하며 들어야 한다.

STEP 3 | 예시 문제 ※ MP3로 듣기 지문을 들으며 문제를 풀어 보세요.

강연자가 사용한 설명 방식으로 가장 적절한 것은?

① 강연자의 경험을 예로 들어 청자를 설득하고 있다.
② 보편적인 생각에 반박하며 자신의 주장을 강화하고 있다.
③ 문제에 대한 해결책을 소개하고 그에 대한 근거를 들어 설명하고 있다.
④ 실험을 통한 구체적인 수치를 활용하여 자료의 객관성을 강조하고 있다.
⑤ 주제와 관련된 질문을 연이어 하여 청자의 관심을 주제로 유도하고 있다.

정답 ③

해설 불면증의 정의를 제시한 후 불면증에 대한 해결책으로 지켜야 할 생활 습관을 소개하고 그에 대한 근거를 들어 자세히 설명하고 있다.

듣기 대본

이번에는 건강 강좌를 들려드립니다.

1️⃣ 오늘은 불면증에 대해서 말씀드리겠습니다. 불면증은 잠이 드는 것에 어려움이 있거나, 원하는 만큼 잠을 자기가 어려운 것을 뜻합니다. 단순히 일시적으로 잠을 잘 자지 못하는 상태가 아니라, 습관적으로 잠을 못 자는 상태가 계속되는 경우를 불면증이라고 합니다. 원인은 사람마다 다양하지만 여러 가지 이유로 하루 이틀 잠을 자지 못하면 잠을 못 자는 것에 대한 두려움이 생기고, 이런 두려움이 반복되면서 잠을 더 못 자게 되는 것입니다.

2️⃣ 불면증은 초기에 잡는 것이 중요한데요. 일단 초기에 증상이 심하지 않을 때에는 수면제 또는 생활 습관의 개선으로 수면에 도움을 받을 수 있습니다. 잠을 잘 자기 위해 지켜야 할 생활 습관, 몇 가지 알려 드리겠습니다.

3️⃣ 먼저, 카페인이 든 음료나 식품을 오후부터 섭취하지 않는 것이 좋습니다. 불면증으로 인해 낮 동안의 피로를 쫓기 위해 카페인을 섭취했다가 밤에 또 잠을 이루지 못하는 사람들이 많습니다. 둘째, 잠이 오지 않을 때 술을 마시지 말아야 합니다. 술을 마시면 일시적으로 잠이 올 수 있지만, 술이 깨면 잠도 깨게 되거든요. 셋째, 낮 동안 가볍게 운동을 하는 것이 좋습니다. 약간의 신체적 피로감은 잠이 드는 데 도움이 되기 때문입니다. 넷째, 낮 동안 햇볕을 쬐는 것이 좋습니다. 햇볕을 쬐면 몸에서 세로토닌이 생성되는데 이 세로토닌은 낮 동안 완전히 깨어 있게 합니다. 이로 인해 몸의 활동성이 높아져 낮잠을 피하고 밤에는 숙면을 취할 수 있습니다.

만능 키워드

개념 정의 & 문제 해결 방법

1️⃣ 불면증의 정의
2️⃣·3️⃣ 불면증을 해결하기 위한 생활 습관

더 알아보기

설명 방식

- **예시**: 설명하고자 하는 개념을 잘 이해할 수 있도록 예를 들어 설명한다.
  예) 중심 화제와 관련한 구체적 사례를 제시하고 있다.
- **비교·대조**: 설명하고자 하는 개념을 잘 이해할 수 있도록 다른 개념과의 공통점이나 차이점을 중심으로 설명한다.
  예) 비교의 방식을 활용하여 중심 화제의 특성을 제시하고 있다.
- **인용**: 다른 사람의 말이나 글을 빌려 설명하고자 하는 개념에 대해 설명한다.
  예) 전문가의 견해를 인용하여 중심 화제의 개념을 설명하고 있다.
- **질문·답변**: 청중에게 묻거나 또는 청중의 질문에 답하는 방식으로 말하고자 하는 개념을 설명한다.
  예) 묻고 답하는 방식을 사용하여 중심 소재에 대해 설명하고 있다.
- **원인 및 해결**: 문제점을 밝히고 그 문제를 해결할 수 있는 방법을 제시한다.
  예) 미세 먼지로 인한 피해와 그에 대한 해결 방향을 제시하고 있다.
- **요약**: 말하고자 하는 내용에서 중심 내용만을 간추려 정의하여 설명한다.
  예) 그동안 시행되어 온 교육 관련 정책의 성과와 한계를 요약하고 있다.
- **분류**: 설명하고자 하는 개념을 일정한 기준에 맞추어 구분 지어 설명한다.
  예) 고령화 현상에 대한 대책을 개인과 국가 차원으로 분류하여 제시하고 있다.

※ 두 가지 이상의 설명 방식이 함께 쓰일 수도 있다.

빈출 유형 ❸ 인물의 생각 및 입장 이해하기

STEP 1 | 유형 알기

인물 간의 대화를 듣고 각 인물의 생각이나 입장을 이해할 수 있는지 평가하는 유형

STEP 2 | 만점 포인트

사적 대화에서는 세대 간이나 이웃 간의 갈등, 또는 사회적 이슈를 주로 다루고 협상과 중재에서는 공적 업무 상황에서의 두 사람의 상반된 입장 차이를 주로 다룬다. 따라서 먼저 선지를 통해 대화의 주 소재를 파악한 후 갈등의 근본적인 원인과 그에 따른 각 인물의 생각 및 입장을 정리할 수 있어야 한다.

STEP 3 | 예시 문제   ※ MP3로 듣기 지문을 들으며 문제를 풀어 보세요.

드라마의 내용을 통해 알 수 있는 등장인물의 생각으로 볼 수 없는 것은?

① 자식: 비혼을 선택하여 사는 것은 나의 권리이다.
② 자식: 준비되지 않은 결혼으로 오히려 불행해질 수도 있다.
③ 자식: 개인의 일생을 가족이 다 함께 책임지던 시절은 지났다.
④ 엄마: 자식이 결혼을 했을 때 부모로서 할 일을 다 하는 것이다.
⑤ 엄마: 서로 잘 맞는 사람을 만나 결혼을 하는 것이 자연스러운 일이다.

[정답] ③

[해설] 어머니가 지닌 부모로서의 책임감에 대한 이야기만 나올 뿐이다. 가족 전체가 다른 구성원을 책임져야 한다는 내용은 나오지 않는다.
① '내가 내 삶의 방식을 스스로 결정하는 거라고.'라는 말에서 알 수 있다.
② '아무 준비도 없이 했다가 후회하는 사람들 널렸어.'라는 말에서 알 수 있다.
④ '너 결혼시키고 나면 엄마도 할 일이 끝나는 거니까'라는 말에서 알 수 있다.
⑤ '살다가 좋은 사람 만날 수도 있잖아. 그럼 당연히 결혼도 하는 거고.'라는 말에서 알 수 있다.

듣기 대본

이번에는 대화의 일부분을 들려드립니다.

자식: 엄마, 나 연말에 비혼식할 거예요. 말리지 마.

엄마: 또 그 소리니? 너 좀 있으면 서른다섯이야. 언제까지 비혼 타령할 거니?

자식: 나이 들었다고 무조건 결혼해야 해? 그렇게 아무 준비 없이 했다가 후회하는 사람들 널렸어. 난 결혼할 준비도 안 되어 있고, 준비할 생각도 없어요.

엄마: 너 결혼시키고 나면 엄마도 할 일 끝나는 거니까 그때부턴 좀 편히 살려고 했더니……. 아니, 살다가 좋은 사람 만날 수도 있잖아. 그럼 당연히 결혼도 하는 거고.

자식: 결혼은 꼭 해야 하는 게 아니야, 엄마. 그냥 내가 내 삶의 방식을 스스로 결정하는 거라고. 아무리 생각해 봐도 난 결혼이라는 제도랑 안 맞아.

만능 키워드

- **주 소재**: 결혼
- **갈등의 원인**: 결혼을 꼭 해야 하는 것인가에 대한 입장 차이
- **인물의 입장**
  - 엄마: 결혼은 꼭 하는 것이 좋다.
  - 자식: 결혼은 꼭 하지 않아도 된다.

제1편 듣기·말하기

제2장 추론적 이해

기출 Point!
듣기 지문을 듣고 이해한 내용을 토대로 지문에 나타나 있지 않은 내용을 추측할 수 있는지를 평가하는 문제 유형이다. 글의 내용과 흐름을 정확하게 이해하고, 그 내용을 바탕으로 추론을 해야 하므로 사실적 이해보다 난도가 높다. 이어질 말을 추론하는 문제나 지문의 설명 방식을 묻는 문제 등 다양한 유형으로 출제된다.

빈출 유형 ❶ 이어질 말 추론하기

STEP 1 | 유형 알기

듣기 지문 뒤에 이어질 내용을 파악할 수 있는지 평가하는 유형

STEP 2 | 만점 포인트

먼저, 듣기 지문을 주의 깊게 들으면서 글의 내용과 주제를 파악한다. 이때 '그래서, 그리고, 그러나' 등의 접속 부사에 유의하며 글의 흐름을 이해해야 한다. 글의 흐름과 지문의 마지막 부분의 내용을 파악하면 다음에 나올 내용을 쉽게 알 수 있다.

STEP 3 | 예시 문제   ※ MP3로 듣기 지문을 들으며 문제를 풀어 보세요.

'뉴스 해설'의 마지막에 이어질 말로 가장 적절한 것은?

① 정신 건강에 대한 개개인의 관심이 필요한 시점입니다.
② 스트레스를 풀기 위한 방법은 개인에 따라 다를 수 있습니다.
③ 한국 사회의 노동 시장 환경이 점차 자리를 잡아 가고 있습니다.
④ 회사를 그만두거나 잠시 일을 멈추고 여행을 가는 것도 좋은 방법입니다.
⑤ 노동에 대한 한국 사회의 인식이 바뀌어야 한다는 지적이 나오고 있습니다.

정답 ⑤

해설 앞에서 번아웃 증후군 현상을 개인적 문제만으로 언급하는 것은 옳지 않으며, 이 현상의 가장 큰 원인으로 노동에 대한 한국 사회의 구조적 문제를 꼽는 경우가 많다고 하였다. 그러므로 뉴스의 마지막에는 이 문제를 해결하기 위해 한국 사회의 인식이 바뀌어야 한다는 지적이 나오고 있다는 내용이 이어지는 것이 적절하다.

듣기 대본

이번에는 뉴스 해설을 들려드립니다.

① OECD의 조사에 따르면 한국인은 하루 4분의 1 이상을 일하며 사는 것으로 나타났습니다. 이는 OECD 국가 중 최고 수준으로, 이런 조사 결과를 반영하듯 현대인 중에서는 번아웃 신드롬을 호소하는 사람들이 많습니다. '번아웃 신드롬'이란 일에만 몰두하던 사람이 극도의 피로감을 느끼며 무기력해지는 증상을 말합니다. 예를 들어, 평일에는 주어진 일을 처리하느라 극도로 집중해서 일을 하지만, 휴일만 되면 퓨즈가 끊어진 것처럼 무기력해지고 피로감을 느끼는 것입니다.

② 이런 번아웃 증후군은 스트레스를 극단적으로 받게 되면서 나타나는 현상으로 신체적, 정서적으로 극도의 피로감과 의욕 상실에 시달리게 될 뿐만 아니라 심하면 우울증이나 자기혐오감이 생겨 결국은 업무에도 지장이 생기기도 합니다.

③ 전문가들은 번아웃 극복을 위한 해결책으로 퇴근 후 업무를 집으로 가져가지 말고, 휴식 시간에는 등산, 수영 등의 활동적인 취미 생활을 가지는 것을 추천합니다. 그러나 번아웃 증후군이 사회적으로 만연한 만큼 번아웃을 개인적 문제만으로 언급하는 것은 옳지 않습니다. 오히려 이런 현상의 가장 큰 원인으로 한국 사회의 구조적 문제를 꼽는 경우가 많습니다. 한국 사회에서는 특히 야근이나 특근 등으로 인한 과도한 업무와 긴 노동시간에 비해 휴식이 부족하기 때문입니다. 맡은 일을 주어진 시간 내에 해내야 한다는 한국 노동시장에서의 강박관념이 조직의 생동감과 활동성을 저해시키고 있는 것입니다.

만능 키워드

문제 제시 & 원인 & 해결책

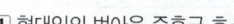

① 현대인의 번아웃 증후군 호소
② 번아웃 증후군의 원인
③ 번아웃의 개인적 해결책, 번아웃 증후군 현상의 가장 큰 원인은 한국 사회의 구조적 문제

빈출 유형 ❷ | 갈등 원인 파악 및 중재하기

STEP 1 | 유형 알기

공적 업무 상황에서 두 사람의 상반된 입장 차이를 좁히고 중재할 수 있는지 평가하는 유형

STEP 2 | 만점 포인트

갈등의 조정을 위해서는 두 사람의 입장 차이가 발생하게 된 근본적인 원인을 파악하고 각 인물의 입장을 정리할 수 있어야 한다.

STEP 3 | 예시 문제   ※ MP3로 듣기 지문을 들으며 문제를 풀어 보세요.

두 사람의 갈등을 중재하기 위한 박 부장의 행동으로 적절하지 않은 것은?

① 이 과장에게, 부하 직원과 소통하는 방법을 조언해 준다.
② 이 과장에게, 김 대리의 연차 일수가 아직 남아 있음을 알려 준다.
③ 김 대리에게, 자신의 권리를 지키려면 의무도 다 해야 함을 설명해 준다.
④ 김 대리에게, 근무 일정을 상사와 미리 상의해야 하는 이유를 설명해 준다.
⑤ 김 대리에게, 중요한 계약이 있을 때 왜 자리를 지키고 있어야 하는지 설명해 준다.

[정답] ②
[해설] 갈등의 근본적인 원인은 김 대리가 자신의 연차를 법적 근거를 초과할 정도로 썼기 때문이 아니다. 그러므로 연차 일수에 대한 설명은 갈등 중재에 대응하는 적절한 방법이라 볼 수 없다.

듣기 대본

이번에는 협상의 한 장면을 들려드립니다.

김 대리: 과장님, 내일 연차 좀 써도 될까요?

이 과장: 뭐라고? 지금 한창 바쁠 때 아닌가? 심지어 이렇게 갑자기 쉬겠다는 게 말이 되나?

김 대리: 저희 집이 공사를 하는 중인데, 집을 비워 둘 수가 없어서요.

이 과장: 아니, 가만 보면 이 대리는 한 달에 한 번은 연차를 쓰는 것 같아. 참 대단해.

김 대리: 그건 제 권리라고 생각합니다. 쉴 때도 가능한 한 회사 전화는 꼬박꼬박 받으려 했고요.

이 과장: 뭐라고? 하지만 이번 주는 중요한 계약이 많으니 가급적 자리를 비우지 말라고 하지 않았나? 그리고 지난번 마감 때도 자네 혼자 쉬었지. 다른 사람들은 자기 권리 찾고 싶지 않은 줄 아나?

김 대리: 과장님, 그렇지만 제가 아무런 이유도 없이 쉬겠다는 것도 아니지 않습니까?

박 부장: 아니, 거기 두 사람 왜들 그러나? 김 대리가 연차를 자꾸 써서 이 과장을 화나게 한 모양인데, 일을 하다 보면 배려해야 하는 법이잖아. 지금이라도 일정을 좀 조율해 볼 수는 없겠나?

만능 키워드

- **주 소재:** 연차 사용
- **갈등의 원인:** 바쁜 시기의 연차 사용 가능 여부에 대한 입장 차이
- **인물의 입장**
  - 김 대리: 연차 사용은 자신의 권리이고 연차 사용에 합당한 이유가 있으며, 연차 사용 중에도 회사 일에 소홀하지 않았다.
  - 이 과장: 한창 바쁠 때의 갑작스러운 연차 사용은 적절하지 않다.

핵심 포인트

협상·중재

갈등의 근본적인 원인 파악 → 각 인물의 입장 정리 → 협상·중재 방법 모색

출제 유형 | 확인 문제

정답 및 해설 ▶ p.2

※ MP3로 듣기 지문을 들으며 문제를 풀어 보세요.

01 그림에 대한 설명으로 적절하지 <u>않은</u> 것은?

① 그림 속 마을은 평온하고 고요해 보인다.
② 바람은 굴곡진 선으로 부드러운 분위기를 조성한다.
③ 그림 하단에 보이는 교회의 첨탑은 네덜란드를 연상시킨다.
④ 하늘은 동적이면서도 비연속적인 터치로 강렬한 느낌을 준다.
⑤ 하늘의 달과 별의 둘레에는 뿌옇게 무리가 져 있으면서도 폭발하듯 빛을 낸다.

02 강연 내용에 반영된 강연자의 계획으로 적절한 것은?

① 클라우드의 종류를 나누어 설명해야겠어.
② 마지막에 클라우드의 전망도 함께 설명해야겠어.
③ 클라우드를 기존 웹하드와 비교하며 설명해야겠어.
④ 클라우드가 갖고 있는 한계점도 같이 설명해야겠어.
⑤ 클라우드 외에 다른 좋은 데이터 저장 시스템을 소개해야겠어.

03 기상 정보의 내용과 일치하지 <u>않는</u> 것은?

① 주말인 내일부터는 전국이 낮부터 흐려질 것이다.
② 오늘은 낮부터 기온이 올라 추위가 주춤할 것이다.
③ 오늘 서쪽 지역은 미세 먼지 농도가 '보통'으로 예상된다.
④ 강원 영동과 전남 동부, 경상 해안에 건조 특보가 발효 중이다.
⑤ 오늘 해상은 동해 먼 바다에 강한 바람이 불고 물결이 높을 것이다.

04 '내일의 별'에 해당하는 것으로 가장 적절한 것은?

① 삶의 의미
② 주어진 의무
③ 주위 사람들
④ 미래의 희망
⑤ 자연과의 동화

05 뉴스 보도를 통해 알 수 있는 내용으로 적절하지 <u>않은</u> 것은?

① 노로 바이러스는 물이나 음식으로 전파된다.
② 노로 바이러스는 60도에서 30분 동안 가열하면 죽는다.
③ 노로 바이러스는 주로 겨울철부터 이듬해 봄까지 발생한다.
④ 노로 바이러스에 감염되면 구토나 설사의 증상이 나타난다.
⑤ 노로 바이러스 증상이 있다면 사용하던 옷이나 이불을 살균·세탁해야 한다.

06 뉴스 보도의 마지막에 이어질 기자의 말로 가장 적절한 것은?

> "하지만, _____"

① 최근 노로 바이러스는 줄어드는 추세이므로 크게 주의하지 않아도 된다고 합니다.
② 노로 바이러스는 겨울이 아니라면 바이러스가 전염되지 않으므로 걱정하지 않아도 됩니다.
③ 노로 바이러스의 예방은 큰 의미가 없기 때문에 병원에서 자주 검진을 받는 것이 좋습니다.
④ 노로 바이러스는 감염되더라도 증상이 거의 나타나지 않으므로 약을 미리 복용하는 것이 좋습니다.
⑤ 노로 바이러스 감염증은 간단한 예방법만으로도 예방할 수 있으므로 미리 알아 두고 개인위생에 신경을 쓰는 것이 좋습니다.

07 강연의 제목으로 가장 적절한 것은?

① 발레의 사조별 특징
② 발레의 예술적 가치
③ 발레의 여러 가지 매력
④ 발레 용어와 동작의 이해
⑤ 낭만 발레와 모던 발레의 차이

08 다음 발레 공연에 대한 감상을 듣고 할 수 있는 말은?

> "이번에 본 발레 공연은 정말 환상적이었어요. 동화 같은 내용의 낭만적인 줄거리였거든요. 무대 장치가 화려하고 입체적이어서 공연 볼 맛이 나더라고요. 안무도 정교하고 정확해서 멋있었어요."

① 새로운 사조의 발레 공연이었나 보구나.
② 낭만적인 줄거리였다니 낭만 발레 공연을 봤구나.
③ 정교하고 정확한 동작의 안무였다니 고전 발레 공연을 봤구나.
④ 무대 장치가 화려하고 입체적이었다니 모던 발레 공연을 봤구나.
⑤ 낭만 발레와 고전 발레, 모던 발레의 특징을 모두 가지고 있는 공연을 봤구나.

09 강연을 통해 알 수 있는 내용으로 적절하지 않은 것은?

① 무좀에 대한 민간요법은 따르지 않는 것이 좋다.
② 무좀 환자는 양말이나 발수건을 구분해서 써야 한다.
③ 구두와 양말을 신으면 무좀에 걸리는 것을 예방할 수 있다.
④ 목욕탕이나 라커룸 같은 습기 찬 곳에서는 무좀에 걸리기 쉽다.
⑤ 무좀에 걸리면 먼저 약을 발라 치료를 하고 깨끗하게 발을 관리해야 한다.

10 강연에 사용된 말하기 방식으로 가장 적절한 것은?

① 무좀의 종류를 증상별로 나누어 설명했다.
② 무좀을 치료할 수 있는 방법을 구체적으로 설명했다.
③ 무좀에 걸리는 과정을 시간적 순서에 따라 설명했다.
④ 민간요법과 현대의학의 치료 성공률을 비교하여 무좀 치료의 방향을 설명했다.
⑤ 무좀에 대한 사람들의 궁금증을 모아서 답변하며 무좀에 대한 정보를 전달했다.

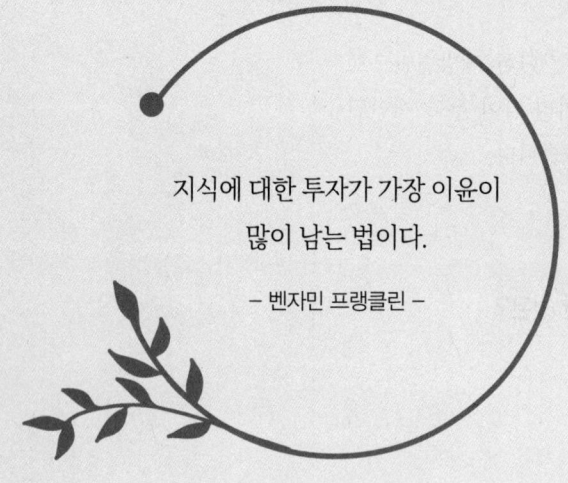

지식에 대한 투자가 가장 이윤이
많이 남는 법이다.

– 벤자민 프랭클린 –

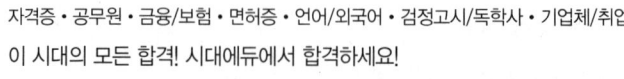
자격증 • 공무원 • 금융/보험 • 면허증 • 언어/외국어 • 검정고시 • 독학사 • 기업체/취업
이 시대의 모든 합격! 시대에듀에서 합격하세요!
YouTube 접속 ➜ 시대에듀 구독 ➜ [KBS 한국어능력시험] 재생 목록 click!

제2편

어휘

제1장 고유어

제2장 한자어

제3장 단어 간 의미 관계

제4장 속담 · 관용구 · 순화어

심화 문제

'KBS 한국어능력시험 기출 분석 2주 합격' 100% 활용법

'어휘' 영역에서는 총 100문제 중 15문제가 출제돼요. 고유어 · 한자어 · 속담 · 관용어 등 중요한 우리말 어휘의 뜻을 알고 적절히 사용할 수 있는지 묻지요. 그렇다면 시험에 있어 중요한 단어란? 지금까지 출제된 단어, 그리고 앞으로 출제될 단어겠죠! 기출 빅데이터를 토대로 자주 나온 단어들과 최신 논문들에서 다룬 주요 어휘들을 정리했어요. 먼저 최신 기출 모아 보기를 통해 빈출 어휘들을 암기하고, 양이 방대한 주요 어휘들은 평소에 꾸준히 익히도록 하세요.

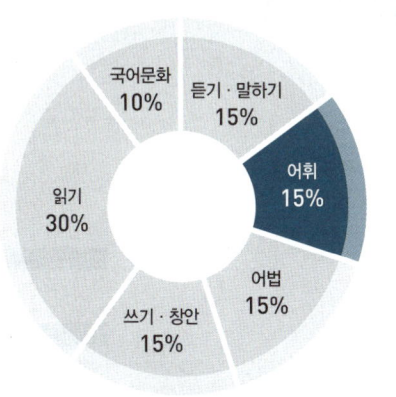

제2편 한눈에 보기

고유어(2문제)
① 고유어의 사전적 의미
② 고유어의 문맥적 의미
③ 고유어와 한자어의 의미 관계

한자어(5~6문제)
① 한자어의 사전적 의미
② 한자어의 문맥적 의미
③ 한자어의 표기
④ 한자성어

어휘 (15문제)

단어 간 의미 관계(4~5문제)
① 유의어 · 반의어
② 상위어 · 하위어
③ 다의어 · 동음이의어

속담 · 관용구 · 순화어(2문제)
① 속담 · 관용구
② 순화어

출제 빈도

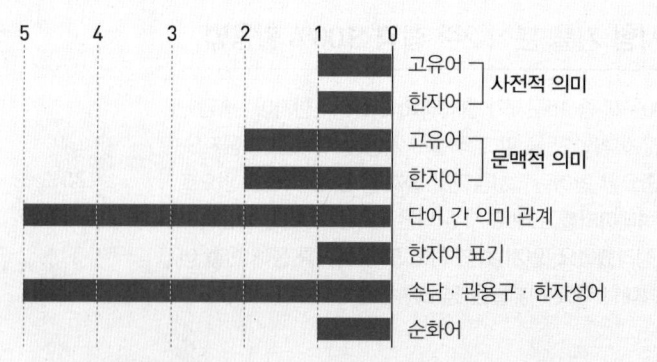

최신 기출 모아 보기

구분	내용
고유어	가년스럽다, 가리사니, 거두다, 거저, 걱세다, 건듯, 겉말하다, 게두덜거리다, 고깝다, 고대, 구시렁거리다, 궁둥이, 귓밥, 깜냥, 깨지락거리다, 꼭뒤, 넌출지다, 눙치다, 더러, 덩이지다, 들치근하다, 딱히, 뜨악하다, 마냥, 맞갋다, 맞갖잖다, 못내, 몽니, 바투, 반짝이다, 뱃심, 변죽, 부러, 부아, 불잉걸, 사뭇, 숫제, 스스럽다, 시부렁거리다, 실팍하다, 아양, 에다, 여의다, 오금, 외따로, 음전하다, 이기죽거리다, 이랑지다, 이루, 이울다, 일구다, 일껏, 적이, 자못, 자발없이, 저미다, 종아리, 짐짓, 징건하다, 착착, 초라하다, 추레하다, 추저분하다, 톡톡하다, 톺다, 패대기치다, 한데, 한목, 회목, 후줄근하다, 한물지다, 훑다, 흐벅지다, 흰소리하다
한자어	간발(間髮) 강구(講究) 강등(降等) 개정(改定) 개정(改正) 개정(改訂) 갱신(更新) 게재(揭載) 결부(結付) 결재(決裁) 결제(決濟) 경기(景氣) 경신(更新) 경질(更迭) 계륵(鷄肋) 계제(階梯) 곤혹(困惑) 공감(共感) 공포(公布) 공표(公表) 관건(關鍵) 교착(膠着) 구제(驅除) 구제(救濟) 규탄(糾彈) 도탄(塗炭) 마각(馬脚) 면목(面目) 모략(謀略) 배포(配布) 백미(白眉) 보전(保全) 부의(賻儀) 비견(比肩) 비호(庇護) 산실(産室) 서광(瑞光) 수리(修理) 숙환(宿患) 슬하(膝下) 신수(身手) 아성(牙城) 역력(歷歷) 염치(廉恥) 와중(渦中) 유례(類例) 유치(誘致) 자청(自請) 장족(長足) 재연(再演) 재연(再燃) 전시(展示) 전치(全治) 제재(制裁) 진수(眞髓) 진척(進陟) 촉탁(囑託) 추대(推戴) 추호(秋毫) 퇴보(退步) 해태(懈怠) 회자(膾炙) 동량(棟梁/棟樑) 석권(席捲/席卷)
한자성어	가담항설(街談巷說) 각주구검(刻舟求劍) 감언이설(甘言利說) 격세지감(隔世之感) 견강부회(牽強附會) 결초보은(結草報恩) 고장난명(孤掌難鳴) 교언영색(巧言令色) 낭중지추(囊中之錐) 누란지위(累卵之危) 다기망양(多岐亡羊) 득의지추(得意之秋) 명약관화(明若觀火) 목불식정(目不識丁) 방약무인(傍若無人) 백년하청(百年河淸) 부화뇌동(附和雷同) 사고무친(四顧無親) 설상가상(雪上加霜) 수불석권(手不釋卷) 수주대토(守株待兎) 양두구육(羊頭狗肉) 연목구어(緣木求魚) 오비이락(烏飛梨落) 오월동주(吳越同舟) 와신상담(臥薪嘗膽) 우공이산(愚公移山) 일취월장(日就月將) 자가당착(自家撞着) 적반하장(賊反荷杖) 절차탁마(切磋琢磨) 좌정관천(坐井觀天) 지록위마(指鹿爲馬) 철중쟁쟁(鐵中錚錚) 침소봉대(針小棒大) 토사구팽(兎死狗烹) 하석상대(下石上臺) 한우충동(汗牛充棟) 형설지공(螢雪之功) 호가호위(狐假虎威) 화룡점정(畫龍點睛) 환골탈태(換骨奪胎)
단어 간 의미 관계	갈다, 남다, 넘치다, 누르다, 늦추다, 달다, 돌다, 두다, 드리다, 들다, 뜨다, 마르다, 매다, 먹다, 멀다, 묻다, 물다, 밀다, 바꾸다, 바르다, 배다, 베다, 붓다, 붙다, 빌다, 빠지다, 사무치다, 살다, 살피다, 새다, 솟다, 쓰다, 어리다, 오르다, 울다, 익다, 있다, 줄다, 지나가다, 짜다, 차다, 통하다, 트다, 흐르다
속담	가게 기둥에 입춘, 가난이 소 아들이라, 가난한 양반 씻나락 주무르듯, 가랑비에 옷 젖는 줄 모른다, 가을바람에 새털 날듯한다, 개 발에 주석 편자, 남의 말도 석 달, 다 된 죽에 코 풀기, 독 틈에도 용소가 있다, 두부 먹다 이 빠진다, 마른논에 물 대기, 말 꼬리에 붙은 파리가 천리를 간다, 말 타면 종 두고 싶다, 망건 쓰고 세수한다, 모난 돌이 정 맞는다, 비단 옷 입고 밤길 다닌다, 사람과 산은 멀리서 보는 게 낫다, 삼밭에 쑥대, 아랫돌 빼서 윗돌 괴기, 언 발에 오줌 누기, 오동나무 보고 춤춘다, 원님 덕에 나발 분다, 쥐구멍으로 소를 몰려 한다, 차돌에 바람 들면 석돌보다 못하다, 하나는 열을 꾸려도 열은 하나를 못 꾸린다, 한솥밥 먹고 송사한다
관용구	경종을 울리다, 귀가 질기다, 날을 세우다, 날이 서다, 눈을 거치다, 눈이 가매지게, 다리가 길다, 떼어 놓은 당상, 마각이 드러나다, 머리가 젖다, 발을 달다, 변죽을 울리다, 새가 뜨다, 손을 맺다, 손이 뜨다, 어깨를 겯다, 옹이(가) 지다, 입추의 여지가 없다, 코를 떼다, 코가 빠지다, 학을 떼다
순화어	감안(→ 고려)하다, 기스(→ 흠), 노가다(→ 막일), 대다수(→ 대부분), 땡땡이(→ 물방울무늬), 리콜(→ 결함 보상), 모찌(→ 찹쌀떡), 시말서(→ 경위서), 익일(→ 다음 날, 이튿날), 잔반(→ 남은 밥, 음식 찌꺼기), 청탁(→ 부탁), 쿠사리(→ 핀잔)

제2편 어휘

제1장 고유어

기출 Point!
선지에 나타나 있는 고유어의 뜻을 제대로 이해하고 있는지 평가하는 문제 유형이다. 고유어의 기본적인 뜻뿐만 아니라 문맥에 맞는 다양한 뜻을 이해하고 있어야 한다. 사전적 의미와 문맥적 의미를 묻는 문제로 각각 1문제씩 출제된다.

빈출 유형 ❶ 고유어의 사전적 의미

STEP 1 | 유형 알기

고유어의 사전적인 의미를 정확하게 알고 있는지 평가하는 유형

STEP 2 | 만점 포인트

단어의 기본형과 뜻을 모두 정확히 알고 있어야 한다. 출제되었던 고유어가 또 출제되는 경우가 많으므로 기출 고유어를 중심으로 뜻을 암기하는 것이 좋다.

STEP 3 | 예시 문제

밑줄 친 고유어의 기본형이 지닌 의미를 바르게 풀이하지 못한 것은?

① 그는 집에 가는 길에 술집을 들러 한잔했다. → 지나는 길에 잠깐 들어가 머무르다.
② 그런 일에 곰상스럽게 마음을 쓰다가는 아무 일도 못하네. → 말이나 행동이 보기에 천하고 교양이 없다.
③ 그들은 건건찝찔하게 지내 온 사이라 별로 도타운 정은 없었다. → 서로의 관계에 사랑이나 인정이 많고 깊다.
④ 밤늦게 돌아오는 아내의 일에 분명 노파의 짬짜미가 있으리라. → 남모르게 자기들끼리만 짜고 하는 약속이나 수작
⑤ 혜지는 모꼬지 자리에서 가장 기쁜 듯이 춤을 추고 즐겼다. → 놀이나 잔치 또는 그 밖의 일로 여러 사람이 모이는 일

정답 ②
해설 '곰상스럽다'는 '성질이나 행동이 잘고 꼼꼼한 데가 있다.'의 뜻이다. '말이나 행동이 보기에 천하고 교양이 없다.'는 '상스럽다'의 사전적 의미이다.

빈출 유형 ❷ 고유어의 문맥적 의미

STEP 1 | 유형 알기

고유어를 문맥에 따라 적절히 사용할 수 있는지를 평가하는 유형

STEP 2 | 만점 포인트

고유어의 앞뒤 내용을 보고 고유어가 어떤 의미로 쓰였는지 파악해 본다. 최근 들어 음성상징어에 관한 문제가 자주 출제되므로 이에 대한 정리가 꼭 필요하다.

STEP 3 | 예시 문제

밑줄 친 고유어의 쓰임이 적절하지 않은 것은?

① 풀잎에 맺힌 이슬이 <u>함함하다</u>.
② 두 형사는 도망가는 범인을 <u>득달같이</u> 쫓아갔다.
③ <u>설명한</u> 바지를 입고 나타난 그의 모습이 너무나 우스꽝스러웠다.
④ 경춘의 처는 <u>객쩍게</u> 지껄이는 남편을 호되게 핀잔주며 손목을 잡아당겼다.
⑤ 구경꾼들은 피에로가 <u>엉기정기</u> 걸을 때마다 우스워 죽겠다는 듯이 박장대소했다.

정답 ⑤

해설 '엉기정기'는 '질서 없이 여기저기 벌여 놓은 모양'을 뜻하므로 적절하지 않다. 해당 부분에는 피에로가 우스꽝스럽게 걷는 모습을 묘사하는 어휘가 들어가야 한다. 따라서 '크고 묵직한 물체나 몸이 중심을 잃고 가볍게 이리저리 기울어지며 자꾸 흔들리는 모양'이라는 뜻인 '뒤뚱뒤뚱'이 적절하다.
① '함함하다'는 '1. 털이 보드랍고 반지르르하다. 2. 소담하고 탐스럽다.'의 뜻이므로 적절하다.
② '득달같이'는 '잠시도 늦추지 아니하게'의 뜻이므로 적절하다.
③ '설명하다'는 '옷이 몸에 맞지 않고 짧다.'의 뜻이므로 적절하다.
④ '객쩍다'는 '행동이나 말, 생각이 쓸데없고 싱겁다.'의 뜻이므로 적절하다.

핵심 포인트

중요 고유어

두 번 이상 출제된 고유어	단어로 사용되는 고유어
가녘, 가탈, 고샅, 골치, 괄괄하다, 괴괴하다, 깜냥, 내처, 노량, 되바라지다, 득달같이, 머쓱하다, 바투, 부아, 사뭇, 설명하다, 실팍하다, 싹수, 을씨년스럽다, 재겹다, 주눅, 지레, 지지재재하다, 짬짜미, 추렴, 해사하다, 해포	갓, 거리, 길, 담불, 돈, 두름, 되, 마지기, 말, 뭇, 발, 뼘, 섬, 손, 쌈, 자, 접, 제, 죽, 줌, 축

빈출 유형 ❸ 고유어와 한자어의 의미 관계

STEP 1 | 유형 알기

다양한 문장 속 한자어의 정확한 쓰임을 알고 이에 대응하는 고유어를 찾을 수 있는지 평가하는 유형

STEP 2 | 만점 포인트

한자어의 뜻을 정확히 알아 두고, 동음이의 한자어나 유사한 한자어와 혼동하지 않도록 예문 속 단어의 쓰임을 잘 확인해 두는 것이 좋다.

STEP 3 | 예시 문제

다음 중 한자어와 고유어의 대응이 적절하지 않은 것은?

① 버스가 눈에 미끄러져 전복(顚覆)되는[뒤집히는] 바람에 많은 사람이 다쳤다.
② 오랜 좌절과 무력감에서 탈피(脫皮)하여[벗어나] 새롭게 도전하기로 마음먹었다.
③ 이러한 현상은 특정 지역에 편재(偏在)해[치우쳐] 나타나는 현상으로, 높은 연구 가치가 있다.
④ 코로나 확진자와 밀접 접촉 시 증상이 발현(發顯)되지[생기지] 않더라도 당분간 주의해야 한다.
⑤ 그 책은 오랫동안 많은 사랑을 받은 책으로, 벌써 20여 회나 개정(改訂)하여[틀린 곳을 바로잡아] 출간되었다.

정답 ④

해설 '발현(發顯)되다'는 '속에 있거나 숨은 것이 밖으로 나타나다.'라는 의미를 가진 단어로, '없던 것이 새로 있게 되다.'라는 의미의 '생기다'가 아닌, '어떤 일의 결과나 징후가 겉으로 드러나다.'라는 의미의 '나타나다'와 대응된다.
① 전복(顚覆)되다: 1. 차나 배 따위가 뒤집히다. 2. 사회 체제가 무너지거나 정권 따위가 뒤집어엎어지다.
② 탈피(脫皮)하다: 일정한 상태나 처지에서 완전히 벗어나다.
③ 편재(偏在)하다: 한곳에 치우쳐 있다. 참고 편재(遍在)하다: 널리 퍼져 있다.
⑤ 개정(改訂)하다: 글자나 글의 틀린 곳을 고쳐 바로잡다.

제1장 핵심 이론 | 빈출 어휘

제2편 어휘

※ 암기한 어휘는 □에 표시해 두고, 암기하지 못한 어휘를 중심으로 다시 한번 학습하세요.

01 고유어

ㄱ

- □ **가납사니** ① 쓸데없는 말을 잘하는 사람 ② 말다툼을 잘하는 사람
- □ **가녘*** 가장자리
- □ **가늠하다** 목표나 기준에 맞고 안 맞음을 헤아려 보다.
- □ **가드락가드락** 조금 거만스럽게 잘난 체하며 버릇없이 자꾸 구는 모양
- □ **가멸차다** 재산이 넉넉하다.
- □ **가탈*** ① 억지 트집을 잡아 까다롭게 구는 일 ② 일이 순탄하게 진행되지 못하게 방해하는 일
- □ **갈무리*** ① 물건을 잘 정돈하여 간수하다. ② 일을 끝맺다.
- □ **갈음하다*** 다른 것으로 바꾸어 대신하다.
- □ **감실감실*** 사람이나 물체, 빛 따위가 먼 곳에서 자꾸 아렴풋이 움직이는 모양
- □ **개차반** 하는 짓이나 마음이 더러운 사람
- □ **객쩍다** 언행이 쓸데없이 실없고 싱겁다.
- □ **거슴츠레하다** 눈이 정기가 풀리고 흐리멍덩하다.
- □ **겅중겅중** 긴 다리를 모으고 계속 힘 있게 솟구쳐 뛰는 모양
- □ **겨끔내기** 서로 번갈아 하기
- □ **겨를*** 어떤 일을 하다가 생각 따위를 다른 데로 돌릴 수 있는 시간적인 여유
- □ **곁두리** 농부나 일꾼이 끼니 외에 참참이 먹는 음식
- □ **고깝다*** 섭섭하고 야속하여 마음이 언짢다.
- □ **고샅*** ① 시골 마을의 좁은 골목길. 또는 골목 사이 ② 좁은 골짜기의 사이
- □ **곧추다** 굽은 것을 곧게 하다.
- □ **곧추뜨다** 눈을 부릅뜨다.
- □ **골치*** '머리' 또는 '머릿골'을 속되게 이르는 말
- □ **곰살궂다*** 성질이 부드럽고 다정하다.
- □ **곰상스럽다** 성질이나 하는 짓이 꼼꼼하다.
- □ **곰실곰실*** 작은 벌레 따위가 한데 어우러져 조금씩 자꾸 굼뜨게 움직이는 모양
- □ **괄괄하다*** ① 성질이 세고 급하다. ② 풀 따위가 세다. ③ 목소리 따위가 굵고 거세다.
- □ **괴괴하다*** 쓸쓸한 느낌이 들 정도로 아주 고요하다.
- □ **구쁘다** 먹고 싶어 입맛이 당기다.
- □ **구순하다** 말썽 없이 의좋게 잘 지내다.
- □ **국으로** 제 생긴 그대로
- □ **그악하다** ① 장난이 지나치게 심하다. ② 사납고 모질다. ③ 끈질기고 억척스럽다.
- □ **깜냥*** 해낼 만한 능력
- □ **끄나풀** ① 끈의 길지 않은 토막 ② 남의 앞잡이 노릇을 하는 사람

ㄴ

- □ **나부대다** 얌전히 있지 못하고 철없이 출랑거리다.
- □ **낫잡다** 금액, 나이, 수량, 수효 따위를 계산할 때에, 조금 넉넉하게 치다.
- □ **남우세하다** 남에게서 비웃음이나 조롱을 받게 되다.
- □ **내남없이** 나나 다른 사람이나 다 마찬가지로
- □ **내처*** ① 어떤 일 끝에 더 나아가 ② 줄곧 한결같이
- □ **넌더리** 소름이 끼치도록 싫은 생각
- □ **노가리** ① 경지 전면에 여기저기 흩어지게 씨를 뿌리는 일 ② 명태의 새끼
- □ **노량*** 어정어정 놀면서 느릿느릿 = 노량으로
- □ **노상** 언제나 변함없이 한 모양으로 줄곧
- □ **눈비음** 남의 눈에 들도록 겉으로만 꾸미는 일
- □ **눈썰미** 한두 번 보고도 곧 그것을 해낼 수 있는 재주
- □ **는개** 안개비보다는 조금 굵고 이슬비보다는 가는 비

ㄷ

- **다닥다닥*** 자그마한 것들이 한곳에 많이 붙어 있는 모양
- **다따가** 갑자기. 별안간
- **달포** 한 달 남짓
- **댓바람** 단번에. 지체하지 않고 곧
- **덤터기** 남에게 넘겨씌우거나 남에게서 넘겨받은 걱정거리
- **데면데면*** ① 사람을 대하는 태도가 친밀감이 없이 예사로운 모양 ② 성질이 꼼꼼하지 않아 행동이 신중하거나 조심스럽지 않은 모양
- **도파니** 이러니저러니 여러 말 할 것 없이 죄다 몰아서
- **동티** 공연히 건드려서 스스로 걱정이나 해를 입음. 또는 그 걱정이나 피해를 이르는 말
- **되바라지다*** 사람됨이 남을 너그럽게 감싸 주지 아니하고 적대적으로 대하다.
- **된바람** 북풍을 이르는 말
- **될성부르다** 잘될 가망이 있다.
- **뒷갈망** 일이 벌어진 뒤에 그 뒤끝을 처리하는 일
- **드티다** ① 자리가 옮겨져 틈이 생기다. ② 날짜·기한 등이 조금씩 연기되다.
- **득달같이*** 잠시도 늦추지 아니하게
- **듬쑥하다** 사람의 됨됨이가 가볍지 않고 속이 깊고 차 있는 모양
- **떠세** 돈이나 세력을 믿고 젠체하고 억지를 쓰는 것
- **뜨개질** 남의 마음속을 떠보는 것
- **뜨악하다** 마음에 선뜻 내키지 않다.

ㅁ

- **마뜩하다** 제법 마음에 들다.
- **마수걸이하다** 장사를 시작해서 처음으로 물건을 팔다.
- **마파람** 남풍을 이르는 말
- **매캐하다** 연기나 곰팡이 따위의 냄새가 약간 맵고 싸하다.
- **머쓱하다*** ① 어울리지 않게 키가 크다. ② 무안을 당하거나 흥이 꺾여 어색하고 열없다.
- **모르쇠** 아는 것이나 모르는 것이나 다 모른다고 잡아떼는 것
- **모주망태** 술을 늘 대중없이 많이 먹는 사람
- **몰강스럽다** 보기에 억세고 모질며 악착스럽다.
- **몽니** 심술궂게 욕심 부리는 성질
- **몽따다** 알고 있으면서 일부러 모르는 체하다.
- **무람없다** 예의를 지키지 않으며 조심하는 것이 없다.
- **문실문실** 나무 따위가 거침없이 잘 자라는 모양
- **물꼬** 논에 물이 넘나들도록 만든 어귀
- **미쁘다** ① 믿음성이 있다. ② 진실하다.

ㅂ

- **바득바득** ① 악지를 부려 자꾸 우기거나 조르는 모양 ② 악착스럽게 애쓰는 모양
- **바투*** ① 두 대상이나 물체의 사이가 썩 가깝게 ② 시간이나 길이가 아주 짧게
- **반지빠르다** 교만스러워 얄밉다.
- **버겁다** 힘에 겨워 다루기가 벅차다.
- **버금** '으뜸' 또는 '첫째'의 다음
- **벋대다** 순종하지 않고 힘껏 버티다.
- **베돌다** 한데 어울리지 아니하고 동떨어져 행동하다.
- **벼리** ① 그물의 위쪽 코를 꿰어 오므렸다 폈다 하는 줄 ② 일이나 글의 가장 중심되는 줄거리
- **볏가리** 차곡차곡 쌓은 볏단
- **볼멘소리** 성이 나서 퉁명스럽게 하는 말
- **볼모** 약속을 이행하겠다는 담보로 상대편에 잡혀 두는 물건이나 사람
- **부아*** 노엽거나 분한 마음
- **북새** 많은 사람들이 아주 야단스럽게 부산을 떨며 법석이는 일
- **비나리 치다** 아첨을 하면서 남의 비위를 맞추다.
- **비설거지** 비가 오려고 할 때, 비에 맞으면 안 되는 물건을 치우거나 덮는 일
- **빌미** 재앙이나 병 등 불행이 생기는 원인

ㅅ

- **사달** 사고나 탈
- **사르다** 키 따위로 곡식을 까불러 쓸모없는 것을 떨어 버리다.
- **사리다*** ① 국수, 새끼, 실 따위를 동그랗게 포개어 감다. ② 뱀 따위가 몸을 똬리처럼 동그랗게 감다. ③ 짐승이 겁을 먹고 꼬리를 다리 사이에 구부려 끼다.

- **사뭇*** ① 거리낌 없이 마구 ② 내내 끝까지 ③ 아주 딴판으로
- **살갑다** ① (집이나 세간 따위가) 겉으로 보기보다 속이 너르다. ② 마음씨가 부드럽고 다정스럽다.
- **삼삼하다** ① 음식 맛이 조금 싱거운 듯하면서 맛이 있다. ② 사물이나 사람의 생김새나 됨됨이가 마음이 끌리게 그럴듯하다.
- **샛바람** 동풍을 이르는 말
- **생채기** 손톱 따위로 할퀴어 생긴 작은 상처
- **설멍하다*** ① 아랫도리가 가늘고 어울리지 아니하게 길다. ② 옷이 몸에 맞지 않고 짧다.
- **성기다** ① 물건의 사이가 뜨다. ② 반복되는 횟수나 도수(度數)가 뜨다. ③ 관계가 깊지 않고 서먹하다.
- **소담하다** ① 음식이 넉넉하여 먹음직스럽다. ② 생김새가 탐스럽다.
- **소소리바람** 이른 봄의 맵고 스산한 바람
- **속종** 마음속에 품고 있는 소견
- **솔다** ① 물기가 있던 것이나 상처 따위가 말라서 굳어지다. ② 흐르는 물이 세차게 굽이쳐 용솟음치다.
- **스스럼** 조심하거나 어려워하는 마음이나 태도
- **시나브로** 모르는 사이에 조금씩
- **시름없다** ① 근심·걱정으로 맥이 없다. ② 아무 생각이 없다.
- **실팍하다*** 사람이나 물건이 보기에 매우 튼튼하다.
- **심드렁하다** ① 마음에 탐탁하지 아니하여 관심이 거의 없다. ② 병이 더 중해지지도 않고 오래 끌다.
- **싹수*** 앞으로 잘 트일 만한 낌새나 징조
- **쌩이질** 한창 바쁠 때 쓸데없는 일로 남을 귀찮게 구는 것
- **쓰렁쓰렁** ① 남이 모르게 비밀리 행동하는 모양 ② 일을 건성으로 하는 모양

ㅇ

- **아귀차다** 뜻이 굳고 하는 일이 야무지다.
- **아름드리** 한 아름이 넘는 큰 나무나 물건
- **암팡지다** 몸은 작아도 힘차고 다부지다.
- **애면글면** 약한 힘으로 무엇을 이루느라고 온갖 힘을 다하는 모양
- **애오라지** 겨우, 오로지
- **어슷어슷** 여럿이 다 한쪽으로 조금 비뚤어진 모양
- **어줍다** ① 말이나 행동이 익숙지 않아 서투르고 어설프다. ② 몸의 일부가 자유롭지 못하여 움직임이 자연스럽지 않다. ③ 어쩔 줄을 몰라 겸연쩍거나 어색하다.
- **얼키설키** ① 가는 것이 이리저리 뒤섞이어 얽힌 모양 ② 엉성하고 조잡한 모양 ③ 관계나 일, 감정 따위가 복잡하게 얽힌 모양
- **엉기정기*** 질서 없이 여기저기 벌여 놓은 모양
- **여남은** 열 가량으로부터 열 좀 더 되는 수
- **열없다** ① 조금 부끄럽다. ② 겁이 많다.
- **오금** 무릎의 구부러지는 쪽의 관절 부분
- **오롯하다** 모자람이 없이 온전하다.
- **오지랖 넓다** 주제넘게 자기와 상관없는 남의 일에 참견함을 비웃는 말
- **옹골지다** 실속 있게 속이 꽉 차다.
- **우두망찰하다** 갑자기 당한 일에 어찌할 바를 몰라 정신이 얼떨떨하다.
- **우럭우럭*** ① 불기운이 세차게 일어나는 모양 ② 술기운이 얼굴에 나타나는 모양 ③ 병세가 점점 더하여 가는 모양
- **우물우물** ① 말을 시원스럽게 하지 아니하고 입 안에서 자꾸 중얼거리는 모양 ② 음식물을 입 안에 넣고 시원스럽지 아니하게 자꾸 씹는 모양 ③ 입술이나 근육 따위가 자꾸 우므러지는 모양
- **울력** 여러 사람이 힘을 합하여 일을 하다. 또는 그 힘
- **을씨년스럽다*** ① 보기에 날씨나 분위기 따위가 몹시 스산하고 쓸쓸한 데가 있다. ② 보기에 살림이 매우 가난한 데가 있다.
- **이울다** ① 꽃이나 잎이 시들다. ② 점점 쇠약해지다.
- **입찬말** 자기의 지위나 능력을 믿고 장담하는 말

ㅈ

- **자근자근** ① 조금 성가실 정도로 자꾸 은근히 귀찮게 구는 모양 ② 자꾸 가볍게 누르거나 밟는 모양 ③ 자꾸 가볍게 씹는 모양
- **자발없다** 참을성이 없고 경솔하다.
- **잡도리** (잘못되지 않도록) 엄중하게 단속하다.
- **재겹다*** 몹시 지겹다.
- **조롱조롱*** ① 작은 열매 따위가 많이 매달려 있는 모양 ② 아이가 많이 딸려 있는 모양
- **주눅*** ① 기운을 제대로 펴지 못하고 움츠러드는 태도나 성질 ② 부끄러움이 없이 언죽번죽한 태도나 성질

- **주럽** 피곤하여 고단한 증세
- **주리다** ① 제대로 먹지 못하여 배를 곯다. ② 원하는 것을 얻지 못하여 몹시 아쉬워하다.
- **지레*** 어떤 일이 일어나기 전 또는 어떤 기회나 때가 무르익기 전에 미리
- **지지재재하다*** 이러니저러니 하고 자꾸 지껄이다.
- **지청구** 까닭 없이 남을 탓하고 원망하는 짓
- **짐짓** 마음은 그렇지 않으나 일부러 그렇게
- **짜장** 과연. 정말로
- **짬짜미*** 남모르게 자기들끼리만 짜고 하는 약속이나 수작
- **찌릿찌릿** ① 뼈마디나 몸의 일부가 매우 또는 자꾸 저린 느낌 ② 가슴이나 마음이 매우 저린 느낌

ㅊ

- **차지다** ① 반죽이나 밥, 떡 따위가 끈기가 많다. ② 성질이 야무지고 까다로우며 빈틈이 없다.
- **추레하다** ① 겉모양이 허술하여 보잘것없다. ② 생생한 기운이 없다.
- **추렴*** 모임이나 놀이 또는 잔치 따위의 비용으로 여럿이 각각 얼마씩의 돈을 내어 거둠.
- **추리다** 섞여 있는 것에서 여럿을 뽑아내거나 골라내다.

ㅋ

- **콩케팥케** 사물이 마구 뒤섞여 뒤죽박죽된 것을 가리키는 말

ㅌ

- **탐탁하다** 모양이나 태도, 어떤 일 따위가 마음에 들어 만족하다.
- **토닥토닥** 잘 울리지 않는 물체를 잇따라 가볍게 두드리는 소리. 또는 그 모양
- **톺다*** ① 가파른 곳을 오르려고 매우 힘들여 더듬다. ② 틈이 있는 곳마다 모조리 더듬어 뒤지면서 찾다.
- **티적티적*** 남의 흠이나 트집을 잡으면서 자꾸 비위를 거스르는 모양

ㅍ

- **파임내다** 일치된 의논에 대해 나중에 딴소리를 하여 그르치다.
- **포슬포슬*** 덩이진 가루 따위가 물기가 적어 엉기지 못하고 바스러지기 쉬운 모양
- **푸지다** 매우 많아서 넉넉하다.
- **푼푼하다** 모자람이 없이 넉넉하다.

ㅎ

- **하릴없다** ① 어찌 할 도리가 없다. ② 조금도 틀림이 없다.
- **한들한들** 가볍게 자꾸 이리저리 흔들리거나 흔들리게 하는 모양
- **한풀** 기운, 끈기, 의기, 투지 따위가 눈에 띄게 줄어드는 것을 이르는 말
- **할금할금*** 곁눈으로 살그머니 계속 할겨 보는 모양
- **함초롬하다** 젖거나 서려 있는 모습이 가지런하고 차분하다.
- **함함하다** 털이 부드럽고 윤기가 있다.
- **해사하다*** ① 얼굴이 희고 곱다랗다. ② 표정, 웃음소리 따위가 맑고 깨끗하다. ③ 옷차림, 자태 따위가 말끔하고 깨끗하다.
- **해찰하다** 일에는 마음을 두지 않고 쓸데없이 다른 짓만 하다.
- **해포*** 한 해가 조금 넘는 동안
- **허섭스레기** 좋은 것이 빠지고 난 뒤에 남은 허름한 물건
- **홀몸** 배우자나 형제가 없는 사람
- **홑몸** ① 딸린 사람이 없는 혼자의 몸 ② 아이를 배지 아니한 몸
- **후리다** ① 휘몰아 채거나 쫓다. ② 휘둘러서 깎거나 베다. ③ 휘둘러서 때리거나 치다.
- **후미지다** ① 물가나 산길이 휘어서 굽어 들어간 곳이 매우 깊다. ② 아주 구석지고 으슥하다.
- **흐드러지다** ① 매우 탐스럽거나 한창 성하다. ② 매우 흐뭇하거나 푸지다.
- **흐슬부슬*** 차진 기가 없고 부스러져 헤어질 듯한 모양
- **흰소리하다** 터무니없이 자랑으로 떠벌리거나 거드럭거리며 허풍을 떨다.

제1장

정답 및 해설 ▶ p.4

출제 유형 | 확인 문제

01 밑줄 친 고유어의 기본형이 지닌 의미를 바르게 풀이하지 못한 것은?

① 국운이 이울고 있다. → 점점 쇠약하여지다.
② 모친은 여전히 시름없는 목소리로 간신히 대꾸한다. → 근심과 걱정으로 맥이 없다.
③ 그들은 여남은 평이 되는 공간에 방을 꾸미고 살고 있었다. → 남아 있음. 또는 그런 나머지
④ 처음 하는 일이라 여기저기서 가탈이 많이 생긴다. → 일이 순조롭게 나아가는 것을 방해하는 조건
⑤ 그는 졸려서 거슴츠레한 눈을 비비고 있었다. → 졸리거나 술에 취해서 눈이 정기가 풀리고 흐리멍덩하며 거의 감길 듯하다

02 다음 중 고유어의 표기로 올바르지 않은 것은?

① 싹뚝싹뚝
② 딸깍딸깍
③ 꿀떡꿀떡
④ 똑딱똑딱
⑤ 뚝딱뚝딱

03 밑줄 친 고유어의 뜻풀이로 옳지 않은 것은?

① 나는 끓어오르는 부아를 꾹 참았다. → 노엽거나 분한 마음
② 현지는 언니에게 종종 몽니를 부린다. → 남에게 귀엽게 보이는 태도
③ 그는 사업으로 성공할 싹수가 보인다. → 어떤 일이나 사람이 앞으로 잘될 것 같은 낌새나 징조
④ 아이들이란 자칫 한눈팔고 해찰하기 일쑤이다. → 일에는 마음을 두지 아니하고 쓸데없이 다른 짓을 함.
⑤ 빚보증을 잘못 서서 덤터기를 만나 빚을 갚았다. → 남에게 넘겨씌우거나 남에게서 넘겨받은 허물이나 걱정거리

04 밑줄 친 고유어의 사전적 뜻풀이로 옳지 않은 것은?

① 모닥불이 우럭우럭 피어오르다. → 불기운이 세차게 일어나는 모양
② 된장찌개에 넣을 풋고추를 어슷어슷 썰었다. → 여럿이 다 한쪽으로 조금 비뚤어진 모양
③ 그는 누구를 만나도 데면데면 대한다. → 사람을 대하는 태도가 친밀감이 없이 예사로운 모양
④ 바닷가 바위틈에 따개비들이 다닥다닥 붙어 있다. → 자그마한 것들이 한곳에 많이 붙어 있는 모양
⑤ 간간이 부는 가는 바람에 나무 끝이 한들한들 흔들린다. → 바람에 빠르고 힘차게 나부끼는 소리. 또는 그 모양

05 밑줄 친 고유어의 뜻풀이로 옳지 않은 것은?

① 부모님의 오롯한 사랑 → 모자람이 없이 온전하다.
② 그는 시름없는 얼굴로 힘겹게 터벅터벅 걷는다. → 근심과 걱정으로 맥이 없다.
③ 그는 어제 싸우고 나온 뒤로 이렇게 베돌고 있다. → 한데 어울리지 아니하고 동떨어져 행동하다.
④ 차를 시키자 준구는 열없게 웃으며 자기 메모를 봤냐고 물었다. → 생각이나 행동이 감정에 좌우되지 않고 침착하다.
⑤ 김 선생님은 항상 나중에 파임내서 기분을 상하게 한단 말이야. → 일치한 의논을 나중에 다른 소리를 하여 그르치게 하다.

06 밑줄 친 고유어의 쓰임이 적절하지 <u>않은</u> 것은?

① 바람이 칼날처럼 뺨을 저민다.
② 집 안이 온통 썰렁하고 괴괴하다.
③ 밥상 위의 파리를 후리며 날려 보냈다.
④ 버려진 것 중에서 쓸 만한 것을 추슬렀다.
⑤ 할머니는 배를 주리지 않게 된 것만으로도 다행이라 여기셨다.

07 밑줄 친 고유어의 쓰임이 적절하지 <u>않은</u> 것은?

① 백설기가 포슬포슬 부서질 것 같다.
② 민서는 사과를 고르면서도 티적티적 말이 많았다.
③ 주인아저씨가 공연히 겸연쩍어하다가 우물우물 말했다.
④ 몇몇 집안이 얼키설키 인척 관계를 맺어 권력을 독점하였다.
⑤ 쿵 하고 기둥을 두들기는 소리가 들렸고 가옥의 기둥들이 쓰렁쓰렁 울림 소리를 냈다.

08 〈보기〉의 밑줄 친 표현과 대응되는 고유어로 옳은 것은?

> • 보기 •
> 그는 원체 성질이 <u>부드럽고 친절해</u> 모든 사람들이 그를 편하게 대한다.

① 호쾌하다
② 곰살궂다
③ 괄괄하다
④ 실팍하다
⑤ 수더분하다

09 밑줄 친 고유어의 쓰임이 적절하지 <u>않은</u> 것은?

① 형이 입던 옷이 나에게 듬쑥하게 맞았다.
② 그는 키가 유난히 작은 대신 몸은 퍽 암팡지고 다부져 보였다.
③ 희재는 그 사실을 듣고서야 사업에 실패했던 원인을 깨단하게 되었다.
④ 그 독살스러운 사람들이 소작료를 그렇게 몰강스럽게 긁어 간단 말이야.
⑤ 고쳐 쓴 종이를 여러 겹으로 접고, 꺽진 돌멩이와 함께 헌 종이로 싸 두었다.

10 밑줄 친 고유어의 쓰임이 적절하지 <u>않은</u> 것은?

① 호의로 한번 던진 말이 동티가 될 줄이야.
② 그는 눈비음이 있어서 무슨 일이든 금방 배운다.
③ 이왕 그렇게 되었으니 사태를 뒷갈망할 도리부터 찾자.
④ 그는 쫓기듯 사립을 나와 고샅의 어둠 속으로 몸을 숨겼다.
⑤ 그렇게 허술하게 차리고 나갔다가는 남우세를 받기 딱 좋겠다.

11 '오르막길 따위를 오를 때 발끝에 힘을 주어 밟다.' 라는 의미로, 〈보기〉의 ㉠에 들어갈 말은?

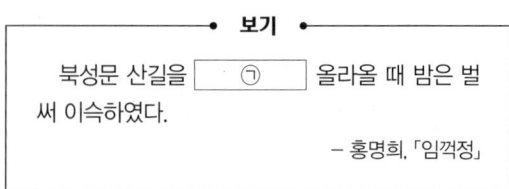

① 내밟아
② 짓밟아
③ 내리밟아
④ 도드밟아
⑤ 지르밟아

제2편 어휘

제2장 한자어

기출 Point!
한자어의 뜻과 음을 제대로 알고 있는지 평가하는 문제 유형이다. 우리말의 상당 부분이 한자어로 되어 있지만 쓰이는 한자나 정확한 뜻은 모르는 경우가 많다. 그래서 꾸준히 출제되는 영역이며 사전적 의미와 문맥적 의미, 표기와 한자성어 등 문제 유형이 고정되어 있는 편이다.

빈출 유형 ❶ 　한자어의 사전적 의미

STEP 1 | 유형 알기

문장 속 한자어의 사전적 의미를 정확히 이해하고 있는지 평가하는 유형

STEP 2 | 만점 포인트

한자와 독음을 보고 어떤 단어인지 파악한다. 한자어에도 동음이의어가 있으니 혼동하지 않도록 한자를 잘 보아야 한다. 자주 나오는 한자어를 중심으로 학습해 둔다.

STEP 3 | 예시 문제

밑줄 친 한자어의 사전적 뜻풀이로 옳지 <u>않은</u> 것은?

① 회담이 교착(膠着) 상태에 빠지다. → 어떤 상태가 굳어 조금도 진전이 없이 머묾.
② 예진이는 예기치 못한 질문에 곤혹(困惑)스러웠다. → 심한 모욕. 또는 참기 힘든 일
③ 옆 동네까지 광고 전단 배포(配布)를 마쳤다. → 신문이나 책자 따위를 널리 나누어 줌.
④ 모든 종교는 영혼의 구제(救濟)를 목적으로 한다. → 재해나 피해를 당하여 어려운 처지에 있는 사람을 도와줌.
⑤ 건물이 산산이 부서져서 매몰자 발굴(發掘)에만도 열흘이 걸렸다. → 땅속이나 큰 덩치의 흙, 돌 더미 따위에 묻혀 있는 것을 찾아서 파냄.

정답 ②
해설 '곤혹(困惑)'은 '곤란한 일을 당하여 어찌할 바를 모름.'이라는 뜻을 지닌 말이다. '심한 모욕. 또는 참기 힘든 일'은 '곤욕(困辱)'의 뜻이다.

빈출 유형 ❷ 한자어의 문맥적 의미

STEP 1 | 유형 알기

한자어의 뜻과 문장 속 한자어의 쓰임을 제대로 알고 있는지 평가하는 유형

STEP 2 | 만점 포인트

문장에서 한자어가 어떤 뜻으로 쓰였는지 파악한다. 평소 사용하는 한자어를 중심으로 학습해 둔다.

STEP 3 | 예시 문제

밑줄 친 한자어의 쓰임이 적절하지 않은 것은?

① 판단의 준거(準據)가 명확하지 않다.
② 이 지구상에는 단 하루도 싸움이 종식(終熄)된 날이 없다.
③ 이 섬의 영유(領有)를 위하여 여러 나라가 각축하고 있다.
④ 변호사는 의뢰인으로부터 사건을 수임(受任)받아 처리한다.
⑤ 분쟁의 결론이 나지 않자 물러나 앉았던 김 병장이 중개(仲介)를 나섰다.

[정답] ⑤

[해설] '중개(仲介)'는 '제삼자로서 두 당사자 사이에 서서 일을 주선함.'을 뜻하므로 적절하지 않다. 분쟁이 있는 상황이므로 '분쟁에 끼어들어 쌍방을 화해시킴.'이라는 뜻의 '중재(仲裁)'가 적절하다.
　① 준거(準據): 사물의 정도나 성격 따위를 알기 위한 근거나 기준
　② 종식(終熄): 한때 매우 성하던 현상이나 일이 끝나거나 없어짐.
　③ 영유(領有): 자기의 것으로 차지하여 가짐.
　④ 수임(受任): 위임 계약에 의하여 상대편의 법률 행위나 사무 처리를 맡음.

빈출 유형 ❸ 한자어의 표기

STEP 1 | 유형 알기

한자어의 독음을 제대로 알고 있는지 평가하는 유형

STEP 2 | 만점 포인트

한자어의 표기와 쓰임을 잘 알고 있어야 한다. 동음이의 관계의 한자어를 정리해 한자와 그 뜻을 잘 알아 둔다.

STEP 3 | 예시 문제

〈보기〉의 ㉠~㉢에 해당하는 한자로 올바르게 묶인 것은?

― 보기 ―
- 그는 장마가 시작되기 전에 집을 ㉠ 수리하였다.
- 그는 ㉡ 수리에 밝아서 계산이 틀리는 일이 없다.
- 농업 생산을 늘리기 위하여 ㉢ 수리 시설을 확충하였다.

	㉠	㉡	㉢
①	水利	數理	修理
②	修理	數理	水利
③	修理	水利	數理
④	數理	修理	水利
⑤	數理	水利	修理

정답 ②

해설 ㉠이 포함된 문장의 내용은 집과 관련 있으므로 '고장 나거나 허름한 데를 손보아 고침.'의 뜻인 '수리(修理)'가 알맞다. ㉡이 포함된 문장의 내용은 계산과 관련 있으므로 '수학의 이론이나 이치'의 뜻인 '수리(數理)'가 알맞다. ㉢이 포함된 문장의 내용은 농업 생산과 관련 있으므로 '식용, 관개용, 공업용으로 물을 이용하는 일'의 뜻인 '수리(水利)'가 알맞다.

빈출 유형 ④ 한자성어

STEP 1 | 유형 알기

한자성어의 뜻을 제대로 알고 있는지 평가하는 유형

STEP 2 | 만점 포인트

한자성어의 뜻을 정확하게 알아 두고, 한자성어가 어떤 상황에서 많이 쓰이는지 파악해 둔다. 속담과 한자성어의 뜻이 같은 것은 정리해 두고, 반드시 기억해 둔다.

STEP 3 | 예시 문제

'세상일의 변천이 심함.'을 비유적으로 이르는 말은?

① 주마간산(走馬看山)
② 상전벽해(桑田碧海)
③ 풍수지탄(風樹之嘆)
④ 숙맥불변(菽麥不辨)
⑤ 일취월장(日就月將)

정답 ②

해설 '상전벽해(桑田碧海)'는 '뽕나무밭이 변하여 푸른 바다가 된다는 뜻으로, 세상일의 변천이 심함.'을 비유적으로 이르는 말이다.
① 주마간산(走馬看山): 말을 타고 달리며 산천을 구경한다는 뜻으로, 자세히 살피지 아니하고 대충대충 보고 지나감을 이르는 말
③ 풍수지탄(風樹之嘆): 효도를 다하지 못한 채 어버이를 여읜 자식의 슬픔을 이르는 말
④ 숙맥불변(菽麥不辨): 콩인지 보리인지를 구별하지 못한다는 뜻으로, 사리 분별을 못 하고 세상 물정을 잘 모름을 이르는 말
⑤ 일취월장(日就月將): 나날이 다달이 자라거나 발전함을 이르는 말

핵심 이론 | 빈출 어휘

제2장
제2편 어휘

※ 암기한 어휘는 □에 표시해 두고, 암기하지 못한 어휘를 중심으로 다시 한번 학습하세요.

01 한자어

ㄱ

- □ **가관(可觀)** ① 꼴이 볼만하다는 뜻으로, 남의 언행이나 어떤 상태를 비웃는 뜻으로 이르는 말 ② 경치 따위가 꽤 볼만함.
- □ **간발(間髮)*** 아주 잠시 또는 아주 적음을 이르는 말
- □ **간파(看破)** 속내를 꿰뚫어 알아차림.
- □ **감량(減量)** 수량이나 무게를 줄임.
- □ **감소(減少)** 양이나 수치가 줆. 또는 양이나 수치를 줄임.
- □ **감수(甘受)** 책망이나 괴로움 따위를 달갑게 받아들임.
- □ **감수(監修)** 책의 저술이나 편찬 따위를 지도하고 감독함.
- □ **감수(感受)** 외부의 영향을 수동적으로 받아들임.
- □ **강구(講究)*** 좋은 대책과 방법을 궁리하여 찾아내거나 좋은 대책을 세움.
- □ **강등(降等)*** 등급이나 계급 따위가 낮아짐. 또는 등급이나 계급 따위를 낮춤.
- □ **강변(强辯)** 이치에 닿지 아니한 것을 끝까지 굽히지 않고 주장하거나 변명함.
- □ **개강(開講)** 강의나 강습 따위를 시작함.
- □ **개념(槪念)** 어떤 사물이나 현상에 대한 일반적인 지식
- □ **개선(改善)** 잘못된 것이나 부족한 것, 나쁜 것 따위를 고쳐 더 좋게 만듦.
- □ **개악(改惡)** 고치어 도리어 나빠지게 함.
- □ **개재(介在)*** 어떤 것들 사이에 끼어 있음.
- □ **개정(改定)*** 이미 정하였던 것을 고쳐 다시 정함.
- □ **개정(改正)*** 주로 문서의 내용 따위를 고쳐 바르게 함.
- □ **개정(改訂)*** 글자나 글의 틀린 곳을 고쳐 바로잡음.
- □ **갱신(更新)*** 이미 있던 것을 고쳐 새롭게 함.
- □ **거역(拒逆)** 윗사람의 뜻이나 지시 따위를 따르지 않고 거스름.
- □ **거치(据置)** 그대로 둠.
- □ **건재(健在)** 힘이나 능력이 줄어들지 않고 여전히 그대로 있음.
- □ **검수(檢收)** 물건의 규격, 수량, 품질 따위를 검사한 후 물건을 받음.
- □ **검침(檢針)** 전기, 수도, 가스 따위의 사용량을 알기 위하여 계량기의 숫자를 검사함.
- □ **게재(揭載)*** 글이나 그림 따위를 신문이나 잡지 따위에 실음.
- □ **격감(激減)** 수량이 갑자기 줆.
- □ **견적(見積)** 어떤 일을 하는 데 필요한 비용 따위를 미리 어림잡아 계산함. 또는 그런 계산
- □ **결강(缺講)** 강의를 거름.
- □ **결부(結付)*** 일정한 사물이나 현상을 서로 연관시킴.
- □ **결재(決裁)*** 결정할 권한이 있는 상관이 부하가 제출한 안건을 검토하여 허가하거나 승인함.
- □ **결정(決定)** 행동이나 태도를 분명하게 정함. 또는 그렇게 정해진 내용
- □ **결정(結晶)** 애써 노력하여 보람 있는 결과를 이루는 것을 이르는 말
- □ **결제(決濟)*** 일을 처리하여 끝을 냄.
- □ **경계(境界)** 사물이 어떠한 기준에 의하여 분간되는 한계
- □ **경기(景氣)*** 매매나 거래에 나타나는 호황·불황 따위의 경제 활동 상태
- □ **경기(經紀)** 일정한 포부를 가지고 어떤 일을 조직적으로 계획하여 처리함.
- □ **경기(驚氣)** 갑자기 의식을 잃고 경련하는 병
- □ **경선(競選)** 둘 이상의 후보가 경쟁하는 선거
- □ **경신(更新)** ① 이미 있던 것을 고쳐 새롭게 함. ② 기록경기 따위에서, 종전의 기록을 깨뜨림. ③ 어떤 분야의 종전 최고치나 최저치를 깨뜨림.
- □ **경지(境地)** ① 일정한 경계 안의 땅 ② 학문, 예술, 인품 따위에서 일정한 특성과 체계를 갖춘 독자적인 범주나 부분 ③ 몸이나 마음, 기술 따위가 어떤 단계에 도달해 있는 상태

- □ 경질(更迭/更佚) 어떤 직위에 있는 사람을 다른 사람으로 바꿈.
- □ 계류(繫留) ① 일정한 곳을 벗어나지 못하도록 밧줄 같은 것으로 붙잡아 매어 놓음. ② 어떤 사건이 해결되지 않고 걸려 있음.
- □ 계륵(鷄肋) 닭의 갈비라는 뜻으로, 그다지 큰 소용은 없으나 버리기에는 아까운 것을 이르는 말
- □ 계발(啓發) 슬기나 재능, 사상 따위를 일깨워 줌.
- □ 계제(階梯)* ① 일이 되어 가는 순서나 절차를 비유적으로 이르는 말 ② 어떤 일을 할 수 있게 된 형편이나 기회
- □ 고도(高度) ① 평균 해수면 따위를 0으로 하여 측정한 대상 물체의 높이 ② 수준이나 정도 따위가 매우 높거나 뛰어남. 또는 그런 정도
- □ 고도(古都) 옛 도읍
- □ 고부(姑婦) 시어머니와 며느리를 아울러 이르는 말
- □ 고수(固守) 차지한 물건이나 형세 따위를 굳게 지킴.
- □ 고수(高手) ① 바둑이나 장기 따위에서 수가 높음. 또는 그런 사람 ② 어떤 분야나 집단에서 기술이나 능력이 매우 뛰어난 사람
- □ 고수(鼓手) 북이나 장구 따위를 치는 사람
- □ 고의(故意) 일부러 하는 생각이나 태도
- □ 고전(古典) ① 옛날의 의식이나 법식 ② 오랫동안 많은 사람에게 널리 읽히고 모범이 될 만한 문학이나 예술 작품 ③ 2세기 이래의 그리스와 로마의 대표적 저술 ④ 옛날의 서적이나 작품
- □ 고전(古傳) 예로부터 전하여 내려옴.
- □ 고전(苦戰) 전쟁이나 운동 경기 따위에서, 몹시 힘들고 어렵게 싸움. 또는 그 싸움
- □ 고증(考證) 예전에 있던 사물들의 시대, 가치, 내용을 옛 문헌이나 물건에 기초하여 증거를 세워 이론적으로 밝힘.
- □ 고착(固着) ① 물건 같은 것이 굳게 들러붙어 있음. ② 어떤 상황이나 현상이 굳어져 변하지 않음.
- □ 고찰(考察) 어떤 것을 깊이 생각하고 연구함.
- □ 곤혹(困惑) 곤란한 일을 당하여 어찌할 바를 모름.
- □ 공감(共感)* 남의 감정, 의견, 주장에 대하여 자기도 그렇다고 느낌. 또는 그렇게 느끼는 기분
- □ 공사(公社) 국가적 사업을 수행하기 위하여 설립된 공공 기업체의 하나
- □ 공사(公私) 공공의 일과 사사로운 일을 아울러 이르는 말
- □ 공사(工事) 토목이나 건축 따위의 일
- □ 공지(共知) 여러 사람이 다 앎.
- □ 공포(公布)* 일반 대중에게 널리 알림.
- □ 공표(公表) 여러 사람에게 널리 드러내어 알림.
- □ 관건(關鍵)* ① 문빗장과 자물쇠를 아울러 이르는 말 ② 어떤 사물이나 문제 해결의 가장 중요한 부분
- □ 관절(關節) 뼈와 뼈가 서로 맞닿아 연결되어 있는 곳
- □ 관측(觀測) ① 육안이나 기계로 자연 현상을 관찰하여 측정하는 일 ② 어떤 사정이나 형편을 잘 살펴보고 그 장래를 헤아림.
- □ 교두보(橋頭堡) 어떤 일을 하기 위한 발판을 비유적으로 이르는 말
- □ 교시(教示) ① 가르쳐서 보임. ② 길잡이로 삼는 가르침
- □ 교정(校庭) 학교의 마당이나 운동장
- □ 교정(校訂)* 남의 문장 또는 출판물의 잘못된 글자나 글귀 따위를 바르게 고침.
- □ 교정(矯正)* ① 틀어지거나 잘못된 것을 바로잡음. ② 교도소나 소년원 따위에서 재소자의 잘못된 품성이나 행동을 바로잡음. ③ 골절이나 탈구로 어긋난 뼈를 본디로 돌리는 일
- □ 교착(膠着)* ① 아주 단단히 달라붙음. ② 어떤 상태가 굳어 조금도 변동이나 진전이 없이 머묾.
- □ 구금(拘禁) 피고인 또는 피의자를 구치소나 교도소 따위에 가두어 신체의 자유를 구속하는 강제 처분
- □ 구명(究明) 사물의 본질, 원인 따위를 깊이 연구하여 밝힘.
- □ 구분(區分) 일정한 기준에 따라 전체를 몇 개로 갈라 나눔.
- □ 구제(舊製) 옛적에 만듦. 또는 그런 물건
- □ 구제(驅除)* 해충 따위를 몰아내어 없앰.
- □ 구제(救濟)* 자연적인 재해나 사회적인 피해를 당하여 어려운 처지에 있는 사람을 도와줌.
- □ 구조(構造) 부분이나 요소가 어떤 전체를 짜 이룸. 또는 그렇게 이루어진 얼개
- □ 구축(構築) ① 어떤 시설물을 쌓아 올려 만듦. ② 체제, 체계 따위의 기초를 닦아 세움.
- □ 구현(具顯) 어떤 내용이 구체적인 사실로 나타나게 함.
- □ 궤변(詭辯) 상대편을 이론으로 이기기 위하여 상대편의 사고(思考)를 혼란시키거나 감정을 격앙시켜 거짓을 참인 것처럼 꾸며 대는 논법
- □ 규탄(糾彈)* 잘못이나 옳지 못한 일을 잡아내어 따지고 나무람.
- □ 금침(衾枕) 이부자리와 베개를 아울러 이르는 말

- **급증(急增)** 갑작스럽게 늘어남.
- **기고(起稿)** 원고를 쓰기 시작함.
- **기수(旗手)** ① 행사 때 대열의 앞에 서서 기를 드는 일을 맡은 사람 ② 기를 들고 신호하는 일을 맡은 사람 ③ 사회 활동에서 앞장서서 이끄는 사람을 비유적으로 이르는 말
- **기수(機首)** 비행기의 앞부분
- **기수(騎手)** 경마에서 말을 타는 사람
- **기우(杞憂)** 앞일에 대해 쓸데없는 걱정을 함. 또는 그 걱정
- **기재(記載)** 문서 따위에 기록하여 올림.
- **기조(基調)** 사상, 작품, 학설 따위에 일관해서 흐르는 기본적인 경향이나 방향
- **기한(期限)** ① 미리 한정하여 놓은 시기 ② 어느 때까지를 기약함.

ㄴ

- **난관(難關)** ① 일을 하여 나가면서 부딪치는 어려운 고비 ② 지나기가 어려운 곳
- **난삽(難澁)** 글이나 말이 매끄럽지 못하면서 어렵고 까다로움.
- **내방(來訪)** 만나기 위하여 찾아옴.
- **노파(老婆)** 늙은 여자
- **농단(壟斷)** ① 깎아 세운 듯한 높은 언덕 ② 이익이나 권리를 독차지함을 이르는 말
- **농후(濃厚)** ① 맛, 빛깔, 성분 따위가 매우 짙음. ② 어떤 경향이나 기색 따위가 뚜렷함.
- **눌변(訥辯)** 더듬거리는 서툰 말솜씨

ㄷ

- **답변(答辯)** 물음에 대하여 밝혀 대답함. 또는 그런 대답
- **대응(對應)** ① 어떤 일이나 사태에 맞추어 태도나 행동을 취함. ② 어떤 두 대상이 주어진 어떤 관계에 의하여 서로 짝이 되는 일
- **도강(盜講)** 강의를 신청하지 않고 몰래 들음.
- **도래(到來)** 어떤 시기나 기회가 닥쳐옴.
- **도전(挑戰)** ① 정면으로 맞서 싸움을 걺. ② 어려운 사업이나 기록 경신 따위에 맞섬.
- **도탄(塗炭)*** 몹시 곤궁하여 고통스러운 지경을 이르는 말
- **동결(凍結)** ① 추위나 냉각으로 얼어붙음. 또는 그렇게 함. ② 사업, 계획, 활동 따위가 중단됨. 또는 그렇게 함.
- **동량(棟梁/棟樑)*** 기둥과 들보를 아울러 이르는 말
- **동요(動搖)** ① 물체 따위가 흔들리고 움직임. ② 생각이나 처지가 확고하지 못하고 흔들림. ③ 어떤 체제나 상황 따위가 혼란스럽고 술렁임.
- **동의(同議)** 같은 의견이나 논의
- **동정(動靜)** ① 물질의 운동과 정지 ② 사람이 일상적으로 하는 일체의 행위
- **동향(動向)** ① 사람들의 사고, 사상, 활동이나 일의 형세 따위가 움직여 가는 방향 ② 어떤 특정한 사람이나 사물의 낱낱의 움직임
- **동화(同和)** 같이 화합함.
- **동화(同化)** ① 성질, 양식, 사상 따위가 다르던 것이 서로 같게 됨. ② 밖으로부터 얻어 들인 지식 따위를 완전히 자기 것으로 만듦.
- **동화(童話)** 어린이를 위하여 동심(童心)을 바탕으로 지은 이야기. 또는 그런 문예 작품
- **동화(童畫)** 아동이 그린 그림
- **등기(登記)** 우편물 특수 취급의 하나

ㅁ

- **면목(面目)** ① 얼굴의 생김새 ② 남을 대할 만한 체면 ③ 사람이나 사물의 겉모습
- **모략(謀略)** ① 계책이나 책략 ② 사실을 왜곡하거나 속임수를 써 남을 해롭게 함.
- **물의(物議)** (대개 부정적인 뜻으로 쓰여) 어떤 사람 또는 단체의 처사에 대하여 많은 사람이 이러쿵저러쿵 논평하는 상태

ㅂ

- **박명(薄命)** ① 복이 없고 팔자가 사나움. ② 수명이 짧음.
- **반응(反應)** 자극에 대응하여 어떤 현상이 일어남. 또는 그 현상

- □ **반추(反芻)** 어떤 일을 되풀이하여 음미하거나 생각함. 또는 그런 일
- □ **발굴(發掘)** ① 땅속이나 큰 덩치의 흙, 돌 더미 따위에 묻혀 있는 것을 찾아서 파냄. ② 세상에 널리 알려지지 않거나 뛰어난 것을 찾아 밝혀냄.
- □ **발달(發達)** ① 신체, 정서, 지능 따위가 성장하거나 성숙함. ② 학문, 기술, 문명, 사회 따위의 현상이 보다 높은 수준에 이름.
- □ **발부(發付)** 증명서 따위를 발행하여 줌.
- □ **발의(發意)** ① 의견을 내놓음. ② 무슨 일을 생각해 냄.
- □ **발효(發效)** 조약, 법, 공문서 따위의 효력이 나타남. 또는 그 효력을 나타냄.
- □ **방증(傍證)** 사실을 직접 증명할 수 있는 증거가 되지는 않지만, 주변의 상황을 밝힘으로써 간접적으로 증명에 도움을 줌. 또는 그 증거
- □ **배열(配列/排列)** 일정한 차례나 간격에 따라 벌여 놓음.
- □ **배척(排斥)** 따돌리거나 거부하여 밀어 내침.
- □ **배포(配布)*** 신문이나 책자 따위를 널리 나누어 줌.
- □ **백미(白眉)*** 여럿 가운데에서 가장 뛰어난 사람이나 훌륭한 물건을 이르는 말
- □ **변질(變質)** 성질이 달라지거나 물질의 질이 변함. 또는 그런 성질이나 물질
- □ **별명(別名)** 사람의 외모나 성격 따위의 특징을 바탕으로 남들이 지어 부르는 이름
- □ **병마(病魔)** '병⁴(病)'을 악마에 비유하여 이르는 말
- □ **병폐(病弊)** 병통과 폐단을 아울러 이르는 말
- □ **병폐(病廢)** 병으로 인하여 몸을 제대로 쓰지 못하게 됨.
- □ **병행(竝行)** ① 둘 이상의 사물이 나란히 감. ② 둘 이상의 일을 한꺼번에 행함.
- □ **보도(報道)** 대중 전달 매체를 통하여 일반 사람들에게 새로운 소식을 알림. 또는 그 소식
- □ **보류(保留)** 어떤 일을 당장 처리하지 아니하고 나중으로 미루어 둠.
- □ **보상(補償)** 남에게 끼친 손해를 갚음.
- □ **보수(保守)** ① 보전하여 지킴. ② 새로운 것이나 변화를 적극적으로 받아들이기보다는 전통적인 것을 옹호하며 유지하려 함.
- □ **보수(報酬)** ① 고맙게 해 준 데 대하여 보답을 함. 또는 그 보답 ② 일한 대가로 주는 돈이나 물품
- □ **보수(補修)** 건물이나 시설 따위의 낡거나 부서진 것을 손보아 고침.
- □ **보전(保全)*** 온전하게 보호하여 유지함.
- □ **보존(保存)** 잘 보호하고 간수하여 남김.
- □ **보호(保護)** ① 위험이나 곤란 따위가 미치지 아니하도록 잘 보살펴 돌봄. ② 잘 지켜 원래대로 보존되게 함.
- □ **봉변(逢變)** 뜻밖의 변이나 망신스러운 일을 당함. 또는 그 변
- □ **부담(負擔)** 어떠한 의무나 책임을 짐.
- □ **부재(不在)** 그곳에 있지 아니함.
- □ **부정(否定)** 그렇지 아니하다고 단정하거나 옳지 아니하다고 반대함.
- □ **부정(父情)** 자식에 대한 아버지의 정
- □ **부정(不正)** 올바르지 아니하거나 옳지 못함.
- □ **부착(附着/付着)** 떨어지지 아니하게 붙음. 또는 그렇게 붙이거나 닮.
- □ **분류(分類)** 종류에 따라서 가름.
- □ **분석(分析)** 얽혀 있거나 복잡한 것을 풀어서 개별적인 요소나 성질로 나눔.
- □ **불식(拂拭)** 의심이나 부조리한 점 따위를 말끔히 떨어 없앰.
- □ **붕괴(崩壞)** 무너지고 깨어짐.
- □ **비견(比肩)*** 앞서거나 뒤서지 않고 어깨를 나란히 한다는 뜻으로, 낫고 못할 것이 없이 정도가 서로 비슷하게 함.
- □ **비밀(秘密)** ① 숨기어 남에게 드러내거나 알리지 말아야 할 일 ② 밝혀지지 않았거나 알려지지 않은 내용
- □ **비치(備置)** 마련하여 갖추어 둠.
- □ **비호(庇護)*** 편들어서 감싸 주고 보호함.

ㅅ

- □ **사경(死境)** 죽을 지경. 또는 죽음에 임박한 경지
- □ **사고(思考)** 생각하고 궁리함.
- □ **사고(事故)** ① 뜻밖에 일어난 불행한 일 ② 사람에게 해를 입혔거나 말썽을 일으킨 나쁜 짓
- □ **사의(辭意)** ① 맡아보던 일자리를 그만두고 물러날 뜻 ② 글이나 말로 이야기되는 뜻
- □ **삭제(削除)** 깎아 없애거나 지워 버림.
- □ **산실(産室)*** ① 해산하는 방 ② 어떤 일을 꾸미거나 이루어 내는 곳. 또는 그런 바탕
- □ **산적(山積)** 물건이나 일이 산더미같이 쌓임.
- □ **상념(想念)** 마음속에 품고 있는 여러 가지 생각
- □ **상도(商道)** 상업 활동에서 지켜야 할 도덕

- 상정(上程) 토의할 안건을 회의 석상에 내어놓음.
- 상주(常住) 늘 일정하게 살고 있음.
- 상충(相衝) 맞지 아니하고 서로 어긋남.
- 상치(相馳) 일이나 뜻이 서로 어긋남.
- 서광(瑞光)* ① 상서로운 빛 ② 좋은 일이 일어날 조짐
- 석권(席捲/席卷)* 빠른 기세로 영토를 휩쓸거나 세력 범위를 넓힘.
- 선수(先手) ① 남이 하기 전에 앞질러 하는 행동 ② 먼저 손찌검을 함. 또는 그 손찌검
- 선처(善處) 형편에 따라 잘 처리함.
- 성원(成員) ① 모임이나 단체를 구성하는 인원 ② 회의 성립에 필요한 인원
- 성토(聲討) 여러 사람이 모여 국가나 사회에 끼친 잘못을 소리 높여 규탄함.
- 소관(所管) 맡아 관리하는 바. 또는 그 범위
- 소집(召集) 단체나 조직체의 구성원을 불러서 모음.
- 소청(訴請) 하소연하여 청함.
- 소홀(疏忽) 대수롭지 아니하고 예사로움. 또는 탐탁하지 아니하고 데면데면함.
- 손실(損失) 잃어버리거나 축나서 손해를 봄. 또는 그 손해
- 송부(送付) 편지나 물품 따위를 부치어 보냄.
- 송치(送致) ① 검찰청으로 피의자와 서류를 넘겨 보내는 일 ② 서류나 물건 따위를 보내어 정해진 곳에 이르게 함.
- 수납(收納) 돈이나 물품 따위를 받아 거두어들임.
- 수려(秀麗) 빼어나게 아름다움.
- 수령(受領) 돈이나 물품을 받아들임.
- 수령(樹齡) 나무의 나이
- 수령(首領) 한 당파나 무리의 우두머리
- 수료(修了) 일정한 학과를 다 배워 끝냄.
- 수리(修理)* 고장 나거나 허름한 데를 손보아 고침.
- 수리(數理) ① 수학의 이론이나 이치 ② 수학과 자연 과학을 아울러 이르는 말
- 수리(水利) ① 수상 운송상의 편리 ② 식용, 관개용, 공업용으로 물을 이용하는 일
- 수발(受發) 받음과 보냄.
- 수습(收拾) ① 흩어진 재산이나 물건을 거두어 정돈함. ② 어수선한 사태를 거두어 바로잡음. ③ 어지러운 마음을 가라앉혀 바로잡음.
- 수여(授與) 증서, 상장, 훈장 따위를 줌.
- 수임(受任) 임무나 위임을 받음.
- 수작(酬酌) ① 술잔을 서로 주고받음. ② 서로 말을 주고받음. 또는 그 말 ③ 남의 말이나 행동, 계획을 낮잡아 이르는 말
- 수정(修正) 바로잡아 고침.
- 수주(受注) 주문을 받음.
- 수지(手指) 손끝의 다섯 개로 갈라진 부분
- 수지(收支) ① 수입과 지출을 아울러 이르는 말 ② 거래 관계에서 얻는 이익
- 수축(收縮) ① 근육 따위가 오그라듦. ② 부피나 규모가 줄어듦.
- 숙환(宿患)* ① 오래 묵은 병 ② 오래된 걱정거리
- 순연(順延) 차례로 기일을 늦춤.
- 순종(順從) 순순히 따름.
- 슬하(膝下)* 무릎의 아래라는 뜻으로, 어버이나 조부모의 보살핌 아래. 주로 부모의 보호를 받는 테두리 안을 이름.
- 승복(承服) ① 납득하여 따름. ② 죄를 스스로 고백함.
- 승전(勝戰) 싸움에서 이김.
- 승진(昇進/陞進) 직위의 등급이나 계급이 오름.
- 신념(信念) 굳게 믿는 마음
- 신봉(信奉) 사상이나 학설, 교리 따위를 옳다고 믿고 받듦.
- 신수(身手)* ① 용모와 풍채를 통틀어 이르는 말 ② 얼굴에 나타난 건강 색
- 신장(伸張) 세력이나 권리 따위가 늘어남. 또는 늘어나게 함.
- 실명(實名) 실제의 이름

ㅇ

- 아성(牙城)* 아주 중요한 근거지를 이르는 말
- 애도(哀悼) 사람의 죽음을 슬퍼함.
- 애증(愛憎) 사랑과 미움을 아울러 이르는 말
- 야기(惹起) 일이나 사건 따위를 끌어 일으킴.
- 양식(糧食) ① 생존을 위하여 필요한 사람의 먹을거리 ② 지식이나 물질, 사상 따위의 원천이 되는 것을 이르는 말
- 양식(良識) 뛰어난 식견이나 건전한 판단
- 양식(樣式) ① 일정한 모양이나 형식 ② 오랜 시간이 지나면서 자연히 정하여진 방식 ③ 시대나 부류에 따라 각기 독특하게 지니는 문학, 예술 따위의 형식

- □ 어패(魚貝) 물고기와 조개를 아울러 이르는 말
- □ 언변(言辯) 말을 잘하는 재주나 솜씨
- □ 연마(鍊磨/研磨/練磨) ① 주로 돌이나 쇠붙이, 보석, 유리 따위의 고체를 갈고 닦아서 표면을 반질반질하게 함. ② 학문이나 기술을 힘써 배우고 닦음.
- □ 연주(演奏) 악기를 다루어 곡을 표현하거나 들려주는 일
- □ 염치(廉恥)* 체면을 차릴 줄 알며 부끄러움을 아는 마음
- □ 영겁(永劫) 영원한 세월
- □ 영수(領袖) 여러 사람 가운데 우두머리
- □ 영유(領有) 자기의 것으로 차지하여 가짐.
- □ 영전(榮轉) 전보다 더 좋은 자리나 직위로 옮김.
- □ 예명(藝名) 예능인이 본명 이외에 따로 지어 부르는 이름
- □ 예방(禮訪) 예를 갖추는 의미로 인사차 방문함.
- □ 예술(藝術) 기예와 학술을 아울러 이르는 말
- □ 옹색(壅塞) 형편이 넉넉하지 못하여 생활에 필요한 것이 없거나 부족함. 또는 그런 형편
- □ 와중(渦中) ① 흐르는 물이 소용돌이치는 가운데 ② 일이나 사건 따위가 시끄럽고 복잡하게 벌어지는 가운데
- □ 완결(完決) 완전히 결정함.
- □ 왜곡(歪曲) 사실과 다르게 해석하거나 그릇되게 함.
- □ 용역(用役) 물질적 재화의 형태를 취하지 아니하고 생산과 소비에 필요한 노무를 제공하는 일
- □ 운치(韻致) 고상하고 우아한 멋
- □ 유감(遺憾) 마음에 차지 아니하여 섭섭하거나 불만스럽게 남아 있는 느낌
- □ 유례(類例)* ① 같거나 비슷한 예 ② 이전부터 있었던 사례
- □ 유예(猶豫) ① 망설여 일을 결행하지 아니함. ② 일을 결행하는 데 날짜나 시간을 미룸. 또는 그런 기간
- □ 유치(誘致)* ① 꾀어서 데려옴. ② 행사나 사업 따위를 이끌어 들임.
- □ 윤색(潤色) ① 윤이 나도록 매만져 곱게 함. ② 사실을 과장하거나 미화함을 비유적으로 이르는 말
- □ 융기(隆起) 높게 일어나 들뜸. 또는 그런 부분
- □ 융성(隆盛) 기운차게 일어나거나 대단히 번성함.
- □ 음악(音樂) 목소리나 악기를 통하여 사상 또는 감정을 나타내는 예술
- □ 응전(應戰) 상대편의 공격에 맞서서 싸움. 또는 상대편의 도전에 응하여 싸움.
- □ 의결(議決) 의논하여 결정함. 또는 그런 결정

- □ 의혹(疑惑) 의심하여 수상히 여김. 또는 그런 마음
- □ 이상(異常) ① 정상적인 상태와 다름. ② 지금까지의 경험이나 지식과는 달리 별나거나 색다름. ③ 의심스럽거나 알 수 없는 데가 있음.
- □ 이상(理想) 생각할 수 있는 범위 안에서 가장 완전하다고 여겨지는 상태
- □ 이상(以上) 수량이나 정도가 일정한 기준보다 더 많거나 나음.
- □ 익명(匿名) 이름을 숨김. 또는 숨긴 이름이나 그 대신 쓰는 이름
- □ 인멸(湮滅/堙滅) 자취도 없이 모두 없어짐. 또는 그렇게 없앰.
- □ 인용(認容) 인정하여 용납함.
- □ 임대(賃貸) 돈을 받고 자기의 물건을 남에게 빌려줌.
- □ 임야(林野) 숲과 들을 아울러 이르는 말
- □ 입찰(入札) 상품의 매매나 도급 계약을 체결할 때 여러 희망자들에게 각자의 낙찰 희망 가격을 서면으로 제출하게 하는 일

ㅈ

- □ 자만(自慢) 자신이나 자신과 관련 있는 것을 스스로 자랑하며 뽐냄.
- □ 자청(自請)* 어떤 일에 나서기를 스스로 청함.
- □ 작태(作態) ① 의도적으로 어떠한 태도나 표정을 지음. 또는 그 태도나 표정 ② 하는 짓거리
- □ 잡기(雜技) 잡다한 놀이의 기술이나 재주
- □ 장고(長考) 오랫동안 깊이 생각함.
- □ 장기(臟器) 내장의 여러 기관
- □ 장기(長技) 가장 잘하는 재주
- □ 장기(長期) 긴 기간
- □ 장악(掌握) 손안에 잡아 쥔다는 뜻으로, 무엇을 마음대로 할 수 있게 됨을 이르는 말
- □ 장족(長足)* ① 기다랗게 생긴 다리 ② 사물의 발전이나 진행이 매우 빠름.
- □ 장착(裝着) 의복, 기구, 장비 따위에 장치를 부착함.
- □ 재고(再考) 어떤 일이나 문제 따위에 대하여 다시 생각함.

- ☐ 재연(再演)* ① 연극이나 영화 따위를 다시 상연하거나 상영함. ② 한 번 하였던 행위나 일을 다시 되풀이함.
- ☐ 재연(再燃)* ① 꺼졌던 불이 다시 탐. ② 한동안 잠잠하던 일이 다시 문제가 되어 시끄러워짐.
- ☐ 전가(轉嫁) ① 잘못이나 책임을 다른 사람에게 넘겨씌움. ② 시집을 두 번째로 감.
- ☐ 전기(傳記) ① 한 사람의 일생 동안의 행적을 적은 기록 ② 전하여 듣고 기록함.
- ☐ 전기(前期) ① 일정 기간을 몇 개로 나눈 첫 시기 ② 앞의 시기 ③ 기한보다 앞섬.
- ☐ 전기(轉機) 전환점이 되는 기회나 시기
- ☐ 전망(展望) ① 넓고 먼 곳을 멀리 바라봄. 또는 멀리 내다보이는 경치 ② 앞날을 헤아려 내다봄. 또는 내다보이는 장래의 상황
- ☐ 전시(展示)* ① 여러 가지 물품을 한곳에 벌여 놓고 보임. ② 책, 편지 따위를 펴서 봄. 또는 펴서 보임.
- ☐ 전역(全域) 어느 지역의 전체
- ☐ 전용(專用) ① 남과 공동으로 쓰지 아니하고 혼자서만 씀. ② 특정한 부류의 사람만이 씀. ③ 특정한 목적으로 일정한 부문에만 한하여 씀. ④ 오로지 한 가지만을 씀.
- ☐ 전치(全治) 병을 완전히 고침.
- ☐ 절차(節次) 일을 치르는 데 거쳐야 하는 순서나 방법
- ☐ 점유(占有) 물건이나 영역, 지위 따위를 차지함.
- ☐ 접경(接境) 경계가 서로 맞닿음. 또는 그 경계
- ☐ 정서(情緖) 사람의 마음에 일어나는 여러 가지 감정. 또는 감정을 불러일으키는 기분이나 분위기
- ☐ 정주(定住) 일정한 곳에 자리를 잡고 삶.
- ☐ 정치(精緻) 정교하고 치밀함. → 정치하다.
- ☐ 제시(提示) ① 어떠한 의사를 말이나 글로 나타내어 보임. ② 검사나 검열 따위를 위하여 물품을 내어 보임.
- ☐ 제재(制裁)* 일정한 규칙이나 관습의 위반에 대하여 제한하거나 금지함. 또는 그런 조치
- ☐ 제정(制定) 제도나 법률 따위를 만들어서 정함.
- ☐ 조수(助手) 어떤 책임자 밑에서 지도를 받으면서 그 일을 도와주는 사람
- ☐ 조수(潮水) ① 밀물과 썰물을 통틀어 이르는 말 ② 아침에 밀려들었다가 나가는 바닷물 ③ 달, 태양 따위의 인력에 의하여 주기적으로 높아졌다 낮아졌다 하는 바닷물
- ☐ 조수(鳥獸) 새와 짐승을 아울러 이르는 말
- ☐ 조장(助長) 바람직하지 않은 일을 더 심해지도록 부추김.
- ☐ 종식(終熄) 한때 매우 성하던 현상이나 일이 끝나거나 없어짐.
- ☐ 종전(終戰) 전쟁이 끝남. 또는 전쟁을 끝냄.
- ☐ 주재(主宰) 어떤 일을 중심이 되어 맡아 처리함.
- ☐ 주창(主唱) ① 주의나 사상을 앞장서서 주장함. ② 노래나 시 따위를 앞장서서 부름.
- ☐ 준거(準據) 사물의 정도나 성격 따위를 알기 위한 근거나 기준
- ☐ 준공(竣工) 공사를 다 마침.
- ☐ 준수(遵守) 전례나 규칙, 명령 따위를 그대로 좇아서 지킴.
- ☐ 중개(仲介) 제삼자로서 두 당사자 사이에 서서 일을 주선함.
- ☐ 중용(重用) 중요한 자리에 임용함.
- ☐ 중재(仲裁) 분쟁에 끼어들어 쌍방을 화해시킴.
- ☐ 증가(增加) 양이나 수치가 늚.
- ☐ 증편(增便) 정기적인 교통편의 횟수를 늘림.
- ☐ 지수(指數) 해마다 변화하는 사항을 알기 쉽도록 보이기 위해 어느 해의 수량을 기준으로 잡아 100으로 하고, 그것에 대한 다른 해의 수량을 비율로 나타낸 수치
- ☐ 지지(支持) ① 어떤 사람이나 단체 따위의 주의·정책·의견 따위에 찬동하여 이를 위하여 힘을 씀. ② 무거운 물건을 받치거나 버팀.
- ☐ 지축(地軸) ① 지구의 자전축 ② 대지의 중심
- ☐ 지혜(智慧) 사물의 이치를 빨리 깨닫고 사물을 정확하게 처리하는 정신적 능력
- ☐ 진보(進步) ① 정도나 수준이 나아지거나 높아짐. ② 역사 발전의 합법칙성에 따라 사회의 변화나 발전을 추구함.
- ☐ 진상(眞想) 참된 생각
- ☐ 진수(眞髓)* 사물이나 현상의 가장 중요하고 본질적인 부분
- ☐ 진척(進陟)* 일이 목적한 방향대로 진행되어 감.
- ☐ 질서(秩序) 혼란 없이 순조롭게 이루어지게 하는 사물의 순서나 차례
- ☐ 질책(叱責) 꾸짖어 나무람.
- ☐ 집약(集約) 한데 모아서 요약함.
- ☐ 집체(集體) ① 물체가 한곳에 모여 이루어진 것 ② 힘, 지혜, 동작, 개념 따위를 하나로 뭉친 것
- ☐ 징발(徵發) ① 남에게 물품을 강제적으로 모아 거둠. ② 국가에서 특별한 일에 필요한 사람이나 물자를 강제로 모으거나 거둠.

- 징후(徵候) 겉으로 나타나는 낌새

ㅊ

- 착공(着工) 공사를 시작함.
- 착수(着手) 어떤 일에 손을 댐.
- 찬탈(簒奪) 왕위, 국가 주권 따위를 억지로 빼앗음.
- 찰나(刹那) 어떤 일이나 사물 현상이 일어나는 바로 그때
- 창달(暢達) ① 의견, 주장, 견해 따위를 거리낌이나 막힘이 없이 자유롭게 표현하고 전달함. ② 거침없이 쑥쑥 뻗어 나감. 또는 그렇게 되게 함.
- 채근(採根) ① 식물의 뿌리를 캐냄. ② 어떤 일의 내용, 원인, 근원 따위를 캐어 알아냄. ③ 어떻게 행동하기를 따지어 독촉함. ④ 남에게 받을 것을 달라고 독촉함.
- 처방(處方) ① 병을 치료하기 위하여 증상에 따라 약을 짓는 방법 ② 일정한 문제를 처리하는 방법
- 천착(穿鑿) ① 구멍을 뚫음. ② 어떤 원인이나 내용 따위를 따지고 파고들어 알려고 하거나 연구함. ③ 억지로 이치에 닿지 아니한 말을 함.
- 첨삭(添削) 시문(詩文)이나 답안 따위의 내용 일부를 보태거나 삭제하여 고침.
- 청강(聽講) 강의를 들음.
- 체계(體系) 일정한 원리에 따라서 낱낱의 부분이 짜임새 있게 조직되어 통일된 전체
- 체증(滯症) ① 먹은 음식이 잘 소화되지 아니하는 증상 ② 교통의 흐름이 순조롭지 아니하여 길이 막히는 상태
- 초록(抄錄) 필요한 부분만을 뽑아서 적음. 또는 그런 기록
- 촉탁(囑託)* ① 일을 부탁하여 맡김. ② 정부 기관이나 공공 단체에서 임시로 어떤 일을 맡아보는 사람
- 추대(推戴)* 윗사람으로 떠받듦.
- 추모(追慕) 죽은 사람을 그리며 생각함.
- 추서(追敍) 죽은 뒤에 관등을 올리거나 훈장 따위를 줌.
- 추종(追從) ① 남의 뒤를 따라서 좇음. ② 권력이나 권세를 가진 사람이나 자신이 동의하는 학설 따위를 별 판단 없이 믿고 따름.
- 추징(追徵) 부족한 것을 뒤에 추가하여 징수함.
- 추호(秋毫)* 매우 적거나 조금인 것을 비유적으로 이르는 말
- 축소(縮小) 모양이나 규모 따위를 줄여서 작게 함.
- 축수(祝壽) 오래 살기를 빎.
- 축출(逐出) 쫓아내거나 몰아냄.
- 출시(出市) 상품이 시중에 나옴. 또는 상품을 시중에 내보냄.
- 출현(出現) 나타나거나 또는 나타나서 보임.
- 측정(測定) ① 일정한 양을 기준으로 하여 같은 종류의 다른 양의 크기를 잼. ② 헤아려 결정함.
- 치부(恥部) 남에게 드러내고 싶지 아니한 부끄러운 부분
- 친소(親疎) 친함과 친하지 아니함.
- 칩거(蟄居) 나가서 활동하지 아니하고 집 안에만 틀어박혀 있음.

ㅋ

- 쾌거(快擧) 통쾌하고 장한 행위

ㅌ

- 토로(吐露) 마음에 있는 것을 죄다 드러내서 말함.
- 퇴보(退步)* ① 뒤로 물러감. ② 정도나 수준이 이제까지의 상태보다 뒤떨어지거나 못하게 됨.

ㅍ

- 파장(波長) 충격적인 일이 끼치는 영향 또는 그 영향이 미치는 정도나 동안을 비유적으로 이르는 말
- 팽배(澎湃/彭湃) 어떤 기세나 사조 따위가 매우 거세게 일어남.
- 팽창(膨脹) ① 부풀어서 부피가 커짐. ② 수량이 본디 상태보다 늘어나거나 범위·세력 따위가 본디의 상태보다 커지거나 크게 발전함.
- 폐강(閉講) 있던 강좌나 강의를 폐지함.
- 포용(包容) 남을 너그럽게 감싸 주거나 받아들임.
- 폭서(暴暑) 매우 심한 더위
- 풍조(風潮) 시대에 따라 변하는 세태

- **필명(筆名)** ① 글씨나 글을 잘 써서 떨치는 명예 ② 글을 써서 발표할 때에 사용하는, 본명이 아닌 이름

ㅎ

- **할거(割據)** 땅을 나누어 차지하고 굳게 지킴.
- **할인(割引)** 일정한 값에서 얼마를 뺌.
- **함락(陷落)** 땅이 무너져 내려앉음.
- **합의(合意)** 서로 의견이 일치함. 또는 그 의견
- **해결(解決)** 제기된 문제를 해명하거나 얽힌 일을 잘 처리함.
- **해산(解散)** ① 모였던 사람이 흩어짐. 또는 흩어지게 함. ② 집단, 조직, 단체 따위가 해체하여 없어짐. 또는 없어지게 함.
- **협의(狹義)** 어떤 말의 개념을 정의할 때에, 좁은 의미
- **혹한(酷寒)** 몹시 심한 추위
- **화제(話題)** 이야기의 제목
- **확대(擴大)** 모양이나 규모 따위를 더 크게 함.
- **확률(確率)** 일정한 조건 아래에서 어떤 사건이나 사상이 일어날 가능성의 정도
- **확장(擴張)** 범위, 규모, 세력 따위를 늘려서 넓힘.
- **확정(確定)** 일을 확실하게 정함.
- **회자(膾炙)*** 칭찬을 받으며 사람의 입에 자주 오르내림.
- **효험(效驗)** 일의 좋은 보람. 또는 어떤 작용의 결과
- **휴전(休戰)** 교전국이 서로 합의하여, 전쟁을 얼마 동안 멈추는 일
- **희박(稀薄)** ① 기체나 액체 따위의 밀도나 농도가 짙지 못하고 낮거나 엷음. ② 감정이나 정신 상태 따위가 부족하거나 약함. ③ 어떤 일이 이루어질 가능성이 적음.
- **힐난(詰難)** 트집을 잡아 거북할 만큼 따지고 듦.

02 한자성어

ㄱ

- □ 가담항설(街談巷說)* 길거리나 사람들 사이에 떠도는 이야기
- □ 각주구검(刻舟求劍)* 시대의 변천을 모르고 융통성이 없이 어리석음을 비유한 말
- □ 감언이설(甘言利說)* 귀가 솔깃하도록 남의 비위를 맞추거나 이로운 조건을 내세워 꾀는 말
- □ 감지덕지(感之德之) 분에 넘치는 듯싶어 매우 고맙게 여기는 모양
- □ 거두절미(去頭截尾) 어떤 일의 요점만 간단히 말함.
- □ 거안사위(居安思危) 평안할 때에도 위험이 닥칠 것을 생각하며 미리 대비해야 함.
- □ 건곤일척(乾坤一擲) 운명을 걸고 단판걸이로 승부를 겨룸.
- □ 격세지감(隔世之感)* 그리 오래되지 않은 동안에 변화가 심하여 아주 다른 세상이 된 것 같은 느낌
- □ 견강부회(牽强附會)* 이치에 맞지 않는 말을 억지로 끌어 붙여 자기주장의 조건에 맞도록 함.
- □ 견리사의(見利思義) 눈앞의 이익을 보면 의리를 먼저 생각함.
- □ 견원지간(犬猿之間) 개와 원숭이의 사이라는 뜻으로, 사이가 매우 나쁜 두 관계를 이르는 말
- □ 결초보은(結草報恩)* 죽어서도 잊지 않고 은혜를 갚음.
- □ 경천동지(驚天動地) 하늘을 놀라게 하고 땅을 뒤흔든다는 뜻으로, 세상을 몹시 놀라게 함.
- □ 고식지계(姑息之計) 우선 당장 편한 것만을 택하는 꾀나 방법
- □ 고육지계(苦肉之計) 어려운 상태를 벗어나기 위해 어쩔 수 없이 꾸며 내는 계책을 이르는 말
- □ 고장난명(孤掌難鳴)* 외손뼉만으로는 소리가 울리지 아니한다는 뜻으로, 혼자의 힘만으로 어떤 일을 이루기 어려움을 이르는 말
- □ 곡학아세(曲學阿世) 바른길에서 벗어난 학문으로 세상 사람에게 아첨함.
- □ 공전절후(空前絶後) 이전에도 없었고 앞으로도 없음.
- □ 괄목상대(刮目相對) 눈을 비비고 상대편을 본다는 뜻으로, 남의 학식이나 재주가 놀랄 만큼 부쩍 늚을 이르는 말

- □ 교각살우(矯角殺牛) 소의 뿔을 바로잡으려다가 소를 죽인다는 뜻으로, 잘못된 점을 고치려다가 오히려 일을 그르침을 이르는 말
- □ 교언영색(巧言令色)* 남의 환심을 사기 위해 아첨하는 교묘한 말과 보기 좋게 꾸미는 표정
- □ 교학상장(敎學相長) 가르침과 배움이 서로 진보시켜 준다는 뜻
- □ 구중심처(九重深處) 밖으로 잘 드러나지 않는 깊숙한 곳
- □ 권토중래(捲土重來) 어떤 일에 실패한 뒤에 힘을 가다듬어 다시 그 일에 착수함을 비유하여 이르는 말
- □ 금과옥조(金科玉條) 금이나 옥처럼 귀중히 여겨 꼭 지켜야 할 법칙이나 규정
- □ 기호지세(騎虎之勢) 호랑이를 타고 달리는 형세라는 뜻으로, 이미 시작한 일을 중도에서 그만둘 수 없는 경우를 비유적으로 이르는 말

ㄴ

- □ 난형난제(難兄難弟)* 사물의 우열을 가리기가 어려움.
- □ 남가일몽(南柯一夢) 남쪽 가지 밑에서 꾼 꿈이라는 뜻으로, 인생의 부귀영화가 한낱 꿈에 지나지 않는다는 말
- □ 낭중지추(囊中之錐) 주머니 속의 송곳이라는 뜻으로, 재능이 뛰어난 사람은 숨어 있어도 저절로 사람들에게 알려짐을 이르는 말
- □ 누란지위(累卵之危)* 달걀을 쌓아 놓은 것과 같이 몹시 아슬아슬한 위기를 이르는 말

ㄷ

- □ 다기망양(多岐亡羊)* 갈림길이 많아 잃어버린 양을 찾지 못한다는 뜻으로, 두루 섭렵하기만 하고 전공하는 바가 없어 끝내 성취하지 못함을 이르는 말
- □ 다문박식(多聞博識) 보고 들은 것이 많고 아는 것이 많음.
- □ 다정다감(多情多感) 정이 많고 감정이 풍부함.

- [ ] **당랑거철(螳螂拒轍)** 제 역량을 생각하지 않고, 강한 상대나 되지 않을 일에 덤벼드는 무모한 행동거지를 비유적으로 이르는 말
- [ ] **대기만성(大器晚成)** 큰 그릇을 만드는 데는 시간이 오래 걸린다는 뜻으로, 크게 될 사람은 늦게 이루어짐을 이르는 말
- [ ] **독수공방(獨守空房)** ① 혼자서 지내는 것 ② 아내가 남편 없이 혼자 지내는 것
- [ ] **동고동락(同苦同樂)** 괴로움도 즐거움도 함께함.
- [ ] **동병상련(同病相憐)** 같은 병을 앓는 사람끼리 서로 가엾게 여긴다는 뜻으로, 어려운 처지에 있는 사람끼리 서로 가엾게 여김을 이르는 말
- [ ] **두문불출(杜門不出)** 집에만 있고 바깥출입을 아니함.
- [ ] **득의지추(得意之秋)*** 일이 뜻대로 이루어졌거나 이루어질 좋은 기회
- [ ] **등화가친(燈火可親)** 등불을 가까이할 만하다는 뜻으로, 서늘한 가을밤은 등불을 가까이하여 글 읽기에 좋음을 이르는 말

ㅁ

- [ ] **마이동풍(馬耳東風)** 동풍이 말의 귀를 스쳐 간다는 뜻으로, 남의 말을 귀담아듣지 아니하고 지나쳐 흘려버림을 이르는 말
- [ ] **만경창파(萬頃蒼波)** 만 이랑의 푸른 물결이라는 뜻으로, 한없이 넓고 넓은 바다를 이르는 말
- [ ] **만고절색(萬古絕色)** 세상에 비길 데 없이 뛰어난 미인
- [ ] **만시지탄(晚時之歎)** 시기에 늦어 기회를 놓쳤음을 안타까워하는 탄식
- [ ] **만원사례(滿員謝禮)** 만원을 이루게 해 주어서 고맙다는 뜻으로, 이미 만원이 되어 들어오려는 사람을 더 받을 수 없음을 완곡하게 이르는 말
- [ ] **망양지탄(亡羊之歎)** 갈림길이 매우 많아 잃어버린 양을 찾을 길이 없음을 탄식한다는 뜻으로, 학문의 길이 여러 갈래여서 한 갈래의 진리도 얻기 어려움을 이르는 말
- [ ] **면종복배(面從腹背)*** 겉으로는 복종하는 체하면서 내심으로는 배반함.
- [ ] **명약관화(明若觀火)*** 불을 보듯 분명하고 뻔함.

- [ ] **목불식정(目不識丁)*** 아주 간단한 글자인 '丁' 자를 보고도 그것이 '고무래'인 줄을 알지 못한다는 뜻으로, 아주 까막눈임을 이르는 말
- [ ] **묘항현령(猫項懸鈴)** 쥐가 고양이 목에 방울을 단다는 뜻으로, 실행할 수 없는 헛된 논의를 이르는 말

ㅂ

- [ ] **방약무인(傍若無人)*** 곁에 사람이 없는 것처럼 아무 거리낌 없이 함부로 말하고 행동하는 태도가 있음.
- [ ] **백가쟁명(百家爭鳴)** 많은 학자나 문화인 등이 자기의 학설이나 주장을 자유롭게 발표하여, 논쟁하고 토론하는 일
- [ ] **백년하청(百年河淸)*** 백 년을 기다린다 해도 황하의 흐린 물은 맑아지지 않는다는 뜻으로, 아무리 오래 기다려도 어떤 일이 이루어지기 어려움을 이르는 말
- [ ] **백척간두(百尺竿頭)** 백 자나 되는 높은 장대 위에 올라섰다는 뜻으로, 몹시 어렵고 위태로운 지경을 이르는 말
- [ ] **부창부수(夫唱婦隨)** 남편이 주장하고 아내가 이에 잘 따름. 또는 부부 사이의 그런 도리
- [ ] **부화뇌동(附和雷同)*** 줏대 없이 남의 의견에 따라 움직임.
- [ ] **불철주야(不撤晝夜)** 어떤 일에 몰두하여 조금도 쉴 사이 없이 밤낮을 가리지 아니함.

ㅅ

- [ ] **사고무친(四顧無親)*** 의지할 만한 사람이 아무도 없음.
- [ ] **삼순구식(三旬九食)** 삼십 일 동안 아홉 끼니밖에 먹지 못한다는 뜻으로, 몹시 가난함을 이르는 말
- [ ] **상명지통(喪明之痛)** 눈이 멀 정도로 슬프다는 뜻으로, 아들이 죽은 슬픔을 비유적으로 이르는 말
- [ ] **상전벽해(桑田碧海)** 뽕나무밭이 변하여 푸른 바다가 된다는 뜻으로, 세상일의 변천이 심함을 비유적으로 이르는 말
- [ ] **새옹지마(塞翁之馬)** 인생의 길흉화복은 변화가 많아서 예측하기가 어렵다는 말
- [ ] **설상가상(雪上加霜)*** 눈 위에 서리가 덮인다는 뜻으로, 난처한 일이나 불행한 일이 잇따라 일어남을 이르는 말

- 성동격서(聲東擊西) 동쪽에서 소리를 내고 서쪽에서 적을 친다는 뜻으로, 적을 유인하여 이쪽을 공격하는 체하다가 그 반대쪽을 치는 전술을 이르는 말
- 수구초심(首丘初心) 여우가 죽을 때에 머리를 자기가 살던 굴 쪽으로 둔다는 뜻으로, 고향을 그리워하는 마음을 이르는 말
- 수불석권(手不釋卷)* 손에서 책을 놓지 아니하고 늘 글을 읽음.
- 수주대토(守株待兎)* 한 가지 일에만 얽매여 발전을 모르는 어리석은 사람을 비유적으로 이르는 말
- 숙맥불변(菽麥不辨) 콩인지 보리인지를 구별하지 못한다는 뜻으로, 사리 분별을 못 하고 세상 물정을 잘 모름을 이르는 말

ㅇ

- 악전고투(惡戰苦鬪) 매우 어려운 조건을 무릅쓰고 힘을 다하여 고생스럽게 싸움.
- 양두구육(羊頭狗肉)* 양의 머리를 걸어 놓고 개고기를 판다는 뜻으로, 겉보기만 그럴듯하게 보이고 속은 변변하지 아니함을 이르는 말
- 어로불변(魚魯不辨) 어(魚) 자와 노(魯) 자를 구별하지 못한다는 뜻으로, 아주 무식함을 비유적으로 이르는 말
- 연목구어(緣木求魚) 나무에 올라가서 물고기를 구한다는 뜻으로, 도저히 불가능한 일을 굳이 하려 함.
- 연하고질(煙霞痼疾) 자연의 아름다운 경치를 몹시 사랑하고 즐기는 성벽
- 오곡백과(五穀百果) 온갖 곡식과 과실
- 오비이락(烏飛梨落)* 까마귀 날자 배 떨어진다는 뜻으로, 아무 관계도 없이 한 일이 공교롭게도 때가 같아 억울하게 의심을 받거나 난처한 위치에 서게 됨을 이르는 말
- 오십보백보(五十步百步) 조금 낫고 못한 정도의 차이는 있으나 본질적으로는 차이가 없음을 이르는 말
- 오월동주(吳越同舟)* 서로 적의를 품은 사람들이 한자리에 있게 된 경우를 이르는 말
- 와신상담(臥薪嘗膽) 섶에 눕고 쓸개를 씹는다는 뜻으로, 원수를 갚으려고 온갖 괴로움을 참고 견딤을 이르는 말
- 용호상박(龍虎相搏) 용과 범이 서로 싸운다는 뜻으로, 강자끼리 서로 싸움을 이르는 말

- 우공이산(愚公移山)* 우공이 산을 옮긴다는 뜻으로, 어떤 일이든 끊임없이 노력하면 반드시 이루어짐을 이르는 말
- 유만부동(類萬不同) 여러 사람의 의견이 서로 달라 같지 않음.
- 이전투구(泥田鬪狗) 자기의 이익을 위하여 비열하게 다툼을 비유적으로 이르는 말
- 일취월장(日就月將)* 나날이 다달이 자라거나 발전함.

ㅈ

- 자가당착(自家撞着)* 같은 사람의 말이나 행동이 앞뒤가 서로 맞지 아니하고 모순됨.
- 자강불식(自强不息) 스스로 힘써 몸과 마음을 가다듬어 쉬지 아니함.
- 자승자박(自繩自縛) 자기의 줄로 자기 몸을 옭아 묶는다는 뜻으로, 자기가 한 말과 행동에 자기 자신이 옭혀 곤란하게 됨을 비유적으로 이르는 말
- 적반하장(賊反荷杖)* 도둑이 도리어 매를 든다는 뜻으로, 잘못한 사람이 아무 잘못도 없는 사람을 나무람을 이르는 말
- 적수공권(赤手空拳) 맨손과 맨주먹이라는 뜻으로, 아무것도 가진 것이 없음을 이르는 말
- 전대미문(前代未聞) 이제까지 들어 본 적이 없음.
- 전도유망(前途有望) 앞으로 잘될 희망이 있음.
- 전무후무(前無後無) 이전에도 없었고 앞으로도 없음.
- 전인미답(前人未踏) 지금까지 아무도 손을 대거나 발을 디딘 일이 없음.
- 전전반측(輾轉反側) 누워서 몸을 이리저리 뒤척이며 잠을 이루지 못함.
- 절차탁마(切磋琢磨)* 옥이나 돌 따위를 갈고 닦아서 빛을 낸다는 뜻으로, 부지런히 학문과 덕행을 닦음을 이르는 말
- 절체절명(絕體絕命) 몸도 목숨도 다 되었다는 뜻으로, 어찌할 수 없는 절박한 경우를 비유적으로 이르는 말
- 조족지혈(鳥足之血) 새 발의 피라는 뜻으로, 매우 적은 분량을 비유적으로 이르는 말
- 좌정관천(坐井觀天)* 우물 속에 앉아서 하늘을 본다는 뜻으로, 사람의 견문(見聞)이 매우 좁음을 이르는 말

- 주경야독(晝耕夜讀) 낮에는 농사짓고, 밤에는 글을 읽는다는 뜻으로, 어려운 여건 속에서도 꿋꿋이 공부함을 이르는 말
- 주마간산(走馬看山) 말을 타고 달리며 산천을 구경한다는 뜻으로, 자세히 살피지 아니하고 대충대충 보고 지나감을 이르는 말
- 중구삭금(衆口鑠金) 뭇사람의 말은 쇠도 녹인다는 뜻으로, 여론의 힘이 큼을 이르는 말
- 지록위마(指鹿爲馬)* 윗사람을 농락하여 권세를 마음대로 함을 이르는 말

ㅊ

- 천석고황(泉石膏肓) 자연의 아름다운 경치를 몹시 사랑하고 즐기는 성벽
- 철중쟁쟁(鐵中錚錚)* 여러 쇠붙이 가운데서도 유난히 맑게 쟁그랑거리는 소리가 난다는 뜻으로, 같은 무리 가운데서도 가장 뛰어남. 또는 그런 사람을 이르는 말
- 청출어람(靑出於藍) 쪽에서 나온 푸른색이 쪽보다 더 푸르다는 뜻으로, 스승보다 나은 제자를 이르는 말
- 촌철살인(寸鐵殺人)* 한 치의 쇠붙이로도 사람을 죽일 수 있다는 뜻으로, 간단한 말로도 남을 감동하게 하거나 남의 약점을 찌를 수 있음을 이르는 말
- 침소봉대(針小棒大)* 작은 일을 크게 불리어 떠벌림.

ㅌ

- 탁상공론(卓上空論) 현실성이나 실현성이 없는 허황한 이론
- 토사구팽(兎死狗烹)* 토끼 사냥 후에 사냥개는 삶아 먹힌다는 뜻으로, 쓸모가 있을 때는 긴요하게 쓰고 쓸모가 없어지면 야박하게 버림을 이르는 말

ㅍ

- 포복절도(抱腹絕倒) 배를 그러안고 넘어질 정도로 몹시 웃음.
- 풍비박산(風飛雹散) 사방으로 날아 흩어짐.
- 풍수지탄(風樹之嘆) 효도를 다하지 못한 채 어버이를 여읜 자식의 슬픔을 이르는 말
- 풍전등화(風前燈火) 바람 앞의 등불이라는 뜻으로, 사물이 매우 위태로운 처지에 놓여 있음을 비유적으로 이르는 말

ㅎ

- 하석상대(下石上臺)* 아랫돌 빼서 윗돌 괴고 윗돌 빼서 아랫돌 괸다는 뜻으로, 임시변통으로 이리저리 둘러맞춤을 이르는 말
- 학수고대(鶴首苦待) 학의 목처럼 목을 길게 빼고 간절히 기다림.
- 혈혈단신(孑孑單身) 의지할 곳이 없는 외로운 홀몸
- 형설지공(螢雪之功)* 반딧불·눈과 함께 하는 노력이라는 뜻으로, 고생을 하면서 부지런하고 꾸준하게 공부하는 자세를 이르는 말
- 호가호위(狐假虎威) 남의 권세를 빌려 위세를 부림.
- 혼정신성(昏定晨省) 부모를 잘 섬기고 효성을 다함을 이르는 말
- 화룡점정(畵龍點睛)* 무슨 일을 하는 데에 가장 중요한 부분을 완성함을 비유적으로 이르는 말
- 화사첨족(畵蛇添足) 뱀을 다 그리고 나서 있지도 아니한 발을 덧붙여 그려 넣는다는 뜻으로, 쓸데없는 군짓을 하여 도리어 잘못되게 함을 이르는 말
- 환골탈태(換骨奪胎)* 사람이 보다 나은 방향으로 변하여 전혀 딴사람처럼 됨.
- 흥진비래(興盡悲來) 즐거운 일이 다하면 슬픈 일이 닥쳐온다는 뜻으로, 세상일은 순환되는 것임을 이르는 말

제2장 출제 유형 | 확인 문제

정답 및 해설 ▶ p.5

01 한자어의 사전적 뜻풀이로 옳지 <u>않은</u> 것은?

① 마각(馬脚): 말의 다리
② 접근(接近): 가까이 다가감.
③ 전치(全治): 병을 완전히 고침.
④ 도래(到來): 어떤 시기나 기회가 닥쳐옴.
⑤ 부의(賻儀): 노력이나 행동으로 남을 도와줌.

02 밑줄 친 한자어의 사전적 뜻풀이로 옳지 <u>않은</u> 것은?

① 고려 시대에는 문신을 요직에 <u>중용(重用)</u>하였다. → 중요한 자리에 임용함.
② 이번 회의는 대통령이 직접 <u>주재(主宰)</u>할 것이다. → 행사나 모임을 주장하고 기획하여 엶.
③ 그는 자기의 견해와 주장을 <u>추호(秋毫)</u>도 양보하거나 굽히지를 않았다. → 매우 적거나 조금인 것을 비유적으로 이르는 말
④ 한국 축구팀은 전반에 다섯 골을 넣어 공격 축구의 <u>진수(眞髓)</u>를 보여 주었다. → 사물이나 현상의 가장 중요하고 본질적인 부분
⑤ 민의를 <u>창달(暢達)</u>하는 데는 언론의 역할이 중요하다. → 의견, 주장, 견해 따위를 거리낌이나 막힘이 없이 자유롭게 표현하고 전달함.

03 밑줄 친 한자어의 사전적 뜻풀이로 옳지 <u>않은</u> 것은?

① <u>촉탁(囑託)</u> 업무는 그때그때 넘겨야지. → 일을 부탁하여 맡김.
② 대출 금액을 5년 동안 <u>거치(据置)</u>하는 조건으로 대출을 받았다. → 그대로 둠.
③ 저마다 차를 소유하는 마이카 시대가 <u>도래(到來)</u>했다. → 목적한 곳에 다다름.
④ 도로가 극심한 <u>체증(滯症)</u>을 빚고 있다. → 교통의 흐름이 순조롭지 아니하여 길이 막히는 상태
⑤ 다양한 실험을 통해 우리 것에 대한 <u>천착(穿鑿)</u>을 계속하다. → 어떤 원인이나 내용 따위를 따지고 파고들어 알려고 하거나 연구함.

04 밑줄 친 한자어의 사전적 뜻풀이로 옳지 <u>않은</u> 것은?

① 왕을 폐립한 무리들은 새로운 왕을 <u>추대(推戴)</u>했다. → 직무를 맡기어 사람을 씀.
② 농성 중인 노동자들을 <u>해산(解散)</u>하였다. → 모였던 사람이 흩어짐. 또는 흩어지게 함.
③ 그는 자신의 <u>치부(恥部)</u>까지 솔직히 말할 만큼 나를 신뢰했다. → 남에게 드러내고 싶지 아니한 부끄러운 부분
④ 그 노래는 오늘날까지 많은 사람 사이에 널리 <u>회자(膾炙)</u>되고 있다. → 칭찬을 받으며 사람의 입에 자주 오르내림.
⑤ 정치적 혼란이 경제에 <u>퇴보(退步)</u>를 가져올 수도 있다. → 정도나 수준이 이제까지의 상태보다 뒤떨어지거나 못하게 됨.

05 밑줄 친 한자어의 쓰임이 적절하지 않은 것은?

① 그는 컴퓨터 분야에서는 타의 추종(追從)을 불허한다.
② 왜 봉투를 열었느냐고 그를 힐난(詰難)할 순 없었다.
③ 우리 문화의 어제와 오늘이 이곳에 요약(要約)되어 있다.
④ 그들은 지축(地軸)을 흔들 듯이 메다치는 파도 소리를 들었다.
⑤ 정부는 좀 더 정밀한 정보 통신 체계(體系)를 마련하기로 하였다.

06 〈보기〉의 밑줄 친 표현에 대응하는 한자어로 가장 적절한 것은?

• 보기 •

그는 일에 대해서는 ㉠ 옳고 그름을 명확하게 가리는 사람이었으나, 사람에 대해서는 자신의 ㉡ 얻고 잃음을 따지지 않고 앞장서서 문제를 해결해 주는 자애로운 사람이었다.

	㉠	㉡
①	시시비비(是是非非)	이해(利害)
②	갑론을박(甲論乙駁)	우열(優劣)
③	언행일치(言行一致)	이해(利害)
④	시시비비(是是非非)	우열(優劣)
⑤	언행일치(言行一致)	득실(得失)

07 밑줄 친 한자어의 쓰임이 적절하지 않은 것은?

① 피의자는 자신의 결백을 강력하게 주창(主唱)했다.
② 동량(棟梁)을 제대로 세워야 집의 균형이 바로 잡힌다.
③ 관리는 부패하고 국민은 도탄(塗炭)에서 허덕이고 있다.
④ 졸음과 싸워 가며 나는 방 안 동정(動靜)에 귀를 곤두세웠다.
⑤ 한 문장 안에 수식어가 필요 이상으로 많으면 난삽(難澁)한 글이 된다.

08 밑줄 친 한자어의 쓰임이 적절하지 않은 것은?

① 더 이상 사회에 물의(物議)를 일으키는 일이 없도록 하시오.
② 혼자만의 골똘한 상념(想念)에 잠긴 듯 정물 같은 모습이었다.
③ 남아 선호 사상의 불식(拂拭)을 위해 제도적 보완이 필요하다.
④ 주민들은 관청이 제때 행정력을 발휘하지 못했음을 성토(聲討)하였다.
⑤ 우리나라를 찾은 외국 귀빈의 비호(庇護)에 경찰이 신경을 곤두세우고 있다.

09 밑줄 친 한자어의 쓰임이 적절하지 않은 것은?

① 형님, 요즘 신수(身手)가 좋아졌네요.
② 목격자의 출연(出演)으로 수사는 급진전되었다.
③ 여야 간의 대립으로 정국은 큰 혼란이 야기(惹起)됐다.
④ 경제 불황으로 대규모 투자 계획을 순연(順延)하기로 했다.
⑤ 번역극을 다루다 보면 우리 실정에 맞는 내용의 윤색(潤色)도 필요하다.

10 〈보기〉의 ㉠~㉢에 해당하는 한자로 올바르게 묶인 것은?

• 보기 •

• 그는 ㉠ 교정을 둘러보며 학창 시절을 추억했다.
• 하나의 책을 출판하기 위해서는 수차례의 철저한 ㉡ 교정이 필요하다.
• 아나운서를 주축으로 한 발음 ㉢ 교정 프로그램이 가장 인기가 많았다.

	㉠	㉡	㉢
①	校庭	矯正	校訂
②	校訂	矯正	校庭
③	矯正	校訂	校庭
④	校庭	校訂	矯正
⑤	校訂	校庭	矯正

11 〈보기〉의 ㉠~㉢에 해당하는 한자로 올바르게 묶인 것은?

―― 보기 ――
- 아무 데나 침을 뱉는 것은 ㉠ 양식 있는 행동이 아니다.
- ㉡ 양식이 맞지 않으면 컴퓨터가 데이터를 읽지 못한다.
- 사람이 먹을 것만 심으면 되나. 정신의 ㉢ 양식도 장만해야지.

	㉠	㉡	㉢
①	樣式	良識	糧食
②	良識	糧食	樣式
③	糧食	良識	樣式
④	樣式	糧食	良識
⑤	良識	樣式	糧食

12 〈보기〉의 ㉠~㉢에 해당하는 한자로 올바르게 묶인 것은?

―― 보기 ――
- ㉠ 이상으로 중계방송을 마치겠습니다.
- 그는 몸에 ㉡ 이상을 느끼고 병원을 찾았다.
- 그가 말한 내용은 교육의 ㉢ 이상으로서는 적절하지 않다.

	㉠	㉡	㉢
①	以上	理想	異常
②	理想	以上	異常
③	以上	異常	理想
④	異常	以上	理想
⑤	理想	異常	以上

13 〈보기〉의 ㉠~㉢에 해당하는 한자로 올바르게 묶인 것은?

―― 보기 ――
- 새로운 치료법의 발견으로 암 치료에 ㉠ 전기가 마련되었다.
- 조선 후기에는 ㉡ 전기에 비하여 상공업이 더욱 발달하였다.
- 그는 돌아가신 스승을 추모하는 마음에서 스승의 문집을 만들고 ㉢ 전기를 적었다.

	㉠	㉡	㉢
①	轉機	前期	傳記
②	前期	傳記	轉機
③	傳記	前期	轉機
④	轉機	傳記	前期
⑤	傳記	轉機	前期

14 밑줄 친 말의 한자 병기가 잘못된 것은?

① 국민은 헌법을 준수(遵守)해야 할 의무를 지닌다.
② 두 나라는 큰 강을 사이에 두고 접경(接境)하고 있다.
③ 불행한 사태의 재연(再燃)을 막으려면 모두가 노력해야 한다.
④ 문을 열고 나서려는 찰나(刹那) 총성이 요란하게 주위를 뒤흔들었다.
⑤ 국세청에서는 탈세자를 철저히 추적해 세금을 추징(追徵)할 것이라 밝혔다.

15 밑줄 친 말의 한자 병기가 잘못된 것은?

① 장기(長技)로 무단결석한 학생은 제적된다.
② 두말 말고 어서 그렇게 하라고 채근(採根)을 했다.
③ 군대의 명령이 개인의 사유까지 제재(制裁)할 수는 없다.
④ 그의 외국어 실력은 짧은 시간에 장족의 진보(進步)를 했다.
⑤ 바둑은 아직도 포석 단계였고, 그들은 장고(長考)에 장고를 거듭했다.

16 밑줄 친 말의 한자 병기가 잘못된 것은?

① 석유시장 동향(動向)에 따라 유가에 대한 전망이 가능하다.
② 식료품의 변질(變質)을 막기 위해서는 냉동 보관이 필요하다.
③ 누군가의 모략(謀略)으로 김 이사는 매우 어려운 처지에 놓이게 되었다.
④ 그는 우리나라 영화계를 이끌고 갈 차세대 기수(機首)로 주목받고 있다.
⑤ 우리 선생님은 비록 눌변(訥辯)이시지만 열성적인 강의로 우리를 감동시키곤 하셨다.

17 다음 한자성어 중 의미가 다른 것은?

① 백미(白眉)
② 낭중지추(囊中之錐)
③ 득의지추(得意之秋)
④ 철중쟁쟁(鐵中錚錚)
⑤ 군계일학(群鷄一鶴)

18 '사리 분별을 못 하고 세상 물정을 잘 모름을 이르는 말'은?

① 곡학아세(曲學阿世)
② 만시지탄(晚時之歎)
③ 유만부동(類萬不同)
④ 상전벽해(桑田碧海)
⑤ 숙맥불변(菽麥不辨)

19 '낫 놓고 기역 자도 모른다'와 의미가 가장 유사한 것은?

① 목불식정(目不識丁)
② 방약무인(傍若無人)
③ 연목구어(緣木求魚)
④ 우공이산(愚公移山)
⑤ 자가당착(自家撞着)

20 '불 난 집에 부채질한다'와 의미가 가장 유사한 것은?

① 용호상박(龍虎相搏)
② 좌정관천(坐井觀天)
③ 낙정하석(落穽下石)
④ 명약관화(明若觀火)
⑤ 중구삭금(衆口鑠金)

제2편 어휘

제3장 단어 간 의미 관계

기출 Point!
문제에 나온 단어들이 어떤 관계에 놓여 있는지 파악해야 하는 영역이다. 주어진 각 단어의 의미가 유의·반의 관계인지, 문맥에 어울리는 단어인지 알아보거나 문장 내에서 어떤 품사로 쓰였는지 알아내는 유형이 주로 출제된다.

빈출 유형 ❶ 유의어·반의어

STEP 1 | 유형 알기

각 단어가 가진 사전적 의미를 알고 그 의미가 어떤 관계에 있는지 파악하는 유형

STEP 2 | 만점 포인트

- 유의 관계: 둘 이상의 단어가 서로 소리와 형태는 다르나 의미가 비슷하다. 대부분은 개념적 의미의 동일성을 전제로 하지만 미묘한 의미 차이가 있기 때문에 문맥이나 상황을 보고 알맞은 단어를 골라야 한다는 점을 기억하자.
- 반의 관계: 둘 이상의 단어의 의미가 서로 짝을 이루어 대립하는 관계이다. 이 때 두 단어 사이에 공통적인 의미 요소가 있으면서 동시에 서로 다른 하나의 의미 요소만 달라야 한다는 점을 알아 두자.

STEP 3 | 예시 문제

'세로 2번'에 들어갈 단어와 반대의 의미를 지니는 말로 가장 적절한 것은?

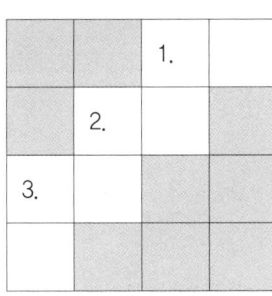

〈가로 열쇠〉
1. 때를 정하여 약속함. 또는 그런 약속
2. 수입과 지출을 아울러 이르는 말
3. 전체 가운데서 중심이 되어 영향을 미치는 존재나 세력

〈세로 열쇠〉
1. 경우에 따라 재치 있게 대응하는 지혜
3. 어떤 대상의 둘레. ○○ 환경

① 소강(小康)
② 팽창(膨脹)
③ 격감(激減)
④ 찰나(刹那)
⑤ 감소(減少)

[정답] ②

[해설] 세로 2에 들어갈 단어는 '수축(收縮)'이므로 이에 반대 의미를 가진 '팽창(膨脹)'을 선택해야 한다.
- 수축(收縮): 1. 근육 따위가 오그라듦. 2. 부피나 규모가 줄어듦.
- 팽창(膨脹): 1. 부풀어서 부피가 커짐. 2. 수량이 본디의 상태보다 늘어나거나 범위, 세력 따위가 본디의 상태보다 커지거나 크게 발전함.

〈가로 열쇠〉	〈세로 열쇠〉
• 가로 1: 기약(期約) • 가로 2: 수지(收支) • 가로 3: 주축(主軸)	• 세로 1: 기지(機智) • 세로 3: 주변(周邊)

① 소강(小康): 1. 병이 조금 나아진 기색이 있음. 2. 소란이나 분란, 혼란 따위가 그치고 조금 잠잠함.
③ 격감(激減): 수량이 갑자기 줆.
④ 찰나(刹那): 어떤 일이나 사물 현상이 일어나는 바로 그때
⑤ 감소(減少): 양이나 수치가 줆. 또는 양이나 수치를 줄임.

빈출 유형 ❷ 상위어·하위어

STEP 1 | 유형 알기

제시된 단어가 어떤 식으로 서로에게 포함되거나 서로를 포함하는지 알아내는 유형

STEP 2 | 만점 포인트

- **상하 관계**: 단어의 의미적 계층 구조에서 한쪽이 의미상 다른 한쪽을 포함하거나 포함되는 관계를 말한다. 상위어일수록 포괄적이고 일반적인 의미를 지니고, 하위어일수록 개별적이고 한정적인 의미를 지닌다. 즉, 상위어가 가지고 있는 의미 특성을 하위어가 자동적으로 가지게 된다는 점을 기억하자.
- **부분 관계**: 한 단어가 다른 단어를 구성하기 위한 부분이 되는 관계이다. 하지만 한눈에 부분 관계임을 가려내기가 어려울 수 있으므로 한 단어가 다른 단어를 구성하기 위해 꼭 필요한 부분인지 생각하며 접근해 보자.

STEP 3 | 예시 문제

〈보기〉에 제시된 두 단어의 의미 관계와 같은 것은?

• 보기 •

가다 : 오다

① 문학 : 소설　　　　　　　　　② 스포츠 : 야구
③ 출석 : 결석　　　　　　　　　④ 품사 : 동사
⑤ 곤충 : 사마귀

정답 ③

해설 단어의 의미 관계를 묻는 문제이다. '출석'은 '어떤 자리에 나아가 참석함.'이라는 뜻이고, '결석'은 '나가야 할 자리에 나가지 않음.'이라는 뜻이다. 따라서 두 단어는 서로 반의 관계에 있다.
①·②·④·⑤ 의미상 왼쪽 단어가 오른쪽 단어를 포함하는 관계이다. 즉 상하 관계에 놓인 단어들이다.

빈출 유형 ❸ 다의어 · 동음이의어

STEP 1 | 유형 알기

제시된 단어의 속성과 의미를 파악하여 다의어 관계인지 동음이의어 관계인지 찾아내는 유형

STEP 2 | 만점 포인트

단어의 의미를 폭넓게 알고 있어야 하므로 빈출 어휘를 중심으로 다양한 뜻을 암기해야 한다. 만약 다의어와 동음이의어의 구별이 어렵다면 여러 뜻을 하나로 이어 주는 중심 의미가 있는지 찾아보자. 다의어는 각 뜻을 관통하는 중심 의미가 있는 반면에 동음이의어는 서로 관련 없는 별개의 단어이기 때문이다.

- **다의어**: 여러 개의 뜻을 가진 하나의 단어이다.
  예 갈다^1
    1. 이미 있는 사물을 다른 것으로 바꾸다.
    2. 어떤 직책에 있는 사람을 다른 사람으로 바꾸다.
- **동음이의어**: 소리는 같으나 다른 뜻을 가진 단어이다.
  예 갈다^1, 갈다^2, 갈다^3

STEP 3 | 예미 문제

〈보기〉의 빈칸에 공통으로 들어갈 단어의 기본형으로 가장 적절한 것은?

──● 보기 ●──

- 친구의 결혼식에 참석해 방명록에 이름을 (   ).
- 미세 먼지가 심해 마스크를 (   ) 출근했다.
- 커피가 너무 (   ) 물을 좀 더 부었다.

① 입다   ② 적다
③ 달다   ④ 올리다
⑤ 쓰다

정답 ⑤

해설 문맥을 보고 공통으로 들어갈 동음이의어를 찾아내야 한다. 빈칸에 공통으로 들어갈 단어의 기본형은 '쓰다'이다.
- 쓰다^1: 붓, 펜, 연필과 같이 선을 그을 수 있는 도구로 종이 따위에 획을 그어서 일정한 글자의 모양이 이루어지게 하다.
- 쓰다^2: 얼굴에 어떤 물건을 걸거나 덮어쓰다.
- 쓰다^6: 혀로 느끼는 맛이 한약이나 소태, 씀바귀의 맛과 같다.

핵심 포인트

다의어의 품사 구분

문맥에서 단어가 어떤 품사로 쓰이는지 묻는 형식으로 출제된다. 때문에 단어의 의미와 쓰임을 정확하게 알아 두어야 한다. 만약 문제에서 동사와 형용사의 구별이 어렵다면 청유형과 진행형으로 바꿔서 생각해 보면 된다. 형용사는 청유형과 진행형을 사용할 수 없기 때문이다. 따라서 청유형과 진행형이 가능하다면 동사, 불가능하다면 형용사이다.

예 책임이 크다. → 책임이 크는 중이다. (×) - 형용사
　　키가 크다. → 키가 크는 중이다. (○) - 동사

크다	동사	1. 동식물이 몸의 길이가 자라다. 2. 사람이 자라서 어른이 되다. 3. 수준이나 지위 따위가 높은 상태가 되다.
	형용사	1. 사람이나 사물의 외형적 길이, 넓이, 높이, 부피 따위가 보통 정도를 넘다. 예 키가 크다. 2. 일의 규모, 범위, 정도, 힘 따위가 대단하거나 강하다. 예 가치가 큰 일 3. 사람의 됨됨이가 뛰어나고 훌륭하다. 예 큰 인물을 배출하다. 4. ('크게' 꼴로 쓰여) '대강', '대충'의 뜻을 나타내는 말 예 크게 둘로 나누다.
늦다	동사	정해진 때보다 지나다. 예 그는 약속 시간에 항상 늦는다.
	형용사	1. 기준이 되는 때보다 뒤져 있다. 예 시계가 오 분 늦게 간다. 2. 시간이 알맞을 때를 지나 있다. 또는 시기가 한창인 때를 지나 있다. 　 예 우리 일행은 예정보다 늦게 도착했다. 3. 곡조, 동작 따위의 속도가 느리다. 예 발걸음이 늦다.

더 알아보기

혼동하기 쉬운 단어

문제에 제시된 단어의 형태가 비슷하여 혼동할 수 있다. 따라서 각 단어의 의미 차이를 정확하게 구분하여 정답을 골라야 한다.

단어의 형태가 비슷한 경우	
들이다	1. '들다'의 사동사 2. 물건을 안으로 가져오다. 3. 식구를 새로 맞이하다.
들르다	지나는 길에 잠깐 들어가 머무르다.
들리다	1. '듣다'의 사동사 2. 병에 걸리다.
드리다	'주다'의 높임말. 물건 따위를 남에게 건네어 가지거나 누리게 하다.

제3장 핵심 이론 | 빈출 어휘

제2편 어휘

01 유의어

한자어	고유어
조소	비웃음
고소	쓴웃음
냉소	찬웃음
망언	헛소리
허언	거짓말
남풍	마파람
동풍	샛바람
서풍	하늬바람
북풍	된바람
무지	엄지손가락
검지	집게손가락
중지, 장지	가운뎃손가락
약지	약손가락
소지	새끼손가락
무시하다	깔보다
도로	길
전하다	남겨지다, 옮겨 주다, 물려주다, 알리다
소용없다	부질없다, 쓸데없다
가입하다, 소요되다	들다
변환하다	바꾸다
관절	뼈마디
후두	뒤통수, 목구멍
요추	허리뼈
수지	손가락
슬개골	무릎뼈

애증	사랑과 미움
임야	숲과 들
고적	북과 피리
어패	물고기와 조개
금침	이부자리와 베개
고부	시어머니와 며느리

한자어	한자어
접경	경계
분류	구분
규탄	성토
수긍	인정, 납득
측은	가련
훼방	방해

존칭어	고유어
드시다	먹다
주무시다	자다
계시다	있다
여쭙다	묻다
진지	식사
연세, 춘추	나이
돌아가다	죽다

02 반의어

승진(昇進)	↔	강등(降等)	거역(拒逆)	↔	순종(順從)
완결(完決)	↔	시작(始作), 착수(着手)	배척(排斥)	↔	포용(包容), 복종(服從)
융기(隆起)	↔	침강(沈降)	비호(庇護)	↔	적대(敵對)
확정(確定)	↔	미정(未定)	진보(進步)	↔	퇴보(退步), 보수(保守)
수축(收縮)	↔	팽창(膨脹), 신장(伸張)	폭서(暴暑)	↔	혹한(酷寒)
퇴보(退步)	↔	진보(進步)	격감(激減)	↔	급증(急增)
확대(擴大)	↔	축소(縮小)	소집(召集)	↔	해산(解散)
감량(減量)	↔	증량(增量)	희박(稀薄)	↔	농후(濃厚)
손실(損失)	↔	수익(收益), 이득(利得), 이완(弛緩)	영겁(永劫)	↔	찰나(刹那)
			고의(故意)	↔	과실(過失)
증가(增加)	↔	감소(減少)	동의(同議)	↔	이의(異議)
할인(割引)	↔	할증(收增)	승전(勝戰)	↔	패전(敗戰)
눌변(訥辯)	↔	달변(達辯), 능변(能辯)	종전(終戰)	↔	개전(開戰)
개강(開講)	↔	종강(終講)	파종(播種)	↔	수확(收穫)
개선(改善)	↔	개악(改惡)			

> **더 알아보기**

반의어의 분류

- **상보 반의어**: 두 단어 사이에 중간항이 존재하지 않는 관계이다. 즉, 두 단어 모두 긍정할 수도, 부정할 수도 없는 상호 배타적 관계이다.
  예 남자 : 여자, 출석 : 결석
- **정도 반의어**: 등급이나 정도 등에 대한 반의 관계로 두 단어 모두 긍정하거나 부정할 수 있는 관계이다. 따라서 중간항도 존재할 수 있다.
  예 춥다 : 덥다, 늙다 : 젊다
- **방향 반의어**: 공간이나 행위, 관계, 이동 방향 등에서 대립되는 반의 관계이다. 자칫하면 정도 반의어와 혼동될 수 있으니 방향 반의 관계는 방향성과 이동성을 내포하고 있음을 유의해야 한다.
  예 오다 : 가다, 사다 : 팔다

03 다의어와 동음이의어

※ 단어의 어깨번호는 표준국어대사전을 기준으로 함.

표제어	동음이의 관계		다의 관계
갈다	갈다[1]	동사	1. 이미 있는 사물을 다른 것으로 바꾸다. 예 고장 난 전등을 빼고 새것으로 갈아 끼웠다. 2. 어떤 직책에 있는 사람을 다른 사람으로 바꾸다. 예 책임자를 전문가로 갈다.
	갈다[2]	동사	1. 날카롭게 날을 세우거나 표면을 매끄럽게 하기 위하여 다른 물건에 대고 문지르다. 예 기계로 칼을 갈다. 2. 잘게 부수기 위하여 단단한 물건에 대고 문지르거나 단단한 물건 사이에 넣어 으깨다. 예 무를 강판에 갈아 즙을 내다. 3. 먹을 풀기 위하여 벼루에 대고 문지르다. 예 벼루에 먹을 갈다. 4. 윗니와 아랫니를 맞대고 문질러 소리를 내다. 예 자면서 뽀드득뽀드득 이를 갈다.
	갈다[3]	동사	1. 쟁기나 트랙터 따위의 농기구나 농기계로 땅을 파서 뒤집다. 예 경운기로 논도 갈고 지게질로 객토도 했다. - 윤흥길, 「완장」 2. 주로 밭작물의 씨앗을 심어 가꾸다. 예 밭에 보리를 갈다.
남다	–	동사 1	1. 다 쓰지 않거나 정해진 수준에 이르지 않아 나머지가 있게 되다. 예 먹다 남은 밥 2. 들인 밑천이나 제 값어치보다 얻는 것이 많다. 또는 이익을 보다. 예 장사는 이익이 남아야 한다. 3. 나눗셈에서, 나누어떨어지지 않고 나머지가 얼마 있게 되다. 예 5를 2로 나누면 1이 남는다.
		동사 2	다른 사람과 함께 떠나지 않고 있던 그대로 있다. 예 회의장에 끝까지 남아 있는 사람
		동사 3	1. 잊히지 않거나 뒤에까지 전하다. 예 기억에 남다. 2. 어떤 상황의 결과로 생긴 사물이나 상태 따위가 다른 사람이나 장소에 있다. 예 사업에 실패한 형에게는 이제 빚만 남았다.
넘치다	–	동사 1	1. 가득 차서 밖으로 흘러나오거나 밀려나다. 예 개울이 홍수로 넘치다. 2. 일정한 정도를 훨씬 넘다. 예 요즘에는 어디를 가나 사람이 넘친다.
		동사 2	1. 느낌이나 기운이 정도를 벗어나도록 강하게 일어나다. 예 얼굴에 자신감이 넘치다. 2. [주로 '분수에', '분에'와 함께 쓰여] 어떤 기준을 벗어나 지나다. 예 그런 생활은 내 분수에 넘친다.
		동사 3	기준이나 목표를 넘어서다. 예 도를 넘치는 대접 때문에 미안한 점은 있으나, 연연이의 집은 당분간의 숙소로는 가장 적당한 집이었다. - 김동인, 「젊은 그들」
누르다	누르다[1]	동사 1	1. 물체의 전체 면이나 부분에 대하여 힘이나 무게를 가하다. 예 초인종을 누르다. 2. 마음대로 행동하지 못하도록 힘이나 규제를 가하다. 예 윗사람이라고 아랫사람을 힘으로 눌러서는 함께 일을 하기가 어렵다. 3. 자신의 감정이나 생각을 밖으로 드러내지 않고 참다. 예 분노를 누르다. 4. 경기나 경선 따위에서, 상대를 제압하여 이기다. 예 우리나라 축구팀이 일본 팀을 누르고 우승했다. 5. 국수틀로 국수를 뽑다. 예 어쩌다 국수를 누르는 집이 있게 되면 사랑 가득 사람들이 모였다. - 한수산, 「유민」
		동사 2	[주로 '눌러 있다, 눌러 지내다' 따위의 구성으로 쓰여] 계속 머물다. 예 그는 고향에 눌러 있기로 했다.
	누르다[2]	형용사	황금이나 놋쇠의 빛깔과 같이 다소 밝고 탁하다. 예 누른 잎
늦추다	–	동사	1. ('늦다'의 사동사) 정해진 때보다 지나게 하다. 예 납입 기한을 늦추다. 2. ('늦다'의 사동사) 기준이 되는 때보다 뒤지게 하다. 예 시계를 삼 분 늦추다. 3. ('늦다'의 사동사) 곡조, 동작 따위의 속도를 느리게 하다. 예 차의 속력을 늦추다. 4. 바싹 하지 아니하고 느슨하게 하다. 예 허리띠를 늦추다. 5. 긴장을 조금 풀다. 예 경각심을 늦춰선 안 된다.

표제어	동음이의 관계		다의 관계
달다	달다¹	동사	1. 타지 않는 단단한 물체가 열로 몹시 뜨거워지다. 예 다리미가 달다. 2. 물기가 많은 음식이나 탕약 따위에 열을 가하여 물이 졸아들다. 　※ 주로 사동형 '달이다'로 쓰인다. 예 보약을 달이다. 3. 열이 나거나 부끄러워서 몸이나 몸의 일부가 뜨거워지다. 예 혈관마다 일시에 더운 피가 끓어올라 얼굴이 화끈 달았다. - 박종화, 「임진왜란」 4. 입 안이나 코 안이 마르고 뜨거워지다. 예 약속에 늦어 빨리 뛰었더니 입 안이 달아 물이 당겼다. 5. 안타깝거나 조마조마하여 마음이 몹시 조급해지다. 예 마음이 달다.
	달다³	동사 1	1. 물건을 일정한 곳에 걸거나 매어 놓다. 예 배에 돛을 달다. 2. 물건을 일정한 곳에 붙이다. 예 옷에 단추를 달다. 3. 어떤 기기를 설치하다. 예 안방에 전화를 달다. 4. 글이나 말에 설명 따위를 덧붙이거나 보태다. 예 본문에 각주를 달다. 5. 이름이나 제목 따위를 정하여 붙이다. 예 작품에 제목을 달다. 6. 장부에 적다. 예 오늘 술값은 장부에 달아 두세요. 7. 윷판에서 처음으로 말을 놓다. 예 우리 편이 먼저 막동을 달았다. 8. 물건을 잇대어 붙이다. 예 기관차에 객차를 달다.
		동사 2	사람을 동행하거나 거느리다. 예 그는 꼭 친구를 달고 다닌다.
	달다⁴	동사	저울로 무게를 헤아리다. 예 고기를 저울에 달다.
	달다⁷	형용사	1. 꿀이나 설탕의 맛과 같다. 예 초콜릿이 달다. 2. 입맛이 당기도록 맛이 있다. 예 밥이 달다. 3. 흡족하여 기분이 좋다. 예 낮잠을 달게 자다. 4. ['달게' 꼴로 쓰여] 마땅하여 기껍다. 예 벌을 달게 받다.
돌다	-	동사 1	1. 물체가 일정한 축을 중심으로 원을 그리면서 움직이다. 예 바퀴가 돌다. 2. 일정한 범위 안에서 차례로 거쳐 가며 전전하다. 예 술잔이 한 바퀴 돌다. 3. 기능이나 체제가 제대로 작용하다. 예 기계가 잘 돈다. 4. 돈이나 물자 따위가 유통되다. 예 불경기로 돈이 안 돈다. 5. 기억이나 생각이 얼른 떠오르지 아니하다. 예 정답이 머릿속에서 뱅뱅 돌 뿐 입이 떨어지지 않는다. 6. 눈이나 머리 따위가 정신을 차릴 수 없도록 아찔하여지다. 예 눈이 핑핑 돌다. 7. (속되게) 정신에 이상이 생기다. 예 정신이 돌다.
		동사 2	1. 어떤 기운이나 빛이 겉으로 나타나다. 예 입가에 웃음이 돌다. 2. 눈물이나 침 따위가 생기다. 예 입 안에 군침이 돌다. 3. 술이나 약의 기운이 몸속에 퍼지다. 예 온몸에 술기운이 돌기 시작한다. 4. 소문이나 돌림병 따위가 퍼지다. 예 그가 아직도 살아 있다는 소문이 온 동네에 돌았다.
		동사 3	1. 방향을 바꾸다. 예 역으로 가려면 저기 사거리에서 오른쪽으로 돌아 계속 가시오. 2. 생각이나 노선을 바꾸다. 예 그는 좌파 사회주의에서 우익으로 돌았다. 3. 근무지나 직책 따위를 옮겨 다니다. 예 아버지는 지점으로만 도는 바람에 가족들과 떨어져 생활하는 기간이 길었다.
		동사 4	1. 무엇의 주위를 원을 그리면서 움직이다. 예 달이 지구 주위를 돌다. 2. 어떤 장소의 가장자리를 따라 움직이다. 예 운동장을 한 바퀴 돌다. 3. 가까운 길을 두고 멀리 비켜 가다. 예 이 길로 가면 먼 길을 돌게 되니 지름길로 가자. 4. 어떤 곳을 거쳐 지나가다. 예 우리는 그가 사는 곳을 돌아 목적지에 가기로 했다. 5. 길을 끼고 방향을 바꾸다. 예 모퉁이를 돌다. 6. 일정한 범위 안을 이리저리 왔다 갔다 하다. 예 순찰을 돌다. 7. 볼일로 이곳저곳을 다니다. 예 그는 이곳저곳을 돌면서 물건을 팔았다. 8. 차례차례 다니다. 예 세배를 돌다.

표제어	동음이의 관계		다의 관계
두다	두다¹	동사 1	1. 일정한 곳에 놓다. 예 연필을 책상 위에 두다. 2. 어떤 상황이나 상태 속에 놓다. 예 승리를 눈앞에 두다. 3. 가져가거나 데려가지 않고 남기거나 버리다. 예 집에 두고 온 어린 자식을 생각하면 가슴이 미어진다. 4. 기본 음식에 딴 재료를 섞어 넣다. 예 쌀밥에 팥을 두다. 5. 이부자리나 옷 따위에 솜 따위를 넣다. 예 버선에 솜을 두다. 6. 사람을 머물거나 묵게 하다. 예 너 같은 놈을 집에 두었다가는 얼마 못 가서 살림이 거덜 나겠다. 7. 진영 따위를 설치하다. 예 산 밑에 본진을 두다. 8. 직책이나 조직, 기구 따위를 설치하다. 예 세계 각지에 지사를 두다. 9. 중요성이나 가치 따위를 부여하다. 예 경제 문제에 초점을 두다. 10. 생각 따위를 가지다. 예 이번 일을 염두에 두지 마라. 11. 인정, 사정 따위를 헤아려 주다. 예 우리는 그런 비열한 짓에는 인정을 두지 않는다. 12. ['적(籍)'을 목적어로 하여] 공식적인 직장으로 가지다. 예 대학에 적을 두다.
		동사 2	1. 행위의 준거점, 목표, 근거 따위를 설정하다. 예 기준을 어디에 두느냐에 따라 결과는 달라진다. 2. [주로 '두고' 꼴로 쓰여] 어떤 것을 일정한 방향으로 향하게 하다. 예 강을 앞에 두고 걸어갔다.
		동사 3	1. [주로 '두었다가' 꼴로 쓰여] 사용하지 않고 보관하거나 간직하다. 예 그것을 잘 두었다가 요긴할 때 써라. 2. [주로 '두었다가' 꼴로 쓰여] 어떤 일을 처리하지 않고 미루다. 예 그 사건은 두었다가 나중에 처리합시다. 3. 시간적 여유나 공간적 간격 따위를 주다. 예 간격을 두고 말을 하다. 4. [주로 '두고' 꼴로 쓰여] 어떤 상황이 어떤 시간이나 기간에 걸치다. 예 며칠을 두고 끙끙 앓았다. 5. 사람을 데리고 쓰다. 예 비서를 두다. 6. 어떤 사람을 가족이나 친인척으로 가지다. 예 자식을 셋 두었다. 7. [주로 '두고' 꼴로 쓰여] 어떤 것을 논쟁이나 감정, 언급의 대상으로 삼다. 예 황소 한 마리를 두고 씨름판을 벌이다. 8. [주로 '두고' 꼴로 쓰여] 앞의 것을 부정하고 뒤의 것을 긍정하거나 선택할 때 쓴다. 예 큰길을 두고 샛길로 가다. 9. 바둑이나 장기 따위의 놀이를 하다. 또는 그 알을 놓거나 말을 쓰다. 예 바둑을 두다.
		동사 4	세상이나 사람들과 밀접한 관계를 갖지 않고 얼마간 떨어져 있다. 예 세상과 거리를 두고 지내다.
		동사 5	어떤 대상을 일정한 상태로 있게 하다. 예 아이를 절대로 그 상태로 두어서는 안 됩니다.
		보조 동사	[동사 뒤에서 '-어 두다' 구성으로 쓰여] 앞말이 뜻하는 행동을 끝내고 그 결과를 유지함을 나타내는 말. 주로 그 행동이 어떤 다른 일에 미리 대비하기 위한 것임을 보일 때 쓴다. 예 불을 켜 두고 잠이 들었다.
드리다	드리다¹	동사	1. '주다'의 높임말. 물건 따위를 남에게 건네어 가지거나 누리게 하다. 예 아버님께 용돈을 드리다. 2. 윗사람에게 그 사람을 높여 말이나, 인사, 부탁, 약속, 축하 따위를 하다. 예 부모님께 문안을 드리다. 3. 신에게 비는 일을 하다. 예 하느님께 기도를 드리다.
		보조 동사	[동사 뒤에서 '-어 드리다' 구성으로 쓰여] '주다'의 높임말. 앞 동사의 행위가 다른 사람의 행위에 영향을 미침을 나타내는 말 예 어머님께 소식을 알려 드리다. ※ '주다'와 결합한 단어가 사전에 등재되어 있는 경우, 이에 대응하는 '드리다'와 결합한 단어가 합성어로 등재되지 않았더라도 앞말에 붙여 쓴다.
	드리다³	동사	1. 여러 가닥의 실이나 끈을 하나로 땋거나 꼬다. 예 짚에다가 삼노를 드려 든든한 밧줄을 꼬다. 2. 땋은 머리 끝에 댕기를 물리다. 예 머리에 댕기를 드리다.

표제어	동음이의 관계		다의 관계
드리다	드리다⁴	동사	집에 문, 마루, 벽장, 광 따위를 만들거나 구조를 바꾸어 꾸미다. 예 아이들 방에 벽장을 드리다.
	드리다⁵	동사	물건 팔기를 그만두고 가게 문을 닫다. 예 열두 시에 가게를 드린다.
들다	들다¹	동사 1	1. 밖에서 속이나 안으로 향해 가거나 오거나 하다. 예 숲속에 드니 공기가 훨씬 맑았다. 2. 빛, 볕, 물 따위가 안으로 들어오다. 예 이 방에는 볕이 잘 든다. 3. 방이나 집 따위에 있거나 거처를 정해 머무르게 되다. 예 어제 호텔에 든 손님 4. 길을 택하여 가거나 오다. 예 컴컴한 골목길에 들고부터는 그녀의 발걸음이 빨라졌다. 5. 수면을 취하기 위한 장소에 가거나 오다. 예 이불 속에 들다.
		동사 2	1. 어떤 일에 돈, 시간, 노력, 물자 따위가 쓰이다. 예 개인 사업에는 돈이 많이 든다. 2. 물감, 색깔, 물기, 소금기가 스미거나 배다. 예 설악산에 단풍이 들다. 3. 어떤 범위나 기준, 또는 일정한 기간 안에 속하거나 포함되다. 예 반에서 5등 안에 들다. 4. 안에 담기거나 그 일부를 이루다. 예 빵 속에 든 단팥 5. 어떤 처지에 놓이다. 예 고생길에 들었구나. 6. ['눈', '마음' 따위의 뒤에 쓰여] 어떤 물건이나 사람이 좋게 받아들여지다. 예 마음에 드는 물건 7. 어떤 일이나 기상 현상이 일어나다. 예 남부 지방에 가뭄이 들다. 8. [주로 '…(에) 들어, 들자' 꼴로 쓰여] 어떠한 시기가 되다. 예 올해 들어 해외여행자 수가 부쩍 늘었다.
		동사 3	1. 어떤 조직체에 가입하여 구성원이 되다. 예 노조에 들다. 2. 적금이나 보험 따위의 거래를 시작하다. 예 보험에 들다.
		동사 4	어떤 때, 철이 되거나 돌아오다. 예 밤이 들자 기온이 떨어졌다.
		동사 5	1. 잠이 생기어 몸과 의식에 작용하다. 예 나는 기차에서 잠깐 풋잠이 들었다. 2. 나이가 많아지다. 예 아이는 나이가 들수록 병치레가 잦아졌다. 3. 과일, 음식의 맛 따위가 익어서 알맞게 되다. 예 김치가 맛이 들다. 4. 몸에 병이나 증상이 생기다. 예 가축이 병이 들어 걱정이 크다. 5. 의식이 회복되거나 어떤 생각이나 느낌이 일다. 예 그는 그녀가 괜한 고집을 부리고 있다는 생각이 들었다. 6. 버릇이나 습관이 몸에 배다. 예 그 아이는 거짓말을 하는 나쁜 버릇이 들었다. 7. 아이나 새끼를 가지다. 예 며느리가 아이가 들어서 거동이 불편하다. 8. 식물의 뿌리나 열매가 속이 단단한 상태가 되다. 예 무가 속이 들다.
		동사 6	남을 위하여 어떤 일을 하다. 예 아버님의 시중을 들다.
		동사 7	돈을 내고 셋집을 얻어 살다. 예 선배 집에 월세를 들어 살고 있다.
		보조 동사	1. [동사 뒤에서 '-려(고) 들다', '-기로 들다', '-자고 들다' 구성으로 쓰여] 앞말이 뜻하는 행동을 애써서 적극적으로 하려고 함을 나타내는 말 예 그는 얘기도 듣기 전에 신경질부터 내려고 든다. 2. [동사 뒤에서 '-고 들다' 구성으로 쓰여] 앞말이 뜻하는 행동을 거칠고 다그치듯이 함을 나타내는 말 예 별거 아닌 것 갖고 너무 따지고 들지 마라.
	들다²	동사	1. 비나 눈이 그치고 날이 좋아지다. 예 날이 들면 떠납시다. 2. 흐르던 땀이 그치다. 예 땀이 들다.
	들다³	동사	날이 날카로워 물건이 잘 베어지다. 예 칼이 잘 들다.
	들다⁴	동사 1	손에 가지다. 예 차표를 손에 들다.
		동사 2	1. 아래에 있는 것을 위로 올리다. 예 손을 들다. 2. 설명하거나 증명하기 위하여 사실을 가져다 대다. 예 예를 들다. 3. '먹다'의 높임말. 음식 따위를 입을 통하여 배 속에 들여보내다. 예 진지 드세요.

표제어	동음이의 관계		다의 관계
뜨다	뜨다¹	동사 1	물속이나 지면 따위에서 가라앉거나 내려앉지 않고 물 위나 공중에 있거나 위쪽으로 솟아오르다. 예 종이배가 물에 뜨다.
		동사 2	1. 착 달라붙지 않아 틈이 생기다. 예 풀칠이 잘못되어 도배지가 떴다. 2. (비유적으로) 차분하지 못하고 어수선하게 들떠 가라앉지 않게 되다. 예 소풍 생각에 마음이 떠 있어 공부가 되지 않는다. 3. 연줄이 끊어져 연이 제멋대로 날아가다. 4. 빌려준 것을 돌려받지 못하다. 예 그 돈 이미 뜬 거야. 받을 생각 하지 마. 5. (속되게) 두려운 인물이 어떤 장소에 모습을 나타내다. 예 경찰이 떴다. 도망가자. 6. (속되게) 인기를 얻게 되고 유명해지다. 예 그 가수의 앨범이 뒤늦게 뜨기 시작했다.
	뜨다²	동사	1. 물기 있는 물체가 제 훈김으로 썩기 시작하다. 예 뒤뜰에 쌓아 놓은 시금치가 누렇게 떠 있었다. 2. 누룩이나 메주 따위가 발효하다. 예 할머니의 집에서는 메주 뜨는 냄새가 났다. 3. 병 따위로 얼굴빛이 누르고 살갗이 부은 것처럼 되다. 예 그는 어젯밤에 잠을 자지 못해서 얼굴이 누렇게 떴다.
	뜨다³	동사 1	다른 곳으로 가기 위하여 있던 곳에서 다른 곳으로 떠나다. 예 고향을 뜨다.
		동사 2	(속되게) 몰래 달아나다. 예 그녀는 밤중에 몰래 이 마을을 떴다.
	뜨다⁴	동사 1	1. 큰 것에서 일부를 떼어 내다. 예 우리는 저쪽 산 밑에서 떼를 떴다. 2. 물속에 있는 것을 건져 내다. 예 양어장에서 그물로 물고기를 떴다. 3. 어떤 곳에 담겨 있는 물건을 퍼내거나 덜어 내다. 예 어머니는 간장 항아리에서 간장을 뜨고 계셨다.
		동사 2	1. 수저 따위로 음식을 조금 먹다. 예 아무리 바빠도 한술 뜨고 가거라. 2. 고기 따위를 얇게 저미다. 예 생선회를 뜨다. 3. 종이나 김 따위를 틀에 펴서 낱장으로 만들어 내다. 예 한지는 틀로 하나씩 떠서 말린다. 4. 피륙에서 옷감이 될 만큼 끊어 내다. 예 혼숫감으로 옷감을 떠 왔다.
	뜨다⁵	동사	1. 감았던 눈을 벌리다. 예 그는 잠이 깨어 눈을 떴다. 2. 처음으로 청각을 느끼다. ※ 주로 피동형 '뜨이다'로 쓰인다. 예 아이의 귀가 뜨이다. 3. 무엇을 들으려고 청각의 신경을 긴장시키다. 예 바스락거리는 소리에 귀를 번쩍 떴다.
	뜨다⁶	동사 1	1. 실 따위로 코를 얽어서 무엇을 만들다. 예 털실로 장갑을 떠서 선물하였다. 2. 한 땀 한 땀 바느질하다. 예 터진 데를 한두 바늘만 뜨면 될 걸 그냥 놔두니?
		동사 2	살갗에 먹실을 꿰어 그림, 글자 따위를 그려 넣거나 자취를 내다. 예 그들은 의형제의 표시로 팔에 같은 글씨를 떴다.
	뜨다⁷	동사	1. 무거운 물건을 위로 들어 올리다. 예 큰 바윗돌을 목도로 뜨다. 2. [운동] 씨름에서, 상대편을 번쩍 들어 올리다. 예 통다리뜨기는 씨름에서 상대편의 다리를 떠서 넘어뜨리는 기술이다.
	뜨다⁸	동사	1. 새겨진 글씨나 무늬 따위를 드러나게 하다. 예 수를 놓기 위해 본을 떠 놓았다. 2. 도면, 모형, 지형(紙型), 연판(鉛版) 따위를 만들다. 예 새로 지을 집의 도면을 떠 보니 그런대로 마음에 든다. 3. 녹화하거나 녹화물을 복사하다. 예 매니저는 데모 테이프를 떠서 방송국에 뿌렸다.
	뜨다⁹	동사	상대편의 속마음을 알아보려고 어떤 말이나 행동을 넌지시 걸어 보다. 예 상대편의 속마음을 슬쩍 뜨다.
	뜨다¹⁰	동사	[주로 '뜸'과 함께 쓰여] 병을 다스리기 위하여, 약쑥을 비벼 혈에 놓고 불을 붙여 태우다. 예 할머니께서는 뺀 자리에 뜸을 뜨셨다.

표제어	동음이의 관계		다의 관계
마르다	마르다¹	동사	1. 물기가 다 날아가서 없어지다. 예 날씨가 맑아 빨래가 잘 마른다. 2. 입이나 목구멍에 물기가 적어져 갈증이 나다. 예 달리기를 했더니 목이 몹시 마르다. 3. 살이 빠져 야위다. 예 공부를 하느라 몸이 많이 말랐다. 4. 강이나 우물 따위의 물이 줄어 없어지다. 예 가뭄에도 이 우물은 마르지 않는다. 5. 돈이나 물건 따위가 다 쓰여 없어지다. 예 전투 수당 외에는 따로 돈이 나올 구멍이 없어 보이는데도 그의 주머니 속은 마르지 않았다. - 이상문, 「황색인」 6. 감정이나 열정 따위가 없어지다. 예 애정이 마르다.
	마르다²	동사	옷감이나 재목 따위의 재료를 치수에 맞게 자르다. 예 비단을 말라 옷을 짓다.
매다	매다¹	동사 1	1. 끈이나 줄 따위의 두 끝을 엇걸고 잡아당기어 풀어지지 않게 마디를 만들다. 예 신발 끈을 매다. 2. 끈이나 줄 따위로 꿰매거나 동이거나 하여 무엇을 만들다. 예 책을 매다. 3. 가축을 기르다. 예 암소 한 마리와 송아지 두 마리를 매다. 4. 옷감을 짜기 위하여 날아 놓은 날실에 풀을 먹이고 고루 다듬어 말리어 감다. 예 베를 매다.
		동사 2	1. 끈이나 줄 따위를 몸에 두르거나 감아 잘 풀어지지 않게 마디를 만들다. 예 가방을 허리에 매다. 2. 달아나지 못하도록 고정된 것에 끈이나 줄 따위로 잇대어 묶다. 예 소를 말뚝에 매다. 3. 끈이나 줄 따위를 어떤 물체에 단단히 묶어서 걸다. 예 나무에 그네를 매다. 4. 전화를 가설하다. 예 지배인에게 일러서 방 전화까지 하나 당장 매어 달게 하였다. - 염상섭, 「대를 물려서」 5. [주로 '목'을 목적어로 하여] (비유적으로) 어떤 데에서 떠나지 못하고 딸리어 있다. 예 형은 그 일에 목을 매고 있다. 6. 일정한 기준에 따라 사물의 값이나 등수 따위를 정하다. = 매기다 예 상품에 값을 매다.
	매다²	동사	논밭에 난 잡풀을 뽑다. 예 콩밭을 매다.
먹다	먹다¹	동사	귀나 코가 막혀서 제 기능을 하지 못하게 되다. 또는 그렇게 되게 하다. 예 코 먹은 소리를 내다.
	먹다²	동사 1	1. 음식 따위를 입을 통하여 배 속에 들여보내다. 예 밥을 먹다. 2. 담배나 아편 따위를 피우다. 예 담배를 먹다. 3. 연기나 가스 따위를 들이마시다. 예 연탄가스를 먹다. 4. 어떤 마음이나 감정을 품다. 예 나는 마음을 독하게 먹고 공부에 몰두했다. 5. 일정한 나이에 이르거나 나이를 더하다. 예 나이를 먹다. 6. 겁, 충격 따위를 느끼게 되다. 예 겁을 먹다. 7. 욕, 핀잔 따위를 듣거나 당하다. 예 하루 종일 욕만 먹었네. 8. (속되게) 뇌물을 받아 가지다. 예 뇌물을 먹고 탈세를 눈감아 주다. 9. 수익이나 이문을 차지하여 가지다. 예 남은 이익은 모두 네가 먹어라. 10. 물이나 습기 따위를 빨아들이다. 예 기름 먹은 종이 11. 어떤 등급을 차지하거나 점수를 따다. 예 1등을 먹다. 12. 구기 경기에서, 점수를 잃다. 예 상대편에게 먼저 한 골을 먹었다. 13. 매 따위를 맞다. 예 상대의 센 주먹을 한 방 먹고 나가떨어졌다. 14. 남의 재물을 다루거나 맡은 사람이 그 재물을 부당하게 자기의 것으로 만들다. 예 경리 직원이 회사의 공금을 먹었다.
		동사 2	1. 날이 있는 도구가 소재를 깎거나 자르거나 갈거나 하는 작용을 하다. 예 이 고기에는 칼이 잘 먹지 않는다. 2. 바르는 물질이 배어들거나 고루 퍼지다. 예 옷감에 풀이 잘 먹어야 다림질하기가 좋다. 3. 벌레, 균 따위가 파 들어가거나 퍼지다. 예 사과에 벌레가 많이 먹었다. 4. 돈이나 물자 따위가 들거나 쓰이다. 예 공사에 철근이 생각보다 많이 먹어 걱정이다.
		보조 동사	[일부 동사 뒤에서 '-어 먹다' 구성으로 쓰여] 앞말이 뜻하는 행동을 강조하는 말로 주로 그 행동이나 그 행동과 관련된 상황이 마음에 들지 않을 때 쓴다. 예 약속을 잊어 먹다.

표제어	동음이의 관계		다의 관계
멀다	멀다¹	동사	1. 시력이나 청력 따위를 잃다. 예 사고로 눈이 멀다. 2. ['눈'을 주어로 하여] (비유적으로) 어떤 생각에 빠져 판단력을 잃다. 예 그들은 돈에 눈이 멀어 범죄를 저질렀다.
	멀다²	형용사 1	거리가 많이 떨어져 있다. 예 집에서 버스 정류장까지는 매우 멀다.
		형용사 2	어떤 기준점에 모자라다. 예 그가 상위권에 진입하려면 아직도 멀었다.
		형용사 3	1. [주로 '멀게' 꼴로 '느껴지다' 앞에 쓰여] 서로의 사이가 다정하지 않고 서먹서먹하다. 예 그가 멀게 느껴진다. 2. 시간적으로 사이가 길거나 오래다. 예 동이 트려면 아직도 멀었다. 3. 촌수가 매우 뜨다. 예 먼 일가친척 4. 어떤 시간이나 거리가 채 되기도 전임을 비유적으로 이르는 말 예 그는 사흘이 멀게 병원을 다닌다. ※ '머지않다'는 시간적인 개념을 나타내고 '멀지 않다'는 공간적인 개념을 나타낸다. '머지않다'는 한 단어로 '봄이 머지않았다'와 같이 붙여 쓰지만 '멀지 않다'는 한 단어가 아니므로 '여기에서 학교까지는 멀지 않다'와 같이 띄어 쓴다.
묻다	묻다¹	동사	1. 가루, 풀, 물 따위가 그보다 큰 다른 물체에 들러붙거나 흔적이 남게 되다. 예 손에 기름이 묻다. 2. ['묻어', '묻어서' 꼴로 다른 동사와 함께 쓰여] 함께 팔리거나 섞이다. 예 가는 김에 나도 좀 묻어 타자.
	묻다²	동사	1. 물건을 흙이나 다른 물건 속에 넣어 보이지 않게 쌓아 덮다. 예 화단에 거름을 묻어 주다. 2. 일을 드러내지 아니하고 속 깊이 숨기어 감추다. 예 그는 그 일을 과거 속에 묻어 두고 싶어 했다. 3. 얼굴을 수그려 손으로 감싸거나 다른 물체에 가리듯 기대다. 예 베개에 얼굴을 묻다. 4. 의자나 이불 같은 데에 몸을 깊이 기대다. 예 지친 몸을 침대에 묻다.
	묻다³	동사	1. 무엇을 밝히거나 알아내기 위하여 상대편의 대답이나 설명을 요구하는 내용으로 말하다. 예 지나가는 사람에게 길을 묻다. 2. ['책임' 따위를 목적어 성분으로 하여] 어떠한 일에 대한 책임을 따지다. 예 관계자에게 책임을 묻다.
물다	물다²	동사 1	1. 윗니나 아랫니 또는 양 입술 사이에 끼운 상태로 떨어지거나 빠져나가지 않도록 다소 세게 누르다. 예 아기가 젖병을 물다. 2. 윗니와 아랫니 사이에 끼운 상태로 상처가 날 만큼 세게 누르다. 예 입술을 물다. 3. 이, 빈대, 모기 따위의 벌레가 주둥이 끝으로 살을 찌르다. 예 모기가 옷을 뚫고 팔을 물었다. 4. (속되게) 이익이 되는 어떤 것이나 사람을 차지하다. 예 그는 사업 파트너로 돈 많은 사장을 물었다.
		동사 2	입 속에 넣어 두다. 예 물을 한 모금 입에 물다.
	물다³	동사	1. 갚아야 할 것을 치르다. 예 주인에게 외상값을 물다. 2. 남에게 입힌 손해를 돈으로 갚아 주거나 본래의 상태로 해 주다. 예 피해자에게 치료비를 물어 주다.
밀다	밀다¹	동사 1	1. 일정한 방향으로 움직이도록 반대쪽에서 힘을 가하다. 예 수레를 뒤에서 밀다. 2. 나무 따위의 거친 표면을 반반하고 매끄럽게 깎다. 예 대패로 통나무를 밀다. 3. 머리카락이나 털 따위를 매우 짧게 깎다. 예 수염을 밀다. 4. 피부에 묻은 지저분한 것을 문질러 벗겨 내다. 예 때를 밀다. 5. 허물어 옮기거나 깎아 없애다. 예 불도저로 야산을 밀다. 6. 뒤에서 보살피고 도와주다. 예 아무래도 누군가 그를 밀고 있다. 7. 바닥이 반반해지도록 연장을 누르면서 문지르다. 예 구겨진 바지를 다리미로 밀어라. 8. 눌러서 얇게 펴다. 예 만두피를 밀다.
		동사 2	특정한 지위를 차지하도록 내세우거나 지지하다. 예 당원들은 당 총재를 대통령 후보로 밀었다.

표제어	동음이의 관계		다의 관계
바꾸다	-	동사 1	1. 원래 있던 것을 없애고 다른 것으로 채워 넣거나 대신하게 하다. 예 건전지를 새것으로 바꾸다. 2. 한 언어를 다른 언어로 번역하여 옮기다. 예 이 영문을 한글로 바꿔라.
		동사 2	자기가 가진 물건을 다른 사람에게 주고 대신 그에 필적할 만한 다른 사람의 물건을 받다. 예 어머니와 옷을 바꾸어 입었다.
		동사 3	1. 원래의 내용이나 상태를 다르게 고치다. 예 계획을 바꾸다. 2. 곡식이나 피륙 따위를 돈을 주고 사다. 예 장에 가서 양식 좀 바꾸어 오너라.
바르다	바르다[1]	동사 1	1. 풀칠한 종이나 헝겊 따위를 다른 물건의 표면에 고루 붙이다. 예 벽지를 벽에 바르다. 2. 차지게 이긴 흙 따위를 다른 물체의 표면에 고르게 덧붙이다. 예 흙을 벽에 바르다.
		동사 2	물이나 풀, 약, 화장품 따위를 물체의 표면에 문질러 묻히다. 예 상처에 약을 바르다.
	바르다[2]	동사	1. 껍질을 벗기어 속에 들어 있는 알맹이를 집어내다. 예 씨를 바르다. 2. 뼈다귀에 붙은 살을 걷거나 가시 따위를 추려 내다. 예 생선을 발라 먹다.
	바르다[3]	형용사	1. 겉으로 보기에 비뚤어지거나 굽은 데가 없다. 예 줄을 바르게 서다. 2. 말이나 행동 따위가 사회적인 규범이나 사리에 어긋나지 아니하고 들어맞다. 예 생각이 바른 사람 3. 사실과 어긋남이 없다. 예 숨기지 말고 바르게 대답하시오. 4. 그늘이 지지 아니하고 햇볕이 잘 들다. 예 기르던 반려동물이 죽자 그는 양지 바른 곳에 묻어 주었다.
배다	배다[1]	동사	1. 스며들거나 스며 나오다. 예 옷에 땀이 배다. 2. 버릇이 되어 익숙해지다. 예 욕이 입에 배다. 3. 냄새가 스며들어 오래도록 남아 있다. 예 담배 냄새가 옷에 배었다. 4. 느낌, 생각 따위가 깊이 느껴지거나 오래 남아 있다. 예 농악에는 우리 민족의 정서가 배어 있다.
	배다[2]	동사 1	배 속에 아이나 새끼를 가지다. 예 새끼를 배다.
		동사 2	1. 식물의 줄기 속에 이삭이 생기다. 또는 이삭을 가지다. 예 벼 포기에 이삭이 벌써 배었다. 2. ['알'과 함께 쓰여] 물고기 따위의 배 속에 알이 들다. 또는 알을 가지다. 예 잡은 고기에 알이 배어 있었다.
		동사 3	['알'과 함께 쓰여] 사람의 근육에 뭉친 것과 같은 것이 생기다. 예 계단을 오르락내리락했더니 다리에 알이 뱄다.
	배다[3]	형용사	1. 물건의 사이가 비좁거나 촘촘하다. 예 모를 배게 심다. 2. 생각이나 안목이 매우 좁다. 예 그는 속이 너무 배서 큰 인물은 못 되겠다.
베다	베다[1]	동사	누울 때, 베개 따위를 머리 아래에 받치다. 예 베개를 베다.
	베다[2]	동사	1. 날이 있는 연장 따위로 무엇을 끊거나 자르거나 가르다. 예 낫으로 벼를 베다. 2. 날이 있는 물건으로 상처를 내다. 예 칼로 살을 베다. 3. 이로 음식 따위를 끊거나 자르다. 예 현호는 사과를 한입에 베어 먹었다.
붇다	-	동사	1. 물에 젖어서 부피가 커지다. 예 콩이 붇다. 2. 분량이나 수효가 많아지다. 예 개울물이 붇다. 3. 살이 찌다. 예 식욕이 왕성하여 몸이 많이 불었다.
붓다	붓다[1]	동사	1. 살가죽이나 어떤 기관이 부풀어 오르다. 예 얼굴이 붓다. 2. (속되게) 성이 나서 뽀로통해지다. 예 약속 시간보다 늦게 갔더니 친구가 잔뜩 부어 있었다.
	붓다[2]	동사	1. 액체나 가루 따위를 다른 곳에 담다. 예 냄비에 물을 붓다. 2. 모종을 내기 위하여 씨앗을 많이 뿌리다. 예 모판에 볍씨를 붓다. 3. 불입금, 이자, 곗돈 따위를 일정한 기간마다 내다. 예 은행에 적금을 붓다. 4. 시선을 한곳에 모으면서 바라보다. 예 소년은 수평선에 눈을 부은 채 움직이지 않았다.

표제어	동음이의 관계	다의 관계	
붙다	-	동사 1	1. 맞닿아 떨어지지 아니하다. 예 모든 공산품에는 상표가 붙어 있다. 2. 시험 따위에 합격하다. 예 대학에 붙다. 3. 불이 옮아 타기 시작하다. 예 대형 화재로 옆 아파트에까지 불이 붙었다. 4. 어떤 일에 나서다. 또는 어떤 일에 매달리다. 예 힘센 장정이 여럿 붙었는데도 트럭은 꿈쩍하지를 않았다. 5. 시설이 딸려 있다. 예 새마을 열차에는 식당차가 붙어 있다. 6. 조건, 이유, 구실 따위가 따르다. 예 그 법률에는 유보 조건이 붙어 있었다. 7. 식물이 뿌리가 내려 살다. 예 옮겨 심은 나무는 뿌리가 땅에 붙을 때까지 물을 잘 주어야 한다. 8. 어떤 장소에 오래 머무르다. 또는 어떤 판에 끼어들다. 예 집에 붙어 있어라. 9. 주가 되는 것에 달리거나 딸리다. 예 그 논문에는 주석이 붙어 있다.
		동사 2	1. 물체와 물체 또는 사람이 서로 바짝 가까이하다. 예 어린애가 엄마에게 붙어 떨어지지 않았다. 2. 생활을 남에게 기대다. 예 그는 지금 남의 집에 붙어서 겨우 끼니를 잇고 있는 형편이다. 3. 바로 옆에서 돌보다. 예 위급 환자에게는 항상 간호원이 붙어 있다. 4. 어떤 놀이나 일, 단체 따위에 참여하다. 예 숨바꼭질할 사람 여기 붙어라. 5. 좇아서 따르다. 예 권력자에게 붙다. 6. 귀신 따위가 옮아 들어 작용하다. 예 집 안에 귀신이 붙었는지 안 좋은 일이 계속 생긴다. 7. 실력 따위가 더 생겨 늘다. 예 자신이 붙다. 8. 어떤 것이 더해지거나 생겨나다. 예 몸에 살이 붙다. 9. 목숨이나 생명 따위가 끊어지지 않고 있다. 예 나에게 생명이 붙어 있는 날까지는 너를 보살필 것이다. 10. 이름이 생기다. 예 그 선생님에게는 딸깍발이라는 명칭이 붙게 되었다.
		동사 3	1. 겨루는 일 따위가 서로 어울려 시작되다. 예 모르는 사람과 시비가 붙다. 2. 어떤 감정이나 감각이 생겨나다. 예 살다 보니 그와 정이 붙어서 이제는 헤어지고 싶지 않다.
빌다	빌다¹	동사 1	1. 바라는 바를 이루게 하여 달라고 신이나 사람, 사물 따위에 간청하다. 예 소녀는 하늘에 소원을 빌었다. 2. 잘못을 용서하여 달라고 호소하다. 예 학생은 무릎을 꿇고 선생님께 용서를 빌었다.
		동사 2	생각한 대로 이루어지길 바라다. 예 그는 아들의 합격을 마음속으로 빌었다.
	빌다²	동사	남의 물건을 공짜로 달라고 호소하여 얻다. 예 사람들에게 밥을 빌러 다니다.
빠지다	빠지다¹	동사 1	1. 박힌 물건이 제자리에서 나오다. 예 책상 다리에서 못이 빠지다. 2. 어느 정도 이익이 남다. 예 이번 장사에서는 이자 돈 정도는 빠질 것 같다. 3. 원래 있어야 할 것에서 모자라다. 예 구백 원만 있다면 천 원에서 백 원이 빠지는 셈이구나.
		동사 2	1. 속에 있는 액체나 기체 또는 냄새 따위가 밖으로 새어 나가거나 흘러 나가다. 예 공에 바람이 빠지면 찰 수가 없다. 2. 때, 빛깔 따위가 씻기거나 없어지다. 예 옷에 때가 쑥 빠지다. 3. 차례를 거르거나 일정하게 들어 있어야 할 곳에 들어 있지 아니하다. 예 이 책에는 중요한 내용이 빠져 있다. 4. 정신이나 기운이 줄거나 없어지다. 예 그는 넋이 빠진 채 멍하니 앉아 있었다. 5. 어떤 일이나 모임에 참여하지 아니하다. 예 동창회에 빠지다.
		동사 3	1. 그릇이나 신발 따위의 밑바닥이 떨어져 나가다. 예 구두가 밑창이 빠지다. 2. 살이 여위다. 예 며칠 밤을 새웠더니 눈이 쑥 들어가고 얼굴의 살이 쪽 빠졌다.
		동사 4	일정한 곳에서 다른 데로 벗어나다. 예 샛길로 빠지다.
		동사 5	생김새가 미끈하게 균형이 잡히다. 예 너는 옷을 쏙 빠지게 차려입고 누구를 만나러 가니?
		동사 6	남이나 다른 것에 비해 뒤떨어지거나 모자라다. 예 그의 실력은 절대로 다른 경쟁자들에게 빠지지 않는다.

표제어	동음이의 관계	다의 관계	
빠지다	빠지다²	동사 1	1. 물이나 구덩이 따위 속으로 떨어져 잠기거나 잠겨 들어가다. 예 개울에 빠지다. 2. 곤란한 처지에 놓이다. 예 궁지에 빠지다. 3. 그럴듯한 말이나 꾐에 속아 넘어가다. 예 유혹에 빠지다. 4. 잠이나 혼수상태에 들게 되다. 예 그 환자는 혼수상태에 빠졌다.
		동사 2	무엇에 정신이 아주 쏠리어 헤어나지 못하다. 예 사랑에 빠지다.
		보조 동사	[일부 동사나 형용사 뒤에서 '-어 빠지다' 구성으로 쓰여] 앞말이 뜻하는 성질이나 상태가 아주 심한 것을 못마땅하게 여김을 나타내는 말 예 그 녀석은 정신 상태가 썩어 빠졌어.
살다	살다¹	동사 1	1. 생명을 지니고 있다. 예 그는 백 살까지 살았다. 2. 불 따위가 타거나 비치고 있는 상태에 있다. 예 잿더미에 불씨가 아직 살아 있다. 3. 본래 가지고 있던 색깔이나 특징 따위가 그대로 있거나 뚜렷이 나타나다. 예 개성이 살아 있는 글 4. 성질이나 기운 따위가 뚜렷이 나타나다. 예 그렇게 혼나고도 성질이 살아서 자기가 잘못했다고 하지 않는다. 5. 마음이나 의식 속에 남아 있거나 생생하게 일어나다. 예 어렸을 때 배운 노래 한 구절이 머릿속에 아직도 살아 있다. 6. 움직이던 물체가 멈추지 않고 제 기능을 하다. 예 그렇게 세게 부딪혔는데도 시계가 살아 있다. 7. 경기나 놀이 따위에서, 상대편에게 잡히지 않고 제 기능을 하다. 예 바둑에서 간신히 두 집 내고 살았다. 8. 글이나 말, 또는 어떤 현상의 효력 따위가 현실과 관련되어 생동성이 있다. 예 살아 있는 역사
		동사 2	어느 곳에 거주하거나 거처하다. 예 고래는 물에 사는 짐승이다.
		동사 3	1. 어떤 직분이나 신분의 생활을 하다. 예 절도죄로 2년 형을 살다. 2. ['삶'을 목적어로 취하여] 어떤 생활을 영위하다. 예 정의로운 삶을 살다.
		동사 4	어떤 사람과 결혼하여 함께 생활하다. 예 지금의 배우자와 살게 되기까지 우여곡절이 많았다.
	살다²	형용사	크기가 기준이나 표준보다 약간 크다. 예 그 아주머니는 나에게 고기를 팔 때마다 늘 근수를 살게 달아 주었다.
살피다	살피다¹	동사	1. 두루두루 주의하여 자세히 보다. 예 사방을 살피다. 2. 형편이나 사정 따위를 자세히 알아보다. 예 민심을 살피다. 3. 자세히 따지거나 헤아려 보다. 예 감정을 헤아리는 것은, 자기의 위치를 잡아, 상대방과의 관계를 살피는 일이며, 그 감정을 올바르게 표현한다는 뜻이다. - 박목월, 「구름의 서정」
	살피다²	형용사	짜거나 엮은 것이 거칠고 성기다. 예 목도리가 살피어서 바람이 송송 들어온다.
새다	새다¹	동사 1	1. 기체, 액체 따위가 틈이나 구멍으로 조금씩 빠져 나가거나 나오다. 예 지붕에서 비가 샌다. 2. 빛이 물체의 틈이나 구멍을 통해 나가나 들다. 예 작은 방에서 불빛이 새 나왔다. 3. 어떤 소리가 일정 범위에서 빠져나가거나 바깥으로 소리가 들리다. 예 바로 옆방에서 시끄러운 노랫소리가 새어 나온다. 4. 돈이나 재산 따위가 일정한 양에서 조금씩 부족해지거나 주인이 모르는 사이에 다른 데로 나가는 상태가 되다. 예 이상하게도 지갑에서 돈이 자꾸 샌다. 5. 비밀, 정보 따위가 보안이 유지되지 못하거나 몰래 밖으로 알려지다. 예 이 기밀은 기획실에서 새어 나왔다.
		동사 2	1. 모임, 대열, 집단 따위에서 슬그머니 빠지거나 다른 곳으로 나가다. 예 그는 모임에서 슬그머니 딴 데로 샜다. 2. 대화, 토론, 발표 따위가 주된 화제에서 벗어나거나 다른 주제로 바뀌어 버리다. 예 그들은 항상 이야기가 이상한 쪽으로 새곤 하였다. 3. 원래 가야 할 곳으로 가지 아니하고 딴 데로 가다. 예 동생은 학교에 안 가고 딴 곳으로 새 버렸다.
	새다²	동사	날이 밝아 오다. 예 어느덧 날이 새는지 창문이 뿌옇게 밝아 온다.

표제어	동음이의 관계	다의 관계	
솟다	-	동사 1	1. 연기와 같은 물질이나 비행기와 같은 물체가 아래에서 위로, 또는 속에서 겉으로 세차게 움직이다. 예 불길이 하늘 높이 솟는다. 2. 물가, 성적 따위의 수치화할 수 있는 지표가 이전보다 갑자기 올라가다. 예 물가가 하늘 높은 줄 모르고 솟는다.
		동사 2	1. 해나 달이 땅위에서 모습을 드러내 하늘의 한가운데로 올라가다. 예 뒷산 위에 달이 솟았다. 2. 건물과 같은 구조물이나 산과 같은 지형물이 바닥에서 위로 나온 상태가 되다. 예 우뚝 솟은 철탑
		동사 3	1. 땀이나 눈물 따위가 몸 밖으로 다소 많이 나오다. 예 이마에 구슬땀이 솟았다. 2. 식물의 싹이나 새순이 돋다. 예 나뭇가지에 새순이 솟는다. 3. 샘물이나 온천이 땅 위로 퐁퐁 올라오다. 예 이 지역에 온천이 솟는다.
		동사 4	사람의 몸이나 마음속에 힘이나 의욕 따위가 생겨나다. 예 용기가 솟다.
쓰다	쓰다¹	동사 1	1. 붓, 펜, 연필과 같이 선을 그을 수 있는 도구로 종이 따위에 획을 그어서 일정한 글자의 모양이 이루어지게 하다. 예 방명록에 이름을 쓰다. 2. 머릿속의 생각을 종이 혹은 이와 유사한 대상 따위에 글로 나타내다. 예 그는 조그마한 수첩에 일기를 써 왔다.
		동사 2	1. 원서, 계약서 등과 같은 서류 따위를 작성하거나 일정한 양식을 갖춘 글을 쓰는 작업을 하다. 예 그는 지금 계약서를 쓰고 있다. 2. 머릿속에 떠오른 곡을 일정한 기호로 악보 위에 나타내다. 예 그는 노래도 부르고 곡도 쓰는 가수 겸 작곡자이다.
	쓰다²	동사 1	1. 모자 따위를 머리에 얹어 덮다. 예 모자를 쓰다. 2. 얼굴에 어떤 물건을 걸거나 덮어쓰다. 예 얼굴에 마스크를 쓰다. 3. 먼지나 가루 따위를 몸이나 물체 따위에 덮은 상태가 되다. 예 광부들이 온몸에 석탄가루를 까맣게 쓰고 일을 한다.
		동사 2	1. 산이나 양산 따위를 머리 위에 펴 들다. 예 밖에 비가 오니 우산을 쓰고 가거라. 2. 사람이 죄나 누명 따위를 가지거나 입게 되다. 예 그는 억울하게 누명을 썼다.
	쓰다³	동사 1	1. 어떤 일을 하는 데에 재료나 도구, 수단을 이용하다. 예 마음의 병에는 쓸 약도 없다. 2. 사람에게 어떤 일을 하게 하다. 예 하수도 공사에 인부를 쓴다.
		동사 2	1. [흔히, '한턱', '턱' 따위와 함께 쓰여] 다른 사람에게 베풀거나 내다. 예 그는 취직 기념으로 친구들에게 한턱을 썼다. 2. 어떤 일에 마음이나 관심을 기울이다. 예 나 정말 괜찮으니까 그 일에 신경 쓰지 마. 3. 합당치 못한 일을 강하게 요구하다. 예 공적인 일을 추진하는 데에는 억지를 쓰면 안 된다. 4. 어떤 일을 하는 데 시간이나 돈을 들이다. 예 아르바이트에 시간을 많이 써서 공부할 시간이 없다. 5. 힘이나 노력 따위를 들이다. 예 그 사업에 여럿이 힘을 써 봤지만 결과는 좋지 않았다.
		동사 3	1. 몸의 일부분을 제대로 놀리거나 움직이다. 예 그는 교통사고로 한쪽 다리를 쓰지 못한다. 2. 일정 기간 사용하거나 임시로 다른 일을 하는 곳으로 이용하다. 예 아랫방을 쓰는 사람이 방세를 내지 않는다. 3. 어떤 말이나 언어를 사용하다. 예 그는 부모님께 존댓말을 쓴다.
		동사 4	도리에 맞는 바른 상태가 되다. 예 그렇게 함부로 말을 해서 쓰겠니?
	쓰다⁴	동사	시체를 묻고 무덤을 만들다. 예 공원묘지에 묘를 쓰다.
	쓰다⁵	동사	장기나 윷놀이 따위에서 말을 규정대로 옮겨 놓다. 예 윷놀이는 말을 잘 쓰는 것이 제일 중요하다.
	쓰다⁶	형용사 1	1. 혀로 느끼는 맛이 한약이나 소태, 씀바귀의 맛과 같다. 예 쓴 약 2. 달갑지 않고 싫거나 괴롭다. 예 여러 번 실패를 경험했지만 언제나 그 맛은 썼다.
		형용사 2	몸이 좋지 않아서 입맛이 없다. 예 며칠을 앓았더니 입맛이 써서 맛있는 게 없다.

표제어	동음이의 관계	다의 관계	
어리다	어리다[1]	동사	1. 눈에 눈물이 조금 괴다. 예 눈에 눈물이 어리다. 2. 어떤 현상, 기운, 추억 따위가 배어 있거나 은근히 드러나다. 예 정성 어린 선물 3. 빛이나 그림자, 모습 따위가 희미하게 비치다. 예 수면에 어리는 그림자 4. 연기, 안개, 구름 따위가 한곳에 모여 나타나다. 예 들판에 아지랑이가 어리기 시작한다.
	어리다[2]	형용사	1. 황홀하거나 현란한 빛으로 눈이 부시거나 어른어른하다. 2. 황홀하게 도취되거나 상심이 되어 얼떨떨하다. 예 웨딩드레스를 입은 신부가 신랑의 눈에는 어릴 정도로 아름다웠다.
	어리다[3]	형용사	1. 나이가 적다. 10대 전반을 넘지 않은 나이를 이른다. 예 나는 어린 시절을 시골에서 보냈다. 2. 나이가 비교 대상보다 적다. 예 김 선생은 나보다 세 살이 어리니 올해 마흔다섯이다. 3. 동물이나 식물 따위가 난 지 얼마 안 되어 작고 여리다. 예 어린 묘목을 옮겨 심다. 4. 생각이 모자라거나 경험이 적거나 수준이 낮다. 예 저의 어린 소견을 끝까지 경청해 주셔서 고맙습니다.
오르다	–	동사 1	사람이나 동물 따위가 아래에서 위쪽으로 움직여 가다. 예 산에 오르다.
		동사 2	1. 지위나 신분 따위를 얻게 되다. 예 왕위에 오르다. 2. 탈것에 타다. 예 기차에 오른 것은 한밤중이 되어서였다. 3. 어떤 정도에 달하다. 예 사업이 비로소 정상 궤도에 올랐다. 4. 길을 떠나다. 예 다 잊어버리고 여행길에나 오르지 그래. 5. 뭍에서 육지로 옮다. 예 뭍에 오른 물고기 신세란 바로 그를 두고 하는 말이었다. 6. 몸 따위에 살이 많아지다. 예 얼굴에 살이 오르니 귀여워 보인다. 7. 식탁, 도마 따위에 놓이다. 예 모처럼 저녁상에 갈비가 올랐다. 8. 남의 이야깃거리가 되다. 예 구설에 오르다. 9. 기록에 적히다. 예 호적에 오르다.
		동사 3	1. 값이나 수치, 온도, 성적 따위가 이전보다 많아지거나 높아지다. 예 등록금이 오르다. 2. 기운이나 세력이 왕성하여지다. 예 인기가 오르니까 사람이 달라졌다. 3. 실적이나 능률 따위가 높아지다. 예 판매 실적이 오르도록 연구해 봅시다. 4. 어떤 감정이나 기운이 퍼지다. 예 부아가 치밀어 오르다. 5. 병균이나 독 따위가 옮다. 예 옴이 오르면 가려워 온몸을 긁게 된다. 6. 귀신 같은 것이 들리다. 예 무당들도 신이 올라야만 작두춤을 출 수 있다고 한다. 7. 때가 거죽에 묻다. 예 그 사람 옷소매는 언제나 때가 올라 있다. 8. 물질이나 물체 따위가 위쪽으로 움직이다. 예 불길이 오르다.
울다	울다[1]	동사 1	1. 기쁨, 슬픔 따위의 감정을 억누르지 못하거나 아픔을 참지 못하여 눈물을 흘리다. 또는 그렇게 눈물을 흘리면서 소리를 내다. 예 그녀는 제 설움에 겨워 슬피 울었다. 2. 짐승, 벌레, 바람 따위가 소리를 내다. 예 늑대 우는 소리 3. 물체가 바람 따위에 흔들리거나 움직여 소리가 나다. 예 문풍지가 바람에 울고 있다. 4. 종이나 천둥, 벨 따위가 소리를 내다. 예 전화벨이 요란스럽게 울어서 잠이 깼다. 5. 병적으로 일정한 높이로 계속되는 소리가 실제로는 들리지 않는데도 들리는 것처럼 느끼다. 예 귀에서 우는 소리가 난다. 6. (비유적으로) 상대를 때리거나 공격할 수 없어 분한 마음을 느끼다. 예 주먹이 운다.
		동사 2	소리를 내면서 눈물을 흘리다. 예 슬픈 울음을 울고 있는 아이
	울다[2]	동사	발라 놓거나 바느질한 것 따위가 반반하지 못하고 우글쭈글해지다. 예 장판이 울지 않게 발라졌다.

표제어	동음이의 관계		다의 관계
익다	익다¹	동사	1. 열매나 씨가 여물다. 예 배가 익다. 2. 고기나 채소, 곡식 따위의 날것이 뜨거운 열을 받아 그 성질과 맛이 달라지다. 예 고기가 푹 익다. 3. 김치, 술, 장 따위가 맛이 들다. 예 간장이 익다. 4. 불이나 볕을 오래 쬐거나 뜨거운 물에 담가서 살갗이 빨갛게 되다. 예 벌거벗고 땡볕에 돌아다녔더니 살이 익었다. 5. 썩히려고 하는 것이 잘 썩다. 예 거름이 익다. 6. 사물이나 시기 따위가 충분히 마련되거나 알맞게 되다. 예 이마를 맞대고 엎드린 초가지붕과 가을이 익어 가고 있는 들판을 바라보며……. – 한수산, 「유민」
	익다²	형용사	1. 자주 경험하여 조금도 서투르지 않다. 예 이젠 바느질 솜씨가 손끝에 제법 익었다. 2. 여러 번 겪어 설지 않다. 예 맹인은 맹목에 익어 일상생활에 그리 지장이 없다. – 한무숙, 「어둠에 갇힌 불꽃들」 3. 눈이 어둡거나 밝은 곳에 적응한 상태에 있다. 예 실내 밝기에 눈이 익기도 전에 맞부딪친 둘째 할아버지는 그대로 거인이었다. – 전상국, 「외딴길」
있다	있다¹	동사 1	1. 사람이나 동물이 어느 곳에서 떠나거나 벗어나지 아니하고 머물다. 예 내가 갈 테니 너는 학교에 있어라. 2. 사람이 어떤 직장에 계속 다니다. 예 딴 데 한눈팔지 말고 그 직장에 그냥 있어라.
		동사 2	사람이나 동물이 어떤 상태를 계속 유지하다. 예 떠들지 말고 얌전하게 있어라.
		동사 3	얼마의 시간이 경과하다. 예 앞으로 사흘만 있으면 추석이다.
		형용사 1	1. 사람, 동물, 물체 따위가 실제로 존재하는 상태이다. 예 나는 신이 있다고 믿는다. 2. 어떤 사실이나 현상이 현실로 존재하는 상태이다. 예 기회가 있다. 3. 어떤 일이 이루어지거나 벌어질 계획이다. 예 좋은 일이 있다. 4. [주로 '있는' 꼴로 쓰여] 재물이 넉넉하거나 많다. 예 그는 아무것도 없으면서 있는 체한다. 5. ['-ㄹ 수 있다' 꼴로 쓰여] 어떤 일을 이루거나 어떤 일이 발생하는 것이 가능함을 나타내는 말 예 나는 무엇이든지 잘할 수 있다. 6. [구어체에서, '있잖아', '있지' 꼴로 쓰여] 어떤 대상이나 사실을 강조·확인하는 뜻을 나타내는 말 예 그 사람 있잖아 엄청난 부자래.
		형용사 2	1. 사람이나 사물 또는 어떤 사실이나 현상 따위가 어떤 곳에 자리나 공간을 차지하고 존재하는 상태이다. 예 방 안에 사람이 있다. 2. 사람이나 동물이 어느 곳에 머무르거나 사는 상태이다. 예 그는 서울에 있다. 3. 사람이 어떤 직장에 다니는 상태이다. 예 그는 철도청에 있다. 4. 어떤 처지나 상황, 수준, 단계에 놓이거나 처한 상태이다. 예 난처한 처지에 있다. 5. 개인이나 물체의 일부분이 일정한 범위나 전체에 포함된 상태이다. 예 합격자 명단에는 내 이름도 있었다.
		형용사 3	1. 어떤 물체를 소유하거나 자격이나 능력 따위를 가진 상태이다. 예 이 물건은 주인이 있다. 2. 일정한 관계를 가진 사람이 존재하는 상태이다. 예 나에게는 아내와 자식들이 있다. 3. 어떤 사람에게 무슨 일이 생긴 상태이다. 예 어머니는 며느리에게 태기가 있다고 무척 기뻐하셨다.
		형용사 4	앞에 오는 명사를 화제나 논의의 대상으로 삼은 상태를 나타내는 말. 문어적 표현으로, '에', '에게', '에서'의 뜻을 나타낸다. 예 인간에게 있어서 가장 중요한 것은 사랑이다.
		형용사 5	사람이 어떤 지위나 역할로 존재하는 상태이다. 예 그는 지금 대기업의 과장으로 있다.
		형용사 6	[이유, 근거, 구실, 가능성 따위와 같은 단어와 함께 쓰여] 이유나 가능성 따위로 성립된 상태이다. 예 아이의 투정은 이유가 있었다.

표제어	동음이의 관계	다의 관계	
있다	있다¹	보조동사	1. [주로 동사 뒤에서 '-어 있다' 구성으로 쓰여] 앞말이 뜻하는 행동이나 변화가 끝난 상태가 지속됨을 나타내는 말 예 꽃이 피어 있다. 2. [주로 동사 뒤에서 '-고 있다' 구성으로 쓰여] 앞말이 뜻하는 행동이 계속 진행되고 있거나 그 행동의 결과가 지속됨을 나타내는 말 예 듣고 있다. ※ '있다'는 동사와 형용사로 쓰인다. 동사 '있다'는 '있는다', '있어라', '있자'로 활용을 하며 높임말로는 '계시다'를 쓴다. 형용사 '있다'는 높임말로 '있으시다'를 쓴다.
줄다	-	동사	1. 물체의 길이나 넓이, 부피 따위가 본디보다 작아지다. 예 면적이 줄다. 2. 수나 분량이 본디보다 적어지다. 예 인원이 줄다. 3. 힘이나 세력 따위가 본디보다 못하게 되다. 예 속력이 줄다. 4. 재주나 능력, 실력 따위가 본디보다 못하게 되다. 예 수학 실력이 줄다. 5. 살림이 어려워지거나 본디보다 못하여지다. 예 주는 것은 살림살이요 느는 것은 빚뿐일세. 6. 시간이나 기간이 짧아지다. 예 규정이 바뀌어서 신청 기간이 줄었다.
지나가다	-	동사 1	1. 시간이 흘러가서 그 시기에서 벗어나다. 예 하루가 후딱 지나가 버렸다. 2. 일, 위험, 행사 따위가 끝나다. 예 시험 기간이 무사히 지나가서 다행이다. 3. [주로 '지나가는' 꼴로 쓰여] 말 따위를 별다른 의미 없이 하다. 예 지나가는 말투로 묻다. 4. 어떤 일을 문제 삼지 아니하다. 예 그는 작은 일에도 사소히 지나간 적이 없다.
		동사 2	1. 어디를 거치거나 통과하여 가다. 예 이 항공기는 중국 영공으로 지나간다. 2. 어떤 사람이나 사물과 같은 대상물의 주위를 지나쳐 가다. 예 자동차가 바로 옆으로 지나가다. 3. 바람, 비 따위가 지나치다. 예 바람이 문 앞으로 지나가면서 뿌연 먼지를 일으켰다.
		동사 3	어떤 표정이나 예감, 생각 따위가 머리를 스쳐 가다. 예 불길한 예감이 갑자기 머리에 지나갔다.
		동사 4	어디를 들르지 않고 그대로 가다. 예 삼촌 집을 지나가면서 찾아뵙지 못한 것이 계속 마음에 걸린다.
짜다	짜다¹	동사 1	1. 사개를 맞추어 가구나 상자 따위를 만들다. 예 장롱을 짜다. 2. 실이나 끈 따위를 씨와 날로 걸어서 천 따위를 만들다. 예 털실로 스웨터를 짜다. 3. 머리를 틀어 상투를 만들다. 예 상투를 짜다. 4. 사람을 모아 무리를 만들다. 예 편을 짜다. 5. 계획이나 일정 따위를 세우다. 예 여행 일정을 짜다. 6. 부분을 맞추어 전체를 꾸며 만들다. 예 활자를 짜다.
		동사 2	어떤 부정적인 일을 하려고 몇 사람끼리만 비밀리에 의논하여 약속하다. 예 직원과 짜고 공금을 횡령한 사장이 경찰에 붙잡혔다.
	짜다²	동사	1. 누르거나 비틀어서 물기나 기름 따위를 빼내다. 예 여드름을 짜다. 2. 온갖 수단을 써서 남의 재물 따위를 빼앗다. 예 백성의 고혈을 짜다. 3. 어떤 새로운 것을 생각해 내기 위하여 온 힘을 기울이거나, 온 정신을 기울이다. 예 생각을 짜다. 4. 잘 나오지 아니하거나 생기지 아니하는 것을 억지로 만들다. 예 재작년 아버지 생신에 왔다가는 죽어도 다시 가지 않겠노라고 울고 짜고 하는 것을 억지로 몰아내다시피 해서 보낸 뒤로는……. - 이무영, 「농민」
	짜다³	형용사	1. 소금과 같은 맛이 있다. 예 옆집 김치는 짜다. 2. (속되게) 인색하다. 예 월급이 짜다.
차다	차다¹	동사 1	일정한 공간에 사람, 사물, 냄새 따위가 더 들어갈 수 없이 가득하게 되다. 예 통에 물이 가득 차다.
		동사 2	1. 감정이나 기운 따위가 가득하게 되다. 예 패기에 차다. 2. 어떤 대상이 흡족하게 마음에 들다. 예 새 직장이 마음에 차다. 3. 어떤 높이나 한도에 이르는 상태가 되다. 예 말이 목구멍까지 차 있다.
		동사 3	1. 정한 수량, 나이, 기간 따위가 다 되다. 예 기한이 차다. 2. 이지러진 데가 없이 달이 아주 온전하게 되다. 예 달이 꽉 찼다.

표제어	동음이의 관계		다의 관계
차다	차다²	동사	1. 발로 내어 지르거나 받아 올리다. 예 공을 차다. 2. 발을 힘껏 뻗어 사람을 치다. 예 그는 상대편 선수를 발로 찼다. 3. 혀끝을 입천장 앞쪽에 붙였다가 떼어 소리를 내다. 예 혀를 끌끌 차다. 4. 발로 힘 있게 밀어젖히다. 예 선수들은 출발선을 차며 힘차게 내달렸다. 5. (속되게) 주로 남녀 관계에서 일방적으로 관계를 끊다. 예 그는 5년을 사귄 여인을 차 버렸다. 6. 날쌔게 빼앗거나 움켜 가지다. 예 소매치기가 지갑을 차서 달아났다. 7. (비유적으로) 자기에게 베풀어지거나 차례가 오는 것을 받아들이지 않다. 예 들어오는 복을 차다.
	차다³	동사	1. 물건을 몸의 한 부분에 달아매거나 끼워서 지니다. 예 기저귀를 찬 아이 2. 수갑이나 차꼬 따위를 팔목이나 발목에 끼우다. 예 죄인은 팔목에 수갑을 차고 구치소로 이송되었다.
	차다⁴	형용사	1. 몸에 닿은 물체나 대기의 온도가 낮다. 예 바람이 차다. 2. 인정이 없고 쌀쌀하다. 예 성격이 차고 매섭다.
통하다	-	동사 1	1. 막힘이 없이 들고 나다. 예 피가 통하다. 2. 말이나 문장 따위의 논리가 이상하지 아니하고 의미의 흐름이 적절하게 이어져 나가다. 예 문맥이 통하다.
		동사 2	1. 어떤 곳에 무엇이 지나가다. 예 전깃줄에 전류가 통한다. 2. 어떤 방면에 능하고 잘 알다. 예 김 박사는 정보 과학에 환히 통한 권위자이다.
		동사 3	어떤 행위가 받아들여지다. 예 그 사람에게 그런 식은 안 통한다.
		동사 4	어떠한 자격이나 이름으로 알려지거나 불리다. 예 나는 학교에서 독서가로 통한다.
		동사 5	1. 내적으로 관계가 있어 연계되다. 예 문학은 인간 구원의 관점에서 종교와 통하는 면이 있다. 2. 어떤 곳으로 이어지다. 예 이 길은 바다로 가는 길과 통해 있다.
		동사 6	1. 마음 또는 의사나 말 따위가 다른 사람과 소통되다. 예 그는 나와 통하는 데가 있다. 2. 전화 따위가 이어지다. 예 이 지역은 서울과 전화가 잘 안 통한다.
		동사 7	1. 어떤 길이나 공간 따위를 거쳐서 지나가다. 예 비상구를 통해 빠져나가다. 2. 어떤 사람이나 물체를 매개로 하거나 중개하게 하다. 예 망원경을 통해 밖을 내다보다. 3. 일정한 공간이나 기간에 걸치다. 예 청소년기를 통해 고난을 배웠다. 4. 어떤 과정이나 경험을 거치다. 예 실습을 통해 이론을 익힌다.
		동사 8	1. 어떤 관계를 맺다. 예 외국과 수교를 통하다. 2. 인사나 말을 건네다. 예 옆집 사람과 인사를 통하고 지내다.
트다	트다¹	동사	1. 너무 마르거나 춥거나 하여 틈이 생겨서 갈라지다. 예 손이 트다. 2. 식물의 싹, 움, 순 따위가 벌어지다. 예 움이 트다. 3. 날이 새면서 동쪽 하늘이 훤해지다. 예 어느덧 날이 환하게 동이 트기 시작한다. – 박종화, 「임진왜란」 4. 더 기대할 것이 없는 상태가 되다. 예 차가 끊겨서 오늘 가기는 텄다.
	트다²	동사 1	1. 막혀 있던 것을 치우고 통하게 하다. 예 벽을 트다. 2. 장(場) 따위를 열다. 예 난장을 트면 음식 장수뿐만 아니라 예사 장처럼 별의별 장사치들이 다 몰려들기 때문에……. – 송기숙, 「녹두 장군」
		동사 2	1. 서로 스스럼없이 사귀는 관계가 되다. 예 친구와 마음을 트고 지내다. 2. 서로 거래하는 관계를 맺다. 예 은행과 거래를 트다. 3. 어떤 사람과 해라체나 반말을 하는 상태가 되다. 예 나이도 동갑이니 우리 말을 트고 지내자.

표제어	동음이의 관계		다의 관계
흐르다	흐르다¹	동사 1	1. 시간이나 세월이 지나가다. 예 오랜 시간이 흐르다. 2. 걸치거나 두른 것이 미끄러지거나 처지다. 예 달리기를 하는데 고무줄이 끊어져서 체육복 바지가 흘러 버렸다.
		동사 2	1. 액체 따위가 낮은 곳으로 내려가거나 넘쳐서 떨어지다. 예 물은 높은 데서 낮은 데로 흐른다. 2. 어떤 한 방향으로 치우쳐 쏠리다. 예 이야기가 엉뚱한 방향으로 흐르고 있다.
		동사 3	1. 공중이나 물 위에 떠서 미끄러지듯이 움직이다. 예 하늘에 흐르는 구름 2. 기운이나 상태 따위가 겉으로 드러나다. 예 옷차림에 촌티가 흐르다. 3. 윤기, 광택 따위가 번지르르하게 나다. 예 잎사귀에 윤기가 흐르다. 4. 빛, 소리, 향기 따위가 부드럽게 퍼지다. 예 밤하늘에 흐르는 달빛 5. 피, 땀, 눈물 따위가 몸 밖으로 넘쳐서 떨어지다. 예 온몸에 땀이 흐르다. 6. 전기나 가스 따위가 선이나 관을 통하여 지나가다. 예 이 전신주에는 고압 전류가 흘러 매우 위험하다.
		동사 4	새어서 빠지거나 떨어지다. 예 봉투가 새서 밀가루가 흐르다.
		동사 5	물줄기, 피 따위와 같은 액체 성분이 어떤 장소를 통과하여 지나가다. 예 이 평야에 흐르는 강물은 이 지역 주민들의 어머니와 같은 존재이다.

제3장

정답 및 해설 ▶ p.7

출제 유형 | 확인 문제

01 〈보기〉의 ㉠이 의미하는 단어가 아닌 것은?

― 보기 ―

유의 관계는 의미가 같거나 비슷한 둘 이상의 단어 관계를 말한다. 하지만 비슷한 뜻이라 해도 모두 같은 상황에서 쓰이는 것은 아니다. ㉠ 단어마다 미묘한 의미 차이를 갖고 있기 때문에 발화 상황에 따라 쓰이는 단어가 다르다.

① 밥 : 진지
② 낯 : 얼굴
③ 덩굴 : 넝쿨
④ 나이 : 춘추
⑤ 사망하다 : 돌아가시다

02 〈보기〉의 밑줄 친 단어와 의미가 같은 것은?

― 보기 ―

'한 줄 서기' 캠페인이 시작된 후 시간이 꽤 흘렀는데도 여전히 잘 유지되고 있다.

① 전후 사정이 대충 짐작이 간.
② 너에게 신호가 가면 직접 슛을 해.
③ 고물 차인데도 별 탈 없이 잘 간다.
④ 복지 국가로 가는 길은 아직 멀고 험하다.
⑤ 담배를 끊겠다는 결심이 결국 사흘도 못 갔다.

03 '가로 3번'에 들어갈 단어와 반대의 의미를 지니는 말로 가장 적절한 것은?

1.	2.		
		3.	4.
			5.

〈가로 열쇠〉
1. 회와 구운 고기라는 뜻으로, 칭찬을 받으며 사람의 입에 자주 오르내림을 이르는 말
5. 한 때 매우 성하던 현상이나 일이 끝나거나 없어짐. 냉전의 ○○

〈세로 열쇠〉
2. 스스로 행한 행동이 결국에 가서는 자신에게 불리한 결과를 가져오게 됨을 비유적으로 이르는 말
4. ① 죽음을 맞이함. ② 부모가 돌아가실 때 그 곁에 지키고 있음.

① 각축(角逐) ② 접수(接受)
③ 응대(應對) ④ 수임(授任)
⑤ 방출(放出)

04 〈보기〉에 제시된 두 단어의 의미 관계와 같은 것은?

― 보기 ―

사망(死亡) : 살다

① 임대(賃貸) : 빌리다
② 제고(提高) : 높이다
③ 도탄(塗炭) : 가난하다
④ 망라(網羅) : 포함하다
⑤ 발군(拔群) : 뛰어나다

05 단어 간의 관계를 고려하여, 〈보기〉의 ㉠과 ㉡에 들어갈 단어로 옳은 것은?

― 보기 ―
- 연극 : 무대
- 책 : 종이
- 옷 : (㉠)
- 식물 : (㉡)

	㉠	㉡
①	상의	나무
②	옷감	줄기
③	하의	풀
④	모자	잎
⑤	신발	꽃

06 다음 중 두 단어가 '상하 관계'에 해당하지 않는 것은?

① 과일 : 사과
② 신발 : 장화
③ 곤충 : 다리
④ 필기구 : 펜
⑤ 악기 : 바이올린

07 〈보기〉의 밑줄 친 단어와 같은 의미로 쓰인 것은?

― 보기 ―
이번 학기에는 열심히 준비한 덕분인지 반에서 3등 안에 들었다.

① 사거리 제과점에서 파는 빵에는 크림이 많이 들었다.
② 그는 마음에 드는 이성에게 적극적으로 관심을 표한다.
③ 올해 프로젝트는 인사 평가 기준이라 공을 많이 들였다.
④ 졸음이 몰려와 잠자리에 들고 싶었지만 과제가 밀려 있어서 억지로 참았다.
⑤ 지난 시즌에 우승을 거머쥐었던 A팀이 이번 시즌에는 예선에도 들지 못했다.

08 〈보기〉의 빈칸에 공통으로 들어갈 단어의 기본형으로 옳은 것은?

― 보기 ―
- 이사 갈 집에 벽지를 새로 (   ).
- 햇밤을 (   ) 삶아 먹었다.
- 숨기지 말고 (   ) 얘기해.

① 들다
② 가르다
③ 바르다
④ 붙이다
⑤ 마르다

09 〈보기〉의 ㉠에 해당하는 단어가 쓰인 것은?

― 보기 ―
다의어는 여러 개의 뜻을 가진 하나의 단어이고, ㉠ 동음이의어는 소리는 같으나 다른 뜻을 가진 단어이다.

① 그는 직장을 그만두고 완전히 이 바닥을 떴다. / 할머니 집에는 메주 뜨는 냄새가 가득하다.
② 그녀는 승리를 눈앞에 두고 넘어지고 말았다. / 일주일 간 친구의 짐을 우리 집에 두기로 하였다.
③ 택시 기사는 참지 못하고 연신 경적을 눌렀다. / 나는 치솟는 분노를 누르기 위해 숨을 크게 쉬었다.
④ 한국과 미국은 매우 멀어서 가려면 오래 걸린다. / 너는 선배의 실력을 따라 가려면 아직도 멀었다.
⑤ 그녀는 취직한 이후에 매달 빠짐없이 적금을 붓고 있다. / 컵에 물을 먼저 붓고 가루를 넣어야 잘 섞인다.

10 〈보기〉의 ㉠~㉤ 중, 나머지와 품사가 다른 것은?

― 보기 ―
- 사이즈를 잘못 골라 바지가 너무 ㉠크다.
- 이번 사업이 망한 데는 그의 책임이 ㉡크다.
- 열심히 준비한 시험에 낙방하여 실망이 ㉢크다.
- 그녀는 통이 ㉣커서 사람들에게 인기가 많다.
- 오랜만에 본 사촌 동생의 키가 몰라보게 ㉤컸다.

① ㉠ ② ㉡
③ ㉢ ④ ㉣
⑤ ㉤

11 〈보기〉의 밑줄 친 단어와 같은 품사로 쓰인 것은?

― 보기 ―
가격이 싸기는 한데 디자인이 맘에 들지 않는다.

① 앞으로 어떻게 할 생각이야?
② 그 옷은 내가 할 테니 포장해 주세요.
③ 모임 장소를 친구 집으로 하여 송년회를 열었다.
④ 학교까지 거리도 멀고 해서 부지런히 준비했다.
⑤ 상금으로 받은 돈을 어떻게 하는 것이 좋을까요?

12 밑줄 친 어휘의 사용이 바르지 않은 것은?

① 그 팀은 쟁쟁한 팀들을 제치고 4강에 올랐다.
② 그는 제 일은 제쳐 두고 다른 사람의 일에만 나선다.
③ 코피가 나면 고개를 제치지 말고 숙인 상태에서 지혈해야 한다.
④ 사람으로 가득 찬 지하철에서 여럿을 제치고 난 후에야 빠져 나올 수 있었다.
⑤ 그가 힘든 친구는 제쳐 두고 사람을 모아 여행을 다녀왔다는 이야기를 들었다.

13 〈보기〉의 ㉠~㉢에 해당하는 단어를 바르게 고른 것은?

― 보기 ―
- 옆집은 지난달에 가구를 새로 ㉠(들였다 / 들렸다).
- 스승의 날을 맞아 교수님께 선물을 ㉡(들였다 / 드렸다).
- 어디선가 나를 부르는 소리가 ㉢(드렸다 / 들렸다).

	㉠	㉡	㉢
①	들렸다	들였다	들렸다
②	들였다	들였다	드렸다
③	들였다	드렸다	들렸다
④	들였다	드렸다	드렸다
⑤	들렸다	들였다	드렸다

14 〈보기〉의 밑줄 친 말의 의미 관계와 다른 것은?

― 보기 ―
(손이) 트다 / (동이) 트다

① 귀가 먹다. / 겁을 먹다.
② 과거에 묻다. / 침대에 몸을 묻다.
③ 양파를 강판에 갈다. / 옥돌을 갈다.
④ 운동화 끈을 매다. / 그네의 줄을 매다.
⑤ 목소리가 담담하다. / 음식의 간이 담담하다.

15 〈보기〉의 ㉠~㉤ 중, 나머지와 품사가 다른 것은?

― 보기 ―
- 주말에는 하루 종일 집에 ㉠있을 것이다.
- 아직 진행 중에 ㉡있는 일이라 결과를 알 수 없다.
- 그는 그 시험에 합격할 능력이 ㉢있다.
- 캐비닛에 그녀의 책이 ㉣있었다.
- 체기가 ㉤있어서 소화제를 먹었다.

① ㉠ ② ㉡
③ ㉢ ④ ㉣
⑤ ㉤

제4장 속담 · 관용구 · 순화어

제2편 어휘

기출 Point!
다양한 어휘 지식을 묻는 영역이다. 속담이나 관용구의 정확한 사전적 의미를 묻는 문제나 불필요한 일본어·한자어로 된 단어를 순화하는 문제가 주로 출제된다.

빈출 유형 ❶ 속담 · 관용구

STEP 1 | 유형 알기

속담이나 관용구의 의미를 정확하게 알고 있는지 평가하는 유형

STEP 2 | 만점 포인트

암기량이 많아 부담스러울 수 있으니 처음부터 모두 외운다는 생각보다는 시험에 많이 출제된 순으로 공부해 나가도록 하자. 모든 어휘 공부의 기본은 자주 반복해서 익숙해지는 것이다.

STEP 3 | 예시 문제

밑줄 친 관용구가 문맥에 맞게 쓰이지 못한 것은?

① 반주가 있으니까 노래를 해야 구색이 맞지.
② 오랜 수험 생활 때문에 그는 공부라면 학을 뗐다.
③ 그녀는 빠듯한 살림을 꾸려가기 위해 고삐를 조였다.
④ 그가 계획한 대로 아귀가 맞게 일이 착착 진행되었다.
⑤ 일이 바빠 친구와 자주 연락하지 못했더니 결국 새가 뜨고 말았다.

[정답] ③
[해설] 관용구의 올바른 쓰임을 묻는 유형이다. '고삐를 조이다'는 '사태를 조금도 늦추지 않고 긴장되게 하다.'라는 뜻이다. '검소한 생활을 하다.'라는 뜻을 가진 관용구는 '허리띠를 조르다/졸라매다'이다.
① 구색이 맞다: 여러 가지가 고루 갖추어지다.
② 학을 떼다: 괴롭거나 어려운 상황을 벗어나느라고 진땀을 빼거나, 그것에 거의 질려 버리다.
④ 아귀가 맞다: 앞뒤가 빈틈없이 들어맞다.
⑤ 새가 뜨다: 사람 사이의 관계가 벌어져 소원해지다.

빈출 유형 ❷ 순화어

STEP 1 | 유형 알기

불필요하게 어려운 한자어나 무분별하게 남용되는 외래어, 일본어 잔재 표현의 순화어를 찾는 유형

STEP 2 | 만점 포인트

불필요하게 어려운 한자어, 무분별하게 남용되는 외래어, 일본어 잔재 표현들을 보다 명확하고 쉬운 표현으로 순화할 수 있는가를 평가하므로, 단어의 정확한 뜻을 알고 순화어와 연결해야 한다. 간혹 순화한 단어가 어색할 수 있으므로 가능한 한 많이 읽고 자주 접하여 익숙해지자.

STEP 3 | 예시 문제

밑줄 친 단어를 올바르게 순화하지 못한 것은?

① 정해진 순서(→ 수순)에 따라 일을 처리해야 한다.
② 그는 유도리(→ 융통성)가 없어서 같이 일하면 힘이 든다.
③ 나는 순댓국을 먹을 때 꼭 다대기(→ 다진 양념)를 넣는다.
④ 구루마(→ 수레)에 상자를 싣고 가다가 돌에 걸려 넘어졌다.
⑤ 그녀는 10년 간 쌓아온 노하우(→ 비결, 비법)를 이번 기회에 공개할 것이다.

정답 ①

해설 무분별하게 쓰이는 일본어와 외래어, 한자어를 우리말로 올바르게 순화한 단어를 찾는 유형이다. '순서'는 '수순'의 순화어이다. 반대로 수정하였으므로 옳지 않다.

제4장 핵심 이론 | 주요 표현

제2편 어휘

※ 암기한 어휘는 □에 표시해 두고, 암기하지 못한 어휘를 중심으로 다시 한번 학습하세요.

01 속담

ㄱ

- ☐ **가게 기둥에 입춘*** 추하고 보잘것없는 가겟집 기둥에 '입춘대길(立春大吉)'이라 써 붙인다는 뜻으로, 제격에 맞지 않음을 비유적으로 이르는 말 = 사모에 갓끈, 짚신에 국화 그리기
- ☐ **가난 구제는 나라도 못한다** 남의 가난한 살림을 도와주기란 끝이 없는 일이어서, 개인은 물론 나라의 힘으로도 구제하지 못한다는 말
- ☐ **가난이 소 아들이라*** 소처럼 죽도록 일해도 가난에서 벗어날 수 없음을 이르는 말
- ☐ **가난한 양반 씻나락 주무르듯*** 가난한 양반이 털어먹자니 앞날이 걱정스럽고 그냥 두자니 당장 굶는 일이 걱정되어서 볍씨만 한없이 주무르고 있다는 뜻으로, 어떤 일에 닥쳐 우물쭈물하기만 하면서 선뜻 결정을 내리지 못하고 있는 모양을 이르는 말
- ☐ **가난한 집 제삿날 돌아오듯*** 살아가기도 어려운 가난한 집에 제삿날이 자꾸 돌아와서 그것을 치르느라 매우 어려움을 겪는다는 뜻으로, 힘든 일이 자주 닥쳐옴을 비유적으로 이르는 말
- ☐ **가랑비에 옷 젖는 줄 모른다*** 가늘게 내리는 비는 조금씩 젖어 들기 때문에 여간해서도 옷이 젖는 줄을 깨닫지 못한다는 뜻으로, 아무리 사소한 것이라도 그것이 거듭되면 무시하지 못할 정도로 크게 됨을 비유적으로 이르는 말
- ☐ **가을바람에 새털 날듯 한다*** 가을바람에 이리저리 날리는 새털처럼 매우 가볍고 꿋꿋하지 못한 것을 비유적으로 이르는 말
- ☐ **가을 식은 밥이 봄 양식이다*** 먹을 것이 흔한 가을에는 먹지 않고 내놓은 식은 밥이 봄에 가서는 귀중한 양식이 된다는 뜻으로, 풍족할 때 함부로 낭비하지 않고 절약하면 뒷날의 궁함을 면할 수 있음을 비유적으로 이르는 말

- ☐ **가지 많은 나무 바람 잘 날 없다*** 가지가 많고 잎이 무성한 나무는 살랑거리는 바람에도 잎이 흔들려서 잠시도 조용한 날이 없다는 뜻으로, 자식을 많이 둔 어버이에게는 근심, 걱정이 끊일 날이 없음을 비유적으로 이르는 말 = 가지 많은 나무가 잠잠할 적 없다
- ☐ **가까운 남이 먼 친척보다 낫다*** 이웃끼리 서로 친하게 지내다 보면 먼 곳에 있는 일가보다 더 친하게 되어 서로 도우며 살게 된다는 것을 이르는 말 = 지척의 원수가 천리의 벗보다 낫다
- ☐ **간에 붙었다 쓸개에 붙었다 한다** 자기에게 조금이라도 이익이 되면 지조 없이 이편에 붙었다 저편에 붙었다 함을 비유적으로 이르는 말
- ☐ **개똥밭에 굴러도 이승이 좋다** 아무리 천하고 고생스럽게 살더라도 죽는 것보다는 사는 것이 나음을 이르는 말
- ☐ **개 발에 (주석) 편자*** 옷차림이나 지닌 물건 따위가 제격에 맞지 아니하여 어울리지 않음을 비유적으로 이르는 말
- ☐ **개밥에 도토리*** 개는 도토리를 먹지 아니하기 때문에 밥 속에 있어도 먹지 아니하고 남긴다는 뜻에서, 따돌림을 받아서 여럿의 축에 끼지 못하는 사람을 비유적으로 이르는 말
- ☐ **고슴도치도 제 새끼는 함함하다고 한다*** ① 털이 바늘같이 꼿꼿한 고슴도치도 제 새끼의 털이 부드럽다고 옹호한다는 뜻으로, 자기 자식의 나쁜 점은 모르고 도리어 자랑으로 삼는다는 말 ② 어버이 눈에는 제 자식이 다 잘나고 귀여워 보인다는 말
- ☐ **고양이 목에 방울 달기** 실행하기 어려운 것을 공연히 의논함을 이르는 말
- ☐ **고양이 쥐 어르듯** ① 상대편을 제 마음대로 가지고 노는 모양을 비유적으로 이르는 말 ② 당장에라도 잡아먹을 듯이 덤비는 모양을 이르는 말
- ☐ **고양이는 발톱을 감춘다** 재주 있는 사람은 그것을 깊이 감추고서 함부로 드러내지 아니한다는 말

- **고양이한테 생선을 맡기다** 고양이한테 생선을 맡기면 고양이가 생선을 먹을 것이 뻔한 일이란 뜻으로, 어떤 일이나 사물을 믿지 못할 사람에게 맡겨 놓고 마음이 놓이지 않아 걱정함을 비유적으로 이르는 말 = 고양이 보고 반찬 가게 지키라는 격
- **곤장을 메고 매 맞으러 간다** 공연한 일을 하여 스스로 화를 자초함을 비유적으로 이르는 말
- **공든 탑이 무너지랴*** 공들여 쌓은 탑은 무너질 리 없다는 뜻으로, 힘을 다하고 정성을 다하여 한 일은 그 결과가 반드시 헛되지 아니함을 비유적으로 이르는 말
- **광대 끈 떨어졌다** 광대가 연기를 할 때 탈의 끈이 떨어졌다는 뜻으로, 의지할 데가 없어 꼼짝을 못 하게 됨을 비유적으로 이르는 말 = 턱 떨어진 광대
- **군불에 밥 짓기** 방을 덥히려고 때운 아궁이 불에 밥도 한다는 뜻으로, 어떤 일에 곁따라 다른 일이 쉽게 이루어지거나 또는 다른 일을 해냄을 비유적으로 이르는 말
- **귀 막고 방울 도둑질한다** 얕은 수를 써서 남을 속이려 하나 거기에 속는 사람이 없음을 비유적으로 이르는 말
- **까치집에 비둘기 들어 있다** 남의 집에 들어가서 주인 행세를 함을 비유적으로 이르는 말

ㄴ

- **남의 말도 석 달*** 소문은 시일이 지나면 흐지부지 없어지고 만다는 말
- **남의 잔치에 감 놓아라 배 놓아라 한다** 남의 일에 공연히 간섭하고 나섬을 비유적으로 이르는 말
- **눈 가리고 아웅** 얕은수로 남을 속이려 한다는 말
- **늦게 배운 도둑질에 날 새는 줄 모른다** 어떤 일에 남보다 늦게 재미를 붙인 사람이 그 일에 더 열중하게 됨을 비유적으로 이르는 말

ㄷ

- **다 가도 문턱 못 넘긴다** 애써 일을 하였으나 끝맺음을 못하여 보람이 없게 됨을 비유적으로 이르는 말
- **다 된 죽에 코 풀기*** ① 거의 다 된 일을 망쳐 버리는 주책없는 행동을 비유적으로 이르는 말 ② 남의 다 된 일을 악랄한 방법으로 방해하는 것을 비유적으로 이르는 말

- **떡 본 김에 제사 지낸다** 우연히 운 좋은 기회에, 하려던 일을 해치운다는 말
- **떡 줄 사람은 꿈도 안 꾸는데 김칫국부터 마신다** 해 줄 사람은 생각지도 않는데 미리부터 다 된 일로 알고 행동한다는 말
- **독 틈에도 용소가 있다*** 독 틈에도 깊은 웅덩이가 있다는 뜻으로, 무슨 일에든지 남을 속이려 하는 수작이 있으니 조심해야 한다는 말
- **두부 먹다 이 빠진다*** ① 전혀 그렇게 될 리가 없음에도 일이 안되거나 꼬이는 경우를 비유적으로 이르는 말 ② 쉽게 생각했던 일이 뜻밖에 어려워 힘이 많이 들거나 실패한 경우를 이르는 말 ③ 마음을 놓으면 생각지 아니하던 실수가 생길 수 있으니 항상 조심하라는 말 = 홍시 먹다 이 빠진다
- **두부살에 바늘뼈** 바늘처럼 가는 뼈에 두부같이 힘없는 살이란 뜻으로, 몸이 아주 연약한 사람을 비유적으로 이르는 말

ㅁ

- **마른나무를 태우면 생나무도 탄다** 안 되는 일도 대세를 타면 잘될 수 있음을 비유적으로 이르는 말
- **마른논에 물 대기*** 일이 매우 힘들거나 힘들여 해 놓아도 성과가 없는 경우를 이르는 말
- **말 꼬리에 붙은 파리가 천리를 간다*** 남의 세력에 의지하여 기운을 편다는 말
- **말 죽은 데 체 장수 모이듯 한다** 쳇불로 쓸 말총을 구하기 위하여 말이 죽은 집에 체 장수가 모인다는 뜻으로, 남의 불행은 아랑곳없이 제 이익만 채우려고 많은 사람이 모여드는 것을 이르는 말
- **말 타면 종 두고 싶다*** 사람의 욕심이란 한이 없다는 말
- **망건 쓰고 세수한다*** 세수를 하고 머리를 빗고 그다음에 망건을 쓰는 법인데 망건을 먼저 쓰고 세수를 한다는 뜻으로, 일의 순서를 바꾸어 함을 놀림조로 이르는 말
- **모기 보고 칼 빼기** ① 시시한 일로 소란을 피움을 비유적으로 이르는 말 ② 보잘것없는 일에 어울리지 않게 엄청나게 큰 대책을 씀을 이르는 말
- **모난 돌이 정 맞는다*** ① 두각을 나타내는 사람이 남에게 미움을 받게 된다는 말 ② 강직한 사람은 남의 공박을 받는다는 말

ㅂ

- **밥 위에 떡** 좋은 일에 더욱 좋은 일이 겹침을 비유적으로 이르는 말
- **배고픈 호랑이가 원님을 알아보나*** 배고픈 호랑이가 원님이라고 사정을 보아주지 아니한다는 뜻으로, 사람이 극히 가난하고 굶주리는 지경에 이르면 아무것도 가리지 않고 분별없는 짓까지 마구 하게 됨을 비유적으로 이르는 말
- **배 먹고 이 닦기** 배를 먹으면 이까지 하얗게 닦아진다는 뜻으로, 한 가지 일에 두 가지 이로움이 있음을 비유적으로 이르는 말
- **부자는 망해도 삼 년 먹을 것이 있다** 본래 부자이던 사람은 망했다 하더라도 얼마 동안은 그럭저럭 살아 나갈 수 있음을 비유적으로 이르는 말
- **비단 옷 입고 밤길 다닌다*** 비단옷을 입고 밤길을 걸으면 아무도 알아주지 않는다는 뜻으로, 생색이 나지 않는 공연한 일에 애쓰고도 보람이 없는 경우를 비유적으로 이르는 말
- **비 온 뒤에 땅이 굳어진다*** 비에 젖어 질척거리던 흙도 마르면서 단단하게 굳어진다는 뜻으로, 어떤 시련을 겪은 뒤에 더 강해짐을 비유적으로 이르는 말
- **빛 좋은 개살구*** 겉보기에는 먹음직스러운 빛깔을 띠고 있지만 맛은 없는 개살구라는 뜻으로, 겉만 그럴듯하고 실속이 없는 경우를 비유적으로 이르는 말 = 속 빈 강정

ㅅ

- **사람과 산은 멀리서 보는 게 낫다*** 사람을 가까이 사귀면 멀리서 볼 때 안 보이던 결점이 다 드러나 실망하게 됨을 비유적으로 이르는 말
- **삼밭에 쑥대*** 쑥이 삼밭에 섞여 자라면 삼대처럼 곧아진다는 뜻으로, 좋은 환경에서 자라면 좋은 영향을 받게 됨을 비유적으로 이르는 말
- **서울 가서 김 서방 찾기** 넓은 서울에 가서 무작정 김 서방을 찾는다는 뜻으로, 주소도 이름도 모르고 무턱대고 사람을 찾아가는 경우를 비유적으로 이르는 말
- **섶을 지고 불로 들어가려 한다** 당장에 불이 붙을 섶을 지고 이글거리는 불 속으로 뛰어든다는 뜻으로, 앞뒤 가리지 못하고 미련하게 행동함을 놀림조로 이르는 말
- **송편으로 목을 따 죽지*** 칼도 아닌 송편으로 목을 딸 노릇이라는 뜻으로, 어처구니없는 일로 몹시 억울하고 원통함을 이르는 말 = 거미줄로 목을 매다

ㅇ

- **아닌 밤중에 홍두깨** 별안간 엉뚱한 말이나 행동을 함을 비유적으로 이르는 말
- **아랫돌 빼서 윗돌 괴기*** 일이 몹시 급하여 임시변통으로 이리저리 둘러맞추어 일함을 비유적으로 이르는 말
- **언 발에 오줌 누기*** 언 발을 녹이려고 오줌을 누어 봤자 효력이 별로 없다는 뜻으로, 임시변통은 될지 모르나 그 효력이 오래가지 못할 뿐만 아니라 결국에는 사태가 더 나빠짐을 비유적으로 이르는 말
- **오동나무 보고 춤춘다*** ① 오동나무를 보고 그것으로 만든 거문고를 연상하여 춤을 춘다는 뜻으로, 너무 미리부터 서두름을 비유적으로 이르는 말 ② 여러 단계를 거쳐야 비로소 연상할 수 있는 사물의 징조를 보고 마치 그 결과를 본 듯이 기뻐한다는 말
- **우물에 가 숭늉 찾는다*** 모든 일에는 질서와 차례가 있는 법인데 일의 순서도 모르고 성급하게 덤빔을 비유적으로 이르는 말 = 싸전 가서 밥 달라고 한다, 보리밭에 가 숭늉 찾는다, 콩밭에 가서 두부 찾는다
- **원님 덕에 나발 분다*** 남의 덕으로 당치도 아니한 행세를 하게 되거나 그런 대접을 받고 우쭐대는 모양을 비유적으로 이르는 말

ㅈ

- **조자룡이 헌 창[칼] 쓰듯** 돈이나 물건을 헤프게 쓰는 경우를 비유적으로 이르는 말
- **중이 제 머리 못 깎는다*** 자기가 자신에 관한 일을 좋게 해결하기는 어려운 일이어서 남의 손을 빌려야만 이루기 쉬움을 비유적으로 이르는 말
- **쥐구멍에도 볕 들 날 있다** 몹시 고생을 하는 삶도 좋은 운수가 터질 날이 있다는 말 = 개똥밭에 이슬 내릴 때가 있다
- **쥐구멍으로 소를 몰려 한다*** 도저히 되지 아니할 일을 억지로 하려고 함을 비꼬는 말

- **쥐 잡으려다가 쌀독 깬다** 적은 이익이나마 얻으려고 한 일로 도리어 큰 손실을 입게 되었음을 비유적으로 이르는 말
- **지네 발에 신 신기기** 지네는 발이 많아서 신을 신기려면 힘이 드는 것처럼, 자식을 많이 둔 사람이 애를 쓴다는 말

ㅊ

- **차돌에 바람 들면 석돌보다 못하다*** 오달진 사람일수록 한번 타락하면 걷잡을 수 없게 된다는 말
- **추풍선*** 가을철의 부채라는 뜻으로, 철이 지나서 쓸모없이 된 물건을 비유적으로 이르는 말

ㅋ

- **큰 북에서 큰 소리가 난다*** 크고 훌륭한 데서라야 무엇이나 좋은 일이 생길 수 있음을 비유적으로 이르는 말

ㅎ

- **하나는 열을 꾸려도 열은 하나를 못 꾸린다*** 한 사람이 잘되면 여러 사람을 돌보아 줄 수 있으나 여러 사람이 힘을 합하여 한 사람을 돌보아 주기는 힘들다는 말
- **하늘의 별따기** 무엇을 얻거나 성취하기가 매우 어려운 경우를 비유적으로 이르는 말
- **한솥밥 먹고 송사한다** 한집안 또는 아주 가까운 사이에 다투는 경우를 이르는 말
- **호박씨 까서 한입에 털어 넣는다** 애써 조금씩 모았다가 한꺼번에 털어 없애는 경우를 비유적으로 이르는 말

02 관용구

1 주요 관용구

ㄱ

- **가지를 치다** 하나의 근본에서 딴 갈래가 생기다.
- **같은 물에서 놀다** 같은 환경에서 한데 몰려다니며 같은 짓을 하다.
- **기름을 끼얹다[붓다]*** 감정이나 행동을 부추겨 정도를 심하게 만들다.
- **경종을 울리다*** 잘못이나 위험을 미리 경계하여 주의를 환기시키다.
- **곁을 주다** 다른 사람으로 하여금 자기에게 가까이할 수 있도록 속을 터주다.
- **고배를 들다[마시다/맛보다]** 패배, 실패 따위의 쓰라린 일을 당하다.
- **고삐를 늦추다** 경계심이나 긴장을 누그러뜨리다.
- **고삐를 조이다** 사태를 조금도 늦추지 않고 긴장되게 하다.
- **고삐가 풀리다** 얽매이지 않거나 통제를 받지 않다.
- **구색이 맞다** 여러 가지가 고루 갖추어지다.
- **꼬리가 밟히다** 행적이 드러나다.
- **꼬리를 내리다** 상대편에게 기세가 꺾여 물러서거나 움츠러들다.

ㄴ

- **날을 세우다** 정신을 집중하다.
- **날이 서다** 성격이나 표현, 판단력 따위가 날카롭다.

ㄷ

- **떼어 놓은 당상*** 일이 확실하여 조금도 틀림이 없음을 이르는 말
- **동티가 나다** 건드려서는 안 될 것을 공연히 건드려서 재앙이 일어나다.
- **뒷짐을 지다*** 어떤 일에 자신은 전혀 상관없는 것처럼 구경만 하고 있다.
- **들통이 나다*** 비밀이나 잘못된 일 따위가 드러나다.

ㅁ

- **마각이 드러나다** 숨기고 있던 일이나 정체가 드러나다.
- **마른침을 삼키다** 몹시 긴장하거나 초조해하다.
- **막을 내리다*** 무대의 공연이나 어떤 행사를 마치다.
- **말을 맞추다** 제삼자에게 같은 말을 하기 위하여 다른 사람과 말의 내용이 다르지 않게 하다.
- **말이 아니다*** ① 말이 이치에 맞지 아니하다. ② 사정·형편 따위가 몹시 어렵거나 딱하다.

ㅂ

- **바닥이 드러나다** ① 다 소비되어 없어지다. ② 숨겨져 있던 정체가 드러나다.
- **반죽이 좋다** 노여움이나 부끄러움을 타지 아니하다.
- **발을 달다** 끝난 말이나 이미 있는 말에 말을 덧붙이다.
- **변죽을 울리다*** 바로 집어 말을 하지 않고 둘러서 말을 하다.
- **빼도 박도 못하다** 일이 몹시 난처하게 되어 그대로 할 수도 그만둘 수도 없다.

ㅅ

- **사람 죽이다*** ① 너무 힘겨운 경우를 당하여 매우 힘들고 고달프다. ② 사람을 어이없게 만들다. ③ 사람의 마음을 황홀하게 하거나 녹이다.
- **산통을 깨다*** 다 잘되어 가던 일을 이루지 못하게 뒤틀다.
- **상투 틀다*** 총각이 장가들어 어른이 되다.
- **새가 뜨다*** 사람 사이의 관계가 벌어져 소원해지다.
- **서막을 올리다*** 어떤 일이 시작되다.
- **쌔고 버리다** 가득 쌓이고도 남아서 내버릴 정도로 물건 따위가 아주 흔하다.

ㅇ

- **아귀가 맞다*** ① 앞뒤가 빈틈없이 들어맞다. ② 일정한 수량 따위가 들어맞다.
- **아귀를 짓다** 일이나 말을 끝마무리하다.
- **엿기름을 넣다** 남의 것을 자기 것처럼 감추다.
- **오지랖이 넓다*** ① 쓸데없이 지나치게 아무 일에나 참견하는 면이 있다. ② 염치없이 행동하는 면이 있다.
- **옹이(가) 지다*** 마음에 언짢은 감정이 있다.
- **입추의 여지가 없다*** 송곳 끝도 세울 수 없을 정도라는 뜻으로, 발 들여놓을 데가 없을 정도로 많은 사람들이 꽉 들어찬 경우를 비유적으로 이르는 말

ㅈ

- **장단을 맞추다*** 남의 기분이나 비위를 맞추기 위하여 말이나 행동을 하다.
- **죽을 쑤다*** 어떤 일을 망치거나 실패하다.

ㅍ

- **파김치가 되다*** 몹시 지쳐서 기운이 아주 느른하게 되다.
- **팔자에 없다** 분수에 넘쳐 어울리지 아니하다.
- **포문을 열다** ① 대포를 쏘다. ② 상대편을 공격하는 발언을 시작하다.
- **풀이 죽다** 풀기가 빠져서 빳빳하지 아니하게 되다.
- **피가 거꾸로 솟다** 피가 머리로 모인다는 뜻으로, 매우 흥분한 상태를 비유적으로 이르는 말
- **피땀을 흘리다** 온갖 힘과 정성을 쏟아 노력하다.
- **피를 말리다** 몹시 괴롭히거나 애가 타게 만들다.

ㅎ

- **학을 떼다*** 괴롭거나 어려운 상황을 벗어나느라고 진땀을 빼거나, 그것에 거의 질려 버리다.
- **허방(을) 치다** 바라던 일이 실패로 돌아가다.
- **활개(를) 치다** ① 힘차게 두 팔을 앞뒤로 어긋나게 흔들며 걷다. ② 의기양양하게 행동하다. 또는 제 세상인 듯 함부로 거들먹거리며 행동하다. ③ 부정적인 것이 크게 성행하다.

2 신체 관련 관용구

머리

- **머리가 가볍다** 상쾌하여 마음이나 기분이 거뜬하다.
- **머리가 깨다*** 뒤떨어진 생각에서 벗어나다.
- **머리를 맞대다** 어떤 일을 의논하거나 결정하기 위하여 서로 마주 대하다.
- **머리가 빠지다** 일이 복잡하거나 어려워 신경이 쓰이다.
- **머리가 젖다*** 어떤 사상이나 인습 따위에 물들다.

눈

- **눈독을 들이다** 욕심을 내어 눈여겨보다.
- **눈 딱 감다** ① 더 이상 다른 것을 생각하지 않다. ② 남의 허물 따위를 보고도 못 본 체하다.
- **눈이 가매지게*** 몹시 기다리는 모양을 비유적으로 이르는 말
- **눈에 거칠다*** 보기가 싫어 눈에 들지 아니하다.
- **눈에 밟히다*** 잊히지 않고 자꾸 눈에 떠오르다.
- **눈을 뜨다*** 잘 알지 못했던 이치나 원리 따위를 깨달아 알게 되다.
- **눈을 붙이다** 잠을 자다.

코

- **코가 세다** 남의 말을 잘 듣지 않고 고집이 세다.
- **코가 꿰이다*** 약점이 잡히다.
- **코를 떼다*** 무안을 당하거나 핀잔을 맞다.
- **코가 빠지다*** 근심에 싸여 기가 죽고 맥이 빠지다.
- **코 아래 입** 매우 가까운 것

입

- **입만 살다** ① 말에 따르는 행동은 없으면서 말만 그럴듯하게 잘하다. ② 격에 맞지 아니하게 음식을 가려 먹다.
- **입 안의 혀 같다** 일을 시키는 사람의 뜻대로 움직여 주다.
- **입을 막다*** 시끄러운 소리나 자기에게 불리한 말을 하지 못하게 하다.
- **입을 맞추다*** 서로의 말이 일치하도록 하다.
- **입을 모으다*** 여러 사람이 같은 의견을 말하다.
- **입에 발린 소리*** 마음에도 없이 겉치레로 하는 말
- **입을 씻다[닦다]*** 이익 따위를 혼자 차지하거나 가로채고서는 시치미를 떼다.
- **입에 풀칠하다*** 근근이 살아가다.
- **입이 되다** 맛있는 음식만 먹으려고 하는 버릇이 있어 음식에 매우 까다롭다.

귀

- **귀가 뚫리다** 말을 알아듣게 되다.
- **귀가 번쩍 뜨이다** 들리는 말에 선뜻 마음이 끌리다.
- **귀가 여리다** 속는 줄도 모르고 남의 말을 그대로 잘 믿다.
- **귀가 질기다*** ① 둔하여 남의 말을 잘 이해하지 못하다. ② 말을 싹싹하게 잘 듣지 않고 끈덕지다.

손

- **손을 맺다** 할 일이 있는데도 아무 일도 안 하고 그냥 있다.
- **손길을 뻗다*** 의도적으로 남에게 어떤 영향을 미치게 하다.
- **손길을 뻗치다*** 적극적인 도움, 요구, 침략, 간섭 따위의 행위가 미치다.
- **손을 나누다** ① 서로 헤어지다. ② 일을 여럿이 나누어 하다.
- **손이 뜨다*** 일하는 동작이 매우 굼뜨다.

어깨

- **어깨를 겨누다[겨루다/견주다]** 서로 비슷한 지위나 힘을 가지다.
- **어깨를 겯다*** 같은 목적을 위하여 행동을 서로 같이 하다.
- **어깨를 낮추다** 겸손하게 자기를 낮추다.

속

- **속을 긁다** 남의 속이 뒤집히게 비위를 살살 건드리다.
- **속을 주다** 마음속에 있는 것을 숨김없이 드러내 보이다.
- **속이 내려가다** 화를 냈거나 토라졌던 감정이 누그러지다.
- **속이 타다** 걱정이 되어 마음이 달다.

그 밖의 부위

- **가슴이 뜨끔하다*** 자극을 받아 마음이 깜짝 놀라거나 양심의 가책을 받다.
- **다리가 길다*** 음식 먹는 자리에 우연히 가게 되어 먹을 복이 있다.
- **등을 벗겨 먹다** 위협하여 남의 재물을 빼앗다.
- **목에 힘을 주다*** 거드름을 피우거나 남을 깔보는 듯한 태도를 취하다.
- **발을 빼다*** 어떤 일에서 관계를 완전히 끊고 물러나다. = 손을 씻다
- **배알이 뒤틀리다[꼴리다]*** 비위에 거슬려 아니꼽다.
- **오금이 저리다** 저지른 잘못이 들통이 나거나 그 때문에 나쁜 결과가 있지 않을까 마음을 졸이다.

03 순화어

1 주요 순화어

대상어	순화어	대상어	순화어
가건물	임시 건물*	모찌	찹쌀떡
가료	치료, 고침, 병 고침	모포	담요
감안하다	고려하다*	몸뻬	왜바지, 일 바지
개런티	출연료	무데뽀	막무가내*
갤러리	그림방, 화랑	무빙 워크	자동길
갭	간격, 차이, 틈	미디어	대중 매체, 매개체, 매체
검진	진찰	바께쓰	들통, 양동이
고수부지	둔치*	발레파킹	대리주차*
곤색	감색*	방화	국산 영화
괄목하다	놀랄 만하다	사시미	생선회
구루마	수레	수순	순서, 차례
그랑프리	대상, 최우수상	시말서	경위서*
기스	흠*	아나고	붕장어
긴요하다	매우 중요하다	앙꼬	팥소
꼬붕	부하	양식	서식
납득하다	이해하다	유도리	융통성
네티즌	누리꾼	익일	다음 날, 이튿날*
노가다	막일*	인센티브	유인책, 조성책*
노하우	기술, 비결, 비법	입회	참관, 참여
뉘앙스	어감	잔반	남은 밥, 음식 찌꺼기*
다대기	다진 양념	저널	언론
닭도리탕	닭볶음탕	전단 쪽지	알림 쪽지
대다수	대부분	좌지우지하다	마음대로 하다
대합실	맞이방	지라시	낱장 광고
데드라인	마감	청탁	부탁
데뷔	등단, 등장, 첫 등장	칠부 바지	칠푼 바지
디스카운트	에누리, 할인	칼럼	기고란, 시사 평론, 시평
땡땡이	물방울무늬*	콤비	단짝, 짝
레시피	조리법	쿠사리	핀잔
르포	현장 보고	특이하다	독특하다
리콜	결함 보상	플래카드	현수막
매점	사재기	핀트	초점

2 외래어 순화어

대상어	순화어	대상어	순화어
가드레일	보호난간	셔틀 버스	순환 버스
가이드라인	지침, 방침	셰어 하우스	공유 주택
거버넌스	민관협력	소셜 네트워크 서비스(SNS)	누리소통망(서비스), 사회관계망(서비스)*
네고하다	협상하다	스크린도어	안전문
노미네이트	후보 지명	슬로건	구호, 표어
니즈	수요, 바람	시너지 (효과)	상승 (효과)
더치페이	각자내기	아카이브	자료 저장소, 자료 보관소
디톡스	해독(요법)	언더독 (효과)	약자 (효과)
랜드마크	마루지, 상징물	얼리 어답터	앞선 사용자
러시아워	혼잡 시간(대)	에어캡	뽁뽁이
론칭쇼	신제품 발표회	오티피	일회용 비밀번호
리메이크	(원작) 재구성	오픈 프라이머리	국민 경선(제)
리스	임대	워크숍	공동수련, 공동연수, 연수회
리스크	위험, 손실·손해 우려	인센티브	성과급, 보상
리플	댓글	인저리 타임	추가시간
마스터플랜	종합계획	인프라	기반(시설)
마인드맵	생각그물	카메오	깜짝 출연(자)
마일리지	이용실적(점수)	케어	돌봄, 관리
매뉴얼	설명서, 안내서, 지침	콘퍼런스	학술회의, 학술대회
메시	그물망	타임캡슐	기억상자
미션	임무, 중요 임무	템플릿	서식
바이럴	입소문	파트너사	협력사
박스오피스	흥행수익	포메이션	대형/진형 (갖추기)
발레파킹	대리주차	포트폴리오	실적자료집
배너(광고)	막대·띠광고(온라인), 현수막(오프라인)	프레임	틀
버스킹	거리 공연	프로젝트	① 계획, 기획 ② 사업, 과제, 연구 과제
버킷 리스트	소망 목록	플리마켓	벼룩시장
보이스 피싱	사기 전화	피싱	전자금융사기
뷰	전망	하이브리드	혼합형
블랙아웃	대정전	핫플레이스	뜨는 곳, 인기 명소

3 한자어 순화어

대상어	순화어	대상어	순화어
가산	더하기, 보탬	수납하다	받다
간선도로	주요도로, 중심도로	수령하다	받다
개찰구	표 내는 곳	수목	나무
객토	흙갈이	수여하다	주다
경정	고쳐 잡음	시건(장치)	잠금(장치)
과년도	지난해	식재	나무 심기, 나무 가꾸기
관할	담당	양지하다	그리 알다, 이해하다
귀속	가짐/갖습니다, 있음/있습니다	양형	형량 결정
금년	올해	연루(되다)	관련(되다)
기속	얽맴	염두에 두어	생각하여, 고려하여
기여	이바지	요망	바람
누락	빠뜨림	은폐하다	감추다, 숨기다
단차	높낮이 차이	의거하다	~에 따르다
당해	(바로) 그	이격	어긋남, 벌림
도과	경과, 넘김, 지남	이면 도로	뒷길
동봉	함께 넣음	일환으로	(~의) 하나로
동절기	겨울철	절감	경감
등재하다	기록하여 올리다	접수	받음
매표소	표 사는 곳, 표 파는 곳	정주	거주
면밀히	자세히	제고하다	높이다
벌채하다	나무를 베다	조속히	즉시, 빨리
부합하다	(들어)맞다	차월	이번 달
상기	위(의)	추계(推計)	어림셈
상이하다	서로 다르다	필히	반드시, 꼭
소관	맡은 바	하절기	여름철
소명하다	밝히다, 해명하다	해소하다	없애다
송부하다	보내다	환승역	갈아타는 곳

4 일본어 순화어

대상어	순화어	대상어	순화어
가라	가짜	식대/식비	밥값
가처분	임시처분	시말서	경위서
간지나다	멋지다	쓰키다시	곁들이찬
거래선	거래처	오케바리	좋다
견습	수습	와쿠/와꾸(わく)	틀
견출지	찾음표	음용수	마실 물, 먹는 물
납기	내는 날, 내는 기간	인계하다	넘겨주다
납부하다	내다	인수하다	넘겨받다
내구연한	사용 가능 햇수	잔업	시간 외 일
다마네기	양파	절수	물 절약, 물 아낌
뗑깡	투정, 생떼, 떼	절취선	자르는 선
분빠이(하다)	각자내기(하다)	차출하다	뽑다, 뽑아내다
삐까삐까(하다)	번쩍번쩍(하다)	행선지	가는 곳
사라	접시	호출하다	부르다
쇼부	결판	회람	돌려 보기

제4장 출제 유형 | 확인 문제

정답 및 해설 ▶ p.9

01 다음 중 속담의 뜻풀이가 옳지 <u>않은</u> 것은?

① 가을 바람의 새털: 매우 가볍고 꿋꿋하지 못함.
② 변죽을 울리다: 말을 똑바로 하지 않고 둘러서 하다.
③ 달리는 말에 채찍질: 열심히 하고 있는데도 더 빨리 하라고 독촉함.
④ 나무 끝의 새 같다: 어떤 일을 성취하기 위해 더 이상 물러설 수 없다.
⑤ 독 틈에도 용소가 있다: 무슨 일에든지 남을 속이려 할 수작이 있으니 조심해야 한다.

02 〈보기〉의 속담과 비슷한 의미를 지니는 한자성어는?

― 보기 ―
하룻강아지 범 무서운 줄 모른다

① 당랑거철(螳螂拒轍)
② 토사구팽(兔死狗烹)
③ 호가호위(狐假虎威)
④ 주마간산(走馬看山)
⑤ 목불식정(目不識丁)

03 '귀'에 관련된 관용구의 쓰임으로 옳지 <u>않은</u> 것은?

① 그는 귀가 질겨서 같이 일을 하기 힘들다.
② 길을 걷다 귀에 익은 멜로디에 걸음을 멈췄다.
③ 그는 귀에 못이 박히게 엄마에게 잔소리를 들었다.
④ 어디다 귀를 팔고 있어서 그 소리도 못 들었어?
⑤ 호주에서 산 지 1년 만에 귀가 열려 사람들과 대화를 할 수 있게 되었다.

04 다음 중 관용구의 의미가 옳지 <u>않은</u> 것은?

① 등을 대다: 남의 세력에 의지하다.
② 다리를 들리다: 미리 손쓸 기회를 빼앗기다.
③ 손을 맺다: 서로 뜻을 같이 하여 긴밀하게 협력하다.
④ 산통을 깨다: 다 잘되어 가던 일을 이루지 못하게 뒤틀다.
⑤ 잔뼈가 굵다: 오랜 기간 일정한 곳이나 직장에서 일을 하여 그 일에 익숙하다.

05 밑줄 친 단어를 바르게 순화하지 <u>못한</u> 것은?

① 네 말은 <u>납득</u>(→ 이해)이 안 돼.
② <u>대부분</u>(→ 대다수)의 사람들은 여가 생활을 원한다.
③ 이번 달 월급을 <u>감안</u>(→ 고려)해서 지출 계획을 짰다.
④ 올해에는 <u>필히</u>(→ 반드시) 해외 여행을 갈 것이다.
⑤ 오늘 보낸 택배는 <u>익일</u>(→ 내일)까지 도착해야 한다.

06 밑줄 친 단어를 바르게 순화하지 <u>못한</u> 것은?

① 순천은 <u>힐링</u>(→ 치유) 여행지로 인기가 좋다.
② 요즘은 <u>바이럴</u>(→ 입소문) 마케팅이 필수이다.
③ 매주 주말마다 병원에서 피부 <u>케어</u>(→ 관리)를 받는다.
④ 인터넷 <u>아카이브</u>(→ 자료 보관소)에서 자료를 찾을 수 있다.
⑤ <u>액티브에이징</u>(→ 활기찬 삶)을 위한 프로그램이 늘어나고 있다.

제2편 심화 문제

01 다음 중 의미 관계가 나머지와 다른 것은?

① 곤욕 : 영금
② 능력 : 깜냥
③ 정리 : 갈무리
④ 느슨하다 : 대수롭다
⑤ 요긴하다 : 종요롭다

02 〈보기〉의 밑줄 친 단어가 의미하는 관계에 해당하는 것은?

─── 보기 ───
반의어는 크게 세 가지 종류로 나뉜다. 중간항이 없고 상호 배타적인 상보 반의어, 등급, 정도 등에 대한 반의어로서 중간항이 존재하고 긍정과 부정이 동시에 가능한 정도 반의어, 공간·관계·이동 방향 등에서 대립되는 방향 반의어가 있다.

① 살다 : 죽다
② 사다 : 팔다
③ 늙다 : 젊다
④ 오다 : 가다
⑤ 맞다 : 틀리다

03 〈보기〉의 ㉠~㉤ 중, 나머지와 품사가 다른 것은?

─── 보기 ───
• 오랜만에 만난 친구는 다른 사람이 ㉠ 됐다.
• 교통사고 가해자와 합의를 ㉡ 봤다.
• 한 달만 ㉢ 있으면 일본으로 여행을 간다.
• 그는 담이 ㉣ 커서 무서운 놀이기구도 잘 탄다.
• 건강을 위해 매일 운동을 ㉤ 했다.

① ㉠   ② ㉡
③ ㉢   ④ ㉣
⑤ ㉤

04 〈보기〉의 밑줄 친 단어와 다른 품사로 쓰인 것은?

─── 보기 ───
물건을 좌판에 깔고 판다.

① 할아버지는 소 20마리를 맨다.
② 그와 연락이 닿지 않아 애가 달았다.
③ 그녀는 아들에게 모든 인생을 걸었다.
④ 그 가게의 물건은 질이 낮아 사고 싶지 않다.
⑤ 겨울 한파를 막기 위해 문에 문풍지를 붙였다.

05 〈보기〉의 한자성어와 비슷한 뜻이 아닌 속담은?

─── 보기 ───
우공이산(愚公移山)

① 앉은뱅이 뜀뛰듯
② 푸석돌에 불난다
③ 드나드는 개가 꿩을 문다
④ 하늘은 스스로 돕는 자를 돕는다
⑤ 구르는 돌은 이끼가 끼지 않는다

06 〈보기〉의 밑줄 친 한자성어와 비슷한 뜻을 가진 속담은?

─── 보기 ───
주말에 열린 ○○축제에 약 10만 명이 넘는 인파가 몰려 인산인해를 이루었다.

① 중의 빗
② 하늘에 별 따기
③ 입추의 여지가 없다
④ 서울 가서 김서방 찾기
⑤ 마른땅에 물이 잦아들듯

07 〈보기〉는 여행 계획을 짜려는 친구들의 대화이다. 단어를 올바르게 순화하지 못한 것은?

• 보기 •

A: 호텔 예약은 어제 한 거지?
B: 응. 이제 ㉠ 잔액이 넉넉지 않아서 계획을 잘 짜야할 것 같아.
C: 그냥 ㉡ 아싸리 몇 군데 골라 놓고 즉석으로 움직이는 건 어때?
B: 그러면 시간 낭비가 심하잖아. 너는 왜 답답한 소리를 해.
C: 생각이 다를 수도 있지. 넌 왜 ㉢ 쿠사리를 줘?
A: 얘들아, 싸우지 마. 우리 간식부터 먹을래? 여기 ㉣ 모찌 맛있을 것 같아.
C: 그럼 돈이 모자르니까 ㉤ 분빠이 하기로 한 액수를 좀 늘리는 건 어때?

① ㉠: 잔고
② ㉡: 차라리
③ ㉢: 핀잔
④ ㉣: 찹쌀떡
⑤ ㉤: 각자내기

08 밑줄 친 고유어의 사전적 뜻풀이로 옳은 것은?

① 싱싱한 걸로 한 쾌만 싸 주시오. → 오징어를 묶어 세는 단위
② 꽤 실팍해 보여서 그럴 줄은 몰랐는데. → 붙임성이 없이 까다롭고 별나다.
③ 우리 집 정원은 키만 머쓱한 나무들로 가득 차 있다. → 어울리지 않게 키가 크다.
④ 오늘따라 애인의 목소리가 참으로 재겹게 들리었다. → 정이 넘칠 정도로 매우 다정하다.
⑤ 자꾸 티적티적 신경 쓰이게 하지 말고 조용히 좀 있으렴. → 싸 놓은 물건이 좁은 구멍이나 틈새로 여기저기 밖으로 비어져 나오는 모양

09 밑줄 친 고유어의 뜻풀이로 옳지 않은 것은?

① 그는 혼자 멀거니 앉아 있다. → 우두커니
② 나의 객쩍은 소리에 그는 화를 냈다. → 쓸데없고 싱겁다.
③ 나의 곰살궂은 행동에 할머니는 미소를 지었다. → 넉살이 좋다.
④ 우리는 떠버린 시간에 하릴없이 거리를 걸었다. → 어찌할 도리가 없이
⑤ 그녀의 말만 들으면 그는 영락없는 무녀리다. → 말이나 행동이 모자란 사람

10 밑줄 친 말에 해당하는 한자어가 나머지와 다른 것은?

① 정상이라면 이런 짓을 했겠어?
② 잠시 후 열차는 정상 운행되었다.
③ 이번 주부터는 정상 수업으로 돌아간다.
④ 수치는 정상이니 걱정하지 않으셔도 됩니다.
⑤ 판사는 정상 참작을 해 그에게 집행 유예를 선고했다.

11 밑줄 친 한자어가 문맥에 어울리는 것은?

① 그는 사람을 보는 면목이 있다.
② 그의 무례한 언행에 당황하기 짝이 없었다.
③ 드라마 속 인물은 실재하는 사람이 아니다.
④ 꼭 그의 주장을 뒤집을 수 있는 방증을 찾을 것이다.
⑤ 세조는 중앙 집권 체재를 위해 육조 직계제를 실시했다.

12 밑줄 친 말의 한자 병기가 잘못된 것은?

① 그는 일주일 만에 살인 교사(敎唆) 혐의로 체포되었다.
② 부정(不正) 행위가 적발되면 5년간 시험에 응시할 수 없다.
③ 시청 광장에서 열린 보수(保守) 단체의 시위 때문에 차가 막혔다.
④ 그 업무를 반드시 해내고 싶다면 이 정도의 일은 감수(甘受)해야 한다.
⑤ 이번 올림픽에서는 선수들의 부상이 굉장히 많아 고전(古傳)을 면치 못하였다.

13 한자성어와 비슷한 의미를 가진 속담을 연결한 것으로 적절하지 않은 것은?

① 격화소양(隔靴搔癢) – 수박 겉핥기
② 갈이천정(渴而穿井) – 우물 안 개구리
③ 고장난명(孤掌難鳴) – 백지장도 맞들면 낫다
④ 엄이도령(掩耳盜鈴) – 입 가리고 고양이 흉내
⑤ 목불식정(目不識丁) – 낫 놓고 기역자도 모른다

14 〈보기〉의 고유어와 비슷한 의미가 담긴 한자성어는?

> • 보기 •
> 잡도리: 단단히 준비하거나 그 대책을 세움.

① 임시방편(臨時方便)
② 유비무환(有備無患)
③ 수구초심(首丘初心)
④ 괄목상대(刮目相對)
⑤ 학수고대(鶴首苦待)

15 〈보기〉의 밑줄에 어울리는 한자성어로 올바른 것은?

> • 보기 •
> 뉴스입니다. 어제 밤 10시경 편의점에서 도난 사건이 일어났습니다. 경찰은 가장 유력한 용의자인 김 모 씨를 현장에서 체포하였습니다. 김 모 씨는 자신은 그저 라면을 고르기 위해 서 있었을 뿐이라며 혐의를 강력하게 부인하고 있습니다.

① 풍수지탄(風樹之嘆)
② 부화뇌동(附和雷同)
③ 설상가상(雪上加霜)
④ 오비이락(烏飛梨落)
⑤ 망양보뢰(亡羊補牢)

16 영어식 표현을 바르게 순화하지 못한 것은?

① 블랙아웃(blackout): 대정전
② 스크린 도어(screen door): 가림막
③ 안티에이징(anti-aging): 노화 방지
④ 리유저블 컵(reusable cup): 다회용 컵
⑤ 팬데믹(pandemic): (감염병) 세계적 유행

제3편

어법

- **제1장** 어문 규범
- **제2장** 올바른 문장 쓰기
- **제3장** 문법 요소
- **제4장** 외래어 · 로마자 표기법
- **심화 문제**

'KBS 한국어능력시험 기출 분석 2주 합격' 100% 활용법

'어법' 영역은 총 100문제 중 15문제가 출제돼요. 어문 규범에 대한 이해와 적용을 평가하는 유형들로, 배경지식이 없다면 풀기 어려운 문제들이 많아 전체적으로 난도가 높은 편이랍니다. 게다가 어문 규정과 국어 문법은 혼자서 공부하기에 어려운 것이 사실이죠. 그래서 준비한 빈출 문법과 어문 규정! 시험에 필요한 내용만 쏙쏙 골라 체계적으로 정리하였습니다. 보기 좋게 다시 정리한 핵심 이론을 통해 어법 영역도 효율적으로 학습해 보세요.

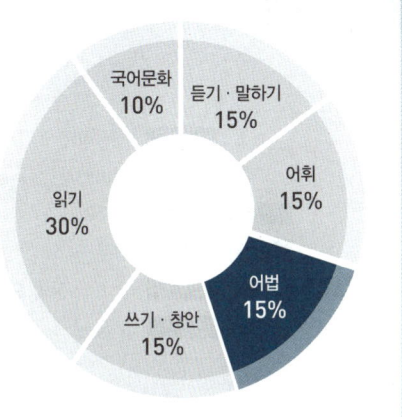

제3편 한눈에 보기

어문 규범(7문제)
① 어문 규범 복합(헷갈리는 표기/표준어)
② 한글 맞춤법(띄어쓰기/문장 부호)
③ 표준어 규정(표준 발음법)

올바른 문장 쓰기(3문제)
① 어법에 맞는 문장 찾기
② 단어 차원에서 중복된 표현 찾기
③ 문장 차원의 중의성 찾기

문법 요소(3문제)
① 음운
② 단어
③ 문장

외래어·로마자 표기법(2문제)
① 외래어 표기법
② 국어의 로마자 표기법

출제 빈도

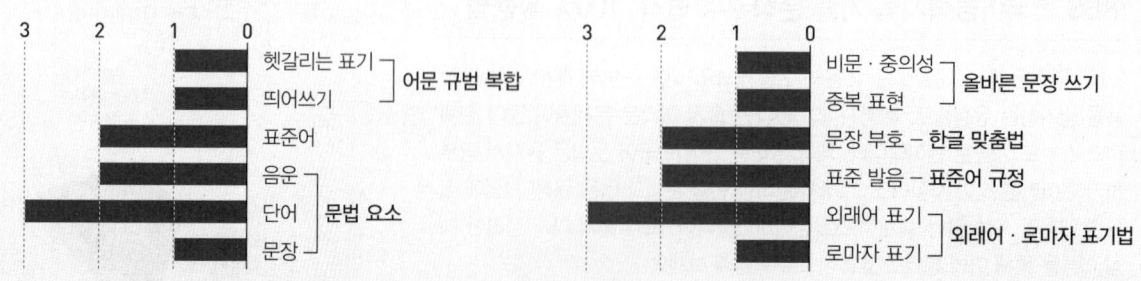

최신 기출 모아 보기

어문 규범	[표준어 사정 원칙] 7항(수평, 수놈, 수고양이, 수캉아지, 수탕나귀, 수탉, 수퇘지, 수평아리, 숫양, 숫염소, 숫쥐) [표준 발음법] 5항(가져, 쪄, 다쳐, 늴리리, 유희, 협의, 우리의, 강의의), 7항(밀물, 썰물, 쏜살같이, 작은아버지), 10항(넋과, 앉다, 넓다, 외곬, 없다), 15항(겉옷, 늪 앞, 맛없다, 닭 앞에, 값있는), 24항(껴안다, 얹다, 삼고, 닮고, 더듬지), 26항(발동, 몰상식), 28항(문고리, 눈동자, 손재주, 그믐달, 창살, 강줄기), 29항(솜이불, 영업용, 식용유, 야금야금, 검열, 설익다, 물약, 물엿, 유들유들) [한글 맞춤법] 10항(연세, 유대, 요소, 익명), 18항(걸어[步], 들어[聽], 물어[問], 실어[載]), 20항(몫몫이, 절름발이, 끄트머리, 이파리), 25항(어렴풋이, 깨끗이, 곰곰이, 나란히, 무던히), 28항(우짖다, 나날이, 아드님, 바느질), 29항(반짇고리, 사흗날, 섣달, 숟가락, 섣부르다, 잗주름, 잗다랗다), 30항(등굣길, 선짓국, 우렁잇속, 장밋빛, 허드렛일, 예삿말, 백지장, 전기세, 전세방, 마구간, 보리쌀, 허리띠), 32항(엊저녁, 딛고, 갖고), 35항(꽜다, 봤다, 뒀다, 쒔다), 39항(그렇잖다, 두렵잖다, 점잖잖다, 만만찮다, 편안찮다), 40항(간편케, 달성케, 연구토록, 사임코자, 깨끗지, 하마터면), 42항(만난∨지), 57항(졸이다/조리다, 어른답다/어른스럽다, 비추다/비치다, 부치다/붙이다)
올바른 문장 쓰기	호응 관계[주어·서술어, 목적어·서술어, 부사어·서술어(비단·도무지·결코·여간 + 부정 서술어, 비록 + ~지라도)], 과도한 관형화·명사화, 이중 피동(-되어지다, -되게 되다, -리우다), 의미 중복(가까이 접근, 간략히 약술, 과반수 넘는, 거의 대부분, 근 가까이, 꾸며낸 조작, 널리 보급, 돌이켜 회고, 먼저 선수, 미리 예고, 분명히 명기, 빛나는 각광, 숨은 복병, 앞에서 선도, 오랜 숙원, 여러 가지 다양한, 청결하고 깨끗하다, 최후의 마지막, 통곡하며 울다, 함께 공존), 중의적 표현(조사 '의', 부정 표현, 접속 조사의 대칭, 불분명한 수식 대상, 불분명한 지시 대상, 동작상 '-고 있다'), 중의성 해소(어순 재배치, 내용 보충 등), 불필요한 사동(-시키다), 번역 투(조사를 행하다, 행사를 갖다, ~할 최후의 사람, ~할 가능성을 배제할 수 없다, ~에 의한)
문법 요소	[음운] 음운의 변동(교체, 탈락, 첨가, 축약), 음절 끝소리 규칙(밖), 자음 탈락(삯, 넋, 값, 앉다, 까닭, 늙다, 읽다, 맑다, 젊다, 넓죽하다, 밟다, 여덟, 얇다, 짧다, 핥다, 훑다, 읊다), 비음화(국민, 집념, 맏물, 섭리, 입맛, 국물, 밥물), 'ㄹ'의 'ㄴ' 되기(상견례, 등산로), 유음화(광한루, 대관령, 물난리, 줄넘기, 인력거, 실내화, 달나라, 서울역), 구개음화(미닫이), 된소리되기(등불), 'ㄴ' 첨가(맨입, 담요), 자음 축약(맏형, 좋고), 음운 변동의 적용 순서 [단어] 직접 성분 분석, 합성어와 파생어(집안, 밤낮, 논밭, 돌다리, 덮밥, 수정란, 잘하다 / 군살, 덧신, 첫사랑, 헛수고, 홀몸, 덮개, 공부하다, 노래하다, 사랑하다, 일하다, 과실주, 이혼남, 올리브유, 만주족), 통사적 합성어와 비통사적 합성어(눈물, 밤낮, 새해, 큰형 / 덮밥), 어휘적 부사화와 통사적 부사화(낱낱이, 대단히, 빨리, 또다시 / 더럽게), 접사 '-롭다'(한자어: 가소롭다, 경이롭다, 여유롭다, 흥미롭다 / 고유어: 애처롭다), 접사의 의미[드넓었다(매우), 강말랐다(바싹), 덧대었다(겹쳐), 짓밟았다(마구), 엇나갔다(비뚜로), 되찾았다(다시)], 불규칙 활용(긋다, 묻다, 이르다, 파랗다), -이에요/예요 [문장] 서술어의 자릿수, 조사의 용례, 품사와 문장 성분(부사·형용사, 관형어·부사어·서술어, 필수적 부사어·보어), 홑문장과 겹문장(안은문장과 이어진문장), 안긴문장(명사절·관형절·부사절·서술절·인용절), 피동 표현(보이다, 업히다, 불리다, 안기다), 주체 높임과 객체 높임(계시다, 보시다 / 모시다)
외래어 표기법	지명(규슈, 매사추세츠, 싱가포르, 스탠퍼드, 옌볜, 옥스퍼드, 케임브리지, 쿠알라룸푸르, 푸껫, 호찌민), 인명(도널드 트럼프, 서머싯 몸, 앙겔라 메르켈, 에드거 앨런 포, 테리사 메이, 펄 벅, 프랑수아 올랑드, 힐러리 클린턴), 기타(냅킨, 노즐, 데님, 뎅기열, 랑데부, 렌터카, 메커니즘, 바비큐, 바지선, 볼, 샤머니즘, 샐러드, 스태프/스텝, 심벌, 심포지엄, 악센트, 카디건, 카스텔라, 컷/커트, 콘플레이크, 크로켓, 타입/타이프, 플루트)
로마자 표기법	가로수길(Garosugil), 강남대로(Gangnam-daero), 광안리(Gwangalli), 광장시장(Gwangjang Market), 경복궁(Gyeongbokgung), 구좌읍(Gujwa-eup), 낙성대(Nakseongdae), 다보탑(Dabotap), 뒷골길(Dwitgol-gil), 만수리 마을(Mansu-ri maeul), 명동(Myeong-dong), 묵호항(Mukhohang), 반구대(Bangudae), 속리산(Songnisan), 신문로(Sinmunno), 신안군(Sinan-gun), 영천시(Yeongcheon-si), 의상대(Uisangdae), 의창구(Uichang-gu), 을밀대(Eulmildae), 오죽헌(Ojukheon), 울릉도(Ulleungdo), 월곶면(Wolgot-myeon), 욕지도(Yokjido), 종로2가(Jongno 2-ga), 종로구(Jongno-gu), 청량리(Cheongnyangni), 촉석루(Chokseongnu), 창덕궁(Changdeokgung), 콩나물국(kongnamulguk), 태종대(Taejongdae), 평창군(Pyeongchang-gun), 한강(Hangang River), 한강공원(Hangang Park), 회현리(Hoehyeon-ri), 합덕읍(Hapdeok-eup)

제3편 어법

제1장 어문 규범

기출 Point!
어문 규범에 따른 맞춤법과 표준어를 정확히 구사할 수 있는지 평가한다. 어법 영역의 절반에 해당하는 문제가 어문 규범에서 출제되고, 난도가 높은 문제들이 많으므로 시간을 들여 꼼꼼히 공부해 두는 것이 좋다.

빈출 유형 ❶ 어문 규범 복합 – 헷갈리는 표기와 표준어

STEP 1 │ 유형 알기

발음이나 형태가 비슷하여 헷갈리는 단어들을 정확히 구별해서 표기할 수 있는지, 표준어 규정에 어긋난 비표준어를 찾아낼 수 있는지 평가하는 유형

STEP 2 │ 만점 포인트

일상생활에서 자주 쓰는 단어들이 주로 출제된다. 사람마다 맞춤법에 대한 지식과 표준어 구사 실력에 차이가 있기 때문에 자신이 평소 글말로 쓸 때 헷갈리는 단어를 따로 정리한 후, 그 단어의 표기 원리를 어문 규정에서 찾아보는 식으로 공부하는 것이 좋다. 준말, 사이시옷 표기, 단·복수 표준어를 중심으로 공부하는 것도 효율적인 방법이다.

STEP 3 │ 예시 문제

밑줄 친 단어의 표기가 잘못된 것은?

① 우리 내일 <u>등굣길</u>에 잠시 문구점에 들르자.
② 더 이상은 문제의 <u>촛점</u>을 흐리지 말아 주세요.
③ 조금만 더 일하면 <u>셋방</u> 들 돈을 마련할 수 있어.
④ 나이 서른여덟에 벌써 <u>아랫니</u>의 절반이 틀니라니.
⑤ 개미는 <u>나뭇잎</u>을 타고 강을 건너기로 결심했습니다.

정답 ②

해설 사이시옷은 합성어를 이루는 요소 중 적어도 하나가 순우리말일 때 사용하는데, 초점(焦點)은 한자어이므로 사이시옷을 쓰지 않는다.
① 순우리말과 한자어로 된 합성어로서 뒷말 첫소리가 된소리로 나므로 사이시옷을 적는다.
③ 한자어로만 이루어진 말은 사이시옷을 쓰지 않지만 '곳간(庫間), 셋방(貰房), 숫자(數字), 찻간(車間), 툇간(退間), 횟수(回數)'의 6개 단어는 예외적으로 사이시옷을 적는다.
④ 순우리말로만 이루어진 합성어로서 뒷말의 첫소리 'ㄴ, ㅁ' 앞에서 'ㄴ' 소리가 덧나므로 사이시옷을 적는다.
⑤ 순우리말로만 이루어진 합성어로서 뒷말의 첫소리 모음 앞에서 'ㄴㄴ' 소리가 덧나므로 사이시옷을 적는다.

빈출 유형 ❷ 한글 맞춤법 – 띄어쓰기

STEP 1 | 유형 알기

띄어쓰기의 기본 단위를 이해하고 띄어쓰기를 바르게 할 수 있는지 평가하는 유형

STEP 2 | 만점 포인트

주로 복합어의 띄어쓰기 여부를 묻는다. 자주 사용되는 단어의 구성이라 하더라도 항상 합성어로 보는 것은 아님에 주의하고, 특히 의존 명사나 접사가 다른 명사 뒤에 결합될 경우 반드시 띄어 써야 한다는 것을 기억하자.

STEP 3 | 예시 문제

밑줄 친 부분의 띄어쓰기가 잘못된 것은?

① 내 소원은 백두산과 개마고원에 가는 것이다.
② 동생은 해양과학기술원 부설∨연구소에서 근무 중이다.
③ 대통령은 국경 보안과 관련해 대국민∨담화를 발표했다.
④ 너따위가 감히 나에게 그런 말을 할 자격이 있다고 생각해?
⑤ 올해는 일반∨상대성∨이론이 입증된 지 100년이 되는 해이다.

[정답] ④
[해설] '등(等), 따위'는 의존 명사로서 앞말과 띄어 쓴다.
① 산 이름, 강 이름, 산맥 이름, 평야 이름, 고원 이름 등은 굳어진 지명이므로 띄어 쓰지 않는다.
② '부설(附設), 부속(附屬), 직속(直屬), 산하(傘下)' 따위는 고유 명사에 속하는 것이 아니므로, 원칙적으로 앞뒤의 말과 띄어 쓴다.
③ '대-'가 명사 앞에 붙어서 '그것을 상대로 한', '그것에 대항하는'의 뜻을 더할 경우에는 접두사로 쓴 것이므로 뒷말에 붙여 쓴다.
⑤ 전문 용어는 단어별로 띄어 씀을 원칙으로 하되, 붙여 쓸 수도 있다.

빈출 유형 ❸   한글 맞춤법 – 문장 부호

STEP 1 | 유형 알기

상황에 따라 적절한 문장 부호를 사용할 수 있는지 평가하는 유형

STEP 2 | 만점 포인트

매회 1문제가 출제되는데, 주로 특정 상황에 어떤 부호를 써야 하는지를 묻는다. 특히 2015년에 개정된 문장 부호와 일상생활에서 자주 쓰이지 않아 헷갈리기 쉬운 부호들의 쓰임새를 정확히 파악하고 있어야 한다.

STEP 3 | 예시 문제

문장 부호 규정에 대한 설명이 <u>잘못된</u> 것은?

	문장 부호	규정	예
①	느낌표(!)	특별히 강한 느낌을 나타내는 어구에서 쓴다.	이야, 정말 재밌다!
②	가운뎃점(·)	짝을 이루는 어구들 사이에 쓴다.	수질의 조사·분석
③	붙임표(-)	두 개 이상의 어구가 밀접한 관련이 있음을 나타내고자 할 때 쓴다.	원-달러 환율
④	중괄호({ })	고유어에 대응하는 한자어를 함께 보일 때 쓴다.	손발{手足}
⑤	밑줄(＿)	문장 내용 중에서 주의가 미쳐야 할 곳이나 중요한 부분을 특별히 드러내 보일 때 쓴다.	필요한 것은 <u>실천</u>입니다.

[정답] ④

[해설] 고유어에 대응하는 한자어를 함께 보일 때 쓰는 문장 부호는 대괄호([ ])이다. 중괄호({ })는 같은 범주에 속하는 여러 요소를 세로로 묶어서 보일 때나 열거된 항목 중 어느 하나가 자유롭게 선택될 수 있음을 보일 때 쓴다.

빈출 유형 ❹ 표준어 규정 – 표준 발음법

STEP 1 | 유형 알기

표준 발음법의 기본 원칙을 실제 어휘의 발음에 적용할 수 있는지 평가하는 유형

STEP 2 | 만점 포인트

매회 1~2문제가 출제되며 대부분 〈보기〉로 규정을 제시해 주기는 하지만 그 규정의 예외에 해당하는 단어를 묻는 경우가 많다. 따라서 표준 발음법의 기본 원칙을 이해한 후 예외 항목은 따로 암기해 두어야 실제 득점으로 이어질 수 있다.

STEP 3 | 예시 문제

〈보기〉와 같이 발음되지 않는 것은?

─── 보기 ───

한자어에서, 'ㄹ' 받침 뒤에 연결되는 'ㄷ, ㅅ, ㅈ'은 된소리로 발음한다.

① 갈등
② 절도
③ 갈증
④ 몰상식
⑤ 허허실실

[정답] ⑤

[해설] 'ㄹ'로 끝나는 한자와 'ㄷ, ㅅ, ㅈ'으로 시작하는 한자가 결합하면 'ㄷ, ㅅ, ㅈ'을 [ㄸ, ㅆ, ㅉ]과 같은 된소리로 발음한다. 하지만 '허허실실, 절절하다'와 같이 같은 한자가 겹쳐진 단어의 경우에는 된소리로 발음하지 않는다.

더 알아보기

한글 맞춤법	표준어 규정
'글'을 통일하기 위함. 즉, 표기의 문제 예 오얏, 자두 → 자두	'말'을 통일하기 위함. 즉, 발음의 문제 예 어름, 얼음 → 얼음

제1장 핵심 이론 | 빈출 어문 규정

제3편 어법

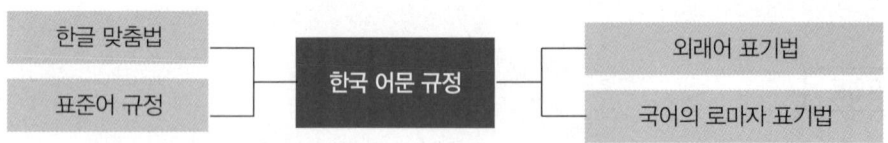

한글 맞춤법	
제1장 총칙	제1~3항
제2장 자모	제4항
제3장 소리에 관한 것*	제1절 된소리 제4절 모음 제2절 구개음화 제5절 두음 법칙 제3절 'ㄷ' 소리 받침 제6절 겹쳐 나는 소리
제4장 형태에 관한 것*	제1절 체언과 조사 제4절 합성어 및 접두사가 붙은 말 제2절 어간과 어미 제5절 준말 제3절 접미사가 붙어서 된 말
제5장 띄어쓰기*	제1절 조사 제2절 의존 명사, 단위를 나타내는 명사 및 열거하는 말 등 제3절 보조 용언 제4절 고유 명사 및 전문 용어
제6장 그 밖의 것*	제51~57항
부록 문장 부호*	

제1장 총칙(생략)

제2장 자모

1 이름

자음	ㄱ(기역), ㄴ(니은), ㄷ(디귿), ㄹ(리을), ㅁ(미음), ㅂ(비읍), ㅅ(시옷), ㅇ(이응), ㅈ(지읒), ㅊ(치읓), ㅋ(키읔), ㅌ(티읕), ㅍ(피읖), ㅎ(히읗)
	ㄲ(쌍기역), ㄸ(쌍디귿), ㅃ(쌍비읍), ㅆ(쌍시옷), ㅉ(쌍지읒)
모음	ㅏ(아), ㅑ(야), ㅓ(어), ㅕ(여), ㅗ(오), ㅛ(요), ㅜ(우), ㅠ(유), ㅡ(으), ㅣ(이)
	ㅐ(애), ㅒ(얘), ㅔ(에), ㅖ(예), ㅘ(와), ㅙ(왜), ㅚ(외), ㅝ(워), ㅞ(웨), ㅟ(위), ㅢ(의)

2 순서

자음	ㄱ ㄲ ㄴ ㄷ ㄸ ㄹ ㅁ ㅂ ㅃ ㅅ ㅆ ㅇ ㅈ ㅉ ㅊ ㅋ ㅌ ㅍ ㅎ
모음	ㅏ ㅐ ㅑ ㅒ ㅓ ㅔ ㅕ ㅖ ㅗ ㅘ ㅙ ㅚ ㅛ ㅜ ㅝ ㅞ ㅟ ㅠ ㅡ ㅢ ㅣ

제3장 소리에 관한 것

1 된소리

한 단어 안에서 뚜렷한 까닭 없이 나는 된소리는 다음 음절의 첫소리를 된소리로 적는다. [제5항]

(1) 모음 사이에서 나는 된소리

소쩍새	어깨	오빠	으뜸	아끼다
기쁘다	깨끗하다	어떠하다	해쓱하다	가끔
거꾸로	부썩	어찌	이따금	

(2) 'ㄴ, ㄹ, ㅁ, ㅇ' 받침 뒤에서 나는 된소리

| 산뜻하다 | 살짝 | 담뿍 | 몽땅 |
| 잔뜩 | 훨씬 | 움찔 | 엉뚱하다 |

다만, 'ㄱ, ㅂ' 받침 뒤에서 나는 된소리는, 같은 음절이나 비슷한 음절이 겹쳐 나는 경우가 아니면 된소리로 적지 아니한다.

| 국수 | 깍두기 | 딱지 | 색시 | 싹둑(~싹둑) |
| 법석 | 갑자기 | 몹시 | 어쭙잖다 | |

참고 어쭙잖다[어쭙짠타]: 1. 비웃음을 살 만큼 언행이 분수에 넘치는 데가 있다.
2. 아주 서투르고 어설프다. 또는 아주 시시하고 보잘것없다.
참고 어줍다[어:줍따]: 1. 말이나 행동이 익숙지 않아 서투르고 어설프다.
2. 몸의 일부가 자유롭지 못하여 움직임이 자연스럽지 않다.
3. 어쩔 줄을 몰라 겸연쩍거나 어색하다.

더 알아보기

다음과 같은 어미는 예사소리로 적는다. [제53항] **예** -(으)ㄹ거나, -(으)ㄹ걸, -(으)ㄹ게
다만, 의문을 나타내는 다음 어미들은 된소리로 적는다. **예** -(으)ㄹ까?, -(으)ㄹ꼬?, -(스)ㅂ니까?, -(으)리까?, -(으)ㄹ쏘냐?

2 구개음화

'ㄷ, ㅌ' 받침 뒤에 종속적 관계를 가진 '-이(-)'나 '-히-'가 올 적에는 그 'ㄷ, ㅌ'이 'ㅈ, ㅊ'으로 소리 나더라도 'ㄷ, ㅌ'으로 적는다. [제6항]

○	×	○	×
맏이	마지	핥이다	할치다
해돋이	해도지	걷히다	거치다
굳이	구지	닫히다	다치다
같이	가치	묻히다	무치다

3 'ㄷ' 소리 받침

'ㄷ' 소리로 나는 받침 중에서 'ㄷ'으로 적을 근거가 없는 것은 'ㅅ'으로 적는다. [제7항]

덧저고리	돗자리	엇셈	웃어른	핫옷
무릇	사뭇	얼핏	자칫하면	뭇[衆]
옛	첫	헛		

더 알아보기

'ㄷ'으로 적을 근거가 있는 것

- 본디 'ㄷ' 받침을 가지고 있는 것
  - 걷잡다(거두어 붙잡다)
  - 곧장(똑바로 곧게)
  - 낟가리(낟알이 붙은 곡식을 쌓은 더미)
  - 돋보다(← 도두보다)

- 'ㄹ' 받침이 'ㄷ'으로 바뀐 것(제29항 참고)
  - 반짇고리(바느질~)
  - 사흗날(사흘~)
  - 숟가락(술~)*
  - 섣부르다(설~)*

4 모음

(1) '계, 례, 몌, 폐, 혜'의 'ㅖ'는 'ㅔ'로 소리 나는 경우가 있더라도 'ㅖ'로 적는다. [제8항]

○	×	○	×
계수(桂樹)	게수	혜택(惠澤)	헤택
사례(謝禮)	사레	계집	게집
연몌(連袂)	연메	핑계	핑게
폐품(廢品)	페품	계시다	게시다

다만, '게송(偈頌), 게시판(揭示板), 휴게실(休憩室)' 등은 본음대로 적는다.

(2) '의'나, 자음을 첫소리로 가지고 있는 음절의 'ㅢ'는 'ㅣ'로 소리 나는 경우가 있더라도 'ㅢ'로 적는다. [제9항]

○	×	○	×
의의(意義)	의이	닁큼	닝큼
본의(本義)	본이	띄어쓰기	띠어쓰기
무늬[紋]	무니	씌어	씨어
보늬	보니	틔어	티어
오늬	오니	희망(希望)	히망
하늬바람	하니바람	희다	히다
늴리리	닐리리	유희(遊戱)	유히

더 알아보기

'으례, 켸켸묵다'는 표준어 규정(제10항)에서 단모음화한 형태를 취하였으므로, '으레, 케케묵다'로 적어야 한다.

5 두음 법칙

(1) 한자음 '녀, 뇨, 뉴, 니'가 단어 첫머리에 올 적에는, 두음 법칙에 따라 '여, 요, 유, 이'로 적는다. [제10항]

○	×	○	×
여자(女子)	녀자	유대(紐帶)*	뉴대
연세(年歲)*	년세	이토(泥土)	니토
요소(尿素)*	뇨소	익명(匿名)*	닉명

다만, '냥(兩), 냥쭝(兩-), 년(年)' 등과 같은 의존 명사에서는 '냐, 녀' 음을 인정한다. 예 몇 년

(2) 다음의 경우에는 단어 첫머리가 아니지만, 두음 법칙을 따른다.

접두사처럼 쓰이는 한자가 붙어서 된 말 [붙임 2]		합성어(고유 명사 포함) [붙임 3]	
○	×	○	×
신여성(新-女性)	신-녀성	한국여자대학	한국-녀자-대학
공염불(空-念佛)	공-념불	대한요소비료회사	대한-뇨소-비료-회사

(3) 한자음 '랴, 려, 례, 료, 류, 리'가 단어의 첫머리에 올 적에는 두음 법칙에 따라 '야, 여, 예, 요, 유, 이'로 적는다. [제11항]

○	×	○	×
양심(良心)	량심	이발(理髮)	리발

다만, '리(里, 理)'와 같은 의존 명사는 본음대로 적는다. 예 몇 리(里)냐? / 그럴 리(理)가 없다

(4) 다음의 경우에는 제2음절 이하에서 쓰일 때는 다음과 같이 쓴다.

모음이나 'ㄴ' 받침 뒤에 이어지면 '열, 율' [붙임 1]		접두사처럼 쓰이는 한자가 붙어서 된 말이나 합성어 [붙임 4]	
○	×	○	발음
나열(羅列)	나렬	역이용(逆利用)	[여기용]
선율(旋律)	선률	연이율(年利率)	[연니율/여니율]
실패율(失敗率)	실패률	열역학(熱力學)	[열려칵]
백분율(百分率)	백분률	등용문(登龍門)	[등용문]

제4장 형태에 관한 것

1 접미사가 붙은 말

(1) 명사 뒤에 '-이'가 붙어서 된 말은 그 명사의 원형을 밝히어 적는다. [제20항]

부사로 된 것			명사로 된 것		
곳곳이	낱낱이	몫몫이*	곰배팔이	바둑이	삼발이
샅샅이	앞앞이	집집이	애꾸눈이	절뚝발이/절름발이*	

(2) '-이' 이외의 모음으로 시작된 접미사가 붙어서 된 말은 그 명사의 원형을 밝히어 적지 아니한다. [붙임]

꼬락서니	끄트머리*	모가치	바가지	바깥
사타구니	싸라기	이파리*	지붕	지푸라기

> **참고** 모가치(몫으로 돌아오는 물건)와 달리 '값어치, 벼슬아치, 반빗아치'는 원형을 밝히어 적는다.

(3) 명사나 혹은 용언의 어간 뒤에 자음으로 시작된 접미사가 붙어서 된 말은 그 명사나 어간의 원형을 밝히어 적는다. [제21항]

명사 + 자음으로 시작하는 접미사				어간 + 자음으로 시작하는 접미사		
값지다	홑지다	넋두리	빛깔	낚시	덮개	뜯게질
옆댕이	잎사귀			갉작갉작하다	뜯적거리다	뜯적뜯적하다
				굵다랗다	굵직하다	넓적하다
				높다랗다	늙수그레하다	얽죽얽죽하다

다만, 다음과 같은 말은 소리대로 적는다.

겹받침의 끝소리가 드러나지 않는 것			어원이 분명하지 않거나 본뜻에서 멀어진 것			
할짝거리다	널따랗다	널찍하다				
말쑥하다	얄따랗다	얄팍하다	넙치	올무	골막하다	납작하다
짤따랗다	짤막하다					

> **참고** 어간의 겹받침 중 앞의 소리가 발음이 되면 소리대로 적고, 뒤의 소리가 발음이 되면 원형을 밝히어 적는다.

더 알아보기

어간 '넓-'의 표기(넓- + 자음 접미사)
- 'ㄹ'이 소리 나는 경우: 널따랗다, 널찍하다 → 소리 나는 대로 적는다.
- 'ㅂ'이 소리 나는 경우: 넓적하다, 넓죽하다, 넓죽넓죽 → 원형을 밝혀 적는다.
  다만 '넓-'에 실질 형태소가 결합할 때에는 항상 원형을 밝혀 적는다.

(4) '-하다'가 붙는 어근에 '-히'나 '-이'가 붙어서 부사가 되거나, 부사에 '-이'가 붙어서 뜻을 더하는 경우에는 그 어근이나 부사의 원형을 밝히어 적는다. [제25항]

'-하다'가 붙는 어근에 '-히'나 '-이'가 붙는 경우		부사에 '-이'가 붙은 경우		
(나란하다) 나란히*	(꾸준하다) 꾸준히	곰곰이*	더욱이	생긋이
(도저하다) 도저히	(딱하다) 딱히	오뚝이	일찍이	해죽이
(어렴풋하다) 어렴풋이*	(깨끗하다) 깨끗이*			

참고 도저히: 널리 사용되지는 않지만 '도저(到底)하다'는 '아주 ~하다'의 의미로서 '도저히'와 정도의 관점에서 관련성이 있다.

더 알아보기

반듯이 / 반드시	지긋이 / 지그시
• <u>반듯이</u> 서라. 　반듯(하다) + -이 • 그는 <u>반드시</u> 돌아온다. 　꼭, 틀림없이[必]	• 나이가 <u>지긋이</u> 든 반백의 신사 　지긋(하다) + -이 • 눈을 <u>지그시</u> 감았다. 　슬며시 힘을 주거나 조용히 참고 견디는 모양

2 합성어 및 접두사가 붙은 말

(1) 둘 이상의 단어가 어울리거나 접두사가 붙어서 이루어진 말은 각각 그 원형을 밝히어 적는다. [제27항]

국말이	꺾꽂이*	꽃잎*	끝장	물난리	밑천
부엌일	싫증*	옷안	웃옷	젖몸살	첫아들
칼날	팥알	헛웃음	홀아비	홑몸	흙내
값없다	굶주리다	낮잡다	맞먹다	받내다	벋놓다
빗나가다	빛나다	새파랗다	샛노랗다	시꺼멓다	싯누렇다
엇나가다	엎누르다	엿듣다	옻오르다	짓이기다	헛되다

(2) 어원은 분명하나 소리만 특이하게 변한 것은 변한 대로 적고, 어원이 분명하지 아니한 것은 원형을 밝히어 적지 아니한다. [붙임 1, 2]

어원이 분명한 것		어원이 분명하지 않은 것							
할아버지	할아범	골병	골탕	끌탕	며칠	아재비	오라비	업신여기다	부리나케

참고 한아버지, 한아범 → [하라버지, 하라범] → 할아버지, 할아범

(3) '이[齒, 虱]'가 합성어나 이에 준하는 말에서 '니' 또는 '리'로 소리 날 때에는 '니'로 적는다. [붙임 3]

간니	덧니	사랑니	송곳니	앞니
윗니	젖니	틀니	가랑니[幼虱]	머릿니[頭髮蟲]

더 알아보기

'이[齒]'를 '니'로 적는 이유는 '간이, 덧이, 송곳이'로 적으면 [가니, 더시, 송고시]로 읽힐 수도 있기 때문이다. 그리하여 다른 단어나 접두사 뒤에 붙은 '이[齒]'는 옛말 '니'로 적는다.

(4) 끝소리가 'ㄹ'인 말과 딴 말이 어울릴 적에 'ㄹ' 소리가 나지 아니하는 것은 아니 나는 대로 적는다. [제28항]

다달이(달-달-이)	따님(딸-님)	마소(말-소)	바느질(바늘-질)*
부삽(불-삽)	싸전(쌀-전)	우짖다(울-짖다)*	화살(활-살)
나날이(날-날-이)*	무논(물-논)	미닫이(밀-닫이)	아드님(아들-님)*
차돌[石英](찰-돌)	차조(찰-조)	차지다(찰-지다)	하느님(하늘-님)

※ 박스 안의 점선 위 단어는 어문 규정집, 점선 아래의 단어는 어문 규정 해설집에 나오는 단어입니다. 학습에 참고하시기 바랍니다.

(5) 끝소리가 'ㄹ'인 말과 딴 말이 어울릴 적에 'ㄹ' 소리가 'ㄷ' 소리로 나는 것은 'ㄷ'으로 적는다. [제29항]

반짇고리(바느질~)*	사흗날(사흘~)*	삼짇날(삼질~)	섣달(설~)*
숟가락(술~)*	이튿날(이틀~)	잗주름(잘~)*	푿소(풀~)
섣부르다(설~)*	잗다듬다(잘~)	잗다랗다(잘~)*	

(6) 사이시옷은 다음과 같은 경우에 받치어 적는다. [제30항]

		앞말이 모음으로 끝난 경우	
		순우리말 + 순우리말	순우리말 + 한자어
뒷말의 첫소리	된소리로 나는 것	고랫재 귓밥 나룻배 나뭇가지 냇가 댓가지 뒷갈망 맷돌 머릿기름 모깃불 못자리 바닷가 뱃길 볏가리 부싯돌 선짓국* 쇳조각 아랫집 우렁잇속* 잇자국 잿더미 조갯살 찻집 쳇바퀴 킷값 핏대 햇볕 혓바늘	귓병 머릿방 뱃병 봇둑 사잣밥 샛강 아랫방 자릿세 전셋집 찻잔 찻종 촛국 콧병 탯줄 텃세 핏기 햇수 횟가루 횟배
	'ㄴ' 소리 덧남 + ㄴ, ㅁ	멧나물 아랫니 텃마당 아랫마을 뒷머리 잇몸 깻묵 냇물 빗물	곗날 제삿날 훗날 툇마루 양칫물
	'ㄴㄴ' 소리 덧남 + 모음	도리깻열 뒷윷 두렛일 뒷일 뒷입맛 베갯잇 욧잇 깻잎 나뭇잎 댓잎	가욋일 사삿일 예삿일 훗일

① 뒷말의 첫소리가 된소리로 나는 것 예 선지 + 국 = 선짓국[선지꾹/선진꾹]
② 뒷말의 첫소리 'ㄴ, ㅁ' 앞에서 'ㄴ' 소리가 덧나는 것 예 비 + 물 = 빗물[빈물]
③ 뒷말의 첫소리 모음 앞에서 'ㄴㄴ' 소리가 덧나는 것 예 대 + 잎 = 댓잎[댄닙]

한자어로만 이루어진 말은 다음 6개의 한자어에만 쓴다.

곳간(庫間)	셋방(貰房)	숫자(數字)	찻간(車間)	툇간(退間)	횟수(回數)

> **핵심 포인트**
> - 사이시옷은 합성어의 구성 요소 중 적어도 하나가 순우리말일 때 쓴다.
> - 뒤에 된소리나 거센소리로 시작하는 말이 오면 사이시옷을 쓰지 않는다.*
>   예) 개똥(개 + 똥), 나무꾼(나무 + 꾼), 위쪽(위 + 쪽), 보리쌀(보리 + 쌀), 허리띠(허리 + 띠), 개펄(개 + 펄), 뒤편(뒤 + 편), 뒤풀이(뒤 + 풀이), 배탈(배 + 탈), 허리춤(허리 + 춤)

3 준말*

(1) -잖-/-찮-: 어미 '-지' 뒤에 '않-'이 어울려 '-잖-'이 될 적과 '-하지' 뒤에 '않-'이 어울려 '-찮-'이 될 적에는 준 대로 적는다. [제39항]

본말	준말	본말	준말
그렇지 않은	그렇잖은*	만만하지 않다	만만찮다*
적지 않은	적잖은	변변하지 않다	변변찮다
두렵지 않다	두렵잖다*	심심하지 않다	심심찮다
많지 않다	많잖다	편안하지 않다	편안찮다*
예사롭지 않다	예사롭잖다	허술하지 않다	허술찮다
의롭지 않다	의롭잖다	귀찮지 않다	귀찮잖다
성실하지 않다	성실찮다	점잖지 않다	점잖잖다*

(2) 어간 끝음절 '하': 어간의 끝음절 '하'의 'ㅏ'가 줄고 'ㅎ'이 다음 음절의 첫소리와 어울려 거센소리로 될 적에는 거센소리로 적는다. [제40항]

본말	준말	본말	준말
간편하게	간편케*	다정하다	다정타
연구하도록	연구토록*	정결하다	정결타
가하다	가타	흔하다	흔타
무능하다	무능타	허송하지	허송치
아니하다	아니타	분발하도록	분발토록
달성하게	달성케*	사임하고자	사임코자*
실망하게	실망케	청하건대	청컨대
무심하지	무심치	회상하건대	회상컨대

① 'ㅎ'이 어간의 끝소리로 굳어진 것은 받침으로 적는다. [붙임 1]

않다	않고	않지	않든지
그렇다	그렇고	그렇지	그렇든지
아무렇다	어떻고	이렇지	저렇든지

② 어간의 끝음절 '하'가 아주 줄 적에는 준 대로 적는다. [붙임 2]

본말	준말	본말	준말
거북하지	거북지	넉넉하지 않다	넉넉지 않다(→ 넉넉잖다)
생각하건대	생각건대	못하지 않다	못지않다(→ 못잖다)
생각하다 못해	생각다 못해	섭섭하지 않다	섭섭지 않다
깨끗하지 않다	깨끗지 않다(→ 깨끗잖다*)	익숙하지 않다	익숙지 않다

> **참고** 주로 안울림소리 받침 뒤에서 나타난다.

③ 다음과 같은 부사는 소리대로 적는다. [붙임 3]

| 결단코 | 결코 | 기필코 | 무심코 | 아무튼 | 요컨대 |
| 정녕코 | 필연코 | 하마터면* | 하여튼 | 한사코 | |

제5장 띄어쓰기

1 붙여 쓰는 경우 [제41항]

조사는 그 앞말에 붙여 쓴다.

꽃이 / 꽃마저 / 거기도 / 멀리는

2 띄어 쓰는 경우 [제42~45항]

의존 명사	아는 것이 힘이다. / 네가 뜻한 바를 알겠다. / 떠난 지가 오래다.
단위 명사	한 개 / 조기 한 손 / 버선 한 죽 / 북어 한 쾌
이어 주거나 열거하는 말	국장 겸 과장 / 배추, 상추, 무 따위 / 청군 대 백군 / 과자, 과일, 식혜 등등

참고 대: '그것을 상대로 한', '그것에 대항하는'의 뜻을 더할 경우에는 접두사이므로 붙여 쓴다. 예 대일(對日) 무역, 대국민 담화, 대중국 정책

3 붙여 쓰거나 띄어 쓸 수 있는 경우 [제46~50항]

종류	원칙 / 허용
단음절 단어	• 좀 더 큰 것 / 좀더 큰것
보조 용언	• 불이 꺼져 간다. / 꺼져간다. • 비가 올 듯하다. / 올듯하다.
'성-이름/호' 호칭어 관직명	• 채영신 → '성과 이름', '성과 호'는 붙여 쓴다. • 최치원 선생 → 호칭어, 관직명은 띄어 쓴다. • 남궁억 / 남궁 억 → 단, 분명히 구분할 필요가 있을 때는 띄어 쓸 수 있다.
성명 외의 고유 명사	• 대한 중학교 / 대한중학교 • 기술원 부설연구소 → 단, '부설, 부속, 직속, 산하' 등은 띄어 쓴다.
전문 용어*	• 만성 골수성 백혈병 / 만성골수성백혈병 • 무역 수지 / 무역수지 • 음운 변화 / 음운변화 • 상대성 이론 / 상대성이론 • 국제 음성 기호 / 국제음성기호 • 긴급 재정 처분 / 긴급재정처분 • 무한 책임 사원 / 무한책임사원 • 후천 면역 결핍증 / 후천면역결핍증 • 지구 중심설 / 지구중심설 • 탄소 동화 작용 / 탄소동화작용 • 해양성 기후 / 해양성기후 • 무릎 대어 돌리기 / 무릎대어돌리기

참고 산 이름, 강 이름, 산맥 이름, 평야 이름, 고원 이름 등은 굳어진 지명이므로 붙여 쓴다.* 예 북한산, 에베레스트산, 개마고원, 티베트고원

제6장 그 밖의 것

1 부사 끝음절 '-이/-히'

부사의 끝음절이 분명히 '이'로만 나는 것은 '-이'로 적고, '히'로만 나거나 '이'나 '히'로 나는 것은 '-히'로 적는다. [제51항]

'이'로만 나는 것	• 가붓이 깨끗이 나붓이 느긋이 둥긋이 따뜻이 반듯이 버젓이 산뜻이 의젓이 • 가까이 고이 날카로이 대수로이 번거로이 많이 적이 헛되이 • 겹겹이 번번이 일일이 집집이 틈틈이
'히'로만 나는 것	극히 급히 딱히 속히 엄격히 작히 정확히 족히 특히
'이, 히'로 나는 것	• 솔직히 가만히 간편히 나른히 무단히 각별히 소홀히 쓸쓸히 정결히 과감히 • 꼼꼼히 심히 열심히 급급히 답답히 섭섭히 공평히 능히 당당히 분명히 • 상당히 조용히 간소히 고요히 도저히

핵심 포인트

- '-이'로 적는 것: (첩어 또는 준첩어인) 명사 뒤, 'ㅅ' 받침 뒤, 'ㅂ' 불규칙 용언 뒤, '-하다'가 붙지 않는 용언 어간 뒤, 부사 뒤
- '-히'로 적는 것: '-하다'가 붙는 어근 뒤(단, 'ㅅ' 받침 제외), '-하다'가 붙는 어근에 '-히'가 결합하여 된 부사가 줄어진 형태, 어원적으로는 '-하다'가 붙지 않는 어근에 부사화 접미사가 결합한 형태로 분석되더라도 그 어근 형태소의 본뜻이 유지되고 있지 않은 단어

② 구별하여 적는 말 [제57항]

가름	둘로 가름	부치다	힘이 부치는 일이다.
갈음	새 책상으로 갈음하였다.	붙이다	우표를 붙인다.
거름	풀을 썩힌 거름	시키다	일을 시킨다.
걸음	빠른 걸음	식히다	끓인 물을 식힌다.
거치다	영월을 거쳐 왔다.	아름	세 아름 되는 둘레
걷히다	외상값이 잘 걷힌다.	알음	전부터 알음이 있는 사이
걷잡다	걷잡을 수 없는 상태	앎	앎이 힘이다.
겉잡다	겉잡아서 이틀 걸릴 일	안치다	밥을 안친다.
그러므로(그러니까)	그는 부지런하다. 그러므로 잘 산다.	앉히다	윗자리에 앉힌다.
그럼으로(써) (그렇게 하는 것으로)	그는 열심히 공부한다. 그럼으로(써) 은혜에 보답한다.	어름	두 물건의 어름에서 일어난 현상
		얼음	얼음이 얼었다.
노름	노름판이 벌어졌다.	이따가	이따가 오너라.
놀음(놀이)	즐거운 놀음	있다가	돈은 있다가도 없다.
느리다	진도가 너무 느리다.	저리다	다친 다리가 저린다.
늘이다	고무줄을 늘인다.	절이다	김장 배추를 절인다.
늘리다	수출량을 더 늘린다.	조리다*	생선을 조린다. 통조림, 병조림
다리다	옷을 다린다.	졸이다*	마음을 졸인다.
달이다	약을 달인다.	주리다	여러 날을 주렸다.
다치다	부주의로 손을 다쳤다.	줄이다	비용을 줄인다.
닫히다	문이 저절로 닫혔다.	하노라고	하노라고 한 것이 이 모양이다.
닫치다	문을 힘껏 닫쳤다.	하느라고	공부하느라고 밤을 새웠다.
마치다	벌써 일을 마쳤다.	-느니보다	나를 찾아오느니보다 집에 있거라.
맞히다	여러 문제를 더 맞혔다.	-는 이보다	오는 이가 가는 이보다 많다.
목거리	목거리가 덧났다.	-(으)리만큼	나를 미워하리만큼 그에게 잘못한 일이 없다.
목걸이	금목걸이, 은목걸이		
바치다	나라를 위해 목숨을 바쳤다.	-(으)ㄹ 이만큼	찬성할 이도 반대할 이만큼이나 많을 것이다.
받치다	우산을 받치고 간다. 책받침을 받친다.	-(으)러	공부하러 간다. (목적)
받히다	쇠뿔에 받혔다.	-(으)려	서울 가려 한다. (의도)
밭치다	술을 체에 밭친다.	(으)로서	사람으로서 그럴 수는 없다. (자격)
반드시	약속은 반드시 지켜라.	(으)로써	닭으로써 꿩을 대신했다. (수단)
반듯이	고개를 반듯이 들어라.	-(으)므로	그가 나를 믿으므로 나도 그를 믿는다.
부딪치다	차와 차가 마주 부딪쳤다.	(-ㅁ, -음)으로(써)	그는 믿음으로(써) 산 보람을 느꼈다.
부딪히다	마차가 화물차에 부딪혔다.		

> **더 알아보기**

- **부치다**: 편지를 부친다. / 논밭을 부친다. / 빈대떡을 부친다. / 식목일에 부치는 글 / 회의에 부치는 안건 / 인쇄에 부치는 원고 / 삼촌 집에 숙식을 부친다.
- **붙이다**: 책상을 벽에 붙였다. / 흥정을 붙인다. / 불을 붙인다. / 감시원을 붙인다. / 조건을 붙인다. / 취미를 붙인다. / 별명을 붙인다.

부록 문장 부호

부호명	부호	규정	예시
마침표 (온점)	.	아라비아 숫자만으로 연월일을 표시할 때*	1919. 3. 1.
		특정한 의미가 있는 날을 표시할 때 ※ 가운뎃점을 대신 쓸 수도 있다.	3.1 운동 ※ 3·1 운동
		의문의 정도가 약할 때	이 일을 어쩐단 말이냐.
물음표	?	의문문이나 의문을 나타내는 어구의 끝에 ※ 한 문장 안에 몇 개의 선택적인 물음이 이어질 때는 맨 끝의 물음에만 쓰고, 각 물음이 독립적일 때는 각 물음의 뒤에 쓴다.	점심 먹었어? ※ 중학생이냐, 고등학생이냐? 언제 왔니? 어디서 왔니?
		특정한 어구의 내용에 대하여 의심, 빈정거림 등을 표시할 때나 적절한 말을 쓰기 어려울 때	우리 집 개가 가출(?)을 했어요.
		모르거나 불확실한 내용임을 나타낼 때*	최치원(857~?)은 통일 신라의 학자이자 문장가이다.
느낌표	!	특별히 강한 느낌을 나타내는 어구, 평서문, 명령문, 청유문에*	이야, 정말 재밌다!
		물음의 말로 놀람이나 항의의 뜻을 나타낼 때*	이게 누구야!
		감정을 넣어 대답하거나 다른 사람을 부를 때	흥부야!
쉼표	,	같은 자격의 어구를 열거할 때 ※ 열거할 어구들을 생략할 때 사용하는 줄임표 앞에는 쉼표를 쓰지 않는다.	근면, 검소, 협동은 우리의 미덕이다. ※ 광역시: 광주, 대구, 대전……
		짝을 지어 구별할 때	닭과 지네, 개와 고양이는 상극이다.
		열거의 순서를 나타나는 어구 다음에	첫째, 몸이 튼튼해야 한다.
		'곧, 다시 말해' 등과 같은 어구로 다시 설명할 때	책의 서문, 곧 머리말에는
		짧게 더듬는 말을 표시할 때*	부, 부정행위라니요?
가운뎃점	·	열거할 어구들을 일정한 기준으로 묶어서 나타낼 때	민수·영희, 선미·준호가 서로 짝이다.
		짝을 이루는 어구들 사이에*	하천 수질의 조사·분석
		공통 성분을 줄여서 하나의 어구로 묶을 때*	금·은·동메달
쌍점	:	표제 다음에 해당 항목을 들거나 설명을 붙일 때	문방사우: 종이, 붓, 먹, 벼루
		희곡 등에서 대화 내용을 제시할 때*	김 과장: 난 못 참겠다.
		시와 분, 장과 절 등을 구별할 때*	오전 10:20(10시 20분) 두시언해 6:15(제6권 제15장)
		의존 명사 '대'가 쓰일 자리에	청군:백군(청군 대 백군)

부호명	부호	규정	예시
빗금	/	대비되는 두 개 이상의 어구를 묶어 나타낼 때*	금메달/은메달/동메달
		기준 단위당 수량을 표시할 때*	100미터/초
큰따옴표	" "	말이나 글을 직접 인용할 때	나는 "어, 광훈이 아니냐." 하는 소리에 깜짝 놀랐다.
작은따옴표	' '	인용한 말 안에 있는 인용한 말을 나타낼 때	그는 "여러분 '시작이 반이다'라는 말 들어 보셨죠?"라고 말하며 강연을 시작했다.
소괄호	( )	주석이나 보충적인 내용을 덧붙일 때	2014. 12. 19.(금)
중괄호	{ }	열거된 항목 중 어느 하나가 자유롭게 선택될 수 있음을 보일 때	아이들이 모두 학교{에, 로, 까지} 갔어요.
대괄호	[ ]	괄호 안에 또 괄호를 쓸 필요가 있을 때* ※ 대괄호는 바깥쪽의 괄호이다.	두 명[이혜정(실장), 박철용(과장)]만 빼고 모두 왔다.
		고유어에 대응하는 한자어를 함께 보일 때*	손발[手足]
		원문에 대한 이해를 돕기 위해 설명이나 논평 등을 덧붙일 때	그것[한글]은 정보화 시대에 알맞은 과학적인 문자이다.
겹낫표	『 』	책의 제목이나 신문 이름 등을 나타낼 때* ※ 큰따옴표를 대신 쓸 수도 있다.	『훈민정음』은 1997년에 유네스코 세계 기록 유산으로 지정되었다.
겹화살괄호	《 》		《한성순보》는 우리나라 최초의 근대 신문이다.
홑낫표	「 」	소제목, 그림이나 노래와 같은 예술 작품의 제목, 상호, 법률, 규정 등을 나타낼 때 ※ 작은따옴표를 대신 쓸 수도 있다.	사무실 밖에 「해와 달」이라고 쓴 간판을 달았다.
홑화살괄호	〈 〉		백남준은 2005년에 〈엄마〉라는 작품을 선보였다.
줄표	─	제목 다음에 표시하는 부제의 앞뒤에*	'환경 보호─숲 가꾸기─'라는 제목으로 글짓기를 했다.
붙임표	-	차례대로 이어지는 내용을 하나로 묶어 열거할 때	김 과장은 기획─실무─홍보까지 직접 발로 뛰었다.
		두 개 이상의 어구가 밀접한 관련이 있음을 나타내고자 할 때*	원─달러 환율
물결표	~	기간, 거리, 범위 등을 나타낼 때	9월 15일~9월 25일
드러냄표	˙	문장 내용 중에서 주의가 미쳐야 할 곳이나 중요한 부분을 특별히 드러내 보일 때* ※ 작은따옴표를 대신 쓸 수도 있다.	한글의 본디 이름은 훈민정음이다.
밑줄	＿		지금 필요한 것은 지식이 아니라 실천입니다. ※ 가장 중요한 것은 '건강'입니다.
숨김표	○, ×	금기어나 공공연히 쓰기 어려운 비속어임을 나타낼 때	어찌 ○○란 말이 나올 수 있느냐?
		비밀을 유지해야 하거나 밝힐 수 없는 사항임을 나타낼 때*	그 모임의 참석자는 김×× 씨, 정×× 씨 등 5명이었다.
빠짐표	□	옛 비문, 문헌 등에서 글자가 분명하지 않을 때	大師爲法主□□賴之大□薦
		글자가 들어가야 할 자리를 나타낼 때	훈민정음의 초성 중에서 아음(牙音)은 □□□의 석 자다.
줄임표	……	할 말을 줄였을 때	"어디 한번……." 하고 그가 나섰다.
		말이 없음을 나타낼 때	"빨리 말해!" "……."
		머뭇거림을 보일 때	"모두…… 눈물만…… 흘렸다."

표준어 규정 – 1부 표준어 사정 원칙	
제1장 총칙	제1~2항
제2장 발음 변화에 따른 표준어 규정*	제1절 자음
	제2절 모음
	제3절 준말*
	제4절 단수 표준어*
	제5절 복수 표준어*
제3장 어휘 선택의 변화에 따른 표준어 규정*	제1절 고어
	제2절 한자어
	제3절 방언
	제4절 단수 표준어*
	제5절 복수 표준어*

제1장 총칙(생략)

제2장 발음 변화에 따른 표준어 규정

1 자음

(1) 다음 단어들은 거센소리를 가진 형태를 표준어로 삼는다. [제3항]

○	×	○	×
끄나풀 나팔-꽃 (새벽)-녘 부엌	끄나불 나발-꽃 (새벽)-녁 부억	살-쾡이 칸-(막이) 털어-먹다	삵-괭이 간-(막이) 떨어-먹다
		마-파람	맛-바람

참고 칸/간: '초가삼간(草家三間), 고깃간, 고물간, 마구간'은 굳어진 표현 그대로 쓴다.
참고 마파람: '마파람'과 달리 '앞바람'은 거센소리로 표기하지 않는다.

(2) 다음 단어들은 거센소리로 나지 않는 형태를 표준어로 삼는다. [제4항]

○	×	○	×
가을-갈이	가을-카리	거시기	거시키

(3) 어원에서 멀어진 형태로 굳어져서 널리 쓰이는 것은, 그것을 표준어로 삼는다. [제5항]

○	×	○	×
강낭-콩 고샅	강남-콩 고샅	사글-세 울력-성당	삭월-세 위력-성당

> **참고** 고샅: 좁은 골목길을 뜻하는 '고샅'은 표준어이다. '고삿'은 초가지붕을 일 때 쓰는 새끼를 뜻한다.
> **참고** 사글세: '사글세'의 어원의 일부인 '월세'는 표준어이다.

다만, 어원적으로 원형에 더 가까운 형태가 아직 쓰이고 있는 경우에는, 그것을 표준어로 삼는다.

○	×	○	×
갈비 갓모	가리 갈모	밀-뜨리다 적-이	미-뜨리다 저으기

> **참고** 갈비: 갈비와 결합된 '갈비찜'과 '갈빗대'는 사이시옷 규정을 따라 각각 표기가 달라진다.

(4) 다음 단어들은 의미를 구별함이 없이, 한 가지 형태만을 표준어로 삼는다. [제6항]

○	×	○	×
둘-째 셋-째	두-째 세-째	돌 빌리다*	돐 빌다

> **참고** 두째: 십 단위 이상의 서수사(차례를 나타내는 말)에 쓰일 때에는 '두째'로 표기한다. 예 열두-째, 스물두-째

(5) 수컷을 이르는 접두사는 '수-'로 통일한다. [제7항]

○	×	○	×
수-꿩(= 장끼)* 수-나사 수-놈*	수-퀑/숫-꿩 숫-나사 숫-놈	수-사돈 수-소(= 황소) 수-은행나무	숫-사돈 숫-소 숫-은행나무

다만 1. 다음 단어에서는 접두사 다음에서 나는 거센소리를 인정한다.

○	×	○	×
수-캉아지* 수-캐 수-키와 수-탉*	숫-강아지 숫-개 숫-기와 숫-닭	수-탕나귀* 수-톨쩌귀 수-퇘지* 수-평아리*	숫-당나귀 숫-돌쩌귀 숫-돼지 숫-병아리

> **참고** 접두사 '암-'이 결합되는 경우에도 이에 준한다.

다만 2. 다음 단어의 접두사는 '숫-'으로 한다.

○	×	○	×
숫-양* 숫-염소*	수-양 수-염소	숫-쥐*	수-쥐

> **핵심 포인트**

아래의 내용 외에는 모두 '암/수 + 동물명'이다. 예 수놈, 수소, 수개미, 수꿩, 수고양이, 수벌

암/수 + 거센소리	• 동물: 수컷, 수캉아지, 수캐, 수탉, 수탕나귀, 수퇘지, 수평아리 / 암컷, 암캉아지, 암캐, 암탉, 암탕나귀, 암퇘지, 암평아리 • 사물: 수키와, 수톨쩌귀 / 암키와, 암톨쩌귀
암/숫 + 동물명	숫양, 숫염소, 숫쥐 → '숫'불 위의 '양·염·쥐'로 암기할 것

2 모음

(1) 양성 모음이 음성 모음으로 바뀌어 굳어진 다음 단어는 음성 모음 형태를 표준어로 삼는다. [제8항]

○	×	○	×
깡충-깡충 -둥이(막둥이, 쌍둥이) 발가-숭이 보퉁이	깡총-깡총 -동이 발가-송이 보통이	뻗정-다리 아서, 아서라(금지) 오뚝-이 주추	뻗장-다리 앗아, 앗아라 오똑-이 주초

참고 껑충껑충: 깡충깡충의 큰말
참고 벌거숭이, 뻘거숭이: 발가-숭이의 큰말 / 빨가숭이: 발가-숭이의 센말

다만, 어원 의식이 강하게 작용하는 다음 단어에서는 양성 모음 형태를 그대로 표준어로 삼는다.

○	×	○	×
부조(扶助)	부주	삼촌(三寸)	삼춘

(2) 'ㅣ' 역행 동화 현상에 의한 발음은 원칙적으로 표준 발음으로 인정하지 아니한다.

① 다음 단어들은 그러한 동화가 적용된 형태를 표준어로 삼는다. [제9항]

○	×	○	×
(시골)내기, 풋(내기) 냄비	(시골)나기, (풋)나기 남비	동댕이-치다	동당이-치다

② '아지랑이'는 'ㅣ' 역행 동화가 일어나지 아니한 형태를 표준어로 삼는다. [붙임 1]
③ 기술자에게는 '-장이', 그 외에는 '-쟁이'가 붙는 형태를 표준어로 삼는다. [붙임 2]

○	×	○	×
미장이 유기장이	미쟁이 유기쟁이	담쟁이-덩굴 멋쟁이	담장이-덩굴 멋장이

(3) 다음 단어는 모음이 단순화한 형태를 표준어로 삼는다. [제10항]

○	×	○	×
괴팍-하다 -구먼 미루-나무 미륵 여느	괴퍅-하다/괴팩-하다 -구면 미류-나무 미력 여늬	온-달(만 한 달) 으레 케케-묵다 허우대 허우적-허우적	왼-달 으례 켸켸-묵다 허위대 허위적-허위적

(4) 다음 단어에서는 모음의 발음 변화를 인정하여, 발음이 바뀌어 굳어진 형태를 표준어로 삼는다. [제11항]

○	×	○	×
-구려	-구료	시러베-아들	실업의-아들
깍쟁이	깍정이	주책	주착
나무라다	나무래다	지루-하다	지리-하다
미수	미시	튀기	트기
바라다	바래다	허드레	허드래
상추	상치	호루라기	호루루기

참고 주책: 2017년 개정 맞춤법에 따라 '주책없다', '주책이다', '주책맞다' 모두 표준어로 인정한다.
참고 미수, 허드레: '미숫가루'와 '허드렛일'은 사이시옷을 받쳐 표기한다.

(5) '웃-' 및 '윗-'은 명사 '위'에 맞추어 '윗-'으로 통일한다. [제12항]

○	×	○	×
윗-도리	웃-도리	윗-사랑	웃-사랑
윗-막이	웃-막이	윗-수염	웃-수염
윗-머리	웃-머리	윗-입술	웃-입술
윗-목	웃-목	윗-자리	웃-자리

다만 1. 된소리나 거센소리 앞에서는 '위-'로 한다.

○	×	○	×
위-짝	웃-짝	위-치마	웃-치마
위-쪽	웃-쪽	위-턱	웃-턱
위-채	웃-채	위-팔	웃-팔
위-층	웃-층	위-턱구름	윗-턱구름

다만 2. '아래, 위'의 대립이 없는 단어는 '웃-'으로 발음되는 형태를 표준어로 삼는다.

○	×	○	×
웃-국	윗-국	웃-비	윗-비
웃-기	윗-기	웃-어른	윗-어른
웃-돈	윗-돈	웃-옷	윗-옷

(6) 한자 '구(句)'가 붙어서 이루어진 단어는 '귀'로 읽는 것을 인정하지 아니하고, '구'로 통일한다. [제13항]

○	×	○	×
결구(結句)	결귀	문구(文句)	문귀
경구(警句)	경귀	시구(詩句)	시귀
대구(對句)	대귀	어구(語句)	어귀
		인용구(引用句)	인용귀

다만, 다음 단어는 '귀'로 발음되는 형태를 표준어로 삼는다.

○	×	○	×
귀-글	구-글	글-귀	글-구

3 준말

(1) 준말이 널리 쓰이고 본말이 잘 쓰이지 않는 경우에는, 준말만을 표준어로 삼는다. [제14항]

○	×	○	×
귀찮다	귀치 않다	(설)빔	(설)비음
김(매다)	기음(매다)	샘	새암
똬리*	또아리	생-쥐	새앙-쥐
무	무우	온-갖	온-가지
미다	무이다	장사-치	장사-아치

참고 미다: 1. 털이 빠져 살이 드러나다. 2. 찢어지다.

(2) 준말이 쓰이고 있더라도, 본말이 널리 쓰이고 있으면 본말을 표준어로 삼는다. [제15항]

○	×	○	×
경황-없다	경-없다	모이	모
궁상-떨다	궁-떨다	부스럼	부럼
귀이-개	귀-개	살얼음-판	살-판
낌새	낌	수두룩-하다	수둑-하다
돗-자리	돗	어음	엄
뒤웅-박	뒹-박	일구다	일다
마구-잡이	막-잡이	죽-살이	죽-살
맵자-하다	맵자다	퇴박-맞다	퇴-맞다

참고 맵자하다: 모양이 제격에 어울리다.
참고 부럼: '음력 정월 대보름날 새벽에 깨물어 먹는 딱딱한 열매류'를 뜻하는 '부럼'은 표준어이다.

(3) 준말과 본말이 다 같이 널리 쓰이면서 준말의 효용이 뚜렷이 인정되는 것은, 두 가지를 다 표준어로 삼는다. [제16항]

○ (본말)	○ (준말)	○ (본말)	○ (준말)
노을	놀	석새-삼베	석새-베
막대기	막대	시-누이	시-뉘/시-누
망태기	망태	오-누이	오-뉘/오-누
머무르다	머물다	외우다	외다
서두르다	서둘다	이기죽-거리다	이죽-거리다
서투르다	서툴다	찌꺼기	찌끼

참고 '외우다-외다'와 달리 '개이다-개다'는 준말인 '개다'만 표준어로 삼는다.

4 단수 표준어

비슷한 발음의 몇 형태가 쓰일 경우, 그 의미에 아무런 차이가 없고, 그중 하나가 더 널리 쓰이면, 그 한 형태만을 표준어로 삼는다. [제17항]

○	×	○	×
거든-그리다	거둔-그리다	뻐개다[斫]	뻐기다
구어-박다	구워-박다	뻐기다[誇]	뻐개다
귀-고리	귀엣-고리	사자-탈	사지-탈
귀-띔	귀-틤	상-판대기	쌍-판대기
귀-지	귀에-지	세[三]	세/석
까딱-하면	까땍-하면	석[三]	세
꼭두-각시	꼭둑-각시	설령(設令)	서령
내색	나색	-습니다	-읍니다
내숭-스럽다	내흉-스럽다	시름-시름	시늠-시늠
냠냠-거리다	얌냠-거리다	씀벅-씀벅	썸벅-썸벅
냠냠-이	얌냠-이	아궁이	아궁지
너[四]	네	아내	안해
넉[四]	너/네	어-중간	어지-중간
다다르다	다닫다	오금-팽이	오금-탱이
댑-싸리	대-싸리	오래-오래	도래-도래
더부룩-하다	더뿌룩-하다/듬뿌룩-하다	-올시다	-올습니다
-던(회상)	-든	옹골-차다	공골-차다
-(으)려고	-(으)ㄹ려고/-(으)ㄹ라고	우두커니	우두머니
-(으)려야	-(으)ㄹ려야/-(으)ㄹ래야	잠-투정	잠-투세/잠-주정
망가-뜨리다	망그-뜨리다	재봉-틀	자봉-틀
멸치	며루치/메리치	짓-무르다	짓-물다
반빗-아치	반비-아치	짚-북데기	짚-북세기
보습	보십/보섭	쪽	짝
본새	뽄새	천장(天障)	천정
봉숭아, 봉선화	봉숭화	코-맹맹이	코-맹녕이
뺨-따귀	뺨-따귀/뺨-따구니	흉-업다	흉-헙다

- **참고** 거든-그리다: 작은말은 '가든-그리다'
- **참고** -든: '선택, 무관의 뜻을 나타내는 어미'는 '-든'을 쓴다.
- **참고** 우두커니: 작은말은 '오도카니'

5 복수 표준어

비슷한 발음을 가진 두 형태나 어감의 차이를 나타내는 단어 또는 발음이 비슷한 단어들이 다 같이 널리 쓰이는 경우에는, 그 모두를 표준어로 삼는다. [제18, 19항]

원칙	허용	복수 표준어	
네	예	거슴츠레-하다	게슴츠레-하다
쇠(고기)	소(고기)	고깨(신)	꼬까(신)
괴다	고이다	고린-내	코린-내
꾀다	꼬이다	구린-내	쿠린-내
쐬다	쏘이다	꺼림-하다	께름-하다
죄다	조이다	나부랭이	너부렁이
쬐다	쪼이다		

제3장 어휘 선택의 변화에 따른 표준어 규정

1 고어

사어(死語)가 되어 쓰이지 않게 된 단어는 고어로 처리하고, 현재 널리 사용되는 단어를 표준어로 삼는다. [제20항]

○	×	○	×
난봉 낭떠러지 설거지-하다	봉 낭 설겆다	애달프다 오동-나무 자두	애닯다 머귀-나무 오얏

2 한자어

(1) 고유어 계열의 단어가 널리 쓰이고 그에 대응되는 한자어 계열의 단어가 용도를 잃게 된 것은, 고유어 계열의 단어만을 표준어로 삼는다. [제21항]

○	×	○	×
까막-눈 나뭇-갓 사래-논 사래-밭	맹-눈 시장-갓 사래-답 사래-전	외-지다 잎-담배 죽데기 지겟-다리	벽-지다 잎-초 피-죽, 죽더기 목-발

(2) 고유어 계열의 단어가 생명력을 잃고 그에 대응되는 한자어 계열의 단어가 널리 쓰이면, 한자어 계열의 단어를 표준어로 삼는다. [제22항]

○	×	○	×
개다리-소반 고봉-밥 민망-스럽다/연구-스럽다 부항-단지	개다리-밥상 높은-밥 민주-스럽다 뜸-단지	수-삼 제석 총각-무	무-삼 젯-둣 알-무/알타리-무

3 방언

방언이던 단어가 널리 쓰이게 됨에 따라 표준어이던 단어가 안 쓰이게 된 것은, 방언이던 단어를 표준어로 삼는다. [제24항]

○	×	○	×
귀밑-머리 까-뭉개다 막상	귓-머리 까-무느다 마기	빈대-떡 생인-손 역-겹다	빈자-떡 생안-손 역-스럽다

더 알아보기

방언까지 표준어로 인정된 경우 [제23항]

방언이 원래 표준어보다 더 널리 쓰이면서, 함께 표준어로 인정받게 되었다. 예 멍게(= 우렁쉥이), 물-방개(= 선두리), 애-순(= 어린-순)

4 단수 표준어

의미가 똑같은 형태가 몇 가지 있을 경우, 그중 어느 하나가 압도적으로 널리 쓰이면, 그 단어만을 표준어로 삼는다.
[제25항]

○	×	○	×
-게끔	-게시리	살-풀이	살-막이
겸사-겸사	겸지-겸지/겸두-겸두	상투-쟁이	상투-꼬부랑이
고치다	낫우다	새앙-손이	생강-손이
광주리	광우리	샛-별	새벽-별
괴통	호구	선-머슴	풋-머슴
국-물	멀-국/말-국	섭섭-하다	애운-하다
군-표	군용-어음	속-말	속-소리
길-잡이(길라잡이)	길-앞잡이	식은-땀	찬-땀
까치-발	까치-다리	신기-롭다	신기-스럽다
꼬창-모	말뚝-모	쌍동-밤	쪽-밤
나룻-배	나루	쏜살-같이	쏜살-로
납-도리	민-도리	아주	영판
농-지거리	기롱-지거리	안-걸이	안-낚시
다사-스럽다	다사-하다	안다미-씌우다	안다미-시키다
담배-꽁초	담배-꼬투리/꽁치/꽁추	안쓰럽다	안-슬프다
뒤져-내다	뒤어-내다	안절부절-못하다	안절부절-하다
뒤통수-치다	뒤꼭지-치다	앉은뱅이-저울	앉은-저울
등-나무	등-칡	알-사탕	구슬-사탕
등-때기	등-떠리	암-내	곁땀-내
등잔-걸이	등경-걸이	앞-지르다	따라-먹다
떡-보	떡-충이	애-벌레	어린-벌레
똑딱-단추	딸꼭-단추	얕은-꾀	물탄-꾀
먼-발치	먼-발치기	언뜻	편뜻
명주-붙이	주-사니	언제나	노다지
목-메다	목-맺히다	얼룩-말	워라-말
바람-꼭지	바람-고다리	열심-히	열심-으로
반두	독대	입-담	말-담
부각	다시마-자반	자배기	너벅지
부끄러워-하다	부끄리다	전봇-대	전선-대
부스러기	부스럭지	쥐락-펴락	펴락-쥐락
부지깽이	부지팽이	-지만	-지만서도
부항-단지	부항-항아리	짓고-땡	지어-땡/짓고-땡이
붉으락-푸르락	푸르락-붉으락	짧은-작	짜른-작
비켜-덩이	옆-사리미	찹-쌀	이-찹쌀
빙충-이	빙충-맞이	청대-콩	푸른-콩
빠-뜨리다(빠트리다)	빠-치다	칡-범	갈-범

참고 나루, 속소리: '나루[津]'와 국악 용어 '속소리'는 표준어이다.

5 복수 표준어

한 가지 의미를 나타내는 형태 몇 가지가 널리 쓰이며 표준어 규정에 맞으면, 그 모두를 표준어로 삼는다. [제26항]

가는-허리/잔-허리	매-갈이/매-조미	애꾸눈-이/외눈-박이
가락-엿/가래-엿	매-통/목-매	양념-감/양념-거리
가뭄/가물	먹-새/먹음-새	어금버금-하다/어금지금-하다
가엾다/가엽다	멀찌감치/멀찌가니/멀찍이*	어기여차/어여차
감감-무소식/감감-소식	멱-통/산-멱/산-멱통	어림-잡다/어림-치다
개수-통/설거지-통	면-치레/외면-치레	어이-없다/어처구니-없다*
개숫-물/설거지-물	모-내다/모-심다	어저께/어제*
갱-엿/검은-엿	모쪼록/아무쪼록	언덕-바지/언덕-배기
(출렁)-거리다/-대다	목판-되/모-되	얼렁-뚱땅/엄벙-뗑
거위-배/횟-배	목화-씨/면화-씨	여왕-벌/장수-벌
것/해	무심-결/무심-중	여쭈다/여쭙다
게을러-빠지다/게을러-터지다	물-봉숭아/물-봉선화	여태/입때*
고깃-간/푸줏-간	물-부리/빨-부리	여태-껏/이제-껏/입때-껏
곰곰/곰곰-이	물-심부름/물-시중	역성-들다/역성-하다*
관계-없다/상관-없다	물추리-나무/물추리-막대	연-달다/잇-달다
교정-보다/준-보다	물-타작/진-타작	엿-가락/엿-가래
구들-재/구재	민둥-산/벌거숭이-산	엿-기름/엿-길금
귀퉁-머리/귀퉁-배기	밑-층/아래-층	엿-반대기/엿-자박
극성-떨다/극성-부리다	바깥-벽/밭-벽	오사리-잡놈/오색-잡놈
기세-부리다/기세-피우다	바른/오른[右]	옥수수/강냉이
기승-떨다/기승-부리다	발-모가지/발-목쟁이	왕골-기직/왕골-자리
깃-저고리/배내-옷/배냇-저고리	버들-강아지/버들-개지	외겹-실/외올-실/홑-실*
꼬까/때때/고까(신)	벌레/버러지*	외손-잡이/한손-잡이
꼬리-별/살-별	변덕-스럽다/변덕-맞다	욕심-꾸러기/욕심-쟁이
꽃-도미/붉-돔	보-조개/볼-우물	우레/천둥*
나귀/당-나귀	보통-내기/여간-내기/예사-내기*	우지/울-보
날-걸/세-뿔	볼-따구니/볼-퉁이/볼-때기	을러-대다/을러-메다
내리-글씨/세로-글씨	부침개-질/부침-질/지짐-질	의심-스럽다/의심-쩍다
넝쿨/덩굴*	불똥-앉다/등화-지다/등화-앉다	-이에요/-이어요
(동)녘/쪽	불-사르다/사르다	이틀-거리/당-고금
눈-대중/눈-어림/눈-짐작	비발/비용(費用)	일일-이/하나-하나
느리-광이/느림-보/늘-보	뽀두라지/뽀루지	일찌감치/일찌거니
늦-모/마냥-모	살-쾡이/삵	입찬-말/입찬-소리
다기-지다/다기-차다	삽살-개/삽사리	자리-옷/잠-옷
다달-이/매-달	상두-꾼/상여-꾼	자물-쇠/자물-통
-다마다/-고말고	상-씨름/소-걸이	장가-가다/장가-들다
다박-나룻/다박-수염	생/새앙/생강	재롱-떨다/재롱-부리다
닭의-장/닭-장	생-뿔/새앙-뿔/생강-뿔	제-가끔/제-각기
댓-돌/툇-돌	생-철/양-철	좀-처럼/좀-체*
덧-창/겉-창	서럽다/섫다*	줄-꾼/줄-잡이
독장-치다/독판-치다	서방-질/화냥-질	중신/중매
동자-기둥/쪼구미	성글다/성기다	짚-단/짚-뭇
돼지-감자/뚱딴지	-(으)세요/-(으)셔요	쪽/편
되우/된통/되게	송이/송이-버섯	차차/차츰
두동-무니/두동-사니	수수-깡/수숫-대	책-씻이/책-거리
뒷-갈망/뒷-감당	술-안주/안주	척/체
뒷-말/뒷-소리	(거무)-스레하다/-스름하다	천연덕-스럽다/천연-스럽다

들락-거리다/들랑-거리다	시늉-말/흉내-말	철-따구니/철-딱서니/철-딱지*
들락-날락/들랑-날랑	시새/세사(細沙)	추어-올리다/추어-주다*
딴-전/딴-청	신/신발	축-가다/축-나다
땅-콩/호-콩	신주-보/독보(檀褓)	침-놓다/침-주다
땔-감/땔-거리	심술-꾸러기/심술-쟁이	통-꼭지/통-젖
(깨)-뜨리다/-트리다	씁쓰레-하다/씁쓰름-하다	파자-쟁이/해자-쟁이
뜬-것/뜬-귀신	아귀-세다/아귀-차다	편지-투/편지-틀
마룻-줄/용총-줄	아래-위/위-아래	한턱-내다/한턱-하다
마-파람/앞-바람*	아무튼/어떻든/어쨌든/하여튼/여하튼	해웃-값/해웃-돈
만장-판/만장-중(滿場中)	앉음-새/앉음-앉음	혼자-되다/홀로-되다
만큼/만치	알은-척/알은-체	흠-가다/흠-나다/흠-지다
말-동무/말-벗	애-갈이/애벌-갈이	

핵심 포인트

헷갈리는 표기

- 덩쿨 → 넝쿨, 덩굴
- 벌거지, 벌러지 → 벌레
- 행-내기 → 보통내기
- 설다 → 섧다, 서럽다
- 여직, 여직-껏 → 여태, 여태껏
- 편역-들다 → 역성들다
- 홑겹-실, 올-실 → 외올실
- 좀-체로, 좀-해선, 좀-해 → 좀처럼
- 철-때기 → 철따구니

6 새로 추가된 표준어 목록

기존 표준어	추가 표준어	기존 표준어	추가 표준어
2017년(5항목)			
꺼림칙하다	꺼림직하다	치켜세우다	추켜세우다
께름칙하다	께름직하다	추어올리다/추켜올리다	치켜올리다
추어올리다	추켜올리다	–	–
2016년(6항목)			
거방지다	걸판지다	실몽당이	실뭉치
건울음	겉울음	에는	엘랑
까다롭다	까탈스럽다	주책없다	주책이다
2015년(11항목)			
-고 싶다	-고프다	예쁘다	이쁘다
가오리연	꼬리연	이키	이크
노라네, 동그라네 조그마네…	노랗네, 동그랗네 조그맣네…	잎사귀	잎새
마을	마실	차지다	찰지다
마, 마라, 마요	말아, 말아라, 말아요	푸르다	푸르르다
의논	의론	–	–

2014년(13항목)			
개개다	개기다	삐치다	삐지다
구안괘사	구안와사	사그라지다	사드라들다
굽실	굽신	섬뜩	섬찟
꾀다	꼬시다	속병	속앓이
장난감	놀잇감	작장초	초장초
눈두덩	눈두덩이	허접스럽다	허접하다
딴죽	딴지	–	–
2011년(39항목)			
-기에	-길래	복사뼈	복숭아뼈
간질이다	간지럽히다	새치름하다	새초롬하다
괴발개발	개발새발	세간	세간살이
거치적거리다	걸리적거리다	손자(孫子)	손주
끼적거리다	끄적거리다	쌉싸래하다	쌉싸름하다
날개	나래	아옹다옹	아웅다웅
남우세스럽다	남사스럽다	야멸치다	야멸차다
냄새	내음	어수룩하다	어리숙하다
눈초리	눈꼬리	연방	연신
두루뭉술하다	두리뭉실하다	오순도순	오손도손
목물	등물	자장면	짜장면
떨어뜨리다	떨구다	찌뿌듯하다	찌뿌둥하다
뜰	뜨락	치근거리다	추근거리다
만날	맨날	태껸	택견
맨송맨송	맨숭맨숭/맹숭맹숭	고운대	토란대
먹을거리	먹거리	품세	품새
메우다	메꾸다	허섭스레기	허접쓰레기
뒷자리	못자리	횅허케	횅하니
바동바동	바둥바둥	토담	흙담

참고 엘랑: 이외에도 'ㄹ랑'에 조사 또는 어미가 결합한 '에설랑, 설랑, -고설랑, -어설랑, -질랑'도 표준형으로 인정한다.

참고 주책이다: '일정한 줏대가 없이 되는대로 하는 짓'을 뜻하는 '주책'에 서술격 조사 '이다'가 붙은 말로 본다. 이 외에도 원래 표준어이던 '주책없다'를 비롯하여 '주책맞다/주책스럽다' 모두 표준형으로 인정한다.

참고 노랗네, 동그랗네, 조그맣네…: 'ㅎ' 불규칙 용언이 어미 '-네'와 결합할 때는 어간 끝의 'ㅎ'을 탈락시키지 않아도 된다.

참고 말아, 말아라, 말아요: '말다'에 명령형 어미 '-아', '-아라', '-아요' 등이 결합할 때는 어간 끝의 'ㄹ'을 탈락시키지 않아도 된다.

참고 의론: '어떤 사안에 대하여 각자의 의견을 제기함. 또는 그런 의견'의 뜻으로 '의논'의 잘못된 표기인 '의론'과는 별개의 표준어이다.

표준어 규정 – 2부 표준 발음법	
제1장 총칙	제1항
제2장 자음과 모음	제2~5항
제3장 음의 길이	제6~7항
제4장 받침의 발음	제8~16항
제5장 음의 동화	제17~22항
제6장 경음화	제23~28항
제7장 음의 첨가	제29~30항

제1장 총칙(생략)

제2장 자음과 모음

자음(19개)		ㄱ ㄲ ㄴ ㄷ ㄸ ㄹ ㅁ ㅂ ㅃ ㅅ ㅆ ㅇ ㅈ ㅉ ㅊ ㅋ ㅌ ㅍ ㅎ
모음(21개)	단모음	ㅏ ㅐ ㅓ ㅔ ㅗ ㅚ ㅜ ㅟ ㅡ ㅣ
	이중 모음	ㅑ ㅒ ㅕ ㅖ ㅘ ㅙ ㅛ ㅝ ㅞ ㅠ ㅢ

참고 'ㅚ, ㅟ'는 이중 모음으로 발음할 수 있다.

1 'ㅕ'와 관련된 조항

용언의 활용형에 나타나는 '져, 쪄, 쳐'는 [저, 쩌, 처]로 발음한다. 이것은 'ㅈ, ㅉ, ㅊ' 다음에서 'ㅕ' 같은 이중 모음이 발음되지 않음을 의미한다.

가지어 → 가져[가저]   찌어 → 쪄[쩌]*   다치어 → 다쳐[다처]

2 'ㅖ'와 관련된 조항

'예, 례' 이외의 'ㅖ'는 [ㅔ]로도 발음한다. 이것은 '예' 이외의 음절에 쓰이는 이중 모음 'ㅖ'는 단모음화하여 [ㅔ]로 발음되고 있음을 의미한다.

계집[계:집/게:집]   시계[시계/시게](時計)   혜택[혜:택/헤:택](惠澤)
계시다[계:시다/게:시다]   개폐[개폐/개페](開閉)   지혜[지혜/지혜](智慧)

3 'ㅢ'와 관련된 조항

(1) 자음을 첫소리로 가지고 있는 음절의 'ㅢ'는 [ㅣ]로 발음한다.

닐리리[닐—-]*　　　　　띄어쓰기[띠어—-/띠여—-]　　　희떱다[히-따]
닁큼[닝-]　　　　　　　씌어[씨-]　　　　　　　　　희망[히-]
무늬[-니]　　　　　　　틔어[티-]　　　　　　　　　유희[-히]

(2) 단어의 첫음절 이외의 '의'는 [ㅣ]로, 조사 '의'는 [ㅔ]로 발음함도 허용한다.

주의[주의/주이]　　　　　　　　　우리의[우리의/우리에]*
협의[혀비/혀비]*　　　　　　　　　강의의[강ː의의/강ː이에]

> **더 알아보기**
>
> **관련 한국어 맞춤법 규정**
> - 'ㅣ' 뒤에 '-어'가 와서 'ㅕ'로 줄 적에는 준 대로 적는다. [제36항]
> - '계, 례, 몌, 폐, 혜'의 'ㅖ'는 'ㅔ'로 소리 나는 경우가 있더라도 'ㅖ'로 적는다. [제8항]
> - '의'나, 자음을 첫소리로 가지고 있는 음절의 'ㅢ'는 'ㅣ'로 소리 나는 경우가 있더라도 'ㅢ'로 적는다. [제9항]

제3장 음의 길이

1 긴소리로 발음하는 경우

(1) 모음의 장단을 구별하여 발음하되, 단어의 첫음절에서만 긴소리가 나타나는 것을 원칙으로 한다. [제6항]

눈보래[눈ː보라] – 첫눈[첫눈]　　　　　　많다[만ː타] – 수많이[수ː마니]
말씨[말ː씨] – 참말[참말]　　　　　　　　멀리[멀ː리] – 눈멀다[눈멀다]
밤나무[밤ː나무] – 쌍동밤[쌍동밤]　　　　벌리다[벌ː리다] – 떠벌리다[떠벌리다]

(2) 합성어의 경우에는 둘째 음절 이하에서도 분명한 긴소리를 인정한다.

반신반의[반ː신바ː늬/반ː신바ː니]　　　　재삼재사[재ː삼재ː사]

다만, '반반[반ː반], 시시비비[시ː시비비]' 등과 같이 동일 한자가 연이어 반복될 때에는 둘째 음절 이하에서도 긴소리로 발음하지 않는다.

(3) 용언의 단음절 어간에 어미 '-아/-어'가 결합되어 한 음절로 축약되는 경우에도 긴소리로 발음한다. [붙임]

보아 → 봐[봐ː]　　　　　되어 → 돼[돼ː]　　　　　하여 → 해[해ː]
기어 → 겨[겨ː]　　　　　두어 → 둬[둬ː]

다만, '오아 → 와, 지어 → 져, 찌어 → 쪄, 치어 → 쳐' 등은 긴소리로 발음하지 않는다.

2 짧은소리로 발음하는 경우

(1) 긴소리를 가진 음절이라도, 다음과 같은 경우에는 짧게 발음한다. [제7항]

① 단음절인 용언 어간에 모음으로 시작된 어미가 결합되는 경우

감다[감:따] – 감으니[가므니]	신다[신:따] – 신어[시너]
밟다[밥:따] – 밟으면[발브면]	알다[알:다] – 알아[아라]

다만, 다음과 같은 경우에는 예외적이다.

끌다[끌:다] – 끌어[끄:러]	떫다[떨:따] – 떫은[떨:븐]
썰다[썰:다] – 썰어[써:러]	없다[업:따] – 없으니[업:쓰니]

② 용언 어간에 피동, 사동의 접미사가 결합되는 경우

감다[감:따] – 감기다[감기다]	꼬다[꼬:다] – 꼬이다[꼬이다]

다만, 다음과 같은 경우에는 예외적이다.

끌리다[끌:리다]	벌리다[벌:리다]	없애다[업:쌔다]

(2) 다음과 같은 복합어에서는 본디의 길이에 관계없이 짧게 발음한다. [붙임]

밀-물*	썰-물*	쏜-살-같이*	작은-아버지*

제4장 받침의 발음

1 음절 끝소리 규칙

(1) 받침소리로는 'ㄱ, ㄴ, ㄷ, ㄹ, ㅁ, ㅂ, ㅇ'의 7개 자음만 발음한다. [제8항]

(2) 홑받침: 받침 'ㄲ, ㅋ', 'ㅅ, ㅆ, ㅈ, ㅊ, ㅌ', 'ㅍ'은 어말 또는 자음 앞에서 각각 대표음 [ㄱ, ㄷ, ㅂ]으로 발음한다. [제9항]

닦다[닥따]	옷[옫]	젖[젇]	쫓다[쫃따]	앞[압]
키읔[키윽]	웃다[욷:따]	빚다[빋따]	솥[솓]	덮다[덥따]
키읔과[키윽꽈]	있다[읻따]	꽃[꼳]	뱉다[밷:따]	

(3) 겹받침

① 겹받침 'ㄳ', 'ㄵ', 'ㄼ, ㄽ, ㄾ', 'ㅄ'은 어말 또는 자음 앞에서 각각 [ㄱ, ㄴ, ㄹ, ㅂ]으로 발음한다. [제10항]

넋[넉]	여덟[여덜]	값[갑]*
넋[넉]	넓다[널따]*	없다[업ː따]*
넋과[넉꽈]*	외곬[외골]*	
앉다[안따]*	핥다[할따]*	

다만, '밟-'은 자음 앞에서 [밥]으로 발음하고, '넓-'은 다음과 같은 경우에 [넙]으로 발음한다.

밟다[밥ː따]	밟는[밥ː는 → 밤ː는]	넓-죽하다[넙쭈카다]*
밟소[밥ː쏘]	밟게[밥ː께]	넓-둥글다[넙뚱글다]
밟지[밥ː찌]	밟고[밥ː꼬]	넓-적하다[넙쩌카다]

② 겹받침 'ㄺ, ㄻ, ㄿ'은 어말 또는 자음 앞에서 각각 [ㄱ, ㅁ, ㅂ]으로 발음한다. [제11항]

닭[닥]	삶[삼ː]	읊고[읍꼬]
흙과[흑꽈]	젊다[점ː따]	읊다[읍따]

다만, 용언의 어간 말음 'ㄺ'은 'ㄱ' 앞에서 [ㄹ]로 발음한다.

맑게[말께]	묽고[물꼬]	얽거나[얼꺼나]

> **핵심 포인트**
> - **겹받침의 발음**: 일반적으로 어말·자음 앞에서는 첫째 받침으로, 모음으로 시작된 조사·어미·접미사 앞에서는 연음하여 발음함.
> - **예외**: '밟- + 자음 어미'와 '넓-'의 합성어나 파생어는 둘째 받침인 'ㅂ'으로 발음함.

(4) 받침 'ㅎ'의 발음 [제12항]

① 'ㅎ(ㄶ, ㅀ)' 뒤에 'ㄱ, ㄷ, ㅈ'이 결합되는 경우에는, 뒤 음절 첫소리와 합쳐서 [ㅋ, ㅌ, ㅊ]으로 발음한다.

놓고[노코]	좋던[조ː턴]	쌓지[싸치]
많고[만ː코]	않던[안턴]	닳지[달치]

받침 'ㄱ(ㄺ), ㄷ, ㅂ(ㄼ), ㅈ(ㄵ)'이 뒤 음절 첫소리 'ㅎ'과 결합되는 경우에도, 역시 두 음을 합쳐서 [ㅋ, ㅌ, ㅍ, ㅊ]으로 발음한다. [붙임 1]

각하[가카]	맏형[마텽]	꽂히다[꼬치다]
먹히다[머키다]	좁히다[조피다]	앉히다[안치다]
밝히다[발키다]	넓히다[널피다]	

규정에 따라 'ㄷ'으로 발음되는 'ㅅ, ㅈ, ㅊ, ㅌ'의 경우에도 이에 준한다. [붙임 2]

옷 한 벌[오탄벌]	낮 한때[나탄때]	꽃 한 송이[꼬탄송이]	숱하다[수타다]

② 'ㅎ(ㄶ, ㅀ)' 뒤에 'ㅅ'이 결합되는 경우에는, 'ㅅ'을 [ㅆ]으로 발음한다.

| 닿소[다ː쏘] | 많소[만ː쏘] | 싫소[실쏘] |

③ 'ㅎ' 뒤에 'ㄴ'이 결합되는 경우에는, [ㄴ]으로 발음한다.

| 놓는[논는] | 쌓네[싼네] |

'ㄶ, ㅀ' 뒤에 'ㄴ'이 결합되는 경우에는, 'ㅎ'을 발음하지 않는다. [붙임]

| 않네[안네] | 뚫네[뚤네 → 뚤레] |
| 않는[안는] | 뚫는[뚤는 → 뚤른] ※ 제20항 참조 |

④ 'ㅎ(ㄶ, ㅀ)' 뒤에 모음으로 시작된 어미나 접미사가 결합되는 경우에는, 'ㅎ'을 발음하지 않는다.

| 낳은[나은] | 쌓이다[싸이다] | 많아[마ː나] | 닳아[다라] |

2 연음 현상

(1) 형식 형태소와 결합한 경우

① 홑받침이나 쌍받침이 모음으로 시작된 조사나 어미, 접미사와 결합되는 경우에는, 제 음가대로 뒤 음절 첫소리로 옮겨 발음한다. [제13항]

| 옷이[오시] | 있어[이써] | 덮이다[더피다] | 깎아[까까] |
| 부엌이[부어키] | 부엌을[부어클] | 꽃이[꼬치] | 꽃을[꼬츨] |

② 겹받침이 모음으로 시작된 조사나 어미, 접미사와 결합되는 경우에는, 뒤엣것만을 뒤 음절 첫소리로 옮겨 발음한다. (이 경우, 'ㅅ'은 된소리로 발음함.) [제14항]

| 앉아[안자] | 핥아[할타] | 넋이[넉씨] | 닭을[달글] |
| 읊어[을퍼] | 값을[갑쓸] | 젊어[절머] | 곬이[골씨] |

(2) 실질 형태소와 결합한 경우

① 받침 뒤에 모음 'ㅏ, ㅓ, ㅗ, ㅜ, ㅟ'들로 시작되는 실질 형태소가 연결되는 경우에는, 대표음으로 바꾸어서 뒤 음절 첫소리로 옮겨 발음한다. [제15항]

| 밭 아래[바다래] | 젖어미[저더미] | 겉옷[거돋]* | 꽃 위[꼬뒤] |
| 늪 앞[느밥] | 맛없다[마덥따]* | 헛웃음[허두슴] | |

참고 '맛있다, 멋있다'는 [마싣따], [머싣따]로도 발음할 수 있다.

② 겹받침의 경우에는, 그중 하나만을 옮겨 발음한다. [붙임]

| 넋 없다[너겁따] | 닭 앞에[다가페]* | 값어치[가버치] | 값있는[가빈는]* |

> **핵심 포인트**
>
> • 받침 + 형식 형태소: 연음 법칙 바로 적용 예 맛을 보다[마슬 보다]
> • 받침 + 실질 형태소: 대표음화 후 연음 법칙 적용 예 맛-없다[맏-업따 → 마덥따]

(3) 한글 자모의 이름은 그 받침소리를 연음하되, 'ㄷ, ㅈ, ㅊ, ㅋ, ㅌ, ㅍ, ㅎ'의 경우에는 특별히 다음과 같이 발음한다. 조사 '을, 에'와 결합했을 경우에도 동일하다.

디귿이[디그시]	지읒이[지으시]	치읓이[치으시]	키읔이[키으기]
티읕이[티으시]	피읖이[피으비]	히읗이[히으시]	

제5장 음의 동화

1 구개음화

받침 'ㄷ, ㅌ(ㄾ)'이 조사나 접미사의 모음 'ㅣ'와 결합되는 경우에는, [ㅈ, ㅊ]으로 바꾸어서 뒤 음절 첫소리로 옮겨 발음한다. [제17항]

| 곧이듣다[고지듣따] | 미닫이[미ː다지] | 밭이[바치] | 벼훑이[벼훌치] |

'ㄷ' 뒤에 접미사 '히'가 결합되어 '티'를 이루는 것은 [치]로 발음한다. [붙임]

| 굳히다[구치다] | 닫히다[다치다] | 묻히다[무치다] |

2 비음화*

받침 'ㄱ(ㄲ, ㅋ, ㄳ, ㄺ), ㄷ(ㅅ, ㅆ, ㅈ, ㅊ, ㅌ, ㅎ), ㅂ(ㅍ, ㄼ, ㄿ, ㅄ)'은 'ㄴ, ㅁ' 앞에서 [ㅇ, ㄴ, ㅁ]으로 발음한다. [제18항]

먹는[멍는]	닫는[단는]	잡는[잠는]
국물[궁물]*	옷맵시[온맵씨][1]	밥물[밤물]*
깎는[깡는][1]	있는[인는][1]	앞마당[암마당][1]
키읔만[키응만][1]	젖멍울[전멍울][1]	밟는[밤ː는][2]
몫몫이[몽목씨][2]	꽃망울[꼰망울][1]	읊는[음는][2]
긁는[긍는][2]	붙는[분는][1]	없는[엄ː는][2]

참고 1) '평파열음화' 후 비음화가 추가로 적용됨.
참고 2) '자음군 단순화' 후 비음화가 추가로 적용됨.

> **더 알아보기**
>
> • 평파열음화: 음절의 끝소리 규칙에 따라 음절의 끝에서 발음되지 않는 자음이 평파열음 'ㄱ, ㄷ, ㅂ'으로 교체되어 발음되는 현상 예 키읔[키윽]
> • 자음군 단순화: 음절 끝에 두 개의 자음이 놓일 때 둘 중 하나의 자음만 남고 나머지 자음이 탈락하는 현상 예 몫[목]

두 단어를 이어서 한 마디로 발음하는 경우에도 이와 같다. [붙임]

| 책 넣는다[챙년는다] | 옷 맞추다[온맏추다] | 밥 먹는다[밤멍는다] |

3 'ㄹ'의 'ㄴ' 되기

다음의 'ㄹ'은 'ㄴ'으로 발음한다. [제19항]

받침 'ㅁ, ㅇ' 뒤에 연결되는 'ㄹ'		받침 'ㄱ, ㅂ' 뒤에 연결되는 'ㄹ' [붙임]	
담력[담:녁]	침략[침:냑]	막론[막논 → 망논]	석류[석뉴 → 성뉴]
강릉[강능]	항로[항:노]	협력[협녁 → 혐녁]	법리[법니 → 범니]

> **참고** '붙임'의 단어들은 'ㄹ'의 'ㄴ' 되기 후 비음화가 추가로 적용된다.

4 유음화

다음의 'ㄴ'은 'ㄹ'로 발음한다. [제20항]

'ㄹ' 앞의 'ㄴ'	'ㄹ' 뒤의 'ㄴ'	'ㄶ', 'ㄾ' 받침 뒤 'ㄴ' [붙임]
광한루[광:할루]*	물난리[물랄리]*	
대관령[대:괄령]*	줄넘기[줄럼끼]*	닳는[달른]
칼날[칼랄]	할는지[할른지]	뚫는[뚤른]
천리[철리]	실내화[실래화]*	핥네[할레]
인력거[일력꺼]*	달나라[달라라]	

다만, 다음과 같은 단어들은 'ㄹ'을 [ㄴ]으로 발음한다. 주로 'ㄴ'으로 끝나는 2음절 한자어에 'ㄹ'로 시작하는 한자가 결합된 경우에 해당된다.

의견-란[의:견난]	임진-란[임:진난]	생산-량[생산냥]*	결단-력[결딴녁]
공권-력[공꿘녁]	동원-령[동:원녕]	상견-례[상견녜]*	횡단-로[횡단노]
이원-론[이:원논]	입원-료[이붠뇨]	구근-류[구근뉴]	등산-로[등산노]

제6장 경음화

1 어간 받침 뒤의 경음화

다음의 어미의 첫소리 'ㄱ, ㄷ, ㅅ, ㅈ'은 된소리로 발음한다.

어간 받침 'ㄴ(ㄵ), ㅁ(ㄻ)' 뒤 [제24항]*		어간 받침 'ㄼ, ㄾ' 뒤 [제25항]	
신고[신:꼬]	껴안다[껴안따]*	넓게[널께]	핥다[할따]
앉고[안꼬]	얹다[언따]*	훑소[훌쏘]	떫지[떨:찌]
삼고[삼:꼬]	더듬지[더듬찌]		
닮고[담:꼬]	젊지[점:찌]		

다만, 피동, 사동의 접미사 '-기-'는 된소리로 발음하지 않는다.

| 안기다 | 감기다 | 굶기다 | 옮기다 |

2 한자어에서의 경음화

한자어에서, 'ㄹ' 받침 뒤에 연결되는 'ㄷ, ㅅ, ㅈ'은 된소리로 발음한다. [제26항]

갈등[갈뜽]	말살[말쌀]	갈증[갈쯩]	몰상식[몰쌍식]*
발동[발똥]	불소[불쏘](弗素)	물질[물찔]	불세출[불쎄출]
절도[절또]	일시[일씨]	발전[발쩐]	

| 발단[발딴]* | 출동[출똥]* | 별세[별쎄]* | |

다만, 같은 한자가 겹쳐진 단어의 경우에는 된소리로 발음하지 않는다.

허허실실[허허실실](虛虛實實)   절절-하다[절절하다](切切-)

3 합성어에서의 경음화

표기상으로는 사이시옷이 없더라도, 관형격 기능을 지니는 사이시옷이 있어야 할(휴지가 성립되는) 합성어의 경우에는, 뒤 단어의 첫소리 'ㄱ, ㄷ, ㅂ, ㅅ, ㅈ'을 된소리로 발음한다. [제28항]

길-가[길까]*	눈-동자[눈똥자]	신-바람[신빠람]	굴-속[굴:쏙]	손-재주[손째주]
바람-결[바람껼]	물-동이[물똥이]	등-불[등뿔]	산-새[산쌔]	술-잔[술짠]*
문-고리[문꼬리]*	그믐-달[그믐딸]*	아침-밥[아침빱]	창-살[창쌀]*	잠-자리[잠짜리]

> **더 알아보기**
>
> - 관형격 기능의 사이시옷: 앞의 명사가 뒤의 명사의 시간, 장소, 용도, 기원(또는 소유)과 같은 의미를 나타낼 때 씀.
> - 예외: 가을고치(시간), 민물송어(장소), 운동자금(용도), 콩기름(기원) 등

제7장 음의 첨가

1 'ㄴ' 첨가

(1) 합성어 및 파생어에서

① 앞 단어나 접두사의 끝이 자음이고 뒤 단어나 접미사의 첫음절이 '이, 야, 여, 요, 유'인 경우에는, 'ㄴ' 음을 첨가하여 [니, 냐, 녀, 뇨, 뉴]로 발음한다. [제29항]

솜-이불[솜:니불]*	남존-여비[남존녀비]	담-요[담:뇨]	식용-유[시공뉴]*
삯-일[상닐]	색-연필[생년필]	눈-요기[눈뇨기]	백분-율[백뿐뉼]
내복-약[내:봉냑]	늑막-염[능망념]	영업-용[영엄뇽]*	밤-윷[밤:뉻]

다만, 다음과 같은 말들은 'ㄴ' 음을 첨가하여 발음하되, 표기대로 발음할 수 있다.

이죽-이죽[이중니죽/이주기죽]	야금-야금[야금냐금/야그먀금]*
검열[검:녈/거:멸]	금융[금늉/그뮹]

② 'ㄹ' 받침 뒤에 첨가되는 'ㄴ' 음은 [ㄹ]로 발음한다. [붙임 1]

들-일[들:릴]	솔-잎[솔립]	설-익다[설릭따]*
물-약[물략]*	불-여우[불려우]	서울-역[서울력]*
물-엿[물렫]*	휘발-유[휘발류]	유들-유들[유들류들]*

더 알아보기

('ㄹ' 받침 뒤 첨가된) 'ㄴ'의 유음화: 'ㄴ' 첨가 후 'ㄹ'에 의해 동화됨. 예 서울역[서울녁→서울력]

(2) 단어와 단어 사이에서

두 단어를 이어서 한 마디로 발음하는 경우에도 이에 준한다. [붙임 2]

한 일[한닐]	옷 입다[온닙따]	서른여섯[서른녀섣]
3 연대[삼년대]	먹은 엿[머근녇]*	할 일[할릴]
잘 입다[잘립따]	스물여섯[스물려섣]	1 연대[일련대]

다만, 다음과 같은 단어에서는 'ㄴ(ㄹ)' 음을 첨가하여 발음하지 않는다.

6·25[유기오]	3·1절[사밀쩔]	송별-연[송:벼련]	등-용문[등용문]

2 사이시옷이 붙은 단어에서 [제30항]

사이시옷 + 'ㄱ, ㄷ, ㅂ, ㅅ, ㅈ'으로 시작하는 단어 [원칙] 'ㄱ, ㄷ, ㅂ, ㅅ, ㅈ'을 된소리로 발음 [허용] 사이시옷을 [ㄷ]으로 발음	냇가[내ː까/낻ː까] 빨랫돌[빨래똘/빨랟똘] 깃발[기빨/긷빨] 햇살[해쌀/핻쌀] 뱃전[배쩐/밷쩐]	샛길[새ː낄/샏ː낄] 콧등[코뜽/콛뜽] 대팻밥[대ː패빱/대ː팯빱] 뱃속[배쏙/밷쏙] 고갯짓[고개찓/고갣찓]
사이시옷 + 'ㄴ, ㅁ'이 결합되는 경우: [ㄴ]으로 발음	콧날[콛날 → 콘날] 툇마루[퇻ː마루 → 퇸ː마루]	아랫니[아랟니 → 아랜니] 뱃머리[밷머리 → 밴머리]
사이시옷 뒤에 '이' 음이 결합되는 경우: [ㄴㄴ]으로 발음	베갯잇[베갣닏 → 베갠닏] 나뭇잎[나묻닙 → 나문닙]	깻잎[깯닙 → 깬닙] 뒷윷[뒫ː늇 → 뒨ː늇]

핵심 포인트

빈출 맞춤법과 표준어

- **복수 표준어**: 넝쿨/덩굴, 어저께/어제, 우레/천둥, 마파람/앞바람, 개펄/갯벌, 잇달다/잇따르다, 애개/에게
- **방언 같은 표준어**: 거저, 거지반, 넝마, 마대, 무진장, 버리다, 생떼, 우수리, 얼결/얼떨결, 인제, 재까닥, 쿠리다
- **구분해서 써야 할 말**: 재원/인재, 운명/유명, 한참/한창, 확정/획정, 난이도/난도, 햇빛/햇볕, 임산부/산모, 금새/금시에, 젖다/젓다, 지그시/지긋이, 깨이다/깨우치다, 부시다/부수다, 축적/축척, 제제/제재, 임차/임대
- **헷갈리는 표기**: 가르마, 같잖다, 구레나룻, 귓뜸, 괜스레, 꺼메지다, 끄떡없다, 게거품, 게걸, 귀띔, 꼬물꼬물, (가슴이) 메다, 낼모레, (날이) 개다, 눌은밥, 내로라하다, 내딛다, 눈치껏, 널빤지, 뇌졸중, 단출하다, 달리다, 닦달, 덤터기, 뒤처지다, 뒤치다꺼리, (돈을) 떼이다, 두텁다, 돌부리, 들이켜다, 대갚음, 딴은, 똬리, 멀찌감치, 무난하다, 목물, 밑동, 방방곡곡, 밥심, 별의별, 부기, 부조, 부항, (몸에) 배다, 뻘게지다, 사그라들다, 사달, 성대모사, 설레다, 소맷귀, 소쿠리, 숙맥, 시답잖다, 싫증, 십상, 쌀뜨물, 아등바등, 앳되다, 야반도주, 어이없이, 어이없다, 어쭙잖다, 엔간하다, 열어젖히다, 우려먹다, 움츠리다, 웬만히, 염치 불고, 일부러, (자리를) 빌리다, 장아찌, 주야장천, 절다, 찜찜, 지리다, 짬짜미, 창난젓, 천생, 초승달, 추레하다, 추스르다, 치켜세우다, 퀴퀴·쾨쾨하다, 켕기다, 트림, 통째, 팅기다, 툴툴거리다, 파투, 펴다, 해코지, 횡격막, 흉측하다, 해이하다, 핼쑥하다, 희한하다, 흐리멍덩하다
- **띄어쓰기**: 쇨 겸, 회사 측, 내 딴, 열 명 내지, 저녁 무렵, 한 시간가량, 괴로움 따위, 복습할 수, 못 가다, 들어 보다, 시작해 버리다, 청군 대 백군, 전쟁 통, 자기 나름, 너마저, 반죽음, 급회전, 제주산

제1장 출제 유형 확인 문제

정답 및 해설 ▶ p.11

01 밑줄 친 부분을 바르게 수정한 것은?

① 아침이 되면 갯벌(→ 갯펄)에 나가 조개를 줍기로 했다.
② 몇 년 전에 준비했던 원고를 한동안 울궈먹었다(→ 우려먹었다).
③ 내일 떠날 생각을 하니 마음이 설레어서(→ 설레여서) 잠이 오지 않는다.
④ 이번 출장은 며칠 안 되기 때문에 단출하게(→ 단촐하게) 떠나기로 했다.
⑤ 역대 대통령 성대모사(→ 성대묘사)와 흘러간 유행가 모창이 그의 장기이다.

02 어문 규범의 발음 변화에 따른 표준어 규정 중, "비슷한 발음의 몇 형태가 쓰일 경우, 그 의미에 아무런 차이가 없고, 그중 하나가 더 널리 쓰이면, 그 한 형태만을 표준어로 삼는다(ㄱ을 취하고, ㄴ을 버림)." 라는 조항이 있다. 여기에 해당하지 않는 것은?

	ㄱ	ㄴ
①	노을	놀
②	귀-띔	귀-틤
③	봉숭아	봉숭화
④	아궁이	아궁지
⑤	우두커니	우두머니

03 밑줄 친 부분을 문맥에 맞게 수정하지 못한 것은?

① 그는 동생의 잘못을 깨쳐(→ 깨우쳐) 주었다.
② 불길이 걷잡을(→ 걷잡을) 수 없이 번져 나갔다.
③ 애를 낳은 임신부(→ 임산부)는 아이에게 젖을 물렸다.
④ 당분간만 밥은 주인집에다 부쳐(→ 붙여) 먹기로 교섭했다.
⑤ 사람의 이는 음식물을 잘게 부셔(→ 부숴) 삼키기 좋게 만든다.

04 밑줄 친 단어의 표기가 바른 것은?

① 천정에 매달린 전등을 켰다.
② 그의 말하는 뽄새가 화가 난 말투였다.
③ 오뉴월 대싸리 밑의 개 팔자만도 못하다.
④ 그녀는 친구인 내게 그런 일은 귀띔조차 하지 않았다.
⑤ 갑자기 이상한 소리가 나서 창문을 열어젖혀 밖을 보았다.

05 밑줄 친 단어의 표기가 바르지 않은 것은?

① 너무나 민망해서 고개를 움츠렸다.
② 빈 그릇들을 챙겨 개수통에 넣고 식탁을 닦았다.
③ 그녀는 성적 발표를 기다리며 안절부절하는 태도였다.
④ 그는 어찌나 변덕맞은지 하루에도 열두 번씩 말을 바꾼다.
⑤ 쌍동밤을 까서 한쪽은 내가 먹고 한쪽은 친구에게 주었다.

06 〈보기〉의 밑줄 친 말이 적용된 예로 적절하지 않은 것은?

> **보기**
>
> '-하다'가 붙는 어근에 '-히'나 '-이'가 붙어서 부사가 되거나, 부사에 '-이'가 붙어서 뜻을 더하는 경우에는 그 어근이나 부사의 원형을 밝히어 적는다.

① 도저히   ② 넉넉히
③ 곰곰이   ④ 버젓이
⑤ 뚜렷이

07 밑줄 친 말을 바르게 줄여 쓰지 못한 것은?

① 아이들끼리 놀다 싸우는 것은 흔하게(→ 흔케) 있는 일이다.
② 그는 노력한 결과 원하는 목표를 달성하게(→ 달성케) 되었다.
③ 그 사람의 형편도 그리 넉넉하지 않다(→ 넉넉찮다)고 들었다.
④ 많은 사람들은 칭찬 받는 것에 익숙하지 않다(→ 익숙지 않다).
⑤ 그 과제는 해당 부서에 배정하여 연구하도록(→ 연구토록) 하였다.

08 밑줄 친 부분의 띄어쓰기가 잘못된 것은?

① 그녀가 여기를 떠난지가 오래다.
② 그 정도 일이라면 충분히 할만하다.
③ 앞으로 이런 기회는 다시없을 듯하다.
④ 내 동생은 올해 고등학교 삼학년이 된다.
⑤ 10년을 꼬박 모아서 드디어 집 한 채를 마련했다.

09 밑줄 친 부분의 띄어쓰기가 잘못된 것은?

① 다시 간 그곳의 음식 맛은 예전보다 못했다.
② 겉으로 보기에 보잘것없어 보이지만 나름 실속이 있다.
③ 그의 가방은 온데간데없을뿐더러 아무도 본 사람이 없었다.
④ 며칠 동안이나 제대로 잠들지 못해 추레한 그가 안 되어 보였다.
⑤ 제2차 세계대전 이후 국제사회는 미국과 소련을 중심으로 나뉘었다.

10 문장 부호 규정에 대한 설명이 잘못된 것은?

문장 부호	규정 설명	예시
① 물음표 (?)	특정한 어구의 내용에 대하여 의심, 빈정거림 등을 표시할 때나 적절한 말을 쓰기 어려울 때 쓴다.	30점이라, 거참 훌륭한(?) 성적이군.
② 쉼표 (,)	짧게 더듬는 말을 표시할 때 쓴다.	그런 건 새, 생각조차 하지 않았습니다.
③ 쌍점 (:)	시와 분, 장과 절 등을 구별할 때 쓴다.	오전 10:20(오전 10시 20분)
④ 겹낫표 (『』)	책의 제목이나 신문 이름 등을 나타낼 때 쓴다.	윤동주의 유고 시집인 『하늘과 바람과 별과 시』에는 31편의 시가 실려 있다.
⑤ 빠짐표 (□)	비밀을 유지해야 하거나 밝힐 수 없는 사항임을 나타낼 때 쓴다.	그 모임의 참석자는 김□□ 씨, 정□□ 씨 등 5명이었다.

11 문장 부호 규정에 대한 설명이 잘못된 것은?

문장 부호	규정 설명	예시
① 빗금 (/)	대비되는 두 개 이상의 어구를 묶어 나타낼 때 그 사이에 쓴다.	남반구/북반구
② 가운뎃점 (·)	공통 성분을 줄여서 하나의 어구로 묶을 때 쓴다.	상·중·하위권
③ 큰따옴표 (" ")	소제목, 그림이나 노래와 같은 예술 작품의 제목, 상호, 법률, 규정 등을 나타낼 때 쓴다.	사무실 밖에 "해와 달"이라고 쓴 간판을 달았다.
④ 줄표 (—)	제목 다음에 표시하는 부제의 앞뒤에 쓴다.	이번 토론회의 제목은 '역사 바로잡기—근대의 설정—'이다.
⑤ 마침표 (.)	의문의 정도가 약할 때 쓴다.	이것이 과연 내가 찾던 행복일까.

12 문장 내용 중에서 주의가 미쳐야 할 곳이나 중요한 부분을 특별히 드러내 보일 때 쓰는 문장 부호로 바르게 묶은 것은?

① 대괄호([ ]), 밑줄(＿), 빠짐표(□)
② 드러냄표(˙), 밑줄(＿), 큰따옴표(" ")
③ 드러냄표(˙), 밑줄(＿), 작은따옴표(' ')
④ 빠짐표(□), 홑낫표(「 」), 큰따옴표(" ")
⑤ 드러냄표(˙), 큰따옴표(" "), 작은따옴표(' ')

13 〈보기〉를 참고할 때, 제시된 단어의 발음이 적절하지 않은 것은?

— 보기 —
유음화란 자음 'ㄴ'이 유음 'ㄹ'의 앞이나 뒤에서 유음의 영향을 받아 'ㄹ'로 발음되는 현상이다.

① 난로[날:로]   ② 칼날[칼랄]
③ 찰나[찰라]   ④ 닳는지[달른지]
⑤ 공권력[공꿜력]

14 〈보기〉의 예외 조항으로 짧은소리로 발음하는 것도 있다. 이에 해당하지 않는 것은?

— 보기 —
표준 발음법 제6항 중
용언의 단음절 어간에 어미 '-아/-어'가 결합되어 한 음절로 축약되는 경우에도 긴소리로 발음한다.

① 오아 → 와[와]   ② 지어 → 져[저]
③ 찌어 → 쪄[쩌]   ④ 치어 → 쳐[처]
⑤ 보아 → 봐[봐]

15 〈보기〉의 ㉠~㉤에 대한 설명으로 적절하지 않은 것은?

— 보기 —
• 그는 ㉠<u>짜장</u> 사실인 것처럼 이야기를 한다.
• 우리는 돈이 없어 ㉡<u>사글세</u>로 방을 얻었다.
• 큰길을 빠져나와 마을 ㉢<u>고샅</u>으로 접어들었다.
• 우리는 고민 끝에 언덕을 ㉣<u>까뭉개어</u> 길을 내었다.
• 나는 친구의 ㉤<u>무등</u>을 타고 담 너머를 살펴보았다.

① ㉠: '과연 정말로'라는 의미를 지닌 말로 표준어이다.
② ㉡: '월세를 받고 빌려주는 방'이라는 의미를 지닌 말로 방언이다.
③ ㉢: '시골 마을의 좁은 골목길'이라는 의미를 지닌 말로 표준어이다.
④ ㉣: '높은 데를 파서 깎아 내리다.'라는 의미를 지닌 말로 표준어이다.
⑤ ㉤: '남의 어깨 위에 두 다리를 벌리고 올라타는 일'이라는 의미를 지닌 말로 방언이다.

제3편 어법

제2장 올바른 문장 쓰기

기출 Point!
자연스럽고 어법에 맞는 문장을 쓸 수 있는지를 평가하는 유형이다. 문장 성분 간의 호응이 자연스러운지, 단어 차원에서 중복된 표현을 찾아 고칠 수 있는지, 문장 차원의 중의성을 해소할 수 있는지를 묻는 문제가 주로 출제되고 있다.

빈출 유형 ❶ 어법에 맞는 문장 찾기

STEP 1 | 유형 알기

어법에 맞추어 자연스럽게 문장을 구사할 수 있는지 평가하는 유형

STEP 2 | 만점 포인트

주어진 문장이 복문인 경우가 많기 때문에 문장 성분 간의 호응 관계를 꼼꼼하게 따지며 읽어야 한다. '주어-서술어', '목적어-서술어', '부사어-서술어' 등이 적절하게 호응을 이루고 있는지, 필요한 문장 성분이 생략된 것은 없는지 등을 확인해 보도록 하자. 또한 잘못된 피동·사동 표현이나 번역 투의 문장에 더 익숙한 경우가 많으므로 특히 주의하도록 한다.

STEP 3 | 예시 문제

어법에 맞고 자연스러운 문장은?

① 갈등을 해소하기 위해서는 다른 사람의 생각을 이해하려는 노력이 선행되어져야 한다. ② 즉, 우리 사회에 갈등이 많은 이유는 우리가 이렇게 상대방을 이해하고 갈등을 푸는 훈련을 하지 않는다. ③ 이런 훈련은 대화에서 시작되는데, 대화는 결코 상대방이 있어야 할 수 있다는 점에서 한계가 있다. ④ 이때 도움이 되는 또 다른 훈련이 글쓰기이다. ⑤ 글쓰기는 자기 생각을 정교하게 만드는 작업으로, 글쓰기를 통해 자신의 생각을 다듬으면서 배려하는 마음도 함께 키울 수 있게 한다.

정답 ④

해설 필요한 문장 성분이 모두 갖추어져 있으며, 호응 관계 역시 자연스럽다.
① '선행되어져야'는 이중 피동으로 어법에 맞지 않다. '선행되어야'로 고쳐야 한다.
② 주어와 서술어가 호응을 이루지 못하고 있다. 서술어를 '하지 않기 때문이다'로 고쳐야 한다.
③ 부사 '결코'가 서술어와 호응을 이루지 못하고 있다. '결코'를 삭제하거나 '반드시'로 고쳐야 한다.
⑤ '배려하는' 대상, 즉 목적어가 생략되었다. 앞에 '다른 사람을'을 추가해야 한다.

빈출 유형 ❷ 단어 차원에서 중복된 표현 찾기

STEP 1 | 유형 알기

문장 내에서 같은 뜻이 두 번 쓰인 표현을 찾을 수 있는지 평가하는 유형

STEP 2 | 만점 포인트

자주 나오는 단어가 반복되어 출제된다. 반드시 기출을 정리해서 익혀 두도록 한다.

STEP 3 | 예시 문제

중복 표현이 없는 올바른 문장은?

① 악어와 악어새는 함께 공존한다.
② 딸은 결혼 후에 가까운 거리에 산다.
③ 지각 사유서는 간략히 약술하면 된다.
④ 훈민정음은 1446년에 널리 보급되었다.
⑤ 그 선수는 마지막 최후의 순간까지 달렸다.

[정답] ②
[해설] ②에는 중복된 표현이 없다. '가까운 근거리'라고 쓰지 않도록 주의한다.
① '공존'은 '두 가지 이상의 사물이나 현상이 함께 존재함.'이라는 의미로 '함께'와 의미가 중복되었다.
③ '약술'은 '간략히 논술함.'이라는 의미로 '간략히'와 의미가 중복되었다.
④ '보급'은 '널리 펴서 많은 사람들에게 골고루 미치게 하여 누리게 함.'이라는 의미로 '널리'와 의미가 중복되었다.
⑤ '최후'는 '맨 마지막'이라는 의미로 '마지막'과 의미가 중복되었다.

핵심 포인트

빈출 중복 표현

- 간략히, 약술
- 거의, 대부분
- 근, 가까이
- 과반수, 넘는, 이상
- 널리, 보급
- 돌이켜, 회고
- 미리, 예매
- 분명히, 명기
- 숨은, 복병
- 여러 가지, 다양한
- 어려운, 난제
- 항상, 끊임없이

빈출 유형 ❸ 문장 차원의 중의성 찾기

STEP 1 | 유형 알기

문장의 의미가 두 가지 이상의 의미로 해석되지 않도록 명확하게 쓸 수 있는지 평가하는 유형

STEP 2 | 만점 포인트

중의적으로 해석되는 몇 가지 문장 구조가 있다. 수식 관계, 비교 구문, 병렬 관계, 의존 명사 구문, 부정문 등에서 나타날 수 있는 중의성을 해소하는 방법을 정리해 두자.

STEP 3 | 예시 문제

표현의 중의성을 해소한 것으로 적절하지 않은 것은?

① 사람들이 다 오지 않았다. → 사람들이 다 오지는 않았다.
② 그가 걸음을 걷는 것이 이상하다. → 그의 걸음걸이가 이상하다.
③ 오늘 갑돌이와 갑순이가 결혼했다. → 갑돌이와 갑순이가 결혼했다.
④ 동생은 나보다 야구를 더 좋아한다. → 동생은 내가 야구를 좋아하는 것보다 더 야구를 좋아한다.
⑤ 용감한 그의 어머니는 불길을 향해 뛰어들었다. → 그의 용감한 어머니는 불길을 향해 뛰어들었다.

[정답] ③

[해설] 병렬 관계는 병렬 구문이 분명히 나타나도록 써야 한다. '오늘 갑돌이도 결혼하고, 갑순이도 결혼했다.'나 '오늘 갑돌이와 갑순이가 결혼하여 부부가 되었다.'로 고쳐 써야 한다.

① 부정문은 부정하는 대상을 정확하게 명시해 주어야 한다. '사람들이 다 오지는 않았다.'나 '사람들이 일부만 왔다.', '아무도 오지 않았다.'로 고쳐 써야 한다.
② 의존 명사 구문은 의존 명사가 지닌 의미를 한정해 주어야 한다. '그의 걸음걸이가 이상하다.'나 '그가 걸음을 걷는다는 사실이 이상하다.'로 고쳐 써야 한다.
④ 비교 구문은 비교 대상을 정확히 한정해 주어야 한다. '동생은 내가 야구를 좋아하는 것보다 더 야구를 좋아한다.'나 '동생은 나를 좋아하는 것보다 야구를 더 좋아한다.'로 고쳐 써야 한다.
⑤ 수식 관계는 수식어의 위치를 조정하거나 반점을 사용하여 수식하고자 하는 대상이 정확히 나타나도록 써야 한다. '그의 용감한 어머니는 불길을 향해 뛰어들었다.'나 '용감한, 그의 어머니는 불길을 향해 뛰어들었다.'로 고쳐 써야 한다.

제2장 핵심 이론 | 틀린 문장 고쳐쓰기
제3편 어법

1 문장 성분 관련 오류

(1) 문장 성분 간의 호응

구분	×	○
주어 – 서술어 호응	공부를 하는 데 가장 중요한 것은 무엇보다도 복습을 철저히 해야 한다.	→ 공부를 하는 데 가장 중요한 것은 무엇보다도 복습을 철저히 해야 한다는 것이다.
목적어 – 서술어 호응	취업 준비생들에게는 모두가 갖는 스펙보나, 사신만이 가질 수 있는 장점의 의미가 깨닫는 것이 필요하다.	→ 취업 준비생들에게는 모두가 갖는 스펙보다, 자신만이 가질 수 있는 장점의 의미를 깨닫는 것이 필요하다.
부사어 – 서술어 호응	나는 내일 아침에 절대 그녀를 만날 것이다.	→ 나는 내일 아침에 절대 그녀를 만나지 않을 것이다. / 나는 내일 아침에 반드시 그녀를 만날 것이다.
조사 – 서술어 호응	기철이는 운동선수치고 체력이 좋다.	→ 기철이는 운동선수치고 체력이 좋지 않다.

(2) 필요한 문장 성분의 생략

구분	×	○
주어 생략	음악은 목소리나 악기를 통하여 사상 또는 감정을 나타내는 예술로, 음악을 들으며 즐거움을 느낀다.	→ 음악은 목소리나 악기를 통하여 사상 또는 감정을 나타내는 예술로, 우리는 음악을 들으며 즐거움을 느낀다.
목적어 생략	우리는 담임선생님을 좋아했고, 담임선생님 또한 사랑하셨다.	→ 우리는 담임선생님을 좋아했고, 담임선생님 또한 우리를 사랑하셨다.
서술어 생략	주말에 약속이 없어서, 집에서 TV와 책을 읽으며 시간을 보냈다.	→ 주말에 약속이 없어서, 집에서 TV를 보고 책을 읽으며 시간을 보냈다.
부사어 생략	우리는 친구를 도와주기도 하고 도움을 받기도 한다.	→ 우리는 친구를 도와주기도 하고 친구에게 도움을 받기도 한다.

(3) 이중 피동·사동 표현

구분	×	○
이중 피동	그는 거짓말쟁이로 간주되어졌다.	→ 그는 거짓말쟁이로 간주되었다.
이중 피동	피동 접사에 보조 동사(-어지다)가 중복하여 결합된 표현 예 간주되어지다, 쓰여지다, 읽혀지다 → 간주되다, 쓰이다, 읽히다	
이중 사동	좋은 사람 있으면 소개시켜 주세요.	→ 좋은 사람 있으면 소개해 주세요.
이중 사동	이미 사동의 의미를 띈 말에 사동 접사(-시키다)가 중복하여 결합된 표현 예 소개시키다, 가동시키다, 유발시키다 → 소개하다, 가동하다, 유발하다	

(4) 과도한 관형화·명사화

구분	×	○
과도한 관형화	국민들은 폭염 문제의 해결책이 전기 누진세 폐지에 달려 있다고 생각한다.	→ 국민들은 전기 누진세를 폐지하는 것만이 폭염 문제를 해결할 수 있다고 생각한다.
과도한 명사화	저소득층 자활 사업이란 저소득층에게 취업의 기회를 제공하고 근로 의욕 고취 및 탈빈곤의 물적 기반 자립을 유도하는 것이다.	→ 저소득층 자활 사업이란 저소득층에게 취업의 기회를 제공하고 근로 의욕을 높이며 빈곤에서 벗어날 수 있는 물적 기반을 자립적으로 마련하도록 유도하는 것이다.

2 중복 표현

중복 표현	중복된 의미
가까이 근접	가까이 ≒ 근(近: 가까울 근)
가장 최근	가장 ≒ 최(最: 가장 최)
간략히 약술*	간략하다 ≒ 약(略: 간략할 약)
거의 대부분*	거의(어느 한도에 매우 가까운 정도) ≒ 대부분(절반이 훨씬 넘어 전체량에 거의 가까운 수나 양)
공기를 환기	공기 ≒ 기(氣: 기운 기)
과반수 넘는*	넘다 ≒ 과(過: 날 과)
기간 동안	기간(어느 일정한 시기부터 다른 어느 일정한 시기까지의 사이) ≒ 동안(어느 한때에서 다른 한때까지 시간의 길이)
남은 여생	남은 ≒ 여(餘: 남을 여)
널리 보급*	널리 ≒ 보(普: 넓을 보)
돌이켜 회고*	돌이켜 ≒ 회고(回顧: 돌아올 회, 돌아볼 고)
또다시 재연	다시 ≒ 재(再: 두 재)
마지막 최후	마지막 ≒ 최후(最後: 가장 최, 뒤 후)
먼저 선수	먼저 ≒ 선(先: 먼저 선)
미리 예고/예매*	미리 ≒ 예(豫: 미리 예)
분명히 명기*	분명히 ≒ 명(明: 밝을 명)
빛나는 각광	빛나는 ≒ 광(光: 빛 광)
숨은 복병*	숨은 ≒ 복(伏: 엎드릴 복)
앞에서 선도	앞에서 ≒ 선(先: 먼저 선)
여러 가지 다양한*	여러(수효가 한둘이 아니고 많은) ≒ 다양한(모양, 빛깔, 형태, 양식 따위가 여러 가지로 많은)
역전 앞	전(前: 앞 전) ≒ 앞
자리에 착석	자리 ≒ 석(席: 자리 석)
꾸민 조작극	꾸민 ≒ 조(造: 지을 조)

중복 표현	중복된 의미
지나친 과식	지나친 ≒ 과(過: 지날 과)
통곡하며 울다	곡(哭: 울 곡) ≒ 울다
파편 조각	편(片: 조각 편) ≒ 조각
함께 공존	함께 ≒ 공(共: 함께 공)

3 표현의 중의성

(1) 어휘적 중의성: 다의어나 동음이의어 때문에 중의성이 생기는 것

종류	예시
다의어에 의한 중의성	길이 없다. → 도로, 방법, 수단
동음이의어에 의한 중의성	말이 많다. → 馬, 言, 斗

(2) 구조적 중의성: 문장의 구조 차이 때문에 중의성이 생기는 것

종류	예시	중의성 해소
수식 관계의 중의성	귀여운 그녀의 동생을 보았다. – 귀여운 사람이 그녀? – 귀여운 사람이 동생?	• 쉼표 사용 → 귀여운, 그녀의 동생을 보았다. • 어순 바꾸기 → 그녀의 귀여운 동생을 보았다.
주어의 범위에 따른 중의성	나는 철수와 민호를 만났다. – '나와 철수'가 함께 민호를 만난 것? – '나'가 철수와 민호를 모두 만난 것?	• 쉼표 사용 → 나는, 철수와 민호를 만났다. → 나는 철수와, 민호를 만났다. • 내용 보충 → 나는 철수와 민호 두 사람을 만났다.
부정에 의한 중의성	사람들이 다 오지 않았다. – 한 명도 안 왔다? – 일부만 왔다?	• 보조사 사용 → 사람들이 다 오지는 않았다. • 어휘 교체 → 사람들이 아무도 오지 않았다. → 몇몇 사람들이 오지 않았다.
조사 '의' 구문의 중의성	아버지의 그림이다. – 아버지 소유의 그림? – 아버지가 그린 그림? – 아버지를 그린 그림?	• 내용 보충 → 아버지가 소유하신 그림이다. → 아버지가 그리신 그림이다. → 아버지를 그린 그림이다.

(3) 비유적 중의성: 보조 관념의 속성이 다양해서 중의성이 생기는 것

예 선생님은 호랑이시다. → 호랑이처럼 무서우시다. / 호랑이처럼 생기셨다.

4 외국어 번역 투

✕	○
~가 요구된다*	~해야 한다
~로부터	~에게서
~를 갖다	~를 하다
~를 행하다*	~를 하다
~에 다름 아니다	~라 할 만하다
~할 가능성을 배제할 수 없다	~할 가능성이 있다
~할 최후의 사람이다*	절대 ~할 사람이 아니다
많은 양의 물을	물을 많이
아무리 강조해도 지나치지 않다	매우 중요하다

제2장
출제 유형 | 확인 문제

01 어법에 맞고 자연스러운 문장은?

① 모든 사람이 행복하기를 원하지만, 실제로 얻는 사람은 비교적 적은 편이다. ② 행복을 열심히 추구하는데도 얻지 못하는 데는 여러 가지 이유가 있을 것이다. ③ 그러나 그 가운데서 가장 근본적인 이유는 행복의 조건에 대한 무지라고 생각되어진다. ④ 행복의 본질은 삶에 대한 깊은 만족과 마음의 평화에 있으며 그것을 얻기 위해서는 몇 가지 갖추어야 할 조건들이 있다. ⑤ 행복을 얻는 것이 여간 쉽지만, 행복을 얻기 위해 필요한 몇 가지 조건만 갖춘다면 누구나 행복해질 수 있다.

02 중복 표현이 없는 올바른 문장은?

① 그 사안에 대해 다시 재고해 보기로 했다.
② 청중이 모두 착석하자 연설이 시작되었다.
③ 어머니의 생신을 맞이하여 미리 식당을 예약했다.
④ 유명 연예인의 사생활을 가까운 측근에게 들었다.
⑤ 수진이의 할아버지는 남은 여생을 시골에서 보내고 계시다.

03 표현의 중의성을 해소한 것으로 적절하지 <u>않은</u> 것은?

① 혜교와 준기는 결혼했다.
→ 혜교와 준기는 둘이 결혼했다.
② 귀여운 서준이의 남동생을 보았다.
→ 서준이의 귀여운 남동생을 보았다.
③ 학생들이 모두 버스에 탑승하지 않았다.
→ 학생들이 모두 버스에 탑승하지는 않았다.
④ 어머니는 아버지보다 아들을 좋아한다.
→ 어머니는 아들을 아버지보다 좋아한다.
⑤ 나는 몰티즈와 달마티안 두 마리를 키운다.
→ 나는 몰티즈 한 마리와 달마티안 한 마리를 키운다.

04 어법에 맞고 자연스러운 문장은?

① 최근 많은 관심을 끌고 있는 '생태 관광'은 '생태학'과 '관광'이 혼합되어진 말이다. ② 생태 관광은 몸과 마음을 정화하고 자연환경의 가치를 익힐 수 있는 기회를 제공하려는 취지에서 시작되었다. ③ 이러한 생태 관광의 취지에 공감해 참여하고자 하는 사람들이 많아지고 있다. ④ 현재 우리나라 여러 지역에 생태 관광지가 많이 조성되어 생태 관광의 열기가 뜨겁지만, 생태 관광의 뜨거운 열기로 인한 부작용 또한 만만치 않다. ⑤ 관광객들이 생태 관광의 취지를 망각하고 자연 생태가 심각하게 훼손하고 있는 실정이다.

05 문장 표현이 가장 자연스러운 것은?

① 아마 이번에는 내가 일등이다.
② 사람은 모름지기 생명의 소중함을 안다.
③ 시험 문제를 모두 맞히는 것은 여간 어렵다.
④ 지하철 고장으로 지각한 사람은 비단 나뿐이었다.
⑤ 그녀는 비록 몸이 피곤했지마는, 마음만은 편안했다.

06 표현의 중의성을 해소한 것으로 적절하지 <u>않은</u> 것은?

① 그녀는 손이 크다.
　→ 그녀는 씀씀이가 후하고 크다.
② 어머니의 그림이 거실에 걸려 있다.
　→ 어머니의 그림이 걸렸다.
③ 그는 파란 넥타이를 매고 있다.
　→ 그는 파란 넥타이를 매는 중이다.
④ 내일 친구와 갈 공연 티켓을 예매할 것이다.
　→ 친구와 갈 공연 티켓을 내일 예매할 것이다.
⑤ 동생은 언니와 나를 따라다니곤 하였다.
　→ 동생은, 언니와 나를 따라다니곤 하였다.

07 외국어 번역 투의 표현을 <u>잘못</u> 고친 것은?

① 그녀는 외톨이에 다름 아니다.
　→ 그녀는 외톨이와 다름없다.
② 태풍이 상륙할 것으로 예상되고 있다.
　→ 태풍이 상륙할 것으로 예상된다.
③ 그것이 그에게는 난처한 일임에 틀림없다.
　→ 그것이 그에게는 틀림없이 난처한 일이다.
④ 나는 방학 동안 유익한 시간을 보냈다.
　→ 나는 방학 동안 유익한 시간을 가졌다.
⑤ 수천억 원에 달하는 비자금이 발견되었다.
　→ 수천억 원에 이르는 비자금이 발견되었다.

08 문장 표현이 가장 자연스러운 것은?

① 부모로부터 물려받은 재산이 많았다.
② 그는 자신의 주장을 끝까지 관철시켰다.
③ 우리 할머니 댁은 산 중턱에 위치하고 있다.
④ 여름철에 물놀이를 할 때에는 주의가 요구된다.
⑤ 이 문제의 해설은 아무리 살펴보아도 이해하기 어렵다.

제3편 어법

제3장 문법 요소

기출 Point!
문법 요소에 대한 이해를 평가하는 유형이다. '음운·단어·문장'과 관련하여 영역별로 매회 2~3문제가 출제되고 있으며, 최근에는 국어문화에서도 다루어지는 만큼 꼼꼼히 공부해 두어야 한다.

빈출 유형 ❶ 음운

STEP 1 | 유형 알기

음운의 변동을 이해하고 실제 발음에 적용할 수 있는지 평가하는 유형

STEP 2 | 만점 포인트

어문 규정과 함께 공부하는 것이 좋다. 특히 일상생활 속에서 많이 쓰이는 잘못된 발음들을 문제로 내는 경우가 많으니 자신의 언어생활을 점검해 보고 헷갈리는 단어는 표준 발음법을 통해 정확한 발음을 익혀야 한다.

STEP 3 | 예시 문제

〈보기〉에 나타난 음운 변동 현상이 모두 일어난 것은?

― 보기 ―
- 옷 → [옫], 부엌 → [부억]
- 밥물 → [밤물], 섭리 → [섬니]

① 겹눈 → [겸눈]
② 국밥 → [국빱]
③ 신라 → [실라]
④ 해돋이 → [해도지]
⑤ 꽃망울 → [꼰망울]

[정답] ⑤
[해설] '꽃망울'은 먼저 음절의 끝소리 규칙에 의해 [꼳망울]이 되고 나서 비음화에 의해 [꼰망울]이 된다.
① 비음화
② 된소리되기
③ 유음화
④ 구개음화

빈출 유형 ❷ 단어

STEP 1 | 유형 알기

단어의 형태 변화와 구성을 이해하고 실제 단어에 적용할 수 있는지 평가하는 유형

STEP 2 | 만점 포인트

품사, 문장 성분, 단어의 형성 방식과 관련된 기본 이론을 정확히 이해하면 문제를 푸는 데 큰 어려움은 없을 것이다. 자주 출제되는 '동사와 형용사, 관형사와 형용사, 합성어와 파생어, 통사적 합성어와 비통사적 합성어' 등을 구분하는 방법은 정확히 알아 두어야 하며, 암기가 아닌 이해가 선행되어야 하므로 반드시 실제 단어에 적용하여 공부하도록 한다.

STEP 3 | 예시 문제

〈보기〉의 ㉠과 ㉡에 해당하는 단어로 적절하게 짝지어진 것은?

• 보기 •

복합어란 낱말을 쪼개었을 때 더 작은 부분으로 나눌 수 있는, 낱말을 쪼갤 수 있는 낱말을 의미한다. 복합어는 다시 둘 이상의 어근(실질 형태소)으로 이루어진 (㉠)와/과 실제 뜻을 가진 어근에 접사가 붙어서 이루어진 (㉡)(으)로 나누어진다.

	㉠	㉡
①	김밥	햇밤
②	한겨울	손등
③	잠꾸러기	소나무
④	맨발	첫사랑
⑤	헛수고	돌다리

정답 ①

해설 ㉠은 합성어, ㉡은 파생어이다. '김밥, 손등, 소나무, 첫사랑, 돌다리'는 합성어에 해당하고, '햇밤, 한겨울, 잠꾸러기, 맨발, 헛수고'는 파생어에 해당한다.
- 햇-: '당해에 난, 얼마 되지 않은'의 뜻을 더하는 접두사
- 한-: '큰, 정확한, 한창인'의 뜻을 더하는 접두사
- -꾸러기: '그것이 심하거나 많은 사람'의 뜻을 더하는 접미사
- 맨-: '다른 것이 없는'의 뜻을 더하는 접두사
- 헛-: '이유 없는, 보람 없는, 보람 없이, 잘못'의 뜻을 더하는 접두사

빈출 유형 ❸ 문장

STEP 1 | 유형 알기

문장의 종류와 구성을 이해하고 실제 문장 내 문법 요소를 분석할 수 있는지 평가하는 유형

STEP 2 | 만점 포인트

높임 표현, 피동·사동 표현, 홑문장과 겹문장, 서술어의 자릿수가 자주 출제된다. 올바른 문장 쓰기(제2장)와 관련된 문법 요소들이 주로 나오므로 함께 공부하면 도움이 된다.

STEP 3 | 예시 문제

〈보기〉의 ㄱ~ㄷ을 탐구하여 얻은 결과로 적절한 것은?

―――――――――――― 보기 ――――――――――――
ㄱ. 형은 키가 크고 동생은 키가 작다.
ㄴ. 부모님께서는 내가 운동을 열심히 하기를 바라신다.
ㄷ. 날이 추워지자 내가 사온 난로를 자주 사용하게 되었다.
―――――――――――――――――――――――――――

① ㄱ의 '형은 키가 크고'는 명사절을 안은문장이다.
② ㄱ의 '형은 키가 크고'는 '동생은 키가 작다'에 종속적으로 이어진 구조이다.
③ ㄴ의 안긴절은 명사절로 목적어 역할을 한다.
④ ㄷ의 안긴절에는 서술어가 생략되어 있다.
⑤ ㄷ은 '날이 추워지자'와 '내가 ~ 되었다'가 대등하게 이어진 구조이다.

정답 ③

해설 ㄴ의 '내가 운동을 열심히 하기'는 '바라신다'의 목적어 역할을 하는 명사절로 안겨 있다.
① ㄱ의 '형은 키가 크고'는 서술절을 안은문장이다.
② ㄱ의 '형은 키가 크고'와 '동생은 키가 작다'는 대등하게 이어진 구조이다.
④ ㄷ의 안긴절 '내가 사온'은 목적어 '난로를'이 생략되어 있다.
⑤ ㄷ은 '날이 추워지자'와 '내가 ~ 되었다'가 종속적으로 이어진 구조이다.

제3장 제3편 어법
핵심 이론 | 음운 · 단어 · 품사 · 문장

1 음운의 변동

• 자음 체계

조음 방법		조음 위치	두 입술 (양순음)	윗잇몸, 혀끝 (치조음)	센입천장, 혓바닥 (경구개음)	여린입천장, 혀 뒤 (연구개음)	목청 사이 (후음)
파열음		예사소리	ㅂ	ㄷ		ㄱ	
		된소리	ㅃ	ㄸ		ㄲ	
		거센소리	ㅍ	ㅌ		ㅋ	
파찰음		예사소리			ㅈ		
		된소리			ㅉ		
		거센소리			ㅊ		
마찰음		예사소리		ㅅ			
		된소리		ㅆ			ㅎ
		거센소리					
비음			ㅁ	ㄴ		ㅇ	
유음				ㄹ			

• 모음 체계

혀의 높이	혀의 앞뒤 입술 모양	전설 모음		후설 모음	
		평순	원순	평순	원순
고모음		ㅣ	ㅟ	ㅡ	ㅜ
중모음		ㅔ	ㅚ	ㅓ	ㅗ
저모음		ㅐ		ㅏ	

(1) 음절의 끝소리 규칙

음절의 끝에서 'ㄱ, ㄴ, ㄷ, ㄹ, ㅁ, ㅂ, ㅇ' 일곱 개 이외의 자음이 오면 이 중 하나로 바꾸어 발음하는 것
예 옷[옫], 키읔[키윽], 짚[집]

(2) 음운의 동화

한 음운이 인접하는 다른 음운의 성질을 닮는 음운 현상

① **자음 동화**: 자음과 자음이 만나 서로 영향을 주고받아, 한쪽이 다른 쪽을 닮아서 그와 비슷하거나 같은 자음으로 바뀌기도 하고, 양쪽이 서로 닮아서 두 자음이 모두 바뀌기도 하는 현상

- 비음화
  - 파열음 'ㅂ, ㄷ, ㄱ'이 비음 'ㅁ, ㄴ' 앞에서 'ㅁ, ㄴ, ㅇ'으로 바뀌어 발음되는 것
    - 예) 밥물[밤물], 받는다[반는다], 국물[궁물]
  - 비음 'ㅁ, ㅇ'과 'ㄹ'이 만나면 'ㄹ'이 'ㄴ'으로 발음되는 것(ㄹ의 비음화)
    - 예) 종로[종노], 남루[남누]
  - 'ㅂ, ㄷ, ㄱ'이 'ㄹ'과 만나면 'ㄹ'이 'ㄴ'이 되고, 'ㅂ, ㄷ, ㄱ'이 'ㄴ'의 영향을 받아 'ㅁ, ㄴ, ㅇ'으로 발음되는 것
    - 예) 섭리[섬니], 몇 리[면니], 백로[뱅노]
- 유음화
  - 'ㄴ'이 'ㄹ'의 앞이나 뒤에서 'ㄹ'로 발음되는 것
    - 예) 난로[날로], 신라[실라], 칼날[칼랄]

② **구개음화**: 끝소리가 'ㄷ, ㅌ'인 형태소가 모음 'ㅣ'나 반모음 'j'로 시작되는 형식 형태소와 만나면 'ㄷ, ㅌ'이 'ㅈ, ㅊ'이 되는 현상
  - 예) 해돋이[해도지], 같이[가치], 굳이듣다[고지듣따], 땀받이[땀바지], 묻히다[무치다]

③ **모음 동화**: 모음과 모음 사이에서 일어나는 동화 현상으로 대표적인 것에는 '전설 모음화'가 있음. 주로 표기에도 반영하지 않고, 표준 발음으로도 인정하지 않지만 예외도 있음.
  - 예) 표기에 반영한 것: 냄비, 멋쟁이, 댕기다, 서울내기, 담쟁이, 골목쟁이
    표준 발음으로 허용한 것: 되어[되여], 피어[피여], 이오[이요], 아니오[아니요]

④ **모음 조화**: 양성 모음 'ㅏ, ㅗ'는 'ㅏ, ㅗ'끼리, 음성 모음 'ㅓ, ㅜ, ㅡ, ㅣ'는 'ㅓ, ㅜ, ㅡ, ㅣ'끼리 어울리려는 현상. 현대로 오면서는 모음 조화가 잘 지켜지지 않는 경우가 많음.
  - 예) 모음 조화를 지킨 것: 알록달록, 설렁설렁, 졸졸, 덜덜
    모음 조화가 파괴된 것: 깡충깡충, 오순도순, 오뚝이, 가까워, 아름다워

⑤ **된소리되기(= 경음화)**: 안울림소리 뒤에 안울림 예사소리가 오면 그 예사소리가 된소리로 발음되는 현상
  - 예) 국밥[국빱], 옷고름[옫꼬름], 넓죽하다[넙쭈카다]

(3) 음운의 축약: 두 음운이 결합할 때 두 음운이 한 음운으로 줄어서 소리 나는 현상
  - 예) 좋다[조타], 맏형[마텽], 꽃 한 송이[꼬탄송이]

(4) 음운의 탈락: 두 음운이 결합할 때 두 음운 중 한 음운이 소리 나지 않는 현상
  - 예) 솔 + 나무 → 소나무, 쓰- + -어 → 써

(5) 사잇소리 현상

두 개의 형태소 또는 단어가 합쳐져 합성 명사를 만들 때, 앞말의 끝소리가 울림소리이고, 뒷말의 첫소리가 안울림 예사소리이면 뒤의 예사소리가 된소리로 변하는 것
  - 예) 밤길[밤낄], 초 + 불 → 촛불[초뿔]

(6) 두음 법칙

한자어에서 일부 소리가 단어의 첫머리에서 발음되는 것을 꺼려 다른 소리로 발음되는 현상

① 'ㄴ' 두음 법칙: 단어의 첫머리 'ㄴ' → 'ㅇ'
  - 예) 녀자 → 여자(女子), 뇨소 → 요소(尿素)

② 'ㄹ' 두음 법칙
- 단어의 첫머리 'ㄹ' → 'ㄴ'
  예 락원 → 낙원(樂園), 로인 → 노인(老人)
- 단어의 첫머리 'ㄹ' → 'ㅇ'
  예 량심 → 양심(良心), 력사 → 역사(歷史)

더 알아보기

단어의 첫머리(두음)가 아니지만 두음 법칙이 적용되는 경우
- 접두사처럼 쓰이는 한자가 붙어서 된 말이나 합성어의 경우 → 두음 법칙 적용 ○
  예 신여성(新女性), 중노동(重勞動), 역이용(逆利用)
- 모음이나 'ㄴ' 받침 뒤에 이어지는 '렬, 률' → '열, 율'
  예 나열(羅列), 규율(規律), 백분율(百分率)

2 단어의 형성

핵심 포인트

단어의 유형
- 단일어: 하나의 어근*으로 된 단어 예 집, 사람, 하늘
- 복합어
  - 합성어: 두 개 이상의 어근이 결합한 단어 예 밤낮, 작은아버지, 날아가다
  - 파생어: 파생 접사*와 어근이 결합한 단어 예 날고기, 덧버선, 지우개

* 어근: 단어에서 실질적 의미를 지닌 부분
* 접사: 단어를 형성할 때 어근에 붙어 어근의 뜻을 제한하는 주변 부분

(1) 합성어
  ① 합성법의 유형*
   - 통사적 합성어: 단어의 형성 방식이 국어의 정상적인 단어 배열법과 일치하는 합성어
     예 논밭, 비빔밥, 힘들다, 낯설다, 밤낮 → 어근과 어근으로 나누었을 때 말이 되는 것, 조사가 생략된 것
   - 비통사적 합성어: 단어의 형성 방식이 국어의 정상적인 단어 배열법과 일치하지 않는 합성어
     예 늦잠, 덮밥, 오르내리다, 굳세다 → 어근과 어근으로 나누었을 때 말이 안되는 것, 어미가 생략된 것
  ② 합성어의 종류
   - 대등 합성어: 앞 성분과 뒤 성분이 대등한 관계 예 논밭, 마소
   - 종속 합성어: 앞 성분이 뒤 성분을 수식하는 관계 예 돌다리, 비빔밥
   - 융합 합성어: 앞, 뒤 성분이 모두 원래의 의미를 잃고 새로운 의미가 생김. 예 춘추, 갈등

(2) 파생어
  ① 접두 파생어: 접두사 + 어근
    예 강-(강굴, 강기침, 강울음), 개-(개떡, 개꿈), 덧-(덧니, 덧대다), 치-(치뜨다, 치받다)
  ② 접미 파생어: 어근 + 접미사
    예 -개(날개, 덮개), -꾼(소리꾼, 낚시꾼, 일꾼), -님(선생님, 달님), -보(꾀보, 먹보, 뚱뚱보), -이(길이, 젖먹이, 똑똑이)

3 품사

(1) 품사의 분류

체언	명사	불변어	구체적인 대상의 이름 예 과일, 하늘, 사랑
	대명사		어떤 대상의 이름을 대신해서 가리키는 말 예 나, 너, 그
	수사		수량이나 순서를 가리키는 말 예 둘, 삼, 첫째
관계언	조사		체언이나 부사, 어미 등의 뒤에 붙어 문법적 관계를 나타내거나 의미를 추가하는 말 예 이/가, 을/를, 도
	서술격 조사	가변어	서술어 자격을 가지게 하는 말 예 이다
용언	동사		움직임이나 작용을 나타내는 말 예 걷다, 놀다, 솟다
	형용사		성질이나 상태를 나타내는 말 예 예쁘다, 달다, 조용하다
수식언	관형사	불변어	체언 앞에서 체언을 꾸며 주는 말 예 이, 순, 헌, 다른, 갖은
	부사		용언이나 문장을 수식하는 말 예 너무, 특히, 그러나
독립언	감탄사		부름이나 대답, 느낌을 나타내는 말 예 아, 네, 여보

핵심 포인트

동사와 형용사 구분하기

품사 판별 기준	동사	형용사
현재 시제 선어말 어미 '-는-, -ㄴ-'과 결합	○ 예 고은이가 국수를 먹는다.	× 예 태오가 귀엽는다.(×)
관형사형 어미 '-는'과 결합	○ 예 빵을 먹는 시안이	× 예 건강하는 호동이(×)
명령형, 청유형과 결합	○ 예 빨리 출발해라. 출발하자.	× 예 우리 함께 예뻐라.(×) 예쁘자.(×)
'의도(-려)', '목적(-러)'와 결합	○ 예 저녁에는 운동하려 한다. 학교로 운동하러 간다.	× 예 지민이는 아름다우려 화장을 한다.(×) 지민이는 아름다우러 화장을 한다.(×)
감탄형 어미와 결합	-는구나 예 자동차가 빨리 달리는구나.	-구나 예 차가 빠르구나.

의문형 어미와 결합	-느냐 예 사과를 먹었느냐?	-냐 예 이사 간 집이 크냐?

(2) 본용언과 보조 용언

① 본용언: 문장의 실질적인 의미를 나타내는 용언
② 보조 용언: 다른 용언의 뒤에 붙어서 의미를 더해 주는 용언
  예 나는 여행을 <u>가고</u> <u>싶었다</u>.
       본용언 보조 용언

(3) 용언의 불규칙 활용

어간이 바뀌는 경우	'ㅅ' 불규칙	모음 어미 앞에서 'ㅅ' 탈락 예 짓- + -어 → 지어
	'ㄷ' 불규칙	모음 어미 앞에서 'ㄷ'이 'ㄹ'로 바뀜. 예 듣- + -어 → 들어
	'ㅂ' 불규칙	모음 어미 앞에서 'ㅂ'이 '오/우'로 바뀜. 예 돕- + -아 → 도와
	'르' 불규칙	모음 어미 앞에서 '르'가 'ㄹㄹ'로 바뀜. 예 빠르- + -아 → 빨라
	'우' 불규칙	모음 어미 앞에서 '우' 탈락 예 푸- + -어 → 퍼
어미가 바뀌는 경우	'여' 불규칙	'하-' 다음에 오는 어미 '-아/어'가 '-여'로 바뀜. 예 노래하- + -아 → 노래하여
	'러' 불규칙	어간이 '르'로 끝나는 용언에서 어미 '-어'가 '-러'로 바뀜. 예 푸르- + -어 → 푸르러
	'너라' 불규칙*	명령형 어미 '-거라'가 '-너라'로 바뀜. 예 오- + -거라 → 오너라
	'오' 불규칙	'달다(어떤 것을 주도록 요구하다)'의 명령형 어미가 '-오'로 바뀜. 예 달- + -아라 → 다오
어간과 어미가 바뀌는 경우	'ㅎ' 불규칙*	'ㅎ'으로 끝나는 어간에 모음 어미가 오면 'ㅎ'이 탈락하고 어미가 변함. 예 파랗- + -아 → 파래

* '너라' 불규칙: 2017년 표준국어대사전의 정보가 수정되면서 어간 '오-' 뒤에 명령형 어미 '-아라', '-거라', '-너라'가 모두 결합할 수 있게 되었다. 따라서 표준국어대사전을 기준으로 하면 이제 '너라' 불규칙은 존재하지 않는다.
* 'ㅎ' 불규칙: 2015년 표준국어대사전의 정보가 수정되면서 'ㅎ' 불규칙 용언이 어미 '-네'와 결합할 때는 어간 끝의 'ㅎ'을 탈락시키지 않아도 된다.
  예 노라네/노랗네, 동그라네/동그랗네, 조그마네/조그맣네, 파라네/파랗네

4 문장

(1) 문장 성분

주성분	주어	서술어가 나타내는 동작이나 상태의 주체가 되는 말 예 산이 높이 솟아 있다.
	서술어	주어의 상태, 성질 따위를 서술하는 말 예 아기가 <u>운다</u>.
	목적어	문장에서 동사의 동작의 대상이 되는 말 예 나는 <u>과일을</u> 잘 먹는다.
	보어	문장의 불완전한 곳을 보충하는 말 예 물이 <u>얼음이</u> 되었다.

부속 성분	관형어	체언을 꾸며 주는 말 예 춘향이가 향단이의 치마를 입었다.
	부사어	용언의 내용을 한정하는 말 예 다행히 소풍날 비가 오지 않았다.
독립 성분	독립어	독립적으로 쓰이는 말 예 아, 세월이 잘도 가는구나.

> **핵심 포인트**

서술어의 자릿수
의미상 온전한 문장을 만들기 위해 서술어가 요구하는 문장 성분의 수
① **한 자리 서술어**: 주어만 있으면 온전한 문장을 이루는 서술어
　예 자동차가 빠르다.
② **두 자리 서술어**: 주어 이외에 목적어나 부사어, 보어를 요구하는 서술어
　예 민우가 밥을 먹는다. / 물이 얼음으로 변한다. / 지원이는 의사가 되었다.
③ **세 자리 서술어**: 주어, 목적어, 부사어를 요구하는 서술어
　예 그 사람은 운동선수를 사위로 삼았다.

(2) 문장의 짜임

- 홑문장: 주어와 서술어의 관계가 한 번만 나타나는 문장 예 비가 내린다.
- 겹문장: 주어와 서술어의 관계가 두 번 이상 나타나는 문장
  - 이어진문장: 홑문장과 홑문장이 대등하거나 종속적으로 이어지는 문장
    예 비가 내리고, 바람이 분다.
  - 안은문장: 하나의 홑문장이 다른 문장의 문장 성분이 되는 문장
    예 비가 소리도 없이 내린다.

(3) 겹문장

① **안은문장**: 안긴문장을 포함한 문장
② **안긴문장(= 절)**: 다른 문장 속에서 하나의 성분처럼 쓰이는 홑문장
- 명사절: 서술어에 명사형 어미 '-(으)ㅁ, -기'가 붙어서 만들어짐.
  예 시험에 합격하기가 어렵다.
- 관형절: 서술어에 관형사형 어미 '-(으)ㄴ, -는, -(으)ㄹ, -던'이 붙어서 만들어짐.
  예 저 과자는 내가 (먹은, 먹는, 먹을, 먹던) 과자다.
- 부사절: 서술어에 '-이, -게, -도록, -(아)서'가 붙어서 만들어짐.
  예 그는 소리도 없이 사라졌다.
- 서술절: 절(주어 + 서술어)이 서술어의 기능을 함.
  예 코끼리가 코가 길다.
- 인용절: 다른 사람의 말을 인용한 것이 절의 형식으로 안김.
  예 갈릴레이는 지구는 돈다고 주장했다.

③ **이어진문장**: 홑문장과 홑문장이 대등하거나 종속적으로 이어지는 문장
- 대등하게 이어진 문장: 대등적 연결 어미 '-고, -지만, -(으)며, -(으)나'에 의해 이어진 겹문장
  예 인생은 짧고, 예술은 길다.
- 종속적으로 이어진 문장: 종속적 연결 어미 '-(으)니, -면, -(으)러, -아/어서'에 의해 이어진 겹문장
  예 봄이 오면, 꽃이 핀다.

(4) 문장의 종결

		평서문	감탄문	의문문	명령문	청유문
격식체	하십시오체	-ㅂ니다/습니다	-	-ㅂ니까/습니까	-ㅂ시오/십시오	-시지요
	하오체	-오	-구려	-오	-오, -구려	-ㅂ시다
	하게체	-네	-구먼	-나, -는가	-게	-세
	해라체	-다, -라	-구나, -어라	-느냐, -니, -지	-아라, -어라	-자
비격식체	해요체	-아요/어요	-아요/어요	-아요/어요	-아요/어요	-아요/어요
	해체	-아/어	-아/어, -군	-아/어	-아/어, -지	-아/어

> **핵심 포인트**
>
> **직접 명령문과 간접 명령문**
> - **직접 명령문**: 말하는 이가 듣는 이에게 어떤 행동을 하도록 강하게 요구하는 문장
>   예) 너의 마음에 드는 것을 하나 골라라.
> - **간접 명령문**: 매체를 통한 간접 발화 상황에서 쓰여 불특정 다수를 대상으로 함.
>   예) 아래의 물음에 알맞은 답의 기호를 고르라.

(5) 높임 표현

① **상대 높임법**: 일정한 종결 어미를 선택함으로써 상대편을 높여 표현한다. 즉, 화자가 듣는 이를 높이거나 낮추어 말하는 방법이다.
- 격식체: 하십시오체 - 하오체 - 하게체 - 해라체
- 비격식체: 해요체 - 해체

② **주체 높임법**: 서술의 주체가 화자보다 나이가 많거나 사회적 지위가 높을 때 서술의 주체를 높이는 표현이다. 용언의 어간에 높임의 선어말 어미 '-시-'를 붙여 문장의 주체를 높인다.
예) 아버지께서 음악을 들으십니다.

> **더 알아보기**
>
> **직접 높임과 간접 높임**
> - **직접 높임**: 주어를 직접 높이는 것
>   예) 어머니께서 거실에 계시다.
> - **간접 높임**: 주어와 관련된 대상을 높이는 것
>   예) 어머니께서 걱정거리가 있으시다.

③ **객체 높임법**: 화자가 문장의 목적어나 부사어가 지시하는 대상(객체)에 대하여 높임의 태도를 나타내는 문법 기능이다. 특정한 동사에 의해 실현되는 경우가 많다.
예) 할머니를 데리고 가다. → 할머니를 모시고 가다.

(6) 피동 표현

① 능동: 문장의 주어가 제 힘으로 동작을 하는 것
② 피동: 문장의 주어가 다른 주체에 의해 동작을 당하게 되는 것

접미사 피동형	능동사의 어근 + 피동 접미사(-이-, -히-, -리-, -기-) 예 도둑이 경찰에게 붙잡혀 감옥에 갇히다.
보조 동사 피동형	'-어지다', '-게 되다' 예 나는 친구들에 의해 반장으로 지목되었다.

핵심 포인트

불필요한 피동 표현(이중피동)
- 그는 거짓말쟁이로 간주되어졌다. (×) → 그는 거짓말쟁이로 간주되었다. (○)
  : '간주되어지다'는 '간주하다'에 피동 접미사 '-되-'와 보조 동사 '-어지다'가 중복된 표현이다.

(7) 사동 표현

① 주동: 주체가 스스로 동작이나 행동을 하는 동사의 성질
② 사동: 주체가 제3의 대상에게 동작이나 행동을 하게 하는 동사의 성질

접미사 사동형	주동사의 어근 + 사동 접미사(-이-, -히-, -리-, -기-, -우-, -구-, -추-) 예 아이에게 밥을 먹였다.
보조 동사 사동형	'-시키다', '-게 하다' 예 엄마는 아이에게 밥을 먹게 하였다.

제3장
출제 유형 | 확인 문제

정답 및 해설 ▶ p.15

01 〈보기〉에 제시된 ㉠, ㉡, ㉢에 나타난 음운 변동 현상이 모두 일어난 것은?

— 보기 —

㉠ 잎 → [입]
㉡ 맨입 → [맨닙]
㉢ 국물 → [궁물]

① 막일 → [망닐]
② 십리 → [심니]
③ 굳이 → [구지]
④ 홑이불 → [혼니불]
⑤ 상견례 → [상견녜]

02 〈보기〉의 ㉠의 예로 제시할 수 있는 것은?

— 보기 —

합성어는 이미 존재하는 자립적인 두 낱말을 합쳐서 하나의 낱말을 만든 것이다. 두 낱말을 합치는 방법에는 '밤'과 '낮'이 결합한 '밤낮', '첫'과 '눈'이 결합한 '첫눈', '열다'와 '닫다'가 결합된 '여닫다', '부슬'과 '비'가 결합한 '부슬비' 등 다양한 방식이 있는데, 이를 통사적 합성어와 ㉠ 비통사적 합성어로 나눌 수 있다.

① 덮밥
② 논밭
③ 비빔밥
④ 낯설다
⑤ 힘들다

03 〈보기〉의 ㉠의 예로만 짝지은 것은?

— 보기 —

부사어는 다른 말을 꾸며 주는 성분의 하나이므로 대개 문장을 구성하는 데에 꼭 필요하지는 않다. 그러나 어떤 서술어는 부사어를 반드시 요구하기도 하는데, 이처럼 문장의 성립에 반드시 필요한 부사어를 '㉠ 필수적 부사어'라 한다. 해당 문장의 서술어가 무엇이냐에 따라 동일한 '체언 + 격조사' 구성의 부사어라도 필수적 부사어일 수도 있고 아닐 수도 있다.

① 나는 삼촌과 음악을 들었다.
  어제 본 것은 이것과 꽤 비슷하다.
② 인공위성이 궤도에서 이탈하였습니다.
  우리는 공원에서 선생님을 만났습니다.
③ 그들은 마취총으로 멧돼지를 잡았다.
  왕은 그 용감한 기사를 사위로 삼았다.
④ 이 지역의 기후는 벼농사에 적합하다.
  나는 오후에 할머니 댁을 방문했습니다.
⑤ 선생님께서 연아에게 모범상을 주셨다.
  이은주 씨는 친구에게 5만 원을 빌렸다.

04 〈보기〉를 참고할 때, 밑줄 친 말이 ㉠에 가장 가까운 것은?

> ● 보기 ●
> 청유문은 말하는 이가 듣는 이에게 어떤 행동을 하도록 요구하는 문장이다. 그러나 명령문과 달리 말하는 이와 듣는 이가 함께 행동하기를 요청한다는 데 그 특징이 있다. 그러나 간혹 청자만 행하기를 바라거나 ㉠ 화자만 행하려는 행동을 나타낼 때에도 쓰인다.

① (병실에서 떠드는 아이에게) 조용히 좀 하자.
② (엄마가 아이에게 약을 먹일 때) 자, 이리 와서 약 먹자.
③ (다툰 친구에게 화해를 청하면서) 오늘 영화나 보러 가자.
④ (식사를 먼저 마친 사람들이 귀찮게 말을 걸 때) 밥 좀 먹읍시다.
⑤ (회의에서 논의가 길어질 때) 이 문제는 나중에 다시 토의합시다.

05 〈보기〉의 예로 적절하지 <u>않은</u> 것은?

> ● 보기 ●
> 어미와 의존 명사는 겉으로 볼 때 형태가 같아서 구분하기 어려운 경우가 있다. 예를 들어 '-는지'와 '-ㄴ 지' 중 전자는 어미로 쓰이는 경우이고, 후자는 관형사형 어미 '-ㄴ'과 의존 명사 '지'로 쓰이는 경우이다.

① 미리 자 둘걸.
후회할 걸 왜 그랬니?
② 집에 가서 다시 연락할게.
학교에 가서 할 게 너무 많아.
③ 이렇게 보다니 정말 오랜만이군.
그 친구를 십 년 만에 만났다.
④ 학교에 가는데 비가 오기 시작했다.
이 일을 하는 데 며칠이 걸렸다.
⑤ 서류를 검토한바 미미한 사항이 발견되었다.
평소에 느낀 바를 말해라.

06 〈보기〉의 '걸다'를 피동사로 바꾼 예문으로 알맞은 것은?

> ● 보기 ●
> 걸다[동사]
> ① 벽이나 못 따위에 어떤 물체를 떨어지지 않도록 매달아 올려놓다.
> ② 자물쇠, 문고리를 채우거나 빗장을 지르다.
> ③ 기계 따위가 작동하도록 준비하여 놓다.
> ④ 어느 단체에 속한다고 이름을 내세우다.
> ⑤ 어떤 상태에 빠지도록 하다.

① 걸다 ①: 그는 문단에 이름이 걸린 작가다.
② 걸다 ②: 그는 걸려 있지 않은 문을 활짝 열었다.
③ 걸다 ③: 나의 그림이 드디어 미술실 벽에 걸렸다.
④ 걸다 ④: 그는 최면에 걸린 사람처럼 멍하게 서 있었다.
⑤ 걸다 ⑤: 자동차의 시동이 걸리기까지 시간이 꽤 흘렀다.

07 〈보기〉의 ㉠~㉢에 대한 설명으로 적절하지 <u>않은</u> 것은?

> ● 보기 ●
> 명사절은 명사와 마찬가지로 문장에서 다양한 문장 성분으로 쓰인다. 다음의 밑줄 친 명사절이 어떤 문장 성분으로 쓰이는지 알아보자.
>
> ㉠ <u>색깔이 희기</u>가 눈과 같다.
> ㉡ 나는 <u>그가 경찰임</u>을 이제야 알았다.
> ㉢ 부모는 언제나 <u>자식이 행복하기</u> 바란다.
> ㉣ 오늘은 <u>국어 공부에 전념하기</u>로 계획했다.
> ㉤ 지금은 <u>우리가 학교에 가기</u>에 아직 이르다.

① ㉠: 명사절이 조사와 결합하여 주어로 쓰였다.
② ㉡: 명사절이 조사와 결합하여 목적어로 쓰였다.
③ ㉢: 명사절이 조사와 결합하지 않고 목적어로 쓰였다.
④ ㉣: 명사절이 조사와 결합하여 보어로 쓰였다.
⑤ ㉤: 명사절이 조사와 결합하여 부사어로 쓰였다.

08 밑줄 친 부분의 품사가 다른 것은?

① 여름이라 수박을 먹고 싶다.
② 더울까봐 옷을 차에 벗어 놓았다.
③ 어머니는 아들에게 사과를 깎아 주었다.
④ 호철이는 달려갔지만 버스는 떠나 버렸다.
⑤ 오늘 해야 할 일을 책상 앞에 적어 두었다.

09 〈보기 1〉을 참고할 때, 〈보기 2〉에 대한 설명으로 적절하지 않은 것은?

• 보기 1 •

서술어의 자릿수는 문법적으로 문장이 성립하기 위해서 서술어가 요구하는 최소한의 문장 성분의 수를 의미한다.

• 보기 2 •

ㄱ. 기차가 달린다.
ㄴ. 철수가 도서관에서 책을 읽는다.
ㄷ. 어머니가 영희에게 옷을 입혔다.
ㄹ. 사람들은 그를 범인으로 여긴다.
ㅁ. 승호는 지섭과 닮았다.

① ㄱ의 '달린다'는 한 자리 서술어이다.
② ㄴ의 '읽는다'는 '철수가'와 '책을'을 필수적으로 요구하므로 두 자리 서술어이다.
③ ㄷ의 '입혔다'는 '영희가 옷을 입었다'의 '입었다'와 서술어의 자릿수가 다르다.
④ ㄹ의 '여긴다'는 '동생은 나에게 책을 주었다'의 '주었다'와 서술어의 자릿수가 같다.
⑤ ㅁ의 '닮았다'는 '지섭과'를 필수적으로 요구하지 않으므로 한 자리 서술어이다.

10 〈보기〉를 참고하여 사동문에 대해 탐구한 내용으로 적절하지 않은 것은?

• 보기 •

주어가 직접 동작을 하는 문장은 '주동문'이라고 하고, 주어가 남에게 어떤 동작을 하도록 시키는 문장은 '사동문'이라고 한다. 주동문을 사동문으로 바꾸려면 동사나 형용사의 어근에 사동 접사 '-이-, -히-, -리-, -기-, -우-, -구-, -추-'를 붙이거나, '-게 하다', '-시키다'를 활용하면 된다. 다음 예문에서 알 수 있는 주동문을 사동문으로 바꿀 때 나타나는 특징은?

주동문을 사동문으로 바꾼 예시
ㄱ. 철희가 책을 읽었다.
  → (경희가) 철희에게 책을 읽혔다.
ㄴ. 그가 집에 가다.
  → (영희가) 그를 집에 가게 하다.
ㄷ. 선희는 병원에 입학했다.
  → (명희는) 선희를 병원에 입학시켰다.

① ㄱ~ㄷ 모두 주동문을 사동문으로 바꾸려면 새로운 주어가 필요하다.
② ㄱ~ㄷ에서 주동문의 주어는 사동문에서 목적어나 부사어가 된다.
③ ㄱ의 주동문은 ㄷ처럼 '-시키다'를 붙여 사동문으로 바꿀 수 없다.
④ ㄴ의 주동문을 사동문으로 바꾸면 집에 가는 주체가 달라진다.
⑤ ㄴ의 주동문은 사동 접사를 붙여서 사동문으로 바꿀 수는 없다.

제3편 어법

제4장 외래어·로마자 표기법

기출 Point!
외래어 표기법과 국어의 로마자 표기법의 기본 원리를 이해하여 규정에 맞게 표기할 수 있는지를 평가하는 문제로, 각 표기법이 매회 1문제씩 출제된다.

빈출 유형 ❶ 외래어 표기법

STEP 1 | 유형 알기

외래어를 국어로 올바르게 표기할 수 있는지 평가하는 유형

STEP 2 | 만점 포인트

유명 인사의 이름이나 지명의 외래어 표기, 틀리기 쉬운 외래어 표기의 실례가 주로 다루어진다. 다양한 예를 통해 외래어 표기법의 기본 원칙을 이해하고 자주 쓰이는 외래어의 정확한 표기를 확인해 두어야 한다. 특히 원칙과 다르게 굳어진 관용적 표기, 한자어처럼 보이는 외래어, 같거나 비슷한 철자의 다른 표기 등에 주의하자.

STEP 3 | 예시 문제

지명의 외래어 표기가 바른 것은?

① 싱가폴
② 포르투칼
③ 타이베이
④ 베네주엘라
⑤ 콸람룸푸르

정답 ③
해설 자주 접하는 지명의 외래어 표기를 정확히 알고 있어야 한다. 각각 '싱가포르, 포르투갈, 베네수엘라, 쿠알라룸푸르'가 맞는 표기이다.

핵심 포인트

- **주의해야 하는 외래어 표기***
  - cut 1. 컷(촬영·인쇄 용어)
      2. 커트(잘라냄, 운동 용어)
  - type 1. 타이프(타자기)
        2. 타입(유형)
- **빈출 인명 및 지명***
  - 테리사 메이
  - 도널드 트럼프
  - 옌볜
  - 호찌민
  - 앙겔라 메르켈
  - 힐러리 클린턴
  - 푸껫
  - 규슈/구주
  - 에드거 앨런 포
  - 덩샤오핑/등소평
  - 싱가포르
  - 베이징/북경

빈출 유형 ❷   국어의 로마자 표기법

STEP 1 | 유형 알기

국어를 로마자로 올바르게 표기할 수 있는지 평가하는 유형

STEP 2 | 만점 포인트

로마자 표기상의 유의점 및 국어의 로마자 표기 실례가 주로 다루어진다. 외래어 표기법과 마찬가지로 다양한 예를 통해 로마자 표기법의 기본 원칙을 정확히 파악해 두는 것이 중요하다.

STEP 3 | 예시 문제

로마자 표기가 옳지 않은 것은?

① 낙동강 Nakdonggang
② 묵호 Mukho
③ 세종 Sejong
④ 도봉구 Dobonggu
⑤ 독도 Dokdo

정답 ④

해설 도봉구 Dobong-gu → 행정 구역 단위 '구'는 'gu'로 적고, 그 앞에 붙임표(-)를 넣는다.
① 낙동강[-똥-] Nakdonggang → 된소리되기는 표기에 반영하지 않는다.
② 묵호 Mukho → 체언에서 'ㄱ, ㄷ, ㅂ' 뒤에 'ㅎ'이 오면 'ㅎ'을 밝혀 적는다.
③ 세종 Sejong → 고유 명사는 첫 글자를 대문자로 적는다.
⑤ 독도 Dokdo → 자연 지물명, 문화재명, 인공 축조물명은 붙임표(-) 없이 붙여 쓴다.

제4장 핵심 이론 | 빈출 표기법

제3편 어법

외래어 표기법	
제1장 **표기의 원칙**	제1~5항
제2장 **표기 일람표**	외래어는 표 1~19에 따라 표기한다.
제3장 **표기 세칙**	제1~21절 영어 등 20개국 언어의 표기
제4장 **인명, 지명 표기의 원칙**	제1절 표기 원칙
	제2절 동양의 인명, 지명 표기
	제3절 바다, 섬, 강, 산 등의 표기 세칙

제1장 표기의 원칙

1 외래어는 국어의 현용 24 자모만으로 적는다. [제1항]

2 외래어의 1 음운은 원칙적으로 1 기호로 적는다. [제2항]

3 받침에는 'ㄱ, ㄴ, ㄹ, ㅁ, ㅂ, ㅅ, ㅇ'만을 쓴다. [제3항]

4 파열음 표기에는 된소리를 쓰지 않는 것을 원칙으로 한다. [제4항]

5 이미 굳어진 외래어는 관용을 존중하되, 그 범위와 용례는 따로 정한다. [제5항]

제2장 표기 일람표

자음			반모음		모음	
국제 음성 기호	한글		국제 음성 기호	한글	국제 음성 기호	한글
	모음 앞	자음 앞 또는 어말				
p	ㅍ	ㅂ, 프	j	이*	i	이
b	ㅂ	브	ɥ	위	y	위
t	ㅌ	ㅅ, 트	w	오, 우*	e	에
d	ㄷ	드			ø	외
k	ㅋ	ㄱ, 크			ɛ	에
g	ㄱ	그			ɛ̃	앵
f	ㅍ	프			œ	외
v	ㅂ	브			œ̃	욍
θ	ㅅ	스			æ	애
ð	ㄷ	드			a	아
s	ㅅ	스			ɑ	아
z	ㅈ	즈			ɑ̃	앙
ʃ	시	슈, 시			ʌ	어
ʒ	ㅈ	지			ɔ	오
ʦ	ㅊ	츠			ɔ̃	옹
dz	ㅈ	즈			o	오
ʧ	ㅊ	치			u	우
dʒ	ㅈ	지			ə**	어
m	ㅁ	ㅁ			ɚ	어
n	ㄴ	ㄴ				
ɲ	니*	뉴				
ŋ	ㅇ	ㅇ				
l	ㄹ, ㄹㄹ	ㄹ				
r	ㄹ	르				
h	ㅎ	흐				
ç	ㅎ	히				
x	ㅎ	흐				

* [j], [w]의 '이'와 '오, 우', 그리고 [ɲ]의 '니'는 모음과 결합할 때 제3장 표기 세칙에 따른다.
** 독일어의 경우에는 '에', 프랑스어의 경우에는 '으'로 적는다.

제3장 표기 세칙(영어)

기준	조항
무성 파열음 ([p], [t], [k])	1. 짧은 모음 다음의 어말 무성 파열음([p], [t], [k])은 받침으로 적는다. 예 gap[gæp] 갭, cat[kæt] 캣, book[buk] 북 2. 짧은 모음과 유음·비음([l], [r], [m], [n]) 이외의 자음 사이에 오는 무성 파열음([p], [t], [k])은 받침으로 적는다. 예 apt[æpt] 앱트, setback[setbæk] 셋백, act[ækt] 액트 3. 위 경우 이외의 어말과 자음 앞의 [p], [t], [k]는 '으'를 붙여 적는다. 예 stamp[stæmp] 스탬프, nest[nest] 네스트, sickness[siknis] 시크니스
유성 파열음 ([b], [d], [g])	어말과 모든 자음 앞에 오는 유성 파열음은 '으'를 붙여 적는다. 예 bulb[bʌlb] 벌브, land[lænd] 랜드, signal[signəl] 시그널
마찰음 ([s], [z], [f], [v], [θ], [ð], [ʃ], [ʒ])	1. 어말 또는 자음 앞의 [s], [z], [f], [v], [θ], [ð]는 '으'를 붙여 적는다. 예 mask[mɑːsk] 마스크, jazz[dʒæz] 재즈, thrill[θril] 스릴 2. 어말의 [ʃ]는 '시'로 적고, 자음 앞의 [ʃ]는 '슈'로, 모음 앞의 [ʃ]는 뒤따르는 모음에 따라 '샤', '섀', '셔', '셰', '쇼', '슈', '시'로 적는다. 예 flash[flæʃ] 플래시, shrub[ʃrʌb] 슈러브, shark[ʃɑːk] 샤크 3. 어말 또는 자음 앞의 [ʒ]는 '지'로 적고, 모음 앞의 [ʒ]는 'ㅈ'으로 적는다. 예 mirage[mirɑːʒ] 미라지, vision[viʒən] 비전
파찰음 ([ts], [dz], [tʃ], [dʒ])	1. 어말 또는 자음 앞의 [ts], [dz]는 '츠', '즈'로 적고, [tʃ], [dʒ]는 '치', '지'로 적는다. 예 Pittsburgh[pitsbəːg] 피츠버그, odds[ɔdz] 오즈, switch[switʃ] 스위치, bridge[bridʒ] 브리지 2. 모음 앞의 [tʃ], [dʒ]는 'ㅊ', 'ㅈ'으로 적는다. 예 chart[tʃɑːt] 차트, virgin[vəːdʒin] 버진
비음 ([m], [n], [ŋ])	1. 어말 또는 자음 앞의 비음은 모두 받침으로 적는다. 예 steam[stiːm] 스팀, lamp[læmp] 램프 2. 모음과 모음 사이의 [ŋ]은 앞 음절의 받침 'ㅇ'으로 적는다. 예 hanging[hæŋiŋ] 행잉, longing[lɔŋiŋ] 롱잉
유음 ([l])	1. 어말 또는 자음 앞의 [l]은 받침으로 적는다. 예 hotel[houtel] 호텔, pulp[pʌlp] 펄프 2. 어중의 [l]이 모음 앞에 오거나, 모음이 따르지 않는 비음([m], [n]) 앞에 올 때에는 'ㄹㄹ'로 적는다. 다만, 비음([m], [n]) 뒤의 [l]은 모음 앞에 오더라도 'ㄹ'로 적는다. 예 slide[slaid] 슬라이드, film[film] 필름, Hamlet[hæmlit] 햄릿
장모음	장모음의 장음은 따로 표기하지 않는다. 예 team[tiːm] 팀, route[ruːt] 루트
중모음 ([ai], [au], [ei], [ɔi], [ou], [auə])	중모음은 각 단모음의 음가를 살려서 적되, [ou]는 '오'로, [auə]는 '아워'로 적는다. 예 boat[bout] 보트, tower[tauə] 타워
반모음 ([w], [j])	1. [w]는 뒤따르는 모음에 따라 [wə], [wɔ], [wou]는 '워', [wɑ]는 '와', [wæ]는 '왜', [we]는 '웨', [wi]는 '위', [wu]는 '우'로 적는다. 예 word[wəːd] 워드, wander[wɑndə] 완더, wag[wæg] 왜그, west[west] 웨스트, witch[witʃ] 위치, wool[wul] 울 2. 자음 뒤에 [w]가 올 때에는 두 음절로 갈라 적되, [gw], [hw], [kw]는 한 음절로 붙여 적는다. 예 swing[swiŋ] 스윙, penguin[peŋgwin] 펭귄 3. 반모음 [j]는 뒤따르는 모음과 합쳐 '야', '얘', '여', '예', '요', '유', '이'로 적는다. 다만, [d], [l], [n] 다음에 [jə]가 올 때에는 각각 '디어', '리어', '니어'로 적는다. 예 yard[jɑːd] 야드, yank[jæŋk] 얭크, Indian[indjən] 인디언, battalion[bətæljən] 버탤리언, union[juːnjən] 유니언

복합어	1. 따로 설 수 있는 말의 합성으로 이루어진 복합어는 그것을 구성하고 있는 말이 단독으로 쓰일 때의 표기대로 적는다. 예 bookend[bukend] 북엔드, headlight[hedlait] 헤드라이트 2. 원어에서 띄어 쓴 말은 띄어 쓴 대로 한글 표기를 하되, 붙여 쓸 수도 있다. 예 top class[tɔpklæs] 톱 클래스/톱클래스

제4장 인명, 지명 표기의 원칙

1 표기 원칙

원칙	예시
외국의 인명, 지명의 표기는 제1~3장의 규정을 따르는 것을 원칙으로 하되, 제3장에 포함되어 있지 않은 언어권의 인명, 지명은 원지음을 따르는 것을 원칙으로 한다.	Ankara 앙카라 Gandhi 간디
원지음이 아닌 제3국의 발음으로 통용되고 있는 것은 관용을 따른다.	Hague 헤이그 Caesar 시저
고유 명사의 번역명이 통용되는 경우 관용을 따른다.	Pacific Ocean 태평양 Black Sea 흑해

2 동양의 인명, 지명 표기

(1) 중국 인명은 과거인과 현대인을 구분하여 과거인은 종전의 한자음대로 표기하고, 현대인은 원칙적으로 중국어 표기법에 따라 표기하되, 필요한 경우 한자를 병기한다.

(2) 중국의 역사 지명으로서 현재 쓰이지 않는 것은 우리 한자음대로 하고, 현재 지명과 동일한 것은 중국어 표기법에 따라 표기하되, 필요한 경우 한자를 병기한다.

(3) 일본의 인명과 지명은 과거와 현대의 구분 없이 일본어 표기법에 따라 표기하는 것을 원칙으로 하되, 필요한 경우 한자를 병기한다.

(4) 중국 및 일본의 지명 가운데 한국 한자음으로 읽는 관용이 있는 것은 이를 허용한다.

東京 도쿄, 동경   京都 교토, 경도   上海 상하이, 상해
臺灣 타이완, 대만   黃河 황허, 황하

3 바다, 섬, 강, 산 등의 표기 세칙

세칙	예시
바다는 '해(海)'로 통일한다.	홍해 발트해 아라비아해
섬은 모두 '섬'으로 통일한다. (단, 우리나라의 섬은 제외)	타이완섬 코르시카섬 (우리나라: 제주도, 울릉도)
한자 사용 지역(일본, 중국)의 지명이 하나의 한자로 되어 있을 경우, '강', '산', '호', '섬' 등은 겹쳐 적는다.	주장강(珠江) 도시마섬(利島) 위산산(玉山)
지명이 산맥, 산, 강 등의 뜻이 들어 있는 것은 '산맥', '산', '강' 등을 겹쳐 적는다.	Rio Grande 리오그란데강 Mont Blanc 몽블랑산 Sierra Madre 시에라마드레산맥

- 틀리기 쉬운 외래어 표기*
  - 가급적 '→' 표시 뒤의 우리말로 바꾸어 쓰는 것이 좋음.

  ※ [독] 독일어, [라] 라틴어, [스] 스페인어, [에] 에스파냐어, [이] 이탈리아어, [포] 포르투갈어, [프] 프랑스어

✕	◯	✕	◯
가아드레일	가드레일	디지탈	디지털
개스	가스	라이센스	라이선스 → 면허, 허가
가쉽	가십	라이타	라이터
카톨릭	가톨릭*	라킷	라켓
갈러리	갤러리 → 그림방, 화랑	랑데뷰	랑데부[프]*
게릴러	게릴라[에]	런닝셔츠	러닝셔츠
크로데스크	그로테스크[프] → 기괴하다	러쉬아우어	러시아워
글래스	글라스 → 유리잔	레이다	레이더
글로브	글러브	레인보우	레인보
그리세린	글리세린	레크레이션	레크리에이션
기브스	깁스[독]	레파토리	레퍼토리*
나일롱	나일론	렌트카	렌터카* → 빌림 차, 임대 차
넌센스	난센스 → 당찮은 말	로보트	로봇
나레이숀	내레이션 → 해설	로얄제리	로열젤리*
내프킨	냅킨*	로얄티	로열티
네트웍	네트워크	로케트	로켓
노우즐, 노쯜	노즐*	로타리	로터리
노우트	노트	락	록

×	○	×	○
노우하우	노하우 → 비결, 기술	루즈	루쥬[프]
넌픽숀	논픽션	류마티즘	류머티즘
누앙스	뉘앙스[프]	르뽀	르포
따운타운	다운타운 → 도심(지)	리더쉽	리더십 → 지도력
다이나믹	다이내믹* → 역동적	리모콘	리모컨
다이나마이트	다이너마이트	링겔	링거
다이알	다이얼 → 번호판, 글자판	마아가린	마가린
다큐맨타리	다큐멘터리	매니아	마니아 → 애호가
대쉬	대시 → 질주, 달리기	마네킨	마네킹* → 광고 인형
대님, 디님	데님*	맛사지	마사지
데뷰	데뷔[프]*	마스콧트	마스코트
뎃생, 데쌩	데생[프]	마스타	마스터 → 숙달, 통달
데이타	데이터 → 자료	메세지	메시지
덴귀열	뎅기열*	메이컵	메이크업
도우넛	도넛*	모라토리움	모라토리엄
다큐멘트	도큐먼트	몽타쥬	몽타주[프]
드라이크리닝	드라이클리닝	미이라	미라
드랍스	드롭스	미스테리	미스터리 → 추리
디스킷	디스켓	밀크쉐이크	밀크셰이크
밀크카라멜	밀크캐러멜	스테이디움	스타디움[라]
바리게이트	바리케이드	스테미너	스태미나 → 원기, 정력, 힘
바베큐	바비큐* → 통구이	스탭	스태프* → 제작진
베어지(선)	바지(선)*	스탠다드	스탠더드 → 표준
빠텐더	바텐더	스텝프	스텝 → 걸음걸이
바톤, 배통	바통[프], 배턴*	스트라익	스트라이크
박터리아	박테리아 → 세균	스트로우	스트로 → 빨대
방갈로우	방갈로	스치로폼	스티로폼
뱃지	배지	스폰지	스펀지
뱃트	배트 → 방망이	스팟뉴스	스폿뉴스 → 초점 뉴스
부저	버저*	스프링쿨러	스프링클러* → 물뿌리개
바디	보디	슬라브	슬래브
보이코트	보이콧 → 거부, 배척	슬롯머쉰	슬롯머신
불독	불도그	셰멘트	시멘트
부르쥬아	부르주아[프]	심볼	심벌* → 상징, 기호

×	○	×	○
부페	뷔페[프]*	심포지움	심포지엄*
브라자	브래지어	싱가폴	싱가포르
브롯지	브로치	아마츄어	아마추어
비스켓	비스킷*	액센트	악센트*
비지니스	비즈니스 → 사업	악세사리	액세서리 → 장식물, 노리개
쌔디즘	사디즘	알류미늄	알루미늄*
산타크로스	산타클로스	알카리	알칼리
샤시	섀시 → 창틀	알콜	알코올
섹스폰	색소폰	알파베트	알파벳
사라다	샐러드*	애드벨룬	애드벌룬
샹드리에	샹들리에[프]	앰불런스	앰뷸런스* → 구급차
쉐도우케비넛	섀도캐비닛	에머럴드	에메랄드
써커스	서커스	에스코드	에스코트 → 호위
써클	서클 → 동아리, 모임	에어콘	에어컨
써핑	서핑	오르가즘	오르가슴[프]
썬그라스	선글라스	오바	오버 → 외투
센치멘탈	센티멘털 → 감상적	오프세트	오프셋
샤베트	셔벗	옥스포드	옥스퍼드
셀파, 세르퍼	셰르파	옴부스맨	옴부즈맨
소세지	소시지	옵저버	옵서버
(쇼)윈도우	(쇼)윈도	웨건	왜건
숲, 스프	수프	야쿠르트	요구르트
수퍼	슈퍼	워크샵	워크숍
스노우타이어	스노타이어	자켓	재킷* → 웃옷
스카웃	스카우트	제스츄어	제스처 → 몸짓
스케쥴	스케줄 → 일정	겔라틴	젤라틴
쥬스	주스	쿠테타	쿠데타[프]
쥬라기	쥐라기	쿵푸	쿵후
짚	지프	크레딧 카드	크레디트 카드 → 신용 카드
챈스	찬스 → 기회	크로킷	크로켓*
참피온	챔피언	크리스찬	크리스천 → 기독교도
초콜렛	초콜릿*	크리스탈	크리스털 → 수정
가디건	카디건*	클라이막스	클라이맥스* → 극상
커리	카레*	클락슨	클랙슨 → 경적

×	○	×	○
캬바레	카바레[프]	키로	킬로
카스테라	카스텔라[포]*	타겟, 타켓	타깃 → 목표, 표적
카운슬러	카운슬러*	타올	타월* → 수건
까페	카페[프]	타이즈	타이츠
카페트	카펫 → 양탄자	텔레비젼	텔레비전
카라멜	캐러맬	탑뉴스	톱뉴스 → 머리기사
캐롤	캐럴	트럼본	트롬본
캐리커쳐	캐리커처	팀웍, 팀웤	팀워크
케비넷	캐비닛	화운데이션	파운데이션
카시미어	캐시미어	파일롯	파일럿 → 조종사
캐쥬얼	캐주얼 → 평상(복)	판타롱	판탈롱[프]
캠프화이어	캠프파이어	팜플렛	팸플릿*
컨닝	커닝	패미니즘	페미니즘
커리큐럼	커리큘럼 → 교과 과정	페스티발	페스티벌 → 축제
코미션	커미션 → 수수료	포스트칼라	포스터컬러
커피샵	커피숍	포크레인	포클레인
콘베이어	컨베이어	휴즈	퓨즈
컨소시움	컨소시엄	후라이팬	프라이팬
콘테이너	컨테이너	프론트	프런트
칼라	컬러 → 색(상)	프론티어	프런티어
콤파스	컴퍼스	프로듀사	프로듀서
콤프레서	컴프레서 → 압축기	프로펠라	프로펠러
케익, 케잌	케이크	프로포즈	프러포즈 → 청혼
케찹	케첩	프롤레탈리아	프롤레타리아[프]
꼬냑	코냑[프]	프라스틱	플라스틱
골덴	코르덴, 코듀로이	프랑크톤	플랑크톤
코메디	코미디 → 희극	후레시	플래시
컨서트	콘서트 → 연주회	플랜카드	플래카드* → 현수막
컨셉트, 컨셉	콘셉트*	하일라이트	하이라이트 → 강조, 주요 부분
컴팩트	콤팩트	헐리웃	할리우드
콩쿨	콩쿠르[프]	호치켓	호치키스
꽁트	콩트[프]	힙, 힢	히프 → 엉덩이

로마자 표기법	
제1장 표기의 기본 원칙	제1~2항
제2장 표기 일람	제1~2항 모음, 자음
제3장 표기상의 유의점	제1~8항 음운 변화, 발음상 혼동, 고유 명사, 인명, 행정 구역 단위, 자연 지물/문화재/인공 축조물명, 인명, 회사명, 단체명, 특수 분야

제1장 표기의 기본 원칙(생략)

제2장 표기 일람

1 모음

단모음	ㅏ	ㅓ	ㅗ	ㅜ	ㅡ	ㅣ	ㅐ	ㅔ	ㅚ	ㅟ
	a	eo	o	u	eu	i	ae	e	oe	wi

이중 모음	ㅑ	ㅕ	ㅛ	ㅠ	ㅒ	ㅖ	ㅘ	ㅙ	ㅝ	ㅞ	ㅢ*
	ya	yeo	yo	yu	yae	ye	wa	wae	wo	we	ui

* ㅢ: 'ㅣ'로 소리 나더라도 'ui'로 적는다. 예 광희문 Gwanghuimun

2 자음

(1) 파열음

ㄱ	ㄲ	ㅋ	ㄷ	ㄸ	ㅌ	ㅂ	ㅃ	ㅍ
g, k	kk	k	d, t	tt	t	b, p	pp	p

(2) 파찰음

ㅈ	ㅉ	ㅊ
j	jj	ch

(3) 마찰음

ㅅ	ㅆ	ㅎ
s	ss	h

(4) 비음

ㄴ	ㅁ	ㅇ
n	m	ng

(5) 유음

ㄹ
r, l

> **핵심 포인트**
> - 'ㅢ'는 'ㅣ'로 소리 나더라도 'ui'로 적는다.
>   예 광희문 Gwanghuimun
> - 'ㄱ, ㄷ, ㅂ'은 모음 앞에서는 'g, d, b'로, 자음 앞이나 어말에서는 'k, t, p'로 적는다.
>   예 구미 Gumi, 영동 Yeongdong, 합덕 Hapdeok, 월곶[월곧] Wolgot
> - 'ㄹ'은 모음 앞에서는 'r'로, 자음 앞이나 어말에서는 'l'로 적는다. 단, 'ㄹㄹ'은 'll'로 적는다.
>   예 구리 Guri, 칠곡 Chilgok, 임실 Imsil, 울릉 Ulleung

제3장 표기상의 유의점

1 음운 변화가 일어날 때에는 변화의 결과에 따라 적는다.

(1) 자음 사이에서 동화 작용이 일어나는 경우

신문로[신문노] Sinmunno   종로[종노] Jongno   신라[실라] Silla

(2) 'ㄴ, ㄹ'이 덧나는 경우

학여울[항녀울] Hangnyeoul   알약[알략] allyak

(3) 구개음화가 되는 경우

해돋이[해도지] haedoji   같이[가치] gachi   굳히다[구치다] guchida

(4) 'ㄱ, ㄷ, ㅂ, ㅈ'이 'ㅎ'과 합하여 거센소리로 소리 나는 경우

좋고[조코] joko   놓다[노타] nota   잡혀[자펴] japyeo   낳지[나치] nachi

① 다만, 체언에서 'ㄱ, ㄷ, ㅂ' 뒤에 'ㅎ'이 따를 때에는 'ㅎ'을 밝혀 적는다.

묵호 Mukho   집현전 Jiphyeonjeon

② 된소리되기는 표기에 반영하지 않는다. [붙임]

낙동강[-똥-] Nakdonggang   울산[-싼] Ulsan   낙성대[-썽-] Nakseongdae

2 발음상 혼동의 우려가 있을 때에는 음절 사이에 붙임표(-)를 쓸 수 있다.

중앙 Jung-ang   반구대 Ban-gudae   해운대 Hae-undae

3 고유 명사는 첫 글자를 대문자로 적는다.

> 부산 Busan   세종 Sejong

4 인명은 성과 이름의 순서로 띄어 쓴다. 이름은 붙여 쓰는 것을 원칙으로 하되 음절 사이에 붙임표(-)를 쓰는 것을 허용한다. 이름에서 일어나는 음운 변화는 표기에 반영하지 않으며, 성의 표기는 따로 정한다.

> 송나리 Song Nari (Song Na-ri)   한복남 Han Boknam (Han Bok-nam)

5 '도, 시, 군, 구, 읍, 면, 리, 동'의 행정 구역 단위와 '가'는 각각 'do, si, gun, gu, eup, myeon, ri, dong, ga'로 적고, 그 앞에는 붙임표(-)를 넣는다. 붙임표(-) 앞뒤에서 일어나는 음운 변화는 표기에 반영하지 않는다. '시, 군, 읍'의 행정 구역 단위는 생략할 수 있다.

> 충청북도 Chungcheongbuk-do   의정부시 Uijeongbu-si   봉천 1동 Bongcheon 1(il)-dong
> 청주시 Cheongju(-si)   함평군 Hampyeong(-gun)   순창읍 Sunchang(-eup)

6 자연 지물명, 문화재명, 인공 축조물명은 붙임표(-) 없이 붙여 쓴다.

> 남산 Namsan   속리산 Songnisan   경복궁 Gyeongbokgung   화랑대 Hwarangdae
> 오죽헌 Ojukheon   촉석루 Chokseongnu   다보탑 Dabotap

7 인명, 회사명, 단체명 등은 그동안 써 온 표기를 쓸 수 있다.

8 학술 연구 논문 등 특수 분야에서 한글 복원을 전제로 표기할 경우에는 한글 표기를 대상으로 적는다. 이때 글자 대응은 제2장을 따르되 'ㄱ, ㄷ, ㅂ, ㄹ'은 'g, d, b, l'로만 적는다. 음가 없는 'ㅇ'은 붙임표(-)로 표기하되 어두에서는 생략하는 것을 원칙으로 한다. 기타 분절의 필요가 있을 때에도 붙임표(-)를 쓴다.

> 가곡 gagog   독립 doglib   붓꽃 buskkoch   조랑말 jolangmal
> 굳이 gud-i   없었습니다 eobs-eoss-seubnida

제4장 출제 유형 | 확인 문제

정답 및 해설 ▶ p.16

01 외래어 표기가 맞는 것은?

① 챠트
② 비젼
③ 플래쉬
④ 브릿지
⑤ 재즈

02 외래어 표기가 틀린 것은?

① 캣(cat)
② 로브스터(lobster)
③ 앱트(apt)
④ 케이프(cape)
⑤ 스태프(step)

03 외래어 표기 원칙에 대한 설명으로 적절한 것은?

① 외래어는 국어의 현용 24자모만으로 적으므로 'cake'는 '케익'으로 적는다.
② 외래어의 1 음운은 원칙적으로 1 기호로 적으므로 'fighting'은 '화이팅'으로 적는다.
③ 외래어의 받침에는 정해진 자음만을 쓸 수 있으므로 'supermarket'은 '슈퍼마켇'으로 쓴다.
④ 외래어의 파열음 표기에는 된소리를 쓰지 않는 것을 원칙으로 하므로 'conte'는 '콩트'라고 쓴다.
⑤ 이미 굳어진 외래어는 관용을 존중하므로 'circle'은 '써클'로 쓴다.

04 국어의 로마자 표기가 적절한 것은?

① 부산 busan
② 묵호 Muko
③ 압구정 Abgujeong
④ 옥천 Okcheon
⑤ 대관령 Daegwalryeong

05 국어의 로마자 표기가 틀린 것은?

① 백마 Baengma
② 신라 Silla
③ 의상대 Euisangdae
④ 학여울 Hangnyeoul
⑤ 해돋이 haedoji

06 국어의 로마자 표기에 대한 설명으로 적절하지 않은 것은?

① 로마자 이외의 부호는 되도록 사용하지 않는다.
② 음운 변화 가운데 된소리되기는 표기에 반영하지 않는다.
③ 이름은 띄어 쓰는 것을 원칙으로 하되 음절 사이에 붙임표(-)를 쓰는 것을 허용한다.
④ 행정 구역 단위 앞에는 붙임표(-)를 넣고, 그 앞뒤에서 일어나는 음운 변화는 표기에 반영하지 않는다.
⑤ 자연 지물명, 문화재명, 인공 축조물명은 붙임표(-) 없이 붙여 쓴다.

제3편 심화 문제

정답 및 해설 ▶ p.17

01 단어의 의미 관계가 나머지 넷과 다른 것은?

> 보기
> '계, 례, 몌, 폐, 혜'의 'ㅖ'는 'ㅔ'로 소리 나는 경우가 있더라도 'ㅖ'로 적는다.
> 다만, 다음 말은 본음대로 적는다.

① 우리나라는 국가 기념일에 국기 계양을 한다.
② 돈을 찾아 주신 분께 사례로 상품권을 드렸다.
③ 너와 나는 뜻이 같으니 연몌할 수 있을 것이다.
④ 폐품도 재활용하면 훌륭한 소품으로 다시 태어날 수 있다.
⑤ 봉사에 적극적으로 참가하는 학생에게는 가산점 혜택을 주기로 했다.

02 문맥에 맞게 밑줄 친 단어의 표기를 고친 것으로 잘못된 것은?

① 칠판에 휴강이라고 씌여(→ 쓰여) 있었다.
② 교수님의 뜻을 쫓아(→ 좇아) 의사가 되었다.
③ 이 나무는 의자로 쓰기에 십상(→ 쉽상) 좋다.
④ 그는 미소를 띠고(→ 띠고) 조용히 말을 꺼냈다.
⑤ 나는 집으로 가기 전에 도서관에 들렸다(→ 들렀다).

03 밑줄 친 단어의 표기가 바르지 않은 것은?

① 동식이는 소에 받혀 크게 다쳤다.
② 노사 간의 합의가 극적으로 이루어졌다.
③ 약속한 시각에 맞추어 동창회에 참석했다.
④ 목걸이가 끊어지면서 구슬들이 낟알로 흩어졌다.
⑤ 재명이와 용국이는 본격적으로 싸움을 벌이기 시작했다.

04 밑줄 친 부분의 띄어쓰기가 잘못된 것은?

① 집을 대궐만큼 크게 지었다.
② 서울과∨포천∨간 고속도로가 새로 만들어졌다.
③ 그는 사과는커녕 오히려 화를 내었다.
④ 그는 노래를 부르는데도 소질이 있다.
⑤ 그녀는 언제나 힘들어도 괜찮은∨체를 하였다.

05 밑줄 친 말이 표준어인 것은?

① 집에 으레 있어야 할 우리 집 강아지가 없었다.
② 포도의 덩쿨이 하루가 다르게 자라 뻗어 나갔다.
③ 웃목은 아궁이에서 멀기 때문에 아랫목보다 춥다.
④ 꽃 피는 삼월이라 삼짓날에 강남 갔던 제비가 돌아오는구나.
⑤ 책에서 좋은 귀절을 뽑아 인용하는 것도 글쓰기 연습에 좋다.

06 어법에 맞고 자연스러운 문장은?

> ㉠ '디아스포라'란 외국에 있는 코리아타운과 같은 이주민 집단 거주 지역을 지시한다. ㉡ 외국으로 이주한 사람들은 자신들의 경제적 이익과 문화적 정체성을 확보하기 위해 디아스포라를 형성한다. ㉢ 그래서 디아스포라는 단지 자신들의 경제적 이익과 문화적 정체성만을 지키는 곳은 아니다. ㉣ 예를 들어 미국 같은 다인종 사회에서 소수 인종들의 디아스포라는 단지 독립적으로 존재하는 곳이 아니라 미국의 문화와 자연스러운 융합이다. ㉤ 즉, 디아스포라는 새로운 문화가 생겨나고 자라나는 바탕으로서의 역할도 하는 셈이다.

① ㉠ ② ㉡
③ ㉢ ④ ㉣
⑤ ㉤

07 중복 표현이 <u>없는</u> 올바른 문장은?

① 그러면 다음에 또 찾아뵙겠습니다.
② 다음 글을 읽고 자신의 견해를 짧게 약술하시오.
③ 유학을 간 친구에게 근 일 년 가까이 소식이 없다.
④ 효력을 인정받으려면 본인의 자필 서명이 필요합니다.
⑤ 계약서에는 위약금에 대한 내용이 분명하게 명시되어 있다.

08 중의적으로 해석되지 <u>않는</u> 문장은?

① 그의 배가 말썽이었다.
② 나는 자그마한 그의 손을 좋아한다.
③ 현수는 동생에게 옷을 입혀 주었다.
④ 여러 아이들이 한 봉지의 과자를 먹었다.
⑤ 지영이는 어제 숙제를 집에서 하지 않았다.

09 〈보기〉를 참고할 때, 음운 변동을 분류한 것으로 적절하지 <u>않은</u> 것은?

─ 보기 ─

음운 변동은 어떤 음운이 놓이는 환경에 따라 바뀌어 소리 나는 현상으로 '교체, 탈락, 첨가, 축약'으로 나눌 수 있다.

① '국화'는 탈락에 해당한다.
② '실내'는 교체에 해당한다.
③ '놓는'은 교체에 해당한다.
④ '쌓이다'는 탈락에 해당한다.
⑤ '신여성'은 첨가에 해당한다.

10 〈보기〉의 ㉠에 해당하는 것은?

─ 보기 ─

합성어는 일반적인 문장 구조에서 확인되는 단어의 배열법에 따라 만들어진 것과 ㉠ <u>그렇지 않은 것</u>으로 나눌 수 있다.

① 빈집
② 어깨동무
③ 귀먹다
④ 겉늙다
⑤ 검붉다

11 〈보기〉를 참고할 때, 능동문과 피동문이 대응 관계를 이루는 것은?

─ 보기 ─

같은 장면을 두고도 어떤 사람을 주어로 하느냐에 따라 문장 표현은 달라진다. 자신의 힘으로 어떤 동작이나 행위를 하는 사람을 주어로 두면 능동 표현이 되고, 다른 주체에 의해서 어떤 일을 당하게 되는 사람이나 사물을 주어로 하면 피동 표현이 된다.

① 봄이 와서 날씨가 풀렸다.
② 새 옷이 못에 걸려 찢어졌다.
③ 아이들은 꽃씨를 땅에 묻었다.
④ 그녀는 부모님의 칭찬을 들었다.
⑤ 나는 의원 선거에서 상대 후보에게 밀렸다.

12 문장 부호 규정에 대한 설명이 <u>잘못된</u> 것은?

	문장 부호	규정 설명	예시
①	느낌표 (!)	감정을 넣어 대답하거나 다른 사람을 부를 때 쓴다.	춘향아!
②	쉼표 (,)	열거의 순서를 나타내는 어구 다음에 쓴다.	첫째, 몸이 튼튼해야 한다.
③	대괄호 ([ ])	열거된 항목 중 어느 하나가 자유롭게 선택될 수 있음을 보일 때 쓴다.	아이들이 모두 학교[에, 로, 까지] 갔어요.
④	붙임표 (-)	기간이나 거리 또는 범위를 나타낼 때 쓴다.	서울-천안 정도는 출퇴근이 가능하다.
⑤	밑줄 (＿)	문장 내용 중에서 주의가 미쳐야 할 곳이나 중요한 부분을 특별히 드러내 보일 때 쓴다.	중요한 것은 왜 사<u>느냐</u>가 아니라 어<u>떻게 사느냐</u>이다.

13 밑줄 친 말이 〈보기〉의 설명에 해당하지 <u>않는</u> 것은?

> **보기**
> 자음을 첫소리로 가지고 있는 음절의 '의'는 [ㅣ]로 발음한다. 단어의 첫음절 이외의 '의'는 [ㅣ]로, 조사 '의'는 [ㅔ]로 발음함도 허용한다.

① 1년 전만 해도 그 일은 막연한 <u>희망</u>에 불과했다.
② 국가는 <u>국민의</u> 안전과 행복을 도모해야 한다.
③ 정부의 모든 권력은 국민의 <u>동의</u>에서 나와야 한다.
④ 민주 사회에서는 개인이 <u>의사</u>를 결정할 수 있어야 한다.
⑤ 이번 남북 정상 회담이 갖는 <u>의의</u>는 말할 수 없이 중요하다.

14 외래어 표기법상 적절하지 <u>않은</u> 것은?

① 주스
② 비스킷
③ 초콜릿
④ 앙케트
⑤ 섀도우복싱

15 로마자 표기법이 바른 것은?

① 강원도 Kangwon-do
② 경상북도 Gyungsangbuk-do
③ 충청남도 Cungceongnam-do
④ 전라북도 Jeonlabuk-do
⑤ 제주도 Jeju-do

제4편

쓰기·창안

제1장 쓰기
제2장 창안

'KBS 한국어능력시험 기출 분석 2주 합격' 100% 활용법

'쓰기·창안' 영역에서는 총 100문제 중 15문제가 출제돼요. 비교적 난도가 낮은 편이기 때문에 문제를 꼼꼼히 확인하여 실수를 줄이는 것이 중요하답니다. 먼저, 쓰기는 글쓰기 과정을 5단계로 나누어 출제한 것으로, 거시적·미시적인 관점에서 푸는 문제입니다. 이에 글쓰기 과정별로 기출 유형을 정리해 두었으니 빠짐없이 확인해 두세요. 다음으로 창안은 그림이나 텍스트를 활용하여 푸는 문제입니다. 상식선에서 생각하기보다는 그림이나 텍스트의 핵심적 의미와 제시된 조건을 정확하게 파악하는 것이 실수를 줄이는 가장 좋은 방법입니다.

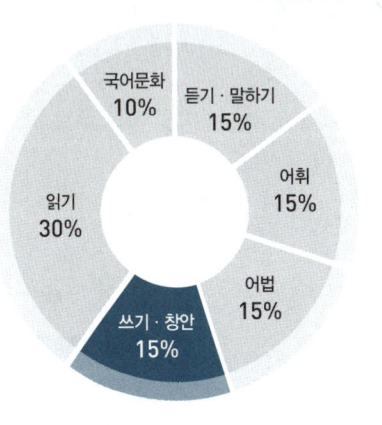

제4편 한눈에 보기

쓰기(5문제)
① 쓰기 계획 수립
② 자료 수집과 활용
③ 개요 작성
④ 글쓰기 전략
⑤ 고쳐쓰기

창안(10문제)
① 그림을 활용한 내용 생성 ┐ 그림 창안
② 시각 리터러시 ┘
③ 조건을 반영한 글쓰기 ┐ 텍스트 창안
④ 유비 추론을 활용한 내용 생성 ┘

제1장 제2장

쓰기·창안
(15문제)

출제 빈도

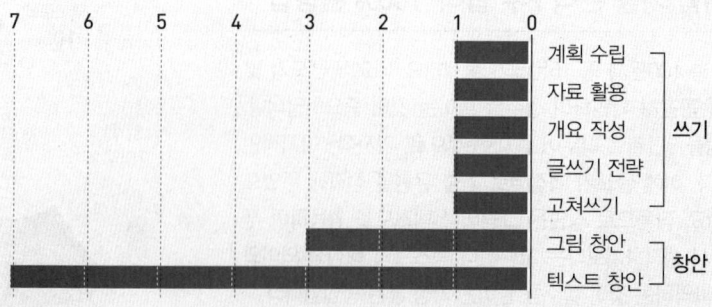

최신 기출 모아 보기

1 쓰기·창안 문제 구성

쓰기 영역은 글쓰기 과정을 5단계로 나누어 단계별로 1문제씩 총 5문제가 연계되어 출제되며, 창안 영역은 그림 및 텍스트를 활용한 내용 생성이 문제의 주를 이룬다. 쓰기 영역의 문제 유형은 크게 바뀌지 않는 반면, 창안 영역의 문제 유형은 새로운 유형이 추가되거나 잘 나오지 않던 이전 유형이 다시 나오는 등 변화의 폭이 큰 편이므로 유형별로 학습하여 전략적으로 대비해야 한다.

2 쓰기 영역 글쓰기 단계별 풀이 방법

단계		발문 형식	풀이 방법
쓰기 계획 수립		• 글을 작성하기 위해 계획한 내용으로 옳지 않은 것은? • 작성한 글에 반영되지 않은 것은?	목적, 주제, 예상 독자 등 작문 상황을 고려하여 전체적인 계획과 쓰기 전략이 적절한지 등을 확인한다.
자료 수집과 활용		자료의 활용 방안으로 적절하지 않은 것은?	제시된 자료가 주제를 뒷받침할 수 있는지, 근거가 분명하고 내용과 출처가 정확한지 등을 확인한다.
개요 작성· 글쓰기 전략		• 〈글쓰기 개요〉의 수정 및 상세화 방안으로 적절하지 않은 것은? • 글을 쓰는 과정에서 필자가 점검하여 반영한 내용으로 가장 적절한 것은? • 글에 사용된 서술상의 특징(또는 글쓰기 방법)으로 적절하지 않은 것은?	중심 내용의 위계와 전개를 고려하여 전체적인 흐름이 논리적으로 일관성이 있는지, 부족하거나 불필요한 내용은 없는지, 상위 항목과 하위 항목의 관계가 유기적인지, 주제를 나타내기 위해 적절한 글쓰기 방법을 선택하였는지 등을 확인한다.
고쳐쓰기	거시적 점검	• 고쳐쓰기 과정에서 계획(또는 점검)한 내용으로 가장 적절한 것은? • 글을 보완할 수 있는 방안으로 가장 적절한 것은?	글, 단락 수준의 수정으로, 내용이 의도에 맞게 체계적으로 구성되어 있는지, 단락의 통일성과 일관성이 지켜져 단락 간의 연결이 적절한지 등을 확인한다.
	미시적 점검	• ㉠~㉤을 고쳐쓰기 위한 방안으로 적절하지 않은 것은?	문장, 단어 수준의 수정으로, 단어가 적절하게 쓰이고 맞춤법 규정을 지키고 있는지 등을 확인한다.

3 창안 영역 빈출 유형

소재	표현 방식
사회 문제(학교 폭력, 아동 학대 및 양육·교육, 층간 소음, 금연, 음주 운전, 쓰레기 재활용, 환경 문제, 절약, 빨리빨리 문화, 통일), 생활 예절(양보, 관람 예절 등), 재난·재해 시 행동 요령, 중독(도박, 스마트폰), 삶의 태도(평등 의식, 역사 의식, 생명 존중 사상, 국어 사랑, 규칙적 생활), 세시풍속 등	비유법★, 대구법★, 대조법★, 가정법, 추상적 대상의 구체화, 의문형·청유형 종결 어미★

제1장 쓰기

제4편 쓰기·창안

기출 Point!
전체적인 글쓰기 과정을 올바르게 수행할 수 있는지를 평가한다. 46번부터 50번까지의 문제가 '쓰기 계획 수립 → 자료 수집과 활용 → 개요 작성·글쓰기 전략 → 거시적·미시적 고쳐쓰기'의 과정으로 연계되어 있다. 전체적으로 난도가 높지 않으므로 실수를 하지 않는 것이 중요하다.

빈출 유형 ❶ 쓰기 계획 수립

STEP 1 | 유형 알기

글쓰기의 첫 단계로서 전체적인 계획을 수립하고 적절한 쓰기 전략을 짤 수 있는지 평가하는 유형

STEP 2 | 만점 포인트

쓰기 영역에서 반드시 출제되는 문제이다. 글의 내용이 주제, 예상 독자, 목적 등에 부합하는지 확인해야 한다.

STEP 3 | 예시 문제

글을 작성하기 위하여 계획한 내용으로 적절하지 <u>않은</u> 것은?

● 글쓰기 계획 ●

- 주제: 다문화 사회의 대응 방안 필요성 강조
- 예상 독자: 일반인
- 글의 내용
  ① 다문화 사회의 정확한 개념과 등장 배경을 찾아 제시한다.
  ② 다문화 사회로서 외국인의 비율이 증가하고 있음을 시대별로 분석하여 제시한다.
  ③ 다문화 사회가 지닌 긍정적인 영향이 부정적인 면보다 더 많음을 비교하여 설명한다.
  ④ 다문화 가정이 겪고 있는 문제를 분야별로 조사하여 제시한다.
  ⑤ 다문화 가정의 어려움을 해결할 수 있는 정책을 조사하여 실행을 촉구한다.

[정답] ⑤
[해설] 다문화 가정과 관련된 정책을 실행하는 것은 정부가 할 일이므로 일반인을 예상 독자로 하는 쓰기 계획으로는 적절하지 않다.

빈출 유형 ❷ 자료 수집과 활용

STEP 1 | 유형 알기

글을 쓰기 위해 수집한 자료를 적절하게 활용하여 내용을 생성할 수 있는지 평가하는 유형

STEP 2 | 만점 포인트

전문가 의견, 신문 기사, 인터뷰, 연구 결과 등에 대한 자료가 제시된다. 글의 주제와 흐름에 맞게 자료를 적절하게 활용하였는지 확인해야 한다.

STEP 3 | 예시 문제

〈글쓰기 자료〉에 제시된 자료의 활용 방안으로 적절하지 <u>않은</u> 것은?

─── 글쓰기 자료 ───

(가) 다문화 사회란?
　다문화 사회는 한 사회 안에 서로 다른 인종과 다양한 문화가 공존하는 사회를 말한다. 세계화에 따라 국가 간 인구 이동이 활발해지면서 우리나라 역시 다문화 사회로 진입하고 있으며, 특히 외국인 근로자와 국제결혼 이주자가 늘어나면서 그 속도는 점차 빨라지고 있다.

(나) 국내 체류 외국인

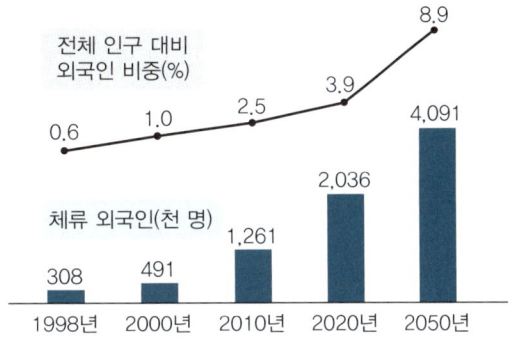

(다) 전문가 인터뷰 자료
　"다문화 사회가 된다는 것은 노동력이 풍부해진다는 것을 의미해요. 우리나라에서 3D 업종들이 인력난에 대한 고민을 늘 안고 있다는 점에서 외국인 근로자는 노동력 부족의 문제 해결에 기여한다고 볼 수 있습니다. 또한 다양한 나라에서 온 사람들이 우리 사회에서 생활한다는 것은 그만큼 다양한 문화 요소가 유입된다는 것을 의미하기도 하지요. 다양한 문화적 욕구를 충족할 수 있는 것은 물론 풍요로운 콘텐츠를 만들어 낼 수 있게 될 겁니다."

― ○○○ 교수

(라) 다문화 사회에 대한 설문 조사
- 결혼 이민자의 차별 경험은 감소하였으나, 일부 부정적 정서는 여전
  ※ 결혼 이민자 차별 경험 응답: ('15) 40.7% → ('18) 30.9% → ('21) 16.3%
- 청소년에 비해 성인의 다문화 수용성이 낮은 수준이며, 연령이 높을수록 다문화 수용성이 낮은 경향

구분	2015	2015 → 2018	2018	2018 → 2021	2021
성인(점)	53.95	1.14 감소	52.81	0.54 감소	82.27
청소년(점)	67.63	3.59 증가	71.22	0.17 증가	71.39

※ 청소년: 중학생 73.15점 > 고등학생 69.65점
　성인: 20대 54.40점 > 30대 52.98점 > 40대 52.77점 > 50대 51.80점 > 60대 이상 49.98점

[출처: 여성 가족부, 2023]

(마) 다문화 사회 기사

　　다문화 가정이 우리 사회의 구성원으로 자리매김하여 조화롭게 살아가기 위해서는 우리 사회의 다문화에 대한 이해를 증진하고 다양성을 존중하고자 하는 인식이 확산되어야 한다. 이에 유관 부서에서는 다문화 가족 정책 기본 계획을 배포하였다. 먼저, '다문화 이해 교육의 확대'를 위해 대상별 맞춤형 다문화 이해 교육을 확대하고, 다문화 이해 교육의 부처 간 연계를 강화할 계획이다. 다음으로, '다문화 존중 인식의 확산'을 위해 공공 부문 등 다문화 가정에 대한 차별 요소를 점검하고, 미디어 환경 및 사회적 인식을 개선하고자 하며, 마지막으로, '다문화 가정의 사회 참여 활성화'를 위해 다문화 가정과 지역 주민 간의 교류와 소통 기반을 확대하고, 다문화 가정의 사회 참여 기회를 확대하고자 한다.

[출처: 여성 가족부, 2023]

① (가)를 활용해 다문화 사회의 정확한 개념과 사회적 배경을 설명한다.
② (나)를 활용해 국내 체류 외국인의 유형이 어떻게 변화하고 있는지 강조한다.
③ (다)를 활용해 다문화 사회가 한국 사회의 발전에 기여할 수 있음을 부각한다.
④ (라)를 활용해 다문화 가정이 한국 생활에 쉽게 적응하기 어려운 이유를 밝힌다.
⑤ (마)를 활용해 다문화 가정이 한국 사회에서 조화롭게 살아갈 수 있도록 실천 가능한 방안을 제시한다.

정답 ②

해설 (나)는 국내에 살고 있는 외국인 수와 인구 비율에 관한 자료이므로 체류 유형을 설명하는 데에는 활용할 수 없다.

빈출 유형 ❸ 개요 작성

STEP 1 | 유형 알기

글을 작성하기 위한 개요를 적절히 세우고 내용을 조직할 수 있는지 평가하는 유형

STEP 2 | 만점 포인트

글쓰기 계획을 바탕으로 작성된 개요를 구체화하는 문제든, 초고와 함께 주어진 개요를 수정하는 문제든 중요한 것은 전체적인 글의 흐름을 파악하는 것이다. '서론-본론-결론'에서 다루어야 하는 내용을 상기하고, 상위 항목이 하위 항목의 내용을 적절히 포함하고 있는지 확인해야 한다.

STEP 3 | 예시 문제

〈글쓰기 개요〉의 수정 및 상세화 방안으로 적절하지 <u>않은</u> 것은?

```
─────────────── 글쓰기 개요 ───────────────
Ⅰ. 의료 서비스 수출의 현황 분석
    가. 한국을 찾는 외국인 환자 수의 증가
    나. 외국인 환자들이 한국에 오는 이유 분석
Ⅱ. 국내외 의료 서비스 소개 ····················· ㉠
    가. 외국인 환자의 지속적인 유치 어려움
    나. 의료 수출국으로의 전환 기회
    다. 비자 발급 간소화 ························ ㉡
Ⅲ. 외국인 환자 유치 장애의 요인
    가. 관련 정보의 제공 부족
    나. 해외 환자 유치를 위한 광고 규제 완화
    다. 정부 차원의 지원 부족
Ⅳ. 의료 서비스 수출 전략 방안
    가. 국내 의료 기관 종합 사이트 구축 및 운영
    나. 환자 유치, 광고 등에 대한 제도적인 규제 ···· ㉢
    다. 경쟁력 있는 의료 기관 선정 및 지원 ········ ㉣
Ⅴ. 결론
    의료 수출 대비 ····························· ㉤
```

① ㉠은 하위 항목의 내용을 고려하여 '의료 서비스 수출의 실태 진단'으로 바꾼다.
② ㉡은 글 전체의 통일성을 고려할 때 Ⅱ의 하위 항목으로 적절하지 않으므로 삭제한다.
③ ㉢은 글 전체의 흐름을 고려할 때 위치가 적절하지 않으므로 'Ⅲ-나'와 위치를 바꾼다.
④ ㉣은 상위 항목과 내용상 어울리지 않으므로 어울리는 내용인 Ⅲ의 하위 항목으로 옮겨 제시한다.
⑤ ㉤은 글 전체의 내용을 고려하여 '의료 서비스 수출에 대비하기 위한 적극적인 노력 촉구'로 구체화한다.

정답 ④
해설 경쟁력 있는 의료 기관을 선정하여 지원하는 것은 '의료 서비스 수출 전략 방안'이라는 상위 항목과 어울린다. 또한 'Ⅲ-다'의 해결 방안이 되므로 글 전체의 흐름을 고려해 보아도 그 위치가 적절하다.

빈출 유형 ④ 글쓰기 전략

STEP 1 | 유형 알기

제시된 글에 사용된 서술상의 특징을 찾거나 주제와 맥락에 맞게 빈칸의 내용을 완성할 수 있는지 평가하는 유형

STEP 2 | 만점 포인트

글을 단락별로 읽으면서 선지에서 해당 단락에 나타난 서술상의 특징을 하나씩 지워나가는 것이 좋다. 빈칸의 내용을 완성하는 문제 역시 논지 전개 능력을 평가하기 위한 문제이므로 빈칸이 포함된 단락 전체의 흐름을 파악하는 것이 중요하다.

STEP 3 | 예시 문제

> 친환경 농산물 인증 표시는 정부가 친환경 인증 제도에 따라 친환경으로 인정받은 농산물에 부여하는 것이다. 여기서 친환경 농산물이란 '농약, 화학 비료 등 화학 제품을 최소량으로 사용하거나 사용하지 않고 생산한 농산물'을 말한다.
> 친환경 농산물 인증 표시 제도의 도입은 환경 보존과 건강에 대한 사회적 관심이 높아진 데 따른 것이다. 친환경 농산물 소비가 계속 늘고 있는 데 비해 친환경 농산물에 대한 소비자들의 인식은 '농약이나 화학 비료를 적게 사용한 농산물' 정도에 그치고 있다. 이는 소비자들이 친환경 농산물 인증 표시의 종류와 분류 기준에 대해서 잘 모르기 때문이다. 친환경 농산물 인증 표시에는 어떤 종류가 있으며 분류 기준은 무엇일까?
> 친환경 농산물과 일반 농산물은 외관상 차이가 없기 때문에 친환경 농산물에 인증 표시가 ㉠ 부착할 수 있도록 하고 있다. 이 인증 표시는 세 가지로 ㉡ 나뉘어진다. 유기농 인증 표시는 유기 합성 농약과 화학 비료를 사용하지 않고 생산된 농산물임을 뜻한다. ㉢ 그러나 무농약 인증 표시는 유기 합성 농약을 사용하지 않고 화학 비료는 권장량의 1/3 이하로 사용하여 생산된 농산물을 가리킨다. 마지막으로 저농약 인증 표시는 유기 합성 농약을 농약관리법에 따른 안전 사용 ㉣ 기준을 1/2 이하로, 화학 비료는 권장량의 1/2 이내에서 사용하되 제초제는 사용하지 않고 생산된 농산물에 붙인다.
> '친환경 농법은 오염된 땅을 되살리는 지속가능한 생산을 위한 고민이자 다음 세대를 위한 투자'라는 친환경 농산물 의무자조금 관리위원회의 위원장 ○○ 씨의 말처럼, 친환경 농산물 인증 표시의 종류와 분류 기준에 대해 바르게 알고 소비하는 것은 결국 우리가 환경을 보호하고 건강에 대한 관심을 ㉤ 실감하는 최선의 방법이다. 수입 농산물 개방화 시대에 친환경 농산물이야말로 우리가 믿고 먹을 수 있는 안전한 먹거리로서의 경쟁력을 확보하는 방안이 될 것이기 때문이다.

윗글에 사용된 서술상의 특징으로 적절하지 않은 것은?

① 친환경 농산물의 개념을 제시하여 화제의 범위를 정확히 밝히고 있다.
② 질문의 방식을 활용하여 인증제의 분류 기준과 관련한 내용을 전개하고 있다.
③ 구체적 수치를 제시하여 친환경 농산물 인증 제도의 신뢰성을 부각하고 있다.
④ 인증 제도에 대한 찬성과 반대의 입장을 함께 제시하여 공정성을 높이고 있다.
⑤ 전문가의 견해를 활용하여 친환경 농산물 인증 표시의 필요성을 강조하고 있다.

정답 ④
해설 지문은 전체 흐름상 친환경 농산물 인증 제도에 대해 찬성하는 입장으로 보는 것이 적절하다. 친환경 농산물 인증 표시에 대한 반대의 입장은 나타나지 않는다.

빈출 유형 ❺ 고쳐쓰기

STEP 1 | 유형 알기

글쓰기의 마지막 과정으로서 고쳐쓰기를 할 수 있는지 평가하는 유형

STEP 2 | 만점 포인트

- 작문 상황, 조건, 목적, 예상 독자를 고려하여 초고를 검토한다.
- 글의 주제와 관련하여 내용의 통일성과 응집성을 검토한다.

어휘 수준	문맥에 맞는 어휘, 띄어쓰기나 맞춤법에 맞는 어휘 사용
문장 수준	문장 성분의 호응, 문장의 길이와 순서 조정, 무의미어 삭제, 표현의 적절성 확인
문단 수준	문단 순서와 내용의 조정, 문단 길이의 균형 조정, 시각 자료의 적절성 판단

STEP 3 | 예시 문제

㉠~㉤의 고쳐쓰기 방안으로 적절하지 않은 것은? (㉠~㉤은 빈출 유형 ❹의 지문 참고)

① ㉠: 문장 성분의 호응을 고려하여 '부착될'로 고친다.
② ㉡: 피동 표현이 중복되었으므로 '나뉜다'로 고친다.
③ ㉢: 문장의 연결 관계가 어색하므로 '그런데'로 고친다.
④ ㉣: 조사의 사용이 잘못되었으므로 '기준의'로 고친다.
⑤ ㉤: 문맥상 부적절한 단어이므로 '실천하는'으로 고친다.

[정답] ③

[해설] '그런데'는 화제를 앞의 내용과 관련시키면서 다른 방향으로 이끌어 나갈 때, 혹은 앞의 내용과 상반되는 내용을 이끌 때 사용하는 접속 부사에 해당한다. 글의 내용에 비추어 볼 때, '유기농 인증 표시'와 '무농약 인증 표시' 그리고 '저농약 인증 표시'가 대등한 관계로 이어져야 하므로 ㉢에는 접속 부사 '그리고'를 쓰는 것이 적절하다.
① 주어인 '인증 표시가'와 서술어인 '부착할'이 서로 호응되지 않으므로, 문장 성분 간의 호응을 고려하여 '부착될'로 고쳐 쓰는 것이 적절하다.
② '나뉘어진다'는 이중 피동 표현으로, '나누- + -이- + -어지- + -ㄴ다'로 분석된다. 즉, 피동 표현 '-이-'와 '-어지-'가 중복되어 사용되었으므로 '-어지-'를 뺀 '나뉜다'로 고쳐 쓰는 것이 적절하다.
④ 문맥에 비추어 볼 때, '안전 사용 기준'이 관형어 구실을 하고 있으므로, 목적격 조사 '을'을 관형격 조사 '의'로 고쳐 쓰는 것이 적절하다.
⑤ '실감(實感)'은 '실제로 체험하는 느낌'을 의미하는 말로, 문맥을 고려하여 '생각한 바를 실제로 행함.'을 나타내는 '실천(實踐)'으로 고쳐 쓰는 것이 적절하다.

제1장
출제 유형 | 확인 문제

[01~05] '공연 예술의 관광 상품화'를 주제로 작성한 글의 초고이다. 제시된 물음에 답하시오.

ⓐ 얼마전 한 여행사에서 한국에 방문한 외국인들을 대상으로 한 설문 조사에 따르면 외국 관광객들이 한국에 방문하여 하는 활동의 대부분은 쇼핑, 관광지 방문, 음식 관광에만 머무르고 있으며 공연 관람은 단 5.4%에 지나지 않는다고 한다. K-POP 등 한류의 영향으로 한국 문화에 대한 외국인들의 관심이 높아지고 있음에도 공연 관광의 비율은 낮다는 것이다.

외국 관광객들이 공연 관람을 많이 하지 않는 이유는 첫째, 공연 자체의 볼거리가 부족하기 때문이다. 국내 대형 극장에서 공연되는 작품들부터가 대부분 브로드웨이나 유럽 등 해외에서 성공한 유명 작품을 수입한 것으로, 익숙한 자국의 문화를 한국에서까지 다시 접할 이유는 없을 것이다. 둘째, 대사가 있는 연극이나 뮤지컬의 경우 외국인들은 언어 장벽의 문제에 ⓑ 부딪치게 된다. 대형 극장에는 의자 뒤나 무대 옆 스크린으로 외국어 자막을 제공하는 경우도 있지만 중소 극장으로 내려오면 그조차 마련되지 않는다. 셋째, 공연 상품에 대한 홍보가 부족하고 이를 뒷받침하는 제도적 여건도 미흡하다. 근본적으로는 전용 상설 공연장이 부족한 것이 가장 큰 문제이다. 특히 관광 상품은 구매 후 소비하기까지 시차가 존재하므로 공연이 취소되거나 ⓒ 변경되어질 경우 계약상 문제가 생기기 마련이므로, 상설 전용 공연장이 없는 상태에서 공연을 관광 상품화하기에는 현실적인 어려움이 많다.

이러한 문제를 해결하기 위해서는 공연 관계자들과 정부 차원에서의 노력이 모두 필요하다. 먼저 공연 관계자들은 공연 내용을 지속적으로 개선하고 발전시켜야 한다. 다양한 볼거리를 제공하고 관객 참여 요소를 개발하는 등 제작자의 꾸준한 노력이 필요할 것이다. 특히 한국적인 소재들 중 세계적으로 공감대를 만들어 낼 수 있는 요소를 찾아내는 등의 창작 콘텐츠를 발굴하는 것이 중요하다. ⓓ 또한 대사가 많거나 언어적 설명이 필요한 공연은 외국어 안내문을 제공하거나 음성 통역 기계를 설치하는 등 언어 장벽 해소를 위해 노력해야 한다. 더불어 정부와 함께 인터넷 홍보에 대한 지원책도 마련해야 한다. 한국을 방문하는 외국인들은 인터넷에서 정보를 얻는 비중이 높은데, 극단 자체의 노력만으로는 해외 홍보에 한계가 있을 수밖에 없다. 정부 차원의 지원과 홍보는 공신력과 신뢰성을 더해 주기 마련이다. 특히 온라인 해외 홍보 자료를 통해 공연 관광을 알리는 등의 보조를 해 준다면 그 파급력은 배가될 것이다. 무엇보다도 이것이 가능하기 위해서는 ㉠   미국이나 일본의 경우 전용 상설 극장이 등장하면서 한 편당 평균 동원 고객 수가 점차 높아지고 있다. 언제 어디로 가면 어떤 극단의 어떤 작품을 볼 수 있는지 정기적으로 홍보를 할 수 있기 때문에 자연스럽게 공연을 관광 상품화할 수 있게 된 것이다. 우리나라 역시 전용 상설 공연장을 확보하고, 세금 감면 및 법적 지원 등 상품화 과정 전반에 대한 정부의 지원이 필요하다. 물론 이 과정에서 무조건적인 지원은 지양해야 하며, 가능성과 잠재력을 파악한 후 ⓔ 공연 상품의 엄격한 관리와 경쟁력을 향상시킬 수 있도록 해야 할 것이다.

최근 국내 공연 시장의 규모는 지속적으로 늘어나고 있다. 그에 비해 외래 관광객 유치를 위한 공연에 대한 관심과 투자의 노력은 부족했던 것이 사실이다. 공연 예술 수요는 계절을 타지 않으므로 안정적인 수익을 확보할 수 있어 관광 상품으로서의 지속 가능성이 높다. 특히 최근에는 한국 문화에 대한 긍정적인 이미지가 높아지면서 외국 관광객의 문화 관련 지출도 증가하는 추세이므로 예술의 관광 상품화는 장기적인 관점에서 꼭 이루어져야 할 것이다.

01 다음은 윗글을 작성하기 전에 떠올린 계획이다. 윗글에 반영되지 <u>않은</u> 것은?

● 글쓰기 계획 ●

- 주제: 공연 예술의 관광 상품화의 현황과 문제 해결의 위한 개선 요구
- 목적: 공연 예술의 관광 상품화 경쟁력 향상
- 예상 독자: 일반인
- 글의 내용:
  ㄱ. 외국인을 대상으로 한 설문조사를 통해 외국인 관광객들의 공연 관광 비율을 제시한다.
  ㄴ. 우리나라의 공연 예술의 관광 상품화와 관련한 현황을 제시한다.
  ㄷ. 미국과 일본의 공연 예술과 우리나라의 차이를 수치를 들어 제시한다.
  ㄹ. 공연 예술이 관광 상품화 될 수 있는 방안을 다각도로 제시한다.
  ㅁ. 공연 예술이 관광 상품으로서의 어떤 가능성을 가지고 있는지 제시한다.

---

① ㄱ ② ㄴ
③ ㄷ ④ ㄹ
⑤ ㅁ

02 〈글쓰기 자료〉에 제시된 자료의 활용 방안으로 적절한 것은?

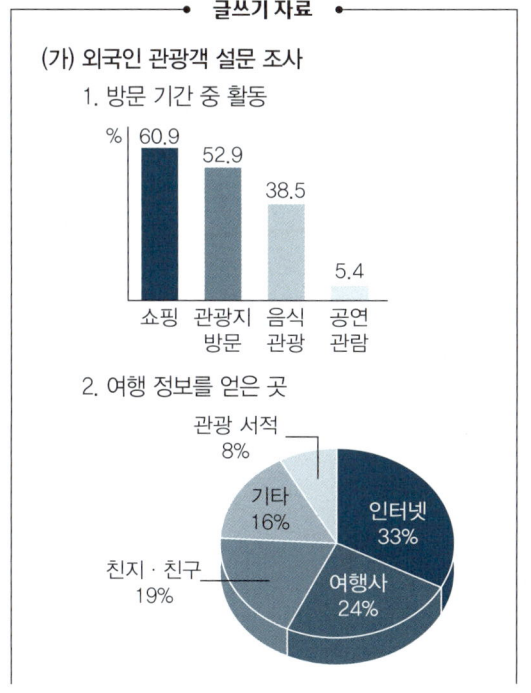

(나) 신문 기사

  관광 상품으로 성공한 공연이 매우 적은 가운데 연 매출 200억 원을 돌파한 공연 '○○'의 사례는 주목할 만하다. 관객도 80만 명에 육박하는데, 그중 외국인 관광객이 80% 이상이다. '○○'의 성공 요인으로는 비언어극으로 언어 장벽을 극복했다는 점, 관객을 참여시키는 쌍방향적 요소를 지닌다는 점, 상모돌리기와 같은 볼거리를 추가하고 희극적 요소를 강화하며 작품을 꾸준히 개선했다는 점 등을 들 수 있다.

- △△ 신문

(다) 인터뷰 자료

  "연중 같은 장소에서, 같은 일정으로 공연을 하지 않으면 공연 예술의 관광 상품화는 불가능합니다. 영세한 극단 입장에서는 세금이나 법률의 문제에 능동적으로 대처하기도 어렵고, 해외 홍보나 마케팅에도 한계가 있습니다. 이런 문제들은 극단 자체의 힘만으로는 해결하기 어려워요."

- 공연 기획사 관계자

① (가)-1과 (다)를 활용하여 '공연 상품의 경제적 효과'와 '외국인의 공연 관람 실태'에 대한 정보를 전달한다.
② (가)-2와 (나)를 활용하여 '정부의 지원'이 필요함을 주장한다.
③ (다)를 활용하여 '대사가 많은 공연에 필요한 요소'에 대해 설명한다.
④ (가)-1과 (가)-2를 활용하여 제작자의 꾸준한 노력이 필요함을 강조한다.
⑤ (가)-2와 (다)를 활용하여 인터넷이 여행 정보를 제공하는 비중이 높으므로 인터넷 홍보에 대한 정부의 관심이 필요하다고 주장한다.

03 〈글쓰기 개요〉를 반영한 내용으로 적절하지 않은 것은?

```
━━━━━━━━ 글쓰기 개요 ━━━━━━━━
Ⅰ. 공연 예술 관광 상품화의 현황
   1. K-POP이 외국인 관광객에게 미치는 효과
Ⅱ. 공연 예술 관광 상품화의 문제점
   1. 외국인 관광객들이 한국에 오지 않는 이유
   2. 전용 상설 공연장의 부족
Ⅲ. 공연 예술 관광 상품화의 문제 해결을 위한 노
   력 방안
   1. 공연 관계자 차원의 노력
   2. 정부 차원의 노력
   3. 공연 예술의 장기적인 성장 가능성
Ⅳ. 결론
   1. 공연 예술의 관광 상품화를 위한 시민들의
      적극적인 노력 촉구
```

① Ⅰ-1은 상위 항목에 포함되지 않으므로 '외국인 관광객의 관광 코스로 선택받지 못함'으로 수정한다.
② Ⅱ-1은 상위 항목에 포함되지 않으므로 '외국인 관광객들이 공연 관람을 많이 하지 않는 이유'로 수정한다.
③ Ⅲ-1은 글의 체계적 구성을 고려하여 Ⅲ-2와 순서를 바꾼다.
④ Ⅲ-3은 상위 항목에 포함되지 않으므로 Ⅳ의 하위 항목으로 이동한다.
⑤ Ⅳ-1은 본문의 내용을 고려하여 삭제한다.

04 윗글의 ⓐ~ⓔ의 수정 방안으로 적절하지 않은 것은?

① ⓐ: 명사는 띄어 쓰는 것이 원칙이므로 '얼마 전'으로 고친다.
② ⓑ: 어휘의 사용이 적절하지 않으므로 '부딪히게'로 고친다.
③ ⓒ: 이중 피동이 사용된 비문이므로 '변경될'로 고친다.
④ ⓓ: 이전 내용과의 흐름을 고려하여 '그러나'로 고친다.
⑤ ⓔ: 문장 성분 간의 호응을 고려하여 '공연 상품을 엄격히 관리하고'로 고친다.

05 윗글의 문맥을 고려할 때 ㉠에 들어갈 내용으로 가장 적절한 것은?

① 국가 기관과 여행사 간의 연계 사업을 추진해야 한다.
② 전용 상설 공연장 설립 기준을 재검토할 필요가 있다.
③ 대형 극장과 소형 극장을 나누는 기준을 완화해야 한다.
④ 국립 극단 소속 극장과 민간 기업 운영 극장을 통합해야 한다.
⑤ 전용 상설 공연장 건설을 통한 상품화의 토대가 구축되어야 한다.

제4편 쓰기·창안

제2장 창안

기출 Point!
언어를 창의적으로 사용하는 능력을 평가하는 유형이다. 총 10개의 문제로 시각 자료를 활용하거나 조건을 반영하여 적절한 문구를 생성하는 식의 문제가 출제된다.

빈출 유형 ❶ 그림을 활용한 내용 생성

STEP 1 | 유형 알기

그림이나 사진에서 전달하고자 하는 내용을 파악할 수 있는지 평가하는 유형

STEP 2 | 만점 포인트

이해력과 추리력을 기반으로 한 언어 표현 능력을 평가한다. 사진·그림·공익 광고 등이 주어지는데, 주어진 자료를 자의적으로 해석하지 않도록 주의한다. 아래 문제처럼 자료가 여러 개 주어지는 경우 공통점이나 자연스럽게 연결되는 내용을 파악하는 것이 중요하다.

STEP 3 | 예시 문제

〈보기〉의 두 그림이 공통적으로 전달하고 있는 내용으로 가장 적절한 것은?

• 보기 •

① 실내에서 뛰는 아이들을 저지해야 합니다.
② 시간과 상관없이 항상 아랫집 이웃을 배려해야 합니다.
③ 이웃사촌 간에 서로 화내고 싸우는 것은 피해야 합니다.
④ 세탁기를 돌리거나 청소를 하는 것은 낮에 해야 합니다.
⑤ 층간 소음이 발생해도 이웃과의 관계를 위해 참아야 합니다.

정답 ②
해설 밤에는 물론이고 낮에도 층간 소음에 시달리는 것을 표현하고 있으므로 시간과 상관없이 항상 아랫집 이웃을 배려해야 한다는 내용을 전달할 수 있다.

빈출 유형 ❷ 시각 리터러시

STEP 1 | 유형 알기

그림을 보고 창작자의 의도를 해석하거나 주어진 그림을 창의적으로 활용할 수 있는지 평가하는 유형

STEP 2 | 만점 포인트

추상적 그림에서 맥락을 만들어 내거나 구체적 그림에서 메시지를 찾아낼 수 있어야 한다. 시각 자료 해석 및 활용 능력은 직무 능력과도 관련이 있기 때문에 중요한 유형이다.

STEP 3 | 예시 문제

〈보기〉의 그림 (가)와 (나)를 분석한 표이다. 적절하지 <u>않은</u> 것은?

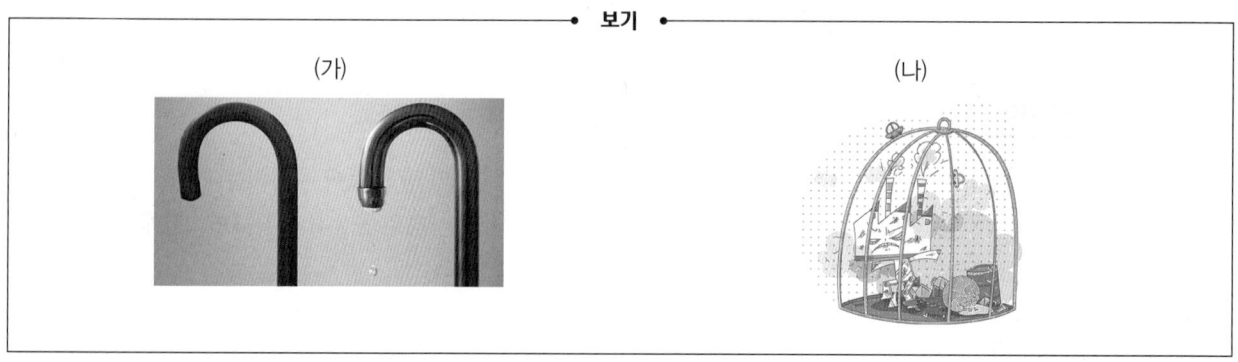

	(가)	(나)
표현	지팡이를 수도꼭지 모양으로 표현	① 자승자박(自繩自縛)의 상황을 그림으로 표현
핵심	② 흐르는 물을 멈추게 하는 것은 흐르는 세월을 멈추게 하는 것과는 달리 불가능한 일이 아니다.	③ 무분별한 개발은 결국 우리가 살아가야 할 지구의 환경 오염을 가져온다.
주제	④ 흘러가는 시간은 막을 수 없으므로 주어진 시간을 아껴 쓰자.	⑤ 자연을 파괴하는 난개발을 멈추고, 미래 세대가 이용할 자연과 환경을 지키자.

정답 ④

해설 흐르는 세월은 막을 수 없지만 흐르는 물은 막을 수 있으므로 쓸데없이 불필요하게 낭비하는 물을 아껴 자원을 보존하자는 것이 주제이다.
① '자승자박'은 자기의 줄로 자기 몸을 옭아 묶는다는 뜻으로, 자기가 한 말과 행동에 자기 자신이 옭혀 곤란하게 됨을 비유적으로 이르는 말이다.
⑤ '난개발'은 도시 개발로 인해 발생하는 일체의 부정적 현상을 총칭하며 환경 훼손 여부는 난개발 여부를 판단하는 중요한 기준 중 하나이다.

빈출 유형 ❸ 조건을 반영한 글쓰기

STEP 1 | 유형 알기

조건에 따라 문구를 생성해 낼 수 있는지 평가하는 유형

STEP 2 | 만점 포인트

창의적 사고력을 기반으로 한 언어 표현 능력을 평가한다. 따라서 제시되는 조건에 따라 언어를 표현할 수 있어야 한다. 조건이 2~3개이므로 일부만 보고 판단하지 않도록 한다. 조건으로 제시되는 표현 방법(수사법)은 제5편의 핵심 이론 (제1장 시 – ❺ 표현 방법)을 참고하자.

STEP 3 | 예시 문제

〈조건〉을 모두 반영하여 '인간의 삶'과 관련된 글을 쓸 때 가장 적절한 것은?

──── • 조건 • ────

- '새'와 관련지을 것
- 역설적 표현을 사용할 것
- 정서가 직접적으로 드러날 것

① 모두가 동일한 속도로 움직일 수는 없습니다. 그런데 철새들은 낙오한 새 주변을 선회하며 속도를 맞추어 줍니다. 타인을 배려하는 것이 결국 자신을 위하는 길이기 때문입니다.
② 자신의 욕망을 채우지 못할 때 사람들은 괴로움을 느낍니다. 그러나 새는 뼈가 비어 있어서 하늘을 더 잘 날 수 있습니다. 마음을 비우는 것이 곧 채우는 것임을 알아야 합니다.
③ 모든 면에서 완벽해야 한다고 생각하기에 사람들은 불안감을 느낍니다. 그러나 단점을 보완하려는 노력이 장점을 강화시킵니다. 내 안의 약한 것으로 인해 강한 것을 얻을 수 있습니다.
④ 사람들은 자신의 삶의 방향이 제대로 된 것인지 타인과 비교합니다. 그러나 철새는 때가 되면 자신이 어디로 가야 할지 묻지 않습니다. 최고의 선택은 자신의 내부의 숲에 숨어 있습니다.
⑤ 자신과는 다른 타인의 모습을 인정하지 않기에 사람들은 서로를 경계합니다. 그러나 새는 하늘이든 바다든 금을 긋지 않고 어디든 날아갑니다. 타인에 대해 금을 긋지 않는 마음이 진정한 인간관계를 실현시킵니다.

[정답] ②

[해설] '사람들은 괴로움을 느낍니다.'에서 '정서'를, '새는 뼈가 비어 있어서'에서 '새'를, '비우는 것이 채우는 것'에서 '역설'을 확인할 수 있다.
① 정서가 직접적으로 드러나 있지 않다.
③ 새와 관련짓지 않았다.
④·⑤ 역설적 표현이 없고 정서도 직접적으로 드러나지 않았다.

빈출 유형 ❹ 유비 추론을 활용한 내용 생성

STEP 1 | 유형 알기

서로 다른 범주의 두 영역을 논리적으로 연결 지을 수 있는지 평가하는 유형

STEP 2 | 만점 포인트

생각하는 방법으로서의 유추와 설명하는 방법으로서의 유추를 활용하는 문제가 나온다. 먼저 출제자의 의도를 생각해 보고 대상들 간의 공통점을 바탕으로 관계를 파악해야 한다.
- 생각하는 방법으로서의 유추: 생소한 개념을 전혀 다른 영역의 개념에 대응시키는 것
- 설명하는 방법으로서의 유추: 생소한 개념을 이미 잘 알고 있는 개념을 이용하여 설명하는 것

STEP 3 | 예시 문제

〈보기〉의 맥락을 고려하여 '인생의 교훈'을 연상한 내용으로 가장 적절한 것은?

• 보기 •

　　김 아무개와 박 아무개는 오랜 정을 나눈 한동네 친구 사이였다. 그런데 먼저 과거에 합격한 김은 박을 굶어 죽지 않을 정도만 도와주다가 어느 날부터는 아무런 도움도 주지 않기 시작했다. 김을 찾아가 보았지만 찬밥 한 그릇만을 받아든 박은 결국 집을 나와 떠돌아다니게 되었다. 그러던 어느 날, 김이 보낸 하인을 통해 집에 초상이 났다는 소식을 접한 박은 급히 집으로 돌아가게 된다. 그런데 정작 박의 가족은 박이 죽은 줄 알고 초상을 치르려다, 돌아온 박을 보고 깜짝 놀라게 된다. 의아한 상황에 박과 가족들이 집에 있던 관을 열어 보자, 그 안에는 금은보화와 함께 김의 편지가 들어 있었다. 편지에는 재물을 거저 얻으면 쉽게 써버리기 마련이라 김이 박을 마음에 없는 고생을 시킨 것이었으며, 그동안 김 자신이 절약해서 모은 돈을 줄 터이니 이제 뜻깊게 써 달라는 내용이 적혀 있었다. 큰 깨달음을 얻은 박은 과거 공부를 하여 과거에 합격하였고 둘의 우정은 더욱 두터워지게 되었다.

- 민담 「우정의 길」

① 오래 알고 지낸 친구가 가족보다 더 나을 때가 있다.
② 힘들더라도 바른 길로 인도하는 벗이 진정한 친구이다.
③ 어려운 시기에는 의지할 만한 친구에게 조언을 구해야 한다.
④ 자신의 일을 성실하고 꾸준히 해 나가면 좋은 결과를 얻게 된다.
⑤ 갈등을 막을 수 없다면 피하는 것도 문제를 해결하는 좋은 방법이다.

[정답] ②

[해설] 설명하는 방법으로서의 유추와 관련된 문제이다. 민담 속 김 아무개는 친구 박 아무개를 적극적으로 도와주지도 않았고 심지어 고생까지 시키다가 돈을 주었다. 이야기의 전체 맥락을 고려했을 때, 그 이유는 친구가 당장은 힘들더라도 스스로 어려움에서 벗어날 수 있도록 도와주는 것이 진정한 우정이라고 생각한 선인들의 생각이 반영된 것임을 유추할 수 있다.

제2장
정답 및 해설 ▶ p.20

출제 유형 | 확인 문제

01 〈보기〉에 언급된 내용을 시각 자료로 나타내고자 할 때, 제시할 필요가 없는 것은?

― 보기 ―

교통사고를 예방하는 안전 수칙

1. 차를 운행할 때는 반드시 안전띠를 맨다.
2. 운전하며 휴대 전화 사용을 하지 않는다.
3. 앞차와의 안전거리를 유지한다.
4. 운전하며 DMB 시청을 하지 않는다.
5. 운전하다가 잠이 오면 정차하고 잠을 깬다.

①

②

③

④

⑤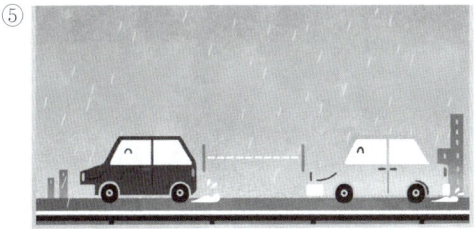

02 〈보기〉에서 확인할 수 있는 언어 표현 방식으로 가장 적절한 것은?

― 보기 ―

어리고 성근 매화 너를 밋지 안얏더니
눈 기약 능히 직켜 두세 송이 푸엇고나
촉 잡고 갓가이 사랑할 제 암향부동하더라

① 의인법을 활용하여 주제를 드러내고 있다.
② 시선의 이동에 따라 대상을 묘사하고 있다.
③ 추상적인 표현을 활용하여 대상을 비판하고 있다.
④ 두 인물의 대화를 통해 안타까운 마음을 드러내고 있다.
⑤ 음성상징어를 활용하여 시조의 배경을 생생하게 묘사하고 있다.

03 〈보기〉의 두 사진을 연결 지어 강연할 때, 나타내고자 하는 바로 가장 적절한 것은?

― 보기 ―

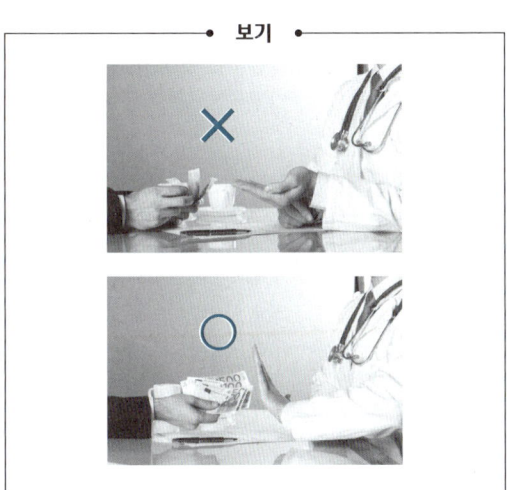

① 부정부패 척결, 나부터 실천해야 합니다.
② 모두에게 공정한 사회, 이미 도달해 있습니다.
③ 내부 고발만이 부당한 거래를 없앨 수 있습니다.
④ 올바른 사회를 위해 누구나 감독관이 되어야 합니다.
⑤ 부정부패를 없애기 위해 사회적 제도를 마련해야 합니다.

04 〈조건〉을 활용하여 분리수거 활성화 문구를 작성할 때, 가장 적절한 것은?

• 조건 •
• 구체적 실천 방안을 드러낼 것
• 대구의 표현 방식을 사용할 것

① 용기 안의 내용물은 비워 주세요.
   자연을 보호하는 하나의 방법
② 병은 병끼리, 종이는 종이끼리
   누구나 쉽게 하는 자원 재생산
③ 페트병아! 거기가 너의 자리니?
   페트병, 너는 여기로 와야 해!
④ 쓰레기 재활용 실천!
   적어지는 쓰레기, 늘어나는 새 제품
⑤ 종량제 쓰레기봉투 사용하기
   쓰레기를 줄이는 최고의 방법

05 다음 광고 문구의 표현 방식을 〈보기〉에서 모두 고른 것은?

• 보기 •

ㄱ. 다의어를 활용하고 있다.
ㄴ. 의태어를 활용하고 있다.
ㄷ. 발음이 동일한 어휘를 활용하고 있다.
ㄹ. 대구의 표현 방식을 활용하고 있다.

① ㄱ, ㄴ   ② ㄱ, ㄷ
③ ㄴ, ㄷ   ④ ㄱ, ㄷ, ㄹ
⑤ ㄴ, ㄷ, ㄹ

06 〈조건〉에 맞게 삼행시를 창작한 것은?

• 조건 •
무_____
더_____
위_____

• '여름을 건강하게 보내는 방법'을 주제로 한 내용을 담을 것
• 청유형 어미를 사용할 것

① 무리한 일정에도 최선을 다한 우리
   더 큰 격려와 사랑으로 서로에게
   위로가 되어 주도록 하자.
② 무리해서 하는 운동은
   더운 여름날에는 오히려 건강을 해칩니다.
   위의 사항을 반드시 기억해야 합니다.
③ 무조건 굶는 다이어트 중이신가요?
   더운 여름 굶는 다이어트는
   위험하니 운동을 시작하십시오.
④ 무작정 에어컨만 틀고 집에 계시나요?
   더운 날 집에만 있으면 더 지칩니다.
   위험하지 않은 가벼운 활동을 즐겨 봅시다.
⑤ 무심결에 하나 더 먹는 아이스크림이
   더위는 사그라지게 해 줄 수 있을지라도
   위 건강에는 좋지 않습니다.

07 〈조건〉을 모두 반영하여, [가]에 들어갈 문구를 창작한 것으로 가장 적절한 것은?

• 조건 •

- '가정 폭력'에 대한 내용을 담을 것
- 부모의 모습을 이중적으로 표현한 의도를 살릴 것

① 주변 이웃에게 작지만 큰 관심을
② 가정 폭력 예방, 제도가 우선입니다.
③ 누구에게나 집이 안전한 곳은 아닙니다.
④ 체벌은 바람직한 훈육 방법이 아닙니다.
⑤ 가정 내 폭력, 밖에서 보면 모를 수도 있습니다.

08 〈보기〉의 [가]에 들어갈 문구로 가장 적절한 것은?

• 보기 •

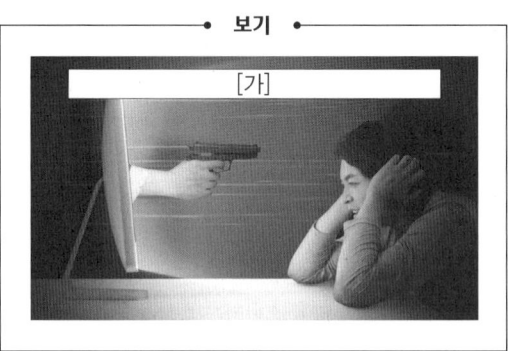

① 온라인상의 폭력이 한 사람을 공격할 수 있습니다.
② 총기류 사용은 어떤 상황에서도 허용되지 않습니다.
③ 불을 끄고 컴퓨터를 하는 것은 시력에 좋지 않습니다.
④ 컴퓨터 게임은 시력뿐만 아니라 청력에도 좋지 않습니다.
⑤ 지나친 컴퓨터 게임은 게임과 현실을 구분하지 못 하게 합니다.

09 〈보기〉에 언급된 내용을 시각 자료로 나타내고자 할 때, 제시할 필요가 없는 것은?

• 보기 •

야외 활동 안전 수칙

1. 음주 후에는 수영을 금한다.
2. 물에 들어가기 전에 준비 운동을 한다.
3. 물에 빠진 사람은 주위의 물건(튜브, 장대 등)을 이용해서 구조한다.
4. 취사가 금지된 지역에서는 불을 이용한 요리를 하지 않는다.
5. 불꽃놀이를 할 때는 사람이 있는 방향으로 발사하지 않는다.

①

②

③

④

⑤

[10~12] 옹기의 제조 과정을 인간의 삶에 유비(類比)하고자 한다. 다음 글을 읽고 물음에 답하시오.

> 옹기는 질그릇과 오지그릇의 통칭으로서, 주로 한국에서 사용되는 그릇이다. 간장, 된장, 고추장 등 장류를 저장하거나 삭힐 때 사용되기 때문에 옹기의 크기는 일정하지 않으며 지역이나 기후에 따라 그 모양도 다양하다. 옹기는 예로부터 숨 쉬는 그릇으로 인식되었고, 내용물이 변질되지 않도록 오랫동안 저장하는 능력을 가지고 있어 옹기를 만들기 위해서는 통기성을 지닌 흙을 골라내는 것이 중요하다. 적절한 흙을 골라낸 후에는 흙가래를 만드는데, 흙가래는 점토를 가래떡처럼 길게 늘여 밑판에서부터 한 층 한 층 쌓아 올리는 기법을 이용하기 때문에 점토의 굵기가 일정하도록 주의해야 한다. 흙가래를 쌓아 올려 서로 연결되도록 몸체를 매끄럽게 손질해 전체적으로 부드러운 모양으로 만들고, 특별한 무늬를 새겨 넣어 자신의 개성을 드러내면 옹기가 완성된다.
> 이렇게 만들어진 옹기는 섭씨 1,200도라는 고열의 불로 굽는 과정을 거친다. 옹기의 온도가 1,200도까지 올라가면 흙에 들어 있는 유기물질로 인해 미세한 기공이 생긴다. ⓐ 이 미세한 기공은 옹기의 안과 밖을 단절시키지 않고 소통시켜 주는 작용을 한다. 또한 옹기그릇의 한 종류인 뚝배기는 제 몸을 달궈서 장을 끓인다. 사람이 밥상에 앉기까지의 과정에서 옹기는 장을 오랫동안 보관하고 펄펄 끓는 뜨거움을 참고 견디는 것이다. 이처럼 같은 흙으로 만들어졌지만 ㉠ 관상용에 지나지 않는 도자기와는 달리 옹기는 농경문화의 한국인에게 서민적이고 정겨운 존재이다.

10 '옹기 만드는 과정'을 토대로 '글쓰기'에 대한 교훈을 제시할 때, 유추의 과정이 적절하지 않은 것은?

	과정		특성		교훈
①	적절한 흙 채취하기	⇒	만들고자 하는 옹기를 정하고 목적에 따라 흙을 채취함.	⇒	작성할 글이 무엇인지 정하고 목적에 따라 글감을 선정한다.
②	흙가래 만들기	⇒	옹기의 주재료를 만듦.	⇒	글을 쓰는 과정에서 계속 검토해야 한다.
③	몸체 만들기	⇒	흙가래를 쌓아 올려 서로 연결되도록 하며 몸체를 만듦.	⇒	각 문장들이 부드럽게 연결되도록 하나의 글을 써야 한다.
④	매끄럽게 손질하기	⇒	몸체를 만든 후에 전체적으로 살피고 손질함.	⇒	글을 다 쓴 후 글을 살펴보며 고쳐 써야 한다.
⑤	개성 표현하기	⇒	만든 옹기에 특별한 무늬를 새겨 넣어 자신의 개성을 드러냄.	⇒	자신만의 독특한 문체나 기법을 활용하여 개성이 드러나도록 글을 써야 한다.

11 ⓐ를 참고하여 〈조건〉에 맞게 작성한 문구로 가장 적절한 것은?

> ● 조건 ●
> • 안과 밖을 소통하는 특성을 드러낼 것
> • 대구의 표현 방식을 사용할 것

① 같은 배에서 나온 형제들은 성격이 똑같을까?
② 삶은 멀리서 보면 희극, 가까이서 보면 비극이다.
③ 가마의 온도에 따라 도자기의 품질이 달라질 수 있다.
④ 세월은 나그네처럼 잠시 머물다가 바람처럼 지나가 버린다.
⑤ 식물은 공기 중의 오염물질을 흡수하고, 공기 중으로 수증기를 방출한다.

12 ㉠에서 언급한 '도자기'의 사례로 적절하지 <u>않은</u> 것은?

① 한 회사는 낮은 품질의 에어컨을 TV에서 과도하게 광고한다.
② 배우는 연기 실력과 관계없이 얼굴이 잘생기면 성공할 수 있다.
③ 왕은 신하들의 권세가 높아지면서 자리만 지키고 있는 실정이다.
④ 은퇴한 운동선수의 운동능력은 혈기 왕성한 일반인보다 뛰어나다.
⑤ 마트의 과일은 겉으로는 번듯하고 그럴듯하지만 속은 변변치 않을 수 있다.

[13~15] 하계 올림픽 운동종목을 인간의 삶에 유비(類比)하고자 한다. 다음 글을 읽고 물음에 답하시오.

> 올림픽 경기 종목은 올림픽에서 경기가 치러지는 모든 스포츠를 말한다. 국제 올림픽 위원회(IOC)가 주관하는 **하계 올림픽**에는 다양한 종목이 존재하는데 대표적으로 ⓐ<u>양궁, 승마, 요트, 마라톤, 체조</u> 등이 이에 해당한다.
>
> [A] 이러한 하계 올림픽은 동계 올림픽에 비해 높은 위상을 자랑하는데, 그 이유는 날씨와 기후에 있다. 일부 동계 올림픽 운동 종목은 빙판과 눈 위에서 펼쳐져 남반구나 열대기후의 국가에서는 이를 접하기조차 힘들기 때문이다. 또한 동계 올림픽은 북반구 기준으로 겨울인 2월에 열리는 경우가 많아 계절이 반대인 남반구에서 동계 올림픽을 준비하는 선수들은 북반구의 선수들보다 올림픽 준비기간에 연습을 충분히 하기 어렵다. 이처럼 하계 올림픽 운동 종목은 동계 올림픽 운동 종목보다 날씨와 기후의 영향을 덜 받는 종목이 많고, ㉠<u>축구</u>, 야구, 농구, 배구와 같은 세계적으로 인기 있는 구기 종목 경기를 진행해 시청률과 화제성에 있어서도 높은 인기를 자랑한다.

13 윗글의 ⓐ와 관련하여 '운동 종목'을 토대로 '삶의 태도'에 대한 교훈을 제시할 때, 유추의 내용이 적절하지 <u>않은</u> 것은?

	종목		특성		교훈
①	양궁	⇒	과녁에 정신을 집중해야 명중 확률이 높아진다.	⇒	목표에 대한 집념이 있어야 원하는 일을 성취할 수 있다.
②	승마	⇒	말과 호흡이 잘 맞아야 좋은 기록을 낼 수 있다.	⇒	구성원들과 조화를 이루어야 좋은 성과를 낼 수 있다.
③	요트	⇒	바람의 방향과 세기에 따라 돛을 조절한다.	⇒	환경 변화에 적절하게 대처하는 자세가 필요하다.
④	마라톤	⇒	장거리 완주를 위해서는 초반에 무리하게 달리는 것을 경계해야 한다.	⇒	인생의 목표를 성취하려면 지나간 일에 집착하지 않는 여유로움을 지녀야 한다.
⑤	체조	⇒	균형 잡힌 자세를 유지해야 좋은 점수를 받는다.	⇒	한쪽으로 치우치지 않는 삶의 태도를 유지해야 성공할 수 있다.

14 윗글의 [A]에서 '하계 올림픽'이 지니는 의미를 유추한 내용으로 가장 적절한 것은?

① 올림픽은 세계 각국의 동의와 지지를 얻어 개최된다.
② 올림픽은 모든 세계인이 즐길 수 있을 때 의미가 있다.
③ 준비 과정이 좋은 선수들이 올림픽에서도 좋은 결과를 얻는다.
④ 동계 올림픽에는 세계적으로 유명한 종목이 적어 인기가 좋지 않다.
⑤ 날씨와 기후의 문제에 영향을 받지 않는 것이 스포츠에서는 가장 중요하다.

15 윗글의 ㉠과 관련하여 〈조건〉에 맞게 삼행시를 창작한 것은?

조건

축_____
구_____
공_____

- '올림픽'과 관련된 내용을 담을 것
- 비유적 표현을 사용할 것
---

① 축하 받는 선수들은
　구름 같은 인파 속에서도
　공 하나하나에 사인을 해 줍니다.
② 축구인들의 세계적 축제 올림픽
　구석구석 세계인들 모두가
　공처럼 튀며 떠들썩하게 응원합니다.
③ 축구공은 완전히 둥글지는 않습니다.
　구 모양에 가까워질수록
　공은 더 빠르게 날아갈 수 있습니다.
④ 축 처진 선수들의 어깨가
　구부러져 있습니다.
　공동체가 되어 싸운 선수들을 응원합시다.
⑤ 축구를 즐기는 사람들은
　구기 종목을 대부분 좋아합니다.
　공을 활용하는 경기를 구기 종목이라고 합니다.

KBS 한국어능력시험 기출 분석 2주 합격

제5편

읽기

제1장 문학
제2장 비문학
심화 문제

'KBS 한국어능력시험 기출 분석 2주 합격' 100% 활용법

'읽기' 영역에서는 총 100문제 중 30문제가 출제돼요. 문학과 비문학 모두 주어진 글의 내용과 표현 방식을 정확히 이해하였는지 물어보지요. 문학이든 비문학이든 모든 국어 시험에서 읽기 영역의 문제 해결 방법은 크게 다르지 않습니다. 첫째, 지문을 정확하게 읽을 것. 둘째, 지문을 바르게 이해할 것. 하지만 지문은 길고, 문제는 많고…… 거기다 제한된 시험 시간까지! 그런데, 그거 아세요? KBS 한국어능력시험이 좋아하는 읽기 문제의 유형과 선지는 정해져 있답니다. 지금부터 그것을 모두 모아서 보여 드릴게요.

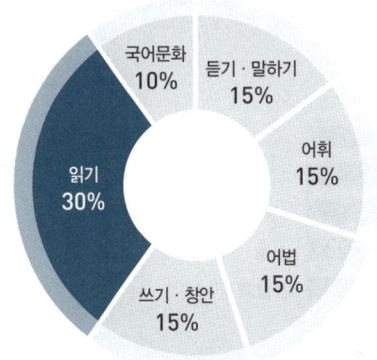

제5편 한눈에 보기

문학(5문제)
① 표현상 특징
② 시어나 시구의 의미
③ 서술상 특징
④ 인물의 성격·심리·태도
⑤ 종합적 이해와 감상

┐ 시, 소설

비문학(25문제)
① 사실적 독해 ┐ 학술문, 설명서,
② 추론적 독해 │ 보도·통계 자료 등
③ 비판적 독해 ┘

제**1**장 → **읽기 (30문제)** ← 제**2**장

출제 빈도

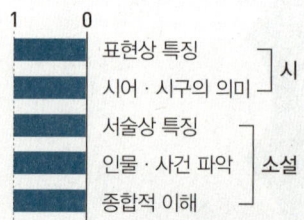

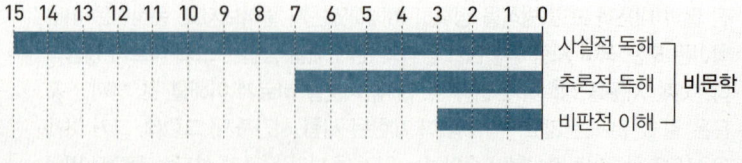

최신 기출 모아 보기

1 읽기 영역 문제 구성 및 기출 유형

문학은 현대시에서 2문제, 현대소설에서 3문제가 출제된다. 형식적 측면에서 표현 방식 및 서술 방식을, 내용적 측면에서 화자나 등장인물과 관련된 정보를 파악하는 것이 중요하다. 또한 제2편 어휘 영역에서 학습했을 한자성어와 속담을 특정 상황과 잘 연결 짓는 것도 중요한데, 특히 소설에서는 인물이나 사건에 대해 평가하거나 소설 속 내용을 표현할 때 한자성어나 속담을 활용하도록 하는 문제가 출제되기도 하였다. 비문학은 학술문(인문, 사회, 과학, 예술)에서 15문제가, 실용문(설명서, 보도 자료, 통계 자료 등)에서 10문제가 출제된다. '사실적 독해'와 '추론적 독해'가 문제의 대부분을 차지하는데, 특히 지문의 내용과 글의 전개 방식을 정확히 파악하는 것이 중요하다.

2 읽기 영역 키워드 및 빈출 선지

문학	• 정서와 태도: 예찬, 성찰, 관조, 달관, 구도, 냉소, 자조, 비판, 극복, 회고, 그리움, 안타까움, 단호함, 자연 친화, 미래지향적 등 • 시상 전개*: 시·공간적 변화, 수미상관, 선경후정, 기승전결, 대립, 점층 • 표현 방식: 비유하기(직유, 은유*, 의인 등), 강조하기(반복, 열거, 대구, 대조 등), 변화 주기(역설*, 반어* 등) • 서술 방식*: 장면의 빠른 전환, 사건의 병치, 특정 인물의 시각으로 서술, 시·공간적 배경에 따른 서술자의 변화, 인물의 과장된 행동, 요약적 서술
비문학	• 수집·병렬 　– 중심 화제를 몇 가지로 하위 범주화하여 설명한다. 　– 구체적 사항을 열거한 후 핵심적 원리를 도출한다. • 공간·시간 　– 공간의 이동·시간의 흐름을 중심으로 대상에 대한 인식 변화를 드러낸다. 　– 대상의 가치와 변화 양상을 통시적으로 분석한다. 　– 대상의 역사적 변천 과정을 소개한다. • 문제·해결 　– 대상의 한계와 문제점을 지적한 후 발전 방향을 제시한다. 　– 문제 상황의 발생 원인을 여러 각도에서 분석·규명한 후 해결 방안을 제시한다. • 비교·대조 　– 중심 화제의 장점과 단점을 비교하며 제시한다. 　– 여러 상반된 견해를 제시한 후 이를 절충하여 결론을 이끌어 낸다. 　– 대립적 소재를 통해 대상의 양면적 속성을 드러낸다. 　– 여러 대상이 가진 각각의 특성을 부각한다. • 그 외 　– 묻고 답하는 방식으로 내용을 전개한다. 　– 유사한 대상에 빗대어 중심 화제의 개념을 밝힌다. 　– 과학적 원리를 활용하여 현상을 설명한다. 　– 대상에 인격을 부여하여 주관적 정서(친근감, 예찬 등)를 드러낸다.

제5편 읽기

제 1 장 문학

기출 Point!
시와 소설을 읽고, 문학 작품을 해석·감상하는 능력을 평가한다. 시 2문제, 소설 3문제로 총 5문제가 출제되고 있다.

빈출 유형 ❶ 시 – 표현상 특징

STEP 1 | 유형 알기

작품 전체의 시상 전개 방식이나 표현상의 특징을 묻는 유형

STEP 2 | 만점 포인트

고정적으로 출제되는 유형이다. 선지의 앞부분은 표현상의 특징으로, 뒷부분은 그 효과로 구성된다. 먼저 선지의 표현상 특징이 지문에 나타나는지 확인하고, 다음으로 그 효과가 적절하게 서술되었는지 판단해야 한다. 표현과 효과 중 하나만 맞아서는 답이 될 수 없다.

STEP 3 | 예시 문제

[01~02] 다음 글을 읽고 물음에 답하시오.

> 꿈을 아느냐 네게 물으면,
> 플라타너스, / 너의 머리는 어느덧 파아란 하늘에 젖어 있다. //
> 너는 사모할 줄을 모르나, / 플라타너스, / 너는 네게 있는 것으로 그늘을 늘인다. //
> 먼 길에 올 제, / 홀로 되어 외로울 제, / 플라타너스, / 너는 그 길을 나와 같이 걸었다. //
> 이제 너의 뿌리 깊이 / 나의 영혼을 불어넣고 가도 좋으련만,
> 플라타너스, / 나는 너와 함께 신이 아니다! //
> 수고론 우리의 길이 다하는 어느 날,
> 플라타너스, / 너를 맞아 줄 검은 흙이 먼 곳에 따로이 있느냐?
> 나는 오직 너를 지켜 네 이웃이 되고 싶을 뿐,
> 그곳은 아름다운 별과 나의 사랑하는 창이 열린 길이다.
>
> – 김현승,「플라타너스」

01 윗글에 대한 설명으로 가장 적절한 것은?

① 반복적 호명을 통해 중심 대상으로 초점을 모으고 있다.
② 반어적 표현을 활용하여 대상의 이중성을 부각하고 있다.
③ 현재형 진술을 통해 대상의 역동적 성격을 보여 주고 있다.
④ 색채어를 활용하여 대상의 고풍스러운 모습을 드러내고 있다.
⑤ 상승적 이미지를 활용하여 사물의 변화 과정을 표현하고 있다.

정답 ①

해설 이 시의 화자는 매 연마다 '플라타너스'를 반복적으로 부르며 '플라타너스'에 대한 화자의 인식과 소망을 드러내고 있다.

빈출 유형 ❷ | 시 – 시어나 시구의 의미

STEP 1 | 유형 알기

작품의 전체 맥락 속에서 시어나 시구의 의미를 파악하는 유형

STEP 2 | 만점 포인트

화자가 처한 상황과 그에 따른 정서 및 태도를 바탕으로 전체적인 내용을 이해해야 한다. 〈보기〉가 주어지는 경우가 많으므로 반드시 〈보기〉를 참고해서 작품을 파악해야 한다.

STEP 3 | 예시 문제

02 밑줄 친 부분에 대한 이해로 가장 적절한 것은? (빈출 유형 ①의 지문 참고)

① 화자의 관조적 자세를 보여 준다.
② 화자가 경험한 시련을 환기한다.
③ 화자의 적막한 처지를 드러낸다.
④ 화자의 무기력한 태도를 표현한다.
⑤ 현실에 대한 화자의 회의감을 부각한다.

정답 ③

해설 이 시의 화자는 자신의 상황을 '홀로 되어 외로울 제'라고 인식하며 고독감을 드러내고 있으므로 밑줄 친 '홀로 되어'는 화자의 적막한 처지를 드러내는 표현이다.

독해 공식

꿈을 아느냐 네게 물으면,
플라타너스,
너의 머리는 어느덧 파아란 하늘에 젖어 있다.

너는 사모할 줄을 모르나,
플라타너스,
너는 네게 있는 것으로 그늘을 늘인다.

먼 길에 올 제,
홀로 되어 외로울 제,
플라타너스,
너는 그 길을 나와 같이 걸었다.

이제 너의 뿌리 깊이
나의 영혼을 불어넣고 가도 좋으련만,
플라타너스,
나는 너와 함께 신이 아니다!

수고론 우리의 길이 다하는 어느 날,
플라타너스,
너를 맞아 줄 검은 흙이 먼 곳에 따로이 있느냐?
나는 오직 너를 지켜 네 이웃이 되고 싶을 뿐,
그곳은 아름다운 별과 나의 사랑하는 창이 열린 길이다.

— 김현승, 「플라타너스」

만능 키워드

시적 상황 & 화자의 정서와 태도

'나'는 '너(플라타너스)'를 '나'와 같은 처지라 여기며 '너'에게 말을 걸고 있음. → 외로울 때, 같이 걸었던 '너'를 지켜 이웃이 되고 싶어 함.

만능 키워드

시적 표현 & 표현 효과

시어의 반복 → 운율 형성, 의미 강조

TIP 시의 제목이나 반복되어 나타나는 시어는 화자가 말하고 있는 대상 즉, 시적 대상인 경우가 많다.

빈출 유형 ❸ 소설 – 서술상 특징

STEP 1 | 유형 알기

서술자의 위치, 서술 방식, 사건 전개 방식, 표현 기법, 문체 등을 파악할 수 있는지 평가하는 유형

STEP 2 | 만점 포인트

고정적으로 출제되는 유형이다. 시점 및 구성 방식과 관련된 글의 전개 방식을 파악할 수 있어야 한다. 특히 장면의 빠른 전환, 사건의 병치, 특정 인물의 시각으로 서술, 시·공간적 배경에 따른 서술자의 변화, 인물의 과장된 행동 등은 반복적으로 선지에 출제되고 있으니 반드시 정리해 두자.

STEP 3 | 예시 문제

[01~03] 다음 글을 읽고 물음에 답하시오.

이윽고 서 씨의 몸은 성벽의 저 너머로 사라져 버렸다. 그리고 잠시 후에 나는 더욱 놀라운 광경을 보게 되었다. 서 씨가 성벽 위에 몸을 나타내고 그리고 성벽을 이루고 있는 커다란 금고만 한 돌덩이를 그의 한 손에 하나씩 집어서 번쩍 자기의 머리 위로 치켜 올린 것이었다. 지렛대나 도르래를 사용하지 않고서는 혹은 여러 사람이 달라붙지 않고서는 들어 올릴 수 없는 무게를 가진 돌을 그는 맨손으로 들어 올린 것이었다. 그는 나에게 보라는 듯이 자기가 들고 서 있는 돌을 여러 차례 흔들어 보이고 나서 방금 그 돌들이 있던 자리를 서로 바꾸어서 그 돌들을 곱게 내려놓았다.

나는 꿈속에 있는 기분이었다. 고담 같은 데서 등장하는 역사만은 나도 인정하고 있는 셈이지만 이 한밤중에 바로 내 앞에서 푸르게 빛나는 조명을 온몸에 받으며 성벽을 디디고 우뚝 솟아 있는 저 사내를 나는 무엇이라고 이름 붙여야 할지 몰랐다.

역사, 서 씨는 역사다, 하고 내가 별수 없이 인정하며 감탄이라기보다는 차라리 그 귀기에 찬 광경을 본 무서움에 떨고 있는 동안에 그는 어느새 돌아왔는지 유령처럼 내 앞에서 자랑스러운 웃음을 소리 없이 웃고 있었다.

서 씨는 역사였다. 그날 밤 나는 집으로 돌아와서 이제까지 아무에게도 들려주지 않았다는 서 씨의 얘기를 들었다.

[A]
그는 중국인의 남자와 한국인의 여자 사이에서 난 혼혈아였다. 그의 선조들은 대대로 중국에서 이름 있는 역사들이었다. 족보를 보면 헤아릴 수 없이 많은 장수가 있다고 했다. 그네들이 가졌던 힘, 그것이 그들의 존재 이유였고 유일한 유물이었던 모양이었다. 그 무형의 재산은 가보로서 후손에게 전해졌다. 그것으로써 그들은 세상을 평안하게 할 수 있었고 자신들의 영광도 차지할 수 있었다. 그러나 이 서 씨에 와서도 그 힘이 재산이 될 수는 없었다. 이제 와서 그 힘은 서 씨로 하여금 공사장에서 남보다 약간 더 많은 보수를 받게 하는 기능밖에 가질 수가 없게 된 것이다. 결국 서 씨는 그 약간 더 많은 보수를 거절하기로 했다. 남만큼만 벽돌을 날랐고 남만큼만 땅을 팠다. 선조의 영광은 그렇게 하여 보존될 수밖에 없었다. 그리고 서 씨는 아무도 나다니지 않는 한밤중을 택하고 동대문의 성벽에서 그 힘이 유지되고 있음을 명부의 선조들에게 알리고 있다는 것이다.

대낮에 서 씨가, 동대문의 바로 곁에 서서 행인들 중 누구 한 사람도 성벽을 이루고 있는 돌 한 개의 위치 변화에 관심을 보내지 않고 지나다닐 때, 옮겨진 돌을 바라보며 빙그레 웃고 있는 그의 모습을 나는 쉽게 상상할 수 있었다. 그것이 서 씨가 간직하고 있는 자기였고 내가 그와 접촉하면 할수록 빨려 들어갈 수 있었던 깊이였던 모양이었다.

그 집 – 그늘 많은 얼굴들이 살던 그 집에서 나는 나 자신 속에서 꿈틀거리는 안주에의 동경을 의식하지 않을 수 없었다. 그것은 그 사람들의 헤어날 길 없는 생활 속에 내가 휩쓸려 들어가게 되는 것이 무서웠기 때문이었던 모양이다. 그러나 그곳을 뚝 떠나서 한결같은 곡이 한결같은 악기로 연주되는 집에 오자 그것은 견디어 낼 수 없는 권태와 이 집에 대한 혐오증으로 형체를 바꾸는 것이었다. 나란 놈은 아마 알 수 없는 놈인가 보다.

피아노 소리가 그쳤다. 무의식중에 나는 방바닥에서 팔목시계를 집어 올렸다. 내가 지금 무슨 행동을 했던가를 깨닫자 나는 쓴웃음이 나왔다. 피아노가 그친 시간을 재 보려고 했던 것이다. 그리고 나는 내일도 그 피아노가 그친 시간을 재서 그 시간들

을 비교하며 이 집에 대한 혐오증의 이유를 강화시키려고 했던 것이다. 나는 자신에 대해서 어이가 없음을 느꼈다. 이런 느낌이 드는 것은, 그것은 조금 전에 내가 서 씨의 그 거짓 없는 행위를 회상했던 덕분이 아니었을까? 서 씨가 내게 보여 준 게 있다면 다소 몽상적인 의미에서의 성실이었고 그리고 그것은 이 양옥 속의 생활을 비판하는 데도 필수적으로 고려되어야 한다는 것이 아닌가고 내게 생각되는 것이었다. 그러나 이 집으로 옮아온 다음날의 저녁, 식사 시간도 잡담 시간도 지나고 모든 사람들의 공부 시간이 되자 나는 홀로 내 방의 벽에 기대앉아서 기타를 퉁겨 보기 시작했던 때의 일을 기억하고 있다. 불현듯이 기타를 켜고 싶어지는 때가 있는 법이다. 그것은 감정의 요구이지만 그렇다고 비난할 건 못 되지 않는가. 내가 줄을 고르며 음을 시험해 보고 있는데 다색(茶色) 나왕으로 된 내 방문이 열리며 할아버지가 들어왔다. 그리고 나의 기타 켜는 시간은 오전 열 시부터 한 시간 동안 할머니와 며느리가 미싱을 돌리는 같은 시각으로 배치되었던 것이다. 위대한 가풍이 내게 작용한 첫 번이었다. 그러나 그 이후 내가 내게 주어진 그 시간을 이용해 본 적은 하루도 없었다. 흥이 나지 않아서였다고 하면 적당한 표현이 되겠다.

― 김승옥, 「역사(力士)」

01 윗글에 대한 설명으로 가장 적절한 것은?

① 지역 방언과 비속어를 사용하여 사건을 생동감 있게 전개하고 있다.
② 시대적 배경과 밀접한 어휘를 활용하여 주제 의식을 강화하고 있다.
③ 장면을 빈번하게 전환하여 인물들 사이의 긴장감을 고조시키고 있다.
④ 인물들의 서로 다른 특성을 제시하며 서술자의 시각을 드러내고 있다.
⑤ 공간적 배경에 따라 서술자를 달리하여 상황을 입체적으로 드러내고 있다.

정답 ④

해설 나는 가난하지만 자신만의 세계를 추구하는 서 씨의 삶과 엄격한 질서와 가풍을 중시하는 현재 하숙집(양옥) 인물들의 삶을 대비하여 서술하고 있다.
① 지역 방언이나 비속어는 사용하지 않았다.
② '피아노', '팔목시계'를 통해 현대를 시대적 배경으로 하고 있음을 알 수 있지만, 그것이 주제 의식을 강화하지는 않는다.
③ '그 집'에서의 회상 장면에서 '이 집'에서의 현재 장면으로 전환된 것 외에는 장면 전환이 나타나지 않으므로 빈번한 장면 전환이 나타난다고 할 수 없다.
⑤ '동대문', '그 집', '이 집'에서 이야기를 전달하는 사람은 모두 '나'로서 서술자는 달라지지 않는다.

빈출 유형 ❹ 소설 – 사실적 이해

STEP 1 | 유형 알기

등장인물의 성격·심리·태도 및 사건에 대하여 적절하게 이해했는지 평가하는 유형

STEP 2 | 만점 포인트

인물의 행동과 그로 인해 일어난 사건을 바르게 이해했는지 묻거나 〈보기〉를 바탕으로 인물의 심리나 태도를 바르게 파악하였는지 묻는다. 이때 문장을 하나하나 분석하며 읽을 필요는 없다. 선지에 언급된 인물들을 지문에서 찾아 ○, △ 등으로 표시하며 인물을 수식하는 표현이나 사건에 대한 태도를 중점적으로 파악하는 것이 좋다.

STEP 3 | 예시 문제

02 윗글의 인물에 대한 이해로 적절하지 <u>않은</u> 것은? (빈출 유형 ❸의 지문 참고)

① '서 씨'가 보여 준 모습은 '나'에게 경이로운 것이었다.
② '서 씨'는 자신의 힘을 더욱 유용하게 쓰기 위해 힘을 비축해야 했다.
③ '나'조차도 '나'의 감정 변화를 제대로 납득하기 어려웠다.
④ '나'는 이 집안의 규칙이 얼마나 정확히 지켜지는지를 확인하고자 했다.
⑤ '할아버지'는 이 집안의 규칙에 맞추어 '나'의 행동을 제약하기 시작했다.

정답 ②

해설 서 씨는 선조에게 물려받은 재산인 힘은 세상을 평안하게 하기 위하여 쓰는 것이지 돈을 버는 수단이 아니라 여겼다. 그래서 힘이 세다는 것을 숨겼을 뿐, 일부러 힘을 비축하지는 않았다.
① 두 번째 문단에서 '꿈속에 있는 기분'이라는 말로 보아 서 씨가 보여 준 광경을 보고 '나'가 경이에 찬 것을 알 수 있다.
③ 마지막 문단에서 '쓴웃음이 나왔다', '어이가 없음을 느꼈다' 등의 표현을 보아 '나'가 본인의 감정 변화를 자조적으로 느끼고 있음을 알 수 있다.
④ 마지막 문단에서 피아노가 그친 시간을 재 보려고 한 것으로 보아 '나'가 시계로 시간을 재며 집안의 규칙을 확인하고자 했음을 알 수 있다.
⑤ 마지막 문단에서 '할아버지'가 '나'의 방에 들어와 기타 치는 시간을 미싱 돌리는 시간에 배정한 것으로 보아 '나'의 행동을 규칙에 맞게 제약했다는 것을 알 수 있다.

빈출 유형 ❺ 소설 – 종합적 이해와 감상

STEP 1 | 유형 알기

작품에 나타난 특징, 말하기 방식, 관련된 한자성어 등을 파악할 수 있는지 평가하는 유형

STEP 2 | 만점 포인트

표현상의 특징이나 해석의 적절성을 다양한 방식으로 물어본다. 난이도가 낮은 편이고 특히 한자성어의 경우 해당 부분의 앞뒤만 보아도 풀 수 있는 경우가 많으니 놓치지 않도록 하자.

STEP 3 | 예시 문제

03 〈보기〉를 바탕으로 [A]를 감상한 내용으로 가장 적절한 것은? (빈출 유형 ❸의 지문 참고)

보기

김승옥은 「역사」에서 일반적 통념의 범위를 넘어서는 새로운 차원의 사실성을 추구하였다. 이 작품의 창작 의도를 밝힌 글에서 그는, "우리의 눈에는 비사실적인 것도 외국인의 눈으로 보면 사실적으로 보일 수 있다."라고 했다. 작품 속 '동대문 성벽의 돌덩이 옮겨 놓기'라는 소재는, 이를테면 '외국인의 눈'을 통해 새롭게 '변형'된 것이다. 작가는 '변형'의 효과를 살리기 위해, 작중 상황에 실감을 주는 소설적 장치들을 마련하고 있다.

---

① '무형의 재산'은 '서 씨'의 일상적인 모습을 신성한 면모로 '변형'하려는 의도에서 설정된 것이겠군.
② '서 씨' 가계의 내력을 제시한 것은 '서 씨'의 행위에 사실성을 부여하기 위한 장치이군.
③ '벽돌'은 '외국인의 눈'으로 보면 비사실적인 소재이겠군.
④ '동대문'이라는 낯선 배경을 제시하여 독자들이 느끼는 실감을 떨어뜨리고 있군.
⑤ '명부(冥府)의 선조들'은 '돌덩이 옮겨 놓기'가 사실이 아니라 환상이었음을 암시하고 있군.

정답 ②

해설 〈보기〉는 작가 김승옥이 추구한 사실성과 소설적 장치에 대해 '동대문 돌덩이 옮겨 놓기'를 예로 들고 있다. 즉, 작가가 서 씨의 내력을 밝힌 것은 돌덩이를 옮겨 놓는 서 씨의 행위에 사실성을 부여하는 장치라고 볼 수 있다.
① '무형의 재산'은 서 씨의 강한 힘을 표현한 것일 뿐이다. 또한 〈보기〉는 비일상적인 것을 일상적으로 표현하는 것과 관련된 설명이므로 적절하지 않다.
③ '벽돌'은 우리에게나 외국인에게나 사실적인 소재이다.
④ '동대문'을 낯선 배경이라고 할 수는 없으며, 이것이 독자들의 실감을 떨어뜨린다고 보기도 어렵다.
⑤ '명부(冥府)의 선조들'은 서 씨의 행위가 환상이었음을 암시하는 것과는 아무런 관계가 없다. 또한 서 씨의 행위는 환상이 아닌 사실이다.

독해 공식

(전략) 서 씨는 역사였다. 그날 밤 나는 집으로 돌아와서 이제까지 아무에게도 들려주지 않았다는 서 씨의 얘기를 들었다.

[A] 그는 중국인의 남자와 한국인의 여자 사이에서 난 혼혈아였다. 그의 선조들은 대대로 중국에서 이름 있는 역사들이었다. (중략) 그러나 이 서 씨에 와서도 그 힘이 재산이 될 수는 없었다. 이제 와서 그 힘은 서 씨로 하여금 공사장에서 남보다 약간 더 많은 보수를 받게 하는 기능밖에 가질 수가 없게 된 것이다. 결국 서 씨는 그 약간 더 많은 보수를 거절하기로 했다. 남만큼만 벽돌을 날랐고 남만큼만 땅을 팠다. 선조의 영광은 그렇게 하여 보존될 수밖에 없었다. 그리고 서 씨는 아무도 나다니지 않는 한밤중을 택하고 동대문의 성벽에서 그 힘이 유지되고 있음을 명부의 선조들에게 알리고 있다는 것이다.

대낮에 서 씨가, 동대문의 바로 곁에 서서 행인들 중 누구 한 사람도 성벽을 이루고 있는 돌 한 개의 위치 변화에 관심을 보내지 않고 지나다닐 때, 옮겨진 돌을 바라보며 빙그레 웃고 있는 그의 모습을 나는 쉽게 상상할 수 있었다. 그것이 서 씨가 간직하고 있는 자기였고 내가 그와 접촉하면 할수록 빨려 들어갈 수 있었던 깊이였던 모양이었다.

그 집 — 그늘 많은 얼굴들이 살던 그 집에서 나는 나 자신 속에서 꿈틀거리는 안주에의 동경을 의식하지 않을 수 없었다. 그것은 그 사람들의 헤어날 길 없는 생활 속에 내가 휩쓸려 들어가게 되는 것이 무서웠기 때문이었던 모양이다. 그러나 그곳을 뚝 떠나서 한결같은 곡이 한결같은 악기로 연주되는 집에 오자 그것은 견디어 낼 수 없는 권태와 이 집에 대한 혐오증으로 형체를 바꾸는 것이었다. 나란 놈은 아마 알 수 없는 놈인가 보다.

피아노 소리가 그쳤다. 무의식중에 나는 방바닥에서 팔목시계를 집어 올렸다. 내가 지금 무슨 행동을 했던가를 깨닫자 나는 쓴웃음이 나왔다. 피아노가 그친 시간을 재 보려고 했던 것이다. 그리고 나는 내일도 그 피아노가 그친 시간을 재서 그 시간들을 비교하며 이 집에 대한 혐오증의 이유를 강화시키려고 했던 것이다. 나는 자신에 대해서 어이가 없음을 느꼈다. 이런 느낌이 드는 것은, 그것은 조금 전에 내가 서 씨의 그 거짓 없는 행위를 회상했던 덕분이 아니었을까? 서 씨가 내게 보여 준 게 있다면 다소 몽상적인 의미에서의 성실이었고 그리고 그것은 이 양옥 속의 생활을 비판하는 데도 필수적으로 고려되어야 한다는 것이 아닌가고 내게 생각되는 것이었다. 그러나 이 집으로 옮아온 다음날의 저녁, 식사 시간도 잡담 시간도 지나고 모든 사람들의 공부 시간이 되자 나는 홀로 내 방의 벽에 기대앉아서 기타를 퉁겨 보기 시작했던 때의 일을 기억하고 있다. 불현듯이 기타를 켜고 싶어지는 때가 있는 법이다. 그것은 감정의 요구이지만 그렇다고 비난할 건 못 되지 않는가. 내가 줄을 고르며 음을 시험해 보고 있는데 다색(茶色) 나왕으로 된 내 방문이 열리며 할아버지가 들어왔다. 그리고 나의 기타 켜는 시간은 오전 열 시부터 한 시간 동안 할머니와 며느리가 미싱을 돌리는 같은 시각으로 배치되었던 것이다. 위대한 가풍이 내게 작용한 첫 번이었다. 그러나 그 이후 내가 내게 주어진 그 시간을 이용해 본 적은 하루도 없었다. 흥이 나지 않아서였다고 하면 적당한 표현이 되겠다.

— 김승옥, 「역사(力士)」

만능 키워드
서술자의 위치·태도 & 서술상 특징

1인칭 주인공 시점(내화의 '나') → '나'는 작품 속에서 서 씨의 이야기를 서술함.

만능 키워드
서술자 '나'의 설명 & 정서·태도

[A] 아무에게도 들려주지 않았다는 서 씨의 이야기를 내가 듣게 됨. → 생명력 넘치는 서 씨의 삶에 대한 긍정

만능 키워드
사건 & 인물 관계

무질서했던 '그 집(창신동 집)'에서 벗어나 가풍이 있는 '이 집(양옥집)'으로 이사를 왔지만 오히려 '이 집'의 엄격함에 권태와 혐오를 느낌.

만능 키워드
사건 & 인물 관계

무질서했던 '그 집(창신동 집)'에서 벗어나 가풍이 있는 '이 집(양옥집)'으로 이사를 왔지만 오히려 '이 집'의 엄격함에 권태와 혐오를 느낌.

TIP 이 소설은 공원에서 우연히 듣게 된 어느 사내의 이야기를 기록한 내용(외화)으로 이 지문은 그 사내의 입장(1인칭 주인공 시점)에서 전개되는 내화에 해당한다. 문제는 주어진 지문만을 가지고 풀어야 하므로 아는 작품이라도 지문을 충실히 분석하도록 하자.

제1장 핵심 이론 | 시·소설

제1장 시

1 시적 화자의 정서와 어조

(1) 시적 화자
시적 화자란 주제를 효과적으로 형상화하기 위해 의도적으로 설정하는 작중 화자로서, 시 속에서 말하는 사람을 가리킨다. 작품 속에서 '나, 우리' 등으로 등장한다.

(2) 시적 화자와 정서
시에서 정서란 시적 대상이나 상황에 의해 나타나게 된 시적 화자의 감정이다.
① 긍정적 정서: 기쁨, 즐거움, 소망, 동경, 사랑, 안도감 등
② 부정적 정서: 슬픔, 미움, 분노, 그리움, 안타까움 등

(3) 시적 화자와 어조
어조란 시적 화자가 내는 목소리의 특징이다. 시의 분위기를 형성하고 화자의 정서나 태도 및 작품의 주제를 드러내는 기능을 한다.
① 청자의 유무에 따라: 대화체, 독백체
② 시적 화자의 정서에 따라: 낙천적, 염세적, 관조적, 절망적 등
③ 시적 화자의 태도에 따라: 소망, 기원, 예찬, 권유, 명령, 비판, 성찰 등

> **더 알아보기**
>
> **감정 이입 vs 객관적 상관물**
> - **감정 이입**: 타인이나 자연물 또는 예술 작품 등에 자신의 감정을 이입시켜 시적 화자의 정서를 효과적으로 표현하는 방법. 주로 의인법으로 구체화됨.
> - **객관적 상관물**: 시적 화자의 감정을 간접적으로 드러내 주는 대상
>   → 감정 이입에서 사용된 표현들은 모두 객관적 상관물. 그러나 객관적 상관물 중에서는 감정 이입이 아닌 것들도 있음.

2 시상 전개 방식*

시간의 흐름에 따른 시상 전개	• 순행적 시상 전개: 시간의 흐름에 따른 구성(= 추보식 구성) • 역순행적 시상 전개: 시간의 흐름을 거스르는 구성
공간의 이동에 따른 시상 전개	화자가 실제로 이동하기도 하고, 시선의 이동으로 표현되기도 함. 시선의 이동은 시각적 이미지를 강조하는 효과를 줌.
수미상관 (首尾相關)	시의 처음과 끝에 동일하거나 비슷한 내용을 배치하는 구성 방식. 의미 강조, 운율 형성, 형태상 안정감 등의 효과를 줌.

선경후정 (先景後情)	우선 경치나 시적 대상의 외적 요소를 묘사하고 뒤에 화자의 정서를 표현하는 방식
기승전결 (起承轉結)	보통 한시나 시조에서 시상의 제시(起), 시상의 반복·심화(承), 시상의 전환(轉), 시상의 마무리(結) 순으로 진행
대립적 전개	대립되는 두 대상이 지닌 의미, 이미지, 태도 등을 부각
점층적 전개	시어·시구의 의미, 화자의 정서 등이 점점 고조됨.

3 시의 심상

시인이 떠올린 세계를 구체적 사물에 빗대어 표현함으로써 우리의 머릿속에서 재구성되는 감각적 이미지이다.

종류	의미	예시
시각적 심상	색채, 명암, 모양, 동작 등 눈으로 느낄 수 있는 것	알락달락 알록진 산새알
청각적 심상	소리를 통해 귀로 들을 수 있는 것	개울물 돌돌 길섶으로 흘러가고
후각적 심상	냄새를 통해 코로 느낄 수 있는 것	매화 향기 홀로 아득하니
미각적 심상	맛을 통해 혀로 느낄 수 있는 것	메밀묵이 먹고 싶다. 그 싱겁고도 구수하고
촉각적 심상	감촉을 통해 피부로 느낄 수 있는 것	유리에 차고 슬픈 것이 어른거린다. / 아름다운 영원을 내 주름 잡힌 손으로 어루만지며
공감각적 심상	하나의 감각을 다른 감각으로 전이시켜 표현하는 것	종소리의 동그라미 / 푸른 웃음, 푸른 설움

더 알아보기

- **상징적 이미지**: 긍정-부정, 생성-소멸, 상승-하강, 동적-정적, 어둠-추위, 추상적 대상의 구체적 형상화, 지배적 심상 등

4 시의 상징

어떤 사물이 그 자체의 의미를 유지하면서 포괄적인 다른 뜻까지 암시하는 것을 말한다.

(1) **관습적 상징:** 한 사회에서 오랫동안 쓰임으로써 상징하는 바가 굳어져서 널리 공인된 보편적 상징이다.
   예 십자가 → 기독교 / 비둘기 → 평화

(2) **개인적 상징:** 시인에 의해 독창적으로 만들어져서 문학적 효과를 발휘하는 개성적이고 창조적인 상징을 말한다.
   예 윤동주,「십자가」에서 '십자가' → 희생정신

(3) **원형적 상징:** 시대와 공간에 관계없이 역사·종교 등에 빈번하게 되풀이되어 나타나는 상징이다.
   예 이상,「날개」에서 '방' → 단군신화에 나오는 '동굴'의 원형적 상징

핵심 포인트

상징 vs 은유
- **상징**: 상관성이 먼 상징어를 연결함으로써 의미가 확대·심화되는 언어 사용의 방법

- 은유: 두 대상 간의 유사성을 통한 유추적 결합을 추구

상징	은유

• 암시적 · 다의적
• 한 편의 작품에서 반복적으로 나타남.
  → 작품 전체를 지배
• 상징의 의미가 상징 뒤에 숨어 있음.
	• 비교적 · 유추적
	• 한 편의 작품에서 1회적으로 나타남.
	  → 특정 부분과 관계
	• 원관념과 보조 관념의 관계가 명확함.

5 표현 방법(= 수사법)★

종류		의미	예시
비유하기	직유법	'~듯이, ~같은, ~처럼' 등의 말을 사용하여 원관념과 보조 관념을 직접 연결시킴.	머리채 긴 바람들은 투명한 빨래처럼
	은유법	'A는 B이다'와 같이 비유하는 말과 비유되는 말을 동일한 것으로 단언하듯 표현함.	봄은 고양이로다.
	의인법	사람이 아닌 동물이나 자연을 사람인 듯 표현함.	하늘은 날더러 구름이 되라 하고
	활유법	생명이 없는 것을 생명이 있는 것처럼 비유함.	애수는 백로처럼 날개를 펴다.
	대유법	대상의 부분, 특징, 모양 등을 들어, 대상 전체를 나타냄.	• 사람은 빵만으로 살 수 없다(빵 → 식량). • 요람에서 무덤까지(요람 → 탄생, 무덤 → 죽음)
강조하기	반복법	시어 · 시구 · 시행 · 통사 구조를 반복함.	해야 솟아라. 해야 솟아라. 말갛게 씻은 얼굴 고운 해야 솟아라.
	열거법	대등한 내용을 늘어놓음.	별 하나에 추억과 / 별 하나에 사랑과 / 별 하나에 동경과
	연쇄법	앞 구절의 말을 다음 구절에 연결시켜 이어 감.	닭아, 닭아 우지마라. 네가 울면, 날이 새고, 날이 새면, 나 죽는다.
	점층법	점점 어감이 강해지면서 감정의 고조를 나타냄.	열 배, 백 배, 천 배로
	대조법	표면적이나 이면적으로 상반되는 이미지를 제시하여 의미를 강조함.	잿더미가 소복한 울타리에 개나리가 망울졌다.
	대구법	앞뒤 내용이 비슷한 내용으로 유사한 통사 구조가 연달아 반복하여 운율을 형성하고, 의미를 강조함.	• 인생은 짧고 예술은 길다. • 범은 죽어서 가죽을 남기고, 사람은 죽어서 이름을 남긴다.
	과장법	실제보다 부풀려 말함.	번갯불에 콩 볶아 먹듯
	영탄법	감탄사, 감탄형 어미, 의문형 어미 등을 사용하여 감정을 강하게 드러냄.	애타는 이 내 마음 누가 아실까!
변화 주기	역설법	표면적으로는 이치에 안 맞는 듯하나, 그 속에 진실이 담기도록 표현함.	아아, 님은 갔지마는 나는 님을 보내지 아니하였습니다.
	반어법	참뜻과 반대되게 표현하여 그 의미를 강조함.	먼 훗날 당신이 찾으시면 / 그 때에 내 말이 '잊었노라.'
	도치법	정상적인 언어의 배열 순서를 따르지 않음으로써 그 내용을 강조함.	나는 아직 기다리고 있을 테요, 찬란한 슬픔의 봄을.
	설의법	필자가 단정해도 좋을 것을 일부러 질문의 형식을 취하여 독자에게 생각할 여유를 줌.	흔들리지 않고 피는 꽃이 어디 있으랴.

제2장 소설

1 서술자의 위치와 태도(시점)*

1인칭 주인공 시점	• 작품 속 주인공 '나'가 자신의 이야기를 서술 • 주동 인물의 내면세계를 제시하는 데 효과적 → 신뢰감, 친근감
1인칭 관찰자 시점	• 작품 속 인물인 '나'가 관찰자로서 주인공의 이야기를 서술 • '나'의 눈에 비친 외부 세계만을 다룰 수 있는 한계가 있음. • 주인공의 내면을 숨김. → 긴장, 경이감
전지적 작가 시점	• 작품 밖 서술자가 인물의 내면과 사건에 대한 모든 것을 알고 서술 • 작가의 사상과 인생관이 직접 드러나며, 독자의 상상적 참여가 제한됨.
작가 관찰자 시점	• 작품 밖 서술자가 객관적 태도로 외부 사실만 관찰하여 서술 • 해설이나 평가를 하는 대신 인물과 사건을 있는 그대로 제시 → 극적·객관적

핵심 포인트

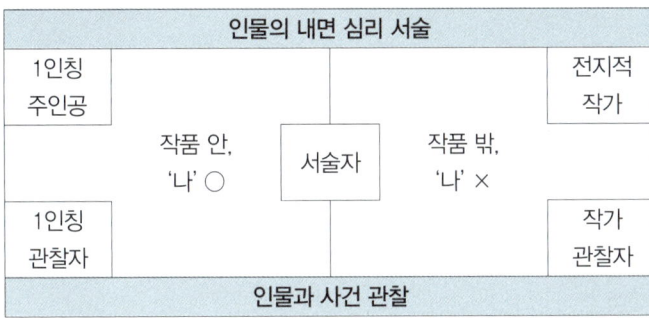

2 서술 방식

(1) **묘사**: 서술자가 인물, 장면 등을 그림 그리듯이 표현하여 독자에게 전달하는 방법이다.

(2) **대화**: 인물들이 주고받는 말을 통해 사건의 전개와 인물의 심리를 전달하는 방법이다.

(3) **서술**: 서술자가 독자에게 인물, 사건, 배경 등을 직접 설명하는 방법으로 묘사와 대화가 아닌 것을 모두 일컫는다.
  ① **요약적 제시**: 서술자가 핵심만 간추려서 제시하는 방법
  ② **편집자적 논평**: 서술자가 진행 중인 사건이나 인물의 언행에 대해 자신의 느낌이나 견해를 직접 밝히는 방법
  ③ **특정 인물의 시선에서 서술***: 전지적 서술자가 작품 속의 특정 인물의 시각을 취하여 서술하는 방법
  ④ **신뢰할 수 없는 서술자의 서술**: 1인칭 관찰자 시점의 서술자가 미성숙하거나 무지하여 독자가 서술자의 서술과 평가를 믿지 않도록 하는 방법
  ⑤ **의식의 흐름**: 인물의 무질서한 생각이나 감정을 흐름에 따라 그대로 서술하는 방법
  ⑥ **몽타주 기법**: 특정 시각에 서로 다른 장소에서 일어나는 상황을 동시에 제시하거나, 동일 공간상에서 다양한 시간에 일어나는 상황을 동시에 제시하는 방법
  ⑦ **사건의 병치***: 사건과 사건의 배경이 되는 시·공간적 배경을 나란히 배열하는 방법

3 인물의 유형

역할에 따라	주동 인물	작품의 주인공, 주동적 역할을 수행하는 긍정적 인물
	반동 인물	주인공과 대립하여 갈등을 일으키는 부정적 인물
성격에 따라	전형적 인물	특정 계층, 시대, 사회를 대표하는 성격을 지닌 인물
	개성적 인물	특정 부류나 계층에 속하지 않고, 독자적인 개성을 지닌 인물
성격 변화에 따라	평면적 인물	처음부터 끝까지 행동이나 성격의 변화가 없는 인물
	입체적 인물	환경, 상황 등의 영향으로 성격의 변화를 보이는 인물

4 인물 제시 방법*

(1) 직접 제시(= 말하기)
서술자가 등장인물의 성격을 직접 말해 주는 것으로 서술자가 인물의 특성을 요약해서 설명한다. 서술자가 전달하고자 하는 것을 오해 없이 독자에게 전달할 수 있으며, 내용을 빠르게 전개할 수 있다. 단, 독자의 상상력이 제한될 수 있다는 단점이 있다.

(2) 간접 제시(= 보여 주기)
서술자가 등장인물의 성격을 대사와 행동을 통해 드러낸다. 내용을 생생히 전달할 수 있다는 장점이 있지만 서술자의 의도와는 다르게 전달될 수 있다는 단점이 있다.

5 소설의 구성

(1) 기본 5단 구성

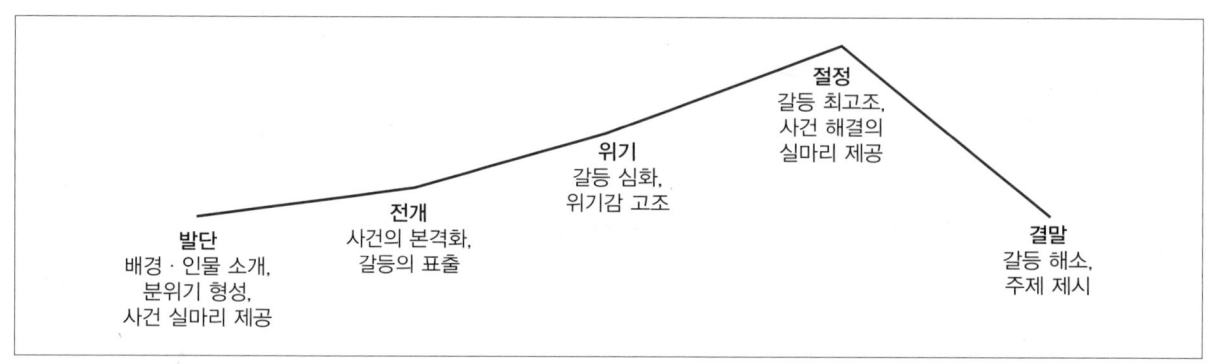

- 발단: 배경·인물 소개, 분위기 형성, 사건 실마리 제공
- 전개: 사건의 본격화, 갈등의 표출
- 위기: 갈등 심화, 위기감 고조
- 절정: 갈등 최고조, 사건 해결의 실마리 제공
- 결말: 갈등 해소, 주제 제시

(2) 구성의 종류*
① 평면적 구성(= 순행적 구성): 시간 흐름대로 사건이 진행되는 구성
② 입체적 구성(= 역순행적 구성): 시간 순서에 따르지 않고 작가의 의도에 따라 뒤바꾸어 배열하는 방법의 구성
③ 액자식 구성: '외부 이야기' 속에 또 다른 '내부 이야기'가 들어 있는 구성
④ 피카레스크식 구성: 동일 인물이 등장하는 각각의 독립된 이야기를 모아 놓은 구성
⑤ 환몽 구성: '현실-꿈-현실'의 구성
⑥ 일대기적 구성: 영웅적인 인물의 일생 동안 일어난 일에 초점을 맞추어 전개되는 구성

제1장
출제 유형 | 확인 문제

정답 및 해설 ▶ p.21

[01~02] 다음 글을 읽고 물음에 답하시오.

> 일찍이 어머니가 나를 바다에 데려간 것은
> 소금기 많은 ㉠푸른 물을 보여 주기 위해서가 아니었다
> 바다가 뿌리 뽑혀 밀려 나간 후
> 꿈틀거리는 ㉡검은 뻘밭 때문이었다
> 뻘밭에 위험을 무릅쓰고 퍼덕거리는 것들
> 숨 쉬고 사는 것들의 힘을 보여 주고 싶었던 거다
> 먹이를 건지기 위해서는
> 사람들은 왜 무릎을 꺾는 것일까
> 깊게 허리를 굽혀야만 할까
> 생명이 사는 곳은 왜 저토록 쓸쓸한 맨살일까
> 일찍이 어머니가 나를 바다에 데려간 것은
> 저 무위(無爲)한 해조음을 들려주기 위해서가 아니었다
> 물 위에 집을 짓는 새들과
> 각혈하듯 노을을 내뿜는 포구를 배경으로
> 성자처럼 뻘밭에 고개를 숙이고
> 먹이를 건지는 슬프고 경건한 손을 보여 주기 위해서였다
> ― 문정희, 「율포의 기억」

01 윗글에 대한 설명으로 가장 적절한 것은?

① 수미상관의 방식을 통해 주제 의식을 강조하고 있다.
② 대화의 형식을 활용하여 친근한 분위기를 조성하고 있다.
③ 특정 공간의 특성을 바탕으로 하여 시상을 전개하고 있다.
④ 현재 시제를 사용하여 현장감을 부각하고 있다.
⑤ 역설적 표현을 사용하여 시적 상황을 효과적으로 비판하고 있다.

02 ㉠, ㉡에 대해 반응한 것으로 가장 적절한 것은?

① ㉠은 순수한 자연을 통해 아름다움을 느끼게 하고, ㉡은 위험이 도사리고 있어 공포를 느끼게 하는군.
② ㉠은 푸른 이미지로 생명과 희망을 환기시키고, ㉡은 검은 이미지로 허무와 어둠의 정서를 불러일으키고 있군.
③ ㉠은 힘겨운 삶을 극복한 사람들이 얻게 되는 환희를 상징하고, ㉡은 힘겹게 살아가는 사람들의 탄식을 상징하는군.
④ ㉠은 삶과 관련하여 깨달음을 주지 못하지만, ㉡은 그곳에서 치열하게 살아가는 생명들을 통해 깨달음을 얻게 하는군.
⑤ ㉠은 정적인 이미지로 지나간 과거에 대한 부정적 인식을 보여주고, ㉡은 동적인 이미지로 다가올 미래에 대한 긍정적 인식을 보여 주는군.

[03~04] 다음 글을 읽고 물음에 답하시오.

> 어둠이 오는 것이 왜 두렵지 않으리
> 불어 닥치는 비바람이 왜 무섭지 않으리
> 잎들 더러 썩고 떨어지는 어둠 속에서
> 가지들 휘고 꺾이는 비바람 속에서
> 보인다 꼭 잡은 너희들의 작은 손들이
> 손을 타고 흐르는 숨죽인 흐느낌이
> 어둠과 비바람까지도 삭여서
> 더 단단히 뿌리와 몸통을 키운다면
> 너희 왜 모르랴 밝는 날 어깨와 가슴에
> 더 많은 꽃과 열매를 달게 되리라는 걸
> 산바람 바닷바람보다도 짓궂은 이웃들의
> 비웃음과 발길질이 더 아프고 서러워
> 산비알과 바위너설에서 목 움츠린 나무들아
> 다시 고개 들고 절로 터져 나올 잎과 꽃으로
> 숲과 들판에 떼 지어 설 나무들아
> ― 신경림, 「나무를 위하여」

03 윗글에 대한 설명으로 적절하지 않은 것은?

① 설의법을 활용하여 시의 주제를 강조하고 있다.
② 명암의 대비를 통해 화자의 내면을 드러내고 있다.
③ 청자에게 말을 건네는 방식을 통해 친밀감을 드러내고 있다.
④ 상징적 시어를 활용하여 시가 말하고자 하는 바 형상화하고 있다.
⑤ 자연의 실상에 어울리는 다양한 색채어를 사용하여 자연의 아름다움을 예찬하고 있다.

04 윗글의 화자의 태도에 대한 설명으로 가장 적절한 것은?

① 미래에 대한 낙관적 기대를 경계하고 있다.
② 작은 존재들의 연대에 대한 믿음을 드러내고 있다.
③ 시련을 극복한 대상을 격려하는 마음을 나타내고 있다.
④ 과거의 고난 체험에 대한 관조적 심정을 보여 주고 있다.
⑤ 약자들에게 외부의 도움에 대한 열린 자세를 권고하고 있다.

[05~06] 다음 글을 읽고 물음에 답하시오.

눈은 살아 있다.
떨어진 눈은 살아 있다.
마당 위에 떨어진 눈은 살아 있다.

기침을 하자.
젊은 시인이여 기침을 하자.
눈 위에 대고 기침을 하자.
눈더러 보라고 마음놓고 마음놓고
기침을 하자.

㉠ 눈은 살아 있다.
죽음을 잊어버린 영혼과 육체를 위하여
눈은 새벽이 지나도록 살아 있다.

기침을 하자.
젊은 시인이여 기침을 하자.
눈을 바라보며
밤새도록 고인 가슴의 가래라도
마음껏 뱉자.

– 김수영, 「눈」

05 윗글에 대한 설명으로 적절하지 않은 것은?

① 자신의 삶에 대한 자괴감이 나타나 있다.
② '기침'은 생명과 자유의 행동을 의미하고 있다.
③ 청유형 어미를 사용하여 화자의 의지를 드러내고 있다.
④ 동일 문장의 반복과 변형을 통해 리듬감을 높이고 있다.
⑤ '눈'과 '기침'의 대립적 구조를 통해 시상을 전개하고 있다.

06 시적 상상력을 바탕으로, 다음 내용을 고려하여 ㉠의 의미를 해석한다고 할 때, 그 내용으로 가장 적절한 것은?

'눈[雪]'의 관습적 상징	순수, 결백, 정화, 시련, 냉혹함……
'눈[眼]'의 사전적 의미	1. 빛의 자극을 받아 물체를 볼 수 있는 감각 기관 2. 사물을 보고 판단하는 힘

① 탈속의 세계를 지향하는 정화된 시선을 뜻한다.
② 옳고 그름을 가려낼 줄 아는 순수한 생명력을 뜻한다.
③ 결백함과 불순함이 혼재된 화자의 내면세계를 뜻한다.
④ 냉혹한 현실로부터 도피하려는 화자의 나약함을 뜻한다.
⑤ 닥쳐올 시련을 인식하지 못하는 근시안적 태도를 뜻한다.

[07~08] 다음 글을 읽고 물음에 답하시오.

들가에 떨어져 나가 앉은 ⊙ 메기슭의
넓은 바다의 물가 뒤에,
나는 지으리, 나의 집을,
다시금 큰길을 앞에다 두고.
길로 지나가는 그 사람들은
제가끔 떨어져서 혼자 가는 ⓒ 길.
하이얀 여울턱에 날은 저물 때.
나는 ⓒ 문간에 서서 기다리리
새벽 ⓔ 새가 울며 지새는 그늘로
세상은 희게, 또는 고요하게,
번쩍이며 오는 아침부터,
지나가는 길손을 눈여겨보며,
⑩ 그대인가고, 그대인가고.

– 김소월, 「나의 집」

07 윗글에 대한 설명으로 적절하지 않은 것은?

① 시간의 흐름을 감각적으로 표현하고 있다.
② 동일 시어의 반복으로 화자의 정서를 심화하고 있다.
③ 도치법을 활용하여 화자의 의지를 강조하고 있다.
④ 색채어를 사용하여 시적 분위기를 형성하고 있다.
⑤ 인간과 자연의 대비를 통해 주제 의식을 부각하고 있다.

08 ⊙~⑩에 대한 설명으로 적절하지 않은 것은?

① ⊙: 탈속적 삶에 대한 소망
② ⓒ: 외롭고 쓸쓸한 인생
③ ⓒ: 간절한 기다림의 태도
④ ⓔ: 화자의 감정 이입 대상
⑤ ⑩: 줄임말을 통한 여운 형성

[09~11] 다음 글을 읽고 물음에 답하시오.

물은 흐르나 소리도 없다. 수도국 다리를 빠져, 청류벽을 돌아서는 비단필이 훌쩍 펼쳐진 듯 질펀하게 깔려 나갔는데, 하늘과 물이 함께 저녁놀에 물들은 아득한 장미꽃밭으로 사라져 버렸다. 연광정 앞으로부터 까뭇까뭇 널려 있는 매생이와 수상선들, 하나도 움직여 보이지 않는다. 끝없는 대동벌에 점점이 놓인 구릉들과 함께 자못 유구한 맛이 난다.

현은 피우던 담배를 내던지고 저고리 단추를 여몄다. 단풍은 이제부터 익기 시작하나 날씨는 어느덧 손이 시리다.

'조선 자연은 왜 이다지 슬퍼 보일까?'

현은 부여에 가서 낙화암이며 백마강의 호젓함을 바라보던 생각이 난다.

현은 평양이 10여 년 만이다. 소설에서 평양 장면을 쓰게 될 때마다 이번에는 좀 새로 가 보고 써야, 스케치를 해 와야 하고 벼르기만 했지, 한 번도 그래서 와 보지는 못하였다. 소설을 위해서뿐 아니라 친구들도 가끔 놀러 오라는 편지가 있었다. 학창 때 사귄 벗들로, 이곳 부회의원이요 실업가인 김(金)도 있고, 어느 고등보통학교에서 조선어와 한문을 가르치는 박(朴)도 있건만, 그들의 편지에 한 번도 용기를 내어 본 적은 없었다. 이번에 받은 박의 편지는 놀러 오라는 말은 한 마디도 씌어 있지 않았다. 그러나 다른 때, 놀러 오라는 말이 있던 편지보다 오히려 현의 마음을 끌었다.

'내 시간이 반이 없어진 것은 자네도 짐작할 걸세. 편안하긴 허이. 그러나 전임으론 나가 주고 시간으로나 다녀 주기를 바라는 눈칠세. 나머지 시간이라야 그리 오래 지탱돼 나갈 학과 같지는 않네. 그것마저 없어지는 날 그때 아주 그만둬 버리려고 아직은 찌싯찌싯 붙어 있네.'

하는 사연을 읽고는 갑자기 박을 가 만나 주고 싶었다. 만나야만 할 말이 있는 것은 아니지만 손이라도 한번 잡아 주고 싶어 전보만 한 장 치고 훌쩍 떠나 내려온 것이다.

정거장에 나온 박은 수염도 깎은 지 오래여서 터부룩한 데다 버릇처럼 자주 찡그려지는 비웃는 웃음은 전에 못 보던 표정이었다. 그 다니는 학교에서만 찌싯찌싯 붙어 있는 것이 아니라 이 시대 전체에서 긴치 않게 여기는, 찌싯찌싯 붙어 있는 존재 같았다. 현은 박의 그런 찌싯찌싯함에서 선뜻 자기를 느끼고 또 자기의 작품들을 느끼고 그만 더 울고 싶게 괴로워졌다.

한참이나 붙들고 섰던 손목을 놓고, 그들은 우선 대합실로 들어갔다. 할 말은 많은 듯하면서도 지껄여 보고 싶은 말은 골라낼 수가 없었다. 이내 다시 일어나 현은,

"나 좀 혼자 걸어 보구 싶네."

하였다. 그래서 박은 저녁에 김을 만나가지고 대동강 가에 있는 동일관이란 요정으로 나오기로 하고 현만이 모

란봉으로 온 것이다.

　　오면서 자동차에서 시가도 가끔 내다보았다. ⓐ 전에 본 기억이 없는 새 빌딩들이 꽤 많이 늘어섰다. 그중에 한 가지 인상이 깊은 것은 어느 큰 거리 한구석에 벽돌 공장도 아닐 테고 감옥도 아닐 터인데 시뻘건 벽돌만으로, 무슨 큰 분묘와 같이 된 건축이 웅크리고 있는 것이다. 현은 운전수에게 물어 보니, 경찰서라고 했다.

　　또 한 가지 이상하다 생각한 것은 그림자도 찾을 수 없는 여자들의 머릿수건이었다. 운전수에게 물으니 그는 없어진 이유는 말하지 않고,

　　"거, 잘 없어졌죠. 인전 평양두 서울과 별루 지지 않습니다."

하는 매우 자긍하는 말투였다.

　　현은 평양 여자들의 머릿수건이 늘 보기 좋았다. 현은 단순하면서도 흰 호접과 같이 살아 보였고, 장미처럼 자연스런 무게로 한 송이 얹힌 댕기는, 그들의 악센트 명랑한 사투리와 함께 '피양내인'들만이 가질 수 있는 독특한 아름다움이었다. 그런 아름다움을 제 고장에 와서도 구경하지 못하는 것은, 평양은 또 한 가지 의미에서 폐허라는 서글픔을 주는 것이었다.

(중략)

　　"아닌 게 아니라 자네들 이제부턴 실속 채려야 하네."
하고 김은 힐끗 현의 눈치를 본다.

　　"어떻게 채려야 실속인가?"

　　"팔릴 글을 쓰란 말일세, 자네들 쓰는 걸 인제부터 누가 알아야 읽지 않나? 나두 가끔 자네 이름이니 좀 읽어 볼가 해두 요미 니쿠쿳(읽기 힘들어서)……도모 이캉(도대체가 안 돼)……."

　　"아니꼬운 자식…… 너희 따윈 안 읽어두 좋다. 그래 방향 전환을…… 뭐…… 어디가 글 쓰는 놈이 선견이구 어쩌구 하는구나? 똥내 나는 자식……."

　　"나니?(뭐야)"

　　김이 빨근해진다. 김이 빨근해지는 바람에 현도 다시 농담기가 걷히고 눈이 뻔쩍 빛난다.

　　"더러운 자식! 나닌 무슨 말라빠진……."

하더니 현은 술을 깨려고 마시던 사이다 컵을 김에게 사이다째 던져버린다. 깨지고 튀고 하는 것은 유리병만이 아니다. 기생들이 그리로 쏠린다. 보이들도 들어온다.

　　"이 자식? 되나 안 되나 우린 이래 뵈두 예술가다! 예술가 이상이다, 이 자식……."

하고 현의 두리두리해진 눈엔 눈물이 핑 어리고 만다.

　　"이런 데서 뭘…… 이 사람 취했네 그려, 나가 바람 좀 쐬세."

하고 박이 부산한 자리에서 현을 이끌어낸다. 현은 담배를 하나 집으며 복도로 나왔다.

　　"이 사람아? 김 군 말쯤을 고지식하게 탄할 게 뭔가?"

"후……."

"그까짓 무슨 소용이야……."

"내가 취했나 보이…… 자넨 들어가 보게……."

　　현은 한참 난간에 의지해 섰다가 슬리퍼를 신은 채 강가로 내려섰다. 강에는 배 하나 지나가지 않는다. 바람은 없으나 등골이 오싹해진다. 강가에 흩어진 나뭇잎들은 서릿발이 끼쳐 은종이처럼 번뜩번뜩인다. 번뜩이는 것을 찾아 하나씩 밟아 본다.

　　'이상견빙지(履霜堅冰至)…….'

　　『주역(周易)』에 있는 말이 생각났다. 서리를 밟거든 그 뒤에 얼음이 올 것을 각오하란 말이다. 현은 술이 확 깨인다. 저고리를 여미나 찬 기운은 품속에 사무친다. 담배를 피우려 하나 성냥이 없다.

　　'이상견빙지…… 이상견빙지…….'

　　밤 강물은 시체와 같이 차고 고요하다.

- 이태준, 「패강랭」

09 윗글의 서술상 특징으로 적절한 것은?

① 회상 형식의 서술을 통해 갈등의 원인을 드러내고 있다.
② 시대적·공간적 배경을 통해 인물이 처한 상황을 부각시키고 있다.
③ 장면에 따라 서술자를 달리하여 사건을 입체적으로 전달하고 있다.
④ 작품 밖 서술자가 특정 인물의 시선으로 다른 인물을 평가하고 있다.
⑤ 인물들의 내적 독백을 통해 그들의 상반된 성격을 구체적으로 제시하고 있다.

10 윗글을 통해 알 수 있는 내용으로 적절한 것은?

① '현'은 10여 년 동안 주기적으로 평양에 방문했다.
② '현'은 친구들의 편지에 항상 정성스럽게 답장을 써서 보냈다.
③ '박'은 지금 하고 있는 일이 바빠져 한동안 연락을 하지 못할 것이다.
④ '현'은 예전과 다른 모습으로 변해 가는 세상에 서글픔을 느끼고 있다.
⑤ '김'은 '현'에게 아무리 어려워도 예술가의 신념을 잃지 말라며 당부했다.

11 ⓐ에 나타난 인물의 심리를 나타낼 수 있는 사자성어로 가장 적절한 것은?

① 구곡간장(九曲肝腸)
② 대기만성(大器晩成)
③ 상전벽해(桑田碧海)
④ 괄목상대(刮目相對)
⑤ 주경야독(晝耕夜讀)

[12~14] 다음 글을 읽고 물음에 답하시오.

겨우내 굳어 있던 땅은 괭이날 들어가기가 썩 힘이 들었고 게다가 돌덩이처럼 틀어박힌 연탄재 부스러기들을 일일이 골라내다 보면 한 두둑을 갈아엎는 데도 꽤 오랜 시간이 걸렸다. 용문이가 지난달 내내 연탄재들을 거두어 내고 겨우 맨땅을 내놓았다고 한 꼴이 요 모양이었다. 서울것들이란. 강 노인은 끙끙거리다 토막난 욕설을 내뱉어 놓고는 윗저고리에서 한산도갑을 꺼낸다. 바람이 워낙 심해서 불 붙이는 일은 아무래도 저쪽 연립주택 앞에 심어놓은 사철나무를 바람벽으로 삼아야 가능할 것 같았다. 강 노인이 괭이를 내던지고 밭 끄트머리로 걸어가는 사이 언제 나왔는지 부동산의 박 씨가 알은체를 하였다. 자그마한 체구에 검은 테 안경을 쓰고, 머리는 기름 발라 ⓒ 착 달라붙게 빗어 넘긴 박 씨의 면상을 보는 일이 강 노인으로서는 괴롭기 짝이 없었다. 얼굴만 마주쳤다 하면 땅을 팔아 보지 않겠느냐고 은근히 회유를 거듭하더니 지난 겨울부터는 임자가 나섰다고 ⓒ 숫제 집까지 찾아와서 ⓒ 온갖 감언이설을 다 늘어놓는 박 씨였다. 그것도 강 노인의 나머지 땅을 한꺼번에 사들여서 길 이쪽저쪽으로 쌍둥이 빌딩을 지어 부천의 명물로 만들 것이고, 거기에 초호화판 위락 시설이 들어서서 동네가 삽시간에 환해질 것이라고 했다. 일 층에는 상가, 이 층은 사우나, 삼 층은 헬스클럽, 사오 층은 사무실로 임대하는 식의 건물 용도부터가 강 노인 마음에는 들지 않았지만 어차피 팔지 않을 땅이므로 어느 작자가 어떤 김치국물을 마시든 크게 나무랄 일은 못 되었다.

"영감님, 유 사장이 저 심곡동 쪽으로 땅을 보러 다니나 봅디다. 영감님은 물론이고 우리 동네의 발전을 위해서 그렇게 애를 썼는데……."

박 씨가 ⓐ 짐짓 허탈한 표정을 지으며 말하고 있는데 뒤따라 나온 동업자 고흥댁이 뒷말을 거든다.

"참말로 이 양반이 무진 애를 썼구만요. 우리사 셋방이나 얻어 주고 소개료 받는 것으로도 얼마든지 살 수 있지라우. 그람시도 그리 애를 쓴 것이야 다 한동네 사는 정리로다가 그런 것이지요."

강 노인은 가타부타 말이 없고 이번엔 박 씨가 나섰다.

"아직도 늦은 것은 아니고, 한번 더 생각해 보세요. 여름마다 똥냄새 풍겨 주는 밭으로 두고 있으니 평당 백만 원 이상으로 팔아넘기기가 그리 쉬운 일입니까. 이제는 참말이지 더 이상 땅값이 오를 수가 없게 돼 있다 이 말씀입니다. 아, 모르십니까. 팔팔 올림픽 전에 북쪽 놈들이 쳐들어올 확률이 높다고 신문 방송에서 떠들어싸니 이삼천짜리 집들도 매기가 뚝 끊겼다 이 말입니다."

"영감님도 욕심 그만 부리고 이만한 가격으로 임자 나섰을 때 ⓒ 후딱 팔아치우시오. 영감님이 아무리 기다리셔도 인자 더 이상 오르기는 어렵다는디 왜 못 알아들으실까잉. 경국이 할머니도 팔아치우자고 저 야단인디……."

고흥댁은 이제 강 노인 마누라까지 쳐들고 나선다. 강 노인은 피우던 담배를 비벼 꺼버리고, 꽁초는 주머니에 잘 간수한 뒤 아무런 대꾸도 없이 일하던 자리로 돌아가 버린다. 그 등에 대고 박 씨가 마지막으로 또 한마디 던졌다.

"아직도 유 사장 마음은 이 땅에 있는 모양이니께 금액이야 영감님 마음에 맞게 잘 조정해 보기로 하고, 일단 결정해 뿌리시오!"

땅값 따위에는 관계없이 땅을 팔지 않겠다는 의사 표현을 누차 했건만 박 씨의 말뽄새는 언제나 저 모양이다. 서울것들이란. 박 씨 내외가 복덕방 안으로 들어가버린 뒤에야 그는 한마디 내뱉는다. 저들 내외가 원래 전라도 사람이라는 것을 모르지는 않으나 강 노인에게 있어 원미동 사람들은 어쨌거나 모두 서울 끄나풀들이었다.

– 양귀자, 「마지막 땅」

12 윗글에 대한 설명으로 적절한 것은?

① 장면이 전환될 때마다 화자를 달리 두어 입체감을 부각시키고 있다.
② 작품 밖 화자가 특정 인물의 입장과 시각으로 이야기를 전개하고 있다.
③ 의식의 흐름 기법을 사용하여 전반적으로 신비한 분위기를 조성하고 있다.
④ 과거와 현재를 교차 서술하여 주인공의 상황을 현실감 있게 전달하고 있다.
⑤ 시대적 배경과 어울리는 단어를 사용하여 인물의 비극성을 극대화하고 있다.

13 윗글에서 알 수 있는 내용으로 적절한 것은?

① '고흥댁'은 인정에 호소하는 말로 '강 노인'을 설득하고 있다.
② '강 노인'은 땅을 팔면 동네가 부유해질 것이라 생각하고 있다.
③ '유 사장'은 동네의 정신적 가치를 지키기 위해 땅을 사들이고 있다.
④ '박 씨'는 '강 노인'의 이익을 위해 일하느라 자신의 일은 뒷전이었다.
⑤ '강 노인의 마누라'는 전적으로 '강 노인'의 의견에 큰 힘을 실어 주었다.

14 〈보기〉를 참고할 때, ㉠~㉤ 중 품사가 <u>다른</u> 것은?

— 보기 —
부사는 용언 또는 다른 말 앞에 놓여 그 뜻을 분명하게 하는 품사이다. 활용하지 못하며 성분 부사와 문장 부사로 나뉜다. 관형사는 체언 앞에 놓여서, 그 체언의 내용을 자세히 꾸며 주는 품사이다. 조사도 붙지 않고 활용도 하지 않는다.

① ㉠　　　　② ㉡
③ ㉢　　　　④ ㉣
⑤ ㉤

[15~17] 다음 글을 읽고 물음에 답하시오.

[앞의 줄거리] 사원들에게 제복을 입혀 단결력을 높이고 생산성이 향상되도록 하겠다는 사장의 방침을 담은 회람이 돌자 민도식을 비롯한 많은 사원들이 불만스러워 한다. 사장은 사원들의 의견 수렴 과정에서 반대 여론을 억누른다. 회사 창립기념일을 앞두고 단체로 제복을 맞출 때 민도식과 우기환이 슬그머니 사라지자 사장은 그들을 호출한다.

"자네들이 의복에 관해서 일가견을 가졌다는 소문인데, 어디 그 견해 좀 들세나."

참으로 난감한 청이었다. 듣자는 말은 듣지 않겠다는 강인한 의지의 반어적 표현임을 잘 알기 때문에 그들 두 사람은 아무 말도 하지 않았다. 하지 못했다.

"나대로 충분히 생각해서 내린 결정이고 사원 대표의 지지를 얻어서 시행하는 일이야. 그런데 그런 일을 반대할 때는 나름대로 충분한 이유가 있었겠지. 민 군부터 이유를 설명해 보게."

그러면서 사장은 담배를 권했다. 청자였다. 민도식은 그것이 값이 싼 청자임을 확인하는 순간 하마터면 제 주머니 속에 든 거북선을 꺼낼 뻔했다가 문득 깨닫는 바가 있어서 사장이 주는 대로 다소곳이 받아들었다.

"서두를 거 없어, 천천히 얘기해도 괜찮으니까."

민도식은 결코 서두르지 않았다 그렇다고 이미 이렇게 된 마당에 망설일 것도 없었다.

"옷에는 보호 기능과 표현 기능이 있다고 들었습니다. 우리가 옷에서 바랄 수 있는 건 그 두 가지 기능만으로 충분하다고 믿고 있습니다. 제복으로 사원들 간에 일체감을 조성해서 회사를 더욱더 발전시키겠다고 그러시지만 제 생각엔 그렇게 해서 얻어지는 단결력보다는 제복에 눌려서 개성이 위축되고 단결력에 밀려서 자유로운 창의력이 퇴보되는 데서 오는 손실이 더 클 것 같습니다."

[A] "아주 좋은 말을 했어. 하지만 그건 일이 실천에 옮겨지기 전에 했어야 할 얘기야. 대다수 사원들 지지를 얻어서 실천 단계에 들어선 지금은 사정이 달라. 그리고 기업 발전에 단결력이 중요하냐 창의력이 중요하냐 하는 문제는 자네가 아니라 내가 결정할 문제야. 또 제복을 입었다고 어제는 있던 창의력이 오늘 싹 죽는다는 논리도 설득력이 없어. 민 군, 자네는 일찍이 제복 제도를 도입한 K직물이 창의력 없이 그저 눈감땡감으로 오늘날의 위치에 올라섰다고 생각하나?"

"K직물은 사정이 다릅니다."

잠자코 있던 우기환이 불쑥 말했다.

"호오, 그래? 어떻게 다르지?"

"자기 개성에 맞는 옷을 입을 권리를 포기할 때는 뭔가 그 이상의 보상이 뒤따라야 합니다. 그런 면에서 K직물의 기업 정신은 아주 훌륭하다고 봅니다."

이때 옆방이 다소 소란해졌다. 사장실 도어 저쪽에서 여비서가 누군가하고 들어가겠다느니 안 된다느니 하면서 실랑이하는 눈치였다. 그 소리를 듣더니 사장의 낯빛이 싹 달라졌다.

"자네들이 이러지 않아도 난 지금 복잡한 일이 많은 사람이야. 우 군이 K직물을 동경하는 그 심정은 나도 알아. 허지만 앞으로 가까운 장래에 다른 사람들이 자네들을 동경하도록 만들기 위해서는 나도 노력하고 자네들도 적극 협조해야 되잖겠나. 그 동안을 못 참아서 협조할 수 없다면 별수 없지. 이런 일엔 누군가 한 사람쯤 희생이 따른다는 사실을 각오해야 돼."

"무슨 뜻인지 알겠습니다. 제가 희생이 되죠. 피고용자한테도 권리는 있습니다. 들어올 때는 제 맘대로 못 들어오지만 나갈 때는 제 맘대로 나갈 수 있으니까요."

(중략)

"장 선생 집에 전화 걸었더니 부인이 받데요. 새로 맞춘 유니폼 입고 아침 일찍 출근했다구요."

아내의 바가지 긁는 소리로 창업기념일의 아침은 시작되었다. 체육대회가 열리는 제1 공장까지 가자면 다른 날보다 더 일찍 나서야 되는데도 여전히 밍기적거리고만 있는 남편 곁에서 아내는 시종 근심스런 눈초리를 거두지 않았다. 제복 때문에 총각 사원 하나가 사표를 던졌다는 소문을 아내는 믿지 않았다. 사표를 제출한 게 아니라 강제로 모가지가 잘린 거라고 굳게 믿고 있었다.

"까짓것 난 필요 없어. 거기 아니면 밥 빌어먹을 데 없는 줄 알아? 세상엔 아직도 유니폼 안 입는 회사가 수두룩하단 말야!"

거듭되는 재촉에 이렇게 큰소리로 대거리는 했지만 결국 민도식은 뒤늦게나마 집을 나서고 말았다.

시내를 멀리 벗어나서 교외에 널찍하게 자리 잡은 제1 공장 앞에 당도했을 때는 벌써 개회식이 시작된 뒤였다. 공장 정문 철책 너머로 검정곤색 일색의 운동장을 넘어다보는 순간 민도식은 갑자기 숨이 턱 막혀 옴을 느꼈다. 새로 맞춘 제복으로 단장한 남녀 전 사원이 각 부서별로 군대처럼 질서정연하게 도열해 서서 연단에 선 지휘자의 손끝을 우러러보며 사가(社歌)를 제창하기 직전의 예비 운동으로 목청을 가다듬는 헛기침들을 하고 있었다. 이윽고 공장 일대를 한바탕 들었다 놓는 우렁찬 노래가 터지기 시작했다. 노래 부르는 사원들 모두가 작당해서 지각한 사람을 야유하는 듯한 기분이 들었다. 검정곤색의 제복들이 일치단결해 가지고 사복 차림으로 꽁무니에 따라붙으려는 유일한 사람을 완강히 거부하는 듯한 기분에 사로잡혔다. 세상 전체가 온통 제복 투성이인 가운데 저 혼자만 외돌토리로 떨어져 있는 셈이었다. 자기 한 사람쯤 불참한다 해도 아무렇지도 않게 체육대회 개회식은 진행될 수 있다는 사실이 민도식을 무척 화나면서도 그지없이 외롭게 만들었다. 정문으로 들어서지도 못하고 그렇다고 뒤돌아 서서 나오지도 못한 채 그는 일단 멈춘 자리에 붙박여 버린 듯 언제까지 움직일 줄을 몰랐다.

— 윤흥길, 「날개 또는 수갑」

15 윗글의 서술 방식에 대한 설명으로 옳은 것은?

① 작품 속 주인공 '나'가 자신의 감정과 사건을 이야기하고 있다.
② 작품 속 서술자의 눈을 통해 주인공의 사건과 감정을 보여 주고 있다.
③ 장면이 바뀔 때마다 서술자의 시점도 함께 바뀌며 사건이 진행되고 있다.
④ 작품 밖 서술자가 주인공의 내면과 사건을 모두 알고서 이야기하고 있다.
⑤ 작품 밖 서술자가 객관적 태도로 있는 그대로 사건과 인물을 전달하고 있다.

16 〈보기〉를 참고할 때, 윗글의 제목인 '날개 또는 수갑'이 가진 의미로 적절한 것은?

• 보기 •

문학 작품에서 제목은 큰 역할을 차지한다. 한 단어 혹은 짧은 구 안에 전체 소설의 내용이 집약되어 있기 때문이다. 때로는 주인공의 작중 상황을 암시하기도 하고, 결말을 내포하기도 한다. 따라서 제목의 상징적 의미만 잘 분석해도 작가의 의도를 파악할 수 있다.

① 맘속에 품은 꿈에 날개를 달지 못해 느끼는 좌절
② 개인적인 가치와 사회적 가치의 조화에 대한 갈망
③ 미지의 세계에 대한 동경과 이에 닿고자 하는 열망
④ 개인에 대한 속박과 그것에서 자유롭고자 하는 바람
⑤ 자유에 대한 지나친 갈구로 인해 스스로를 옥죄는 압박

17 [A]에 드러난 '사장'의 말하기 방식으로 가장 적절한 것은?

① 지위를 이용해 강압적인 태도로 상대방을 위협하고 있다.
② 상대방의 말에 동의하는 척하다 자신의 논리로 끌어들이고 있다.
③ 어려운 용어를 섞어 논리를 펼치며 상대방의 정신을 흩뜨리고 있다.
④ 아무런 근거도 없이 무작정 자신의 논리의 정당성을 주장하고 있다.
⑤ 상대방의 약점을 은근히 건드리며 거절할 수 없는 제안을 하고 있다.

제5편 읽기

제2장 비문학

기출 Point!
다양한 유형의 텍스트에 대한 사실적 독해, 추론적 독해, 비판적 독해 능력을 평가한다. 3:2:1의 비율로 총 25문제가 출제되고 있으며, 인문·사회·과학·예술 등을 주제로 하는 텍스트와 각종 실용문, 보도 자료 등이 문제로 제시된다. 수능의 비문학과 유사하므로 수능 기출문제로 연습을 해 보면 도움이 된다.

빈출 유형 ❶ 사실적 독해

STEP 1 | 유형 알기

글에 나타난 정보를 확인하고, 중심 내용을 파악하는 사실적 독해 여부를 묻는 유형

STEP 2 | 만점 포인트

사실적 독해는 주로 다음 네 가지에 대한 것을 묻는다.

- **세부 정보 확인**: 정보의 확인과 정보의 이해를 묻는 문제로, 선지의 핵심어를 찾아 지문의 정보와 일치 여부를 판단해야 한다.
- **정보 간 관계 파악**: 지문에 제시된 내용을 바탕으로 정보 간의 공통점, 차이점, 속성을 비교하는 문제로, 비교해야 하는 정보에 ○, △ 등의 표시를 하며 읽는 것이 좋다.
- **중심 내용 파악**: 핵심 정보와 주제를 묻는 문제로, 필자가 궁극적으로 말하고자 하는 바가 무엇인지 생각해 보아야 한다.
- **글의 전개 방식**: 필자의 사고 전개 과정과 표현 전략을 묻는 문제로, 핵심 내용을 바탕으로 글의 흐름을 정리하는 것이 좋다.

STEP 3 | 예시 문제

[01~03] 다음 글을 읽고 물음에 답하시오.

저작권은 저자의 권익을 보호함으로써 활발한 저작 활동을 촉진하여 인류의 문화 발전에 기여하기 위한 것이다. 그러나 이렇게 공적 이익을 추구하기 위한 저작권이 현실에서는 일반적으로 지나치게 사적 재산권을 행사하는 도구로 인식되고 있다. 저작물 이용자들의 권리를 보호하기 위해 마련한, 공익적 성격의 법조항도 법적 분쟁에서는 항상 사적 재산권의 논리에 밀려 왔다.

저작권 소유자 중심의 저작권 논리는 실제로 저작권이 담당해야 할 사회적 공유를 통한 문화 발전을 방해한다. 과거의 '애국가 저작권'에 대한 논란은 이러한 문제를 단적으로 보여 준다. 저자 사후 50년 동안 적용되는 국내 저작권법에 따라, 애국가가 포함된 〈한국 환상곡〉의 저작권이 작곡가 안익태의 유족들에게 2015년까지 주어진다는 사실이 언론을 통해 알려진 것이다. 누구나 자유롭게 이용할 수 있는 국가(國歌)마저 공공재가 아닌 개인 소유라는 사실에 많은 사람들이 놀랐다.

창작은 백지 상태에서 완전히 새로운 것을 만드는 것이 아니라 저작자와 인류가 쌓은 지식 간의 상호 작용을 통해 이루어진다. "내가 남들보다 조금 더 멀리 보고 있다면, 이는 내가 거인의 어깨 위에 올라서 있는 난쟁이이기 때문"이라는 뉴턴의 겸손은 바로 이를 말한다. 이렇듯 창작자의 저작물은 인류의 지적 자원에서 영감을 얻은 결과이다. 그러한 저작물을 다시 인류에게 되돌려 주는 데 저작권의 의의가 있다. 이러한 생각은 이미 1960년대 프랑스 철학자들에 의해 형성되었다. 예컨대 기호학자인 바르트는 '저자의 죽음'을 거론하면서 저자가 만들어 내는 텍스트는 ⊙ 고 단언한다.

전자 복제 기술의 발전과 디지털 혁명은 정보나 자료의 공유가 지니는 의의를 잘 보여 주고 있다. 인터넷과 같은 매체 환경의 변화는 원본을 무한히 복제하고 자유롭게 이용함으로써 누구나 창작의 주체로서 새로운 문화 창조에 기여할 수 있도록 돕는다. 인터넷 환경에서 이용자는 저작물을 자유롭게 교환할 뿐 아니라 수많은 사람들과 생각을 나눔으로써 새로운 창작물을 생산하고 있다. 이러한 상황은 저작권을 사적 재산권의 측면에서보다는 공익적 측면에서 바라볼 필요가 있음을 보여 준다.

01 윗글의 내용과 일치하지 않는 것은?

① 저작권의 의의는 전혀 새로운 문화를 창작한다는 데 있다.
② 창작은 이미 존재하는 지적 자원의 영향을 받아 이루어진다.
③ 매체 환경의 변화로 누구나 새로운 문화를 창조할 수 있게 되었다.
④ 공적 이익 추구를 위한 저작권이 사적 재산권 보호를 위한 도구로 전락하였다.
⑤ 저작권 보호기간인 사후 50년이 지난 저작물은 누구나 자유롭게 이용할 수 있다.

정답 ①
해설 세 번째 문단에서 저작권의 의의는 인류의 지적 자원에서 영감을 얻은 결과물을 다시 인류에게 되돌려 주는 데 있다고 하였다.

더 알아보기

- **중심 내용**: 저작권을 공익적 측면에서 바라보아야 한다.
- **글의 전개 방식**: 기존 통념의 문제를 지적한 후, 이와 다른 견해를 제시하고 있다.
  → 저작권이 지나치게 사적 재산권을 행사하는 도구로 인식되어 있는 현실의 문제점을 지적하며 저작권을 공익적 측면에서 바라볼 필요가 있음을 제시하고 있다.

빈출 유형 ❷ 추론적 독해

STEP 1 | 유형 알기

제시된 정보를 바탕으로, 드러나지 않은 정보를 추리하거나 다른 상황에 적용하는 추론적 독해력을 판단하는 유형

STEP 2 | 만점 포인트

추론적 독해는 주로 다음 2가지에 대한 것을 묻는다.
- **생략된 정보 추론**: 빈칸에 들어갈 내용을 찾는 문제로, 선지로 제시된 정보와 지문에 제시된 정보 사이의 논리적 흐름을 파악해야 한다.
- **다른 상황에 적용**: 지문의 내용을 선지나 〈보기〉에 새롭게 적용시키는 문제로, 지문의 표현을 선지나 〈보기〉에서 그대로 쓰지는 않으므로 먼저 지문의 원리나 개념을 정확히 파악한 후 새로운 상황에 적용해 보는 것이 좋다.

STEP 3 | 예시 문제

02 문맥을 고려할 때, ㉠에 들어갈 말로 적절한 것은? (빈출 유형 ❶의 지문 참고)

① 지구상에서 유일한 오리지널리티로 존재한다
② 창작자의 사적 재산권으로서 존중받아 마땅하다
③ 무에서 유를 새롭게 창조해 낸 것이라 보아야 한다
④ 공공재가 아닌 저자의 개인 소유물로 인정해야 한다
⑤ 단지 인용의 조합일 뿐 어디에도 '오리지널'은 존재하지 않는다

정답 ⑤
해설 ㉠이 포함된 문장의 앞에 '예컨대'라는 말이 있으므로 ㉠은 '이렇듯 창작자의 저작물은 인류의 지적 자원에서 영감을 얻은 결과이다. 그러한 저작물을 다시 인류에게 되돌려 주는 데 저작권의 의의가 있다.'의 예가 된다. 따라서 인류의 지적 자원을 바탕으로 만든 조합물일 뿐 완전히 새로운 것을 만든 것은 아니라는 내용이 들어가야 한다.

빈출 유형 ❸ 비판적 독해

STEP 1 | 유형 알기

글의 정확한 이해를 바탕으로 글의 내용, 자료, 관점 등에 대한 독자 수용의 타당성을 파악하는 유형

STEP 2 | 만점 포인트

비판적 독해는 주로 글을 읽은 독자의 반응에 대한 것을 묻는다. 지문에 이미 언급된 내용은 굳이 질문할 필요가 없다는 점을 기억하면 문제 해결에 도움이 될 것이다.

STEP 3 | 예시 문제

02 윗글을 읽고 제기할 수 있는 질문으로 적절하지 않은 것은? (빈출 유형 ①의 지문 참고)

① 저작물 이용자들의 권리를 보호하기 위한 법조항에는 어떤 것이 있는가?
② 저작권 소유자 중심의 논리가 문화 발전을 방해하는 예는 무엇이 있는가?
③ 동양의 철학자들은 창작자의 저작물에 대해 어떤 관점으로 바라보고 있는가?
④ 뉴턴이 자기 자신을 거인의 어깨에 올라선 난쟁이로 빗댄 것의 의미는 무엇인가?
⑤ 창작자의 저작물이 개인의 지적, 정신적 창조물임을 과소평가하고 있는 것은 아닌가?

[정답] ②
[해설] 저작권 소유자 중심의 논리가 저작권이 담당해야 할 사회적 공유를 통한 문화 발전을 방해한 예로 이미 '애국가 저작권 논란'을 제시하였다.

독해 공식

① 저작권은 저자의 권익을 보호함으로써 활발한 저작 활동을 촉진하여 인류의 문화 발전에 기여하기 위한 것이다. 그러나 이렇게 공적 이익을 추구하기 위한 저작권이 현실에서는 일반적으로 지나치게 사적 재산권을 행사하는 도구로 인식되고 있다. 저작물 이용자들의 권리를 보호하기 위해 마련한, 공익적 성격의 법조항도 법적 분쟁에서는 항상 사적 재산권의 논리에 밀려 왔다.

② 저작권 소유자 중심의 저작권 논리는 실제로 저작권이 담당해야 할 사회적 공유를 통한 문화 발전을 방해한다. 과거의 '애국가 저작권'에 대한 논란은 이러한 문제를 단적으로 보여 준다. 저자 사후 50년 동안 적용되는 국내 저작권법에 따라, 애국가가 포함된 〈한국 환상곡〉의 저작권이 작곡가 안익태의 유족들에게 2015년까지 주어진다는 사실이 언론을 통해 알려진 것이다. 누구나 자유롭게 이용할 수 있는 국가(國歌)마저 공공재가 아닌 개인 소유라는 사실에 많은 사람들이 놀랐다.

③ 창작은 백지 상태에서 완전히 새로운 것을 만드는 것이 아니라 저작자와 인류가 쌓은 지식 간의 상호 작용을 통해 이루어진다. "내가 남들보다 조금 더 멀리 보고 있다면, 이는 내가 거인의 어깨 위에 올라서 있는 난쟁이이기 때문"이라는 뉴턴의 겸손은 바로 이를 말한다. 이렇듯 창작자의 저작물은 인류의 지적 자원에서 영감을 얻은 결과이다. 그러한 저작물을 다시 인류에게 되돌려 주는 데 저작권의 의의가 있다. 이러한 생각은 이미 1960년대 프랑스 철학자들에 의해 형성되었다. 예컨대 기호학자인 바르트는 '저자의 죽음'을 거론하면서 저자가 만들어 내는 텍스트는 단지 인용의 조합일 뿐 어디에도 '오리지널'은 존재하지 않는다고 단언한다.

④ 전자 복제 기술의 발전과 디지털 혁명은 정보나 자료의 공유가 지니는 의의를 잘 보여 주고 있다. 인터넷과 같은 매체 환경의 변화는 원본을 무한히 복제하고 자유롭게 이용함으로써 누구나 창작의 주체로서 새로운 문화 창조에 기여할 수 있도록 돕는다. 인터넷 환경에서 이용자는 저작물을 자유롭게 교환할 뿐 아니라 수많은 사람과 생각을 나눔으로써 새로운 창작물을 생산하고 있다. 이러한 상황은 저작권을 사적 재산권의 측면에서보다는 공익적 측면에서 바라볼 필요가 있음을 보여 준다.

TIP 접속사 '그래서, 따라서, 하지만, 그러나, 그런데' 뒤에는 중요 정보가 오는 경우가 많다.

만능 키워드

글의 전개 방식(= 글의 흐름)

① 기존 통념의 문제점 지적
② 구체적 예
③ 새로운 견해 제시 및 대상의 의의
④ 시대에 맞는 변화의 필요성

만능 키워드

• 핵심어: 저작권
• 주제: 저작권을 공익적 측면에서 바라볼 필요가 있음.

TIP 중심 문장은 대체로 각 문단의 처음 또는 끝에 위치하며, 화제의 정의·특징·종류·원인·의의·가치 등에 해당한다.

제2장
출제 유형 | 확인 문제

[01~03] 다음 글을 읽고 물음에 답하시오.

　동양 사상이라 해서 언어와 개념을 무조건 무시하는 것은 결코 아니다. 만약 그렇다면 동양 사상은 경전이나 저술을 통해 언어화되지 않고 순전히 침묵 속에서 전수되어 왔을 것이다. 물론 이것은 사실이 아니다. 동양 사상도 끊임없이 언어적으로 다듬어져 왔으며 논리적으로 전개되어 왔다. 흔히 동양 사상은 신비적이라고 말하지만, 이것은 동양 사상의 한 면만을 특징 지우는 것이지 결코 동양의 철인(哲人)들이 사상을 전개함에 있어 논리를 무시했다거나 항시 어떤 신비적인 체험에 호소해서 자신의 주장들을 폈다는 것을 뜻하지는 않는다.

　그러나 역시 동양 사상은 신비주의적임에 틀림없다. 거기서는 지고(至高)의 진리란 언제나 언어화될 수 없는 어떤 신비한 체험의 경지임이 늘 강조되어 왔기 때문이다. ㉠ 엉뚱하게 들리겠지만, 동양 사상의 정수(精髓)는 말로써 말이 필요 없는 경지를 가리키려는 데에 있다고 해도 과언이 아니다. 말이 스스로를 부정하고 초월하는 경지를 나타내도록 사용된 것이다. 언어로써 언어를 초월하는 경지를 나타내고자 하는 것이야말로 동양 철학이 지닌 가장 특징적인 정신이다.

　동양에서는 인식의 주체를 심(心)이라는 매우 애매하면서도 포괄적인 말로 이해해 왔다. 심(心)은 물(物)과 항시 자연스러운 교류를 하고 있으며, 이성은 단지 심(心)의 일면일 뿐인 것이다. 동양은 이성의 오만이라는 것을 모른다. 지고의 진리, 인간을 살리고 자유롭게 하는 생동적 진리는 언어적 지성을 넘어선다는 의식이 있었기 때문일 것이다. 언어는 언제나 마음을 못 따르며 둘 사이에는 항시 괴리가 있다는 생각이 동양인들의 의식의 저변에 깔려 있는 것이다.

---

01 윗글의 핵심적인 내용으로 가장 적절한 것은?

① 동양 사상은 언어적 개념을 등한시하는 경향이 있다.
② 언어에 능통하지 않으면 동양 사상을 이해할 수 없다.
③ 동양 사상은 서양 사상에 비해 신비주의적인 요소가 많다.
④ 인식의 주체를 심(心)으로 표현하는 동양 사상은 이성적이라 할 수 없다.
⑤ 동양 사상에서 언어는 마음의 일부분으로 언제나 마음이 언어를 초월한다.

02 윗글에 나타난 동양 사상의 언어관이 가장 잘 반영된 것은?

① 말로는 못할 말이 없다.
② 글 속에도 글 있고 말 속에도 말 있다.
③ 고기는 씹어야 맛이고, 말은 해야 맛이다.
④ 아는 사람은 말 안하고, 말하는 사람은 알지 못한다.
⑤ 가루는 칠수록 고와지고, 말은 할수록 거칠어진다.

03 ㉠에 들어갈 말로 알맞은 것은?

① 언어는 언제든지 변화할 수 있으므로 신빙성이 부족하다.
② 인식의 주체는 물(物)에서 시작해 심(心)으로 연결된다.
③ 최고의 진리는 언어 이전, 혹은 이후의 무언(無言)의 진리이다.
④ 언어는 추상적인 특징이 강하기 때문에 이성적이라 할 수 없다.
⑤ 여전히 언어와 개념의 진위(眞僞) 여부에 대한 확신은 서지 않고 있다.

[04~06] 다음 글을 읽고 물음에 답하시오.

유클리드는 '차원'이라는 용어를 사용하여 길이·폭·깊이라는 사물의 성질에 수학적 의미를 부여한 사람이다. 유클리드 기하학에서 직선은 전형적인 일차원적 사물로 정의되는데, 이는 직선이 길이라는 단 하나의 성질을 갖고 있기 때문이다. 같은 방식으로, 길이와 폭이라는 성질을 갖고 있는 평면은 이차원적 사물의 전형이며, 길이·폭·깊이를 모두 갖고 있는 입체는 삼차원적 사물의 전형이다. 이렇게 유클리드 시대의 수학은 삼차원 세계에 대한 고대 그리스인들의 생각을 수학적으로 뒷받침하였다.

유클리드 이후 여러 세대를 거치면서도 이 세계는 계속해서 삼차원으로 인식되었다. 사차원에 대한 어떠한 생각도 수학적으로는 터무니없다고 무시되었다. 위대한 천문학자 톨레미조차 사차원에 대한 생각을 믿지 않았다. 공간에 서로 수직하는 세 직선을 그리는 것은 가능하지만 그와 같은 네 번째의 축을 그리는 것은 불가능하다는 것이 그의 설명이었다.

근대에 들어서 프랑스의 수학자 데카르트는 유클리드와 다른 방식으로 기하학에 접근했다. 대상의 길이·폭·깊이가 아닌 '좌표'라는 추상적 수치 체계를 도입한 것이다. 그에 따르면 어떤 사물의 차원은 그것을 나타내기 위해 필요한 좌표의 개수와 상관관계가 있다. 예를 들어 하나의 선은 오직 하나의 좌표를 사용하여 나타낼 수 있으므로 일차원이며, 두 개의 좌표를 써서 나타낼 수 있는 평면은 이차원이다. 같은 방법으로 입체가 삼차원인 이유는 이를 나타내기 위하여 세 개의 좌표가 필요하기 때문이다. 유클리드의 차원이 감각적인 대상의 특성에 기반한다는 점에서 질적이라고 한다면, 데카르트의 차원은 추상적인 수치에 기반한다는 점에서 양적이었다. 그는 사차원의 가능성을 모색해 보다가 결국 스스로 포기하고 말았는데, 눈으로 보여 줄 수 없는 것의 존재 가능성을 인정하지 않으려 했던 당시 수학자들의 저항을 극복하지 못했기 때문이다.

사차원의 개념이 인정을 받은 것은 19세기 독일의 수학자 리만에 이르러서이다. 그는 데카르트의 좌표에 대한 정의를 활용하여 0차원에서 무한대의 차원까지 기술할 수 있다는 점을 입증하였다. 그에 따르면 감지할 수 있는 공간에서만 수학적 차원을 언급할 필요가 없다. 단지 순수하게 논리적으로 개념적 공간을 언급할 수 있으면 족한데, 그는 이를 다양체(manifold)라는 개념 속에 포괄하였다. 다양체는 그것을 결정하는 요인의 개수만큼의 차원을 갖게 된다. 헤아릴 수 없이 많은 요인들이 작용하여 이루어지는 어떤 대상이나 영역이 있다면, 그것은 무한 차원에 가까운 다양체라고 할 수 있다.

차원에 대한 정의를 자유롭게 만든 리만 덕택에, 아인슈타인은 이 우주가 사차원의 다양체라고 결론 내릴 수 있었다. 공간을 이루는 세 개의 차원에 시간이라는 한 개의 차원을 더하면 우주의 운동을 설명할 수 있다고 본 것이다.

04 윗글의 성격을 가장 잘 파악한 것은?

① 차원에 대한 다양한 이론을 통시적으로 고찰하고 있다.
② 사차원의 존재 가능성을 구체적 수치를 통해 증명하고 있다.
③ 다차원에 대한 이론이 왜 제대로 성장하지 못했는지 설명하고 있다.
④ 수학의 발전 과정과 수학자들의 이론이 갈등을 빚는 모습을 설명하고 있다.
⑤ 차원에 대한 기존 이론을 비판하며 새로운 이론과의 절충안을 제시하고 있다.

05 윗글의 내용과 일치하는 것은?

① 리만은 0차원에서 무한 차원까지 기술할 수 있다고 보았다.
② 데카르트는 유클리드의 방식을 이어받아 한 단계 더 발전시켰다.
③ 유클리드는 직선을 두 점으로 이루어진 이차원적 사물로 보았다.
④ 톨레미의 호기심을 시작으로 사차원 세계에 대한 연구가 시작되었다.
⑤ 아인슈타인의 사차원은 시간에 공간이라는 한 개의 차원을 더한 것이다.

06 '리만의 이론'으로 강의를 한다고 할 때, 소개 문구로 가장 적절한 것은?

① 차원에 대한 유클리드의 고전적 인식을 부활시키다.
② 다양체의 존재를 통해 데카르트의 차원 이론을 옹호하다.
③ 반복적인 증명을 통해 지각될 수 있는 차원의 수를 밝히다.
④ 감지할 수 있는 공간의 차원을 개념적 공간으로 해방시키다.
⑤ 유한 차원 안에서 작용하는 헤아릴 수 없는 존재들을 찾아내다.

[07~08] 다음 글을 읽고 물음에 답하시오.

　보통 여러 사람들이 모여 서로 이야기를 하면 다양한 의견이 반영되기 때문에 보다 합리적인 결론을 얻을 수 있다고 생각하기 쉽다. 하지만 실제 집단적 의사 결정을 할 때, 사람들은 다양한 의견들을 수렴하기보다 극단적인 방향으로 흐르는 경우가 있다. 이처럼 집단의 최초 의견이 모험적인 경우는 더 모험적인 방향으로, 보수적인 경향이었다면 더 보수적인 경향으로 결정되는 극단화 현상을 'ⓐ 집단 극화(group polarization)'라 한다.

　그렇다면 집단 극화 현상이 발생하는 이유는 무엇일까?
　첫째, '사회 비교 이론'은 집단 구성원들이 자신을 타인과 비교하는 경향이 있으며, 타인으로부터 인정받고자 하는 욕구가 있다는 것으로 설명한다. 집단 토의 중에 자기의 주장이 상대의 주장보다 못하다는 생각이 들면 좀 더 극단적인 의견을 제시하게 된다는 것이다. 예를 들어 친구들과 관람한 영화가 보통 정도는 되는 영화라고 생각했어도 '정말 형편없었어.'라고 주장하는 친구들이 더 많으면, 자신도 재미가 별로 없었다는 것을 친구들보다 더 강화된 근거로 제시하여 집단으로부터 지지받는 입장을 밝히게 된다는 것이다. 이런 과정을 거쳐 집단의 의견은 극단적인 방향으로 가게 된다.

　둘째, '설득 주장 이론'은 집단 토의가 진행되면 새로운 정보나 의견을 접하게 되어 이전에는 생각지 못했던 다양하고 설득력 있는 의견에 구성원들이 솔깃하게 된다는 것으로 설명한다. 집단 의견의 방향과 일치하면서 그럴듯한 주장이 제시되면 극단의 의견이 더 설득적이라 생각하게 되어 결과적으로 집단의 결정이 양극의 하나로 정해진다는 것이다.

　셋째, '사회 정체성 이론'은 집단 극화를 집단 규범에 동조하는 현상과 관련지어 설명한다. 사회 정체성 수준이 높은 구성원일수록 자신이 속한 내집단과 자신을 동일시한다. 이에 따라 내집단에서 생긴 의견 차이는 극소화되고, 집단의 규범에 강하게 영향을 받게 되어 집단 규범에 동조하는 행동을 한다. 즉, 내집단 구성원 간의 의견차는 극소화되는 반면 외집단과 내집단의 차이는 극대화되어 시간이 갈수록 내집단의 의견은 다른 집단의 의견과 차별되고 외집단과는 다른 극단적인 방향으로 전환된다. 정치적 경향이 달랐던 두 정당이 시간이 지날수록 화합하지 못하고 견해차가 더 심화되는 것이 이러한 예에 해당한다.

　이렇게 집단 극화 현상으로 인해 다른 대안의 고려나 다양한 사고 없이 집단의 결정을 내리게 되는 잘못된 의사 결정 과정을 '집단 사고'라 한다. 이러한 집단 사고의 부정적 경향성은 응집력이 높은 집단, 외부로부터의 의견 수렴이나 비판이 배제된 집단, 지나치게 권위적인 리더가 존재하는 집단, 대안을 제시하고 평가할 수 있는 민주적 절차가 없는 집단, 높은 스트레스 상황에 처한 집단의 경우에 강화된다. 때문에 합리적 의사 결정을 위한 집단의 조건이 무엇인지에 대한 고민이 필요하다.

07 윗글에서 ⓐ에 대한 설명으로 옳지 않은 것은?

① 집단의 의견에 동조하는 현상으로 인해 집단 극화가 발생하기도 한다.
② 사회 정체성이 높은 집단일수록 의사 결정 구조가 합리적으로 형성된다.
③ 집단의 의견과 일치하는 주장이라면 반대 의견보다 더 설득력이 높아진다.
④ 집단 의사 결정 시 최초 의견이 극단적인 방향으로 결정되는 현상을 말한다.
⑤ 사람들의 타인에게 인정받고 싶어 하는 욕구도 집단극화 발생 이유 중 하나이다.

08 윗글을 바탕으로 〈보기〉에 반응한 내용이 적절하지 않은 것은?

〈보기〉
　최근 노키즈존에 대한 찬반양론이 뜨겁다. 한 카페에서는 아이들과 함께 방문하는 손님은 정중히 사양한다는 안내문을 붙여 두기도 했다. 노키즈존 찬성 측은 평소 아이들이 장난을 치거나 뛰어다닐 때 나는 소음 때문에 불편함을 느낀다며 일부 상점을 제외하고는 아이들의 출입을 금하자고 주장한다. 반면에 반대 측은 순수하게 뛰노는 아이들의 탓을 하는 것은 옳지 않으며 노키즈존은 엄연한 차별이라고 반발한다. 일부 사람들은 상점 한편에 아이들이 자유롭게 놀 수 있는 공간을 만드는 등의 방안을 내놓기도 했지만 많은 사람의 이야기가 더해질수록 점점 노키즈존에 대한 긍정적 방향으로 의견이 모아지고 있다. 이에 찬반 두 집단 간의 갈등도 점차 심화되고 있다.

① 아이들의 소음 때문에 생긴 스트레스가 의견이 극단화되는 데 영향을 주었겠군.
② 피해에 대한 새로운 정보를 접한 구성원이 많아질수록 극단적 의견이 우세했겠군.
③ 노키즈존에 반대하는 사람들은 설득력 있는 찬성 의견에 동의하는 현상이 생겼겠군.
④ 다른 집단과의 갈등 상황에서 소수의 의견이 다수의 의견으로 동화되는 경우가 생겼겠군.
⑤ 시간이 지날수록 찬성 쪽 내집단의 의견은 강화되나, 외집단과의 견해 차이는 더욱 커졌겠군.

[09~10] 다음 글을 읽고 물음에 답하시오.

　미켈란젤로의 다비드상에서 보듯이 인체는 완벽한 좌우 대칭을 이루고 있는 미적 대상이다. 왜 그럴까? 그 이유는 미적인 요소뿐만 아니라 좌우 대칭이 인간 생존에 있어 매우 중요하기 때문이다. 한쪽은 신을 신고 한쪽은 맨발인 채 걸어 보라. 굽 높이가 2~3cm에 불과한 신이라도 상당한 불편을 느낄 것이다. 이 상태로 오래 걷다 보면 척추나 근육에 상당한 부담이 느껴질 것이다. 어떤 사람은 인체를 자세히 본 후 눈은 짝짝이고 손가락의 길이도 다르다고 말할 수 있겠지만, 이런 사실을 가지고 우리 몸이 본질적으로 좌우 비대칭이라고 말할 수는 없다. 그것은 수정란이 분화하는 과정이나 성장 과정에서 환경의 요인으로 생긴 차이일 뿐이다. 만일 탄생 환경이 안정돼 있다면 동일한 유전자는 몸의 대칭되는 부분에서 동일한 결과를 낸다. 이를 발생 안정성이라 부른다. 즉, 발생 안정성이 클수록 더 대칭적인 외모를 갖는다.

　하지만 뱃속 사정은 전혀 다르다. 인간을 포함한 많은 척추동물에서 심장과 위는 왼쪽, 간과 맹장은 오른쪽에 자리 잡고 있다. 반면 대부분의 무척추동물은 심장이 왼쪽에 있지 않고 심혈관계가 비대칭적 구조가 아니다. 예를 들어 지렁이는 심장에 해당하는 기관이 몸의 여러 마디에 걸쳐 정중앙에 놓여 있다. 곤충이나 가재 같은 갑각류도 대칭적인 구조의 심장이 몸 가운데 놓여 있다. 심장을 비롯한 장기의 비대칭은 척추동물에서부터 본격적으로 나타나기 시작한 것이다. 왜 이런 진화가 일어났을까?

　그것은 동물의 크기가 커지는 방향으로 진화하는 과정에서의 불가피한 선택 때문이다. 몸이 커지려면 두 가지 문제를 해결해야 한다. 첫째는 중력을 이겨내 몸의 형태를 유지하는 문제인데, 동물은 진화 과정에서 척추를 축으로 한 내부 골격을 고안해 이 문제를 해결했다. 동물의 내부 골격에 부착된 많은 근육은 몸을 유지하고 움직이게 해 준다. 둘째는 몸의 구석구석에 산소를 제대로 공급해야 하는 문제이다. 이를 해결하기 위해서 동물의 심장은 몸 전체에 피가 돌게 하기 위해 더 커지고 효율적인 구조를 갖게 됐다. 심장이 몸 한가운데 대칭적인 구조로 존재한다면, 혈류량이 많을 때 흐름이 막혀 문제가 생긴다. 이 경우 혈관이 나선 모양으로 배치돼야 피의 흐름이 원활해진다. 나선은 비대칭 구조이므로 심장 역시 비대칭이 될 수밖에 없다. 그리고 장기가 몸 정중앙에 일렬로 놓이면 불필요한 공간이 많이 생겨 많은 영양분을 필요로 하는 고등 동물에게 대장이나 소장의 길이가 충분히 확보되지 않는다. 그래서 장기는 일직선보다 나선형으로 배치하는 것이 효과적이라 할 수 있다.

　또한, 척추동물은 몸의 안과 밖이 모두 비대칭인 원시 생물체에서 진화했기 때문이라는 설도 있다. 진화 과정에서 겉은 좌우 대칭성을 회복했지만, 내장은 그대로 비대칭으로 남았다는 주장이다. 영국의 고생물학자인 리차드 제퍼리스 박사는 5억 년 전 생존했던 동물이 오늘날 극피동물과 척추동물의 조상이라고 주장한다. 그는 그 증거로 가장 대칭적인 동물로 꼽히는 불가사리를 제시한다. 불가사리 성체는 별처럼 오각형의 방사 대칭이지만 유생은 좌우 비대칭이다. 이것이 불가사리가 원래 비대칭이었던 원시 극피동물에서 진화했음을 시사한다는 것이다.

　앞에서 언급된 경우에서 확인할 수 있듯이 인간 내부는 분명 비대칭을 이루고 있다. 과학 세계에서 비대칭보다는 대칭이 더 과학적이라는 것은 분명한 사실이다. 그러나 경우에 따라서는 인체 내부처럼 비대칭이 더 효율적이고 더 과학적일 때도 있는 것이다.

09 윗글에 대한 설명으로 가장 적절한 것은?

① 화제에 대한 반론을 이끌어 내고 있다.
② 다양한 견해를 제시하여 문제점을 부각하고 있다.
③ 대응되는 견해를 비교하여 절충안을 모색하고 있다.
④ 원인과 결과의 관계 규명을 통해 의견을 강화하고 있다.
⑤ 가설을 소개하여 현상의 원인에 대한 이해를 심화하고 있다.

10 〈보기〉의 ㉠~㉤ 중 윗글에서 확인할 수 있는 내용으로 적절하지 <u>않은</u> 것은?

— 보기 —

㉠ 우리가 일반적으로 미적인 감각을 느끼는 것은 대칭이 주는 안정감 때문이다.
㉡ 중력의 힘을 덜 받게 하기 위해 척추동물의 심장은 왼쪽으로 치우치게 되었다.
㉢ 척추동물의 외형과 내장은 좌우 비대칭에서 대칭으로 회복되었다.
㉣ 인체는 환경과 밀접한 관련이 있고, 환경의 영향 속에서 살고 있기 때문에 다시 한번 환경의 중요성이 강조되고 있다.
㉤ 존재했던 동식물 중에서도 인간이 아직까지 살아남은 것은 생존을 위해서 스스로 진화의 과정을 거쳐 왔기 때문이다.

① ㉠, ㉡　　　　② ㉡, ㉢
③ ㉢, ㉣　　　　④ ㉣, ㉤
⑤ ㉠, ㉤

[11~12] 다음 글을 읽고 물음에 답하시오.

 사물을 입체적으로 느낄 수 있도록 하려면 무엇보다 빛과 그림자가 생생히 묘사되어야 한다. 그래서 사실적이고 입체적인 표현을 중시한 서양 회화는 빛에 대해 지대한 관심을 갖고 빛의 표현과 관련된 다양한 실험을 하였다. 사물을 입체적으로 그린다는 것은 결국 그 사물에서 반사되는 빛을 표현하는 것과 다를 바 없기 때문이다.
 빛이 물리적 실체로서 본격적으로 묘사되기 시작한 것은 르네상스기에 들어와서이다. 조토의 〈옥좌의 마돈나〉에서는 양감이 느껴진다. 양감이 느껴진다는 것은 빛을 의식했다는 증거이다. 이렇게 시작된 빛에 대한 인식은 조토보다 2세기 뒤의 작가인 미켈란젤로의 〈도니 성가족〉에서 더욱 명료하게 나타난다. 빛의 각도, 거리에 따른 밝기의 차이 등이 이 그림에는 상세히 묘사되어 있다. 이에 따라 입체감과 공간감도 실감나게 표현되어 있다.
 17세기 바로크 시대에 들어서면 화가들의 빛에 대한 인식이 보다 심화된다. 빛을 사실적으로 표현하기 위해 노력하는 과정에서 서양화가들은 빛이 사물의 형태를 식별하게 할 뿐 아니라 우리의 마음도 움직이는 심리적인 매체임을 깨달았다. 빛과 그림자의 변화에 따른 감정의 다양한 진폭을 느끼게 된 서양화가들은 이를 적극적으로 연구하고 표현하였다. 그 대표적인 화가가 '빛과 혼의 화가'로 불리는 렘브란트이다. 그는 빛이 지닌 심리적 효과를 탁월하게 묘사하였다. 그는 〈예루살렘의 멸망을 슬퍼하는 예레미야〉라는 작품에서 멸망해 가는 예루살렘이 아니라 고뇌하는 예레미야에게 빛을 비춤으로써 보는 이로 하여금 그림 속 주인공의 슬픔에 깊이 빠져들게 한다. 렘브란트가 사용한 빛은 그림 속 노인뿐만 아니라 그의 실존적 고통까지 선명히 비춘다. 이와 같은 렘브란트의 빛 처리는 그의 작품을 정신적 호소력을 지닌 예술이 되게 하였다.
 19세기 인상파의 출현으로 인해 서양미술사는 빛과 관련하여 또 한번 중요하고도 새로운 전기를 맞게 된다. 인상파 화가들은 광학 지식의 발달에 힘입어 사물의 색이 빛의 반사에 의해 생긴 것이라는 사실을 알게 되었다. 이것은 빛의 밝기나 각도, 대기의 흐름에 따라 사물의 색이 변할 수 있음을 의미한다. 이러한 사실에 대한 깨달음은 고정불변하는 사물의 고유색이란 존재하지 않는다는 인식으로 이어졌다. 이제 화가가 그리는 것은 사물이 아니라 사물에서 반사된 빛이며, 빛의 운동이 되어 버렸다. 인상파 화가들은 빛의 효과를 극대화하기 위해 같은 주황색이라도 팔레트에서 빨강과 노랑을 섞어 주황색을 만들기보다는 빨강과 노랑을 각각 화폭에 칠해 멀리서 볼 때 섞이게 함으로써 훨씬 채도가 높은 주황색을 만드는 것을 선호했다. 인상파 화가들은 이처럼 자연을 빛과 대기의 운동에 따른 색채 현상으로 보고 순간적이고 찰나적인 빛의 표현에 모든 것을 바침으로써 매우 유동적이고 변화무쌍한 그림을 창조해 냈다.
 지금까지 살펴본 대로, 서양화가들은 빛에 대한 관찰과 실험을 통해 회화의 깊이와 폭을 확장시켰다. 그 과정에서 빛은 단순히 물리적 현상으로서만 아니라 심리적 현상으로도 체험된다는 사실을 발견하였다. 인상파 이후에도 빛에 대한 탐구와 표현은 다양한 측면에서 시도되고 있다. 따라서 빛을 중심으로 서양화를 감상하는 것도 그림이 주는 감동에 젖을 수 있는 훌륭한 방법이 될 수 있다.

11 윗글에 대한 설명으로 가장 적절한 것은?

① 빛에 대한 인식을 중심으로 서양 회화의 흐름을 살펴보았다.
② 빛에 대한 상반된 두 입장을 소개한 후 자신의 입장을 밝혔다.
③ 화가의 삶과 관련하여 여러 개별 작품에 대한 감상을 서술했다.
④ 빛에 대한 통념을 비판한 후 창의적인 시각의 필요성을 주장했다.
⑤ 사실적 표현을 위한 기법을 중심으로 서양 회화의 특징을 분석했다.

12 윗글을 바탕으로 하여 〈보기〉의 그림을 감상한 것으로 가장 적절한 것은?

• 보기 •

– 라 투르, 「두 개의 불꽃 앞의 막달라 마리아」

① 그림의 중심 소재인 여인을 왼쪽에 배치하고 여인의 시선을 거울 속 촛불로 향하게 한 작가의 의도가 궁금해.
② 그림 속 여인의 무릎에 놓인 해골은 언젠가는 죽을 수밖에 없는 인간의 유한성과 그 원인이 된 죄를 상징하는 것 같아.

③ 막달라 마리아는 성경에 등장하는 인물로 참회의 성인으로 알려져 있으므로 이와 관련해서 작품의 의미를 해석해야 해.
④ 어둠 속에서 빛을 내는 촛불을 소재로 택한 것으로 볼 때, 화가는 부정적 현실을 극복하고자 하는 소망을 표현한 것 같아.
⑤ 거울에 비친 촛불의 빛을 이용한 명암의 대비는 입체감뿐만 아니라 자신의 죄를 참회하는 인물의 내면을 잘 드러내고 있어.

13 윗글의 내용과 일치하지 <u>않는</u> 것은?

① 카드 발급일이 2018년 1월인 경우 2018년 2월부터 스포츠 바우처 카드를 사용할 수 있다.
② 신청자가 없을 때에는 한부모 가족이라도 국내 축구 경기의 관람 비용을 보조받을 수 있다.
③ 본인의 소득이 최저 생계비 이하인 경우 만 18세 자녀의 야구 강좌 비용을 지원받을 수 있다.
④ 스포츠 바우처 카드를 발급받았다면 7만 원씩 12개월 동안 스포츠 강좌 수강료를 지원받을 수 있다.
⑤ 국민 기초 생활 수급 가정의 자녀라면 초등학교에 1년 늦게 입학했더라도 스포츠 바우처 이용 대상자에 포함된다.

[13~14] 다음 글을 읽고 물음에 답하시오.

스포츠 바우처 이용 안내문

국민 기초 생활 수급 가정의 유소년 및 청소년들에게 스포츠 바우처 카드(신용 카드 또는 체크 카드)를 지급하여 전국의 스포츠 시설 이용 시 수강료를 일정 부분 지원받을 수 있도록 하는 강좌 바우처와 스포츠 복지 사각 지대인 기초 생활 수급 가정에 국내 프로 스포츠(농구, 축구, 배구, 야구) 관람 비용의 일부를 보조하는 관람 바우처로 분류됩니다.

• 지원 대상
 – 국민기초생활보장법에 따른 수급권자로 만 5세~만 19세 유소년 및 청소년
 – 신청자가 없을 경우, 개별법에 근거한 차상위 계층(동일 연령대)까지 확대 가능
 – 지원 가능한 차상위 계층 범위(본인 부담 경감 대상자/자활 근로 대상자/장애인/한부모 가족)
 – 조기 혹은 지체 입학자: 시, 군, 구에서 기초 수급자 여부 확인 후 스포츠 바우처 회원 가입 신청서와 재학 증명서를 해당 시, 군, 구에서 작성 후 공단으로 송부

• 지원 내역
 – 지원 금액: 스포츠 강좌 월 최대 7만 원 지원(카드에 강좌 한도로 부여됨)
 – 지원 기간: 시, 군, 구에서 부여한 한도 기간만큼 사용(최대 12개월)
 – 처음 스포츠 바우처 대상자로 선정된 경우 스포츠 바우처 카드 발급 기간을 고려해 신청일 익월부터 사용할 수 있음.
 – 지원 내역의 지원 금액과 지원 기간은 해당 시, 군, 구에서 결정

[출처: 국민체육진흥공단]

---

14 윗글을 읽고 알 수 있는 내용이 <u>아닌</u> 것은?

① 지급 형태
② 지원 금액
③ 지원 대상
④ 지원 기간
⑤ 강좌 비용

15 다음 그래프의 내용을 바르게 이해하지 <u>못한</u> 것은?

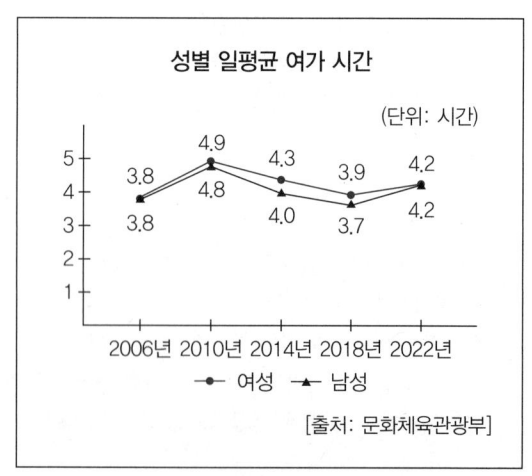

① 남성 일평균 여가 시간은 2010년이 2014년에 비해 더 많음을 알 수 있군.
② 2022년의 여성 일평균 여가 시간과 남성 일평균 여가 시간이 동일함을 알 수 있군.
③ 여성 일평균 여가 시간은 2014년에 비해 2018년에 5% 이상 감소하였음을 알 수 있군.
④ 2006년과 2018년의 여성 일평균 여가 시간과 남성 일평균 여가 시간의 차이가 동일함을 알 수 있군.
⑤ 2010년의 여성 일평균 여가 시간과 남성 일평균 여가 시간은 한 시간 이상 차이가 났음을 알 수 있군.

16 다음 제품 설명서를 <u>잘못</u> 이해한 것은?

와플 메이커 제품 설명서

• 주 전원 연결
  제품은 반드시 규정에 따라 설치된 접지 콘센트에 연결해야 합니다. 공급 전압이 장치의 정격 표시 라벨에 표기된 전압에 해당하는지 확인하십시오. 이 제품은 적용되는 모든 CE 라벨 부착 지침을 준수합니다.

• 세척 방법
  – 전원 콘센트에 연결된 플러그를 뽑고 제품을 열어 제품이 충분히 식을 때까지 기다린 다음 세척하면 됩니다.
  – 감전의 위험을 방지하기 위하여 물로 제품을 직접 닦거나 물에 담그면 안 됩니다.
  – 연마제나 강한 세제를 사용하지 마십시오.
  – 제품 외부를 보풀 없는 마른 천으로 닦으면 됩니다.

• 중요 안전 수칙
  – 작동 중에 제품이 뜨거워져 화상의 위험이 있으니 주의하셔야 합니다.
  – 제품을 사용하기 전에 본체뿐만 아니라 모든 부착물에 결함이 있는지 철저히 확인해야 합니다.
  – 제품이 딱딱한 표면에 떨어진 경우나 어떠한 손상이 발생될 경우 더 이상 사용하지 않아야 합니다. 보이지 않는 손상이라도 제품 작동상의 안전에 역효과를 줄 수 있기 때문입니다.
  – 제품 사용 중에 곁을 떠나지 않아야 하며, 뜨거운 표면에 접촉되거나 열원 또는 인화성 물질에 노출되지 않아야 합니다.
  – 전원 코드가 제멋대로 늘어져 있지 않도록 주의해야 하며, 제품의 뜨거운 부분으로부터 충분히 떨어져 있어야 합니다.
  – 전원 코드는 규칙적으로 손상 유무를 검사해야 하며, 손상이 발견되면 더 이상 사용하시면 안 됩니다.
  – 벽에 부착된 전원 콘센트에서 플러그를 뽑을 때는 절대로 전원 코드를 잡아당기지 말고 항상 플러그를 잡고 당기십시오.
  – 이 제품은 신체적·감각적 또는 정신적 능력이 부족하거나 경험이나 지식이 부족한 사람(어린이 포함)이 주위의 도움 없이 직접 사용하지 못하도록 주의해야 합니다.
  – 안전 규정을 준수하고 위험을 방지하기 위하여 전기 제품의 수리는 자격 있는 인원이 수행하여야 합니다. 수리가 필요한 경우에는 해당 장치를 당사의 A/S 센터로 발송해 주시기 바랍니다. 회사 주소는 이 설명서의 부록에 표시되어 있습니다.

---

① 전원 코드에 손상이 있으면 사용을 중단해야겠군.
② 감전의 위험이 있으니 물 세척 대신 마른 수건으로 닦아야겠군.
③ 플러그에서 전원 코드를 분리할 경우 항상 플러그를 잡아야겠군.
④ 약간의 손상이 있더라도 제품 사용에 아무런 문제가 되지 않겠군.
⑤ 제품 작동 중에는 옆에서 지켜보며 제대로 작동이 되는지 살펴봐야겠군.

[17~19] 다음 글을 읽고 물음에 답하시오.

서양 음악에서 기악은 르네상스 말기에 탄생하였지만 바로크 시대에 이르면 악기의 발달과 함께 다양한 장르를 형성하면서 비약적인 발전을 이루게 된다. 하지만 가사가 있는 성악에 익숙해져 있던 사람들에게 기악은 내용 없는 공허한 울림에 지나지 않았다. 이러한 비난을 면하기 위해 기악은 일정한 의미를 가져야 하는 과제를 안게 되었다.

바로크 시대의 음악가들은 이러한 과제에 대한 해결의 실마리를 '정서론'과 '음형론'에서 찾으려 했다. 이 두 이론은 본래 성악 음악을 배경으로 태동하였으나 점차 기악 음악에도 적용되었다. 정서론에서는 웅변가가 청중의 마음을 움직이듯 음악가도 청자들의 정서를 움직여야 한다고 본다. 그렇게 하기 위해서는 한 곡에 하나의 정서만이 지배적이어야 한다. 그것은 연설에서 한 가지 논지가 일관되게 견지되어야 설득력이 있는 것과 같은 이유에서였다.

한편 음형론에서는 가사의 의미에 따라 그에 적합한 음형을 표현 수단으로 삼는데, 르네상스 후기 마드리갈이나 바로크 초기 오페라 등에서 그 예를 찾을 수 있다. 바로크 초반의 음악 이론가 부어마이스터는 마치 웅변에서 말의 고저나 완급, 장단 등이 호소력을 이끌어 내듯 음악에서 이에 상응하는 효과를 낳는 장치들에 주목하였다. 예를 들어, 가사의 뜻에 맞춰 가락이 올라가거나, 한동안 쉬거나, 음들이 딱딱 끊어지게 ㉠연주하는 방식 등이 이에 해당한다.

바로크 후반의 음악 이론가 마테존 역시 수사학 이론을 끌어들여 어느 정도 객관적으로 소통될 수 있는 음 언어에 대해 설명하였다. 또한 기존의 정서론을 음악 구조에까지 확장하며 당시의 음조(音調)를 특정 정서와 연결하였다. 마테존에 따르면 다장조는 기쁨을, 라단조는 경건하고 웅장함을 유발한다.

그러나 마테존의 진정한 업적은 음악을 구성적 측면에서 논의한 데 있다. 그는 성악곡인 마르첼로의 아리아를 논의하면서 그것이 마치 기악곡인 양 가사는 전혀 언급하지 않은 채, 주제 가락의 착상과 치밀한 전개 방식 등에 집중하였다. 이는 가락, 리듬, 화성과 같은 형식적 요소가 중시되는 순수 기악 음악의 도래가 멀지 않았음을 의미하는 것이었다. 실제로 한 세기 후 음악 미학자 한슬리크는 음악이 사람의 감정을 묘사하거나 표현하는 것이 아니라, 음들의 순수한 결합 그 자체로 깊은 정신세계를 보여 주는 것이라 주장하기에 이른다.

17 윗글의 내용 전개 방식으로 가장 적절한 것은?

① 설의법을 사용하여 화제에 흥미를 불러일으키고 있다.
② 어떤 이론이 다양하게 분화하는 과정을 보여 주고 있다.
③ 문제 상황을 소개하고 이를 해결하는 과정을 제시하고 있다.
④ 비유적인 예를 통하여 문제를 제기하고 이를 반박하고 있다.
⑤ 구체적 증거를 활용하여 통념이 잘못되었음을 증명하고 있다.

18 윗글의 내용과 일치하지 않는 것은?

① 바로크 시대의 기악은 악기가 발달하고 다양한 장르가 형성되면서 비약적으로 발전하였다.
② 정서론과 음형론은 성악 음악을 배경으로 등장하였으나 점차 기악으로 확대 적용되었다.
③ 부어마이스터는 언어와 음악의 관련성을 강조하며 음형론의 실제적인 예들을 보여 주었다.
④ 마테존은 아리아를 분석하면서 가사의 의미와 악곡의 전개 방식들의 관계에 대하여 논의하였다.
⑤ 한슬리크는 음들의 순수한 결합 그 자체가 만들어 내는 형식적 원리를 강조하였으며, 이를 통해 깊은 정신세계를 보여 줄 수 있음을 주장하였다.

19 ㉠과 관련하여 〈보기〉의 A, B에 들어갈 말로 가장 적절한 것은?

─── 보기 ───
그녀가 손가락으로 가야금을 (A) 시작하자, 그는 채로 장구를 (B) 시작했다.

	A	B
①	치기	켜기
②	뜯기	치기
③	타기	퉁기기
④	켜기	두드리기
⑤	퉁기기	타기

20 다음 표에 보인 반응으로 적절하지 <u>않은</u> 것은?

시·도 민원 서비스 만족도 조사 결과

(10점 만점)

평가 항목	평가 지표	전국 평균	시 평균	도 평균
접근 용이성	담당 창구 및 부서 접근 용이성	7.94	7.76	8.1
	민원 처리 절차의 정보 입수 용이성	7.55	7.41	7.67
	담당 공무원과의 통화 편의성	6.98	6.81	7.1
편리성	민원 처리 서식 및 절차의 간편성	7.18	7.06	7.3
	구비 서류량의 적정성	7.19	7.11	7.25
	민원 신청 방법의 다양성	7.29	7.14	7.38
쾌적성	고객 편의 시설 수준	7.99	7.93	8.05
	기관 내 공간의 청결도	8.17	8.12	8.21
신속· 정확성	민원 처리 시간의 신속성	7.33	7.09	7.53
	민원 처리 내용의 정확성	7.92	7.69	8.13
대응· 환류성	적극적 수용 태도	7.29	7.12	7.44
	민원 처리 상황 및 처리 결과 통보	6.39	6.58	6.18
형평성	업무 처리의 공정성	8.03	7.86	8.17
	담당 공무원 부정행위 여부	9.0	8.95	9.04

① 모든 평가 지표에서 도 평균이 시 평균보다 높게 나타난다.
② 쾌적성 평가에서 도 평균은 전국 평균보다 높은 반면에 시 평균은 그보다 낮다.
③ 전국 시민들이 가장 낮은 평가를 준 항목은 민원 처리 상황 및 처리 결과 통보이다.
④ 광역자치단체 공무원들의 업무 처리 공정성과 청렴도 등 형평성에 대한 만족도가 다른 평가 항목에 비해 높다.
⑤ 시민 만족도를 높이기 위해서는 공무원과의 통화가 편리하게 이루어져야 하며, 민원 처리 절차를 크게 간소화하고 그 처리 상황과 결과를 신속·정확하게 통보하는 노력들이 필요하다.

21 다음 그래프의 내용을 바르게 이해하지 <u>못한</u> 것은?

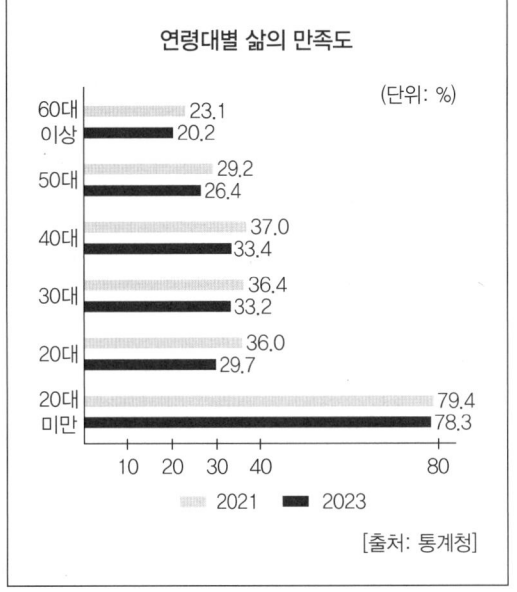

① 2021년 연령대별 삶의 만족도는 60대 이상이 가장 낮다.
② 모든 연령대에서 2021년에 비해 2023년의 삶의 만족도가 떨어졌다.
③ 2023년 20대의 삶의 만족도는 2021년 50대의 삶의 만족도보다 높다.
④ 2023년 30대의 삶의 만족도는 같은 연도 40대의 삶의 만족도보다 높다.
⑤ 20대 미만의 연령대의 삶의 만족도가 2021년, 2023년 모두 다른 연령대에 비해 가장 높다.

22 다음 표에 대해 보인 반응으로 적절하지 않은 것은?

재활용품 수거량과 인구 특성

항목/지역	A	B	C	D	E	F	G
재활용품 수거량 (톤/일)	88.8	81.8	70.8	62.9	45.3	21.5	21.0
1인당 재활용품 수거량 (g/일)	328.1	375.8	362.5	252.8	323.7	244.4	232.9
인구 (천 명)	270.6	217.7	195.4	248.7	140.0	87.8	90.0
인구 밀도 (명/km²)	970.0	664.6	584.0	681.4	415.6	161.0	118.6
1차 산업 인구 구성비(%)	6.5	5.7	13.3	8.4	14.3	37.9	42.0
2차 산업 인구 구성비(%)	21.6	14.3	23.9	23.6	15.4	11.4	13.8
3차 산업 인구 구성비(%)	71.9	80.0	62.8	68.0	70.3	50.7	44.2

① A지역의 인구 밀도가 가장 높다.
② 1차 산업 인구 구성비는 G지역이 가장 높다.
③ 지역별 재활용품 수거량과 지역별 1인당 재활용품 수거량은 비례한다.
④ D지역은 2차 산업 인구 구성비가 지역 내 각 산업 인구 구성비들 중 두 번째로 높다.
⑤ 재활용품 수거량이 적은 하위 2개 지역과 3차 산업 인구 구성비 하위 2개 지역은 동일하다.

[23~24] 다음을 읽고 물음에 답하시오.

"내게 맞는 주거 지원 정보가 한눈에"
마이홈 모바일 앱 개편

□ 국토교통부는 그간 연령·계층 구분 없이 종합적인 주거 복지 정보를 제공해 오던 마이홈 앱을 신혼부부, 청년, 일반에 대한 맞춤형 정보로 새롭게 단장하여 7월 9일(월)부터 제공한다고 밝혔다.
□ 마이홈 앱 메인 화면은 신혼부부, 청년, 일반으로 구분하여 바로 접근이 가능토록 하고, 계층별로 관심이 높은 정보만을 뽑아내어 원하는 정보를 보다 쉽게 찾아볼 수 있도록 하였다.

* 마이홈 앱은 '앱스토어'에서 '마이홈'을 검색해서 다운 및 설치 가능
□ 신혼부부는 '신혼부부 주거 지원' 항목에서 행복주택, 공공임대, 공공분양 등의 주택 및 금융 정보를 바로 확인할 수 있다. 예를 들어 임대주택의 경우, 각 유형별 세부 항목으로 들어가면 임대 조건, 입주 자격, 신청 절차 등의 정보가 제공된다.
  ○ 또한, 해당 임대주택 화면에서 '임대주택 모집 공고', '기존 임대주택' 화면으로 바로 연결되도록 구성하여 이용자가 따로 모집 공고를 찾는 수고가 덜어진다.
□ 대학생 등 청년층도 '청년 주거 지원' 항목에서 청년전세임대, 행복주택, 공공기숙사 등의 주택 및 금융 정보를 바로 찾아볼 수 있다. 예를 들어 '자금 지원' 항목으로 들어가면 청년층 맞춤형 주택금융인 주거안정월세대출 등에 대한 대출 대상, 금리, 신청 절차, 취급 은행 등 상세 정보를 보다 쉽게 확인할 수 있다.
  ○ 또한, 신혼부부 화면과 마찬가지로 각 유형별 임대주택 화면에서 '임대주택 모집 공고', '기존 임대주택' 화면으로 바로 연결되도록 하였다.
□ 이와 더불어, 앱 회원에 가입한 이용자는 모바일 앱 알림 기능(푸시 서비스)을 통해 맞춤형 정보를 제공받을 수 있다.

마이홈 앱 알림 설정 시 제공 정보
임대주택 모집 공고 알림(관심 지역 1~3곳/임대 종류), 공공분양 모집 공고(관심 지역 3곳까지), 신규 정책, 단지 공지 사항 알림

□ 또한, 주거복지 정책 정보 외에도 주택 구입 및 전·월세 계약 절차 시 확인 사항, 주택임대차 분쟁위원회 이용 정보 등을 새롭게 제공하고, 부동산 중개수수료 안내 및 계산 기능 등도 추가하여 이용자 편의성을 높였다.
* 【메인 화면】→【신혼부부/청년층/일반 마이홈 정보】→【메뉴】선택 →【알려드려요】
□ 그 외에도, '주거복지마당'에서 지방자치단체별로 제공하고 있는 각종 복지 혜택 및 지원 사업들을 간편하게 조회하여 필요한 정보를 제공받을 수 있도록 하였다.
* 【메인 화면】→【일반 마이홈 정보】→【메뉴】선택 →【주거복지마당】→【지자체 복지프로그램】
□ '마이홈'은 각종 주거지원 정보를 통합 상담·안내하기 위해 2015년 12월부터 구축·운영 중으로, 인터넷 포털과 모바일 앱 외에도 전국 52곳의 지역별 상담실과 전화 상담실을 함께 운영하고 있다.
* 마이홈 포털 하루 평균 이용자 수: 약 6,400명, 마이홈 앱 내려받기 횟수: 약 11만 2천 회

□ 국토부 관계자는 "금번에 발표한 '신혼부부·청년 주거 지원 방안'(7월 6일 조간 보도 자료 참조) 내용도 마이홈 포털·앱을 통해 본인에게 맞는 정보를 쉽게 확인할 수 있도록 하였다."라며, "앞으로 찾아가는 주거 상담 등 여러 채널을 통해 마이홈을 적극적으로 알리고, 마이홈 포털·앱 이용자에 대한 특성을 다각적으로 분석하여 실질적인 맞춤형 서비스를 제공해 나가겠다."라고 밝혔다.

[출처: 국토교통부]

23 윗글의 내용을 잘못 이해한 것은?

① 부동산 중개수수료를 마이홈 앱을 통해 계산해 볼 수 있다.
② 마이홈 앱의 메인 화면은 신혼부부, 청년, 일반으로 구분되어 있다.
③ 마이홈 앱의 주거복지마당에서는 지자체의 복지프로그램을 확인할 수 있다.
④ 신혼부부는 행복주택, 공공임대, 공공분양 등의 주택 정보를 확인할 수 있다.
⑤ 마이홈 앱에 가입한 이용자는 임대주택 모집 공고 푸시 서비스를 관심 지역 4곳까지 받을 수 있다.

24 윗글을 읽고 보인 반응으로 적절하지 않은 것은?

① 이전의 마이홈 앱은 연령과 계층 구분 없이 정보를 제공했었군.
② 모바일 앱 외에도 인터넷 포털이나 전화 상담을 이용할 수 있겠군.
③ 마이홈 앱은 국토교통부 홈페이지를 가입한 후에 다운받을 수 있겠군.
④ 마이홈 앱의 푸시 알림을 통해 공공분양 모집 공고 알림을 받을 수 있겠군.
⑤ 주거복지마당에서 지방자치단체별로 제공하는 각종 복지 혜택을 확인할 수 있겠군.

25 다음을 읽고 이해한 내용으로 적절하지 않은 것은?

국민과 함께하는 미세 먼지 아이디어 실현
국민 참여 미세 먼지 R&D 최종 아이디어 선정

□ 범부처 미세 먼지 연구개발(이하 R&D) 협의체*(이하 범부처 협의체)는 국민 제안 미세 먼지 R&D 아이디어 중 전문가 평가 결과 총 9개의 아이디어가 최종 선정되었다고 발표하였다.
  * 과학기술 기반의 근본적인 미세 먼지 문제 해결 방안을 모색하기 위해 미세 먼지 R&D 관련 11개 기관 중심으로 구성
□ 최종 아이디어는 지난 5월 10일부터 5월 25일까지 대학생, 대학원생, 연구자 및 일반 국민이 제안한 미세 먼지 R&D 아이디어 140여 건 중
  ○ 미세 먼지 분야 전문가가 아이디어의 충실성, 기술 개발 실현 가능성 및 필요성 등을 검토하여 후보군(20개)을 선정하고
  ○ 시민단체를 포함한 전문가 평가 위원회에서 과학적 실현 가능성, 기술적 파급 효과, 문제 해결 기여도, 국민 만족도 및 정책 반영도 등을 고려한 심층 평가를 실시하여 최종 9건을 선정하였다.
  ○ 또한 평가 위원회는 최종 선정된 아이디어와 연계하여 시너지 효과를 창출할 수 있는 아이디어 5건을 추가로 검토하여 총 14개 아이디어가 신규 사업 기획에 활용될 예정이다.
□ 이번에 선정된 9건의 국민 제안 아이디어의 주요 내용은 다음과 같다.
  ○ 미세 먼지 정화를 위한 토양 필터, 식물, 산화 티타늄 등 다양한 요소 기술들을 융합한 '미세 먼지 바리케이트'를 도로변에 설치하는 아이디어를 통해 미세 먼지 원인 물질 등을 저감할 수 있다.
  ○ 또한 초등학교 유형별로 공기질 현황, 미세 먼지 노출량 등을 분석하고 이산화탄소 농도, 에너지 효율 등을 종합적으로 고려한 공기 정화 장치 최적화 시스템을 개발하여 세계보건기구(WHO) 수준으로 학교 미세 먼지 농도를 관리하는 아이디어도 선정되었다.
  ○ 이밖에도 도로를 주행하면서 미세 먼지를 저감할 수 있는 필터 개발과 공공 버스 등 대중교통에 부착하여 시범 운용하는 "달리는 미세 먼지 저감 장치" 아이디어와 함께 버스 정류장 외부의 공기를 정화하여 정류장 내부 및 주변으로 공급하고, 정보통신기술(ICT)을 활용한 실시간 미세 먼지 알림 친환경 디스플레이를 정류장 벽면에 구현하는 등 "미세 먼지 청정 스마트 거리"를 조성하는 아이디어도 선정되었다.

○ 뿐만 아니라 안전한 먹거리를 위해 미세 먼지 등 유해 물질의 농장물의 축적 등을 평가하고 안전한 농산물을 생산하기 위한 기술 개발과 함께 가축 분뇨 퇴비화 과정에서 미세 먼지를 저감하는 제안과 도시 내 공사 현장 테두리에 원예 작물을 활용한 그린링(Green-Ring)을 구축하거나 건축물 등에 활용 가능한 미세 먼지 저감 식생 시스템 개발 등 식물을 활용한 다양한 공기 정화 아이디어가 선정되었다.

□ 제안 아이디어는 기존 발전소나 자동차 배기가스 등 발생원으로부터 미세 먼지를 저감하는 것이 아닌 대기 중 미세 먼지를 직접 줄이기 위한 식물 및 집진 장치를 활용하는 것으로 접근 방법이 상이하다. 특히, 초등학생 등 미세 먼지에 민감한 계층을 보호하기 위한 연구개발과 도로변과 공사장 등 미세 먼지 취약 지역을 개선하려는 아이디어가 돋보였다. 또한, 그동안 정부 연구개발 투자가 많지 않았던 농촌 분야 미세 먼지 해결을 위한 다양한 아이디어가 선정되어 그 의미가 크다.

□ 최종 선정된 제안자는 해당 아이디어 관련 분야 전문가와 함께 아이디어를 기반으로 2019년 신규 사업을 기획할 기회를 갖는다.

□ 과학기술정보통신부 정병선 연구개발정책실장은 아이디어를 제안한 국민과 함께 아이디어를 보다 구체화하고, 관계 부처와 협업하여 신규 사업을 기획할 것이며 더 나아가 연구개발 수행 과정에서도 국민들이 직접 참여하는 '현장 중심의 미세 먼지 R&D 사업'의 첫 시작이 될 수 있도록 노력하겠다고 밝혔다.

[출처: 과학기술정보통신부]

① 미세 먼지 문제를 해결하기 위한 아이디어가 추가 없이 총 14개 선정되었다.
② 미세 먼지 바리케이트를 도로변에 설치하여 미세 먼지 원인 물질을 저감시킨다.
③ 아이디어가 선정된 사람은 전문가와 함께 신규 사업을 기획할 기회를 갖게 된다.
④ 그동안에는 농촌의 미세 먼지 해결을 위한 정부의 연구개발 투자가 많지 않았다.
⑤ 그린링이란 도시 내 공사 현장 테두리에 원예 작물을 심는 미세 먼지 저감 식생 시스템이다.

제5편 심화 문제

[01~02] 다음 글을 읽고 물음에 답하시오.

무르익은
과실의 밀도(密度)와 같이
밤의 내부는 달도록 고요하다.

잠든 내 어린것들의 숨소리는
작은 벌레와 같이
이 고요 속에 파묻히고,

별들은 나와
자연(自然)의 구조에
질서있게 못을 박는다.

한 시대 안에는 밤과 같이 해체(解體)나 분석(分析)에는
차라리 무디고 어두운 시인들이 산다.
그리하여 토의의 시간이 끝나는 곳에서
밤은 상상으로 저들의 나래를 이끌어 준다.

꽃들은 떨어져 열매 속에
그 화려한 자태를 감추듯……

그리하여 시간으로 하여금
새벽을 향하여
이 풍성한 밤의 껍질을
서서히 탈피케 할 줄 안다.

— 김현승, 「밤은 영양이 풍부하다」

01 윗글에 대한 설명으로 가장 적절한 것은?

① 유사한 통사 구조를 반복하여 운율감을 형성하고 있다.
② 말줄임표로 끝맺는 시행을 사용하여 여운을 주고 있다.
③ 반어적 표현을 통해 현실 비판적 태도를 나타내고 있다.
④ 역동적 이미지를 통해 미래에 대한 화자의 소망을 나타낸다.
⑤ 어조의 변화를 통해 밤에 대한 화자의 정서를 심화하고 있다.

02 〈보기〉를 바탕으로 윗글을 이해한 내용으로 적절하지 않은 것은?

• 보기 •

작가와의 가상 인터뷰

저는 두 소재의 이미지를 중첩하여 독자들에게 더 깊은 의미를 전달하고 싶었습니다. 먼저 과실 '밤[栗]'이 익어가는 것은 성장 호르몬이 촉진되는 때인 시간 '밤[夜]'과 더불어 생명의 힘을 보여 주지요. 한편 시간 '밤'은 이성적으로 사유하는 낮을 벗어나 저의 감성을 자극하는 시간입니다. 저의 창작 능력을 높여 주는 시간으로서 저를 성장하게 한다는 점에서 다시 과실 '밤'과 이어진다고 할 수 있겠네요.

① 1연의 '과실의 밀도'처럼 '달도록 고요하다'는 것을 통해 독자는 '밤'이라는 것에서 과실과 시간의 중첩된 이미지를 떠올릴 수 있겠군.
② 2연의 '어린것들의 숨소리'가 '고요 속에 파묻히고'를 통해 독자는 '밤'이 생명체를 성장시키는 시간임을 짐작할 수 있겠군.
③ 4연의 '해체나 분석'에 '어두운 시인'을 통해 독자는 시대적 고통을 외면하고 개인적 감상에만 젖어 지낸 자아를 성찰하는 시인의 모습을 발견할 수 있겠군.
④ 4연의 '저들의 나래를 이끌어 준다'는 것을 통해 독자는 '밤'이 '시인'의 창작 능력을 배가시키는 시간임을 알 수 있겠군.
⑤ 6연의 '껍질'을 '서서히 탈피케' 하는 것을 통해 독자는 '밤'이 성장이 이루어지는 시간이라는 시적 의미를 짐작할 수 있겠군.

[03~05] 다음 글을 읽고 물음에 답하시오.

(가) 그맘쯤에 웬 난데없는 비렁뱅이 가객(歌客) 하나이 구부러진 등에 거문고 엇비슷이 메고 진창에 맨발을 축축 담그면서, 제가 아직 어찌 될 줄 모르고서 저자의 가운뎃길로 하염없이 내려왔던 것이었다. 거문고를 메었으니 노래라도 할 줄 알겠구나 싶었으되, 꼬락서니가 내 사촌이 틀림없었다. 나는 다리 아래 쪼그리고 앉아 이제 막 살얼음이 풀리기 시작한 또랑물 속으로 싸락눈이 떨어져 녹아 사라지는 모양을 내려다보는 중이었다. 나는 무슨 소리인가를 들었으며, 이상한 가락이 내 어깨 위에 미풍같이 나부끼며 얹히고, 다시 목덜미로 깊숙이 꽂히더니 정수리에서 발뒤꿈치로 뚫고 들어와 맴돌아 나가는 것이 아닌가.

나직하고 힘찬 목소리가 가락 위에 턱 걸쳐서는 이 싸늘하고 구죽죽한 저자를 따뜻하게 덥히는 것만 같았다. 나만 일어섰는가? 아니다. 내가 뒤가 급해진 느낌으로 안달을 온몸에 싣고서 다리 위로 올라갔을 때에, 저자의 술집 창문마다 가게 빈지문마다 사람들의 머리가 하나둘씩 끄집어내지는 중이었다. 다리 위에서 비렁뱅이 가객은 거문고를 무릎에 올려놓고 앉아서 고개를 푹 숙여 머리가 없는 자처럼 땅속에다 소리를 심고 있었다. 술 먹던 사람들과 수다쟁이 떡장수 아낙네며 나들이 나온 처자들이 모두 한두 발짝씩 모여들어 다리 위에는 음률에 끌린 사람들로 가득 찼었다.

"사람을 못 견디게 하는 소리로구나. 저런 소리는 이 저자가 생겨난 이래로 처음 들었다."

한 곡조가 끝나자마자 사람들은 제각기 허리춤을 끄르고 돈을 내던지는 것이었다. 돈이 떨어지는 소리가 잦아질 제 나는 새암과 선망으로 이를 악물었고 다음에는 저 신묘한 소리로 돈을 벌게 하는 거문고를 박살 내 버리고 싶었다.

"하나 더 해라."
"이번에는 긴 것을 해 보아라."

사람들이 제각기 아우성을 치는데, 가객은 고개를 가슴팍에 꽉 처박고 잠잠히 앉아 있었다. 그는 부지깽이처럼 길고도 여윈 손을 뻗쳐서 무릎 근처에 흩어진 돈들을 긁어모아서는 제 자리 밑에다 쓸어 넣는 것이었다.

"노래를 한 가지밖에 모르느냐."
"얼굴을 들고 해라, 안 보인다."
"고개를 들어라."

내던진 밑천을 뽑으려고 주변에 웅기중기 모여 앉은 사람들은 비렁뱅이 가객의 얼굴을 보려고 자꾸만 재촉했다. 고개를 처박고 있던 그가 작심했다는 듯이 천천히 고개를 들었다. 그러고는 제 앞에 모인 사람들을 한 바퀴 휘이 둘러보았던 것이다.

나는 그의 얼굴을 본 순간 어쩐지 가슴이 답답해지면서 회가 동했을 때처럼 속이 뒤틀리고 구역질이 날 지경이었다. 가객은 이 세상에서는 어디서든 찾아볼 수 없을 정도로 추한 얼굴을 가지고 있었다. 사람들 사이에서 웅성거리는 소리가 일어났는데, 가객이 노래를 부르기 시작하자 그 더러운 얼굴은 더욱 흉하게 일그러져 가락의 신묘한 아름다움은 그 추한 얼굴에 씌워 사그라지고 말았다. 눈도 코도 입도, 제자리에 붙어 있건만, 어쩐지 얼굴이 자아내는 분위기가 사람들의 가슴속에 깊은 증오를 불러일으키고, 증오는 곧 심한 역증이 나게끔 했다.

[중간의 줄거리] 가객 '수추'는 저자를 떠나 강을 건너간 뒤, 시냇가에서 음률을 완성했던 과거를 떠올린다.

(나) 그는 도저히 믿어지지 않았다. 수추는 물을 마구 헤쳐 놓고는 다시 들여다보았지만, 음률을 완성한 자의 얼굴이 아니었다. 그는 그 얼굴을 미워하였다. 따라서 ⊙ 시냇물도 미워하였다. 미워할수록 그의 얼굴은 추악하게 떠올랐다. 수추는 그럴수록 노래를 끝없이 부르지 않고는 살아갈 수 없는 자가 되어 버렸던 것이다.

그러나 수추는 강 건너편 광야에서 몇 날 몇 밤을 짐승들이 일시에 몸서리치면서 달아났다가, 다시 밤이 되면 그의 노래를 들으려고 모여들고, 또 해가 떠오르면 그의 곁에서 달아나는 일을 헤일 수도 없이 겪었다. 그는 이러한 애증(愛憎)에 시달려서 자꾸만 여위어 갔다.

어느 날 그는 아무도 찾아와 주지 않는 훤한 대낮에 혼자서 노래를 불렀다. 그의 노래가 이제 막 거문고의 가락에 얹히려는 참에 줄이 탁 끊어졌다. 이 끊긴 줄이 울어대는 무참한 소리가 그의 노래를 산산이 으스러뜨리고 말았으며, 그는 저도 모르게 벌떡 일어나서 거문고를 계단 위에 내동댕이치고 말았다. 자르릉 하는 괴상한 소리를 내면서 악기가 부서지고 그의 노래마저 함께 부서져 버렸다. 그의 발밑에는 살해된 가락의 시체만이 즐비하게 널려 있을 뿐이었다. 그는 노래를 부를 수가 없었다.

수추는 아무도 찾아오지 않는 밤 가운데서 진실로 오랜만에 평화로운 잠을 잤다. 그는 노래로부터 놓여난 것이다. 수추는 파괴된 악기와 버려진 노래를 회상할 뿐이었다. 수추는 이 죽음과 같은 휴식 안에서 비로소 노래만을 사랑하고 모든 것을 미워했던 제 모습이 이제는 변화된 것을 알았다.

그가 물을 마시려고 ⓒ 시냇물에 구부렸을 적에 수추는 환희의 얼굴을 만났다. 그의 눈은 삶의 경이로움이 가득 차 있었고, 그의 입은 웃고 있었고, 뺨에는 땀이 구슬처럼 매달려 있었다. 그는 모든 산 것들이 그러하듯 이 만물의 소멸에 대하여 겸손하였다.

— 황석영, 「가객」

03 윗글의 서술 방식으로 가장 적절한 것은?

① 동일한 사건을 여러 번 서술하여 전달하고자 하는 바를 강조하고 있다.
② 시대적 배경을 드러내는 소재를 통해 시간의 역행을 보여 주고 있다.
③ 서술자가 사건을 이야기 속에서 전달하다가 이야기 밖에서 전달하고 있다.
④ 인물의 표정 변화와 내면 변화를 반대로 서술하여 그 인물의 해학성을 부각하고 있다.
⑤ 서술자가 관찰자의 입장에서 사건을 객관적으로 전달함으로써 사실성을 높이고 있다.

04 (가)와 (나)에 대한 설명으로 적절한 것은?

① (가)에서는 두 인물 간의 대립을 통해 갈등이 고조되고 있다.
② (나)에서 인물이 겪는 갈등은 타인과의 관계를 통해 해결되고 있다.
③ (나)에 비해 (가)에서 인물의 성격 변화가 두드러지게 드러나고 있다.
④ (가)와 (나)에 내재되어 있는 인물의 내적 갈등이 (나)에서 해소되고 있다.
⑤ (가)의 저자 사람들과 (나)의 짐승들은 서로 다른 이유로 모여들고 있다.

05 ㉠과 ㉡의 공통적 기능으로 적절한 것은?

① 수추의 자기 확인을 매개한다.
② 수추가 처한 비극을 상징한다.
③ 수추의 과거 회상을 유도한다.
④ 수추를 세상으로부터 격리한다.
⑤ 수추의 불가피한 운명을 암시한다.

[06~08] 다음 글을 읽고 물음에 답하시오.

H_2O. 산소 원자 하나에 수소 원자 두 개가 결합된 것. 물은 이처럼 간단한 화합물이지만, 이 세상에서 가장 놀라운 화합물이기도 하다.

우선, 물은 비정상적이라고 할 만큼 끓는점이 높다. 일반적으로 같은 족에 속하는 원소들은 화학적으로 유사한 성질을 지니며, 그들의 끓는점은 원자량이 증가할수록 높아진다. 이는 산소족에 속하는 원소들의 경우에도 마찬가지이다. 즉, 산소, 황, 셀레늄, 텔루르 등의 순으로 끓는점이 높아진다. 이들은 동일한 방식으로 수소와 결합하여 물, 황화수소, 셀레늄화수소, 텔루르화수소 등의 수소화합물을 이루며, 이들 화합물의 끓는점은 대체로 구성 원소의 원자량이 증가할수록 높아진다. 그런데 유독 물의 경우에는 끓는점이 비정상적으로 높다. 황의 수소화합물인 황화수소(H_2S)의 끓는점이 $-59.6℃$인데 비해 산소족 원소들 중에서 원자량이 가장 적은 산소의 수소화합물인 물은 끓는점이 $100℃$나 되는 것이다. 단순히 원칙대로만 따지면, 물의 끓는점은 $-80℃$ 정도여야 한다. 뿐만 아니라 물은 다른 물질들에 비해 $1℃$의 온도를 올리기 위해 필요한 열량, 즉 비열이 대단히 높다. 어떤 물질의 온도를 높이기 위해 많은 양의 열이 필요하다는 말은, 온도가 내려갈 때 그만큼 많은 열에너지를 방출한다는 의미도 된다.

이렇게 물의 끓는점이 높고 비열*이 큰 이유는 물분자들 사이의 강한 결합력 때문이다. 물의 단독 분자를 찾으려고 하는 것은 소용없는 일이라는 말이 있을 정도로, 물분자들은 강한 결합력을 바탕으로 집단을 이루고 있기 때문에 온도를 높이는 데 많은 열이 필요하며 쉽게 기화되지 않는 것이다.

또한 물은 가장 뛰어난 용매이기도 하다. 물질들을 물 속에 넣으면 그 물질의 원자나 분자 사이에 작용하던 힘이 매우 약해져서 쉽게 녹아 버린다. 물이 이렇게 뛰어난 용해력을 갖는 것은 물분자가 자기들끼리 결합하는 힘뿐만 아니라 다른 물질의 원자나 분자를 자기 쪽으로 끌어당기는 힘도 역시 매우 강하기 때문이다.

물이 지닌 이러한 힘의 원천은 무엇일까? 그것은 ㉠ 물분자가 '극성 공유 결합'의 형태로 존재하는 것에서 찾을 수 있다. 일반적인 공유 결합으로 이루어진 분자의 두 핵은 그 사이에 있는 전자들을 동등하게 공유하지만, 극성 공유 결합을 한 분자의 경우에는 전자들이 한쪽의 핵에 더 강하게 끌리게 된다. 이 때문에 분자의 한쪽 끝은 약간의 양전하를 띠게 되고 다른 쪽 끝은 약간의 음전하를 띠게 된다. 양전하를 띠는 부분과 음전하를 띠는 부분이 쉽게 결합한다는 것은 상식이다. 이러한 결합 방식 덕분에, 물분자들끼리의 결합력이 다른 물질의 분자들에 비해 강할 뿐만 아니라, 다른 물질과도 쉽게 극성 공유 결합을 이룸으로써 그 물질을 용해시킬 수 있는 것이다.

물의 이러한 성질은 생명 현상에 매우 유익한 결과들을 초래한다. 물분자들의 결합력 덕분에 물은 상온에서 기체 상태가 아니라 액체와 고체 상태로도 존재할 수 있는 것이고, 더불어 물을 생명 유지의 근간으로 삼고 있는 우리 생물체들도 존재할 수 있는 것이다. 게다가 물은 비열이 높기 때문에 온도에 민감하지 않다. 즉, 항상성이 크다. 그 덕분에 대부분이 물로 채워진 생물체와 지구는 급격한 변화를 겪지 않고 항상성을 유지할 수 있다. 생물체 내에서 이루어지는 다양한 신진대사 역시 물의 강한 용해력이 없다면 불가능한 일이다.

* 비열: 물질 1그램의 온도를 1℃ 올리는 데 드는 열량과 물 1그램의 온도를 1℃ 올리는 데 드는 열량과의 비율. 물의 비열은 1cal/g℃로서, 모든 물질 가운데 가장 크다.

06 윗글의 논지에 따를 때, 〈보기〉의 견해에 대한 해석으로 가장 타당한 것은?

— 보기 —
일반적으로 물분자는 산소 원자 하나에 수소 원자 두 개가 결합되었다는 것을 의미하기 위해 'H_2O'로 나타낸다. 그러나 물을 가장 정확하게 표현할 수 있는 분자식은 '$(H_2O)n$'이라고 할 수 있다.

① 물분자들만이 지닌 용해력을 강조하기 위한 견해이다.
② 물분자의 구성 요소들을 분명히 밝히기 위한 견해이다.
③ 물분자들의 결합력이 매우 강함을 강조하기 위한 견해이다.
④ 물분자의 성질이 매우 불확실함을 강조하기 위한 견해이다.
⑤ 물분자가 형성되는 독특한 과정을 강조하기 위한 견해이다.

07 윗글의 논지 전개 과정으로 가장 적절한 것은?

① 대상의 특성 제시 → 원인 분석 → 수반되는 효과 제시
② 과제 제시 → 관련 실험의 결과들 소개 → 하나의 이론으로 종합
③ 주요 개념 제시 → 현상에 적용한 결과 설명 → 개념의 의미 구체화
④ 상반된 이론 제시 → 체험적 사례들에 적용 → 이론들의 타당성 검증
⑤ 화제와 관련된 의문점들 제시 → 전문가의 설명 소개 → 의문점 해소

08 ㉠을 설명하기 위한 보조 자료로 가장 적절한 것은?

① 전류를 흘려주면 빛을 내는 발광 다이오드
② 햇빛을 흡수하여 전기를 생산하는 태양 전지
③ 다른 극끼리 서로 당기는 성질을 지닌 막대자석
④ 운동 에너지를 전기 에너지로 바꾸어 주는 발전기
⑤ 전기가 흐르는 도체와 흐르지 않는 부도체의 중간 성질을 지닌 반도체

[09~11] 다음 글을 읽고 물음에 답하시오.

음악은 비물질성을 가지고 있다. 이러한 비물질성은 음악을 만드는 소리가 물질이 아니며 외부에 존재하는 구체적 대상도 아니라는 점에 기인한다. 소리는 물건처럼 눈에 보이는 곳에 있지 않고 냄새나 맛처럼 그 근원이 분명하게 외부에 있지도 않다. 소리는 어떤 물체의 진동 상태이고 그 진동이 공기를 통해 귀에 전달됨으로써만 성립한다. 음악의 재료인 음(音) 역시 소리이기 때문에 음악은 소리의 이러한 속성에 묶여 있다.

소리의 비물질성은 인간의 삶과 문화에 많은 영향을 남기게 된다. 악기가 발명될 무렵을 상상해 보자. 원시인은 줄을 튕기거나 서로 비빔으로써, 나뭇잎을 접어 불거나 가죽을 빈 통에 씌워 두드림으로써 소리를 만들었다. 이때 그들은 공명되어 울려 나오는 소리에 당황했을 것이다. 그 진원지에서 소리를 볼 수 없기 때문이다. 지금은 공명 장치의 울림을 음향학적으로 설명할 수 있지만, 당시에는 공명 장치 뒤에 영적인 다른 존재가 있다고 믿었을 것이다. 따라서 소리의 주술성은 소리의 진원이 감각으로 확인되지 않았기 때문에 시작된 것으로 보아야 한다. 음악 역시 주술적인 힘을 가진 것으로 믿었다. 고

대 수메르 문명에서는 ㉠ 풀피리 소리가 곡식을 자라게 하고, 북 소리가 가축을 건강하게 만든다고 믿었다. 풀피리는 풀로, 북은 동물의 가죽으로 만들어졌기 때문에 그런 힘을 가졌다고 생각한 것이다. 재료를 통한 질료적 상징이 생겨나게 된 것이다.

이러한 상상과 믿음은 발전하여 음악에 많은 상징적 흔적을 남기게 된다. 악기의 모양과 색깔, 문양뿐 아니라 시간과 공간에 이르기까지 상징적 사고가 투영되었다. 문묘와 종묘의 제사 때에 쓰이는 제례악의 연주는 악기의 위치와 방향 그리고 시간을 지키도록 규정되어 있으며, 중국이나 우리나라 전통 음악에서의 음의 이름[음명(音名)]과 체계는 음양오행의 논리적 체계와 연관되어 있다. 일반적으로 타악기는 성적 행위를 상징하는데, 이로 인해 중세의 기독교 문명권에서는 타악기의 연주가 금기시되기도 하였다.

소리와 음이 비물질적이라는 말은, 소리가 우리의 의식 안의 현상으로서만 존재한다는 뜻이기도 하다. 따라서 의식 안에만 있는 소리와 음은 현실의 굴레에서 벗어나 있다. 소리는 물질의 속박인 중력으로부터 자유로운 반면, 춤은 중력의 속박으로부터 벗어나고 싶어 한다.

춤은 음악의 가벼움을 그리워하고 음악은 춤의 구체적 형상을 그리워한다. 따라서 음악은 춤과 만남으로써 시각적 표현을 얻고 춤은 음악에 얹힘으로써 가벼움의 환상을 성취한다.

음악의 비물질성은 그 자체로서 종교적 위력을 가진 큰 힘이기도 하였다. 악기를 다루는 사람은 정치와 제사가 일치되었던 시기에 권력을 장악했을 것이다. 소리 뒤에 영혼이 있고 그 영혼의 세계는 음악가들에 의해 지배될 수 있었기 때문이다. 제정일치의 정치 구조가 분열되어 정치와 제사가 분리되고 다시 제사와 음악이 분리되는 과정을 거쳤던 고대 이집트 문명에서 우리는 이를 확인할 수 있다.

09 윗글의 내용과 일치하지 않는 것은?

① 음악의 비물질성은 그 재료의 비물질성에서 비롯된다.
② 음악의 상징성은 음악의 비물질성에 그 근원을 두고 있다.
③ 음악에 대한 고대인들의 믿음은 논리적 체계를 이루고 있었다.
④ 장르적 속성으로 보아 음악과 춤은 상보적인 관계를 이루고 있다.
⑤ 제정일치 사회에서 음악가는 영혼의 세계를 지배하는 존재로 여겨졌다.

10 윗글의 서술 전략에 해당하지 않는 것은?

① 개념의 변화 과정을 분석하여 가설을 입증한다.
② 비유적 진술과 대조를 통해 표현의 효과를 살린다.
③ 다양한 사례를 제시하여 견해의 타당성을 제고한다.
④ 핵심 개념을 설명하고 그에 근거하여 논의를 전개한다.
⑤ 상상을 통해 추정하여 내린 결론을 사례를 통해 입증한다.

11 ㉠으로 보아 '질료적 상징'에 가장 가까운 것은?

① 장례식에서는 엄숙한 곡조의 음악을 연주한다.
② 상을 당한 사람은 흰색이나 검은색의 옷을 입는다.
③ 병을 치료하기 위해 건강한 사람의 초상화를 그린다.
④ 어떤 원시 부족은 사냥을 나가기 전에 모두 모여 춤을 춘다.
⑤ 고대에는 귀한 청동으로 방울을 만들어 군장이 지니고 다녔다.

[12~13] 다음 글을 읽고 물음에 답하시오.

철학자들 중에는 쓰기와 읽기에 대하여 상당히 부정적인 생각을 가진 사람들이 많다. 이들은 책을 멸시하고 책을 통해 얻은 지혜는 현실과는 거리가 먼 가짜라고 생각하였다. 책에 대한 이러한 태도의 근원에는 플라톤이 있다. 플라톤은 글쓰기에 대한 혐오감을 누구보다 분명하게 표현한 철학자였다. 그런데 '플라톤은 글을 쓰다가 죽었다.'라는 말이 있을 정도로 그는 많은 글을 썼고, 어떤 철학자보다도 치밀하게 다듬어진 저작들을 남겼다. 그럼에도 플라톤이 글쓰기 또는 '쓰인 글'에 대해 부정적인 생각을 가지게 된 이유는 무엇일까?

플라톤은 문자가 언제나 그렇게 좋은 것만이 아님을 강조한다. 그는 살아 있는 가르침을 받고 그것을 암송하여 자기 것으로 내면화했을 때 참된 지혜에 이를 수 있다고 하였다. 그런데 문자로 기록된 것은 필요할 때 다시 들추어 볼 수 있기 때문에 굳이 애써서 암기할 필요가 없다. 그는 문자 때문에 기억은 점점 쓸모없는 것이 되고 망각과 상실이 늘어날 것을 염려한 것이다. 플라톤은 문자로 쓰인 텍스트는 '생생하고 혼이 깃든 말(진리)'의 복사에 지나지 않으며, 내면적 정신의 외화(外化)에 불과한 것으로 여겼다. 따라서 문자로 된 기록에는 정신의 특성인 내면성이 존재하지 않는다. 플라톤에게 있어 앎이란 단순한 모방이 아니라 앎의 주체와 앎의 대상이 완벽하게 하나가 되는 일, 즉 '자기 현존'에 이르는 것을 의미한다. 그러므로 문자와 문자로 쓰인 텍스트에 의존하는 것은 기억을 통한 능동적인 자기 현존을 저해하고 상실하는 결과를 가져온다는 것이다.

그러나 과연 완벽한 자기 현존이 아무런 매개 없이 이루어질 수 있는 것인가? 이러한 물음과 관련하여 "심각한 사람은 심각한 중요한 문제에 대하여 쓰지 않는다."라는 플라톤의 말을 생각해 보아야 한다. 이 말은 뒤집어 말하면 심각한 문제에 관해 쓴 글은 심각하게 생각할 필요가 없다는 것이다. 심각하고 중요한 일에 관한 것일수록 글로 남길 생각을 말 것이며, 만일 그와 같은 글을 보더라도 그렇게 심각하게 생각하지 말라는 충고로 해석할 수도 있다. 그런데 플라톤은 이러한 말을 글로 써서 남겼다. 사실 플라톤 자신이 자신의 말을 뒤집고 있는 것이다. 왜냐하면 그는 참과 거짓, 선, 정의, 죽음 등 매우 심각한 문제에 대해서, 그것도 많은 분량의 글을 써서 남겼기 때문이다. 그는 매우 심각한 사람이었고 그가 다룬 주제 역시 심각하고 중요한 것들이었다.

그렇다면 플라톤은 여기서 자기모순을 범하고 있는가? 일견 모순으로 보이지만 여기에서 우리는 철학과 텍스트 사이에 존재하는 긴장 관계를 발견할 수 있다. 철학은 언제나 텍스트를 초월해서 현실과 진리의 문제에 맞닥뜨리고자 한다. 텍스트는 현실의 총체적인 모습을 담아내지 못하며, 살아 있는 진리를 보여 주지 못하기 때문이다. 하지만 이러한 초월도 문자와 텍스트를 거쳐서 수행될 수밖에 없다. 철학과 사유는 문자와 텍스트를 통해 지탱되고 유지될 수 있는 것이다.

12 윗글을 읽고 해결할 수 없는 의문으로 옳은 것은?

① 플라톤의 '자기 현존'은 무엇을 의미하는가?
② 플라톤은 왜 글쓰기에 대해 부정적으로 생각하였는가?
③ 플라톤이 남긴 저작에 대한 당대의 평가는 어떠하였는가?
④ 쓰기와 읽기에 대한 철학자들의 부정적 태도는 어디에서 비롯되었는가?
⑤ 텍스트에 대한 플라톤의 모순되는 듯한 태도를 어떻게 해석해야 하는가?

13 텍스트에 대한 글쓴이의 견해와 가장 유사한 것은?

① 데카르트는 책을 통해 얻은 지식은 신뢰할 수 없는 것이라고 하였다.
② 후설은 문자로 적힌 것은 세상 사람들의 잡담과 같은 것이라고 하였다.
③ 장자는 진정한 도는 말이나 글로 가르칠 수 없고 몸소 익히고 깨달아야 한다고 하였다.
④ 베이컨은 책보다 오직 '자연의 빛'인 이성에 의존하여 '세계라고 하는 큰 책'을 읽을 것을 권유하였다.
⑤ 레비나스는 책은 우리에게 물음을 던지고 문제를 보게 하고 삶의 모습을 그려 보게 할 수 있다고 주장하였다.

[14~15] 다음 글을 읽고 물음에 답하시오.

역사학에 관한 크로체의 유명한 언명(言明) 중 하나는 '모든 역사는 현대사'라는 말이다. 역사학자 E. H. 카는 '역사란 역사가와 사실 사이의 상호 작용의 부단한 과정이며 과거와 현재 사이의 끊임없는 대화이다.'라고 정의한 바 있다. 그런데 이 말은 역사의 ⓐ 객관성(客觀性)에 대해 끊임없이 문제를 제기하는 한 요인이 되기도 한다. '역사는 객관적인가'라는 질문은 '역사는 과연 공정한가'라는 의문을 담고 있다. '역사는 승자의 기록'이라는 말은 바로 역사의 ⓑ 공정성(公正性)에 대한 의심에서 생겨난 말이기 때문이다.

역사가 승자의 기록이 될 수 있는 한 예가 사도세자의 경우이다. 일반인들이 지닌 사도세자에 대한 인식은 그 부인 혜경궁 홍씨가 쓴 『한중록』에 의해 생기게 되었다. 수많은 역사 소설이나 텔레비전 드라마, 영화 등이 이 책을 기본 텍스트로 삼고 있다. 그러나 『한중록』이 사도세자의 죽음을 애도하기 위해서 쓴 책이 아니라는 사실을 간파하지 못했기 때문에 모두 『한중록』의 트릭에 걸리고 말았다. 『한중록』의 주제는 간단하다. 사도세자의 죽음은 정신병자인 사도세자와 정신병자에 가까운 그 부친 영조 사이의 충돌의 결과 한 정신병자가 죽었다는 것인데, 여기서 중요한 한 세력이 빠져 있다. 그것은 바로 혜경궁 홍씨의 친정아버지 홍봉한이 이끌었던 노론이라는 세력이다.

『한중록』의 주장이 거짓이라는 사실은 사도세자의 아들인 정조가 즉위하자마자 사도세자를 죽인 주범이 홍봉한이라는 상소가 빗발쳤고 결국 홍씨의 친정은 쑥대밭이 되었던 사실에서도 알 수 있다. 이는 혜경궁 홍씨가 『한중록』을 쓴 이유를 짐작하게 해 준다. 그녀는 자신의 친정이 사도세자의 죽음과 관련이 없다는 사실을 자신의 손자인 순조에게 전하기 위해 『한중록』을 쓴 것이다. 사도세자가 죽고 정조까지 죽어 버린 상황에서 가장 오래 살아남았던 혜경궁 홍씨의 『한중록』은 승자의 기록이 되어 오늘날까지 살아남아 있다.

그러나 역사의 진실은 때로는 몇백 년, 어느 경우는 몇천 년 이후에 드러난다. 물론 '사실은 그렇지 않을 것이다.'라는 막연한 상상력만으로 진실이 드러나지는 않는다. '역사가와 사실 사이의 부단한 상호 작용'을 하기 위해서는 사료가 반드시 필요하다. 이를 위해서 영조실록, 정조실록은 물론 당시의 세자를 직접 모셨던 세자궁 관원의 수기 등 여러 사료를 참고해 새로운 역사적 해석을 할 수도 있는 것이다.

역사가 항상 승자의 기록인 것만은 아니다. 때로 역사는 현실에서는 패배했으나 추구하는 방향이 옳았던 세력의 손을 들어주기 때문에 '직필(直筆)'이란 평가를 받는다. 그러나 그것은 쉬운 일이 아니다. 현실의 권력에 맞서야 하기 때문이다. 조선 중기의 사화(士禍)를 때로는 '사화(史禍)'라고도 부르는데, 그 이유는 사관들이 많은 피해를 입었기 때문이다. 사관 김일손과 권경유가 연산 4년 무오사화 때 사형을 당한 것은 역사의 객관성을 지키는 일이 얼마나 어려운 일인가를 잘 보여 준다. 이들은 수양대군이 단종의 왕위를 빼앗고 끝내 목숨까지 빼앗은 사실을 후대에 전하려다가 사형을 당한 것이다.

이처럼 어떤 역사 기록은 객관적일 수도 그렇지 않을 수도 있다. 따라서 후자를 위한 최소한의 안전장치로 ⓒ 개연성이 필요하다. 역사는 상식의 체계이기 때문에 개연성의 틀 내에서 서술된다면 상당 부분은 객관적일 수 있다. 따라서 역사적 진실을 알기 위해서는 개연성에 의거한 객관적인 시선을 갖추고, 이를 통해 허위를 꿰뚫는 식견과 자료의 잘못을 판별할 수 있는 훈련이 필요하다.

14 『한중록』을 읽은 독자의 반응 중 글쓴이의 관점과 가장 가까운 것은?

① 승자의 기록이므로 그것을 중심으로 사료를 보완해야 해.
② 다른 기록을 참고하여 역사적 진실성을 검증하고 밝혀내야 해.
③ 과거와 현재를 연결함으로써 새로운 가치를 인정받은 기록이야.
④ 처음에는 바른 기록이 아니었지만 세월이 흘러 진실성이 입증되었어.
⑤ 승자의 기록이지만 대상에 대해 부정적이므로 역사 서술에서 배제해야 해.

15 ⓐ, ⓑ, ⓒ의 관계에 대한 설명으로 옳은 것은?

① ⓐ가 있어야 ⓑ와 ⓒ가 있을 수 있다.
② ⓑ가 있어야 ⓐ와 ⓒ가 있을 수 있다.
③ ⓒ가 있어야 ⓐ와 ⓑ가 있을 수 있다.
④ ⓐ와 ⓑ가 있어야 ⓒ가 있을 수 있다.
⑤ ⓐ와 ⓒ가 있어야 ⓑ가 있을 수 있다.

[16~17] 다음 글을 읽고 물음에 답하시오.

1920년대 세계 대공황의 발생으로 아담 스미스 중심의 ㉠ 고전학파 경제학자들의 '보이지 않는 손'에 대한 신뢰가 무너지게 되자 경제를 보는 새로운 시각이 요구되었다. 당시 고전학파 경제학자들은 국가의 개입을 철저히 배제하고 '공급이 수요를 창출한다'는 세이의 법칙을 믿고 있었다. 그러나 이러한 믿음으로는 재고가 쌓이고 실업률이 증가하는 이 경제 침체 상황을 설명할 수 없었다.

이때 새롭게 등장한 것이 케인즈의 유효 수요 이론이다. '유효 수요 이론'이란 공급이 수요를 창출하는 것이 아니라, 유효 수요, 즉 물건을 살 수 있는 확실한 구매력이 뒷받침되는 수요가 공급 및 고용을 결정한다는 이론이다. 케인즈는 세계 대공황의 원인이 이 유효 수요의 부족에 있다고 보았다. 유효 수요가 부족해지면 기업은 생산량을 줄이고, 이것은 노동자의 감원으로 이어지며, 구매력을 감소시켜 경제의 악순환을 발생시킨다는 것이다.

㉡ 케인즈는 불황을 해결하기 위해서는 가계와 기업이 소비 및 투자를 충분히 해야 한다고 주장했다. 그는 소비가 없는 생산은 공급 과다 및 실업을 일으키며 궁극적으로는 경기 침체와 공황을 가져온다고 하였다. 절약은 분명 권장되어야 할 미덕이지만 소비가 위축되어 경기 침체와 공황을 불러올 경우, 절약은 오히려 악덕이 될 수도 있다는 것이다. 또한 케인즈는 민간의 소비나 투자가 여력이 없다면 정부가 대규모 지출을 늘리는 재정 정책을 통해 유효 수요를 창출하고, 적극적으로 불황을 탈출해야 한다고 주장했다.

이러한 케인즈 이론이 수용되면서 점차 안정되어 가던 경제 상황은 1970년대 스태그플레이션의 발생으로 또 한 번의 고통을 겪게 된다. 케인즈의 이론으로는 물가와 실업률이 동시에 상승하는 이 현상을 설명할 수 없었고, 정부의 개입이 효율적인 시장의 기능을 저해한다는 주장이 다시금 등장했다. 이러한 주장은 고전학파 경제학의 명맥을 유지해 오던 ㉢ 신고전학파 경제학자들에 의해 제기되었다. 이들은 정부의 역할을 일부 인정하면서도 정부의 적극적인 개입은 반대하고 시장의 자동 조절 기능의 회복을 주장하였다.

16 윗글의 내용을 가장 잘 반영한 표제와 부제는?

① 경제 발전의 주역이 된 경제학자
 - 수요 공급 이론의 효과 및 의의
② 시장과 정부의 끝나지 않은 경쟁
 - 불황을 극복하기 위한 정부의 노력
③ 불황에 대처하는 실물 경제의 특징
 - 시민들을 위한 합리적인 소비 방법
④ 경제 상황에 따른 경제학자들의 처방
 - 사회 변화에 따른 경제학의 변천 과정
⑤ 시대를 앞서간 경제학자들의 몰락과 부활
 - 경제학사로 살펴보는 세계 근현대사

17 ㉠~㉢에 대한 설명으로 가장 적절한 것은?

① ㉠과 ㉢은 정부의 개입을 완전히 배제했다.
② ㉡과 ㉢은 동일한 경제 현상 때문에 등장했다.
③ ㉡과 달리, ㉢은 시장의 보이지 않는 조절 기능을 강조하고 있다.
④ ㉢과 달리, ㉡은 경기 침체의 원인을 공급에서 찾고 있다.
⑤ ㉠~㉢은 경제 이론들이 규칙적인 주기에 따라 순환됨을 보여 준다.

18 다음 공고문의 사례에 해당하지 <u>않는</u> 것은?

> 경찰청 사이버테러대응센터입니다.
> 경찰에서는 사회악(社會惡)인 성폭력 예방을 위하여 4월부터 인터넷(아동·청소년) 음란물에 대한 집중 단속을 실시합니다.
> 이와 관련, 국민 여러분께 음란물 집중 단속 기간 및 대상에 대하여 알려 드리고자 합니다.
> • 단속 기간: 4.1.~10.31.(7개월간)
> • 주요 단속 대상
> – 웹하드·P2P를 통한 (아동·청소년 이용) 음란물 공연 전시·상영·배포
> – SNS·모바일 기기를 이용한 (아동·청소년 이용) 음란물 공연 전시·상영·배포
> – 아동·청소년 이용 음란물을 발견하기 위한 조치 또는 발견 후 삭제·전송 방지·중단 조치를 하지 않은 온라인 서비스 제공자
> ※ 참고 사항(아청법 개정, 시행일 '13.6.19.)
> • 아동·청소년 이용 음란물의 정의: '아동·청소년(19세 미만)으로 인식될 수 있는 사람이나 표현물'이 등장하는 음란물
> → '… 명백히 인식될 수 있는 …'으로 개정, 아동 음란물의 범위 축소
> • 법정형 강화: 단순 '소지' 행위도 1년 ↓ 징역 또는 2천만원 ↓ 벌금 등
> • 처벌 대상에 아동 음란물 '제공' 행위 추가: 종래 무상 교부 행위는 '불특정·다수인'에 대한 '배포'만 처벌하였으나,
> → 개정법 적용 시 특정 1인에게 전달하는 '제공' 행위도 처벌

① 메신저로 지인 1명에게만 아동 음란물을 전송한 경우
② 아동 음란물임을 알고 있으면서도 내려받았다가 삭제한 경우
③ 아동 음란물을 배포하지는 않았지만 하드에 저장해 놓은 경우
④ 메일로 '좋은 사진'이라고 첨부된 파일을 열어 보니 아동 음란물이라 바로 삭제한 경우
⑤ 교복을 입은 성인이 아동 청소년으로 연기하였음이 명백히 드러나는 경우

[19~20] 다음 안내문을 읽고 물음에 답하시오.

> **20○○학년도 2학기 국가장학금 신청 안내**
>
> • 신청 자격: 대한민국 국적의 국내 대학생(학부)으로 2학기 등록 예정인 학생
> ※ 제외: 외국인, 대학원생, 정규 학기 8학기 초과 등록자, 2학기 부분 등록생, 직전 학기(부분 등록 포함) 취득 학점이 12학점 미만인 학생(4학년 2학기 등록자, 장애 학생 제외), 국가유공자 및 북한이탈주민장학금 수혜자
> ※ 교내 가계곤란성장학금(가계곤란장학금, 사회배려자특별장학금, 기회균형선발장학금, 학비보조장학금) 수혜 대상자는 국가장학금을 반드시 신청하시기 바랍니다.
> • 신청 기간: 20○○년 6월 4일~29일
> ※ 토, 일 공휴일 포함, 24시간 신청
> • 신청 방법 및 절차
> – 한국장학재단 홈페이지(www.kosaf.co.kr) 접속 → 회원 가입 → 국가장학금 신청하기(본인 공인인증서 필요)
> ※ 서류 제출 대상자는 한국장학재단에 관련 서류 팩스(0000-000-0000) 송부, 신청일 기준 1개월 이내 발급된 서류만 유효
> • 국가장학금 유형
> – 국가장학금 1: 소득 3분위 이하 대학생에게 소득 분위별 차등 지급
>
> | 소득 분위 | 20○○년 최대 지원 금액 | |
> |---|---|---|
> | | 1학기 | 2학기 |
> | 기초생보자 | 230만 원 | 220만 원 |
> | 1분위 | 115만 원 | 110만 원 |
> | 2분위 | 70만 원 | 65만 원 |
> | 3분위 | 45만 원 | 45만 원 |
>
> – 국가장학금 2: 소득 7분위 이하 대학생에게 소득 분위별 차등 지급(지급액 별도 공지 예정)
> • 선발 기준
> – 가구 소득 분위 7분위 이하
> ※ 소득 분위 산정 범위: 가족(본인 + 부모, 또는 배우자)의 환산 소득 합산
> ※ 합산 범위: 표준보수월액, 소득 정보, 재산 정보(부동산 등), 자동차 정보, 경제활동지수 등
> ※ 산정 절차: 건강보험공단 DB를 활용하여 재단이 소득 분위 산정
> ※ 대학은 소득 분위만 통보 받음
> – 정규 학기 8학기 이내(유급 학기 포함) 등록자로 직전 학기 12학점 이상(장애 학생, 4학년 2학기 등록생 적용 제외), 평점 평균 2.75(환산 점수 80점) 이상 취득

※ 직전 학기: 성적 산출이 가능한 학기(부분 등록 학기 성적 반영)
※ 장애 학생: 이수 학점 제한 없이 100점 만점의 70점(평점 1.88) 이상 가능
• 관련 문의처: 한국장학재단 콜센터(0000-0000)

[출처: 한국장학재단]

19 안내문을 바르게 이해한 것은?

① 국가장학금은 한국장학재단의 소득 분위 산정에 따라 차등으로 지급된다.
② 기초생보자인 백명자 씨는 20○○년 2학기에 최대 230만 원의 장학금을 받을 수 있다.
③ 4학년 2학기 등록자인 이은영 씨는 직전 학기 취득 학점이 12학점이어서 국가장학금을 신청할 수 없다.
④ 교내 가계곤란성장학금을 받고 있는 학생이 국가장학금을 신청하면 중복 수혜가 되어 교내장학금을 받을 수 없다.
⑤ 국가장학금은 외국인 학부생이더라도 정규 학기 8학기 이내, 직전 학기 12학점 이상 취득, 평점 평균 2.75 이상이면 신청이 가능하다.

20 윗글을 읽고 보일 수 있는 반응으로 적절하지 않은 것은?

① 관련 서류를 제출할 때에는 한국장학재단에 우편으로 송부하면 되겠군.
② 국가장학금을 신청하려면 일단 은행에 가서 공인인증서를 발급받아야겠군.
③ 평일뿐만 아니라 주말과 공휴일에도 24시간 신청이 가능하므로 편리하겠군.
④ 안내문을 읽고 궁금한 사항이 생기면 한국장학재단 콜센터로 전화하면 되겠군.
⑤ 국가장학금을 신청하기 전에 정규 학기, 학점, 평점 평균 등이 조건에 해당하는지 꼼꼼히 따져 봐야겠군.

제6편

국어문화

제1장 국어사와 국문학

제2장 생활국어

'KBS 한국어능력시험 기출 분석 2주 합격' 100% 활용법

'국어문화' 영역에서는 총 100문제 중 10문제가 출제돼요. 문항 수는 적지만 공부하기가 까다로운 영역입니다. 출제 범위가 방대할 뿐만 아니라, 중세·근대 국어, 국문학, 남북한 언어 등 따로 공부하지 않으면 전혀 알 수 없는 내용이 많기 때문이죠. 그렇다고 해서 전체의 10%나 되는 부분을 전부 포기하기에는 아직 이릅니다. 매회 반복적으로 나오는 유형은 확실히 익히고, 가끔씩 나오는 내용은 〈더 알아보기〉를 가볍게 읽어 보면서 익숙해지도록 노력해 보세요.

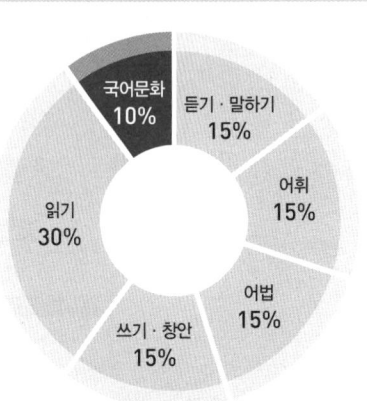

제6편 한눈에 보기

국어사와 국문학(6문제)
① 중세 국어와 근대 국어의 특징
② 현대 국어 문법의 특징
③ 중요 작가와 작품

생활국어(4문제)
① 생활국어 지식(방송 언어, 표준어와 방언, 표준 언어 예절 등)
② 남북한 언어
③ 수어와 점자

제1장 제2장

국어문화 (10문제)

출제 빈도

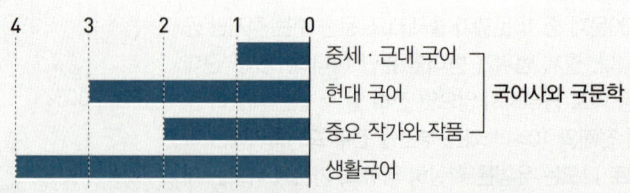

최신 기출 모아 보기

1 국어문화 영역 빈출 키워드

국어사	중세	이어적기(연철), 8종성법, 어두 자음군, 'ㆆ/ㅸ/ㅿ/ㆁ/ㆍ'의 변천, 격조사의 형태 변형, 회상 선어말 어미 '-더-'의 형태 변형(-러-/-다-/-라-)
	근대	끊어적기(분철)*, 7종성법, 'ㅿ/ㆍ/ㆁ' 소실, 이중 모음의 단모음화*, 구개음화*, 선어말 어미 '-오-', 객체 높임법 기능 소멸, 재음소화(거센소리 재분석)*, 명사형 어미 -기*, 'ㄹㄴ~ㄹㄹ'형 활용, 어두 합용 병서에 혼란*, 두음 법칙*, 과거형 어미 '-앗-/-엇-', 높임 '-옵-', 모음 조화 파괴, 주격 조사 '이/가', 호격 조사 '아', 띄어쓰기 양상*, 받침 표기의 차이*
국문학	고전	김시습*, 정극인, 윤선도*, 정약용, 김만중*, 정철, 정극인, 송순, 박인로, 안민영 등
	현대	김광균, 김기림, 김소월*, 김억, 김영랑, 김춘수, 백석, 박목월*, 윤동주*, 이육사*, 정지용, 조지훈*, 한용운, 김동리*, 김성한, 김동인, 현진건*, 김유정, 박태원, 염상섭*, 이상, 전광용, 오상원, 장용학, 임철우, 김승옥, 하근찬, 최인훈*, 조세희*, 김영하, 한강 등
	국어 이론	문학의 미적 범주(골계미, 우아미, 숭고미, 비장미), 시나리오 용어(디졸브, 몽타주, 오버랩, 인서트, 클로즈업, 팬, 페이드인, 페이드아웃, 효과음, 이중노출)
생활국어		• 방송 언어: 수치 자료를 읽는 방법, 문맥에 적절한 어휘, 차별적 용어 개선, 번역 투 순화 등 • 표준어: 가래톳, 가르마, 고샅, 고뿔*, 구린내, 꽁지, 꾸러미, 누이, 다래끼*, 달음질, 도리질, 당최, 덩굴, 됫박, 뜨락, 두드러기, 똬리, 따라지*, 마루, 만날, 마수걸이, 마실(이웃에 놀러가는 일), 매무새, 묵은지, 벌충, 부러, 뽀두라지/뽀루지, 사리, 삭신, 샌님, 우수리(잔돈), 에비, 으레, 자리끼, 주발, 짜장, 터럭, 풀무, 함지박 • 방언: 국시, 가새*(가위), 가생이(가장자리), 갈쿠리(갈고리), 꼬라지*(꼬락서니), 나락, 다디미, 머스마(사내아이), 봉다리, 아배(아비), 얼척, 인저, 정지*(부엌), 할매 • 북한어: 띄어쓰기 ×(용언 활용형-의존 명사, 본용언-보조 용언), 두음 법칙 ×, 사이시옷 ×, 자모 배열 순서

2 국어문화 문제 구성 및 기출 유형

국어문화는 총 10문제로, '국어사(중세 국어와 근대 국어의 특징)'와 '시대별 중요 작가와 작품', '남북한 언어 비교' 문제는 거의 매회 출제되고 있으며, 그중 '국어사' 문제는 주로 『심청전』, 『흥보가』 등의 고전 작품이나 『훈민정음』 등의 중세 자료, 근대 신문의 공연 광고, 논설문 등이 〈보기〉로 제시되고 이에 나타난 국어의 특징 또는 세부 내용 등을 묻는다. 이때 단어의 의미를 묻는 문제도 출제되므로, 주요 작품을 위주로 중세 국어와 근대 국어의 단어, 한자어를 학습해 두는 것이 좋다. 또 '남북한 언어' 문제는 주로 남북한의 단어나 자모 순서, 어문 규범의 차이 등을 물으므로 이에 대한 내용을 정리해 둘 필요가 있다. '방송 언어' 문제는 주로 매체의 특성을 고려하여 법령, 보도문 등을 바른 문장으로 수정하는 문제가 출제된다. '표준 언어 예절' 문제는 항상 출제되는 것은 아니나 교양 삼아 잘 정리해 두면 일상생활에도 도움이 되고 문제도 쉽게 풀 수 있다. 마지막으로 '수어'와 '점자' 문제는 기출 초기에는 각각 한 문제씩 총 두 문제가 출제되었으나 최근에는 '수어'와 '점자' 중 한 문제만 출제되기도 한다. '수어'와 '점자'는 〈보기〉에 제시된 자료를 통해 충분히 답을 찾을 수 있으므로 암기가 필요한 부분은 아니나 단어 형성 원리를 이해해 두면 더 쉽게 풀 수 있다.

제1장 국어사와 국문학

제6편 국어문화

기출 Point!
시대별 한글의 특징과 중요 작품 및 작가에 대한 국문학적 지식을 평가한다.

빈출 유형 ❶ 국어사 – 중세 국어와 근대 국어의 특징

STEP 1 | 유형 알기

제시된 자료를 보고 각 시대의 문법적 특징을 찾아낼 수 있는지 평가하는 유형

STEP 2 | 만점 포인트

기본적인 몇 개의 특징들이 돌아가면서 출제된다. 매회 1문제씩 출제되고 있으며, 주로 신문 기사나 광고가 자료로 제시된다.

STEP 3 | 예시 문제

〈보기〉의 근대 신문 광고에 대한 설명으로 적절하지 <u>않은</u> 것은?

• 보기 •

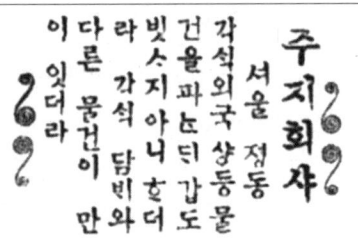

[출처: 국립중앙박물관 대한민국 신문 아카이브]

① 표기에 아래 아(ㆍ)가 사용되었음을 확인할 수 있다.
② 어두에 합용 병서가 사용되고 있음을 확인할 수 있다.
③ 이중 모음의 단모음화가 이루어지지 않은 것을 확인할 수 있다.
④ 종성의 표기가 현대 국어와 다르게 사용된 예를 확인할 수 있다.
⑤ 분철 표기와 연철 표기가 함께 이루어지고 있음을 확인할 수 있다.

[정답] ②
[해설] 어두에서 합용 병서(ㅳ, ㅄ, ㅴ 등)의 사용은 확인할 수 없다.
① '스민필지' 등에서 아래 아(ㆍ) 표기가 아직 남아 있음을 확인할 수 있다.
③ '회샤(회사), 셔울(서울)' 등에서 이중 모음의 단모음화가 이루어지지 않은 것을 확인할 수 있다.
④ '잇더라(있더라)'에서 종성의 표기가 현대 국어와 다른 것을 확인할 수 있다.
⑤ '한문으로'에서는 분철 표기를, '흐거신디(한 것인데)'에서는 연철 표기를 확인할 수 있다.

빈출 유형 ❷ 국문학 – 중요 작가와 작품

STEP 1 | 유형 알기

제시된 자료가 설명하는 문헌, 작품, 작품의 갈래, 작가 등을 알고 있는지 평가하는 유형

STEP 2 | 만점 포인트

문학 작품과 작가에 대한 지식을 묻는 유형의 문제가 주로 출제된다. 문학사적으로 의미 있는 작가의 대표 작품을 특징과 함께 정리해 둘 필요가 있다. 특히 그해에 수상을 하거나 사후 몇 주기를 맞은 작가가 있다면 꼭 기억해 두도록 하자.

STEP 3 | 예시 문제

〈보기〉는 어떤 문인에 대한 평전의 일부이다. 빈칸에 들어갈 문인으로 알맞은 것은?

• 보기 •

만주 북간도에서 태어나 15세 때부터 시를 쓰기 시작한 _____은/는 연희전문학교에 다니면서 「달을 쏘다」, 「자화상」 등을 발표하였고, 졸업하던 해에는 『하늘과 바람과 별과 시』라는 시집을 발간하려 하였으나 뜻을 이루지 못하였다. 일본 도쿄로 건너가 대학에 입학하였지만 학업 도중 귀향하려 할 때에 항일운동을 이유로 체포되어 옥사하고 말았다. 그의 시는 고통받는 조국의 현실을 안타까워하며 자신을 성찰하는 한 인간의 내면을 그린 것으로 지금까지 많은 이들에게 사랑받고 있다.

① 김소월
② 박목월
③ 윤동주
④ 조지훈
⑤ 이육사

정답 ③

해설 윤동주는 일제 강점기 현실을 아프게 생각하고 그러한 현실에서 자신이 해야 할 일에 대하여 고민한 대표적인 시인이다. 그가 청소년기에 쓴 시는 암울하면서도 유년기적 평화를 지향하는 분위기의 시가 많다. 반면, 연희전문학교 시절에 쓴 시는 철학적으로 깊이가 있는 자아성찰적인 내용과 일제 강점기 민족의 암울한 역사성을 담고 있다. 「서시」, 「자화상」, 「또 다른 고향」, 「별 헤는 밤」, 「쉽게 쓰여진 시」 등이 대표적인 그의 후기 작품이다.

① 김소월: 한국적 서정시의 정형을 확립함.
② 박목월: 향토색 짙은 산수와 서정을 민요적 가락으로 노래함.
④ 조지훈: 고전적 풍류와 선적인 정취를 전아한 가락에 담아 표현함.
⑤ 이육사: 죽음을 초월한 강인한 저항 정신을 노래함.

제1장 핵심 이론 | 국어사

제6편 국어문화

01 국어사

1 중세 국어

(1) 한글 창제 원리

① 초성 17자
- 기본자: 발음 기관의 모양을 본떠서 만든 글자
- 가획자: 기본자에 획을 더하여 만든 글자★
- 이체자: 모양을 다르게 하여 만든 글자

기본자	가획자	이체자
ㄱ	ㅋ	ㆁ(옛이응)
ㄴ	ㄷ, ㅌ	ㄹ
ㅁ	ㅂ, ㅍ	
ㅅ	ㅈ, ㅊ	ㅿ(반치음)
ㅇ	ㆆ(여린히읗), ㅎ	

② 중성 11자
- 기본자: 하늘, 땅, 사람의 모습을 본떠서 만든 글자
- 초출자: 기본자끼리 합성하여 만든 글자
- 재출자: 초출자에 '·'를 합용하여 만든 글자

구분	기본자	초출자	재출자
양성	· 하늘(天)	ㅗ(· + ㅡ) ㅏ(ㅣ + ·)	ㅛ(ㅗ + ·) ㅑ(ㅏ + ·)
음성	ㅡ 땅(地)	ㅜ(ㅡ + ·) ㅓ(· + ㅣ)	ㅠ(ㅜ + ·) ㅕ(ㅓ + ·)
중성	ㅣ 사람(人)		

(2) 문법적 특징

① 조사 결합의 환경★

구분	양성 모음 뒤	음성 모음 뒤	'ㅣ'나 반모음 /j/ 뒤	예시
보조사	ㆍ ㄴ/는	은/는		• 사ᄅᆞ문(사룸 + ㆍㄴ) • 쁘든(뜯 + 은)

목적격 조사	올/롤	을/를		• 오백올(오백 + 올) • 향유를(향유 + 를)
부사격 조사	애	에	예	• 상두산애(상두산 + 애) • 고대 법에(법 + 에) • 만 리예(리 + 예)
관형격 조사*		의		• 느미(놈 + 이) 뜯 • 거부븨(거붑 + 의) 털

*관형격 조사: 앞 체언이 식물·무생물·높임의 대상일 때는 'ㅅ'을 쓴다. 예 나랏(나라 + ㅅ)말씀

② 높임 어미 결합의 환경*

구분	어미	환경		예시
주체 높임	-시-	자음 어미 앞		가시니, 미드시니
	-샤-	모음 어미 앞		가샤, 가샴
객체 높임	-습-	어간 끝의 ㄱ, ㅂ, ㅅ, ㅎ 뒤	자음 앞	막습거늘(막- + -습- + -거늘)
	-ᄉᆞᇦ-		모음 앞	돕ᄉᆞᆸ니(돕- + -ᄉᆞᇦ- + -ᄋᆞ니)
	-즙-	어간 끝의 ㄷ, ㅌ, ㅈ, ㅊ 뒤	자음 앞	듣즙게(듣- + -즙- + -게)
	-ᄌᆞᇦ-		모음 앞	얻ᄌᆞᄫᅡ(얻- + -ᄌᆞᇦ- + -아)
	-ᅀᆞᆸ-	어간 끝의 모음, ㄴ, ㄹ, ㅁ 뒤	자음 앞	보ᅀᆞᆸ게(보- + -ᅀᆞᆸ- + -게)
	-ᅀᆞᇦ-		모음 앞	안ᅀᆞᄫᅡ(안- + -ᅀᆞᇦ- + -아)
상대 높임	-이-	평서형일 때		ᄒᆞᄂᆞ이다(ᄒᆞ- + -ᄂᆞ- + -이- + -다)
	-잇-	의문형일 때		ᄒᆞᄂᆞ니잇가(ᄒᆞ- + -ᄂᆞ- + -니- + -잇- + -가)

2 근대 국어

(1) 음운 현상

① 7종성법의 적용: 중세에는 'ㄷ'과 'ㅅ' 받침의 발음이 구별되었지만 근대에 이르러 그 구분이 불분명해지면서 주로 'ㄷ'을 'ㅅ'으로 표기하게 되었고, 결국 'ㄱ, ㄴ, ㄹ, ㅁ, ㅂ, ㅅ, ㅇ'의 7개 자음만 받침으로 사용하게 되었다.

예 몯ᄒᆞ다 > 못ᄒᆞ다, 믿고 > 밋고, 벋 > 벗(友), 뜯 > 뜻(意)

> **더 알아보기**
>
> **8종성법**
> 중세에는 종성에 'ㄱ, ㄴ, ㄷ, ㄹ, ㅁ, ㅂ, ㅅ, ㅇ'의 8개 자음만 사용하였다.
> → 'ㄷ'과 'ㅅ' 받침의 음가가 달랐기 때문에 구별하여 표기함.

② 아래 아(ㆍ)의 변화: 소릿값(음가)이 사라지면서 표기도 점차 변하였다.
- 1단계: 음가 변화. 둘째 음절 이하에서 'ㅡ, ㅗ, ㅏ'로 표기 바뀜.
  예 ᄇᆞᄅᆞᆷ > ᄇᆞ람(바람)
- 2단계: 음가 소실. 첫째 음절(어두)에서 'ㅏ'로 표기 바뀜.
  예 ᄃᆞ리 > 다리

단, 일부 표기에 아래 아(ㆍ)가 남아 있기도 하였다.*

③ **모음 조화 파괴**: 양성 모음은 양성 모음끼리, 음성 모음은 음성 모음끼리 어울려 사용하는 모음 조화가 15세기에는 엄격히 지켜졌으나 아래 아(ㆍ) 소실로 점차 파괴되었다.
　예 깡충깡충, 발가숭이, 오뚝이

④ **단모음화**: 주로 'ㅅ, ㅈ, ㅊ' 아래 'ㅑ, ㅕ, ㅛ, ㅠ' 등이 'ㅏ, ㅓ, ㅗ, ㅜ' 등으로 변하는 현상을 의미한다.
　예 샤공 > 사공, 셤 > 섬(島), 빅셩 > 백성, 쇼 > 소, 져비 > 제비 > 제비, 천지 > 천지
　단, 근대 국어의 과도기적 특성상 단모음화가 진행되기 전의 흔적이 나타나기도 한다.*
　예 책쟝수(책장수), 죠선(조선), 셔울(서울), 뎨일(제일), 더욱(더욱), 신긔한(신기한)

⑤ **구개음화**: 'ㄷ, ㅌ, ㄸ'이 모음 'ㅣ' 앞에서 'ㅈ, ㅊ, ㅉ'으로 바뀌어 발음되는 현상을 의미한다.
　예 어딜다>어질다, 고티다>고치다, -디 아니ᄒᆞ다>-지 아니ᄒᆞ다
　단, 현대와는 달리, 근대에는 한 형태소 내에서도 구개음화가 일어났으며, 표기에는 반영이 되는 경우도, 되지 않는 경우도 있었다.*
　예 뎨일(제일), 됴화(좋아)

⑥ **재음소화**: 거센소리를 예사소리와 'ㅎ'으로 쪼개어 표기하는 것을 의미한다.*
　예 깊은>깁흔, 긑은>갇흔>긋흔(7종성법)
　→ 'ㅌ(ㄷ + ㅎ), ㅍ(ㅂ + ㅎ), ㅊ(ㅈ + ㅎ), ㅋ(ㄱ + ㅎ)'을 과잉 해체

⑦ **두음 법칙**: 어두(語頭), 즉 단어의 첫머리에 특정 음운이 발음되는 것을 꺼려 다른 소리로 발음하는 현상. 근대 국어에서도 일반화되지는 않았다.

(2) 문법 요소

① **명사형 어미 '-기'의 사용 확대**: 중세에 잘 쓰이지 않았던 '-기'의 사용이 늘고, '-옴/-움'의 사용은 줄어들었다.*
　예 보기 됴ᄒᆞ니라(보기 좋으니라)

② **과거형 어미 '-앗-/-엇-'의 출현**: 중세에는 과거 시제 선어말 어미 '-았/었-'이 따로 없었고, 근대에 와서 현대와 유사한 '-앗/엇-'이 나타났다. 'ᄒᆞ다'에 결합될 때는 '-엿-'으로 바뀌어 '하엿다'가 되었다.*
　예 삼앗도다(삼았도다): 삼- + -앗- + -도- + -다

③ **'ㄹㅇ~ㄹㄹ~ㄹㄴ'형 용언 활용***: 중세 국어의 'ㄹㄴ, ㄹㅇ, ㄹㄹ'형이 점차 'ㄹㄹ~ㄹㄴ'형으로 나타났다.
　예 다ᄅᆞ다(異): 달아~달라~달나

④ **주어의 제약이 없이 쓰인 회상의 '-더-'**: 중세에는 현대와 달리 1인칭 주어에서도 사용 가능하였지만 차차 그 쓰임이 줄어들었다.
　예 내 룡담ᄒᆞ다라(ᄒᆞ- + -더- + -오- + 다)

(3) 표기 방식*

① **띄어쓰기의 시작**: 현대에 비해서는 미흡하지만 띄어쓰기를 시작하였다.*
　예 한문은 아니쓰고 다만 국문으로만 쓰는거슨 → 현대와 달리, 용언의 활용형과 체언을 붙여 씀(현대: 안∨쓰고, 쓰는∨것은).

② **분철과 연철 혼용**: 끊어적기(분철)을 주로 하고 있으나 간혹 이어적기(연철)가 보였다.*
　예 니믈(연철) / 님믈(중철)>님을(분철)

③ **(어두에서) 'ㅅ'계 합용 병서 사용***

각자 병서	같은 자음을 나란히 쓰는 것	초성: ㄲ, ㄸ, ㅃ, ㅆ, ㆀ, ㅉ, ㆅ, ㆅ
합용 병서	서로 다른 자음이나 모음을 나란히 쓰는 것	• 초성: 'ㅅ'계(ㅺ, ㅻ…), 'ㅂ'계(ㅲ, ㅄ…), 'ㅄ'계(ㅴ, ㅵ…) • 중성: ㅘ, ㅝ, ㅙ… • 종성: ㄳ, ㄺ, ㄼ…

→ 1933년, '한글 맞춤법'에서 합용 병서는 폐지되고 각자 병서(ㄲ, ㄸ, ㅃ, ㅆ, ㅉ)로 국어의 된소리 표기가 통일되었다.

> **더 알아보기**

집현전 대표 학자
- **한글 창제 찬성**: 성삼문, 박팽년, 정인지, 신숙주
- **한글 창제 반대**: 최만리, 신석조, 정찬손

02 국문학

1 중요 문헌

향가 수록	『삼국유사』, 『균여전』, 향가집 『삼대목』(현존 ×)
고려가요 수록	『악장가사』, 『악학궤범』, 『시용향악보』
조선 시조집	김천택 『청구영언』, 김수장 『해동가요』, 박효관·안민영 『가곡원류』
패관문학집	고려	이규보 『백운소설』, 이인로 『파한집』, 최자 『보한집』, 이제현 『역옹패설』
	조선	서거정 『동문선』, 성현 『용재총화』, 어숙권 『패관잡기』, 홍만종 『순오지』

2 가전체*

가전체란 사물을 역사적 인물처럼 의인화한 전기(傳記) 형식의 글이다.

공방전	돈	청강사자현부전	거북	저생전	종이
국순전·국선생전	술	죽부인전	대나무	정시자전	지팡이

3 언해

언해는 조선 시대 한문으로 적힌 문장을 한글로 직역한 것이다.

훈민정음언해	『훈민정음』 어제 서문과 예의 부분 풀이
소학언해	예의·충·효 등을 가르치기 위한 아동용 수신서 『소학』 번역
구급방(언해)	응급조치용 약방문 『구급방』 번역
노걸대언해*	중국어 학습서 『노걸대』 번역
박통사언해	중국어 학습서 『박통사』 번역
두시언해	중국 당나라 두보의 시 전편을 한글로 번역

4 조선 전기

김시습의 한문 소설집 『금오신화』는 전기 소설(초현실적)이다. 작품 중간에 한시를 삽입하여 등장인물의 심리를 효과적으로 전달하였다.

자유연애	「만복사저포기」, 「이생규장전」, 「취유부벽정기」
염라대왕과 담론	「남염부주지」
용왕과 만남	「용궁부연록」

5 조선 후기

(1) **정극인의 상춘곡 이후 가사 문학 발전**: 「선상탄」, 「누항사」, 「규원가」, 「연행가」, 「농가월령가」, 「용부가」
(2) **윤선도의 연시조**: 「만흥」, 「견회요」, 「오우가」, 「어부사시사」*
(3) **한글·한문 소설 융성**: 김만중의 『사씨남정기』, 『구운몽』, 『서포만필(수필)』 등

영웅·군담 소설*	『유충렬전』, 『조웅전』, 『소대성전』, 『임경업전』, 『박씨전』, 『임진록』
사회 소설*	『홍길동전(허균)』, 『전우치전』
가정·가문 소설*	『사씨남정기(처첩 갈등)』, 『장화홍련전(계모 학대)』
애정 소설	『숙향전』, 『숙영낭자전』, 『운영전』, 『심생전』
몽자류·몽유록계 소설	『구운몽』, 『원생몽유록』
우화 소설*	『장끼전』, 『토끼전』
세태풍자 소설	『배비장전』, 『이춘풍전』
한문 소설(박지원)	『허생전』, 『호질』, 『양반전』, 『예덕선생전』, 『광문자전』, 『민옹전』

6 민속극*

가면극	양주 별산대 놀이, 진주 오광대 놀이, 동래 야류 놀이, 봉산 탈춤
인형극	꼭두각시 놀음(박첨지 놀음, 홍동지 놀음)

7 판소리계 소설*

근원 설화	판소리	판소리계 소설	신소설
인신공희 설화, 용궁 설화, 효녀지은 설화 등	『심청가』	『심청전』	『강상련』
방이 설화, 박 타는 여인 등	『흥부가』	『흥부전』	『연의 각』
관탈민녀형 설화, 암행어사 설화, 신원 설화 등	『춘향가』	『춘향전』	『옥중화』
구토지설	『수궁가』	『별주부전』	『토의 간』

8 현대문학 ※ 작가의 활동기를 중심으로 구성함.

(1) **개화기~1910년대**: 새로운 형식에 새로운 이념(개화·계몽·자주독립의 정신)을 담았다.
  ① 신체시: 최남선 「해에게서 소년에게」 – 최초의 신체시로서 근대시 형성에 기여함.
  ② 신소설: 이인직 「혈의 누」와 「은세계」, 안국선 「금수회의록」, 이해조 「자유종」
  ③ 최초의 근대 장편 소설: 이광수 「무정」

(2) **1920년대***

갈래	작가	대표작	특징
시	김소월	「접동새」, 「진달래꽃」, 「산유화」, 「초혼」	민요조 서정시, 전원·자연에 귀착
	한용운	「님의 침묵」, 「알 수 없어요」, 「나룻배와 행인」	불교적, 의지적
소설	김동인	「배따라기」, 「감자」	과거 시제 활용, 인형조종술
	현진건	「운수 좋은 날」, 「빈처」, 「고향」	가난을 소재로 한 비판적 사실주의
	염상섭	「만세전」, 「표본실의 청개구리」	철저한 현실 인식에 바탕한 사실주의
	최서해	「홍염」, 「토혈」	신경향파

(3) **1930년대***

갈래	작가	대표작	특징
시	김영랑	「모란이 피기까지는」	시문학파. 감각적 시어
	정지용	「바다」, 「향수」	시문학파. 모더니즘, 시각적 이미지·간결한 시어·섬세한 묘사를 통한 감정의 절제
	이상	「오감도」, 「거울」	모더니즘, 실험적, 초현실주의
	서정주	「화사」, 「자화상」, 「추천사」, 「국화 옆에서」	생명파. 토속적, 성찰과 달관
	유치환	「깃발」, 「바위」, 「생명의 서」	생명파. 강인한 대결 정신과 생명 의지
	박목월*	「나그네」, 「청노루」, 「산도화」	청록파. 향토적 정서와 자연의 정서가 잘 어우러짐. 달관적 삶
	조지훈*	「승무」, 「봉황수」, 「고풍의상」	청록파. 예스럽고 고풍스러운 시어
	박두진	「향현」, 「해」, 「어서 너는 오너라」	청록파. 시대의 부정적 가치 비판, 자연 속에서 순응과 화합의 지혜 추구
	윤동주*	『하늘과 바람과 별과 시』	저항파. 식민지하 지식인의 고뇌와 성찰, 기독교적 극복
	이육사*	「절정」, 「청포도」, 「광야」, 「꽃」	저항파. 강인하고 당당한 대결 의식, 죽음을 초월한 저항 정신
소설	박태원	「천변풍경」, 「소설가 구보 씨의 일일」	서울 서민층의 삶, 의식의 흐름 기법
	채만식	「탁류」, 「태평천하」, 「치숙」	반어와 풍자
	김유정	「봄봄」, 「동백꽃」, 「소낙비」, 「산골 나그네」, 「금 따는 콩밭」, 「만무방」	간결한 문체로 일제 강점기하 농촌의 궁핍상을 해학적·향토적으로 제시
극	함세덕	「동승」, 「고목」	낭만주의에 기반한 사실주의극 집필

(4) 1940년대

갈래	작가	대표작	특징
시	백석	「국수」, 「흰 바람벽이 있어」, 「남신의주 유동 박시봉 방」, 「나와 나타샤와 흰 당나귀」	서민적, 토속적, 농촌 공동체의 정서, 현실 묘사와 체험적 서술
소설	황순원	「별」, 「목넘이 마을의 개」, 「독 짓는 늙은이」(1950), 「학」(1953), 「소나기」(1953년), 「카인의 후예」(1954)	함축적·간결한 문체를 통한 전통적 정서 표현

(5) 1950년대

갈래	작가	대표작	특징
시	김춘수	「꽃」, 「꽃을 위한 서시」	사물의 존재와 의미 추구
시	김동리	「무녀도」, 「흥남 철수」	토속적 샤머니즘, 전후 역사의식
소설	손창섭	「비 오는 날」	음울한 분위기와 사실적 기법으로 전후 불안감을 표현
소설	하근찬	「수난이대」	농민의 민족적 수난을 사실적으로 묘사

(6) 1960년대

갈래	작가	대표작	특징
시	박재삼	「울음이 타는 가을 강」, 「추억에서」	가난과 설움에서 나오는 한의 정서
시	김수영	「눈」, 「폭포」, 「풀」	4·19 이후 현실 비판과 저항 의식
소설	김승옥	「무진기행」, 「서울, 1964년 겨울」	일상적 삶 속에서의 인간 소외
소설	황석영	「삼포 가는 길」	근대화·전후의 인간성 상실
소설	김성한	「바비도」	인간의 존엄성과 정의 구현
소설	장용학	「요한시집」, 「원형의 전설」, 「비인탄생」	순수한 관념 세계, 상징과 우화, 실존주의적
소설	전광용	「사수」, 「나신」, 「꺼삐딴 리」	냉철한 시선을 통한 부조리 고발
소설	이청준	「줄」, 「매잡이」, 「빈방」, 「선학동 나그네」	전통적 장인 정신과 비극적 삶

(7) 1970~1980년대

갈래	작가	대표작	특징
시	신경림	「농무」, 「갈대」	농촌 현실 고발, 한·울분·고뇌의 정서
시	천상병	「귀천」	삶에 대한 무욕, 달관의 태도
소설	조세희	「난장이가 쏘아올린 작은 공」*	산업화로 인해 소외된 민중의 삶
소설	윤흥길	「장마」, 「아홉 켤레의 구두로 남은 사나이」	분단 문제, 산업화로 소외된 민중의 삶
소설	이문열	「우리들의 일그러진 영웅」	이데올로기 갈등 등 다양한 문학적 활동

*1988년 맞춤법 개정 이후 '난쟁이'와 '난장이' 중 '난쟁이'만 표준어로 인정하고 있다.

제1장
출제 유형 | 확인 문제

정답 및 해설 ▶ p.27

01 〈보기〉의 밑줄 친 글자에 해당하는 것은?

― 보기 ―

'훈민정음' 초성의 기본 제자 원리는 상형(象形)이라고 할 수 있다. 자음의 기본 다섯 글자는 모두 이 원리에 의해 만들어진 것이며, 여기에 소리의 세기를 표시하기 위해 획을 더하여 만든 가획자와 상형이나 가획의 원리에 의하지 않고 달리 만든 이체자를 모두 합하면 초성은 17자가 된다.

① ㄱ
② ㄴ
③ ㅍ
④ ㆆ
⑤ ㄹ

02 〈보기〉를 참고할 때, 조사를 바르게 사용하지 못한 것은?

― 보기 ―

중세의 관형격 조사에는 '이, 의, ㅅ'이 있었다. '이, 의'는 앞선 체언이 유정물일 때 쓴 것으로 '이'는 체언의 끝 모음이 양성일 때, '의'는 음성일 때 사용되었다. 앞선 체언이 무정물이거나 존칭의 유정물일 때는 'ㅅ'을 사용하였다.

① 사ᄅᆞ미(사ᄅᆞᆷ + 이)
② 부텨의(부텨 + 의)
③ 世尊ㅅ(世尊 + ㅅ)
④ 本來ㅅ(本來 + ㅅ)
⑤ 나랏(나라 + ㅅ)

03 〈보기〉를 참고할 때, 객체 높임 어미를 바르게 사용하지 못한 것은?

― 보기 ―

중세 국어에서는 문장의 객체인 목적어나 부사어를 높이기 위한 다양한 어미가 존재했다. 예를 들어, '-ᄉᆞᆸ-, -ᄌᆞᆸ-, -ᄉᆞᆸ-'은 모두 자음으로 시작하는 어미 앞에서 실현되는 것으로 어간의 끝소리 종류에 따라 구별되었다. '-ᄉᆞᆸ-'은 어간의 끝소리 'ㄱ, ㅂ, ㅅ, ㅎ' 뒤에서, '-ᄌᆞᆸ-'은 어간의 끝소리 'ㄷ, ㅌ, ㅈ, ㅊ' 뒤에서 사용되었다. '-ᄉᆞᆸ-'은 어간의 끝소리가 모음이나 'ㄴ, ㄹ, ㅁ'일 때 사용되었다. 그리고 모음으로 시작하는 어미 앞에서는 각각 '-ᄉᆞᇦ-, -ᄌᆞᇦ-, -ᄉᆞᇦ-'으로 실현되었다.

① 업ᄉᆞᆸ던(업- + -ᄉᆞᆸ- + -던)
② 듣ᄌᆞᆸ고(듣- + -ᄌᆞᆸ- + -고)
③ 보ᄉᆞᆸ게(보- + -ᄉᆞᆸ- + -게)
④ 막ᄉᆞᆸ거늘(막- + -ᄉᆞᆸ- + -거늘)
⑤ 請ᄒᆞᅀᆞᄫᅡ(請ᄒᆞ- + -ᅀᆞᇦ- + -아)

04 〈보기〉의 근대 신문 광고에 대한 설명으로 적절하지 <u>않은</u> 것은?

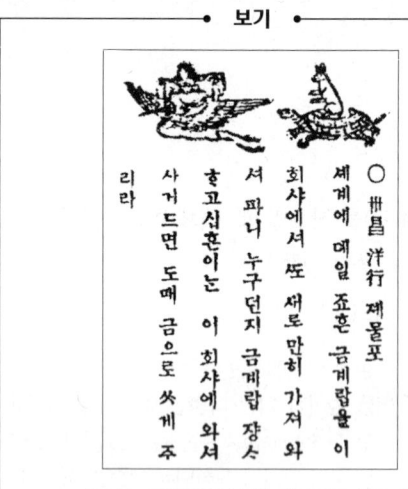

[출처: 국립중앙도서관 대한민국 신문 아카이브]

① 어두에 합용 병서가 남아 있음을 확인할 수 있다.
② 표기에 아래 아(ㆍ)가 사용되었음을 확인할 수 있다.
③ 거센소리를 재분석하여 적는 양상을 확인할 수 있다.
④ '-던지'의 사용이 현대 국어와 다름을 확인할 수 있다.
⑤ 'ㅣ' 앞의 'ㄷ'이 'ㅈ'으로 변하는 구개음화가 표기에 반영된 것을 확인할 수 있다.

05 〈보기〉의 근대 신문 광고에 대한 설명으로 적절하지 <u>않은</u> 것은?

[출처: 국립중앙도서관 대한민국 신문 아카이브]

① 구개음화가 표기에 반영되지 않았음을 확인할 수 있다.
② 현대 국어와 띄어쓰기 양상이 다른 것을 확인할 수 있다.
③ 분철 표기 방식이 일반적으로 나타났음을 확인할 수 있다.
④ 이중 모음의 단모음화가 이루어지지 않은 것을 확인할 수 있다.
⑤ 어두에 합용 병서와 각자 병서가 사용되었음을 확인할 수 있다.

06 〈보기〉의 근대 신문 광고에 대한 설명으로 적절한 것은?

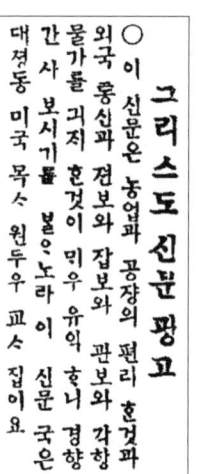

[출처: 국립중앙도서관 대한민국 신문 아카이브]

① '통신과'에서 각자 병서가 사용되고 있음을 확인할 수 있다.
② '긔지'에서 이중 모음의 단모음화가 이루어진 것을 확인할 수 있다.
③ '보시기를'에서 명사형 어미로 '-기'가 사용된 것을 확인할 수 있다.
④ '볼ㅇ노라'에서 연철과 분철의 표기 방식이 혼용되었음을 확인할 수 있다.
⑤ '흔것과'에서 종성의 표기가 현대 국어와 다르게 사용된 예를 확인할 수 있다.

07 〈보기〉의 근대 신문 광고에 대한 설명으로 적절하지 않은 것은?

[출처: 국립중앙도서관 대한민국 신문 아카이브]

① 각자 병서가 사용되고 있음을 확인할 수 있다.
② 연철과 분철의 표기 방식이 혼용되었음을 확인할 수 있다.
③ 과거형 어미 '-앗-/-엇-'이 사용되고 있음을 확인할 수 있다.
④ 이중 모음의 단모음화가 이루어지지 않은 것을 확인할 수 있다.
⑤ 종성의 표기가 현대 국어와 다르게 사용된 예를 확인할 수 있다.

08 〈보기〉가 실려 있는 문헌은?

① 용비어천가
② 석보상절
③ 월인천강지곡
④ 월인석보
⑤ 노걸대언해

09 〈보기〉에서 설명하는 작품에 해당하는 것은?

> 이 작품은 새로운 시대에는 신분적인 배경이나 권력, 경제적인 부와 같은 조건을 갖추지 않았더라도 신의 있고 인정 많고 성실한 인간이 필요하다는 것을 말하고자 하는 한문 단편 소설이다.

① 장끼전
② 홍길동전
③ 광문자전
④ 유충렬전
⑤ 사씨남정기

10 다음은 가전체 작품들을 나열한 것이다. '작가 – 작품 – 의인화한 대상'이 올바르게 연결된 것은?

① 임춘 – 공방전 – 돈
② 혜심 – 빙도자전 – 술
③ 이첨 – 저생전 – 거북
④ 식영암 – 정시자전 – 종이
⑤ 이곡 – 죽부인전 – 지팡이

11 〈보기〉는 어떤 문인에 대한 평전의 일부이다. 빈칸에 들어갈 문인으로 알맞은 것은?

> □□□의 시는 크게 세 시기로 구분된다. 첫 번째 시기에 그는 모더니즘의 영향을 받아 이미지를 중시하면서도 향토적 정서를 형상화한 순수 서정시의 가능성을 개척하였다. 특히 그는 우리말을 아름답게 가다듬은 절제된 표현을 사용하여 다른 시인들에게도 큰 영향을 끼쳤다. 지금까지도 널리 사랑을 받고 있는 「향수」가 이 시기의 대표작이다. 두 번째 시기에는 가톨릭 신앙에 바탕을 둔 여러 편의 종교적인 시들을 발표하였다. 「그의 반」, 「불사조」, 「다른 하늘」 등이 이 시기에 발표된 작품들이다. 세 번째 시기에는 전통적인 미학에 바탕을 둔 자연시들을 발표하였다. 「장수산」, 「백록담」 등이 이 시기를 대표하는 작품들로, 자연을 정교한 언어로 표현하여 한 폭의 산수화를 보는 듯한 인상을 준다고 해서 산수시(山水詩)라고 불리기도 한다.

① 김소월
② 박목월
③ 조지훈
④ 정지용
⑤ 이육사

12 〈보기〉의 빈칸에 들어갈 수 있는 작품에 해당하지 않는 것은?

— 보기 —

1960년대 이후부터는 ☐☐☐☐와/과 같이 산업화에 소외된 민중의 삶의 모습을 그려내는 작품들이 많이 발표되었다. 근대화 과정에서 소외된 농민과 도시 빈민의 비참한 생활상을 예술적으로 형상화한 작품들이 주로 창작되었다.

① 「객지」
② 「삼포 가는 길」
③ 「레디메이드 인생」
④ 「아홉 켤레 구두로 남은 사내」
⑤ 「난장이가 쏘아올린 작은 공」

13 〈보기〉에서 설명하고 있는 문인에 해당하는 사람은?

— 보기 —

신세대의 도회적 감수성을 냉정한 시선과 메마른 감성으로 표현하는 작가이다. 자살청부업자와 판타지 양식이라는 독특한 소재와 구성으로 제1회 문학동네 신인작가상을 받은 「나는 나를 파괴할 권리가 있다」(1996)와 100여 년 전 멕시코의 농장으로 팔려간 조선 최초의 멕시코 이민자들의 비극적 운명을 보여 줌으로써 2004년 동인문학상을 받은 「검은꽃」(2003)이 대표작으로 꼽힌다.

① 한강
② 강소천
③ 김영하
④ 성석제
⑤ 이순원

제6편 국어문화

제2장 생활국어

기출 Point!
방송 언어, 표준어와 방언, 남북한 언어, 국어 순화, 표준 언어 예절, 수어와 점자 등에 대한 전반적인 지식에 대해 평가한다.

빈출 유형 ❶ 생활국어 지식

STEP 1 | 유형 알기

방송 언어, 표준어와 방언, 국어 순화 및 다양한 표준 언어 예절과 관련된 지식을 묻는 유형

STEP 2 | 만점 포인트

생활국어는 난도가 높아 포기하는 사람들이 많다. 하지만 매회 고정적으로 출제되는 내용들만큼은 공부해 두는 것이 좋다. 잘못된 방송 언어를 올바르게 고칠 수 있는지, 표준어와 지역 방언을 구별할 수 있는지, 불필요한 외래어나 한자어를 적절하게 순화할 수 있는지를 묻는 문제는 빠지지 않고 나오는 부분이니 정리해 두도록 하자.

STEP 3 | 예시 문제

방송 언어에 대한 설명으로 적절하지 않은 것은?

① <u>여의사</u>의 현명한 대처가 환자들의 생명을 구하는 데 크게 이바지했다. → 성차별적 표현이다. 그냥 '의사'라고 해도 충분하다.
② 내일 날씨도 <u>오늘과 같이 포근함을 유지하겠습니다</u>. → 번역 투의 문장이다. '오늘과 마찬가지로 포근하겠습니다'라고 하는 것이 적절하다.
③ 산림청은 <u>DMZ</u> 일원의 생태계 보전을 위한 업무 협약을 육군과 체결했다. → '제트(Z)'를 '지'라고 하면 '지(G)'와 헷갈릴 수 있으므로 [디엠제트]라고 읽어야만 한다.
④ 나란히 누운 크레파스들 사이에서 <u>살색</u> 크레파스가 제일 작았다. → 특정 인종과 유사한 색을 '살색'으로 표기한 것은 인종과 피부색에 대한 차별적 인식에 따른 것이므로 '살구색'으로 바꾸어야 한다.
⑤ 오늘은 우리말 사랑을 실천하는 기업들에 대하여 <u>소개시켜</u> 드리려고 합니다. → '소개시키다'는 '소개하게 하다'의 뜻으로 '내가 누구로 하여금 누구를 누구에게 소개시키다'와 같은 문형에 쓰인다. 여기서는 '소개해'로 바꾸어 써야 한다.

[정답] ③
[해설] 'Z'의 발음이 사전에 [제트]라고 표기된 것은 맞지만, DMZ[디엠제트]는 관습을 존중하여 [디엠지]로도 읽을 수 있다. 방송 언어는 기본적인 문법과 발음을 정확히 지켜야 하지만, 관습을 존중하거나 정확성을 기하기 위해 예외적으로 허용된 부분도 있음에 유의한다. 또한 최근 들어 양성평등과 관련된 말이 종종 출제되고 있으므로 이와 관련하여 일상생활에서 쓰고 있는 성차별적 단어들을 바르게 고쳐 보는 것도 좋다.

빈출 유형 ❷   남북한 언어

STEP 1 | 유형 알기

남북한 언어의 차이를 이해하고 각각의 선지에 적용할 수 있는지를 평가하는 유형

STEP 2 | 만점 포인트

북한 국어사전을 통해 단어를 물으므로 기출 단어와 국립국어원의 남·북 언어 자료를 미리 학습해 두는 것이 좋다. 또, 어문 규정에 대한 문제는 〈보기〉를 잘 살펴본 후 선지에 그대로 적용해 보면 답을 찾는 것이 크게 어렵지 않다.

STEP 3 | 예시 문제

〈보기〉는 북한 국어사전의 내용이다. 이 뜻풀이가 설명하고 있는 것은?

― 보기 ―
무한궤도를 갖추고, 두꺼운 철판으로 장갑하고, 포와 기관총 따위로 무장한 차량을 의미한다.

① 고뿌   ② 땅크   ③ 빵크   ④ 빼랍   ⑤ 탈가

[정답] ②

[해설] '땅크'는 '탱크'의 북한어이다.
①·③·④·⑤는 각각 '컵', '펑크', '서랍', '가출'의 북한어이다. ⑤의 '탈가'는 남한에서 '일정한 조건이나 환경, 구속 따위에서 벗어나기 위하여 자기 집에서 나감.'의 의미로 쓰인다.

빈출 유형 ❸   수어와 점자

STEP 1 | 유형 알기

- **수어**: 특정 수어 이미지를 적절한 단어와 연결 지을 수 있는지를 평가하는 유형
- **점자**: 점자 표기법을 이해하고 단어에 적용할 수 있는지를 평가하는 유형

STEP 2 | 만점 포인트

- **수어**: 최근에 시험에 나온 단어들을 중심으로 수어 이미지를 확인해 두는 것이 좋다.
- **점자**: 〈보기〉에 표기법이 제시되어 있으므로, 표기 원리를 파악한 후 선지에 적용해 보면 쉽게 풀 수 있다.

STEP 3 | 예시 문제

〈보기〉를 바탕으로 할 때 점자 표기의 연결이 적절하지 <u>않은</u> 것은?

― 보기 ―

자모	ㄱ	ㄴ	ㄹ	ㅁ	ㅂ	ㅅ	ㅈ	ㅎ	ㅏ	ㅓ	ㅗ	ㅜ
초성	⠈	⠉	⠐	⠑	⠘	⠠	⠨	⠚				
중성									⠣	⠎	⠥	⠍
종성	⠁	⠒	⠂	⠢	⠃	⠄	⠅	⠴				

① 낮   ② 물   ③ 법   ④ 속   ⑤ 한

정답 ③

해설 〈보기〉에 따라 '법'을 점자 표기하면 의 형태가 된다. 자음은 초성인지 종성인지에 따라 표기법이 달라지므로 주의해야 한다.

제2장 제6편 국어문화
핵심 이론 | 빈출 표준 화법

※ 암기한 어휘는 □에 표시해 두고, 암기하지 못한 어휘를 중심으로 다시 한번 학습하세요.

1 빈출 방언과 표준어

ㄱ

- □ **가르마** 이마에서 정수리까지의 머리카락을 양쪽으로 갈랐을 때 생기는 금
- □ **가리** '가랑이', '가루', '기회'의 방언
- □ **가새** '가위'의 방언
- □ **가생이** '가장자리'의 방언
- □ **가재미** '가자미'의 방언
- □ **가찹다** '가깝다'의 방언
- □ **건저** '거의'의 방언
- □ **검부지기** '검불(가느다란 마른 나뭇가지나 풀, 낙엽 등을 통틀어 이르는 말)'의 방언
- □ **고뿔** '감기'를 일상적으로 이르는 말
- □ **고샅** 시골 마을의 좁은 골목길. 또는 골목 사이
- □ **구린내** 똥이나 방귀 냄새와 같이 고약한 냄새
- □ **국시** '국수'의 방언
- □ **기껏** 힘이나 정도가 미치는 데까지
- □ **까불리다** 재물 따위를 함부로 써 버리다
- □ **꼬라지** '꼬락서니'의 방언
- □ **꽁지** 주로 기다란 물체나 몸통의 맨 끝부분
- □ **끄름** '그을음'의 방언

ㄴ

- □ **나락** '벼'의 방언
- □ **날망** '마루(언덕 위)'의 방언
- □ **냅다** 몹시 빠르고 세찬 모양
- □ **노끈** 실, 삼, 종이 따위를 가늘게 비비거나 꼬아서 만든 끈
- □ **논도가리** '논매비(논두렁으로 둘러싸인 논의 하나하나의 구역)'의 방언

ㄷ

- □ **다디미** '다듬이(옷이나 옷감 따위를 두드리는 방망이)'의 방언
- □ **다래끼** 속눈썹 뿌리에 균이 들어가 눈시울이 발갛게 붓고 곪아서 생기는 부스럼
- □ **달음질** 급히 뛰어 달려감(= 달음박질). 뛰어 달리는 경기를 통틀어 이르는 말
- □ **당최** 아무리 해도
- □ **덩거리** '덩어리'의 방언
- □ **덩굴** 길게 뻗어 나가면서 다른 물건을 감거나 땅바닥에 퍼지는 식물의 줄기
- □ **도리질** 어린아이가 어른이 시키는 대로 머리를 좌우로 흔드는 재롱
- □ **돔배기** '(토막낸) 상어 고기'의 방언
- □ **됫박** 곡식, 가루, 액체 따위를 담아 분량을 헤아리는 데 쓰는 그릇
- □ **똥구시** '뒷간'의 방언
- □ **따라지** 보잘것없거나 하찮은 처지에 놓인 사람이나 물건을 속되게 이르는 말
- □ **뜨락** 집 안의 앞뒤나 좌우로 가까이 딸려 있는 빈터

ㅁ

- □ **마루** 등성이를 이루는 지붕이나 산의 꼭대기. 파도의 꼭대기. 일이 한창인 고비
- □ **마수걸이** 맨 처음으로 물건을 파는 일
- □ **마실** 1. 이웃에 놀러 다니는 일 2. '촌락'의 방언
- □ **만날** 매일같이 계속하여서
- □ **매무새** 옷, 머리 따위를 수습하여 입거나 손질한 모양새
- □ **맹글다** '만들다'의 방언

- **멘도롱하다** '따끈하다'의 방언
- **면구스럽다** 낯을 들고 대하기에 부끄러운 데가 있다
- **목말** 남의 어깨 위에 두 다리를 벌리고 올라타는 일
- **무등** '목말'의 방언
- **묵은지** 오랫동안 숙성되어 푹 익은 김장 김치

ㅂ

- **바우** '바위'의 방언
- **벌충** 손실이나 모자라는 것을 보태어 채움
- **벼눌** '볏가리'의 방언
- **볏가리** 벼를 베어서 가려 놓거나 볏단을 차곡차곡 쌓은 더미
- **봉다리** '봉지'의 방언
- **봉창** '주머니'의 방언
- **부러** 실없이 거짓으로
- **부침개** 기름에 부쳐서 만드는 빈대떡

ㅅ

- **삭신** 몸의 근육과 뼈마디
- **새패기** 갈대, 띠, 억새, 짚 따위의 껍질을 벗긴 줄기
- **새참** 일을 하다가 잠깐 쉬면서 먹는 음식
- **수구리다** '숙이다'의 방언
- **숫제** 처음부터 차라리

ㅇ

- **아래** '어제, 그저께, 접때'의 방언
- **어레미** 바닥의 구멍이 굵은 체
- **억새** 볏과의 여러해살이풀
- **얼척** '어처구니'의 방언
- **여시** '여우'의 방언
- **오지랖** 웃옷이나 윗도리에 입는 겉옷의 앞자락
- **우정** '일부러'의 방언
- **으레** 틀림없이 언제나
- **으악새** '억새'의 방언
- **인저** '이제'의 방언

ㅈ

- **자리끼** 밤에 자다가 마시기 위하여 잠자리의 머리맡에 준비하여 두는 물
- **정구지** '부추'의 방언
- **정지** '부엌'의 방언
- **주눅** 기운을 제대로 펴지 못하고 움츠러드는 태도나 성질
- **주발** 놋쇠로 만든 밥그릇
- **지짐이** 1. 기름에 지진 음식물을 통틀어 이르는 말
  2. '저냐(얇게 저민 고기나 생선 따위에 밀가루를 묻히고 달걀 푼 것을 씌워 기름에 지진 음식)'의 방언
- **짜장** 과연 정말로

ㅋ

- **키** 곡식 따위를 까불러 쭉정이나 티끌을 골라내는 도구

ㅍ

- **푸대** '부대(종이, 피륙, 가죽 따위로 만든 큰 자루)'의 방언
- **풀무** 불을 피울 때에 바람을 일으키는 기구
- **피창** '순대'의 방언

ㅎ

- **함지박** 통나무 속을 파서 큰 바가지같이 만든 그릇

2 방송 언어

방송 언어는 텔레비전이나 라디오 같은 방송매체를 통해 소통되는 언어이다.

(1) 기본적인 문법 사항을 잘 지켜야 한다.
예 문장 성분 간의 호응 관계, 띄어쓰기, 문맥에 맞는 어휘, 정확한 발음 등

(2) 시청자들에게 잘 전달될 수 있도록 쉬운 말을 사용해야 한다.

(3) 은어, 비속어, 외국어를 남용하지 않는다.

(4) 특정 직업이나 인종, 성별, 지역 등에 대한 차별적 언어를 쓰지 않도록 주의한다.
예 처녀 출전 → 첫 출전
여직원, 여교사 등 → 직원, 교사
벙어리장갑 → 엄지장갑

(5) 수치를 인용할 때 어림수를 써야 한다면 '-여'('그 수를 넘음'을 뜻하는 접미사)를 사용한다. 정확성을 기하거나 이해를 돕기 위하여 표기와 발음을 달리 할 수도 있다.
예 10억 6백만 원 → 10억여 원
30여 개(서른 여개) → (삼십여 개)
1만 명(일만 명) → (만 명)

(6) 군이나 경찰 등 부대의 규모는 한자식으로 읽는 것이 관례이다.
예 경찰 3개 중대[경찰 삼개 중대]

(7) 불필요한 복문이나 모호한 표현은 삼간다.
예 을지로는 더 답답함을 더합니다(불필요한 복문). → 을지로는 더 답답합니다.
1시경(모호한 표현) → 오전 1시

(8) 일반적으로 익숙한 표현을 먼저 언급하도록 한다.
예 정부는 철강 세이프가드가 세계무역기구, 즉 WTO 협정에 위반될 수 있다고 지적했다.
→ 정부는 철강 세이프가드가 WTO, 즉 세계무역기구 협정에 위반될 수 있다고 지적했다.

(9) 연령, 인종, 성별 등과 관련하여 다양한 청자를 고려해야 한다.
예 ○○○ 씨를 모시겠습니다. → ○○○ 씨를 소개하겠습니다.

(10) 구분해서 써야 하는 어휘들

어휘	뜻	예시
다가구주택	단독주택으로 3개 층 이하, 면적 660m² 이하	3층짜리 다가구주택
다세대주택	공동주택으로 4개 층 이하, 면적 660m² 이하	4층짜리 다세대주택
연립주택	공동주택으로 4개 층 이하, 면적 660m² 초과	이십사 평짜리 연립주택
비롯하다	여럿 가운데서 앞의 것을 첫째로 삼아 그것을 중심으로 다른 것도 포함하다.	• 서울을 비롯한 다른 지자체 • 이장을 비롯한 마을 사람들
포함하다	어떤 사물이나 현상 가운데 함께 들어가게 하거나 함께 넣다.	우리 가족은 나를 포함해서 모두 다섯이다.

의견	어떤 대상에 대하여 가지는 생각	• 의견 교환 • 의견 수렴
이견	어떠한 의견에 대한 다른 의견	• 이견을 조정하다. • 이견을 좁히다.
사체	사람 또는 동물 따위의 죽은 몸뚱이	고양이 사체
시신	죽은 사람의 몸을 이르는 말	아우의 시신
속속	자꾸 잇따라서	자본들이 속속 들어오고 있다.
속속들이	깊은 속까지 샅샅이	속속들이 조사하다.
신문	알고 있는 사실을 캐어물음. 법원이나 기타 국가 기관이 어떤 사건에 관하여 증인, 당사자, 피고인 등에게 말로 물어 조사하는 일	신문 수사
심문	자세히 따져서 물음. 법원이 당사자나 그 밖에 이해관계가 있는 사람에게 서면이나 구두로 개별적으로 진술할 기회를 주는 일	판사의 심문
이송	다른 데로 옮겨 보냄.	• 환자 이송 • 죄수 이송
후송	적군과 맞대고 있는 지역에서 부상자, 전리품, 포로 따위를 후방으로 보냄. 뒤에 보냄.	후송되는 병사의 수
싣다	물체나 사람 등을 옮기기 위하여 탈것, 수레, 짐승의 등 따위에 올리다. 어떤 곳에 가기 위해 탈것에 사람이 올라타다. 글, 사진 따위를 출판물에 내다.	• 차에 짐을 실어 나르다. • 가마에 몸을 싣는 순간 • 특집 기사로 싣다.
채납	의견을 받아들임. 사람을 골라서 들임.	• 기부 채납 • 직원 채납
체납	세금 따위를 기한까지 내지 못하여 밀림.	• 세금 체납 • 요금 체납
초토화*	'불에 타서 검게 그을린 땅. 불에 탄 것처럼 황폐해지고 못 쓰게 된 상태를 비유적으로 이르는 말'인 '초토(焦土)' 뒤에 '그렇게 만들거나 됨'의 뜻을 더하는 접미사 '-화(化)'가 붙어서 만들어진 단어	• 화재로 마을이 초토화되는 피해가 발생했다.
추돌	자동차나 기차 따위가 뒤에서 들이받음.	우회전하던 차가 직진하던 차를 추돌하는 사고
충돌	서로 맞부딪치거나 맞섬.	• 화물차가 버스와 충돌 • 시위대와 경찰의 충돌

＊ 초토화(焦土化): 'KBS 한국어능력시험'에서 '초토화'는 불로 인한 재해를 뜻하기 때문에 물과 관련된 피해에는 사용하지 않는 것이 적절하다고 출제된 바 있다.

3 남북한 언어

(1) 자모 순서

종류	남한	북한
자음	ㄱㄲㄴㄷㄸㄹㅁㅂㅃㅅㅆㅇㅈㅉㅊㅋㅌㅍㅎ	ㄱㄴㄷㄹㅁㅂㅅㅈㅊㅋㅌㅍㅎㄲㄸㅃㅆㅉㅇ
모음	ㅏㅐㅑㅒㅓㅔㅕㅖㅗㅘㅙㅚㅛㅜㅝㅞㅟㅠㅡㅢㅣ	ㅏㅑㅓㅕㅗㅛㅜㅠㅡㅣㅐㅒㅔㅖㅚㅟㅢㅘㅝㅙㅞ
예시	가오리, 개, 기러기, 까마귀, 오리, 토끼, 하마	가오리, 기러기, 개, 토끼, 하마, 까마귀, 오리

(2) 어법과 표기*

구분	남한	북한
공통어	표준어	문화어
두음 법칙	두음 법칙이 적용됨. 예 낙원, 내일, 양심, 여자, 연세, 유대	두음 법칙이 적용되지 않음. 예 락원, 래일, 량심, 녀자, 년세, 뉴대
사이시옷	사이시옷이 사용됨. 예 깻잎, 나뭇가지, 등굣길, 바닷가, 콧물	사이시옷이 사용되지 않음. 예 깨잎, 나무가지, 등교길, 바다가, 코물
띄어쓰기	• 본용언과 보조 용언을 띄어 쓰는 것이 원칙이며, 붙여 쓰는 것은 허용함. 예 꺼져∨간다, 꺼져간다 • 용언의 활용형과 의존 명사를 띄어 씀. 예 받았던∨것이다	• 본용언과 보조 용언을 띄어 쓰지 않음. 예 꺼져간다 • 용언의 활용형과 의존 명사를 띄어 쓰지 않음. 예 받았던것이다
문법 요소	• 전설모음 'ㅣ, ㅔ, ㅐ, ㅟ, ㅚ'와 이중 모음 'ㅢ' 뒤에서 '-어, -었-'으로 표기함. 예 기어가다, 되었다(됐다), 하시었다(하셨다), 헤엄 • '하다' 용언은 모두 '-여-'로 표기함. 예 하여, 하였다	전설모음 'ㅣ, ㅔ, ㅐ, ㅟ, ㅚ'와 이중 모음 'ㅢ' 뒤에서 '-여, -였-'으로 표기함. 예 기여가다, 되였다, 하시였다, 헤염
의문문	-까/-꼬/-쏘냐 예 할까, 할꼬, 할쏘냐	-가/-고/-소냐 (단, 발음은 된소리로 함.) 예 할가, 할고, 할소냐

(3) 문장 부호

문장 부호는 문장의 구조를 잘 드러내고 의도하는 바를 쉽게 전달하기 위해 사용하는 부호이다. 남한과 북한의 일부 문장 부호의 경우 이름이나 용법이 다른 경우가 있다.

문장 부호	남한	북한
.	마침표/온점	(끝)점
,	쉼표/반점	반점
·	가운뎃점	사용하지 않음.
:	쌍점	두점
/	빗금	빗선
' '	작은따옴표	유사한 용도로 거듭인용표(〈 〉)를 사용함.
" "	큰따옴표	유사한 용도로 인용표(《 》)를 사용함.

-	붙임표	이음표
—	줄표	풀이표
( )	소괄호	쌍괄호
{ }	중괄호	사용하지 않음. 단, 수학 기호로 사용 시 '대괄호'로 사용함.
[ ]	대괄호	꺾쇠괄호. 단, 수학 기호로 사용 시 '중괄호'로 사용함.

(4) 어휘

① 숫자 읽기

구분	남한	북한
외래어 앞	한자어로 읽음. 예 일 미터(m), 이 그램(g), 십 킬로그램(kg)	한자어보다는 고유어로 읽는 것을 더 선호함. 예 한 메터/일 메터(1m), 두 그람/이 그람(2g), 열 키로그람/십 키로그람(10kg)
숫자 '0'이 들어간 수	읽지 않음. 예 백오 호(105호), 이천이십삼년(2023년)	'공'으로 읽거나 읽지 않음. 예 백공오 호/백오 호(105호), 이천공이십삼년/이천이십삼년(2023년)

② 의미는 같고 형태는 다른 말

구분	남한	북한
같은 대상을 서로 다르게 부르는 경우	가스레인지	가스곤로
	가출	탈가
	데이트	산보
	맞벌이 가정	직장세대
	사인/서명	수표
	스마트폰	타치/지능형손전화(기)
	싸다	눅다/싸다
	(TV) 채널	통로
	태블릿(피시)	판형콤퓨터
	구설수에 오르다	말밥에 오르다
표기가 일부 다른 경우 (맞춤법, 한자어 발음, 외래어 표기법의 차이)	설거지	설겆이
	안쓰럽다	안스럽다
	약삭빠르다	약삭바르다
	올바르다	옳바르다
	우스꽝스럽다	우습강스럽다
	움큼	웅큼
	일꾼	일군
	폐(노폐물, 폐교, 폐백, 폐업, 화폐)	페(노페물, 페교, 페백, 페업, 화페)

표기가 일부 다른 경우 (맞춤법, 한자어 발음, 외래어 표기법의 차이)	발췌(拔萃)	발취(拔萃)
	췌장(膵臟)	취장(膵臟)
	퇴고(推敲)	추고(推敲)
	바이러스	비루스
	캠페인	깜빠니아
국가명	네덜란드	네데를란드/화란
	독일	독일/도이췰란드
	러시아	로씨아
	베트남	윁남
	튀르키예	토이기/뛰르끼예

③ 형태는 같고, 의미는 다른 말

표제어	남한	북한
극성스럽다	주로 부정적 의미로 사용함. 예 극성스러운 팬	긍정적 의미로도 잘 사용함. 예 극성스럽고 빠른 일솜씨
늙은이	'늙은 사람'을 낮잡아 이르는 말 예 이 늙은이가 무엇을 알겠습니까?	'늙은 사람'을 중립적으로 가리킬 때 씀. 예 늙은이들을 존경하는 것은 우리 인민의 고상한 도덕품성이다.
방조하다	주로 부정적 의미로 사용함. 예 그는 그 사건을 방조한 혐의로 수배 중이다.	긍정적 의미로도 잘 사용함. 예 항해사는 선장의 사업을 방조하며 배의 항행 보장을 맡아 수행하는 일군이다.
사변	역사적, 부정적 사건에 주로 사용함. 예 을미사변, 우리나라의 가정은 사변 때 파괴되었다.	일상적, 긍정적인 경우에도 사용함. 예 철길 개통은 커다란 사변이였다.
소행	주로 부정적인 의미로 사용함. 예 범죄자의 소행	긍정적 의미로도 잘 사용함. 예 아름다운 소행

4 국어 순화 시 유의점 ※ 순화어와 함께 공부하세요.

(1) 순화의 대상에는 불필요한 외래어나 외국어, 특히 어려운 한자어나 일본어 투 용어, 어법에 맞지 않는 말이나 방언 등이 해당된다.

(2) 가급적 우리말의 단어 형성법에 맞도록 기존 단어를 결합해야 한다.

(3) 순화어가 오히려 의미 전달에 방해가 되지는 않는지 검토해 보아야 한다.

(4) 순화어를 만들 때에는 고유어나 쉬운 한자어를 활용하는 것이 기본이지만, 필요한 경우 외래어를 다듬어 사용할 수도 있다.

(5) 일상생활에 토착화되어 익숙하게 쓰이는 한자어는 굳이 순화어로 바꿀 필요가 없다.
예 전쟁, 대통령, 반지, 학교, 태풍, 치매

(6) 특정 분야에서 쓰이는 전문어는 국어 표현을 풍부하게 하거나 경제성과 효율성을 추구하므로 일방적으로 순화하기는 어렵다.
예 패스, 메모리, 데스크, 카메라맨

더 알아보기

신어의 생성 원리

- 고유어 + 고유어 예 배바지, 불닭
- 고유어 + 한자어 예 기생충 김치[寄生蟲 + 김치]
- 한자어 + 한자어 예 생리 공결제[生理 + 公缺制]
- 한자어 + 외래어 예 육아데이[育兒 + day]
- 외래어 + 고유어 접사 예 클릭질[click + -질]
- 외래어 + 한자 예 게임방[game + 방(房)], 캥거루족[kangaroo + 족(族)]

5 표준 언어 예절*

(1) 직계 가족

	우리 가족		남의 가족	
	살아계신 경우	돌아가신 경우	살아계신 경우	돌아가신 경우
할아버지	조부, 왕부	선조고	왕대인, 왕존장	왕고장
할머니	조모, 왕모	선조모, 선왕모	왕대부인	선왕대부인
아버지	가친, 엄친, 부주	아버님, 선친, 선고, 선부군	춘부장, 춘장, 춘당, 영존	선대인, 선고장, 선장
어머니	자친, 가자, 모친	어머님, 선비	자당, 훤당, 북당, 모당, 모부인, 대부인	선대부인, 선부인
아들	가아, 가돈, 돈아		영식, 영윤, 영랑	
딸	여식		영양, 영애, 영교, 영원	

(2) 상황에 맞는 인사말*

×	○	이유
건강하세요.	건강하시길 바랍니다.	'건강하다'는 형용사이므로 명령형으로 쓸 수 없다.
(윗사람에게) 수고하셨습니다. 고생하세요.	고맙습니다. 안녕히 계십시오. 먼저 들어가 보겠습니다.	'수고하다, 애쓰다, 고생하다'는 윗사람의 노고를 평가하는 말로 비춰질 수 있으므로 에둘러 표현하는 것이 좋다.
식사하세요.	진지 드세요. 점심(저녁) 드세요.	각각의 어휘를 높여 쓰는 것이 좋다.
(전화를 끊으면서) 들어가세요.	감사합니다. 안녕히 계십시오. 이만 끊겠습니다.	윗사람에게 명령형을 사용하는 것은 예의에 어긋난다.
(절을 하면서 윗사람에게) 절 받으세요. / 앉으세요.	(말없이 그냥 절하기)	절을 하는 도중에는 말을 삼가는 것이 좋다.
(집을 나서면서) 갔다 오겠습니다.	다녀오겠습니다.	'갔다 오다'보다는 '다녀오다'가 어감이 더 적절하다.
(퇴근하시는 부모님께) 안녕히 다녀오셨습니까?	잘 다녀오셨습니까?	일상적인 외출에는 '안녕히'라는 말을 붙이지 않는다.
(오랜만에 만난 어른께) 별고 없으셨습니까?	안녕하셨습니까? 잘 지내셨습니까?	'별고'는 '특별한 사고'라는 뜻이므로 불쾌하게 느낄 수 있다.

(3) 경조사 봉투 쓰는 법

결혼	축 결혼, 축 화혼, 축 성전, 축 성혼, 하의
생신	축 ○○ 예 축 환갑, 축 수연, 축 고희
퇴임	근축, 송공
장례	부의, 근조, 추모, 추도, 애도, 위령
문병	기 쾌유, 기 완쾌

- 부조: 축하하거나 위로를 전하기 위해 내는 것
- 축의금: 경사스러운 일에 내는 돈
- 부의금: 불행한 일에 내는 돈

(4) 어림수 표현

1~2	한	5~6	대여섯, 대엿
2~3	두셋	6~7	예닐곱
2~4	두서넛	7~8	일여덟, 일고여덟
3~4	서넛	8~9	엳아홉
4~5	너덧, 네댓, 너더댓, 네다섯	10 조금 넘는 수	여남은

(5) 연령을 나타내는 한자어

나이	한자어	의미
15세	지학(志學)	공자가 열다섯에 학문에 뜻을 두었다는 데서 유래한 말
	계년(笄年)	예전에, 여성이 처음 비녀[笄]를 꽂던 평균적인 나이
16세	과년(瓜年)	결혼하기에 적당한 여성의 나이
20세	묘령(妙齡)	스무 살 안팎의 여성의 나이. 묘년(妙年)
	방년(芳年)	스무 살 안팎의 나이. 주로 여자에게 쓰는 말. 방령(芳齡)
	약관(弱冠)	스무 살 안팎의 젊은 나이. 공자가 스무 살에 관례를 했다고 한 데서 나온 말. 약년(弱年)
30세	이립(而立)	공자가 서른 살에 가정을 일으켰다[立]고 한 데서 유래한 말
40세	불혹(不惑)	공자가 마흔에 이르러 세상일에 현혹[惑]되지 아니[不]하였다는 데서 유래한 말
48세	상수(桑壽)	'상(桑)'을 '십(十) 4개'와 '팔(八) 1개'로 풀어 본 데서 나온 말
50세	지천명(知天命)	공자가 쉰 살에 하늘의 뜻[天命]을 알았다[知]고 한 데서 유래한 말. 지명(知命)
	애년(艾年)	머리털이 쑥[艾]같이 희어지는 나이
60세	이순(耳順)	공자가 예순 살에 귀[耳]로 듣고 순리[順]를 이해했다고 한 데서 유래한 말
61세	환갑(還甲) 회갑(回甲)	육십갑자의 '갑(甲)'을 기준으로 태어난 해의 간지(干支)로 돌아간다[還, 回]고 한 데서 나온 말
	화갑(華甲)	'화(華)'를 '십(十) 6개'와 '일(一) 1개'로 풀어 본 데서 나온 말
62세	진갑(進甲)	환갑의 이듬해. 즉, 새로운 갑자(甲子)로 나아간다[進]는 데서 나온 말

연령	명칭	설명
70세	종심(從心)	공자가 일흔 살이 되어 마음[心]이 원하는 대로 따라가도[從] 법도에 어긋나지 않았다고 한 데서 유래한 말
	고희(古稀) 희수(稀壽) 희년(稀年)	예로부터[古] 드문[稀] 나이[壽, 年]. 두보의 「곡강시(曲江詩)」에 나오는 '인생칠십고래희(人生七十古來稀: 사람이 태어나 70세가 되기는 예로부터 드물었다)'에서 유래한 말
77세	희수(喜壽)	'희(喜)'를 초서체로 쓰면 '七十七'를 세로로 쓴 것과 비슷한 데서 나온 말
80세	산수(傘壽)	'산(傘)'을 '팔(八)-십(十)'으로 풀어 본 데서 나온 말
81세	망구(望九)	구(九)순을 바라본다[望]는 데서 나온 말
88세	미수(米壽)	'미(米)'를 '팔(八)-십(十)-팔(八)'로 풀어 본 데서 나온 말
90세	졸수(卒壽)	'졸(卒)'의 약자를 '구(九)-십(十)'으로 풀어 본 데서 나온 말
91세	망백(望百)	백(百) 살까지 살 것을 바라본다[望]는 데서 나온 말
99세	백수(白壽)	'백(百)'에서 '일(一)'을 빼면 '백(白)'이 되는 것에서 나온 말
100세	상수(上壽)	사람의 수명을 상중하로 나누어 볼 때 최상의 수명이라는 뜻
	기이지수 (期頤之壽)	백 살의 나이. 또는 그 나이의 사람. 기이(期頤)

(6) 손가락을 가리키는 한자어

엄지손가락	집게손가락	가운뎃손가락	약손가락	새끼손가락
무지(拇指) 벽지(擘指) 대지(大指) 거지(巨指)	두지(頭指) 식지(食指) 염지(鹽指) 인지(人指)	중지(中指) 장지(長指/將指)	약지(藥指) 무명지(無名指)	소지(小指) 계지(季指)

(7) 국어사전에서 단어 찾는 방법

첫 번째 글자의 '첫 자음, 모음, 받침'을 순서대로 찾은 후, 두 번째 글자도 같은 순서대로 찾는다. 겹받침은 자음의 순서대로 찾는다. 즉, 겹받침의 앞 자음자를 순서대로 찾고, 뒤 자음자도 순서대로 찾는다.

예 '가정, 갑, 값, 강, 개, 과외, 괴물, 깡, 밝다, 밟다'의 사전 등재 순서

- 첫소리: ㄱ(①ㄲ) ㄴ ㄷ(ㄸ) ㄹ ㅁ ㅂ(ㅃ) ㅅ(ㅆ) ㅇ ㅈ(ㅉ) ㅊ ㅋ ㅌ ㅍ ㅎ

> ① 'ㄱ'과 'ㄲ' 중 'ㄱ'이 앞서므로 '가정, 갑, 값, 강, 개, 과외, 괴물'이 '깡'보다 앞에 있다.

- 가운뎃소리: ㅏ(②ㅐ) ㅑ(ㅒ) ㅓ(ㅔ) ㅕ(ㅖ) ㅗ(③ㅘ ㅙ ㅚ) ㅛ ㅜ(ㅝ ㅞ ㅟ) ㅠ ㅡ(ㅢ) ㅣ

> ② 'ㅏ'와 'ㅐ' 중 'ㅏ'가 앞서므로 '가정, 갑, 값, 강'이 '개'보다 앞에 있다.

> ③ 'ㅘ'와 'ㅚ' 중 'ㅘ'가 앞서므로 '과외'가 '괴물, 깡'보다 앞에 있다.

- 끝소리: ㄱ(ㄲㄳ) ㄴ(ㄵㄶ) ㄷ ㄹ(ㄺㄻㄼㄽㄾㄿㅀ) ㅁ ㅂ(ㅄ) ㅅ(ㅆ) ㅇ ㅈ ㅊ ㅋ ㅌ ㅍ ㅎ

　　　　　　　　　　　⑦　　　　　　　　⑤

④ 첫소리의 받침이 없는 '가정'이 '갑, 값, 강'보다 앞에 있다.

⑤ 끝소리의 앞 자음을 기준으로 받침 'ㅂ, ㅄ, ㅇ'은 'ㅂ'이 'ㅇ'보다 앞서므로 '갑, 값'이 '강'보다 앞에 있다.
⑥ 끝소리의 뒤 자음을 기준으로 뒤 자음이 없는 '갑'이 '값'보다 앞에 있다.
⑦ 또한 받침 'ㄺ, ㄼ'은 'ㄱ'이 'ㅂ'보다 앞서므로 '밝다'가 '밟다'보다 앞에 있다.

6 수어와 점자

(1) 수어

수어 문제로는 국립국어원 '한국 수어 사전'의 수형 이미지가 그대로 출제된다. 기본적인 수어 단어나 이를 조합한 수어 단어가 출제되므로 직관적으로 이해하고 풀 수 있다. 복잡한 수어를 알고 있는지가 아닌, 수어에 관심을 가지고 기본적인 수어를 이해할 수 있는지를 평가하고자 하는 것이므로, 최근까지의 시험에서 선지로 제시된 단어와 그 외 기본 단어를 위주로 '한국 수어 사전'에서 수형 이미지와 그 뜻을 연결 지어 미리 학습해 두면 좋다.

기본 수어

자다, 잠들다	일어나다, 서다, 독립	눕다, 눕히다	앉다, 지위	쉬다, 휴가	씻다, 세면, 세수
먹다, 식사	마시다	배고프다, 굶다	배부르다, 부르다	듣다, 소리, 소식, 청각	말하다, 말, 언어
크다, 꽤, 매우	작다, 약간, 적다	길다, 오래다, 오래	짧다, 가깝다	넓다, 널찍하다	좁다, 비좁다

(2) 점자

점자 문제로는 〈보기〉에 제시된 표기법을 이해한 후 선지에 적용하거나 〈보기〉의 표기 형태로 충분히 유추할 수 있는 정도의 문제가 출제되므로, 한국 점자 표기의 기본 원칙과 표기 원리를 모두 외우기보다는 한번 이해해 두면, 문제를 더 빠르고 수월하게 풀 수 있다.

① 한국 점자 표기의 기본 원칙

제1항	한국 점자는 한 칸을 구성하는 점 6개(세로 3개, 가로 2개)를 조합하여 만드는 63가지의 점형으로 만든다.
제2항	한 칸을 구성하는 점의 번호는 왼쪽 위에서 아래로 1점, 2점, 3점, 오른쪽 위에서 아래로 4점, 5점, 6점으로 한다. 참고 1 ·· 4 ← 상단 　　　 2 ·· 5 ← 중단 　　　 3 ·· 6 ← 하단
제3항	글자나 부호를 이중으로 적지 않도록 여기에서 정한 한국 점자를 표준 점자로 정한다.
제4항	한글 이외의 점자는 세계 공통으로 사용하는 점자와 일치하게 표기함을 원칙으로 한다.
제5항	한국 점자는 풀어쓰기 방식으로 적는다. 예 모아쓰기: 합, 풀어쓰기: ㅎㅏㅂ 참고 한국 점자는 풀어쓰기 방식으로 왼쪽에서 오른쪽으로 써 나가며, 음절 단위의 구별이 어려운 풀어쓰기 방식의 단점을 보완하기 위해, 한 음절의 가운데 칸인 모음을 중심으로 첫소리 글자와 받침 글자가 서로 결합할 수 있도록, 음절의 중심인 모음 표기에 상단의 점과 하단의 점, 왼쪽 열(1, 2, 3)과 오른쪽 열(4, 5, 6)의 점 중에서 한 개 이상을 반드시 포함하며, 첫소리 글자는 오른쪽 열의 점, 받침 글자는 왼쪽 열의 점 중에서 한 개 이상을 반드시 포함한다.
제6항	한국 점자는 책의 부피를 줄이고, 정확하고 빠르며, 간편하게 사용할 수 있도록 정한다.

② 자음과 모음 표기

- 자음

자음자	ㄱ	ㄴ	ㄷ	ㄹ	ㅁ	ㅂ	ㅅ	ㅇ	ㅈ	ㅊ	ㅋ	ㅌ	ㅍ	ㅎ
첫소리 글자	⠈	⠉	⠊	⠐	⠑	⠘	⠠	(　)	⠨	⠰	⠋	⠓	⠙	⠚
받침 자음	⠁	⠒	⠔	⠂	⠢	⠃	⠄	⠶	⠅	⠆	⠖	⠦	⠲	⠴

이때, 'ㅇ'이 첫소리 자리에 쓰일 때는 이를 표기하지 않으나 표기하고자 할 때는 ⠶으로 적는다.

- 모음

ㅏ	ㅑ	ㅓ	ㅕ	ㅗ	ㅛ	ㅜ	ㅠ	ㅡ	ㅣ
⠣	⠜	⠎	⠱	⠥	⠬	⠍	⠩	⠪	⠕

제2장
출제 유형 | 확인 문제

정답 및 해설 ▶ p.28

01 방송 언어에 대한 지적으로 옳지 <u>않은</u> 것은?

① 영화는 여자 주인공이 어린 나이에 <u>미망인</u>이 되면서 시작됩니다. → 성차별적 언어 표현이므로 '유가족'이라는 말로 고치는 것이 좋다.

② 특히 이 과일은 저 과일에 비해 <u>맛도</u> 영양도 훨씬 많습니다. → '맛도'에 호응하는 서술어를 넣어 '맛도 좋고 영양도 훨씬 많습니다'라고 해야 한다.

③ 생후 <u>30여 일</u> 된 딸의 허벅지 뼈를 부러뜨린 혐의로 기소된 30대 친아버지가 항소심에서 법정 구속됐습니다. → 고유어로 읽는 것이 적절하므로 [서르녀일]로 읽는다.

④ 환경부는 설 연휴 기간 오염물질 불법배출 등 환경오염행위가 <u>우려되어지는바</u> 특별감시를 한다고 밝혔습니다. → 이중 피동의 표현이므로 '우려되므로'라고 고치는 것이 적절하다.

⑤ 개를 안고 환하게 웃는 박 대표의 사진과 포클레인으로 파헤쳐진 땅에서 나오는 <u>개들의 시신</u>을 교차 편집한 영상은 사람들을 더욱 분노하게 만들었습니다. → '시신'은 사람에게 쓰는 말이므로 '개들의 사체'로 고치는 것이 적절하다.

02 뉴스 문장에 대한 지적으로 옳지 <u>않은</u> 것은?

① 경찰은 박 씨가 심야에 출입문이 <u>열려진</u> 주택만 골라서 침입해 금품을 훔쳤다고 설명했습니다. → 이중 피동의 표현이므로 '열린'으로 고쳐야 한다.

② 박 시장은 올해로 대한민국임시정부 수립 <u>100주기</u>를 맞아 다양한 사업을 추진할 것이라고 밝혔습니다. → 임시정부수립은 '100주년'이라는 말과 어울린다.

③ 어젯밤 11시 반쯤 서울-포천고속도로 신북 IC 근처에서 5톤 화물차와 승용차가 정차해 있던 택시를 잇따라 <u>추돌했습니다</u>. → 서로 맞부딪친 상황이므로 '충돌했습니다'로 바꿔야 한다.

④ 정부는 내년도 일자리 예산을 <u>맘모스급</u>으로 확대해 민간 일자리 창출을 적극 지원하겠다고 밝혔습니다. → '맘모스'는 일본식 발음을 따라 표기한 것이므로 순화어인 '매머드급'으로 대체한다.

⑤ 국제통화기금, 즉 IMF 데이비드 립튼 국제통화기금 수석부총재는 연초부터 세계 주요국들이 경기 침체로 인한 위기에 무방비 상태라고 여러 차례 경고했습니다. → 일반적으로 익숙한 표현을 먼저 언급하는 것이 이해를 도울 수 있으므로 'IMF, 즉 국제통화기금'으로 고치는 것이 좋다.

03 〈보기〉의 ㉠~㉤에 대한 설명으로 적절하지 <u>않은</u> 것은?

──● 보기 ●──
- ㉠ <u>앵간히</u> 꼬장꼬장 물으시네.
- 저기 안방에 ㉡ <u>거시기</u> 좀 있어요?
- 성게는 ㉢ <u>시방</u>이 딱 먹기 좋은 때야.
- 그 식당은 특히 정구지 ㉣ <u>지짐</u>이 맛있어.
- 나는 방금 밭에서 캔 고구마들을 ㉤ <u>푸대</u>에 넣었다.

① ㉠: '대중으로 보아 정도가 표준에 꽤 가깝게'라는 말로 표준어이다.
② ㉡: '얼른 생각나지 않거나 말하기 곤란한 사람이나 사물을 가리키는 말'로 표준어이다.
③ ㉢: '말하고 있는 바로 이때'의 의미로 표준어이다.
④ ㉣: '프라이팬에 기름을 두르고 지져 만든 음식'으로 방언이다.
⑤ ㉤: '종이, 가죽, 천 따위로 만든 큰 자루'로 방언이다.

04 〈보기〉의 ㉠~㉤에 대한 설명으로 적절하지 않은 것은?

― 보기 ―
- 소한테 먹일 ㉠ 억새 좀 베어 오너라.
- ㉡ 무등을 타고 담 너머를 살펴보았다.
- 하다가 말 것이라면 ㉢ 숫제 안 하는 것이 낫다.
- 먼 데서 ㉣ 다디미 두드리는 낭랑한 소리가 들렸다.
- 맑은 멸치 국물에 삶은 ㉤ 국시 위에 김치를 얹어서 먹었다.

① ㉠: '말려서 지붕을 이는 데나 짐승의 먹이로 쓰이는 긴 풀'로 방언이다.
② ㉡: '다른 사람의 어깨 위에 두 다리를 벌리고 올라타는 일'의 방언이다.
③ ㉢: '처음부터 차라리'라는 뜻의 표준어이다.
④ ㉣: '다듬이질을 할 감'이라는 뜻의 방언이다.
⑤ ㉤: '밀가루 따위를 반죽하여 가늘고 길게 뽑은 후 삶아서 만든 음식'이라는 뜻의 방언이다.

05 〈보기〉는 북한의 책에 실린 글이다. ㉠~㉤에 대한 이해로 적절하지 않은 것은?

― 보기 ―
남수는 선영을 ㉠ 리해해보려 했지만 결국 입을 열수가 없었다. 다만 ㉡ 해빛 때문인지 ㉢ 손등에 ㉣ 뜨거운것이 뚝뚝 떨어질뿐이였다. 이제는 기억도 희미한, ㉤ 어느날 꽃보다 곱게웃던 모습만 눈에 어른거리였다.

① ㉠: 북한에서는 남한과 달리 두음 법칙을 표기에 적용하지 않고 있다.
② ㉡: 남한에서는 북한과 달리 사이시옷을 표기한 '햇빛'이 규정에 맞다.
③ ㉢: 남한에서는 북한과 달리 '손'과 '등'을 띄어 쓰는 것이 규정에 맞다.
④ ㉣: 북한에서는 남한과 달리 형용사 '뜨거운'과 명사 '것'을 붙여 쓰고 있다.
⑤ ㉤: 북한에서는 남한과 달리 관형사 '어느'와 명사 '날'을 붙여 쓰고 있다.

06 〈보기〉는 북한의 그림책에 실린 글이다. ㉠~㉤에 대한 반응으로 적절한 것은?

― 보기 ―
난 ㉠ 락엽이 떨어지는 가을엔 밤이건 도토리건 실컷 먹어주고 몸에 피둥피둥 살을 찌우거든. 그런다음 이렇게 나무에서 쿵 ㉡ 떨어져보고는 엉치가 별로 아프지 않으면 ㉢ 동굴속에 들어가 겨우내 쿨쿨 잠을 ㉣ 잘수 있지. 이보다 더 좋은게 ㉤ 있을가?

① ㉠: 남한에서는 북한과 달리 두음 법칙을 적용하여 '낙엽'으로 쓰고 있다.
② ㉡: 북한에서는 남한과 달리 본용언과 보조 용언을 붙여 쓰지 않는다.
③ ㉢: 북한에서도 남한에서처럼 '동굴'과 '속'을 붙여 쓰는 것이 적절하다.
④ ㉣: 남한에서도 북한에서처럼 수식언 '잘'과 체언 '수'를 붙여 쓰고 있다.
⑤ ㉤: 북한에서는 남한에서처럼 의문문 종결 어미를 '-가'라고 쓰고 있다.

07 우리말의 언어 예절에 대한 설명으로 적절하지 않은 것은?

① 문상을 갔을 때는 "호상입니다."와 같은 간단한 말로 상대방을 위로하는 것이 좋다.
② 나이 차가 많이 나는 윗사람의 생신을 축하할 때 "만수무강하십시오."라고 말하는 것은 예의에 어긋난 표현이다.
③ "김 대리 거래처에 가셨습니까?"와 같이 직장에서는 서로의 직급에 관계없이 '-시-'를 넣어 존대하는 것이 바람직하다.
④ 소개를 할 때에는 자신과 가까운 사람을 상대방에게, 나이가 어린 사람을 나이가 많은 사람에게 먼저 소개하는 것이 바람직하다.
⑤ "전화 잘못 거셨습니다."는 전화도 제대로 걸지 못하였느냐는 핀잔을 주는 것으로 들릴 수 있기 때문에 "전화가 잘못 걸렸습니다."라고 하는 것이 좋다.

08 호칭어가 적절하지 <u>않은</u> 것은?

① 누나의 남편에게: 매부
② 언니의 남편에게: 형부
③ 남편의 남동생의 아내에게: 동서
④ 아내의 여동생의 남편에게: 자부
⑤ 며느리나 사위의 조부모에게: 사장어른

09 〈보기〉의 밑줄 친 부분을 표준어로 바르게 바꾼 것은?

— 보기 —
날 <u>도랑</u> 가 줍서.

① 넘어
② 데려
③ 두고
④ 업고
⑤ 잡고

10 다음은 국립국어원의 '한국 수어 사전'에 실린 자료이다. 다음의 수어가 나타내는 의미는?

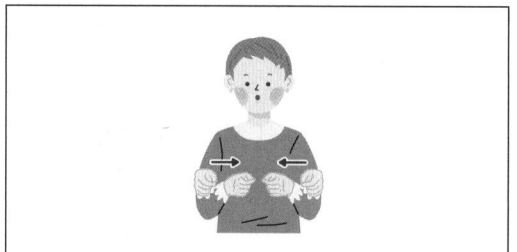

① 작다
② 크다
③ 짧다
④ 길다
⑤ 넓다

11 〈보기〉를 바탕으로 할 때 점자 표기의 연결이 적절하지 <u>않은</u> 것은?

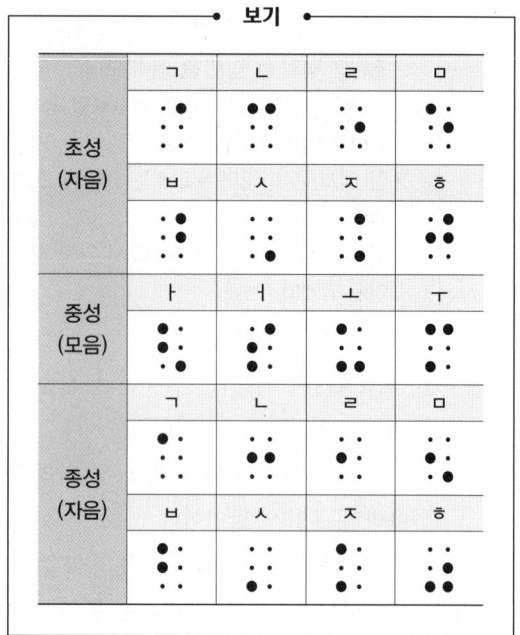

① 몸
② 산
③ 잠
④ 죽
⑤ 혹

부록

실전 모의고사

제1회 실전 모의고사

제2회 실전 모의고사

시험 응시 유의점

1 시험 준비물

(1) 신분증
   ① 시험 당일 응시자는 '시험'에서 인정하는 신분증 중 하나를 지참하여야 합니다.
   ② 신분증을 지참하지 않을 경우는 시험에 응시할 수 없으며, 미지참자가 시험 도중 적발될 경우에는 부정행위로 처리됩니다.
   ③ 학생증(대학, 대학원), 사원증, 의료보험증, 각종 자격증, 국제운전면허증은 신분증으로 인정되지 않으며, 군인의 경우 군인 규정 신분증 외에는 신분증으로 인정되지 않습니다.

(2) 필기도구
   시험에 필요한 필기도구(연필, 지우개만 가능)는 응시자가 직접 준비해야 합니다.

2 시험 기간

(1) 입실은 반드시 9:30까지 완료하여야 합니다.
(2) 실제 평가에 소요되는 시험 시간은 10:00~12:00(120분)이며, 쉬는 시간은 없습니다.

듣기 시험	10:00~10:25(25분)
읽기 시험	10:25~12:00(95분)

(3) 시험 중 응시자가 질병 또는 기타 불가피한 사정으로 시험을 끝까지 마칠 수 없을 때는 감독이 확인하여 중도 퇴실 확인서를 작성한 후 중도 퇴실할 수 있습니다.

3 성적 유효 기간

성적 조회 개시일로부터 2년간 유효합니다.

모든 준비를 마치셨나요? 그럼 지금부터 실전처럼 문제를 풀어 보세요!

성명	
수험 번호	
감독관 확인	

KBS 한국어능력시험
실전 모의고사
제1회

- 문제지와 답안지 모두 성명, 수험 번호를 정확히 기입하십시오.
- 답안지와 함께 문제지를 반드시 제출하십시오.
- 쉬는 시간 없이 120분 동안 시행됩니다.
- 본 시험의 내용을 무단으로 전재·복사·복제·출판·강의하는 행위와 인터넷 등을 통해 복원하는 행위는 저작권 법에 저촉됩니다.

KBS 한국어능력시험(100문항)

영역	문항
듣기 · 말하기	01~15
어휘	16~30
어법	31~45
쓰기	46~50
창안	51~60
읽기	61~90
국어문화	91~100

01~15 | 듣기·말하기

01 그림에 관한 설명에서 언급하지 <u>않은</u> 것은?

① 작품의 모델
② 작가의 의도
③ 작품에 대한 평가
④ 작품의 형태적 특징
⑤ 다른 작품에의 영향

02 이야기의 주제로 가장 적절한 것은?

① 불가능한 것을 무리하게 시도하지 말아야 한다.
② 한 번에 너무 많은 일을 저지르지 않도록 해야 한다.
③ 쉽지 않은 길이라도 늘 바른 길을 추구하며 살아야 한다.
④ 어떤 일을 시도하기 전부터 실패를 두려워하기보다는 일단 도전하는 자세가 중요하다.
⑤ 본인이 직접 본보기를 보일 수 없다면 상대에게도 특정한 모습을 강요하지 말아야 한다.

03 강연에 대한 이해로 가장 적절한 것은?

① 운동의 효과를 예측하며 강연을 마무리하고 있다.
② 음식을 많이 먹는 것의 위험성에 대해 알리고 있다.
③ 비만율이 증가하는 다양한 이유에 대해 설명하고 있다.
④ 비만이 발생하는 원인을 생물학적인 원리로 접근하고 있다.
⑤ 현재의 현상을 과거와 비교하며 그에 대한 장단점을 설명하고 있다.

04 방송을 듣고 이해한 내용으로 적절한 것은?

① 이 곡은 로버트 루이스 스티븐슨이 작곡했다.
② 인격이 분리된 주인공을 통해 이중인격의 위험성을 알리고자 했다.
③ 이 곡은 주인공이 연구에 성공해 기쁨에 젖어 있는 순간 등장한다.
④ 이 곡은 잔잔하게 시작해서 힘차게 마무리되어 극적이고 웅장하다.
⑤ 「지킬 앤 하이드」는 한국에서 가장 유명하고 인기 있는 뮤지컬이다.

05 시에서 묘사하고 있는 대상은?

① 비
② 봄
③ 구름
④ 가을
⑤ 단풍잎

06 전문가가 설명한 내용과 일치하지 않는 것은?

① 옥시벤존은 화학적 차단제의 대표적 성분이다.
② 백화 현상은 산호가 하얗게 변하며 죽는 현상을 말한다.
③ 옥시벤존은 자외선을 차단하는 성능이 뛰어나며 가격이 저렴하다.
④ 옥시벤존이 성장을 방해해 산호의 몸이 자라지 않아 산호가 죽게 된다.
⑤ 플로리다 남부, 버진아일랜드에서는 옥시벤존이 함유된 자외선 차단제를 바르지 못한다.

07 사회자의 말하기에 대한 설명으로 적절한 것은?

① 통계 결과를 자료로 활용하여 전문가의 설명을 돕고 있다.
② 문제의 원인을 과학적인 측면에서 접근하여 설명하고 있다.
③ 대담의 주제와 관련 없는 가벼운 질문으로 대담을 시작하고 있다.
④ 주제와 긴밀하게 연관된 질문을 던지며 대화를 이끌어 나가고 있다.
⑤ 상대방의 의견에 적극적으로 공감하며 자신의 의견을 덧붙이고 있다.

08 대화를 통해 알 수 있는 등장인물의 생각으로 가장 적절한 것은?

① 아들: 자신의 진로를 게임 분야로 진지하게 생각하고 있다.
② 아빠: 아들의 결정을 존중하여 받아들여야겠다고 생각한다.
③ 엄마: 아들이 공부하기 싫어서 반항하는 것이라고 생각한다.
④ 엄마: 아들이 검정고시를 보고 원하는 대학에 입학하기를 바란다.
⑤ 아빠: 아들의 결정을 적극적으로 도울 수 있는 구체적인 방법을 찾고 있다.

09 인물들의 말하기 방식에 대한 설명으로 적절한 것은?

① 아들: 강한 어조로 본인의 의견을 주장하고 있다.
② 아빠: 차분한 어조를 사용하며 갈등을 중재하고 있다.
③ 아빠: 상대의 고민을 경청하며 함께 공감해 주고 있다.
④ 엄마: 자신의 경험을 토대로 해결 방안을 제시하고 있다.
⑤ 엄마: 상대의 의견에 대해 긍정적인 입장임을 밝히고 있다.

10 강연의 내용과 일치하지 않는 것은?

① 쟁기바닥이란 경반층의 순우리말이다.
② 토양에는 흙 알갱이 사이사이에 미세 공간이 있다.
③ 경반층으로 인해 농작물의 수확량이 감소하고 있다.
④ 건강한 토양을 위해 농업용 중장비를 사용해서는 안 된다.
⑤ 농업용 중장비가 무거워질수록 깊은 토양층이 받는 무게도 점점 늘어난다.

11 강연자의 말하기에 대한 설명으로 가장 적절한 것은?

① 두 대상의 공통된 특징을 소개하며 주제를 강화하고 있다.
② 실제 연구 결과를 토대로, 주장하고자 하는 바를 신뢰성 있게 전달하고 있다.
③ 특정 대상에 대해 잘못 알려져 있는 정보를 바로잡으며 주제를 전달하고 있다.
④ 말하고자 하는 개념을 쉽게 접할 수 있는 유사한 상황에 대입하여 이해를 돕고 있다.
⑤ 대조되는 두 가지의 주장을 교차하여 제시한 후, 이를 결합한 새로운 주장을 설명하고 있다.

12 대화를 듣고 이해한 내용으로 가장 적절하지 않은 것은?

① 고객은 예정된 열차가 아닌 다음 열차를 기다리고 있다.
② 고객은 역무원에게 최종으로 도착해야 할 목적지를 알려 주었다.
③ 고객은 역무원에게 다음 열차에 탑승할 수 있는 좌석유용권을 받았다.
④ 역무원은 고객에게 환승하지 못한 열차의 환불 절차에 대해 설명했다.
⑤ 역무원은 고객에게 열차 지연의 이유를 설명하며 다른 대안을 제시했다.

13 고객의 불만 해소의 원인이 된 역무원의 말하기 방식으로 가장 적절한 것은?

① 고객에게 열차 지연의 과정을 구체적으로 설명하였다.
② 고객의 불안함이 해소될 때까지 반복적으로 설득하였다.
③ 고객이 원하는 바를 파악하여 적절한 대안을 마련하였다.
④ 고객의 요청 사항을 완곡하게 거절하며, 이에 대한 이해를 호소하였다.
⑤ 고객의 최종 목적지를 확인하여 기차 외의 다른 이동 수단을 권유하였다.

14 발표의 내용과 일치하는 것은?

① AI 편향성 문제에 대한 완전한 해결 방법은 없다.
② AI가 내린 결정은 모두 공정하므로 신뢰할 만하다.
③ 데이터를 많이 입력할수록 AI의 편향성은 줄어든다.
④ AI가 발전하면 발전할수록 편향성 문제는 줄어들 것이다.
⑤ 완전한 중립의 입장에서 AI 편향성 문제를 해결해야 한다.

15 발표의 내용 구성 전략으로 가장 적절한 것은?

① AI의 편향성에 대한 전문가의 견해를 인용하여 신뢰감을 준다.
② AI를 활용할 때 반드시 고려해야 할 사항을 중심으로 설명한다.
③ AI의 편향성 문제에 대한 예를 들며 바람직한 활용 방향을 제시한다.
④ AI를 다른 익숙한 대상에 비유하여 생소한 개념에 대한 이해를 돕는다.
⑤ AI에 대한 대립되는 의견을 교차해 제시하며 한쪽의 주장을 강화해 나간다.

16~30 | 어휘

16 '남에게서 비웃음이나 조롱을 받게 되다.'를 의미하는 표준어는?

① 남상대다
② 남실하다
③ 남짓하다
④ 남우세하다
⑤ 남포질하다

17 한자어의 사전적 뜻풀이로 옳지 않은 것은?

① 발부(發付): 증명서 따위를 발행하여 줌.
② 발달(發達): 신체, 정서, 지능 따위가 성장하거나 성숙함.
③ 발굴(發掘): 세상에 널리 알려지지 않거나 뛰어난 것을 찾아 밝혀냄.
④ 발의(發意): 토론회나 연구회 따위에서 어떤 주제를 맡아 조사하고 발표함.
⑤ 발효(發效): 조약, 법, 공문서 따위의 효력이 나타남. 또는 그 효력을 나타냄.

18 밑줄 친 고유어의 의미로 적절하지 않은 것은?

① 앞으로 이야기가 어떻게 진행될지 자못 흥미롭습니다.
　→ 자못: 생각보다 매우
② 우리 사이에서 무람없는 익숙한 형식의 대화였다.
　→ 무람없다: 예의를 지키지 않으며 삼가고 조심하는 것이 없다.
③ 가납사니 같은 사람과 하루 종일 있다 보면 피곤해지기 마련이다.
　→ 가납사니: 쓸데없는 말을 지껄이기 좋아하는 수다스러운 사람
④ 벌써 보릿대가 곰삭아 쓰러져 누운 보리밭도 더러 있었다.
　→ 곰삭다: 풀, 나뭇가지 따위가 썩거나 오래되어 푸슬푸슬해지다.
⑤ 꽤 무게가 나갈 듯한 상자를 거뿐하게 들어 올리는 것을 보니 힘깨나 쓰겠구나.
　→ 거뿐하다: 잘난 체하며 남을 업신여기는 데가 있다.

19 밑줄 친 한자어의 쓰임이 적절하지 않은 것은?

① 그 문제에 대한 대책을 강구(講究)하기 위해 머리를 모았다.
② 노인은 청년의 의도를 간파(看破)했지만 모르는 척 되물었다.
③ 그는 아무 감응(感應)도 없는 듯 무표정한 얼굴로 나를 바라보았다.
④ 그 현장 감독은 작업자들에게 안전사고 예방을 누누이 강변(强辯)했다.
⑤ 누군가 나를 끊임없이 주시하는 것 같은 강박(强迫)이 행동거지를 불안정하게 한다.

20 '말이나 행동이 익숙지 않아 서투르고 어설프다.'를 의미하는 '어줍다'의 용례로 가장 적절한 것은?

① 엄마는 아이를 어줍게 안았다.
② 거울 속에 비친 나의 모습이 어줍다.
③ 추운 날씨 때문에 입이 얼어 발음이 어줍다.
④ 그녀는 어줍은 듯 손수건으로 이마를 닦는다.
⑤ 떨리는 손에 수저질이 어줍어서 국 국물이 줄줄 흘렀다.

21 〈보기〉의 ㉠~㉢에 해당하는 한자로 올바르게 묶인 것은?

― 보기 ―

• 정당은 국가의 중요한 정책 결정과 ㉠ 수행을 보조할 수 있어야 한다.
• 그가 어린 여자들을 상대로 저지른 ㉡ 수행에 사람들은 분노를 금치 못했다.
• 행역에 겹쳐 심려 또한 적지 않은 터에 ㉢ 수행들이 또한 성가시게 굴면 우직스럽단 핀잔만 듣게 될 것이다.

	㉠	㉡	㉢
①	遂行	獸行	隨行
②	壽行	手行	粹行
③	遂行	手行	粹行
④	遂行	隨行	粹行
⑤	壽行	遂行	獸行

22 〈보기〉의 빈칸에 공통으로 들어갈 단어의 기본형으로 가장 적절한 것은?

──────── • 보기 • ────────
- 마음이 (   ).
- 작품에 제목을 (   ).
- 생선을 저울에 (   ).

① 달다
② 뜨다
③ 쓰다
④ 세다
⑤ 올리다

23 밑줄 친 단어의 쓰임이 적절하지 않은 것은?

① <u>벼리</u>를 당기는 일만 남았다.
② 지우는 언니에게 종종 <u>몽니</u>를 부린다.
③ 그 가게에는 <u>여남은</u> 살쯤 되어 보이는 아이가 있었다.
④ 오랜만에 사람들 앞에 서려니 떨리지만 <u>열없어서</u> 괜찮다.
⑤ <u>달포</u> 전에 보았을 때보다 아들의 얼굴은 많이 상해 있었다.

24 다음 중 한자어와 고유어의 대응이 적절하지 않은 것은?

① 이는 결코 <u>허언(虛言)</u>[거짓말]이 아니었다.
② 학교 교육이 서구식으로 <u>변환(變換)</u>하였다[바뀌었다].
③ 그 집은 <u>고부(姑婦)</u>[시어머니와 며느리] 사이가 워낙 좋다.
④ 그녀는 과도한 피아노 연습으로 <u>수지(手指)</u>[손가락]가 상했다.
⑤ 그 아이는 어려서부터 <u>영특(英特)</u>해[정갈해] 주목을 받아왔다.

25 〈보기〉의 ㉠과 같은 의미의 '오르다'가 사용된 것은?

──────── • 보기 • ────────
사립 학교들의 평균 등록금이 매년 ㉠ <u>오르고</u> 있다.

① 인기가 <u>오르니까</u> 사람이 달라졌다.
② 얼굴에 살이 <u>오르니</u> 귀여워 보였다.
③ 사업이 비로소 정상 궤도에 <u>올랐다</u>.
④ 기차에 <u>오른</u> 것은 한밤중이 되어서였다.
⑤ 방 안의 온도가 갑자기 <u>올라</u> 창문을 열었다.

26 속담을 사용한 표현이 적절하지 않은 것은?

① 아니 이게 웬 여름 하늘에 소낙비란 말이냐?
② 상대 팀의 사기는 마치 하늘을 쓰고 도리질하는 듯했다.
③ 네가 그 일을 성공하면 내가 손가락에 불을 지르고 하늘에 오를게.
④ 그 시절 장군의 권력은 하늘로 호랑이를 잡는 것처럼 무시무시했다.
⑤ 네가 아무리 그분을 이기려고 용을 써 봤자 하늘 보고 주먹질하기밖에 안 돼.

27 다음 중 '중국의 황허강(黃河江)이 늘 흐려서 맑을 때가 없다는 뜻으로, 아무리 오랜 시일이 지나도 어떤 일이 이루어지기 어려움.'을 이르는 한자성어는?

① 백가쟁명(百家爭鳴)
② 백고불마(百古不磨)
③ 백년하청(百年河淸)
④ 백면서생(白面書生)
⑤ 백척간두(百尺竿頭)

28 다음 관용 표현의 의미가 적절하지 않은 것은?

① 워낙 귀가 질긴 친구라 알아듣지 못할 거다.
  → 귀가 질기다: 둔하여 남의 말을 잘 이해하지 못하다.
② 내 말을 그렇게 안 듣더니 볼꼴 좋게 딱지를 맞았구나.
  → 볼꼴 좋다: (놀림조로) 꼴이 보기에 흉하다.
③ 죽을 쑤었으면 좀 느루 가겠지만 우리는 더럽게 그런 짓은 안 한다.
  → 느루 가다: 양식이 일정한 예정보다 더 오래가다.
④ 구차한 살림을 해 가면서도 시색 좋은 친정에 한 번 구구한 말을 비친 일도 없었다.
  → 시색 좋다: 자기보다 잘되거나 나은 사람을 공연히 미워하고 싫어하다.
⑤ 두 번 다시 이런 일이 안 생기도록 경종을 울리는 뜻에서라도 꼭 밝혀 두어야 합니다.
  → 경종을 울리다: 잘못이나 위험을 미리 경계하여 주의를 환기시키다.

29 밑줄 친 부분을 쉬운 말로 표현한 것으로 적절하지 않은 것은?

① 바야흐로 새로운 국제화 시대가 도래(到來)한 것이다.
  → 다가온
② 이장은 동네 사람들에게 그 일을 널리 고지(告知)하였다.
  → 강조하였다
③ 어머니는 길 떠나는 아들에게 몸조심하도록 재삼(再三) 당부했다.
  → 거듭
④ 그 업체에서 하는 말은 믿지 마세요. 얄팍한 사술(詐術)일 뿐입니다.
  → 속임수
⑤ 무슨 일이든 사고를 미연(未然)에 방지하려면 대비를 철저히 해야 한다.
  → 미리

30 밑줄 친 표현을 순화한 말로 적절하지 <u>않은</u> 것은?

① 그 누리집은 들어갈 때마다 <u>팝업 창</u>(→ 알림 창)이 어지럽게 뜹니다.
② 이 학원은 <u>셔틀 버스</u>(→ 순환 버스)가 잘 되어 있어서 다니기 편합니다.
③ 이 가전제품을 사시면 <u>페이백</u>(→ 보상 환급) 혜택을 받으실 수 있습니다.
④ 홍보에 들인 노력이 무색할 정도로 그 영화의 <u>박스 오피스</u>(→ 흥행 수익)는 좋지 않았다.
⑤ 학생의 교육 만족도를 높이기 위해 각 분야의 의견을 종합해 학습 <u>가이드라인</u>(→ 한계선)을 설정하였다.

31~45 | 어법

31 다음 중 표준어가 <u>아닌</u> 것은?

① 수퀑
② 수탉
③ 수퇘지
④ 수캉아지
⑤ 수평아리

32 두음 법칙과 관련하여 한자음의 표기가 옳지 <u>않은</u> 것은?

① 낭낭(朗朗)하다
② 인린(燐燐)하다
③ 역력(歷歷)하다
④ 늠름(凜凜)하다
⑤ 연연불망(戀戀不忘)

33 다음 중 표기가 올바르지 <u>않은</u> 것은?

① 널따랗다
② 말끔하다
③ 말쑥하다
④ 짤막하다
⑤ 할짝거리다

34 밑줄 친 부분을 반드시 띄어 써야 올바른 것은?

① 사과가 맛있어 보여서 먹어∨보았다.
② 얼마나 센지 네가 한번 덤벼들어∨보아라.
③ 밖에 누가 있나 궁금해서 문을 열어∨보았다.
④ 이런 일을 당해∨보지 않은 사람은 내 심정을 모른다.
⑤ 마구 때리고∨보니 아무리 악인이지만 너무했다는 생각이 들었다.

35 〈보기〉의 뜻풀이를 고려했을 때, ㉠~㉤의 활용형으로 올바르지 않은 것은?

― 보기 ―

㉠ 어질다: 마음이 너그럽고 착하며 슬기롭고 덕이 높다.
㉡ 푸다: 속에 들어 있는 액체, 가루, 낱알 따위를 떠내다.
㉢ 걷다: 다리를 움직여 바닥에서 발을 번갈아 떼어 옮기다.
㉣ 긋다: 어떤 일정한 부분을 강조하거나 나타내기 위하여 금이나 줄을 그리다.
㉤ 벼르다: 어떤 일을 이루려고 마음속으로 준비를 단단히 하고 기회를 엿보다.

① ㉠: 어지니
② ㉡: 퍼
③ ㉢: 걸으니
④ ㉣: 그니
⑤ ㉤: 별러

36 다음 중 문장 부호 '괄호'의 사용이 적절하지 않은 것은?

① 나이[年歲], 낱말[單語], 손발[手足]
② 아이들이 모두 학교{에, 로, 까지} 갔어요.
③ 니체(독일의 철학자)의 말을 빌리면 다음과 같다.
④ 이번 회의에는 두 명{이혜정(실장), 박철용(과장)}만 빼고 모두 참석했습니다.
⑤ 학교에서 동료 교사를 부를 때는 이름 뒤에 '선생(님)'이라는 말을 덧붙인다.

37 〈보기〉의 표준어 규정과 관련된 음운 현상은?

보기

표준어 규정 제17항

굳이듣다[고지듣따]   땀받이[땀바지]   밭이[바치]
벼훑이[벼훌치]   굳히다[구치다]   묻히다[무치다]

---

① 경음화
② 구개음화
③ 자음동화
④ 모음조화
⑤ 'ㅣ' 모음순행동화

38 〈보기〉의 ㉠~㉤에 대한 설명으로 적절한 것은?

보기

- 그는 나를 보고 고개를 푹 ㉠ 수그렸다.
- ㉡ 마수걸이로는 제법 짭짤한 소득을 얻었다.
- 그녀는 ㉢ 짜장 사실인 것처럼 이야기를 한다.
- 밭에서 거둔 채소를 ㉣ 부대에 넣어 가지고 돌아왔다.
- 힘들게 모은 재물을 밤새 노름판에서 다 ㉤ 까불리곤 했다.

---

① ㉠: '깊이 숙이다.'라는 의미를 지닌 말로 방언이다.
② ㉡: '맨 처음으로 물건을 파는 일'이라는 의미를 지닌 말로 방언이다.
③ ㉢: '과연 정말로'라는 의미를 지닌 말로 방언이다.
④ ㉣: '종이, 피륙, 가죽 따위로 만든 큰 자루'라는 의미를 지닌 말로 표준어이다.
⑤ ㉤: '재물 따위를 함부로 써 버리다.'라는 의미를 지닌 말로 방언이다.

39 표준 발음을 기준으로 할 때, 된소리되기 현상이 일어나는 것은?

① 앓게
② 앓는
③ 앓다
④ 앓소
⑤ 앓은

40 다음 중 외래어 표기가 올바른 것은?

① 라이센스(license)
② 팸플릿(pamphlet)
③ 넌센스(nonsense)
④ 카스테라(castella)
⑤ 엔돌핀(endorphin)

41 다음 드라마 제목을 국어의 로마자 표기법에 따라 적은 것으로 올바르지 않은 것은?

① 어사와 조이: Eosawa Joi
② 사내 맞선: Sanae Masseon
③ 황금 가면: Hwanggeum Gamyeon
④ 기상청 사람들: Gisangcheong Saramdeul
⑤ 옷소매 붉은 끝동: Otsomae Bulgeun Kkeutdong

42 ㉠~㉤ 중 자연스럽지 않은 문장은?

> 보기
>
> 원시 시대 사람들은 자신이 속한 공동체 안에서 평등하게 생활하였다. ㉠ 비록 성별에 따른 남녀 간의 분화와 연령에 따른 계층 간의 분화는 있었지만, 계급에 따른 지배와 피지배라는 불평등 관계는 존재하지 않았다. ㉡ 그들은 자신과 자신이 속한 집단을 운명 공동체로 인식하였다. ㉢ 그래서 자기가 속한 공동체 구성원 가운데 한 사람이라도 외부인에 의해 사망이나 부상을 당하면, 그 사람을 대신하여 보복을 해야 했다. ㉣ 원시 시대 사람들의 이 같은 집단성은 어디에서 연유하는 것일까? ㉤ 원시 시대 사람들이 속해 있는 공동체는 주로 동일한 혈연을 매개로 구성되었다. 따라서 이들은 공동의 조상신을 숭배하며 일체감을 형성하였던 것이다.

① ㉠
② ㉡
③ ㉢
④ ㉣
⑤ ㉤

43 밑줄 친 대상을 높이기 위해 사용한 방법에 대한 설명으로 적절하지 않은 것은?

① 형님, 오랜만입니다. 누님께서도 잘 계시지요?
→ '께서'라는 주격 조사와 '계시다'라는 특수 어휘, '-어요'라는 종결 어미를 사용하였다.

② 선생님, 잘 지내셨지요? 그동안 얼마나 뵙고 싶었는지요.
→ '-시-'라는 선어말 어미와 '-어요'라는 종결 어미, 그리고 '뵙다'라는 특수 어휘를 사용하였다.

③ 수업이 끝난 뒤 할머니께 가서 직접 선물을 드릴 생각이에요.
→ '께'라는 부사격 조사, '드리다'라는 특수 어휘를 사용하였다.

④ 이렇게 시끄럽게 하시면 다른 분들께 피해가 갑니다. 조용히 해 주세요.
→ '께'라는 부사격 조사를 사용하였다.

⑤ 할아버지께서 진지를 잘 못 드시는데 어디가 불편하신 건 아닌지 걱정되는구나.
→ '께서'라는 주격 조사와 '진지', '들다'라는 특수 어휘, '-시-'라는 선어말 어미를 사용하였다.

44 ㉠~㉤에 들어갈 문장으로 적절하지 않은 것은?

중의성이 있는 문장	표현하려는 의미	수정한 문장
키가 큰 희주의 친구를 만났다.	희주의 친구가 키가 크다.	㉠
동생은 나보다 강아지를 더 좋아한다.	'나'와 '강아지'가 비교 대상이다.	㉡
연희는 현서와 은호를 격려해 주었다.	격려를 받는 사람은 은호 혼자이다.	㉢
지수가 만나고 싶은 아이들이 많다.	아이들이 지수를 만나고 싶어 한다.	㉣
이것은 준혁이의 그림이 아니다.	준혁이가 그린 그림이 아니다.	㉤

① ㉠: 희주의 키가 큰 친구를 만났다.
② ㉡: 동생은 나를 좋아하는 것보다 강아지를 더 좋아한다.
③ ㉢: 현서는 연희와 은호를 격려해 주었다.
④ ㉣: 지수를 만나고 싶어 하는 아이들이 많다.
⑤ ㉤: 이것은 준혁이가 그린 그림이 아니다.

45 번역 투의 문장을 수정한 결과로 적절하지 않은 것은?

① 업무를 행하기(→ 업무를 하기) 전에 먼저 업무의 목적을 생각하세요.
② 그녀가 탄 열차는 탈선으로 인해(→ 탈선으로) 운행이 잠시 중지됐다.
③ 작업할 때 안전장비를 착용하는 것은 아무리 강조해도 지나치지 않다(→ 매우 중요하다).
④ 그들은 나날이 심각해지고 있는 환경오염 문제에 대해 토론회를 가졌다(→ 토론회를 했다).
⑤ 전력 시설에 과부하가 걸리면 화재가 발생할 수 있으므로 각별한 주의를 필요로 한다(→ 각별한 주의가 요구된다).

46~50 | 쓰기

[46~50] '고령화 문제'를 주제로 작성한 글의 초고이다. 제시된 물음에 답하시오.

통계청이 발표한 자료 '2023 한국의 사회 지표'에 따르면 현재 우리나라 총인구는 5,171만 명이며, 2020년 5,184만 명으로 정점을 찍은 후 감소하고 있는 것으로 나타났다. 인구 증가율이 마이너스가 된 것이다. 당초 인구가 감소할 것이라고 예상했던 시기보다 거의 10년이나 앞당겨졌다. 우리나라 인구 감소는 앞으로도 계속되어 2040년에는 5,019만 명으로 줄어들 것으로 예상된다. 이러한 인구 감소의 주요 원인은 고령화에 있다.

계속되는 저출생과 평균 수명의 연장 등에 따라 우리나라는 인구 구조가 빠른 속도로 고령화되고 있다. 통계청이 발표한 자료 '2023 고령자 통계'에 따르면 현재 총 인구 중 65세 이상 고령 인구의 비율이 18.2%를 돌파했으며, 2025년에는 20.3%가 될 것으로 예상된다. 그 결과 총인구 중 65세 이상 인구가 차지하는 비율이 7% 이상인 고령화 사회와 14% 이상인 고령 사회를 넘어 이제는 20% 이상인 초고령 사회로의 진입을 앞두고 있다.

고령화는 대부분의 선진국에서 나타나고 있는 현상이지만, 현재 우리나라는 급속도로 고령화가 ㉠ 발전되고 있어 사회적인 문제가 예상된다. 다시 말해, 초고령 사회가 되면 우리 사회에서 해결해야 할 문제점이 늘어난다. 고령화 사회로의 급속한 진전은 우리 사회에 어떤 문제점을 가져다줄지 알아보자.

고령화는 의료·복지 측면에서 심각한 문제 요인이 된다. 나라에서 부담해야 할 의료·복지 비용이 증가하기 때문이다. ⓒ 하지만 고령 인구 비율이 증가하면서 국민연금과 같은 공적연금수급자의 급증으로 국가 재정 위기가 올 가능성이 있다. 예를 들어, 의료비 및 연금 지급이 늘어나 비용을 부담하는 기금이 부족하게 될 가능성이 높다. 국회예산정책처가 발표한 '4대 공적 연금 장기재정전망'에 따르면, 현재의 인구 고령화 추세를 감안할 때 국민연금 재정수지는 2039년 적자로 전환되고, 2055년 기금이 소진될 것이라고 한다. 이러한 국민연금의 재정 상황은 향후 경제의 저성장 지속과 고령화의 가속화 등을 감안할 때 더욱 악화될 가능성이 높다.

그리고 고령화가 심화되면 노동력 공급이 감소된다. 경제가 성장하려면 노동력이 적절하게 공급되어야 하는데, 고령화가 진행될수록 노동할 청년층이 줄어들기 때문에 노동력 공급이 감소하는 것이다.

고령화로 인해 우려되는 또 하나의 문제점은 노동인구 고령화로 인한 생산성 하락이다. 나이가 들면 평균적으로 건강이 나빠지고 신체 기능이 저하되기 마련이다. 이러한 생산성 하락으로 인해 15세 이상 인구 전체 고용률은 60.1%인 것에 비해 고령자의 고용률은 34.1%에 그치고 있으며 노인빈곤율 또한 40.4%에 달한다. ⓒ <u>고령자는 비교적 정보나 지식을 습득하는 능력이 떨어지기도 하는데, 노화에 따른 신체 기능 및 인지 능력의 감퇴는 업무에서의 생산성 하락으로 이어질 수 있다.</u> 이런 상황은 고령자의 생계 곤란으로도 이어질 수 있어, 고령화의 해결이 매우 시급하다.

이러한 고령화 사회의 문제점을 해결하기 위해서는 어떻게 해야 할까? 해외의 선진국들의 경우를 살펴보자. 미국은 '연령차별금지법'으로 노동 시장에 유연성을 제고하였고, 일본은 정년에 이른 고령자 본인이 계속 일하기를 희망할 경우, 기업에 해당 고령자에 대한 계속적인 고용을 의무화했다. 또, 영국은 정년제를 폐지하고, 사회안전망을 구축했다. 이렇게 고령화 사회의 문제점을 해결하기 위해서는 여러 차원에서 접근하여 해결 방안을 모색해야 한다.

이를 위해서는 고령자라도 노동력을 가지고 있음을 인식하여, 지속가능한 일자리를 제공해 주는 것이 필요하다. 예를 들면, 퇴직 후 재취업을 장려하여, 고령 인구의 일자리를 확보하는 것이다. 이에 대한 구체적인 방법으로는 퇴직 후에 재취업을 원하는 고령자에게는 관련 교육 프로그램을 제공하여 스스로 능력을 키워나갈 수 있도록 하거나 노인 직업 상담소를 마련하여 길을 제시해 주는 것도 좋다. ⓔ <u>그리하여 고령자가 다양한 사람을 사귀고 직장 생활을 하면서 사회성을 향상할 수 있도록 하는 일이 시급하다.</u>

그리고 무엇보다도 법과 제도를 개선하여 고령 인구의 노후 생활을 도울 수 있어야 하는데, 이때, 연금제도나 노인장기요양보험 등 고령 인구와 관련된 각종 제도를 안정적으로 ⓜ 확립하는 것이 중요하다. 국민연금의 경우 재정 전망이 좋지 않으므로 연금 수급연령을 늦추는 등의 연금을 개혁하는 방안을 검토해 볼 수 있다. 또한, 복지 사각지대에 있는 노인들이 복지 혜택을 누릴 수 있도록 제도적인 틀을 마련하는 것도 중요하다. 수입이 없지만 집 한 채를 소유하고 있다는 이유로 기초생활수급자가 되지 못해 밥 한 끼 제대로 먹지 못하는 노인, 몸이 불편함에도 방문요양 서비스를 알지 못해 이를 신청하지 못하는 노인, 자녀와 왕래가 없는데도 자녀가 있다는 이유로 기초생활수급자가 되지 못해 제도의 도움을 받지 못하는 노인 등 복지 사각지대에 있는 노인들이 많다. 이러한 노인들이 복지 혜택을 누릴 수 있도록 복지 정책의 혜택 대상자 요건과 그 우선순위를 전면적으로 검토하여 재설정하고, 노인들이 이러한 복지 정책에 대한 내용을 보다 쉽게 접하고 이해할 수 있도록 다양한 방식으로 안내해야 한다.

우리 사회가 고령화되는 것 자체를 막을 수는 없지만 고령화로 인한 문제들은 정부의 노력을 통해 해결해 나갈 수 있다. 정부에서는 고령화 문제의 일부를 단기적으로 해소하려 하기보다는 장기적이고 구체적인 계획을 통해 초고령 사회를 대비하여 문제의 본질적인 해결을 목표로 노력해야 할 것이다.

46 〈글쓰기 계획〉의 내용으로 적절하지 <u>않은</u> 것은?

글쓰기 계획

- 주제: 초고령 사회 대비의 필요성
- 목적: 우리나라의 고령화 문제 및 해결책 제시
- 글의 내용
    - 우리나라 고령화의 실태를 제시한다. ······①
    - 고령화로 인한 문제점을 제시한다. ······②
    - 우리나라 복지 제도의 실태와 과제를 제시한다. ······③
    - 고령화 문제의 해결 방안을 제시한다. ······④
    - 초고령 사회를 위한 대비를 촉구한다. ······⑤

47 〈글쓰기 자료〉에 제시된 자료의 활용 방안으로 적절하지 <u>않은</u> 것은?

> • 글쓰기 자료 •
>
> ㉠ 15세 이상 인구 전체 고용률은 60.1%인 것에 비해 고령자의 고용률은 34.1%에 그쳤으며(2021년 기준), 노인빈곤율은 40.4%에 달한다.
> ㉡ 현재 총 인구 중 65세 이상 고령인구의 비율이 17.3%를 돌파했으며 고령화의 속도는 점점 빨라지고 있다. 급속한 고령화로 인하여 고령 인구의 비율이 2025년에는 20.3%, 2060년에는 43.9%가 될 것으로 예상된다.
> ㉢ 국회예산정책처에 따르면, 국민연금 재정수지는 2039년 적자로 전환되고, 2055년 기금이 소진될 것이라고 한다.
> ㉣ 수입이 없지만 서류상 집 한 채가 있다는 이유로 기초수급자로 선정되지 못해 밥 한 끼도 제대로 먹지 못하는 노인, 몸이 불편함에도 방문요양 서비스를 알지 못해 이를 신청하지 못하는 노인, 자녀와 왕래가 없는데도 자녀가 있다는 이유로 기초수급자가 되지 못해 제도의 도움을 받지 못하는 노인 등 복지 사각지대에 있는 노인들이 많다.
> ㉤ 고령화 사회의 문제점을 해결하기 위해 미국은 '연령차별금지법'으로 노동 시장에 유연성을 제고하였고, 일본은 정년에 이른 고령자 본인이 계속 일하기를 희망할 경우, 기업에 해당 고령자에 대한 계속적인 고용을 의무화 했다. 또, 영국은 정년제를 폐지하고, 사회안전망을 구축했다.

① ㉠을 활용하여, 고령자의 생활이 어려운 경우가 많아 이를 대비하는 일이 시급함을 밝혔다.
② ㉡을 활용하여, 우리나라가 이미 고령 사회 단계이며, 곧 초고령 사회에 진입할 것임을 밝혔다.
③ ㉢을 활용하여, 우리나라가 초고령 사회를 위한 대비가 제대로 이루어지지 않고 있음을 밝혔다.
④ ㉢과 ㉤을 활용하여, 고령 인구를 위한 예산 확대가 시급하며, 국민들은 추가적인 노후 대비가 필요함을 밝혔다.
⑤ ㉠과 ㉣을 활용하여, 소득이 없거나 낮은 노인을 위한 복지의 필요성과 이를 위한 제도 정비가 절실한 상황임을 밝혔다.

48 위의 계획과 자료를 바탕으로 〈글쓰기 개요〉를 작성하였다. 수정 방안으로 적절하지 <u>않은</u> 것은?

> • 글쓰기 개요 •
>
> Ⅰ. 우리나라의 고령화 실태 ·········· ㉠
>   1. 인구 증가율 마이너스
>   2. 초고령 사회로의 진입
>   3. 노동 생산성 저하 ·········· ㉡
> Ⅱ. 고령화로 인한 문제점
>   1. 고령화 사회의 원인 ·········· ㉢
>   2. 사회 비용 증가 ·········· ㉣
>   3. 노동력 공급 비용 증가
> Ⅲ. 고령화 문제의 해결 방안
>   1. 노인에게 일자리 제공
>   2. 법과 제도의 개선
> Ⅳ. 초고령 사회의 심각성을 알리기 위한 캠페인 제안 ·········· ㉤

① ㉠은 의미가 불분명하므로 '우리나라 사회의 실태'로 구체화한다.
② ㉡은 상위 항목과의 연관성을 고려하여 Ⅱ의 하위 항목으로 이동한다.
③ ㉢은 상위 항목과 직접적인 관련성이 부족하므로 삭제한다.
④ ㉣은 대상의 범위가 불분명하므로 '의료·복지 비용 증가'로 구체화한다.
⑤ ㉤은 글 전체의 흐름을 고려하여 '초고령 사회를 대비하기 위한 정부의 노력 촉구'로 수정한다.

49 윗글의 ㉠~㉤을 수정하기 위한 방안으로 적절하지 않은 것은?

① ㉠: 단어의 쓰임이 적절하지 않으므로 '진행되고'로 수정한다.
② ㉡: 앞 내용과의 유기적인 흐름을 고려하여 '또한'으로 수정한다.
③ ㉢: 문장 간의 유기적인 연결이 이루어지도록 앞 문장과 순서를 바꾼다.
④ ㉣: 글의 전체적인 내용상 통일성을 해치는 문장이므로 삭제한다.
⑤ ㉤: 주어와 서술어의 호응을 고려하여 '확립되는'으로 수정한다.

50 윗글을 보완하기 위한 방안으로 가장 적절한 것은?

① 글의 타당성을 높이기 위해 통계청이 인구 증가율을 조사하는 방식을 삽입한다.
② 글에 제시된 정보의 신뢰성을 제고하기 위해 모든 정보의 출처를 명확히 밝힌다.
③ 글에 제시된 내용의 사실성을 높이기 위해 남녀별 사망 원인을 그래프로 제시한다.
④ 내용의 적절성을 확보하기 위해 국민연금을 수급 중인 고령자와의 인터뷰를 넣는다.
⑤ 글을 효용성을 높이기 위해 문제 해결을 위한 정부의 구체적인 시행 내용과 시행 기간 등을 밝힌다.

51~60 | 창안

[51~53] 탁구와 인간의 삶을 유비(類比)하고자 한다. 다음 글을 읽고 물음에 답하시오.

단식 경기

복식 경기

탁구 복식 경기에서 가장 중요한 것은 파트너와의 팀워크이다. 상대 팀만을 주시하고 자신의 스타일대로 경기하는 ㉠ 단식 경기와는 다르게, ㉡ 복식 경기에서는 같은 팀의 파트너를 항상 고려하여 경기해야 한다. 복식 경기에서는 한 사람이 랠리(공을 쳐서 네트를 넘어가도록 하는 것)를 두 번 연속하여 할 수 없으므로, 내가 랠리한 후 상대 팀에서 받아치면 반드시 나의 파트너가 공을 받게 된다. 따라서 상대 팀을 공격하기 위한 방법만 생각해 공을 칠 것이 아니라 ㉢ 내가 친 공을 파트너가 상대 팀을 통해 받게 되는 상황을 고려하여 적절한 높이와 강도로 공을 쳐야 한다. 이때, 미리 둘만의 사인을 만들어 두면 경기 중에도 쉽게 의사소통을 할 수 있어, 효율적인 경기 운영에 도움이 된다. 또, 한 팀을 구성하는 선수들의 신체적 특성도 경기에 영향을 준다. 선수가 오른손잡이인지, 왼손잡이인지에 따라 움직임의 차이가 있기 때문에, 어떤 조합으로 조를 짜는지도 굉장히 중요하다. 좁은 공간에서 각자의 공간을 확보하며 빠르게 움직여야 하는 복식 경기의 특성상 오른손잡이 선수와 왼손잡이 선수의 조합이 경기 시 동선이 짧고 겹치지 않아 가장 이상적이다.

51 '탁구 복식 경기'를 '팀 업무'에 비유할 때, 이끌어 낼 수 있는 내용으로 적절하지 않은 것은?

① 파트너가 업무를 마치기 전에 개인 업무부터 빠르게 진행해 두는 것이 가장 중요하다.
② 업무에 들어가기 전에 공유할 양식이나 규칙을 만들어 두면 업무의 효율적인 진행이 가능하다.
③ 서로 겹치지 않도록 역할을 분담하여 업무를 진행하였을 때 더욱 효율적으로 일을 해결할 수 있다.
④ 업무의 효율적인 진행을 위해서 각자의 강점이 되는 능력이나 전문성을 잘 파악해 두는 것이 중요하다.
⑤ 능력이나 전문성의 분야가 동일한 파트너보다는 차별점이 있는 파트너와의 업무 결과가 더 좋을 수 있다.

52 ㉠과 ㉡의 의미 관계와 동일한 관계로 이루어진 한자성어의 짝이 아닌 것은?

① 견원지간(犬猿之間) – 수어지교(水魚之交)
② 연목구어(緣木求魚) – 육지행선(陸地行船)
③ 역지사지(易地思之) – 적반하장(賊反荷杖)
④ 백년대계(百年大計) – 고식지계(姑息之計)
⑤ 금상첨화(錦上添花) – 설상가상(雪上加霜)

53 윗글의 ㉢을 '의사소통'과 연결하여 주장할 수 있는 내용으로 가장 적절한 것은?

① 상대방과 의견이 다르더라도 서로의 의견을 존중하며 이해하려 노력해야 한다.
② 같은 경험을 공유한 상대방이 아니라면 대화에서 유의미한 내용을 기대할 수 없다.
③ 상대방이 혼란스럽지 않도록 하나의 주제에 대해서만 일관성 있게 이야기해야 한다.
④ 내가 하고자 하는 말이 상대방에게 줄 영향을 고려하여 적절한 방식으로 말해야 한다.
⑤ 내가 말하고자 하는 것을 이해할 수 있는 상대인지를 먼저 파악한 후 말을 꺼내야 한다.

[54~56] 스펙트럼과 양파를 인간 사회에 유비(類比)하고자 한다. 다음 그림을 보고 물음에 답하시오.

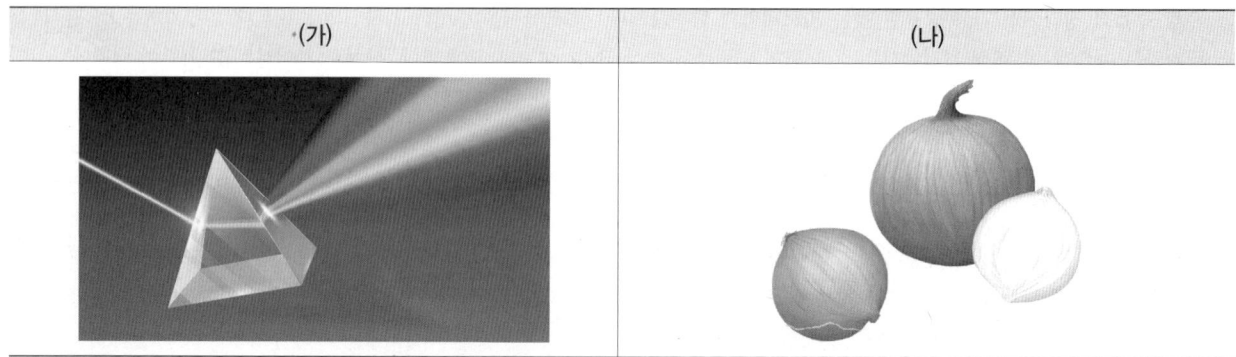

54. 그림 (가)와 (나)를 바탕으로 다음과 같이 분석할 때 적절하지 <u>않은</u> 것은?

구분	(가)	(나)
표현	㉠ 한 가지 색상의 빛을 다양한 색상의 빛으로 통과시키는 프리즘	㉡ 여러 겹의 잎으로 이루어진 양파
핵심	㉢ 하나의 대상이 다양한 형태로 인지될 수 있다.	하나의 대상에도 다양한 면이 있다.
주제	㉣ 다양한 자료를 적절하게 잘 활용하여 하나의 주제로 명확하게 전달해야 한다.	㉤ 보이는 것만으로 판단하지 말고, 다양한 면을 발견하고자 노력해야 한다.

① ㉠
② ㉡
③ ㉢
④ ㉣
⑤ ㉤

55. 그림 (가)와 (나)의 특징을 담고 있는 시로 가장 적절한 것은?

① 자세히 보아야 / 예쁘다 // 오래 보아야 / 사랑스럽다 // 너도 그렇다 – 나태주, 「풀꽃」
② 가야 할 때가 언제인가를 / 분명히 알고 가는 이의 / 뒷모습은 얼마나 아름다운가. – 이형기, 「낙화」
③ 먼 길에 올 제, / 홀로 되어 외로울 제, / 플라타너스, / 너는 그 길을 나와 같이 걸었다. – 김현승, 「플라타너스」
④ 가자 가자 / 쫓기우는 사람처럼 가자 / 백골 몰래 / 아름다운 또 다른 고향에 가자. – 윤동주, 「또 다른 고향(故鄕)」
⑤ 살아 있는 것은 흔들리면서 / 튼튼한 줄기를 얻고 / 잎은 흔들려서 / 스스로 살아 있는 몸인 것을 증명한다. – 오규원, 「살아 있는 것은 흔들리면서 – 순례11」

56. (가)를 '성취를 위한 행위와 그에 대한 결과'에 비유할 때, 이끌어 낼 수 있는 내용으로 가장 적절한 것은?

① 많은 시행착오를 겪으면서 얻는 경험이 한 번에 성공하여 얻는 기쁨보다 클 수 있다.
② 자신에게 익숙한 것에서 벗어나 새로운 것을 시도해야 그에 따른 발전을 기대할 수 있다.
③ 후회하지 않기 위해서는 무모한 도전일지라도 최선을 다해 보아야 다음 도전의 자양분으로 삼을 수 있다.
④ 무조건적인 노력보다는 우선 자신이 나아갈 방향을 뚜렷하게 설정해 놓아야 제대로 된 결과를 얻을 수 있다.
⑤ 한 분야에 대하여 전문성을 가지고 끊임없이 연구하다 보면, 이에 대한 결과물은 한 분야뿐 아니라 다양한 분야에 쓰일 수 있다.

[57~58] 다음 그림을 보고 물음에 답하시오.

	(가)	(나)	(다)
A		?	
B			

57 (가), (나), (다)의 A와 B가 동일한 관계를 맺고 있다고 할 때 A에 공통적으로 들어갈 그림으로 가장 적절한 것은?

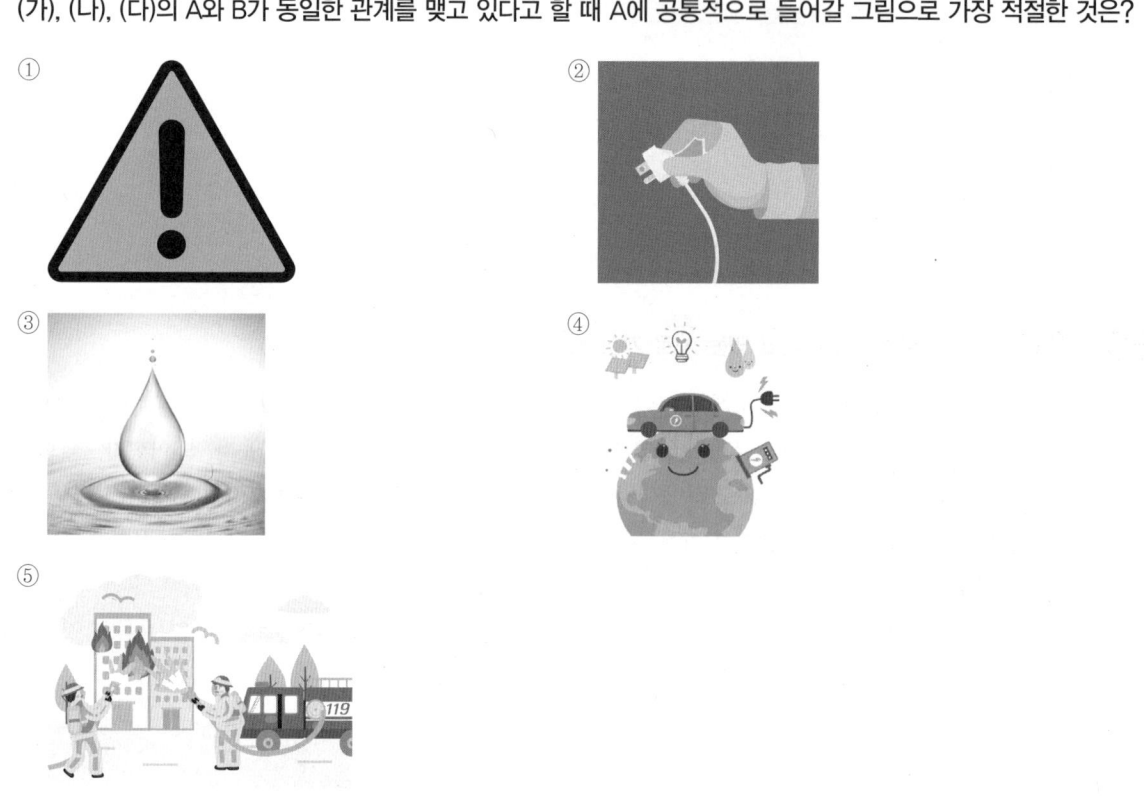

58 A와 (가)-B의 관계와 유사한 관계의 단어로 이루어진 표현으로 가장 적절한 것은?

① 삼밭에 쑥대
② 금강산도 식후경
③ 마른논에 물 대기
④ 다 된 죽에 코 빠뜨린다
⑤ 이가 없으면 잇몸으로 산다

[59~60] 다음 글을 읽고 물음에 답하시오.

> 남극 펭귄은 무리를 지어 생활하며 바다에서 먹잇감을 구한다. 그런데 바다에는 펭귄을 위협하는 범고래나 바다표범과 같은 천적들이 있어, 펭귄 무리는 바다에 바로 뛰어들지 못하고 머뭇거리며 빙산의 끝에 모인다. 이때 먼저 용기를 내서 바다로 뛰어 드는 펭귄을 'ⓘ 퍼스트 펭귄(First penguin)'이라고 하는데, '퍼스트 펭귄'이 바다에 먼저 뛰어들면 나머지 펭귄들도 용기를 얻어 잇달아 뛰어드는 모습을 볼 수 있다.

59 윗글의 내용을 소비자의 새로운 제품 구매에 유추한 것으로 가장 적절한 것은?

① 일부 소비자는 제품에 흥미를 가지다가도 많은 사람들이 구매하면 시들해지곤 한다.
② 회사는 소비자가 제품 구매에 머뭇거리는 시간을 줄이기 위해 다양한 이벤트를 마련한다.
③ 대부분의 소비자들은 새로운 제품이 나왔을 때 다른 사람보다 제일 먼저 구매하기를 원한다.
④ 회사는 희소성이 있는 제품을 좋아하는 소비자를 위해 일부 제품을 많이 만들어내지 않는다.
⑤ 일부 소비자는 새로운 제품을 구매하기 망설이다가 다른 사람들이 구매하면 덩달아 구매한다.

60 ⓘ의 성격을 활용하여 주장할 수 있는 내용으로 적절하지 <u>않은</u> 것은?

① 안정적인 선택보다는 불안정하더라도 자신이 옳다고 여기는 선택을 하는 것이 후회가 남지 않는다.
② 리더가 살신성인하여 앞장섰을 때 조직원들은 리더와 리더가 향하는 목표에 대한 믿음으로 그 뒤를 따른다.
③ 많은 사람들 중에서 단연 돋보이는 사람은 주관을 가지고 새로운 길을 주도적으로 개척해 나가는 사람이다.
④ 젊을 때의 경험은 바로 그 순간에만 할 수 있고 결코 돈으로도 살 수 없으므로, 그 기회를 절대 놓치지 말아야 한다.
⑤ 아무도 시도하지 않는 것에 대한 첫 도전은 어렵지만, 한번 누군가가 시도하면 그 뒤의 사람들은 한결 수월하게 도전할 수 있다.

61~90 | 읽기

[61~62] 다음 글을 읽고 물음에 답하시오.

> 우리가 물이 되어 만난다면
> 가문 어느 집에선들 좋아하지 않으랴.
> 우리가 키 큰 나무와 함께 서서
> ㉠ 우르르 우르르 비 오는 소리로 흐른다면.
>
> 흐르고 흘러서 저물녘엔
> 저 혼자 깊어지는 강물에 누워
> 죽은 나무뿌리를 적시기도 한다면.
> 아아, 아직 처녀인
> 부끄러운 바다에 닿는다면.
>
> 그러나 지금 우리는 불로 만나려 한다.
> 벌써 숯이 된 뼈 하나가
> 세상에 불타는 것들을 쓰다듬고 있나니
>
> 만 리 밖에서 기다리는 그대여
> 저 불 지난 뒤에
> 흐르는 물로 만나자.
> ㉡ 푸시시 푸시시 불 꺼지는 소리로 말하면서
> 올 때는 인적 그친
> 넓고 깨끗한 하늘로 오라.
>
> — 강은교, 「우리가 물이 되어」

61 ㉠과 ㉡에 대한 설명으로 가장 적절한 것은?

① ㉠은 하강의 이미지로 소멸을, ㉡은 상승의 이미지로 생명을 의미한다.
② ㉠은 진행되는 상황에 대한 불안감을, ㉡은 완료된 상황에 대한 안도감을 나타낸다.
③ ㉠은 화자의 공동체에 대한 이상향을, ㉡은 화자의 위태로운 현실 상황을 의미한다.
④ ㉠과 ㉡은 화자가 '그대'라는 청자와 물로 만나는 상황에 대한 기대감이 반영되어 있다.
⑤ ㉠과 ㉡은 서로 대립되는 어휘를 사용하여 부정적 현실에 대한 비판 의식을 강화하고 있다.

62 위 시에 대한 이해로 적절하지 <u>않은</u> 것은?

① 초희: 화자는 청자와 함께 물이 되어 다른 생명들을 살리고자 하는군.
② 단영: 가정법을 반복 사용함으로써 화자의 소망이 간절함을 드러내고 있군.
③ 기준: '불'은 '물'과 대립되면서도 '흐르는 물'로 만나기 위한 선행 조건이 되는군.
④ 주완: 대립적인 이미지를 통해 현대 사회에 대한 비판 의식을 강하게 드러내고 있군.
⑤ 현성: '넓고 깨끗한 하늘'은 시련을 극복한 뒤에 만날 수 있는 이상적인 세상을 의미하는군.

[63~65] 다음 글을 읽고 물음에 답하시오.

[앞의 줄거리] ⓐ 나와 아내는 비교적 일정 수준 이상의 지식과 교양을 갖춘, 대학 출신의 젊은 샐러리맨 부부들이 많이 사는 마을에서 살고 있다. 이 마을에서는 가끔 굿을 하는 소리가 들려오는데, 나와 아내는 이를 불길하게 여기지만 애써 외면한다. 첫눈이 내린 날, 나와 아내는 마당에 흰 고무신짝 하나가 마당에 떨어져 있는 것을 발견하고 불길하게 여기며 이를 쓰레기통에 버린다.

 뒤에야 알았지만 아침에 그런 일이 있고 난 그날 밤에 아내는 그 고무신짝을 들고 골목길을 이리저리 기웃거리다가 길가의 아무 집이건 가림이 없이 여느 집 담장으로 휙 던졌던 모양이었다. 물론 아내는 제 자존심도 있었을 터여서 그런 얘기를 나에게는 입 밖에 내기는커녕 전혀 내색조차 하지 않았다. 나도 아침에 그런 일이 있고, 그 고무신짝은 대문 앞의 멋대가리 없게 생긴 시멘트 덩어리 ⓑ 쓰레기통에 버린 뒤, 그런 일은 없었던 셈으로 쳤다. 우리는 미심한 대로 그 일을 그렇게 처결해 버렸던 것이다. 그러나 아내는 그 미심한 점이 역시 미심했던 모양이었다. 나는 하루 종일 거리로 나와 있었지만 아내는 종일토록 집에만 있었으니까. 그 미심한 느낌도 나보다도 훨씬 더했을 것이다. 그렇게 아내는 이미 그 고무신짝의 논리 속에 흠뻑 빠져 들어가고 있었다. 그리하여 어두울 무렵에 혼자 나갔을 것이다. 쓰레기통 속에서 희끄무레한 남자 고무신짝을 끄집어냈을 것이다. 골목길을 오르내리며 마땅해 보이는 장소를 물색했을 것이다. 그러다가 아무 집이건 담장 너머로 휙 던져 버렸을 것이다. 그렇게 그쯤으로 ⓒ 액땜을 했다고 자처해 버렸을 것이다.
 그 며칠 뒤, 정확하게 열흘쯤 지나서였다.
 아침에 자리에서 눈을 뜨자 먼저 일어나 밖으로 나갔던 아내가,
 "아빠아, 눈 왔다아, 눈 왔어어."
 호들갑을 떨듯이 소리를 질러서, 나도 벌떡 자리에서 일어나 내의 바람으로 달려 나갔다.
 아내는 뜰 한가운데 파자마 바람으로 싱글벙글 웃고 서 있었다.
 수북하게 눈이 와 있었다. 게다가 하늘은 활짝 개고 해는 금방 떠오를 모양이었다.
 "밤새 왔던 모양이지요."
 "그걸 말이라고 하나. 당연하지."
 "아이, 야박스러. 좀 그렇다고 맞장구를 쳐 주면 어때요."
 "나는 합리적인 사람이니까 이치에 닿지 않는 소린 싫거든."
 "흥, 이치 좋아하시네."
하며 아내는 입은 비시시 웃고 눈은 얄팍하게 나를 흘겨보듯 하더니, 다시 장난스러운 표정이 되며 물었다.
 "하늘에 깝북 구름이 차 있다가, 가장 빠른 시간 안으로 이렇게 온 하늘이 깨끗이 개어 오르려면 몇 분이나 걸리는지 알아요?"
 나는 잠시 무슨 뜻인지 몰라서 뚱하게 아내를 쳐다보았다.
 "그건 하늘 나름일 테지."
 "하늘 나름이라뇨?"
 "넓은 하늘도 있고 좁은 하늘도 있지 않겠어. 그건 어쨌든, 당신은? 당신은 아나?"
 "몰라요, 모르니까 묻죠."
하고 아내는 낭랑한 목소리로 한바탕 또 웃었다.
 ⓓ 눈 내린 겨울 아침과 저 낭랑한 웃음. 이 눈 내린 겨울 아침이 훨씬 더 눈 내린 겨울 아침으로 느껴지도록 하고 있는 저 웃음. 또한 저 웃음으로 하여금 더욱더 저 웃음이도록 해 주고 있는 이 활짝 개어 오른 눈 내린 겨울 아침.
 그러나 무엇인가 빠져 있다. 나는 문득 고향의 그 큰 산이 떠오르려고 하는 것을 머리를 설레설레 흔들어 지워 버렸다.
 그러고 보니, 비나 눈이 오다가 개어 오를 때는 대개 바람이 불면서 스름스름 걷히는데, 어느새 눈 깜짝할 사이에 온 하늘은 활짝 개어 있곤 하는 것이다. 선들바람이 지나가면서 두꺼운 하늘 한복판에 파아란 구멍 하나가 깊숙하게 뽕 뚫렸다 싶으면 스름스름 구름이 날아간다. 다음 순간 눈 깜짝할 사이에 어느새 온 하늘은 끝까지 활짝 개어 있곤 한다. 그렇다, 늘 '어느새'다. '어느새'라는 낱말 하나로 간단히 처리되지만, 간단히 처리 안 될 수도 없게 그렇게 '어느새'다. 하늘 끝에서 끝까지 완전히 개어 오르는 그 과정을 처음부터 끝까지 완벽하게 지켜본 사람이 있을까. 온 하늘의 구름 조각 하나하나가 한꺼번에 스러져 가는 것을 완전히 본 사람이 있을까. 설령 보았대도 마찬가지일 것이다. 정신이 번쩍 들듯이 정신을 차려 보니까 '어느새' 온 하늘이 활짝 개어 있기는 마찬가지일 것이다.
 이렇게 눈이 내려서, 게다가 하늘이 개어 올라서 아내는 저렇게도 단순하게 기분이 좋은 모양이었다. 눈을 밟으며 사뿐사뿐 큰 문 쪽으로 달려 나갔다. 그러더니 뜰 끝에서 멈칫 섰다. 일순 여들여들하게 유연하던 아내의 뒷등이 무언가 현실적인 분위기로 굳어지고 있었다.

"어마, 저게 뭐유?"

헛간 쪽의 볼록 담 밑을 꾸부정하게 들여다보았다.

"뭔데?"

나도 가슴이 철렁해지며 문득 열흘쯤 전의 그 일이 떠올라 그쪽으로 급하게 다가갔다.

동시에 좀 전의 그 환하던 겨울 아침은 대뜸 우리 둘 사이에서 음산한 분위기로 둔갑을 하고 있었다.

"고무신짝이에요. 또 그, 그 고무신짝."

아내의 목소리는 완연히 떨고 있었다. 거의 헐떡거리듯 하였다. 맞다. 고무신짝이었다. 그 새하얗게 씻은 남자 고무신짝.

"……."

나는 마치 머릿속의 저 아득한 맨 끝머리에 찌엉스런 깊고 빈 들판이 있다가, 그것이 또 확 열려 오는 듯한 ⓜ 공포 속으로 휘어 감겼다.

― 이호철, 「큰 산」

63 윗글의 서술상 특징에 대한 설명으로 가장 적절한 것은?

① 빈번한 장면 전환을 통해 인물 간의 갈등을 고조시키고 있다.
② 액자식 구성을 취하며, 내부 이야기의 독립적인 사건을 통해 주제 의식을 전달한다.
③ 1인칭 서술자가 자신의 심리를 배재하고 객관적인 시선으로 사건들을 설명하고 있다.
④ 주인공이 합리적인 신념을 바탕으로 불합리한 미신을 극복해 나가는 과정을 보여 준다.
⑤ 주인공이 사건의 경과를 추측하고, 요약적으로 드러내 현재 상황에 대한 이해를 돕고 있다.

64 ㉠~㉣에 대한 평가로 적절하지 않은 것은?

① ㉠: '나'는 합리적인 것으로 보이지만 실상은 비합리적이고 전근대적인 사고방식을 바탕으로 하는 소시민임을 비판하기 위한 장치이다.
② ㉡: 고무신짝을 쓰레기통에 버린 것은 미신을 기반으로 한 행동이 아니므로 합리적인 사고를 나타낸다.
③ ㉢: 이웃집으로 액을 넘기는 현대인의 소심하고 이기적인 모습을 보여 준다.
④ ㉣: 눈 내린 겨울 아침의 밝은 분위기가 고무신짝을 발견한 후 '나'와 '아내'의 불안감으로 인해 음산한 분위기로 바뀌었다.
⑤ ㉤: 고무신짝을 발견한 '나'는 액을 넘긴 비합리적이고 이기적인 이웃에 대한 분노로 공포감까지 느끼고 있다.

65 〈보기〉의 입장에서 윗글을 감상한 내용으로 가장 적절한 것은?

> • 보기 •
>
> 이 '큰 산'이 아주 암시적이죠. '큰 산'은 맑고 막힘없는 통찰, 시선, 미래에 대한 전망, 또 사람들을 아우르는 어떤 포용 이런 다각적인 의미를 갖고 있다고도 할 수 있어요. 그런 보호 장치를 잃어버렸을 때, 그런 미래에 대한 어떤 통찰력을 잃어버렸을 때 사람들은 자기 앞에 떨어져 있는 흰 고무신 한 짝에 놀라고 그것을 어떻게든 다른 사람에게 던져 버릴 수 있을까. 멀리 그것으로부터 벗어날 수 있을까만을 생각하게 되는 것이죠. 한국 사회가 그런 '큰 산'이 없는 사회의 속성을 갖고 있고, 사람들이 그런 '큰 산' 없는 세계 속에 살고 있다는 그런 식의 이야기를 작가는 하고 싶어 했던 것이죠.

① 한국 사회의 '큰 산'이라고 볼 수 있는 고유한 전통 문화가 사라져 가는 현실을 비판하고 있군.
② 도시화의 과도기적인 현상으로 공동체의 이익보다 개인의 이익을 중시하게 된 모습을 '큰 산'이 대표하고 있군.
③ '큰 산'은 삭막한 현대 사회에서 과거로의 회귀를 통해 주술적 사고를 보존하는 보호 장치로서 기능하고 있군.
④ '큰 산'은 현대인들이 윤리성을 회복하고 서로 조화를 이루며 포용할 수 있도록 균형을 잡아 줄 수 있는 존재이군.
⑤ '큰 산'이 있었다면 현대적인 사고방식을 바탕으로 사람들의 비합리적 사고와 합리적 사고 사이에서의 혼란을 줄여 줄 수 있었겠군.

[66~69] 다음 글을 읽고 물음에 답하시오.

정부는 국민 생활에 영향을 미치는 활동의 총체인 정책의 목표를 효과적으로 달성하기 위해 정책 수단의 특성을 고려하여 정책을 수행한다. 정책 수단은 강제성, 직접성, 자동성, 가시성의 ㉮ 네 가지 측면에서 다양한 특성을 갖는다. 강제성은 정부가 개인이나 집단의 행위를 제한하는 정도로서, 유해 식품 판매 규제는 강제성이 높다. 직접성은 정부가 공공 활동의 수행과 재원 조달에 직접 관여하는 정도를 의미한다. 정부가 정책을 직접 수행하지 않고 민간에 위탁하여 수행하게 하는 것은 직접성이 낮다. 자동성은 정책을 수행하기 위해 별도의 행정 기구를 설립하지 않고 기존의 조직을 활용하는 정도를 말한다. 전기 자동차 보조금 제도를 기존의 시청 환경과에서 시행하는 것은 자동성이 높다. 가시성은 예산 수립 과정에서 정책을 수행하기 위한 재원이 명시적으로 드러나는 정도이다. 일반적으로 사회 규제의 정도를 조절하는 것은 예산 지출을 수반하지 않으므로 가시성이 낮다.

정책 수단 선택의 사례로 환율과 관련된 경제 현상을 살펴보자. 외국 통화에 대한 자국 통화의 교환 비율을 의미하는 환율은 장기적으로 한 국가의 생산성과 물가 등 기초 경제 여건을 반영하는 수준으로 수렴된다. 그러나 단기적으로 환율은 이와 괴리되어 움직이는 경우가 있다. 만약 환율이 예상과는 다른 방향으로 움직이거나 또는 비록 예상과 같은 방향으로 움직이더라도 변동 폭이 예상보다 크게 나타날 경우 경제 주체들은 과도한 위험에 노출될 수 있다. 환율이나 주가 등 경제 변수가 단기에 지나치게 상승 또는 하락하는 현상을 오버슈팅(overshooting)이라고 한다. 이러한 오버슈팅은 물가 경직성 또는 금융 시장 변동에 따른 불안 심리 등에 의해 ㉠촉발되는 것으로 알려져 있다. 여기서 물가 경직성은 시장에서 가격이 조정되기 어려운 정도를 의미한다.

[가] 물가 경직성에 따른 환율의 오버슈팅을 이해하기 위해 통화를 금융 자산의 일종으로 보고 경제 충격에 대해 장기와 단기에 환율이 어떻게 조정되는지 알아보자. 경제에 충격이 발생할 때 물가나 환율은 충격을 흡수하는 조정 과정을 거치게 된다. 물가는 단기에는 장기 계약 및 공공요금 규제 등으로 인해 경직적이지만 장기에는 신축적으로 조정된다. 반면 환율은 단기에서도 신축적인 조정이 가능하다. 이러한 물가와 환율의 조정 속도 차이가 오버슈팅을 초래한다. 물가와 환율이 모두 신축적으로 조정되는 장기에서의 환율은 구매력 평가설에 의해 설명되는데, 이에 의하면 장기의 환율은 자국 물가 수준을 외국 물가 수준으로 나눈 비율로 나타나며, 이를 균형 환율로 본다. 가령 국내 통화량이 증가하여 유지될 경우 장기에서는 자국 물가도 높아져 장기의 환율은 상승한다. 이때 통화량을 물가로 나눈 실질 통화량은 변하지 않는다.

그런데 단기에는 물가의 경직성으로 인해 구매력 평가설에 기초한 환율과는 다른 움직임이 나타나면서 오버슈팅이 발생할 수 있다. 가령 국내 통화량이 증가하여 유지될 경우, 물가가 경직적이어서 실질 통화량은 증가하고 이에 따라 시장 금리는 ⓒ 하락한다. 국가 간 자본 이동이 자유로운 상황에서, 시장 금리 하락은 투자의 기대 수익률 하락으로 이어져, 단기성 외국인 투자 자금이 해외로 빠져나가거나 신규 해외 투자 자금 유입을 위축시키는 결과를 초래한다. 이 과정에서 자국 통화의 가치는 하락하고 환율은 상승한다. 통화량의 증가로 인한 효과는 물가가 신축적인 경우에 예상되는 환율 상승에, 금리 하락에 따른 자금의 해외 유출이 유발하는 추가적인 환율 상승이 더해진 것으로 나타난다. 이러한 추가적인 상승 현상이 환율의 오버슈팅인데, 오버슈팅의 정도 및 지속성은 물가 경직성이 클수록 더 크게 나타난다. 시간이 경과함에 따라 물가가 상승하여 실질 통화량이 원래 수준으로 돌아오고 해외로 유출되었던 자금이 시장 금리의 반등으로 국내로 복귀하면서, 단기에 ⓒ 과도하게 상승했던 환율은 장기에는 구매력 평가설에 기초한 환율로 수렴된다.

단기의 환율이 기초 경제 여건과 괴리되어 과도하게 급등락하거나 균형 환율 수준으로부터 장기간 이탈하는 등의 문제가 심화되는 경우를 예방하고 이에 대처하기 위해 정부는 다양한 정책 수단을 동원한다. 오버슈팅의 원인인 물가 경직성을 완화하기 위한 정책 수단 중 강제성이 낮은 사례로는 외환의 수급 불균형 해소를 위해 관련 정보를 신속하고 정확하게 공개하거나, 불필요한 가격 규제를 축소하는 것을 들 수 있다. 한편 오버슈팅에 따른 부정적 파급 효과를 완화하기 위해 정부는 환율 변동으로 가격이 급등한 수입 필수 품목에 대한 세금을 조절함으로써 내수가 급격히 위축되는 것을 ⓔ 방지하려고 하기도 한다. 또한 환율 급등락으로 인한 피해에 대비하여 수출입 기업에 환율 변동 보험을 제공하거나, 외화 차입 시 지급 보증을 제공하기도 한다. 이러한 정책 수단은 직접성이 높은 특성을 가진다. 이와 같이 정부는 기초 경제 여건을 반영한 환율의 추세는 ⓓ 용인하되, 사전적 또는 사후적인 미세 조정 정책 수단을 활용하여 환율의 단기 급등락에 따른 위험으로부터 실물 경제와 금융 시장의 안정을 도모하는 정책을 수행한다.

66 윗글의 진술 방식에 대한 설명으로 가장 적절한 것은?

① 구체적인 사례를 통해 일반적인 원리를 도출하고 있다.
② 대립되는 두 입장을 소개한 후 이를 절충하여 대안을 제시하고 있다.
③ 핵심 개념에 대한 구체적인 사례를 제시하여 독자의 이해를 돕고 있다.
④ 기존의 통념을 비판하며 글을 시작하여 독자의 호기심을 유발하고 있다.
⑤ 역사적 흐름에 따른 핵심 개념의 변천 과정과 그 의의에 대해 설명하고 있다.

67 정부의 정책 수단인 ㉮의 사례를 설명한 내용으로 적절하지 않은 것은?

① 민간에서 정책을 수행하게 하는 것은 직접성이 낮은 사례이다.
② 일반적으로 사회 규제의 정도를 조절하는 것은 가시성이 낮은 사례이다.
③ 전기 자동차 보조금 제도를 별도의 기구를 설립하여 시행하는 것은 자동성이 높은 사례이다.
④ 외환의 수급 불균형 해소를 위해 관련 정보를 신속하고 정확하게 공개하는 것은 강제성이 낮은 사례이다.
⑤ 수출입 기업에 환율 변동 보험을 제공하거나 외화 차입 시 지급 보증을 제공하는 것은 직접성이 높은 사례이다.

68 다음 〈보기〉의 내용은 [가]의 내용을 정리한 것이다. ⓐ~ⓔ에 들어갈 내용을 짝지은 것으로 가장 적절한 것은?

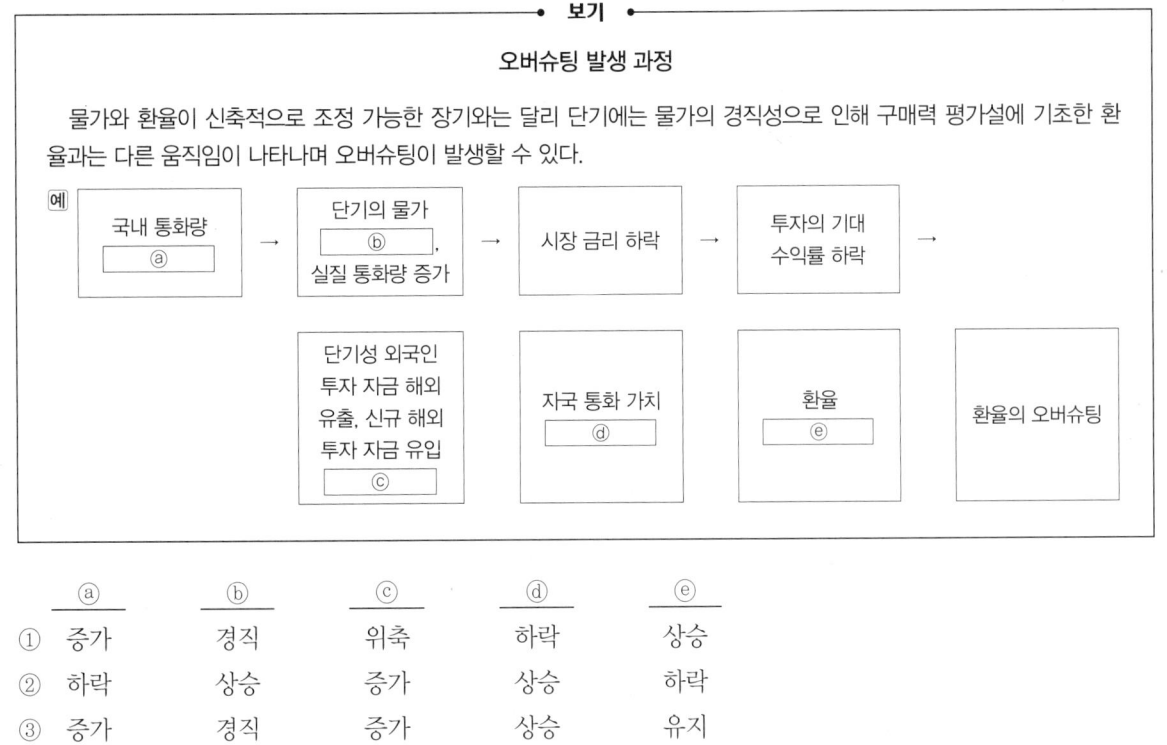

	ⓐ	ⓑ	ⓒ	ⓓ	ⓔ
①	증가	경직	위축	하락	상승
②	하락	상승	증가	상승	하락
③	증가	경직	증가	상승	유지
④	증가	상승	위축	하락	하락
⑤	하락	경직	증가	하락	상승

69 문맥상 ㉠~㉤과 바꿔 쓰기에 적절하지 않은 것은?

① ㉠: 야기되는
② ㉡: 떨어진다
③ ㉢: 지나치게
④ ㉣: 제어하려고
⑤ ㉤: 받아들이되

[70~72] 다음 글을 읽고 물음에 답하시오.

우리는 일상생활에서 중요한 일을 앞두고 스스로 불리한 조건을 만드는 경우를 흔히 볼 수 있다. 심리학에서는 이를 스스로에게 핸디캡을 준다는 의미로 '㉠ 셀프 핸디캐핑(self-handicapping)'이라 부른다. 셀프 핸디캐핑이란 일상생활에서 자신의 중요한 어떤 특성이 평가의 대상이 될 가능성이 있고, 동시에 거기에서 좋은 평가를 받을 수 있을지 불확실한 경우, 과제 수행을 방해할 불리한 조건을 스스로 만들어 내어 그 불리한 조건을 다른 사람에게 주장하는 것을 말한다. 중요한 시험 전날, 공부는 하지 않고 영화를 보러 간 학생이 다음날 아침에 등교하자마자 다른 학생들에게 들으라는 듯 자신이 어제 본 영화의 내용에 대해 큰 소리로 떠드는 경우가 이에 해당한다.

심리학자인 아킨과 바움가드너는 셀프 핸디캐핑을 위치와 형태의 두 가지 측면에서 분류했다. 위치에 따른 분류는 불리한 조건을 자신의 내부에서 찾느냐 아니면 자신의 외부에서 찾느냐 기준으로 셀프 핸디캐핑을 나누는 것이다. 즉, 약물이나 알코올의 섭취, 노력의 억제 등은 내적 셀프 핸디캐핑에, 불리한 수행 조건이나 곤란한 목표를 선택하는 것은 외적 셀프 핸디캐핑에 해당한다. 형태에 따른 분류는 성공 가능성을 떨어뜨릴 수 있는 불리한 조건을 스스로 만드는가, 아니면 자신이 처한 기존의 불리한 조건을 주장하는가에 따라 각각 획득적 셀프 핸디캐핑과 주장적 셀프 핸디캐핑으로 나누는 것이다.

이러한 셀프 핸디캐핑은 수행할 과제가 본인에게 중요할수록 일어나기 쉽다고 알려져 있다. 또한 앞으로 수행할 과제에서 계속해서 성공할 수 있을지에 대해 확신할 수 없거나, 자존심 같은 성격적 특성이 두드러질 때도 셀프 핸디캐핑이 일어나기 쉽다고 한다.

그런데 사람들은 왜 스스로에게 불리한 조건을 만드는 셀프 핸디캐핑을 사용하는 것일까? 우선 불리한 조건을 스스로 만들어 두면 과제 수행에 실패했을 때는 물론이고 성공했을 때도 자신에게 유리한 평가를 이끌어 낼 가능성이 있기 때문이다. 과제 수행에 실패했다면 불리한 조건이 좋은 핑계가 될 수 있을 것이고 반대로 운 좋게 과제 수행에 성공했다면 불리한 조건에도 불구하고 뛰어난 능력으로 성공한 사람으로 평가를 받을 수 있는 것이다. 그리고 타인의 셀프 핸디캐핑에 대한 사람들의 반응도 셀프 핸디캐핑의 유혹에 빠지게 하는 이유가 될 수 있다. 왜냐하면 사람들은 누가 셀프 핸디캐핑을 사용한다는 것을 알더라도 그 사람과의 평소 관계를 고려해서 당사자 앞에서는 그것을 직접적으로 지적하지는 않기 때문이다.

하지만 연구 결과 셀프 핸디캐핑이 그렇게 효과적이지는 못한 것으로 나타났다. 셀프 핸디캐핑을 사용함으로써 당장은 자신에 대한 부정적인 평가를 약하게 할 수도 있지만, 계속 사용하다 보면 결국에는 '핑계만 대는 사람'이라고 낙인찍히게 된다는 것이다. 또한 자기 개발을 위한 노력을 덜 하게 되어 결국 자신의 능력을 키울 수 있는 기회를 원천봉쇄하는 것이 되고 말 수도 있다. 즉, 셀프 핸디캐핑이 단기적으로는 이익이 될지 모르지만 장기적으로는 더 큰 손해가 될 수밖에 없는 것이다.

70 ㉠에 대한 설명으로 가장 적절한 것은?

① 자존심이 강할수록 적게 일어난다.
② 타인에게 들키지 않아 쉽게 유혹에 빠질 수 있다.
③ 수행할 과제의 중요도가 높지 않을수록 쉽게 일어난다.
④ 단기적으로는 효과가 미미하나 장기적으로 사용할수록 효과가 크게 나타난다.
⑤ 과제 수행 성공 여부에 관계없이 자신에게 유리한 평가를 이끌어 내기 위해 사용한다.

71 '셀프 핸드캐핑'이 일어나기 쉬운 상황으로 적절하지 <u>않은</u> 것은?

① 다음 주에 볼 시험 결과에 따라 취직 여부가 결정될 때
② 가진 능력에 비해 과하게 좋은 평가를 받는 것이 불편할 때
③ 본인의 실력에 비해 과제가 너무 어려워 해낼 자신이 없을 때
④ 남들과 크게 비교되어 자신이 뒤떨어지는 상황을 피하고 싶을 때
⑤ 단독으로 맡은 중대한 프로젝트를 많은 사람들 앞에서 발표해야 할 때

72 윗글의 내용을 참고했을 때, ⓐ에 들어갈 내용으로 가장 적절한 것은?

구분	내적 셀프 핸디캐핑	외적 셀프 핸디캐핑
획득적 셀프 핸디캐핑		ⓐ
주장적 셀프 핸디캐핑		

① 합격 가능성이 전혀 없는 대학에 지원했다.
② 공부를 하지 않고 중요한 자격증 시험을 봤다.
③ 과제 제출 당일, 전날에 아파서 과제를 하지 못했다고 둘러댔다.
④ 운동 경기 당일, 전날에 원치 않는 회식이 있었음을 주변에 알렸다.
⑤ 여러 문제 중 어려운 문제를 맡았기 때문에 풀지 못했다고 주장했다.

[73~76] 다음 글을 읽고 물음에 답하시오.

자연에서 발생하는 모든 일은 목적 지향적인가? 자기 몸통보다 더 큰 나뭇가지나 잎사귀를 허둥대며 운반하는 개미들은 분명히 목적을 가진 듯이 보인다. 그런데 가을에 지는 낙엽이나 한밤중에 쏟아지는 우박도 목적을 가질까? 아리스토텔레스는 모든 자연물이 목적을 추구하는 본성을 타고나며, 외적 원인이 아니라 내재적 본성에 따른 운동을 한다는 ⊙ 목적론을 제시한다. 그는 자연물이 단순히 목적을 갖는 데 그치는 것이 아니라 목적을 실현할 능력도 타고나며, 그 목적은 방해받지 않는 한 반드시 실현될 것이고, 그 본성적 목적의 실현은 운동 주체에 항상 바람직한 결과를 가져온다고 믿는다. 아리스토텔레스는 이러한 자신의 견해를 "자연은 헛된 일을 하지 않는다!"라는 말로 요약한다.

근대에 접어들어 모든 사물이 생명력을 갖지 않는 일종의 기계라는 견해가 강조되면서, 아리스토텔레스의 목적론은 비과학적이라는 이유로 많은 비판에 직면한다. 갈릴레이는 목적론적 설명이 과학적 설명으로 사용될 수 없다고 주장했고, 베이컨은 목적에 대한 탐구가 과학에 무익하다고 평가했으며, 스피노자는 목적론이 자연에 대한 이해를 왜곡한다고 비판했다. 이들의 비판은 목적론이 인간 이외의 자연물도 이성을 갖는 것으로 의인화한다는 것이다. 그러나 이런 비판과는 달리 아리스토텔레스는 자연물을 생물과 무생물로, 생물을 식물·동물·인간으로 나누고, 인간만이 이성을 지닌다고 생각했다.

일부 현대학자들은, 근대 사상가들이 당시 과학에 기초한 기계론적 모형이 더 설득력을 갖는다는 일종의 교조적 믿음에 의존했을 뿐, 아리스토텔레스의 목적론을 거부할 충분한 근거를 제시하지 못했다고 비판한다. 이런 맥락에서 볼로틴은 근대 과학이 자연에 목적이 없음을 보이지도 못했고 그렇게 하려는 시도조차 하지 않았다고 지적한다. 또한 우드필드는 목적론적 설명이 과학적 설명은 아니지만, 목적론의 옳고 그름을 확인할 수 없기 때문에 목적론이 거짓이라 할 수도 없다고 지적한다.

17세기의 과학은 실험을 통해 과학적 설명의 참·거짓을 확인할 것을 요구했고, 그런 경향은 생명체를 비롯한 세상의 모든 것이 물질로만 구성된다는 물질론으로 이어졌으며, 물질론 가운데 일부는 모든 생물학적 과정이 물리·화학 법칙으로 설명된다는 환원론으로 이어졌다. 이런 환원론은 살아 있는 생명체가 죽은 물질과 다르지 않음을 함축한다. 하지만 아리스토텔레스는 자연물의 물질적 구성 요소를 알면 그것의 본성을 모두 설명할 수 있다는 ⓒ 엠페도클레스의 견해를 반박했다. 이 반박은 자연물이 단순히 물질로만 이루어진 것이 아니며, 또한 그것의 본성이 단순히 물리·화학적으로 환원되지도 않는다는 주장을 내포한다.

첨단 과학의 발전에도 불구하고 생명체의 존재 원리와 이유를 정확히 규명하는 과제는 아직 진행 중이다. 자연물의 구성 요소에 대한 아리스토텔레스의 탐구는 자연물이 존재하고 운동하는 원리와 이유를 밝히려는 것이었고, 그의 목적론은 지금까지 이어지는 그러한 탐구의 출발점이라 할 수 있다.

73 윗글의 진술 방식에 대한 설명으로 가장 적절한 것은?

① 특정 이론에 대한 비판적 견해에 근거를 들어 이론의 타당성을 주장하고 있다.
② 질문을 통해 독자의 궁금증을 유발함으로써 해당 사안에 대한 관심을 촉구하고 있다.
③ 특정 이론을 비슷한 특성을 가진 개념에 비유하여 설명함으로써 내용 이해를 돕고 있다.
④ 대립되는 두 이론을 교차 제시하며 현재 당면한 과제 해결에 대한 주제로 유도하고 있다.
⑤ 인과관계를 포함한 사건의 진행 과정을 순차적으로 서술함으로써 논지를 강화시키고 있다.

74 ㉠에 대한 설명으로 적절한 것은?

① 자연물의 물질적 구성 요소를 알면 그것의 본성을 모두 설명할 수 있다.
② 과학에 기초한 기계론적 모형이 설득력을 갖는다는 믿음을 바탕으로 한다.
③ 내재적 본성에 따른 운동 주체가 실현하는 목적은 늘 바람직한 결과를 이끌어낸다.
④ 생물인 개미와는 달리 무생물인 한밤중의 우박은 본성적 목적을 가진다고 보기 어렵다.
⑤ 자연물은 바람직한 결과를 가져오는 본성적 목적을 실현하고자 하므로 이성을 갖는 것으로 본다.

75 윗글을 이해한 내용으로 적절한 것은?

① 볼로틴과 우드필드는 목적론이 과학적인 이론임을 증명하였다.
② 목적론은 인간 이외의 자연물이 이성을 갖는 것으로 의인화한다는 비판을 받았다.
③ 환원론에서는 목적론과 물질론 두 이론이 양립할 수 있도록 해결책을 제시하였다.
④ 아리스토텔레스는 목적론이 비과학적이라는 견해에 일부 동의하며 절충안을 제시하였다.
⑤ 아리스토텔레스의 목적론은 생명체의 존재 원리와 이유가 명확히 규명되는 데 기여하였다.

76 〈보기〉의 ⓐ~ⓔ 중 ㉡과 같은 입장을 취하지 않는 것은?

· 보기 ·

일부 학자들은 사회생물학의 득세에 대해서 곱지 않은 시선을 보낸다. 신성한 존재로 여겨져 왔던 인간을 격하하고, ⓐ 생물학적 결정론의 논리를 통해 윤리적 자유를 무력화하며, 폭력적 환원주의를 구사한다는 이유에서다. 특히 ⓑ 환원주의에 대한 비판이 거세다. 인간이 유전자를 가지고 있다는 사실이 'ⓒ 자연의 인과적 결정'에 때로는 대립할 수 있는 ⓓ 실천의 자유를 억누를 수는 없기 때문이다. 게다가 인간이 지니고 있는 고도의 정신문화와 관념들을 ⓔ 유전자 프로그램과 진화기작으로 설명하는 것은 무리라는 주장도 펼친다.

① ⓐ ② ⓑ
③ ⓒ ④ ⓓ
⑤ ⓔ

[77~80] 다음 글을 읽고 물음에 답하시오.

디지털 카메라에는 피사체를 선명하게 촬영하기 위해 초점을 자동으로 맞추는 자동 초점 방식이 활용되고 있다. 자동 초점 방식은 일반적으로 ㉠ 피사체로부터 반사되는 빛을 활용하여 초점을 맞추는데, 자동 초점 방식에는 대표적으로 대비 검출 방식과 위상차 검출 방식이 있다.

대비 검출 방식은 촬영 렌즈를 통해 들어온 빛을 피사체의 상이 맺히는 이미지 센서로 바로 보내 이미지 센서에서 초점을 직접 검출한다. 이 방식은 피사체로부터 반사되어 들어오는 빛들의 밝기 차이인 빛의 대비를 분석하는 원리를 이용한다. 빛의 대비가 클수록 이미지 센서에 맺히는 상이 선명해져 초점이 정확하게 맞게 된다. 이런 원리를 활용해 대비 검출 방식에서는 빛의 대비가 최대치가 되는 지점을 파악하기 위해 촬영 렌즈를 앞뒤로 반복적으로 움직이면서 이미지 센서에 맺힌 상을 분석한다. 이 방식은 촬영 렌즈가 반복적으로 움직여야 하므로 초점을 맞추는 속도가 상대적으로 느려 빠르게 움직이는 피사체를 촬영할 때는 초점을 맞추기 힘들다. 하지만 별도의 센서에서 초점을 검출하지 않고 상이 맺히는 이미지 센서에서 직접 초점을 검출하기 때문에 초점의 정확도가 높으며 오류의 가능성이 낮다.

㉡ 위상차 검출 방식은 상이 맺히는 이미지 센서가 직접 초점을 검출하지 않고 AF 센서에서 초점을 검출한다. 이 방식은 AF 센서에 맺히는 빛의 위치 차이인 위상차를 분석하는 원리를 이용한다. 위상차 검출 방식을 활용하여 초점을 맞추는 과정은 일반적으로 다음과 같이 진행된다. 우선 피사체로부터 반사된 빛은 촬영 렌즈를 통해 들어와, 주 반사 거울에서 반사되거나 주 반사 거울을 통과하게 된다. 주 반사 거울에서 반사된 빛은 뷰 파인더로 보내져 촬영자가 피사체를 눈으로 확인할 수 있게 해 준다. 한편 주 반사 거울을 통과한 빛은 보조 반사 거울에서 반사되어 한 쌍의 마이크로 렌즈를 통과하면서 분리되고 각각의 AF 센서에 도달하게 된다. 이때 AF 센서에서는 광학적으로 이미 결정되어 있는 위상차 기준값과 새롭게 측정한 위상차 값을 비교하여 초점이 맞았는지를 판단하게 된다.

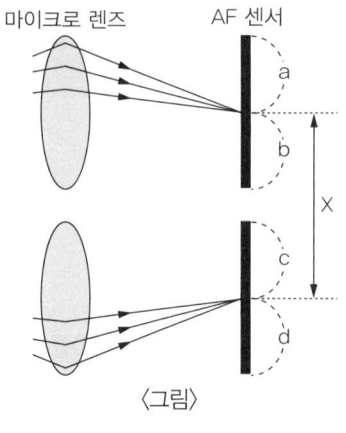
〈그림〉

〈그림〉과 같이 한 쌍의 마이크로 렌즈를 지난 빛들이 각각의 AF 센서 표면의 한 점에서 수렴되면, 이 두 점 사이의 간격인 위상차 값 X가 광학적으로 이미 결정되어 있는 위상차 기준값과 일치하게 되어 AF 센서는 초점이 맞았다고 판단한다. 하지만 〈그림〉의 상황과 달리 마이크로 렌즈를 지난 빛들이 AF 센서에 도달하기 전에 수렴하게 되면 빛들은 각각 AF 센서의 b 영역과 c 영역에 퍼져서 도달한다. 이 경우 측정된 위상차 값은 정해진 위상차 기준값보다 작아지기 때문에 초점을 맞추기 위해 촬영 렌즈를 뒤로 이동시킨다. 반대로 마이크로 렌즈를 지난 빛들이 AF 센서에 도달할 때까지 수렴하지 못하게 되면 빛들은 각각 AF 센서의 a 영역과 d 영역에 퍼져서 도달한다. 이 경우 측정된 위상차 값은 정해진 위상차 기준값보다 커지기 때문에 초점을 맞추기 위해 촬영 렌즈를 앞으로 이동시킨다. 이 방식은 AF 센서에서 초점을 검출하여 촬영 렌즈를 한 번만 이동시키기 때문에 초점을 맞추는 속도가 상대적으로 빠르다.

77 윗글의 서술 방식으로 가장 적절한 것은?

① 상반된 견해에 대한 절충적 대안을 제시하고 있다.
② 다양한 사례를 기반으로 하여 일반적 원리를 도출하고 있다.
③ 대상의 형성과 발달 과정을 중심으로 내용을 전개하고 있다.
④ 과학적 개념에 대한 두 견해의 장단점을 서로 비교하고 있다.
⑤ 대상이 작동하는 원리의 차이점을 서로 비교하여 설명하고 있다.

78 ㉠에 대한 설명으로 적절하지 <u>않은</u> 것은?

① 대비 검출 방식에서 ㉠은 촬영 렌즈를 통해 들어와 이미지 센서로 바로 보내진다.
② 위상차 검출 방식에서 주 반사 거울을 통과한 ㉠은 보조 반사 거울에서 반사된다.
③ 대비 검출 방식에서 ㉠의 밝기 차이가 클수록 상이 선명해지므로 초점도 정확해진다.
④ 위상차 검출 방식에서 보조 반사 거울을 통과한 ㉠은 마이크로 렌즈를 거쳐 AF 센서에 도달한다.
⑤ 위상차 검출 방식에서 주 반사 거울에서 반사된 ㉠은 촬영자가 피사체를 눈으로 직접 확인할 수 있는 뷰파인더로 보내진다.

79 〈보기〉의 ⓐ~ⓒ에 들어갈 말로 적절한 것은?

― 보기 ―

가: 달리고 있는 KTX 사진을 찍어야 하는데 어떤 카메라가 좋을까요?
나: (ⓐ) 방식을 활용한 카메라가 좋겠네요. (ⓑ) 방식이 적용된 것에 비하여 초점을 맞추는 시간이 더 (ⓒ) 움직이는 것도 잘 찍을 수 있거든요.

	㉠	㉡	㉢
①	자동 초점	대비 검출	길어서
②	자동 초점	위상차 검출	길어서
③	위상차 검출	대비 검출	짧아서
④	위상차 검출	자동 초점	짧아서
⑤	대비 검출	자동 초점	길어서

80 다음은 윗글을 참고하여 위상차 검출 방식을 적용한 카메라의 촬영 과정 일부를 도식화한 것이다. 〈보기〉를 이해한 내용으로 적절한 것은?

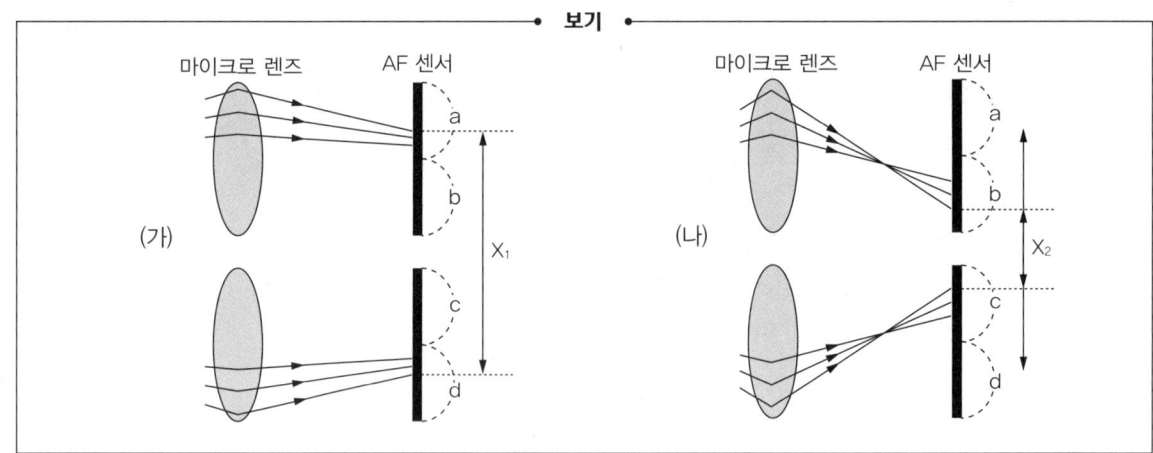

① (가): AF 센서는 X_1을 늘여야 초점을 맞출 수 있다.
② (가): 빛들이 한 점에 수렴되도록 위상차 기준값을 낮추어야 한다.
③ (나): 초점을 맞추기 위해 촬영 렌즈를 앞으로 옮길 것이다.
④ (나): 빛들이 도달한 영역을 보아 X_2는 위상차 기준값보다 작을 것이다.
⑤ (나): X_2를 위상차 기준값과 동일하게 만들기 위해 촬영 렌즈를 두 번 움직일 것이다.

[81~82] 다음 글을 읽고 물음에 답하시오.

	조달청	
수신자	수신자 참조	
(경유)		
제목	우리 부 서식 정비를 위한 행정규칙 일괄 개정 통보 및 소속 기관 내규 서식 자체 정비 요청	

1. 개인 정보를 적극적으로 보호하고, 대국민 불편·부담을 없애며, 서식 간 통일성 및 일관성 확보를 위해 우리 부 행정규칙을 다음과 같이 일괄 개정하고 이를 알려 드리오니, 업무에 참고하시기 바랍니다.

2. 아울러, 서식 정비의 원활한 추진을 위해 「행정규칙 개정 알람 2차 워크숍」을 개최하오니 참석 가능 여부를 오는 20○○. 11. 23. 18:00까지 통보하여 주시면 감사하겠습니다.

> ▶ 참석 대상: 기관별 희망자 2명 이내
> ▶ 일시 및 장소: 20○○. 11. 25., △△시 시청 1관 ◇◇홀
> ▶ 신청 방법: 서식에 따라 신청 서류를 작성하여 공문 또는 메일로 제출
> ※ 워크숍 당일 자가용 이용 시 지정된 주차장을 이용해 주시기 바랍니다.

3. 또한, 각 소속 기관에서는 내부 규정상 서식 일체를 자체적으로 정비하여 20○○. 11. 30.(월)까지 규제개혁법무담당관실로 정비 결과를 공문으로 통보하여 주시기 바랍니다.
※ 서식이 있는 내규 모두를 개정하고 나서 개정 전문을 보내 주시기 바랍니다.

– 다음 –

가. 개정 행정규칙: 총 25개
　　1) 훈령 15개, 예규 3개, 고시 7개
나. 서식 정비 내용
　　1) 주민등록번호를 생년월일로 대체: 11건
　　2) 서식 제원 표시 등 서식 설계 기준 적용: 167건　끝.

81 윗글을 이해한 내용으로 가장 적절한 것은?

① 워크숍 참석 가능 여부는 참석 당일까지 온라인으로 알려 주면 된다.
② 앞으로는 개인 정보 보호를 위해 주민등록번호의 앞자리만 기재하면 된다.
③ 내규 서식 정비 결과는 서식 설계 기준이 적용된 부분만 간추려 통보하면 된다.
④ 서식 정비의 일관성 유지를 위하여 정기적으로 개정 알람 워크숍도 개최할 예정이다.
⑤ 소속 기관은 내규 서식을 정비하기 전 규제개혁법무담당관실의 사전 검토를 받아야 한다.

82 윗글에 추가로 제시되어야 할 정보로 적절하지 않은 것은?

① 워크숍 개최 목적
② 신청 서식을 제출할 메일 주소
③ 워크숍이 진행되는 구체적인 시간
④ 참석 신청을 위해 작성해야 할 서식
⑤ 워크숍 당일 사용 가능한 주차장의 위치

[83~85] 다음 글을 읽고 물음에 답하시오.

 농촌진흥청　　　　보 도 자 료

옥수수 피해 해충 제때 방제하세요.
- 조명나방·왕담배나방·멸강나방 방제로 피해 예방해야 -

□ 올해 5~7월 기온이 평년(과거 30년 평균)보다 높을 것으로 전망되고, 5월 국내 기온이 작년보다 높으면 옥수수를 가해하는 해충 발생 시기도 며칠 빨라질 것으로 예상된다.
　○ 농촌진흥청(청장 조○○)은 옥수수 파종이 끝난 이 시기에 옥수수에 발생하는 조명나방, 왕담배나방, 멸강나방 등 주요 해충 피해에 대비할 것을 당부했다.

□ 조명나방은 옥수수에 가장 큰 피해를 주는 대표적인 해충이다. 애벌레가 말린 잎에 숨어서 옥수수를 가해하므로 피해가 진행돼도 쉽게 알 수 없고, 제때 방제 시기를 놓치면 살충제를 처리해도 효과가 거의 없다.
　○ 겨울을 나고 5~6월 출현한 성충이 옥수수 잎 뒷면에 알을 낳고 여기서 깨어난 애벌레가 옥수수에 피해를 주기 때문에 이 시기 애벌레 방제가 중요하다.
　○ 애벌레가 많은 옥수수 9~11잎 시기에 인독사카브, 에토펜프록스, 클로란트라닐리프롤 등을 뿌려 방제한다. 카보퓨란과 같은 잔류효과가 긴 살충제는 6~7잎 시기(엽기)에 토양에 처리한다.

□ 왕담배나방은 성충이 이삭 수염 부근에 알을 낳고 알에서 깬 애벌레가 이삭 수염과 이삭 끝을 가해해 옥수수의 상품성을 떨어뜨린다.
　○ 월동 후 1화기 성충은 대체로 5월 말에서 6월 초에 발생하여 크게 문제가 되지 않으나, 6월 말에서 7월 중순 사이에 발생하는 2화기 성충이 낳은 알이 문제가 된다.
　○ 따라서 이삭 수염이 나오는 시기에 인독사카브, 클로란트라닐리프롤 등으로 애벌레를 방제하는 것이 효과적이다.
　　- 왕담배나방 발생은 지역별 편차가 심하며, 이전에 피해가 많았던 지역에서는 특히 경계할 필요가 있다.

　　　　　　㉠

□ 멸강나방은 해외에서 국내로 날아 들어오는 해충이다. 1차 이동기인 3~4월보다 2차 이동기인 5~6월에 매우 많은 성충이 중국으로부터 들어와 옥수수는 물론 목초, 벼 같은 어린 볏과 작물의 잎에 큰 피해를 준다.
　○ 옥수수 재배지의 애벌레를 관찰해 성충 발생 뒤 5~13일 사이에 인독사카브, 펜토에이트, 플루벤디아마이드 등으로 방제해야 한다.

□ 농가에서 약제를 사용할 때는 등록된 약제를 안전사용기준에 따라 살포해야 한다. 작물별로 등록된 제초제와 살균제, 살충제를 비롯해 잠정등록 작물보호제와 관련된 정보는 농촌진흥청 농약안전정보시스템(psis.rda.go.kr)에서 확인할 수 있다.

□ 농촌진흥청 국립식량과학원 윤△△ 원장은 "해충은 제때 방제하는 것이 중요하다. 적절한 방제 시기 외에 살충제를 쓰면 재배지의 천적을 죽여 오히려 피해를 증가시킬 수 있으므로 방제 시기와 약제 사용에 주의해야 한다."라고 말했다.

83 윗글의 내용에 부합하는 것은?

① 일반적으로 기온이 올라갈수록 해충이 부화하는 시기는 늦어진다.
② 잔류효과가 긴 살충제는 애벌레가 많은 시기에 살포해야 효과적이다.
③ 해충이 발생할 때마다 즉시 살충제로 처리해야 피해 예방 효과가 높다.
④ 멸강나방의 성충은 늦봄에서 초여름에 해외에서 국내로 많이 유입된다.
⑤ 조명나방이 주는 피해는 눈에 잘 띄지 않으므로 월동 전 방제가 중요하다.

84 문맥상 ㉠에 들어갈 수 있는 내용으로 가장 적절한 것은?

① 실제로 작년 여름철 옥수수의 수확량은 전년도 동기 대비 70% 정도밖에 되지 않은 것으로 밝혀졌다.
② 실제로 왕담배나방은 전국적으로 분포하며 옥수수에 위해를 가해 상품성을 떨어뜨리는 것으로 밝혀졌다.
③ 실제로 왕담배나방의 부화가 평년 대비 이르게 진행된 해에는 옥수수 수확 시기도 빨라졌던 것으로 밝혀졌다.
④ 실제로 지구 온난화가 진행될수록 왕담배나방의 방제 시기는 6월 말에서 7월 중순 사이가 적기인 것으로 밝혀졌다.
⑤ 실제로 20○○년도 강원도 평창에서는 옥수수 수확 시기에 발생한 해충의 약 85%가 왕담배나방이었던 것으로 밝혀졌다.

85 위 보도 자료를 작성하기 전에 알아본 내용으로 볼 수 없는 것은?

① 옥수수 해충의 평균적인 발생 시기
② 옥수수 해충의 생태에 따른 방제 약품
③ 옥수수 수확 시기에 대한 전문가 의견
④ 농약의 안전사용기준을 알 수 있는 방법
⑤ 올해 5월부터 7월까지의 예상 평균 기온

[86~88] 다음 글을 읽고 물음에 답하시오.

연명의료결정제도

1. 정의
   ① 사전연명의료의향서: 19세 이상의 건강한 성인이라면 누구나 자신이 향후 임종 과정에 있는 환자가 되었을 때를 대비하여 연명의료 및 호스피스에 관한 의향을 문서로 작성해 둘 수 있습니다. 다만 본인이 직접 보건복지부가 지정한 사전연명의료의향서 등록기관을 찾아가 상담사로부터 충분한 설명을 듣고 작성해야 법적으로 유효한 서식이 됩니다.
   ② 연명의료계획서: 담당 의사 및 전문의 1인에 의해 말기 환자나 임종 과정에 있는 환자로 진단 또는 판단을 받은 환자에 대해 담당 의사가 작성하는 서식입니다.
   ※ 이미 사전연명의료의향서나 연명의료계획서를 작성하였더라도 본인은 언제든지 그 의사를 변경하거나 철회할 수 있습니다.

2. 유의 사항
   ① 사전연명의료의향서
      ㉠ 등록 기관으로부터 연명의료 시행 방법이나 사전연명의료의향서의 효력 등에 대한 설명을 충분히 듣고, 그 내용을 이해한 후 작성하여야 합니다.
      ㉡ 반드시 자발적 의사에 따라 작성자 본인 확인을 거쳐 본인이 직접 작성해야 합니다.
      ㉢ 방문 기관에서 비용을 요구하는 경우는 보건복지부가 지정한 등록 기관이 아닐 가능성이 있습니다.
   ② 연명의료계획서
      ㉠ 환자 본인이 직접 담당 의사로부터 충분한 설명을 듣고, 그 내용을 이해해야 합니다. 다만, 해당 환자가 미성년자라면 환자 및 그 법정대리인이 함께 설명을 들어야 합니다.
      ㉡ 작성자는 담당 의사에게 본인의 연명의료계획서의 조회를 요청할 수 있습니다. 환자 가족은 국립연명의료관리기관의 장 또는 의료 기관의 장에게 관련 서류를 제출하여 환자의 연명의료계획서의 열람을 요청할 수 있습니다.
      ㉢ ①을 등록한 후 ②를 재작성한 경우 법적 효력의 발생 시기가 달라집니다.

86 윗글을 읽고 답을 찾을 수 없는 것은?

구분	사전연명의료의향서	연명의료계획서
대상	19세 이상의 성인	㉠
작성	㉡	㉢
설명 의무	㉣	상담사
등록	보건복지부 지정 사전연명의료의향서 등록 기관	㉤

① ㉠ ② ㉡ ③ ㉢ ④ ㉣ ⑤ ㉤

87 윗글을 바탕으로 할 때 더 알아보아야 할 유의 사항으로 적절하지 않은 것은?

① 사전연명의료의향서를 작성할 때 등록기관에 지불해야 하는 비용은 얼마인가?
② 사전연명의료의향서나 연명의료계획서의 변경 및 철회는 어디에서 하면 되는가?
③ 연명의료계획서를 작성하기 전에 의사로부터 안내받아야 하는 세부 내용은 무엇인가?
④ 환자 가족이 환자의 연명의료계획서를 보고 싶을 경우 준비해야 하는 서류는 무엇인가?
⑤ 사전연명의료의향서 등록 후 연명의료계획서를 재작성하면 효력은 언제부터 발생하는가?

88 다음 〈보기〉는 연명의료중단등결정 및 이행 시 환자 또는 환자 가족의 결정 확인 절차이다. 이를 분석한 것으로 적절하지 않은 것은?

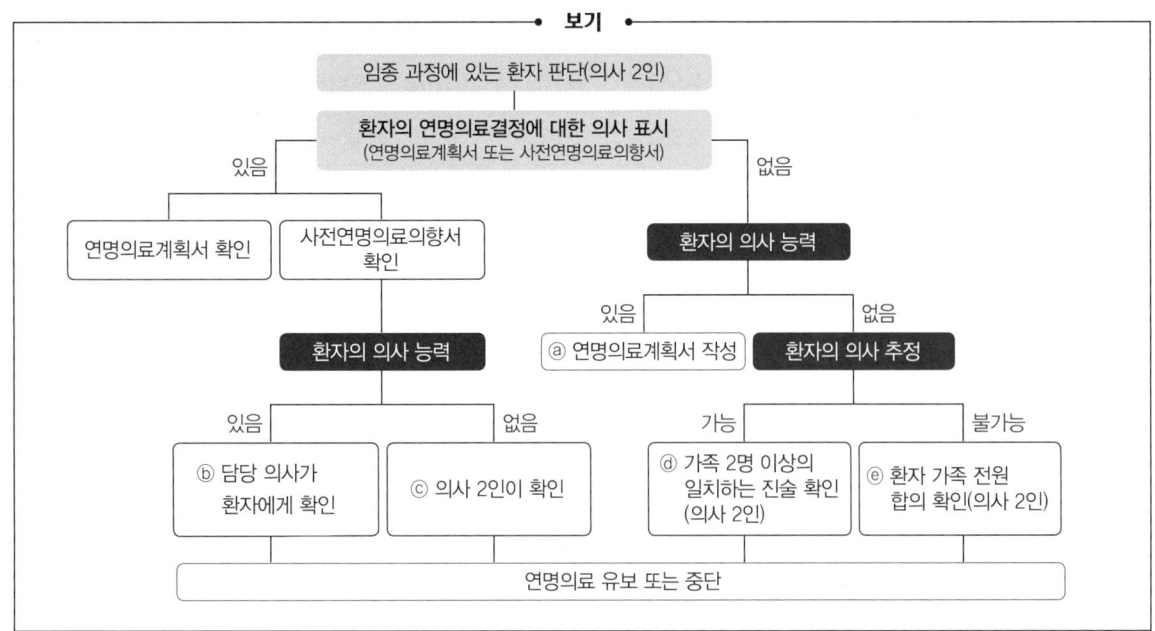

① ⓐ: 사전연명의료의향서 없이 임종 과정에 있는 환자는 원한다면 연명의료계획서를 작성할 수 있다.
② ⓑ: 환자가 미리 작성해 둔 사전연명의료의향서가 있다면 담당 의사는 환자와 함께 의향서를 확인하면 된다.
③ ⓒ: 뇌사에 빠진 환자가 미리 써 둔 사전연명의료의향서가 있다면 담당 의사는 전문의 2인과 함께 의향서를 확인해야 한다.
④ ⓓ: 환자가 평소 연명의료를 어떻게 생각하는지 밝혀 왔다면 가족 2인이 대신하여 그 내용을 의사에게 전달할 수 있다.
⑤ ⓔ: 연명의료중단등결정에 대한 환자의 의사를 전혀 확인할 수 없는 경우 가족이 모두 찬성해야 연명의료를 중단할 수 있다.

89. 다음을 분석한 내용으로 적절한 것은?

등록자 연령 내 성별 분포 현황		30세 미만	30대	40대	50대	60대	70대	80세 이상	계
사전 연명 의료 의향서	전체	3,514	7,553	34,705	114,078	332,526	573,187	243,375	1,308,938
	남	1,202	2,380	10,623	34,381	95,137	179,169	81,969	404,861
	여	2,312	5,173	24,082	79,697	237,389	394,018	161,406	904,077
연명 의료 계획서	전체	350	1,434	5,932	15,981	24,417	24,403	17,208	89,725
	남	194	602	2,866	9,760	16,797	16,378	9,353	55,950
	여	156	832	3,066	6,221	7,620	8,025	7,855	33,775

① 연령대가 높아질수록 연명의료계획서 등록을 많이 하는 추세이다.
② 50세 이상에서는 여성보다 남성이 연명의료계획서를 더 많이 등록했다.
③ 30대 남성은 같은 연령대의 여성보다 사전연명의료의향서를 더 많이 등록했다.
④ 80세 이상 사전연명의료의향서 등록자 중 여성의 비율은 남성의 두 배를 넘는다.
⑤ 사전연명의료의향서와 연명의료계획서 모두 남성 등록자보다 여성 등록자가 많다.

90. 다음 〈보기〉를 이해한 내용으로 적절하지 않은 것은?

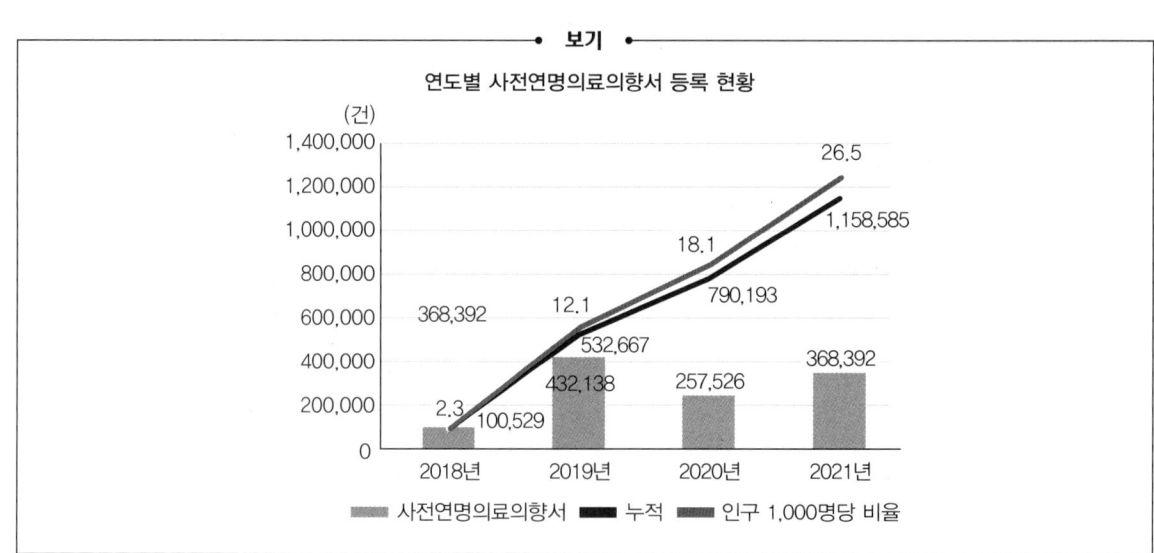

① 사전연명의료의향서의 등록 비율은 매년 증가하고 있다.
② 사전연명의료의향서의 연 등록 건수는 2019년에 40만 건을 초과했다.
③ 사전연명의료의향서의 누적 등록 건수는 2020년에 70만 건을 넘었다.
④ 사전연명의료의향서의 당해 등록 건수는 매년 40만 명을 넘지 않는다.
⑤ 사전연명의료의향서의 증가량은 2019~2020년보다 2020~2021년이 크다.

91~100 | 국어문화

91 〈보기〉를 읽고 이해한 내용으로 적절하지 <u>않은</u> 것은?

> ● 보기 ●
>
> 남북한의 대표적인 맞춤법 차이는 사이시옷과 두음 법칙 표기 적용 여부가 있다. 남한에서는 사이시옷과 두음 법칙을 모두 표기에 반영하지만, 북한에서는 반영하지 않는다. 발음과 관련된 표준어의 차이도 있다. 어간 끝소리 'ㅂ'이 '-오'나 '-우'로 바뀌는 경우와 어미 '-어'가 '-여'로 바뀌는 경우가 그것이다.

① 남한에서는 '등굣길', 북한에서는 '등교길'로 적는다.
② '流行'을 남한에서는 '유행', 북한에서는 '류행'으로 적는다.
③ '밉다'의 활용형을 남한에서는 '미워', 북한에서는 '미와'로 적는다.
④ '되다'의 활용형을 남한에서는 '되어', 북한에서는 '되여'로 적는다.
⑤ '반갑다'의 활용형을 남한에서는 '반가워', 북한에서는 '반가와'로 적는다.

92 〈보기〉는 북한 국어사전의 내용이다. 이 뜻풀이가 설명하고 있는 것은?

> ● 보기 ●
>
> 색깔이 군데군데 검은 듯하다.

① 거밋거밋하다
② 꺽두룩하다
③ 데꾼하다
④ 쭈밋하다
⑤ 챙챙하다

93 다음은 국립국어원의 '한국 수어 사전'에 실린 자료이다. 다음의 수어가 나타내는 의미는?

① 눕다
② 듣다
③ 쉬다
④ 씻다
⑤ 앉다

94 〈보기〉를 바탕으로 할 때 점자 표기의 연결이 적절하지 <u>않은</u> 것은?

• 보기 •

한국 점자는 한 칸을 구성하는 점 여섯 개를 조합하여 만든다. 그중 다음 글자가 포함된 글자들은 아래 표에 제시한 약자 표기를 이용하여 적는 것을 표준으로 삼는다.

가	나	다	마	바	사	자	카	타	파	하
⠫	⠉	⠊	⠑	⠘	⠇	⠭	⠋	⠁	⠏	⠚

① 가자 ⠫⠭
② 바다 ⠘⠊
③ 사자 ⠇⠭
④ 타다 ⠁⠊
⑤ 하마 ⠚⠑

---

95 〈보기〉의 ㉠~㉤의 방식과 그것이 사용된 어휘의 예로 바르지 <u>않은</u> 것은?

• 보기 •

훈민정음 예의 중

㉠ 냉죵ㄱ 소리는 다시 첫소리를 쓰니라.
㉡ ㅇ 입시울쏘리 아래 니어쓰면 입시울 가비야ᄫᆞᆫ소리 드외ᄂᆞ니라.
㉢ 첫소리를 어울워 뚫디면 골밟쓰라.
㉣ ㆍ와 ㅡ와 ㅗ와 ㅜ와 ㅛ와 ㅠ와란 첫소리 아래 브텨쓰고
㉤ ㅣ와 ㅏ와 ㅓ와 ㅑ와 ㅕ와란 올ᄒᆞᆫ녀긔 브텨쓰라.

[풀이]
종성 표기에는 다시 초성 글자를 쓴다.
ㅇ을 입술소리 아래 이어 쓰면 입술 가벼운 소리가 된다.
초성 글자를 아울러 쓰려면 나란히 써야 하니 종성도 같다.
ㆍ, ㅡ, ㅗ, ㅜ, ㅛ, ㅠ는 첫소리 글자의 아래에 붙여 쓰고
ㅣ, ㅏ, ㅓ, ㅑ, ㅕ는 첫소리 글자의 오른쪽에 붙여 쓴다.

① ㉠: 종성부용초성 – 곶
② ㉡: 연서 – 수비
③ ㉢: 병서 – 쑴
④ ㉣: 부서 – 낟
⑤ ㉤: 부서 – 나랏

96 〈보기〉에서 설명하고 있는 이야기의 형식은?

> **보기**
> 독립된 각각의 이야기에 동일한 인물이 등장하여 각기 다른 사건들을 경험하고 이를 통해 주제 의식을 드러내는 구성 방식을 의미한다.

① 복합 구성
② 여로 구성
③ 액자식 구성
④ 옴니버스식 구성
⑤ 피카레스크식 구성

97 〈보기〉에서 설명하고 있는 문학 작품은?

> **보기**
> 이 작품은 풍자하는 주체와 풍자되는 대상을 함께 조롱하는 이중의 풍자성을 지닌 소설이다. 이는 신빙성 없는 화자를 통해 칭찬과 비난을 역전시킴으로써 식민 통치에 협력하는 현실 순응형 인물을 비판하는 것이다.

① 줄
② 고향
③ 날개
④ 치숙
⑤ 만세전

98 〈보기〉에서 설명하고 있는 작가는?

> **보기**
> 1930년대 일제의 문화적 탄압이 강화되는 상황 속에서도 모국어의 가치를 보존하고 다듬는 데 노력을 기울였다. 특히, 우리말을 다듬어 시어의 음악성을 살리고 시적 정서와 표현 기교를 섬세하게 가다듬어 시를 예술의 경지로 끌어올리는 데 한몫을 하였다.

① 김광균
② 김영랑
③ 박목월
④ 유치환
⑤ 이육사

99 〈보기〉는 일제 강점기 신문에 게재된 글이다. 이에 대한 설명으로 적절하지 <u>않은</u> 것은?

• 보기 •

　　대여흥 이티리「오쎄라」단 일힝이 단성샤에서 출연ᄒ다는 말이나미 한번 구경키원ᄒ는 샤람들이 쳐음 시작ᄒ던 날 즉 십구일 밤 일곱 시부터 구경군이 드리밀니기 시작ᄒ야 여덜시가 넘어셔 부터 ᄋ리의층이 모다 만원이 되야 입석표ᄭ지 팔지못ᄒ는 셩황을 일우엇고 부인셕에는 기ᄉᆼ이 총츌ᄒ야 구경ᄒ는 것은 더욱 번화ᄒ엿더라 그런디 그일힝의 여흥은 참으로 볼만ᄒ 것이 만어셔 박수갈치가 이로 말ᄒ 수 업셧다더라

— 『매일신보』 1919년 4월 21일 자

① 이 공연은 단성사에서 열렸다.
② 이 공연의 개막일은 19일이었다.
③ 이 공연에는「오페라」단이 나온다.
④ 이 공연은 8시부터 입석만 판매하였다.
⑤ 이 공연은 사람들로부터 호평을 얻었다.

100 〈보기〉의 ㉠~㉤의 의미로 적절하지 <u>않은</u> 것은?

• 보기 •

　　운봉이 그 거동을 보고 본관에게 청하는 말이 "저 걸인의 ㉠<u>의관</u>은 남루하나 양반의 후예인 듯하니, 말석에 앉히고 술잔이나 먹여 보냄이 어떠하뇨?" 본관 하는 말이 "운봉 소견대로 하오마는……." 하니, 마는 소리 훗입맛이 사납것다. 어사 속으로, '오냐, 도적질은 내가 하마. 오라는 네가 져라.' 운봉이 분부하여 "저 양반 듭시래라." 어사또 들어가 ㉡<u>단좌</u>하여 좌우를 살펴보니, 당상의 모든 수령 다담을 앞에 놓고 진양조 양양할 제 어사또 상을 보니 어찌 아니 통분하랴. (중략) 어사또 하는 말이 "걸인도 어려서 추구권이나 읽었더니, 좋은 잔치 당하여서 주효를 포식하고 그저 가기 ㉢<u>무렴</u>하니 차운 한 수 하사이다." 운봉이 반겨 듣고 필연을 내어 주니 좌중이 다 못하여 글 두 귀를 지었으되, 민정을 생각하고 본관의 정체를 생각하여 지었것다. "금준 미주는 천인혈이요, 옥반 가효는 만성고라. 촉루낙시 민루락이요, 가성고처 원성고라." 이때, 어사또 ㉣<u>하직하고</u> 간 연후에 공형 불러 분부하되, "야야, 일이 났다." 공방 불러 포진 단속, 병방 불러 역마 단속, 관청색 불러 다담 단속, 옥 형리 불러 죄인 단속, 집사 불러 형구 단속, 형방 불러 문부 단속, 사령 불러 합번 단속, 한참 이리 요란할 제 ㉤<u>물색없는</u> 저 본관이 "여보, 운봉은 어디를 다니시오?" "소피하고 들어오오."

—「춘향전」

① ㉠: 옷차림이 낡고 초라하나
② ㉡: 단정하게 앉아
③ ㉢: 염치가 없으니
④ ㉣: 떠나고
⑤ ㉤: 욕심도 없는

성명	
수험 번호	
감독관 확인	

KBS 한국어능력시험
실전 모의고사
제2회

- 문제지와 답안지 모두 성명, 수험 번호를 정확히 기입하십시오.
- 답안지와 함께 문제지를 반드시 제출하십시오.
- 쉬는 시간 없이 120분 동안 시행됩니다.
- 본 시험의 내용을 무단으로 전재·복사·복제·출판·강의하는 행위와 인터넷 등을 통해 복원하는 행위는 저작권 법에 저촉됩니다.

KBS 한국어능력시험(100문항)

영역	문항
듣기 · 말하기	01~15
어휘	16~30
어법	31~45
쓰기	46~50
창안	51~60
읽기	61~90
국어문화	91~100

01~15 | 듣기·말하기

01 그림에 대한 설명으로 적절한 것은?

① 「나와 마을」은 샤갈이 말년에 여생을 보냈던 마을을 표현한 작품이다.
② 「나와 마을」은 한 가지 색상을 중점적으로 사용하여 더욱 강렬한 느낌을 준다.
③ 「나와 마을」에서 전면에 크게 그려진 남자와 염소는 모두 샤갈을 나타낸 것이다.
④ 「나와 마을」은 대각선으로 분할되거나 동그란 모양으로 이어지는 등 여러 개의 구역으로 나누어져 있다.
⑤ 「나와 마을」은 비합리적인 요소나 부조화를 이루는 초자연적인 요소를 이용하지 않고도 상징주의적인 특징을 잘 나타내었다.

02 이야기의 주제로 가장 적절한 것은?

① 모든 것은 마음먹기에 달렸다.
② 자신이 무지함을 아는 것이 앎의 시작이다.
③ 인생에서 중요한 일일수록 신중하게 결정해야 한다.
④ 자신이 잘 모르는 분야는 함부로 시도해서는 안 된다.
⑤ 어떤 일의 결과가 나타나기 전에는 그것이 좋고 나쁨을 알 수 없다.

03 강연의 내용에 대한 이해로 적절한 것은?

① 카페인 우울증은 증상을 통해서는 쉽게 알아차리기 힘들다.
② 카페인 우울증을 극복하기 위해서는 끝이 없는 취미 생활을 해야 한다.
③ SNS에 올린 게시물에 피드백이 없을 때 초조한 증상이 나타나는 것은 자연스러운 현상이다.
④ 사람을 만나 눈을 맞추고 악수를 하는 등 직접적인 소통을 할 때 더 건강한 생활을 할 수 있다.
⑤ 카페인 우울증은 소셜미디어를 많이 하면서 카페인 섭취가 늘어나고 우울증이 생기는 것을 뜻하는 단어이다.

04 방송 내용에 대한 이해로 적절하지 <u>않은</u> 것은?

① 「인생은 아름다워」는 웃음과 눈물을 동시에 주는 영화이다.
② 「인생은 아름다워」는 국제적인 영화제에서 여러 상을 받으며 작품성을 인정받았다.
③ 오펜바흐의 오페라 『호프만의 이야기』 중 「뱃노래」는 영화를 위해 만들어진 곡이다.
④ 「인생은 아름다워」에서 귀도는 아들에게 삶의 아름다움과 희망을 심어주고자 온 힘을 다한다.
⑤ 오펜바흐의 오페라 『호프만의 이야기』 중 「뱃노래」는 불안한 듯한 리듬에 이은 아름다운 하프의 반주가 매력적이다.

05 시의 주제로 가장 적절한 것은?

① 겨울을 보내는 아쉬움
② 첫눈을 기다리는 기대감
③ 원활한 소통을 하기 위한 적극적 자세
④ 추위와 어려움을 이겨내고자 하는 굳건한 의지
⑤ 힘든 이웃을 도우며 더불어 따뜻한 삶을 살고 싶은 소망

06 전문가의 설명과 일치하지 <u>않는</u> 것은?

① 천일염이나 수돗물에는 미세플라스틱이 없어 안전하다.
② 미세플라스틱은 호흡기 문제와 심혈관 질환을 유발할 수 있다.
③ 우리가 입는 옷이나 먹고 마시는 생수에도 미세플라스틱이 있다.
④ 플라스틱 쓰레기 중 5mm 이하의 작은 조각이나 파편을 미세플라스틱이라고 한다.
⑤ 미세플라스틱을 줄이기 위해서는 개인과 정부, 과학자들이 다방면에서 노력을 해야 한다.

07 진행자의 말하기 방식으로 가장 적절한 것은?

① 전문가에게 질문을 하며 대담을 진행하고 있다.
② 전문가의 의견에 근거를 들어가며 반박하고 있다.
③ 전문가에게 다양한 예를 들어가며 설명을 하고 있다.
④ 어려운 부분은 전문가에게 다시 한번 설명을 요구하고 있다.
⑤ 전문가를 설득하기 위해 자신의 생각을 정리하여 말하고 있다.

08 대화를 통해 알 수 있는 등장인물의 생각으로 볼 수 <u>없는</u> 것은?

① 엄마: 남편은 자기 기준으로만 생각하고 있다.
② 엄마: 아이들의 문화를 이해하려고 노력해야 한다.
③ 아빠: 아이들이 보는 프로그램이 마음에 들지 않는다.
④ 아빠: 아이들이 내가 좋아하는 문화를 이해해 주지 않는다.
⑤ 아들·딸: 아빠는 우리가 좋아하는 문화를 이해해 주지 않는다.

09 인물들의 말하기 방식에 대한 설명으로 적절하지 <u>않은</u> 것은?

① 엄마: 갈등이 일어나는 원인을 상대방에게 알려 주고 있다.
② 엄마: 갈등을 겪고 있는 상대방에게 해결책을 제시하고 있다.
③ 아빠: 상대방의 의견에 공감을 표시하며 의견을 수용하고 있다.
④ 아들: 질문을 통해 상대방의 행동에 대한 불만을 드러내고 있다.
⑤ 딸: 상황이 못마땅하다는 자신의 의견을 직접적으로 표현하고 있다.

10 강연의 내용과 일치하지 <u>않는</u> 것은?

① 우리나라는 신라 시대 때 깊은 바다에서 김을 채취하였다.
② 김이 최초로 등장한 우리나라의 문헌은 일연의 『삼국유사』이다.
③ 여러 문헌을 볼 때 김밥은 일본의 김초밥에서 유래한 것으로 볼 수 있다.
④ '데까마끼'는 일본의 한량들 사이에서 간단식으로 애용되다가 전투식량으로 발전하였다.
⑤ 우리나라의 김밥과 일본의 김초밥은 만드는 형식은 비슷하지만 활용 방식은 상당히 다르다.

11 강연의 특징에 대한 설명으로 가장 적절한 것은?

① 다양한 김밥의 종류와 특징을 예를 들어 소개하고 있다.
② 김밥의 유래에 대한 강연자의 주장을 분명하게 나타내고 있다.
③ 김밥의 유래가 잘못 알려지게 된 이유를 구체적으로 설명하고 있다.
④ 김밥의 유래에 대한 서로 반대되는 주장을 근거와 함께 소개하고 있다.
⑤ 김밥의 유래가 정확히 알려지지 못한 까닭을 지역 문화적으로 설명하고 있다.

12 발표의 내용과 일치하지 <u>않는</u> 것은?

① GPT는 두 가지의 학습 과정을 통해 만들어진다.
② GPT는 학습한 문서의 형식을 따라 문장을 생성한다.
③ GPT는 다음에 올 단어를 맞추는 연습을 하며 지식을 학습한다.
④ GPT는 관련성이 높은 단어들을 조합해서 문장을 지어내게 된다.
⑤ 챗GPT는 인간과 상호작용을 하여 답변을 할 수 있도록 만들어졌다.

13 발표의 내용 구성 전략으로 가장 적절한 것은?

① 챗GPT가 만들어진 학습 과정을 중심으로 설명한다.
② 챗GPT가 주목받고 있는 이유를 중심으로 설명한다.
③ 챗GPT가 지향해야 할 발전 방향을 중심으로 설명한다.
④ 챗GPT를 사용할 때 주의해야 할 점을 중심으로 설명한다.
⑤ 챗GPT의 특징 중 부족하고 보완해야 할 부분을 중심으로 설명한다.

14 대화에 대한 이해로 가장 적절한 것은?

① 박 팀장은 회사 규정 자체에 불만을 가지고 있다.
② 박 팀장은 최 과장이 책임감이 부족하다고 생각한다.
③ 김 팀장은 모든 출장비를 지원해 줄 수 없다는 입장이다.
④ 김 팀장은 영업팀에서 올린 청구서를 반려한 것을 후회하고 있다.
⑤ 김 팀장은 어떤 일이 있어도 회사 규정을 지켜야 한다고 생각한다.

15 두 사람 사이에 갈등이 생긴 근본적인 원인은?

① 회사의 재정이 탄탄하지 못하다.
② 팀 간에 상충되는 목표를 가지고 있다.
③ 박 팀장이 회사 규정을 숙지하지 못했다.
④ 최 과장이 주말에 지방으로 현장방문을 갔다.
⑤ 김 팀장이 청구서를 반려한 이유를 제대로 말해주지 않았다.

16~30 | 어휘

16 '산뜻하지 못하게 조금 하얗다'를 뜻하는 고유어는?

① 드티다
② 미쁘다
③ 아귀차다
④ 해찰하다
⑤ 해읍스름하다

17 한자어의 사전적 뜻풀이로 옳지 <u>않은</u> 것은?

① 절찬리(絕讚裡) : 지극한 칭찬을 받는 가운데
② 저간(這間) : 바로 얼마 전부터 이제까지의 무렵
③ 산실(産室) : 어떤 일을 꾸미거나 이루어 내는 곳. 또는 그런 바탕
④ 경신(更新) : 법률관계의 존속 기간이 끝났을 때 그 기간을 연장하는 일
⑤ 게시(揭示) : 여러 사람에게 알리기 위하여 내붙이거나 내걸어 두루 보게 함. 또는 그런 물건

18 밑줄 친 고유어의 의미로 적절하지 않은 것은?

① 땅에 웅숭그리고 시적시적 노량으로 땅만 판다.
　→ 어정어정 놀면서 느릿느릿.
② 사람이 너무 모지락스럽게 구는 것도 좋지 않다.
　→ 급하게 서두르거나 시끄럽게 떠들어 어수선하다.
③ 상황이 불리해지자 그는 하던 말을 서둘러 갈무리하였다.
　→ 일을 처리하여 마무리함.
④ 신용은 세상을 살아가는 데 종요로우니 너는 모름지기 지혜롭게 행동해야 한다.
　→ 없어서는 안 될 정도로 매우 긴요하다.
⑤ 동네 사람들이 약간씩 추렴해서 혼자 사는 할머니를 도와드리기로 했다.
　→ 모임이나 놀이 또는 잔치 따위의 비용으로 여럿이 각각 얼마씩의 돈을 내어 거둠.

19 다음 중 한자어와 고유어의 대응이 적절하지 않은 것은?

① 열 생성이 제어되는 원리를 규명(糾明)했다[내세웠다].
② 강보(襁褓)[포대기]에 싸였을 때부터 기르신 것인가요?
③ 상대 팀의 실책으로 최장 연패(連敗)[이어진 패배]를 모면했다.
④ 그는 고열, 두통, 구토 등 이상(異常)[정상적이지 않은] 증세를 보였다.
⑤ 건전한 여론의 형성뿐 아니라 문화의 창달(暢達)[뻗어 나감]을 선도하였다.

20 밑줄 친 한자어의 쓰임이 적절하지 않은 것은?

① 수돗물 검수(檢收)가 잘못되어 요금이 많이 나왔다.
② 사장한테서 결재(決裁)를 받은 서류를 직원에게 되넘겼다.
③ 환경 보전(保全)에 힘쓰는 것은 우리 후손을 위한 일이다.
④ 지나간 50년을 곰곰 반추(反芻)하여 보니 후회되는 일이 허다하다.
⑤ 깊이 알려고 할수록 공부에는 밟아야 되는 계제(階梯)가 있음도 짐작이 되었다.

21 밑줄 친 고유어의 쓰임이 적절하지 않은 것끼리 묶인 것은?

① ┌ 전신주에 광고 쪽지가 붙어 있었다.
　└ 벌에 쏘인 자리가 부어 있었다.
② ┌ 그들은 우리를 반갑게 맞아 주었다.
　└ 도서실에서 여러 자리를 맡는 행위는 지양해야 한다.
③ ┌ 낫으로 벼를 배는 일이 쉬운 게 아니다.
　└ 가방을 열어 보니 이미 종이에 기름이 베어 있었다.
④ ┌ 여태껏 부모 속을 썩이거나 말을 거역한 적이 없었다.
　└ 기술자가 없어서 고가의 장비를 썩히고 있다.
⑤ ┌ 사람의 이는 음식물을 잘게 부수어 삼키기 좋게 하여 소화를 돕는 역할을 한다.
　└ 밥 먹은 그릇은 깨끗이 부셔 놓아라.

22 밑줄 친 두 단어가 동음이의어 관계에 있는 것은?

① 그는 화내고 싶은 마음을 <u>누르고</u> 초인종을 <u>눌렀다</u>.
② 친구를 만나자마자 나는 미안하다는 <u>말</u>로 어렵게 <u>말</u>을 꺼냈다.
③ 누나가 무거운 <u>짐</u>을 들고 가던 모습이 마음의 <u>짐</u>으로 남아 있다.
④ 나는 사람들의 <u>눈</u>을 피하려고 다른 사람과 <u>눈</u>을 마주치지 않았다.
⑤ 그것에 대해서는 비밀로 <u>묻어</u> 두고 그 이유를 더 이상 <u>묻지</u> 않았다.

23 밑줄 친 부분이 〈보기〉의 ㉠과 동일한 의미로 쓰인 것은?

─── 보기 ───
가뭄이 계속되자 나뭇잎조차 누렇게 ㉠<u>말라</u> 떨어졌다.

① 공부만 하느라 몸이 많이 <u>말랐다</u>.
② 날씨가 맑아서 빨래가 제법 잘 <u>마른다</u>.
③ 심한 가뭄에도 이 우물은 <u>마르지</u> 않았다.
④ 돈을 아무리 써도 그의 주머니 속은 <u>마르지</u> 않았다.
⑤ 뜨거운 태양 아래서 달리기를 했더니 목이 몹시 <u>마른다</u>.

24 밑줄 친 부분을 고유어로 바꾸었을 때, 적절하지 않은 것은?

① 그녀는 책을 펼치고 입가에 <u>조소(嘲笑)</u>(→ 쓴웃음)를 머금었다.
② 이사하는 데에 <u>소요(所要)되는</u>(→ 드는) 비용이 생각보다 많다.
③ 몸의 저항력이 <u>감퇴(減退)된</u>(→ 떨어진) 탓에 자주 감기에 걸린다.
④ 우리는 이번 일정의 <u>대미(大尾)</u>를(→ 마지막을) 장식할 축제장으로 향했다.
⑤ 아무리 변호사라지만 중대 죄인을 <u>비호(庇護)하는</u>(→ 감싸고도는) 그의 행동은 정말 납득할 수가 없다.

25 두 어휘의 관계가 〈보기〉와 동일하지 않은 것은?

─── 보기 ───
곤충 – 귀뚜라미

① 길 – 고샅길
② 음식 – 국수
③ 천둥 – 우레
④ 예술 – 음악
⑤ 바느질 – 시침질

26 한자성어의 의미가 올바르지 않은 것은?

① 부화뇌동(附和雷同): 줏대 없이 남의 의견에 따라 움직임을 이르는 말
② 풍전등화(風前燈火): 사물이 매우 위태로운 처지에 놓여 있음을 이르는 말
③ 수불석권(手不釋卷): 손에서 책을 놓지 아니하고 늘 글을 읽음을 이르는 말
④ 수주대토(守株待兔): 한 가지 일에만 얽매여 발전을 모르는 어리석은 사람을 이르는 말
⑤ 망양지탄(望洋之嘆): 학문의 길이 여러 갈래여서 한 갈래의 진리도 얻기 어려움을 이르는 말

27 '지나친 치장은 주의해야 한다.'는 의미를 가진 속담으로 가장 적절한 것은?

① 망건 쓰자 파장
② 뜬쇠도 달면 어렵다
③ 거적문에 국화 돌쩌귀
④ 황소 제 이불 뜯어 먹기
⑤ 새도 앉는 데마다 깃이 든다

28 밑줄 친 관용 표현의 쓰임이 적절하지 않은 것은?

① 친구들과 놀고 싶어서 오금이 쑤실 지경이다.
② 복도로 다가오는 그림자를 보자 오금이 저렸다.
③ 기말시험을 끝내고 나서야 오금을 펼 수 있었다.
④ 가만히 있으면 오금이 박혀서 자주 돌아다녀야 한다.
⑤ 온 힘을 다하였지만 오금이 굳어서 전혀 움직일 수가 없다.

29 밑줄 친 부분을 순화한 것으로 적절하지 않은 것은?

① 저간(這間)(→ 요즈음)에 읽은 책을 소개했다.
② 그녀는 자신의 역할(役割)(→ 맡은 일)에 충실했다.
③ 이번 일은 아직도 납득(納得)(→ 이해)이 되지 않는다.
④ 지난해 대출 잔액(殘額)(→ 잔고)이 500억 원을 돌파했다.
⑤ 요즘 나에게 그림을 그려 달라고 청탁(請託)(→ 부탁)하는 사람들이 부쩍 늘었다.

30 밑줄 친 표현을 다음은 말로 적절한 것은?

① 30년 만에 타임캡슐(→ 기억상자)을 개봉하였다.
② 최근 홈페이지에 다국어 팝업창(→ 나옴창)을 개설하였다.
③ 정크푸드(→ 즉석식품) 광고를 규제하는 법안이 발의되었다.
④ 스마트폰 사용이 서툰 고객에 한해 컨설턴트(→ 전문가)가 도움을 줄 예정이다.
⑤ 당시 노인은 녹색 반팔 티셔츠와 노란색 칠푼 바지(→ 칠부바지)를 입고 있었다.

31~45 | 어법

31 단어의 표준 발음을 참고할 때 밑줄 친 부분의 발음 표기가 올바르지 않은 것은?

① [갣ː갑]: 카메라를 갯값에 팔아넘기게 생겼다.
② [우더른]: 웃어른께 조언을 청해 고비를 지혜롭게 넘기고 싶다.
③ [허드렌닐]: 온갖 허드렛일을 도맡으며 단 한 푼의 급여도 받지 못했다.
④ [초뿔]: 화재 예방을 위해 촛불 사용 시 주의사항과 안전 수칙을 안내했다.
⑤ [진무르다]: 고온다습한 날씨로 채소가 쉽게 짓무르다 보니 채솟값이 폭등하였다.

32 밑줄 친 부분의 표기가 올바르지 않은 것은?

① 걷잡을 수 없는 혼란에 빠졌다.
② 1분 1초도 허투루 사용하지 않겠다.
③ 어렸을 때부터 별의별 고생을 다 하였다.
④ 그는 내가 마음에 들지 않는다며 파투를 놓았다.
⑤ 고유가 등살에 항공 승무원의 가방 무게도 줄이기로 하였다.

33 밑줄 친 부분의 표기가 올바른 것은?

① 자칫 헤이해질 수 있는 상황이었다.
② 숫제 젊은 사람이 없는 마을도 많다.
③ 어떻게든 아둥바둥 살아 보려고 애썼다.
④ 당체 예측할 수 없는 신제품이 출시되었다.
⑤ 습한 안개는 도시 전체를 흐리멍텅하게 만든다.

34 밑줄 친 부분의 띄어쓰기가 올바른 것은?

① 내가 가진 것은 이것 뿐이다.
② 내일 비가 올 확률은 60%내지 70%이다.
③ 넘치는 배려와 사랑에 몸둘 바를 모르겠습니다.
④ 그녀는 사업 차 인도에 갔다가 지금의 남편을 만났다.
⑤ 아직도 모르는 것투성이어서 배워야 할 것이 많습니다.

35 밑줄 친 부분 중 표기가 다른 하나는?

① 위급 환자 옆에는 간호사가 항상 붙어 있다.
② 공예에 취미를 붙이게 된 것도 선생님 덕분이었다.
③ 그는 대학교 4년 내내 이모 댁에서 하숙을 붙였다.
④ 친구들이 나에게 '오리'라는 별명을 붙이기 시작했다.
⑤ 얼마를 더 깎아줄 수 있냐고 손님들이 먼저 흥정을 붙였다.

36 줄임표의 사용이 올바르지 않은 것은?

① "너 사실대로 말 해."
   "……."
② "저 사람.. 내가 아는 사람인 것 같아."
③ "저기… 미안한데 뭐 좀 물어볼 수 있을까?"
④ 우리나라 축구팀이 8강에 진출할 수 있을지……?
⑤ 차례 상차림은 '과일 네 종류, 백김치, …… 나물 송편'을 올리면 된다.

37 〈보기〉의 ⊙과 ⓒ에 해당하는 것으로 올바르게 짝지어진 것은?

── 보기 ──
⊙ 한자어로만 이루어진 단어는 사이시옷을 받치어 적지 않는 것이 원칙이지만 ⓒ 두 음절로 된 여섯 개의 단어는 'ㅅ'이 붙은 형태가 굳어진 것으로 보아 사이시옷을 받치어 적는다.

	⊙	ⓒ
①	세방	뱃속
②	초점	횟수
③	죄값	잇몸
④	외과	찻길
⑤	대가	곗날

38 〈보기〉의 방언에 대응하는 표준어는?

── 보기 ──
삐지개(강원), 곤짠지(경북), 빼깽이(전남), 생기리(제주)

① 장아찌
② 무생채
③ 나박김치
④ 무말랭이
⑤ 오이소박이

39 표준 발음을 기준으로 할 때, 〈보기〉에서 밑줄 친 부분의 소리가 된소리로 나는 것으로만 짝지어진 것은?

--- 보기 ---

ㄱ. 베란다 공간을 넓게 조성하였다.
ㄴ. 배관 덮개가 3m 가량 불에 탔다.
ㄷ. 지하 1층 천장을 뚫다가 건물이 무너졌다.
ㄹ. 여자는 문고리를 걸어 잠근 뒤 잠을 청하였다.
ㅁ. 해녀들이 물질을 시작했다.

① ㄱ, ㄷ
② ㄴ, ㅁ
③ ㄷ, ㄹ
④ ㄱ, ㄴ, ㄹ
⑤ ㄱ, ㄴ, ㅁ

40 외래어 표기법에 맞지 않는 것은?

① 링거(ringer)
② 애드리브(ad rib)
③ 리더십(leadership)
④ 마네킹(mannequin)
⑤ 심포지엄(symposium)

41 로마자 표기가 올바르지 않은 것은?

① 장안산 Jangansan
② 속리산 Songnisan
③ 봉의산 Bonguisan
④ 묘향산 Myohangsan
⑤ 낙성대 Nakseongdae

42 <보기>의 ㉠~㉤ 가운데 어법상 자연스럽지 <u>않은</u> 문장은?

> ・보기・
>
> ㉠ 이솝우화 때문인지 개미는 우리에게 매우 부지런한 존재로 인식되어지고 있다. 그런데 ㉡ 한 대학교의 진화생물학자 교수의 연구에 의하면 근면한 존재로 알려진 일개미들도 사실은 대부분 빈둥대며 쉰다고 한다. 그는 ㉢ 개미 집단 내에는 '열심히 일하는 개미', '빈둥대며 가끔 일하는 개미', '일을 하지 않는 개미'의 비율이 대략 2:6:2가 된다고 한다. 이 법칙은 마치 파레토(Pareto) 법칙과 흡사하다. ㉣ 일하는 개미와 일하지 않는 개미의 차이는 '엉덩이의 무게' 즉, 반응 역치(threshold value)로 볼 수 있다. 어떤 개미 집단에 일거리가 생기면, 가장 반응 역치가 낮은(엉덩이가 가벼운) 개미가 먼저 일을 시작한다. 또, ㉤ 먼저 일하고 있던 개미가 피곤해서 쉬는 등 공백이 생기면 그다음으로 반응 역치가 높은 일개미가 일을 하러 간다.

① ㉠   ② ㉡   ③ ㉢   ④ ㉣   ⑤ ㉤

43 제시된 청유문 중 그 성격이 나머지 넷과 <u>다른</u> 것은?

① 나도 좀 보자.
② 내일 공원에 가자.
③ 밥 먹으러 갑시다.
④ 이따가 같이 출발하자.
⑤ 이제 그만 우리도 시작하세.

44 중의적으로 해석되지 <u>않는</u> 문장은?

① 삼촌은 나와 지우를 불렀다.
② 나는 멋진 오빠의 친구를 보았다.
③ 이번 시험에서 몇 문제 풀지 못했다.
④ 선희를 보고 싶어 하는 동창생이 많다.
⑤ 나를 사랑하는 친구의 여동생을 만났다.

45 밑줄 친 번역 투의 문장을 수정한 결과로 적절하지 <u>않은</u> 것은?

① <u>미술 분야에 있어서</u>(→ 미술 분야에서) 김 선생님의 그림은 최고다.
② 이번 문제는 충분히 <u>예측 가능한 결과</u>(→ 예측할 수 있는 결과)였다.
③ 우리 회사는 <u>서울역 근처에</u>(→ 서울역 가까운 곳에) 위치하고 있습니다.
④ <u>신규 프로그램을 통해</u>(→ 신규 프로그램을 사용하여) 오류를 해결하였다.
⑤ <u>공부를 하지 않는 것에 대한</u>(→ 공부를 하지 않으려고 하는) 핑계일 뿐이다.

46~50 | 쓰기

[46~50] 다음은 '중년 1인 가구'를 주제로 작성한 칼럼이다. 제시된 물음에 답하시오.

　가구의 분화와 1인 가구의 증가는 사회·경제·문화 등 삶의 전반에 걸쳐 변화를 일으키고 있다. 그리고 이러한 변화에 맞추어 소비 시장도 빠르게 바뀌고 있다. 혼밥과 혼술이 늘어나고, 어디서나 1인 가구에 최적화된 소규모 개별 포장과 가정 대체식 등의 상품과 서비스를 만날 수 있다. 이렇게 개개인의 라이프 스타일이 변화하면서 1인 가구가 증가하는 것은 자연스러운 현상이지만 한 가지 우려스러운 점은 현대 사회에서 경제적 여건과 이혼 및 사별 등 비자발적 1인 가구가 상당한 비율로 증가하고 있다는 것이다.

　㉠ 통계청에 따르면 1인 가구는 2015년 무렵부터 한국의 주요 가구 형태가 되어, 2019년에 처음으로 전체 가구 형태의 30%를 넘었다. 2000년대에는 20~30대가 58.6%로 큰 비중을 차지했는데, 2021년에는 20~30대의 비중이 35%로 줄어들고, 40~50대 비중이 37.6%로 늘어났다. 과거에는 청년층과 노년층이 중심이었으나 현재는 자녀를 양육하며 다인 가구를 형성하고 있어야 할 연령대인 중년층의 비율이 늘어난 것이다. 이러한 중년 1인 가구 형성의 원인으로는 높은 이혼율, 가족의 해체, 기러기 가족 등으로 다양했다.

　중년 1인 가구는 젊은 층과 달리 단기간 내에 독거노인으로 전환될 가능성이 높으며, 기존 노인 1인 가구가 겪었던 사회적 고립과 경제적 취약성이 중년 1인 가구로 확대될 우려도 있다. 그리고 경제 상태, 사회적 관계, 경제적 노후 준비 면에서도 다인 가구와는 다른 특성을 보였다. 통계청에 따르면 경제 상태 면에서 중년 1인 가구는 다인 가구에 비해 소득 수준이 낮았고, 주택 소유 비율도 낮았으며, 이들이 느끼고 있는 주관적 소득 수준이나 소득 만족도 및 소비 생활 만족도도 낮았다. ㉡ 취업 상태와 임금 생활자 비율에는 큰 차이가 없었으나, 다인 가구에 비해 임시근로자나 일용근로자 비율이 높았다. 따라서 이들의 경제 상태와 근로 상황은 다인 가구에 비해 상대적으로 취약하다고 할 수 있다.

　또, 사회적 관계 면에서는 어려움이 있을 때 도움을 받을 수 있는 사회 관계망의 규모가 다인 가구에 비해 작은 것이 확인되었으며, 단체 활동의 참여 정도나 인간관계에 대한 만족도도 낮았다. ㉢ 기혼 분거 가구이건 비혼 상태 1인 가구이건 어려움이 있을 때 도움을 받을 수 있는 규모는 다인 가구에 비해 상대적으로 작았다.

　경제적 노후 준비 면에서는 중년 1인 가구 내부에서도 나뉘었다. 임시·일용직에 종사하고 무주택자인 경우에는 노후 준비가 되고 있지 않으나 그 반대인 경우에는 다인 가구와 큰 차이가 없었다. 또한, 중년 1인 가구의 노후 준비 상황을 살펴보면 국민연금 납부율은 64.2%, 퇴직연금 가입률은 7.6%, 개인연금 가입률은 10.5%로 모두 다인 가구 대비 낮아 노후 소득 역시 불안정한 상황이다.

　중년 1인 가구는 건강 상태도 좋지 않다. 혼자 살다 보니 규칙적인 일상생활과 취사 등을 소홀히 하게 돼 건강이 악화될 가능성이 높았다. ㉣ 같이 사는 가족이 없는 만큼 갑작스러운 질병 등 예상치 못한 위험에 대한 대응도 부족할 수 있다. 실제 중년 1인 가구 3명 중 2명은 만성질환을 갖고 있으며, 4명 중 1명은 정신적 건강 상태도 위험한 상황이라고 한다.

　위와 같이 중년 1인 가구를 종합적으로 살펴보았을 때, 다인 가구에 비해 직업 안정성 및 소득 수준과 주거 사정 그리고 건강 상태 등이 현저히 떨어지는 것을 볼 수 있으며, 이러한 위험을 당사자들의 개인적 노력만으로 극복하기는 쉽지 않다. 따라서 이들에 대한 지원책이 사회적 차원에서 다각도로 마련되고 시행되어야 한다.

　우선 비자발적으로 1인 가구가 되는 원인에 주목하여 이를 개선하는 방향으로 지원이 이루어져야 한다. 청년층에게 시급한 것이 생애 초반기의 일자리 마련과 주거 마련 그리고 건강과 관련한 습관 교정 지원인 반면, 중년층에게 시급한 것은 실업과 경제적 추락에서 회복할 수 있도록 하는 사회적 방안과 가족 해체 위기를 극복할 수 있도록 하는 정서적·실질적 자원 제공 방안, 그리고 질병 예방 및 치료 지원 등이다. ㉤ 국가 전체 규모에서 중년 1인 가구 추이가 어떻게 변화하고 있는지 파악하고, 지자체 단위에서도 중년 1인 가구의 현황을 규모와 경제적 상태 면에서 파악할 필요도 있다. 만약 중년 1인 가구가 가지고 있는 소득불안정성, 고용불안정성, 건강 문제, 주거불안정성과 주거 환경의 열악함 등이 사전에 해결되지 못한다면 이들은 노년기에 진입하면서 현재 노인 1인 가구가 직면하고 있는 노인 빈곤이나 건강 문제, 그리고 주거 문제 등을 답습하게 될 것이다.

46. 〈글쓰기 계획〉의 내용으로 적절하지 않은 것은?

• 글쓰기 계획 •

- 주제: 중년 1인 가구
- 목적: 우리나라 중년 1인 가구 문제와 해결 방안 제시
- 글의 내용
  - 현재 우리나라 1인 가구의 비율을 정확한 수치로 제시한다. ······①
  - 우리나라 1인 가구에서 나타나는 공통적인 문제점을 제기한다. ······②
  - 그중 중년 1인 가구의 문제점을 구체적으로 제기한다. ······③
  - 중년 1인 가구 문제의 해결 방안을 제시한다. ······④
  - 지원 정책 마련을 촉구한다. ······⑤

47. 다음은 글을 보완하기 위해 추가로 수집한 〈글쓰기 자료〉이다. 자료의 활용 방안으로 적절하지 않은 것은?

• 글쓰기 자료 •

	자료의 내용	출처
①	보건복지부 자료에 따르면 1인 가구 중 고독사 위험군 연령으로 40~50대(59.7%)가 가장 높았다. 그리고 중년 1인 가구 중 최근 5년간 고독사로 숨진 사람은 남성이 84.2%로 여성보다 5배 많았다. 그 이유로는 건강관리와 가사노동에 익숙하지 않고, 실직 또는 이혼 등으로 삶의 만족도가 급격하게 떨어져 영향을 주는 것 같다고 분석했다.	기사
②	중년 1인 가구는 대부분 경제활동에 참여(89.5%)하고 있으며, 한 달 평균 여가비용도 가장 높은 집단이다. 이들은 여가시간과 여가비용, 그리고 여가시설 등 여가자원 사용의 충분도가 행복에 유의한 영향을 미치는 것으로 나타났으며, 여가활동 중에서는 다양한 스포츠 활동과 관광활동이 행복에 유의미한 영향을 미치는 것으로 나타났다.	연구 보고서
③	경기도 용인에서 학원을 운영하는 서모(40) 씨는 지난 1월 성격 차이로 이혼하여 혼자 살고 있다. 이혼만 하면 홀가분해질 것 같았다는 서 씨는 외로움과 싸우고 있었다. "외로운 게 제일 힘들죠. 혼자 살다 보니 위축도 많이 되니까. 제일 괴로운 건 매일 보던 아이를 이제 못 보는 거죠." 이른 새벽, 가방을 짊어진 남성들이 속속 인력사무소로 모여든다. 이곳을 찾는 사람 대부분은 하루 벌어 하루 먹고사는 나 홀로 중년 남성이다. "40~50대 중·장년층은 70%이상 혼자 사는 분들이 많습니다. 일이 힘들고 또 가족이 없다 보니까 술로 외로움을 달래는 분들이 많고요."	인터뷰
④	중년의 사회 관계망이 노후까지 이어질 것을 염두에 둔다면, 이들을 위한 사회적 자원 연계 정책도 필요하다. 지역 내에 구심이 되는 공적 기관으로 지역단위의 관련 자원들을 연계해 제공하는 정책들이 실행되어야 한다. 또한, 이들의 노후 준비 상황에 대한 전반적인 점검과 노후를 준비할 수 있는 상담이나 교육도 새롭게 개발될 필요가 있다.	논문
⑤	해외 국가들은 이미 1970~80년대에 중년 1인 가구 문제를 경험하며 시행착오를 겪었으며, 일찍이 복지 정책에 중년 1인 가구 지원책을 포함시켰다. 주요 정책 사례를 살펴보면, 스웨덴은 중년·노인 1인 가구와 다인 가구가 함께 거주하며 교류하는 코하우징으로 주거 지원과 사회적 유대를 유지하는 데 힘을 쓰고 있다. 이는 다양한 연령대가 함께 거주하면서 공동체 프로그램으로 세대 간 자연스러운 교류가 이루어지는 세대통합형 주거모델이다. 개인의 자율성을 지키면서도 인간관계, 정서적 불안정 등을 보완할 수 있는 주거환경을 마련한 것이다. 영국은 체육시민사회부 장관이 고독부 장관(Minister of Loneliness)을 겸직하면서 민관이 협력하는 프로젝트를 진행하고 있다. 일본도 고독·고립 담당 장관을 임명하고 국가적 과제로 삼아 대응하고 있다. 또한, 2009년부터 정신보건, 복지, 아동복지 등을 종합화한 '히키코모리 대책 추진 사업'을 이루고 있다.	기사

48 위의 계획과 자료를 바탕으로 〈글쓰기 개요〉를 작성하였다. 수정 방안으로 적절한 것은?

```
─────────────── • 글쓰기 개요 • ───────────────
Ⅰ. 가구 구성의 변화와 1인 가구의 부상 ················································· ㉠

Ⅱ. 중년 1인 가구의 현황과 원인 ························································· ㉡
    1. 다인 가구와 1인 가구의 특성 비교 ············································· ㉢
    2. 중년 1인 가구의 현황
    3. 중년 1인 가구 증가의 원인 ······················································ ㉣

Ⅲ. 중년 1인 가구의 문제점
    1. 경제적 상태
    2. 사회적 관계
    3. 경제적 노후 준비
    4. 건강 상태

Ⅳ. 중년 1인 가구를 위한 정책 제안 및 촉구 ········································· ㉤
```

① ㉠은 의미가 불분명하므로 '중년 1인 가구의 실태'로 구체화한다.
② ㉡은 하위 항목과의 연관성을 고려하여 포괄적 의미인 '중년 1인 가구의 현주소'로 수정한다.
③ ㉢은 문제 현상의 대상을 좁힐 수 있도록 '중년 1인 가구의 특성'으로 수정한다.
④ ㉣은 상위 항목과의 연관성을 고려하여 Ⅲ의 하위 항목으로 이동한다.
⑤ ㉤은 글 전체의 흐름을 고려하여 '중년 1인 가구 문제점의 해결 방안 제안'으로 수정한다.

49 ㉠~㉤를 수정하기 위한 방안으로 적절한 것은?

① ㉠은 내용의 유기적인 흐름을 고려하여 위치를 첫 문단으로 이동한다.
② ㉡은 문단의 전체적인 내용상 통일성을 해치는 문장이므로 삭제한다.
③ ㉢은 문단의 전체적인 내용상 앞 문장과 중복되는 문장이므로 삭제한다.
④ ㉣은 문장 간의 유기적인 연결이 이루어지도록 앞 문장과 순서를 바꾼다.
⑤ ㉤은 문장 간의 유기적인 연결이 이루어지도록 문장 앞에 '그런데'를 추가한다.

50 윗글을 보완하기 위한 방안으로 적절한 것은?

① 자료의 신뢰성을 위해 글에 제시된 모든 정보의 출처를 명확히 밝힌다.
② 내용의 공정성을 확보하기 위해 중년 1인 가구의 긍정적인 부분을 부각하여 자료를 제시한다.
③ 자료의 적절성을 높이기 위해 자료를 바탕으로 글의 논증을 평가하고, 자신의 관점으로 자료를 재구성한다.
④ 자료의 정확성을 높이기 위해 중년 1인 가구 형성의 주원인을 알 수 있는 이혼 연령 추이 그래프를 삽입한다.
⑤ 내용의 타당성을 높이기 위해 통계청 사회조사 자료를 활용하여 중년층의 국민연금 납부율이 경제적 노후 준비에 미치는 영향을 분석한 글을 넣는다.

51~60 | 창안

[51~52] '교통안전을 위한 도로 장치'를 인간 사회에 유비(類比)하고자 한다. 다음 글을 읽고 물음에 답하시오.

갓길에 설치된 럼블 스트립

차로에 설치된 럼블 스트립

 도로에는 교통안전을 위해 ㉠ 일부러 불편함을 느끼도록 만든 장치가 있습니다. 바로 '럼블 스트립(rumble strip)'이라는 장치입니다. 럼블 스트립은 '덜커덩거리다', '소음'이라는 뜻의 'rumble'과 '좁은 길', '띠'라는 뜻의 'strip'이 합쳐진 말로, 우리나라에서는 '노면요철포장 구간'이라고 부릅니다. 이 장치는 도로를 울퉁불퉁하게 시공해서 특정 구간을 지나갈 때 차가 드르륵 하는 소리와 함께 진동하게 하는 것인데요. 졸음운전으로 차로를 이탈하면 소음과 진동으로 운전자의 잠을 깨워 주고 정상적인 경로로 운전하도록 유도합니다. 또 교통사고가 잦은 터널과 톨게이트 등에 설치되어 ㉡ 터널이나 톨게이트 근처에 도착했으니 속도를 줄이라는 신호로 사용되기도 합니다.
 ㉢ 소음 대신 멜로디가 나도록 해 운전자의 잠을 깨우기도 합니다. '멜로디(melody) 도로'라고 부르기도 하는데요. ㉣ 일정한 간격의 홈을 파는 것이 기본적인 원리였다면 불규칙한 간격으로 홈을 파 홈 간격에 따른 타이어의 마찰음 주파수 차이를 이용해 음의 높낮이를 만들어 멜로디처럼 들리게 하는 원리입니다. ㉤ 지루한 풍경의 잠 오는 고속도로에서 멜로디로 주의를 환기시켜 잠을 깨도록 하는 것이지요. 실제로 미국에서는 2000년대 초부터 50개 주 곳곳에 럼블 스트립을 설치한 뒤 교통사고 중상 및 사망 건수가 15~35% 줄었다고 합니다.
 이외에도 교통안전을 위해 다양한 도로 장치가 있습니다. 터널에서는 터널 입구 쪽과 출구 쪽에 조명등을 좁은 간격으로 설치하고 터널 중앙에는 넓은 간격으로 설치해 ㉤ 터널 입구에서는 어둠에 차차 익숙해지도록 하고 출구로 나오면서 밝음에 차차 익숙해지도록 하는 것입니다. 또, 어두운 밤에도 차선이 잘 보이도록 미세한 유리를 차선에 바르기도 하고, 곡선 도로에서 차가 이탈하지 않도록 바깥쪽이 높게 경사를 주기도 합니다.

51 '교통안전을 위한 도로 장치'를 '트라우마를 가진 내담자를 상담하는 과정'에 비유할 때 ㉠~㉤을 통해 이끌어 낼 수 있는 내용으로 적절하지 않은 것은?

① ㉠: 일부러 적당히 불편한 환경을 조성하고 현실을 자각하도록 한다.
② ㉡: 불편한 상황을 마주하기 전에 미리 주의할 수 있도록 신호를 준다.
③ ㉢: 불편한 상황으로부터 다른 곳으로 눈을 돌릴 수 있는 환경을 조성한다.
④ ㉣: 현재의 환경에 안주하지 않도록 새로운 것에 관심을 가질 수 있도록 한다.
⑤ ㉤: 불편한 상황에 차츰 익숙해지도록 하여 그 상황에 머무를 수 있도록 한다.

52 〈조건〉에 맞는 공익 광고 문구로 가장 적절한 것은?

―――――――― • 조건 • ――――――――
• '경험'과 관련하여 발휘할 수 있는 지혜를 윗글의 ⓐ에 빗대어 표현할 것
• 청유형 문장으로 제시할 것

① 도로에 일부러 홈을 만들듯 젊을 때 고생은 사서 한다고도 하잖아요?
② 기억에 남는 강렬한 경험은 한 사람의 인생을 송두리째 바꿔 놓기도 합니다.
③ 다양한 경험과 색다른 체험이 만들어 내는 인생의 지혜! 함께 나누어 봅시다.
④ 서로 다른 홈이 모여 하나의 노래가 되듯 다양한 경험으로 인생의 노래 한 곡을 만들어 보자.
⑤ 인생의 모든 경험이 인생에 도움이 될까요? 전혀 도움이 되지 않는 백해무익한 경험도 있습니다.

[53~54] 나무뿌리와 땅속 세균의 공생 관계를 인간의 삶에 유비(類比)하고자 한다. 다음 글을 읽고 물음에 답하시오.

나무뿌리가 땅속 세균과 공생 관계를 통해 영양분을 확보한다는 사실이 밝혀졌다. 미국 펜실베니아대 로저 코이대 생물학과 교수팀은 나무뿌리에 사는 균류에 따라 두께가 달라져 영양분을 확보하는 과정이 달라진다는 사실을 밝혔다.

연구팀은 소나무와 버드나무, 삼나무 등 모두 16종의 다양한 종류의 식물을 이용해 실험했다. 이 결과 대부분의 식물이 뿌리 부분에서 균과 공생 관계를 맺고 있다는 사실을 알아냈다. 균은 실물 뿌리 표면에 붙어 영양소와 수분을 잘 흡수하도록 돕고, 식물은 균에게 영양분 일부를 제공했다.

또 뿌리에 사는 균의 종류에 따라 뿌리의 굵기가 달라진다는 사실도 알아냈다. 나무와 균은 공생 관계를 이용해 뿌리를 굵거나 가늘게 만들었다. ㉠ 굵은 뿌리는 수명이 긴 대신 빨리 자랄 수 없고, 가는 뿌리는 수명이 짧은 대신 빨리 자라 멀리 뻗어나간다.

나무 종마다 공생하는 균이 다른 만큼 뿌리가 자라는 방식도 달랐다. 실험 결과 단풍나무와 공생하는 수지상체 균근*은 가는 뿌리를 빨리 길게 자라게 해 영양분이 많은 지역을 찾는 전략을 쓰는 것으로 조사됐다. 참나무에 사는 외균근*은 뿌리를 자라게 하는 대신 균사를 주변으로 널리 퍼뜨려 잔뿌리처럼 영양분을 모아오는 전략을 썼다.

코이대 교수는 '나무와 균의 공생을 알면 기후 변화에 대응하기 쉽다'면서 '나무와 균의 서식 환경이 바뀌었을 때 나무의 생존 전략에 어떤 변화가 생길지 예측할 수 있게 될 것'이라고 말했다.

* 균근(菌根): 고등 식물의 뿌리와 균류가 긴밀하게 결합하여 양자 간에 공생 관계가 맺어져 있는 뿌리
* 외균근(外菌根): 균근(菌根) 중에서 균사가 고등 식물의 뿌리를 덮고 그 표면 또는 표면에 가까운 조직에 번식하여 피막을 만든 것

53 나무뿌리와 땅속 세균의 공생 관계를 아이의 학습 과정에 적용한 내용으로 가장 적절한 것은?

① 아이의 학습 방향은 아이의 미래를 결정짓는다.
② 아이마다 필요한 학습 방법과 방향은 모두 다르다.
③ 아이에게 가능한 한 다양한 학습을 시키는 것이 좋다.
④ 효과적인 학습을 위해서는 부모의 많은 투자가 필요하다.
⑤ 아이가 원하는 학습을 우선하여야 다른 학습으로도 확장될 수 있다.

54 윗글의 ㉠에서 삶의 태도를 연상한 내용으로 가장 적절한 것은?

① 자신의 신념을 바탕으로 어떤 어려운 상황에도 안주하지 않아야 한다.
② 어떤 선택에도 후회하지 않고 최선을 다하면 그것이 최선의 선택이 된다.
③ 자신의 장점과 단점을 정확하게 알고 장점만을 살릴 수 있도록 해야 한다.
④ 눈에 띄는 활약은 없어도 묵묵히 내공을 쌓아가는 사람이 오래가는 법이다.
⑤ 자신이 목표하는 바에 다다르기 위해 다양한 모습으로 변화할 줄 알아야 한다.

[55~56] 다음 그림을 보고 물음에 답하시오.

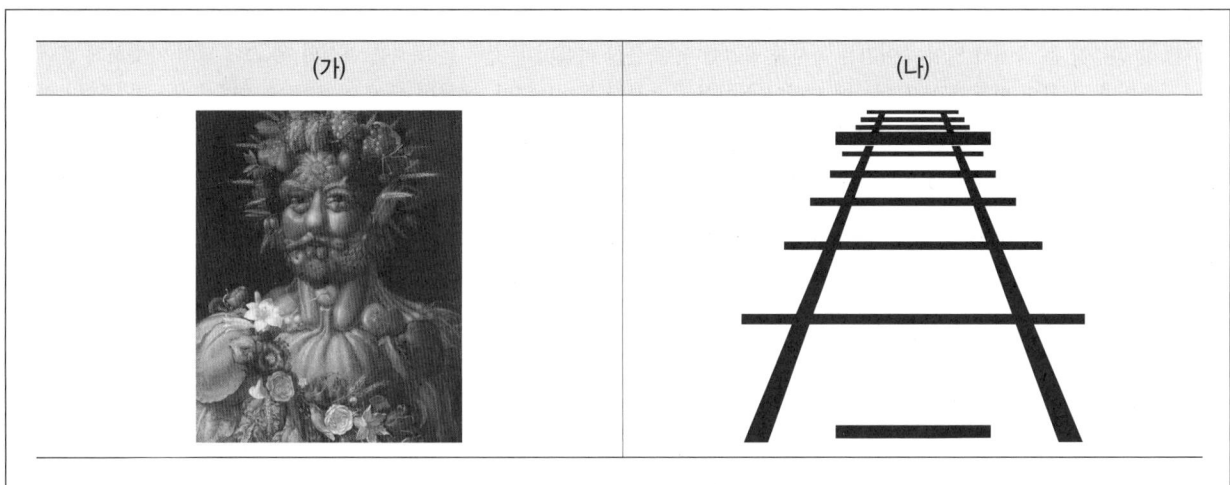

55 그림 (가)와 (나)를 바탕으로 다음과 같이 분석할 때 적절하지 <u>않은</u> 것은?

구분	(가)	(나)
표현	㉠ 멀리서 보면 사람이, 가까이서 보면 온갖 채소와 과일, 꽃이 보이는 그림	어디에 위치하느냐에 따라 같은 크기임에도 다른 크기로 보이는 막대
핵심	㉡ 어떤 시각에서 보느냐에 따라 같은 그림도 다르게 보인다.	㉢ 주변 환경에 따라 같은 크기의 막대가 다른 크기로 보인다.
주제	㉣ 대상을 정확하게 이해하기 위해서는 보편적인 시각에서 보려는 노력이 필요하다.	㉤ 대상을 정확하게 이해하기 위해서는 객관적인 시각에서 보려는 노력이 필요하다.

① ㉠ ② ㉡ ③ ㉢ ④ ㉣ ⑤ ㉤

56 삶을 살아가는 데 필요한 자세에 대한 글을 쓰려고 한다. 그림 (나)를 활용하여 이끌어 낼 수 있는 내용으로 가장 적절한 것은?

① 어떤 시련에도 자신의 신념을 바꾸지 않는 삶의 태도가 필요하다.
② 타인이 바라보는 '나'와 자신이 바라보는 '나'가 일치하도록 노력해야 한다.
③ 긍정적인 인간관계를 위해서는 나와 상대방 사이의 적절한 거리를 유지해야 한다.
④ 상황의 좋고 나쁨은 상대적인 것이므로 자신의 상황을 타인과 비교하지 말아야 한다.
⑤ 인간관계 속 적절한 갈등과 해결은 서로를 성장시킬 수 있으므로 갈등을 회피하지 말아야 한다.

[57~58] 다음 글을 읽고 물음에 답하시오.

(가) 배고팠던 사자는 지나가던 쥐를 붙잡았다. 그리고 쥐를 잡아먹으려는 찰나 쥐가 ㉠ 사자에게 목숨을 구걸하였다. 쥐가 불쌍하게 느껴진 사자는 쥐를 놓아 주었고 쥐는 사자에게 이 은혜를 반드시 갚겠다고 약속하였다. 하지만 사자는 쥐를 얕잡아 보고 쥐와의 약속을 잊고 있었다. 그러던 어느 날 사자가 사람이 설치한 그물에 걸렸다. 사자는 발버둥을 쳤지만 소용이 없어 포기하고 있을 때 쥐가 나타났다. 쥐는 사자가 걸린 그물을 조금씩 찢어 마침내 사자를 구해 주었다.

(나) 어느 날 두 남자가 함께 여행을 하고 있었다. 두 남자가 숲길을 걷고 있을 때 한 마리의 곰이 나타났다. ㉡ 한 남자는 바로 가까운 큰 나무에 기어 올라갔지만 다른 남자는 도망치지 못하고 땅에 쓰러져 죽은 척을 했다. 죽은 척을 하고 있는 남자에게 곰이 다가가 이 남자의 귀에 입을 잠시 동안 가까이 대고 있다가 숲속으로 사라졌다. 나무에 기어 올라갔던 남자는 이를 보고 안심하며 내려왔다. 그리고 죽은 척을 하고 있던 남자에게 "곰이 자네의 귀에 뭐라고 속삭였는가?"라고 물었다. 죽은 척을 하고 있던 남자는 대답했다. "위험한 상황에서 친구를 버리고 자기만 도망치는 매정한 상대와는 당장 헤어지라고 하였소."

(다) 한 농부가 눈 속에서 얼어 죽어가는 독사를 발견했다. 측은한 마음이 든 농부는 독사를 자신의 옷 속에 넣어 따뜻하게 품어 주었다. 농부의 따뜻한 체온 덕분에 되살아난 독사는 농부를 물어버렸다. 온몸에 독이 퍼져 죽어 가면서 농부가 중얼거렸다. "㉢ 사악한 뱀에게 무엇을 기대한 내가 어리석은 놈이지."

57 ㉠이 ㉡에게 해 줄 수 있는 조언으로 가장 적절한 것은?

① 너무 큰 욕심은 화를 부른다.
② 남에게 베푼 만큼 자신에게 돌아온다.
③ 그렇게 상대를 얕보다가는 큰코다친다.
④ 도움을 주는 것을 아깝다고 생각하면 안 된다.
⑤ 자신이 가진 힘을 바람직한 곳에 쓰고자 노력해야 한다.

58 〈보기〉의 ⓐ의 입장에서 ㉢에 대해 평가한 것으로 가장 적절한 것은?

— • 보기 • —

　ⓐ <u>순자</u>는 인간의 본성은 악하지만 인위적인 교육으로 선해질 수 있다고 보았으며, '예(禮)'를 통해 사회 구성원의 악한 본성을 변화시켜 선하게 만들어야 한다고 하였다. 또 꾸불꾸불 자라는 쑥도 삼밭에서 자라면 붙들어 주지 않아도 곧게 자라게 된다며 환경의 중요성을 강조하였다.

① 생명의 위기를 느낀 뱀에게는 그것이 최선이었을 거야.
② 자신의 기준으로 상대에 대해 잘 아는 것처럼 평가하는 것은 옳지 않아.
③ 뱀이 교육을 받았다면 본성이 선해질 수 있었을 텐데 그러지 못한 환경이 안타깝군.
④ 교육을 통해 본성이 선해질 수도, 악해질 수도 있는데 뱀은 그중 악해지는 것을 선택했군.
⑤ 본성은 끊임없이 채찍질을 해서 잡아 주어야만 어떤 환경에서든 선한 본성을 유지할 수 있지.

[59~60] 다음 글을 읽고 물음에 답하시오.

많은 기업에서 제품이나 서비스를 홍보하기 위한 마케팅의 일환으로 대량 문자를 발송하고 있다. 이는 짧은 시간 내에 효과가 나타나고, 비용도 저렴한 편이라는 장점이 있지만, 한 번에 많은 인원을 대상으로 하는 것이기에 다음 주의사항을 알아 두는 것이 좋다.

(가) 첫째, 수신자의 동의를 받지 않은 문자는 모두 스팸 문자의 성질을 가진다. 만약 동의를 받지 않았다면 모두 스팸 신고의 대상이 될 수 있다.
(나) 둘째, 발송자의 명칭과 연락처를 밝혀야 한다. 발송자 명칭이란 누가 전송했는지 알 수 있도록 하는 업체명이나 서비스명을 의미하며, 발신 번호와 연락처가 동일한 경우는 별도 기재하지 않아도 된다.
(다) 셋째, 문자 첫머리는 (광고)라는 문구로 시작해야 한다. (광/고), (광.고), ("광고"), [광고] 등 변칙적 표기는 허용되지 않으며, 수신자의 동의를 받았다 할지라도 이를 표기하지 않으면 스팸 신고의 대상이 될 수 있다.
(라) 넷째, 메시지 말미에 '무료수신거부 080 번호'를 표시해야 한다. 수신자가 해당 광고 문자의 수신을 원하지 않을 경우, 무료로 수신거부의사를 표현할 수 있어야 한다.
(마) 다섯째, 광고 문자는 야간 전송이 제한된다. 즉, 수신자의 별도 동의를 받았을 경우를 제외하고는 오전 8시 이전 또는 오후 9시 이후에는 문자를 보낼 수 없다.

59 윗글의 (가)~(마)에 해당하는 잘못된 광고 문자의 사례로 올바르게 짝지어진 것은?

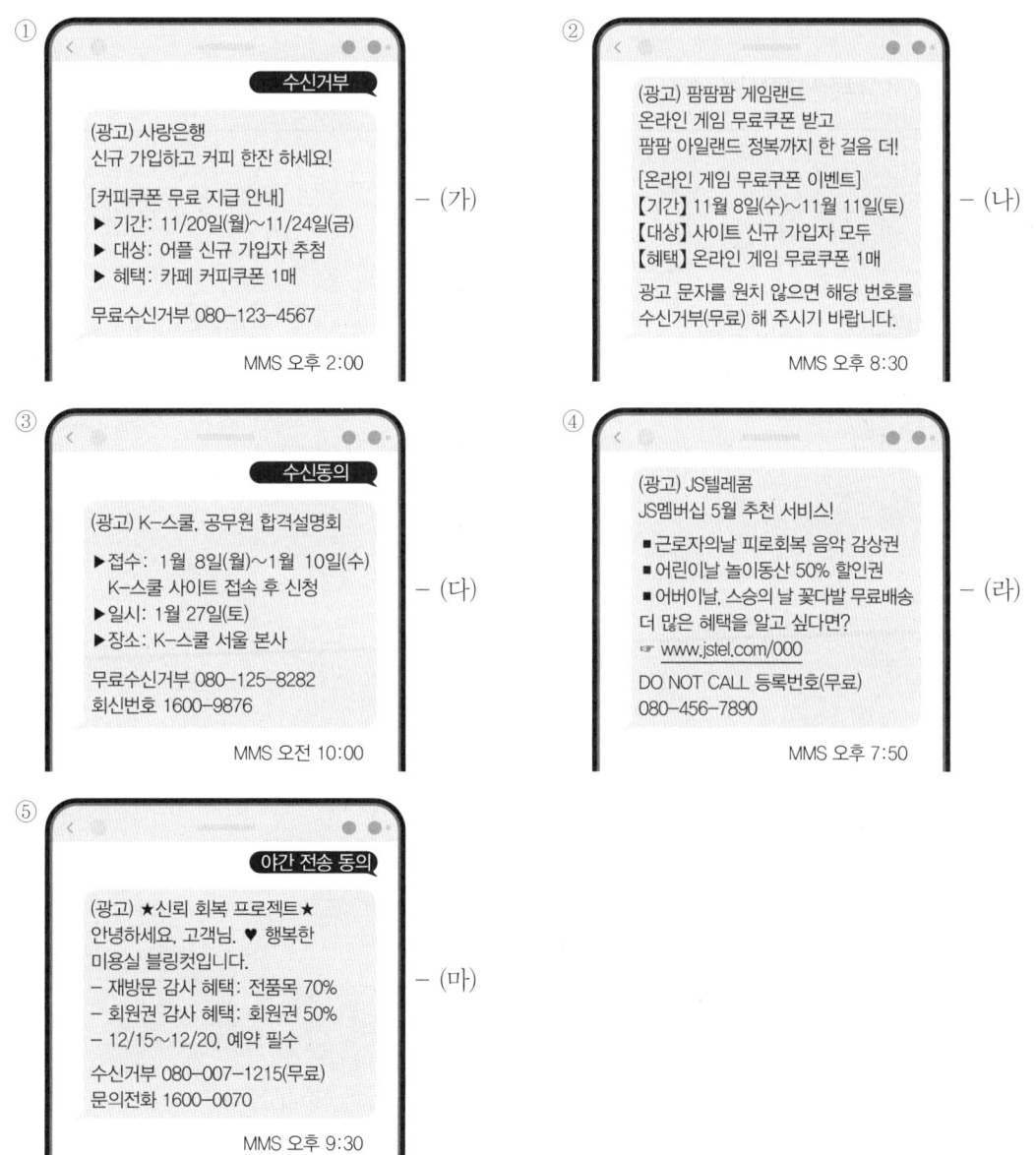

60 윗글을 참고할 때 올바른 광고 문자에 대한 공익 광고 문구로 가장 적절한 것은?

① 소비자의 알 권리와 의사, 꼼꼼히 확인하고 보호해 주세요.
② 안전 우선, 저작권 보호! 정품을 소비하는 사회로 나아갑시다.
③ 소비자와 생산자, 서로 존중하고 협력하는 관계를 만들어 갑시다.
④ 오늘도 세계여행 중인 당신의 개인정보! 개인정보 유출에 주의합시다.
⑤ 가짜 광고는 신뢰를 갉아 먹습니다. 허위 광고를 멈추고 진실을 보여 주세요.

61~90 | 읽기

[61~62] 다음 글을 읽고 물음에 답하시오.

> 무심히 지나치는
> 골목길
>
> 두껍고 단단한
> 아스팔트 각질을 비집고
> 솟아오르는
> 새싹의 촉을 본다
>
> 얼랄라
> 저 여리고
> 부드러운 것이!
>
> 한 개의 촉 끝에
> 지구를 들어 올리는
> 힘이 숨어 있다
>
> — 나태주, 「촉」

61 윗글에 대한 설명으로 적절하지 <u>않은</u> 것은?

① 일상적인 소재를 통해 주제를 표현하고 있다.
② 감각적 심상을 활용하여 대상을 대비하고 있다.
③ 창의적 발상을 통해 생명이 가진 경이로운 힘을 나타내고 있다.
④ 대조적 속성을 가진 시어를 통해 자연의 아름다움을 예찬하고 있다.
⑤ 현재형 표현을 통해 새싹의 성장이 주는 상승감과 현장감을 강화하고 있다.

62 〈보기〉를 참고하여 윗글을 이해한 것으로 적절한 것은?

---- 보기 ----
이 시의 작가인 나태주 시인은 초등학교 교장으로 정년 퇴임을 할 때까지 오랫동안 교단에서 아이들을 가르쳤으며, 아이들에게서 시의 영감을 얻곤 했다.

---

① '새싹'처럼 여리고 순수한 아이들도 거칠고 험한 세상을 이겨내고 바꿀 힘을 가지고 있다.
② '얼랄라' 하고 놀란 이유는 불가능하다고 생각했던 것을 가능하게 만드는 모습을 보았기 때문이다.
③ '새싹의 촉'처럼 두각을 드러내는 아이들은 어려운 환경에서 발견되는 경향이 크므로 이들을 바른 길로 인도하는 것이 중요하다.
④ '지구를 들어 올리는 힘'처럼 세상을 바꿀 수 있는 능력은 어른들에게서는 기대할 수 없는 것으로 아이들만이 가진 가능성을 나타낸다.
⑤ '무심히 지나치는 골목길'처럼 눈에 띄지 않는 아이들일수록 세상을 바꿀 힘이 있는 존재이므로 지나치지 말고 늘 관심을 가져야 한다.

[63~65] 다음 글을 읽고 물음에 답하시오.

　도시의 발전은 옛 성벽을 깨트리고, 아직도 초평(草坪)이 남아 있는 이 성 밖으로 뛰어 나오기 시작한 것이었다. 그리하여 아직도 자리 잡히지 않은 이 거리의 누렇던 길이 매연과 발걸음에 나날이 짙어서 ㉠ 꺼멓게 멍들기 시작한 이 거리를 지나면 얼마 안 가서 옛 성문이 있었다. 그 성문을 통하여 이 신작로의 수직선으로 뚫린 시가가 바라보이는 것이었다. 그 성문 밖을 지나치면 신흥 상공 도시라는 이 도시의 공장 지대에 들어서게 된다. 병일이가 봉직하고 있는 공장도 그곳에 있었다. 병일이는 이 길을 2년간이나 걸었다. 아침에는 집에서 공장으로, 저녁에는 공장에서 집으로 가는 가장 가까운 길이므로 이 길을 걷는 것이었다.
　병일이는 취직한 지 2년이 되도록 신원 보증인을 얻지 못하였다. 매일 저녁마다 병일이가 장부의 시재(時在)를 막아 놓으면, 주인은 금고의 현금을 헤었다. 병일이가 장부에 적어 놓은 숫자와 주인이 헤인 현금이 맞맞아떨어진 후에야 그날 하루의 일이 끝나는 것이었다. 주인이 금고문을 잠근 후에 병일이는 모자를 집어 들고 사무실 문 밖에 나선다. 한 걸음 앞서 나섰던 주인은 곧 사무실 문을 잠가버리는 것이었다. 사무실 마루를 쓸고, 훔치고, 손님에게 차와 점심 그릇을 나르고, 수십 장의 편지를 쓰고, 장부를 정리하는 등 ㉡ 소사와 급사와 서사의 일을 한 몸으로 치르고 난 뒤에 하숙으로 돌아가는 병일의 다리와 머리는 물병과 같이 무거웠다.
　주인에게 작별 인사를 하고 공장 문밖을 나서면 하루의 고역에서 벗어났다는 시원한 느낌보다도 작은 별들이 반짝이는 하늘 아래 말할 수 없이 호젓해짐을 금할 수 없었다. 그는 주인 앞에서 참고 있었던 담배를 가슴속 깊이 빨아 들이켜며, 2년 내로 구하여도 얻지 못하는 신원 보증인을 다시금 궁리하여 보는 것이었다. 현금에 손을 대지 못하고, 금고에 들어있는 서류에 참견을 못하는 것이 책임 문제로 보아서 무한히 간편한 것이지만 취직한 첫날부터 지금까지 하루도 변함없이 자기를 감시하는 주인의 꾸준한 태도에 병일이도 꾸준히 불쾌한 감을 느껴온 것이었다. 주인의 이러한 감시에 처음 얼마 동안은 신원 보증이 없어서 그같이 못미더운 자기를 그래도 써 주는 주인의 호의를 한없이 감사하고 미안하게 여겼다. 그 다음 얼마 동안은 병일이가 스스로 믿고 사는 자기의 담박한 성정을 그리도 못미더워하는 주인의 태도에 원망과 반감을 가지게 되었다.

(중략)

　근자에 병일이는 사무실에서 장부 정리를 할 때에도 혹시 후원에서 성낸 소와 같이 거닐고 있던 니체가 푸른 이끼 돋친 바위를 붙안고 이마를 부딪치는 것을 상상하고 작은 신음 소리가 나오려는 것을 깨닫고는 몸서리를 치기도 하였다. 그럴 때마다 곁에서 담배를 피우며 신문을 뒤적이고 있는 주인을 바라볼 때 신문 외에는 활자와 인연이 없이 살아갈 수 있는 그들의 생활이 부럽도록 경쾌한 것 같았다. 사실 월급에서 하숙비를 제하고 몇 푼 안 남는 돈으로 탐내어 사들인 책들이 요즈음에는 무거운 짐같이 겨웠다. 활자로 박힌 말의 퇴적이 발호하여서 풍겨 오는 문학의 자극에 자기의 신경은 확실히 피곤하여졌다고 병일은 생각하였다.
　피곤한 병일이는 사무실에서 돌아올 때마다 이 지루한 ㉢ 장마는 언제까지나 계속할 셈인가고 중얼거렸다. 지금부터는 마음대로 할 수 있는 '나의 시간'이라고 생각하며 돌아가는 길에 언제나 발을 멈추고 바라보는 성문을 요즈음에는 우산 속에 숨어서 그저 지나치는 때가 많았다. 혹시 생각나서 돌아볼 때에는 수없는 빗발에 씻기며 서 있는 누각을 박쥐조차 나들지 않았다. 전날 큰 구렁이가 기왓장을 떨어쳤다는 말이 병일에게는 육친의 시체를 보는 듯한 침울한 인상을 주는 것이었다. 모기 소리와 빈대 냄새와 반들거리다가 새침히 뛰어오르는 벼룩이 기다릴 뿐인 바람 한 점 없는 ㉣ 하숙방에서 활자로 시꺼멓게 메워진 책과 마주 앉을 용기가 없어진 병일이는 어떤 유혹에 끌리듯이 ㉤ 사진관으로 찾아가게 되었다.
　사진사도 병일이를 환영하였다. 그리고 거기는 술과 한담이 있었다. 아직껏 취흥을 향락해 본 경험이 없던 병일이는 자기도 적지 않게 마시고 제법 사진사와 같이 한담을 주고 받을 수 있다는 것이 만족하게 생각되기도 하였다. 사진사가 수다스럽게 주워섬기는 이야기를 듣고 있는 동안에 병일이는 문득 자기를 기다릴 듯한 어젯밤 펴 놓은 대로 있을 책을 생각하고 시계를 쳐다보기도 하였으나 문밖에 빗소리를 듣고는 누구에 대한 것인지도 모른 송구한 마음을 가라앉히는 것이었다. 그럴 때마다 그는 이야기에 신이 나서 잊고 있는 사진사의 잔을 집어서 거푸 마셨다.
　밤 12시가 거진 되어서 하숙으로 돌아가는 병일이는 비를 맞는 것이 오히려 마음이 편하였다. '이것이 무슨 짓이냐!' 하는 반성은 갈라진 검은 구름 밖으로 보이는 별 밑에 한층 더하므로 '이 생활은 일시적이다. 장마의 탓이다.' 하는 생각을 오는 비에 핑계하기가 편하였던 것이다. 책상 앞에 돌아온 병일이는 '내 마음대로 할 수 있는 시간'이 모두 없어진 것을 새삼스럽게 느끼고 있는 자기를 발견하는 것이었다. 이른 아침 시간을 위하여 자야 할 병일이는 벌써 깊이 잠들었을 사진사의 코 고는 소리가 들리는 듯하여 잠이 오지 않았다.

― 최명익, 「비 오는 길」

63 윗글의 서술상 특징으로 가장 적절한 것은?

① 인물이 겪는 사건을 그의 내면 의식을 중심으로 서술하고 있다.
② 장면의 빈번한 전환을 통해 인물의 분열된 의식을 보여 주고 있다.
③ 일련의 사건들로 인물 간의 갈등이 해소되어 가는 과정을 나타내고 있다.
④ 보여 주기 방식을 통해 상황에 대한 인물의 심리를 간접적으로 제시하였다.
⑤ 상징적인 소재를 통해 인물의 불안정한 상황에 대한 불안함을 극대화하고 있다.

64 ㉠~㉤에 대한 이해로 적절하지 않은 것은?

① ㉠: 도시화·산업화로 변화하고 있는 주변 환경을 나타낸다.
② ㉡: '병일'이 사무실에서 매일 하는 반복적인 일을 가리킨다.
③ ㉢: 반복되는 일상에 피곤한 '병일'이 지루함까지 느끼게 하는 요인이다.
④ ㉣: '병일'이 '나의 시간'을 보내는 장소이자 자신을 대면하는 고독한 장소이다.
⑤ ㉤: '병일'이 큰 만족감을 얻어 고독감을 완전히 해소하고 위안을 얻는 장소이다.

65 〈보기〉를 참고하여 윗글을 감상한 내용으로 가장 적절한 것은?

― 보기 ―

최명익의 소설에는 무력증과 자의식의 과다에 매몰된 지식인과 속되고 고약하다고 할 수 있는 대중적 삶을 사는 인물들이 등장한다. 그는 두 유형의 인물 대비를 통하여 1930년대의 지식인이 지닌 무기력·절망감·소외 의식을 강하게 형상화하려고 시도했다는 평가를 받는다. 결국, 그는 '어떻게 살아야 인간은 후회 없는 인생을 살 수 있을까?' 하는 과제를 추구한 소설가라 할 수 있다.

① '병일'과 사진사의 인물 대비를 통하여 추구해야 할 삶의 가치를 제시하고 있군.
② 공장은 '병일'이 현실 감각을 유지하도록 도와주는 공간으로 이상과 현실의 조화를 강조하고 있군.
③ '병일'은 주인이 후회 없는 인생을 살고 있다고 생각하여 그 생활이 부럽도록 경쾌해 보인다고 하였군.
④ '전날 큰 구렁이가 기왓장을 떨어쳤다는 말'에서 '병일'이 현재의 환경에서 큰 불안감을 느끼고 있음을 알 수 있군.
⑤ 니체가 바위에 머리를 부딪치는 상상은 일상에서 벗어나지 못하는 '병일'이 소외 의식을 느끼고 괴로워하고 있음을 나타내는군.

[66~68] 다음 글을 읽고 물음에 답하시오.

　국제법에서 일반적으로 조약은 국가나 국제기구들이 그들 사이에 지켜야 할 구체적인 권리와 의무를 명시적으로 합의하여 창출하는 규범이며, 국제 관습법은 조약 체결과 관계없이 국제 사회 일반이 받아들여 지키고 있는 보편적인 규범이다. 반면에 경제 관련 국제기구에서 어떤 결정을 하였을 경우, 이 결정 사항 자체는 권고적 효력만 있을 뿐 법적 구속력은 없는 것이 일반적이다. 그런데 국제결제은행 산하의 바젤위원회가 결정한 BIS 비율 규제와 같은 것들이 비회원의 국가에도 엄격히 준수되는 모습을 종종 보게 된다. 이처럼 일종의 규범적 성격이 나타나는 현실을 어떻게 이해할지에 대한 논의가 있다. 이는 위반에 대한 제재를 통해 국제법의 효력을 확보하는 데 주안점을 두는 일반적 경향을 되돌아보게 한다. 곧 ㉠ 하는 것이다.

　BIS 비율은 은행의 재무 건전성을 유지하는 데 필요한 최소한의 자기자본 비율을 설정하여 궁극적으로 예금자와 금융 시스템을 보호하기 위해 바젤위원회에서 도입한 것이다. 바젤위원회에서는 BIS 비율이 적어도 규제 비율인 8%는 되어야 한다는 기준을 제시하였다. 이에 대한 식은 다음과 같다.

$$\text{BIS 비율}(\%) = \frac{\text{자기자본}}{\text{위험가중자산}} \times 100 \geq 8(\%)$$

　여기서 자기자본은 은행의 기본자본, 보완자본 및 단기후순위 채무의 합으로, 위험가중자산은 보유 자산에 각 자산의 신용 위험에 대한 위험 가중치를 곱한 값들의 합으로 구하였다. 위험 가중치는 자산 유형별 신용 위험을 반영하는 것인데, OECD 국가의 국채는 0%, 회사채는 100%가 획일적으로 부여되었다. 이후 금융 자산의 가격 변동에 따른 시장 위험도 반영해야 한다는 요구가 커지자, 바젤위원회는 위험가중자산을 신용 위험에 따른 부분과 시장 위험에 따른 부분의 합으로 새로 정의하여 BIS 비율을 산출하도록 하였다. 신용 위험의 경우와 달리 시장 위험의 측정 방식은 감독 기관의 승인하에 은행의 선택에 따라 사용할 수 있게 하여 '바젤 Ⅰ' 협약이 1996년에 완성되었다.

　금융 혁신의 진전으로 '바젤 Ⅰ' 협약의 한계가 드러나자 2004년에 '바젤 Ⅱ' 협약이 도입되었다. 여기에서 BIS 비율의 위험가중자산은 신용 위험에 대한 위험 가중치에 자산의 유형과 신용도를 모두 고려하도록 수정되었다. 신용 위험의 측정 방식은 표준 모형이나 내부 모형 가운데 하나를 은행이 이용할 수 있게 되었다. 표준 모형에서는 OECD 국가의 국채는 0%에서 150%까지, 회사채는 20%에서 150%까지 위험 가중치를 구분하여 신용도가 높을수록 낮게 부과한다. 예를 들어 실제 보유한 회사채가 100억 원인데 신용 위험 가중치가 20%라면 위험가중자산에서 그 회사채는 20억 원으로 계산된다. 내부 모형은 은행이 선택한 위험 측정 방식을 감독 기관의 승인하에 그 은행이 사용할 수 있도록 하는 것이다. 또한 감독 기관은 필요시 위험가중자산에 대한 자기자본의 최저 비율이 규제 비율을 초과하도록 자국 은행에 요구할 수 있게 함으로써 자기자본의 경직된 기준을 보완하고자 했다.

　최근에는 '바젤 Ⅲ' 협약이 발표되면서 자기자본에서 단기후순위 채무가 제외되었다. 또한 위험가중자산에 대한 기본자본의 비율이 최소 6%가 되게 보완하여 자기자본의 손실 복원력을 강화하였다. 이처럼 새롭게 발표되는 바젤 협약은 이전 협약에 들어 있는 관련 기준을 개정하는 효과가 있다.

　바젤 협약은 우리나라를 비롯한 수많은 국가에서 채택하여 제도화하고 있다. 현재 바젤위원회에는 28개국의 금융 당국들이 회원으로 가입되어 있으며, 우리 금융 당국은 2009년에 가입하였다. 하지만 우리나라는 가입하기 훨씬 전부터 BIS 비율을 도입하여 시행하였으며, 현행 법제에도 이것이 반영되어 있다. 바젤 기준을 따름으로써 은행이 믿을 만하다는 징표를 국제 금융 시장에 보여 주어야 했던 것이다. 재무 건전성을 의심받는 은행은 국제 금융 시장에 자리를 잡지 못하거나 심하면 아예 발을 들이지 못할 수도 있다.

　바젤위원회에서는 은행 감독 기준을 협의하여 제정한다. 그 헌장에서는 회원들에게 바젤 기준을 자국에 도입할 의무를 부과한다. 하지만 바젤위원회가 초국가적 감독 권한이 없으며 그의 결정도 법적 구속력이 없다는 것 또한 밝히고 있다. 바젤 기준은 100개가 넘는 국가가 채택하여 따른다. 이는 국제기구의 결정에 형식적으로 구속을 받지 않는 국가에서까지 자발적으로 받아들여 시행하고 있는 것인데, 이런 현실을 ㉡말랑말랑한 법(soft law)의 모습이라 설명하기도 한다. 이때 조약이나 국제 관습법은 그에 대비하여 딱딱한 법(hard law)이라 부르게 된다. 바젤 기준도 장래에 딱딱하게 응고될지 모른다.

66 윗글을 이해한 내용으로 적절하지 <u>않은</u> 것은?

① 바젤 협약은 새롭게 발표할 때마다 이전 협약의 관련 기준이 개정되는 효과가 있다.
② 우리나라는 국제 금융 시장에 재무 건전성을 증명하기 위해 바젤위원회에 가입하여 BIS 비율을 도입 및 시행하였다.
③ '바젤 Ⅱ' 협약의 표준 모형에서는 OECD 국가의 국채와 회사채에 위험 가중치를 구분하여 신용도가 높을수록 낮게 부과한다.
④ 바젤위원회에서는 예금자와 금융 시스템을 보호하기 위하여 BIS 비율이 적어도 규제 비율인 8%는 되어야 한다는 기준을 제시하였다.
⑤ '바젤 Ⅱ' 협약의 BIS 비율의 위험가중자산은 '바젤 Ⅰ' 협약과는 다르게 신용 위험에 대한 위험 가중치에 자산의 유형과 신용도를 모두 고려하도록 수정되었다.

67 ㉠에 들어갈 말로 가장 적절한 것은?

① 구체적인 권리와 의무를 준수
② 신뢰가 형성하는 구속력에 주목
③ 명시적 합의에 따른 신뢰성을 확인
④ 국제기구의 초국가적 감독 권한을 경계
⑤ 위반에 대한 제재를 통해 국제법의 위상을 확보

68 ㉡의 사례로 가장 적절한 것은?

① 바젤위원회가 변화하는 국제 금융 현실에 맞게 바젤 기준을 개정한다.
③ 바젤위원회는 국가나 국제기구들이 지켜야 할 권리와 의무를 명시적으로 합의한다.
② 바젤위원회는 회원들에게 국제 사회 일반에 바젤 기준을 자국에 도입할 의무를 부과한다.
④ 바젤위원회 회원이 없는 국가에서 바젤 기준을 제도화하여 국내에 효력이 발생하도록 한다.
⑤ 바젤위원회 회원의 국가가 바젤 기준을 실제로 지키지 않더라도 국제 금융 시장에서의 불이익은 없다.

[69~72] 다음 글을 읽고 물음에 답하시오.

사람들은 함께 모여 '집합 의례'를 행한다. 뒤르켐은 오스트레일리아 부족들의 집합 의례를 공동체 결속의 관점에서 탐구한다. 부족 사람들은 문제 상황이 발생할 경우 생계 활동을 멈추고 자신들이 공유하는 성(聖)과 속(俗)의 분류 체계를 활용하여 이 상황이 성스러운 것인지 아니면 속된 것인지를 판별하는 집합 의례를 행한다. 이 과정에서 그들은 자신들이 공유하는 성스러움이 무엇인지 새삼 깨닫고 그것을 중심으로 약해진 기존의 도덕 공동체를 재생한다. 집합 의례가 끝나면 부족 사람들은 가슴속에 ⓐ 성스러움을 품고 일상의 속된 세계로 되돌아간다. 이로써 단순히 먹고사는 문제에 불과했던 생계 활동이 성스러움과 연결된 도덕적 의미를 지니게 된다.

뒤르켐은 현대 사회의 집합 의례가 기존 도덕 공동체의 재생으로 끝나지 않고 새로운 도덕 공동체를 창출할 것이라고 본다. 예를 들어, 프랑스 혁명은 자유, 평등, 우애와 같은 새로운 성스러움을 창출하고 이를 중심으로 새로운 도덕 공동체를 구성한 집합 의례다. 뒤르켐은 새로 창출된 성스러움이 자기 이해관계를 추구하며 속된 세계에서 살아가는 개인들에게 서로 결속할 수 있는 도덕적 의미를 제공할 것이라 여긴다.

파슨스와 스멜서는 이러한 이론적 통찰을 기능주의 이론으로 구체화한다. 그들은 성스러움을 가치라는 말로 바꿔 표현한다. 현대 사회에서는 가치가 평상시 사회적 삶 아래에 잠재되어 있다가, 그 도덕적 의미가 뿌리부터 뒤흔들리는 위기 시기에 위로 올라와 전국적으로 일반화된다. 속된 일상에서 사람들은 가치를 추구하기보다는 자기 이해관계를 구체화한 목표와 이의 실현을 안내하는 규범에 따라 살아간다. 하지만 위기 시기에는 사람들의 관심이 자신들의 ㉠ 에서 ㉡ 로 상승한다. 사람들은 가치에 기대어 위기가 주는 심리적 긴장과 압박을 해소하는 집합 의례를 행한다. 그 결과 사회의 통합이 회복된다. 파슨스와 스멜서는 이것이 마치 유기체가 환경의 압박으로 인해 흐트러진 항상성의 기능을 생리 작용을 통해 회복하는 과정과 유사하다고 본다.

알렉산더는 파슨스와 스멜서의 이론을 받아들이면서도 그들이 사용한 생물학적 은유가 복잡한 현대 사회의 집합 의례를 탐구하는 데는 한계가 있다고 보고, 그 대안으로 'ⓑ 사회적 공연론'을 제시한다. 그는 가치를 전 사회로 일반화하는 집합 의례가 현대 사회에서는 유기체의 생리 작용처럼 자연적으로 진행되는 것이 아니라, 그 결과가 정해지지 않은 과정이라고 본다. 현대 사회는 사회적 공연의 요소들이 분화되어 있을 뿐만 아니라 각 요소가 자율성을 지니고 있다. 따라서 이 요소들을 융합하는 사회적 공연은 우발성이 극대화된 문화적 실천을 요구한다. 알렉산더가 기능주의 이론과 달리 공연의 요소들이 어떤 조건 아래에서 어떤 과정을 거쳐 융합이 이루어지는지 경험적으로 세밀하게 탐구해야 한다고 강조하는 이유가 여기에 있다.

현대 사회의 사회적 공연의 요소들로는 성과 속의 분류 체계를 다양하게 구체화한 대본, 다양한 대본을 자신만의 방식으로 실행하는 배우, 계급·출신 지역·나이·성별 등 내부적으로 분화된 관객, 시·공간적으로 다양한 동선을 짜서 공연을 무대 위에 올리는 미장센*, 시·공간의 한계를 넘어 공연을 광범위한 관객에게 전파하는 상징적 생산 수단, 공연을 생산하고 배포하고 해석하는 과정을 총체적으로 통제하지 못할 정도로 고도로 분화된 사회적 권력 등이 있다. 그러나 요소의 분화와 자율성이 없는 전체주의 사회에서는 국가 권력에 의한 대중 동원만 있을 뿐 사회적 공연이 일어나기 어렵다.

* 미장센(mise en scène): 무대 위에서의 등장인물의 배치나 역할, 무대 장치, 조명 따위에 관한 총체적인 계획과 실행

69 윗글에 대한 이해로 적절하지 <u>않은</u> 것은?

① 뒤르켐은 현대 사회의 집합 의례가 새로운 성스러움과 도덕 공동체를 창출할 것이라고 본다.
② 알렉산더는 가치를 전 사회로 일반화하는 집합 의례가 현대 사회에서는 그 결과가 정해지지 않은 과정이라고 본다.
③ 사회적 공연이 일어나기 위해서는 사회적 공연의 요소들이 분화되어 있을 뿐만 아니라 각 요소가 자율성을 지니고 있어야 한다.
④ 알렉산더는 파슨스와 스멜서의 이론을 계승하여 집합 의례는 유기체와 같이 자연적으로 진행되는 것임을 공고히 하였으며, 이에 '사회적 공연론'을 제시하였다.
⑤ 파슨스와 스멜서는 사람들이 위기 시기에 가치에 기대어 집합 의례를 행하고 사회의 통합을 회복시키는 것을 유기체가 생리 작용을 통해 항상성을 회복하는 과정과 유사하다고 보았다.

70 ㉠과 ㉡에 들어갈 말로 적절한 것끼리 짝지어진 것은?

	㉠	㉡
①	전체주의	기능주의
②	도덕 공동체	집합 의례
③	항상성의 기능	사회적 공연론
④	특수한 이해관계	보편적인 가치
⑤	새로운 성스러움	새로운 도덕 공동체

71 ⓐ에 대한 평가로 적절하지 않은 것은?

① 뒤르켐에 따르면 집합 의례로 판별할 수 있는 속성이다.
② 파슨스와 스멜서에 따르면 평상시에는 사회적 삶 아래에 잠재되어 있다.
③ 뒤르켐·파슨스·스멜서의 입장에서 보면 자기 이해관계가 발전된 개념이다.
④ 뒤르켐에 따르면 속된 세계에서 살아가는 개인들에게 도덕적 의미를 제공한다.
⑤ 파슨스와 스멜서에 따르면 사람들은 속된 일상보다 위기 시기에 관심을 갖는다.

72 ⓑ를 바탕으로 〈보기〉를 이해한 내용으로 적절하지 않은 것은?

— 보기 —

A시에 정부가 신규 원자력발전소 건립을 검토할 것으로 알려진 가운데 A시의 찬성파와 반대파의 여론전이 가열되고 있다. 찬성파는 신규 원전 유치로 정부 지원금의 활용과 지역 일자리 창출 및 인구 유입 등을 통해 지역 경제 발전이 가능하다고 주장하였고, 반대파는 신규 원전 유치가 시민의 안전을 심각하게 침해하는 행위이며 정부 지원금은 일부 구에만 지원되는 것이라고 비판하였다. 주로 높은 연령대의 시민과 토박이, 지원금을 받지 못하는 구민들은 반대 운동을, 낮은 연령대의 시민과 이주민, 지원금 대상 구민들은 찬성 운동을 하였다. 중앙 언론은 지역 내 현상으로 치부하여 보도하지 않았으며 반대파가 이와 같은 상황을 알리기 위해 서울에서 집회를 하고자 하였으나 경찰이 이에 금지 통고를 하였다.

① 사회적 공연의 미장센이 A시에 한정되어 일어나고 있다.
② 여러 배우가 서로 다른 대본으로 사회적 공연을 수행하고 있다.
③ 사회적 공연의 다양한 요소들이 융합되어 가치의 일반화가 일어나고 있다.
④ 상징적 생산 수단과 사회적 권력이 사회적 공연의 전국적 전파를 막고 있다.
⑤ 나이와 출신 지역, 구의 지원금 지원 여부로 분화된 관객이 배우로서 사회적 공연을 수행하고 있다.

[73~75] 다음 글을 읽고 물음에 답하시오.

> 영국의 역사가 아놀드 토인비는 『역사의 연구』를 펴내며 역사 연구의 기본 단위를 국가가 아닌 문명으로 설정했다. 그는 예를 들어 영국이 대륙과 떨어져 있을지라도 유럽의 다른 나라들과 서로 영향을 미치며 발전해 왔으므로, 영국의 역사는 그 자체만으로는 제대로 이해할 수 없고 서유럽 문명이라는 틀 안에서 바라보아야 한다고 하였다. 그는 문명 중심의 역사를 이해하기 위한 몇 가지 가설들을 세웠다. 그리고 방대한 사료(史料)를 바탕으로 그 가설들을 검증하여 문명의 발생과 성장 그리고 쇠퇴 요인들을 규명하려 하였다.
>
> 토인비가 세운 가설들의 중심축은 '도전과 응전' 및 '창조적 소수와 대중의 모방' 개념이다. 그에 의하면 환경의 도전에 대해 성공적으로 응전하는 인간 집단이 문명을 발생시키고 성장시킨다. 여기서 중요한 것은 그 환경이 역경이라는 점이다. 인간의 창의적 행동은 역경을 당해 이를 이겨 내려는 분투 과정에서 발생하기 때문이다.
>
> 토인비는 이 가설이 단순하게 도전이 강력할수록 그 도전이 주는 자극의 강도가 커지고 응전의 효력도 이에 비례한다는 식으로 해석되는 것을 막기 위해, 소위 '세 가지 상호 관계의 비교'를 제시하여 이 가설을 보완하고 있다. 즉 도전의 강도가 지나치게 크면 응전이 성공적일 수 없게 되며, 반대로 너무 작을 경우에는 전혀 반응이 나타나지 않고, 최적의 도전에서만 성공적인 응전이 나타난다는 것이다.
>
> 이렇게 성공적인 응전을 통해 나타난 문명이 성장하기 위해서는 그 후에도 지속적으로 나타나는 문제, 즉 새로운 도전들을 해결해야만 한다. 토인비에 따르면 이를 해결하기 위해서는 그 사회의 창조적 인물들이 역량을 발휘해야 한다. 그러나 이들은 소수이기 때문에 응전을 성공적으로 이끌기 위해서는 다수의 대중까지 힘을 결집해야 한다. 이때 대중은 일종의 사회적 훈련인 '모방'을 통해 그들의 역할을 수행한다.
>
> 물론 모방은 모든 사회의 일반적인 특징으로서 문명을 발생시키지 못한 원시 사회에서도 찾아볼 수 있다. 여기에 대해 토인비는 모방의 유무가 중요한 것이 아니라 모방의 작용 방향이 중요하다고 설명한다. 문명을 발생시키지 못한 원시 사회에서 모방은 선조들과 구세대를 향한다. 그리고 죽은 선조들은 살아 있는 연장자의 배후에서 눈에 보이지 않게 그 권위를 강화해 준다. 그리하여 이 사회는 인습이 지배하게 되고 발전적 변화가 나타나지 않는다. 반대로 ⓘ 모방이 창조적 소수에게로 향하는 사회에서는 인습의 권위를 인정하지 않으므로 문명이 지속적으로 성장한다.

73 윗글의 서술상 특징으로 가장 적절한 것은?

① 앞으로 전개될 상황을 이해하기 위해 과거의 상황을 예로 들어 자세히 설명하고 있다.
② 세 가지의 연구 방법을 차례대로 소개하고 각각의 연구 방법을 예를 들어 비교하고 있다.
③ 특정한 주제를 이해하기 위해 수립한 몇 가지 가설의 중심축이 되는 개념을 바탕으로 내용을 전개하고 있다.
④ 보편적인 인식을 먼저 소개하며 독자의 관심을 유도한 후 이에 대한 잘못된 인식을 하나하나 짚어 내고 있다.
⑤ 특정한 사회 문제를 역사 속 유사한 상황의 전개와 해결 방식에 비유하여 사회 문제의 궁극적인 해결 방안을 모색하고 있다.

74 윗글의 아놀드 토인비의 견해로 적절한 것은?

① 도전의 강도가 크면 클수록 성공적인 응전이 나타난다.
② 역경을 성공적으로 이겨 내어야 인간의 창의적 행동이 발생한다.
③ 창조적 소수만이 새로운 도전들을 통해 문명의 발전을 이룰 수 있다.
④ 선조들이 연장자의 권위를 강화해 줌으로써 문명이 지속적으로 성장한다.
⑤ 모방은 일종의 사회적 훈련으로 모방의 유무보다는 작용 방향이 중요하다.

75 ㉠의 사례로 가장 적절한 것은?

① A 제과의 유명한 과자를 B 제과에서 맛과 모양을 그대로 베껴 똑같이 만들었다.
② 유구한 우리 민족의 역사를 통해 오늘날 우리가 배워야 할 교훈을 곱씹어 보았다.
③ 현재의 문제를 과거의 경험에 대입하여 가장 효과적인 해결 방안을 찾고자 하였다.
④ 다양한 목적의 연구가 특정 분야에서 저명한 과학자의 연구 방식에 기초하여 진행되었다.
⑤ A 학교는 상위권 학생이 더 좋은 환경에서 학습할 수 있도록 별개의 학습 공간을 제공하였다.

[76~78] 다음 글을 읽고 물음에 답하시오.

공포 소구는 그 메시지에 담긴 권고를 따르지 않을 때의 해로운 결과를 강조하여 수용자를 설득하는 것으로, 1950년대 초부터 설득 전략 연구자들의 연구 대상이 되었다. 초기 연구를 대표하는 재니스는 기존 연구에서 다루어지지 않았던 공포 소구의 설득 효과에 주목하였다. 그는 수용자에게 공포 소구를 세 가지 수준으로 달리 제시하는 실험을 한 결과, 중간 수준의 공포 소구가 가장 큰 설득 효과를 보인다는 것을 발견하였다.

공포 소구 연구를 진척시킨 레벤달은 재니스의 연구가 인간의 감정적 측면에만 치우쳤다고 비판하며, 공포 소구의 효과는 수용자의 감정적 반응만이 아니라 인지적 반응과도 관련된다고 하였다. 그는 감정적 반응을 '공포 통제 반응', 인지적 반응을 '위험 통제 반응'이라 불렀다. 그리고 후자가 작동하면 수용자들은 공포 소구의 권고를 따르게 되지만, 전자가 작동하면 공포 소구로 인한 두려움의 감정을 통제하기 위해 오히려 공포 소구에 담긴 위험을 무시하려는 반응을 보이게 된다고 하였다.

이러한 선행 연구들을 종합한 위티는 우선 공포 소구의 설득 효과를 좌우하는 두 요인으로 '위협'과 '효능감'을 설정하였다. 수용자가 공포 소구에 담긴 위험을 자신이 겪을 수 있는 것이고 그 위험의 정도가 크다고 느끼면, 그 공포 소구는 위협의 수준이 높다. 그리고 공포 소구에 담긴 권고를 이행하면 자신의 위험을 예방할 수 있고 자신에게 그 권고를 이행할 능력이 있다고 느끼면, 효능감의 수준이 높다. 한 동호회에서 회원들에게 '모임에 꼭 참석해 주세요. 불참 시 회원 자격이 사라집니다.'라는 안내문을 보냈다고 하자. 회원 자격이 사라진다는 것은 그 동호회 활동에 강한 애착을 가지고 있는 사람에게는 높은 수준의 위협이 된다. 그리고 그가 동호회 모임에 참석하는 일이 어렵지 않다고 느낄 때, 안내문의 권고는 그에게 높은 수준의 효능감을 주게 된다.

위티는 이 두 요인을 레벤달이 말한 두 가지 통제 반응과 관련지어 다음과 같은 결론을 도출하였다. 위협과 효능감의 수준이 모두 높을 때에는 위험 통제 반응이 작동하고, 위협의 수준은 높지만 효능감의 수준이 낮을 때에는 공포 통제 반응이 작동한다. 그러나 위협의 수준이 낮으면, 수용자는 그 위협이 자신에게 아무 영향을 주지 않는다고 느껴 효능감의 수준에 관계없이 공포 소구에 대한 반응이 없게 된다. 이렇게 정리된 결론은 그간의 공포 소구 이론을 통합한 결과라는 점에서 후속 연구의 중요한 디딤돌이 되었다.

76 윗글의 내용 전개 방식으로 가장 적절한 것은?

① 화제에 대한 연구들을 주관적 기준에 따라 분류하고 있다.
② 화제에 대한 연구들을 선행 연구와 연결하여 설명하고 있다.
③ 화제에 대한 연구들이 시작된 사회적 배경을 분석하고 있다.
④ 화제에 대한 연구들을 부정함으로써 새로운 결론에 이르고 있다.
⑤ 화제에 대한 연구들을 소개한 후 자문자답하며 논지를 확대하고 있다.

77. 윗글의 내용과 일치하지 않는 것은?

① 재니스는 공포 소구의 수준을 달리하며 수용자의 감정 변화를 살펴보았다.
② 레벤달은 공포 소구 연구를 할 때 수용자의 감정적 측면과 인지적 측면을 모두 고려하였다.
③ 레벤달은 공포 소구의 설득 효과가 나타나려면 공포 통제 반응보다 위험 통제 반응이 작동해야 한다고 보았다.
④ 위티는 공포 소구의 위협 수준은 효능감 수준에 비례하며 위협 수준이 높을수록 공포 소구의 권고를 따르게 된다고 보았다.
⑤ 위티는 수용자가 공포 소구에 담긴 위험을 자신에게 큰 영향을 주는 위협으로 느꼈을 때 공포 소구에 대한 반응이 작동한다고 하였다.

78. 윗글을 바탕으로 〈보기〉를 이해할 때 추론한 내용으로 가장 적절한 것은?

— 보기 —

한 모임에서 공포 소구 실험을 진행하였다. 결과는 위티의 결론에 부합하였다. 이 실험에서는 위협의 수준(높음/낮음)과 효능감의 수준(높음/낮음)을 각각 달리 설정하고 피실험자들을 네 집단으로 나누었다. 집단 1과 집단 2는 공포 소구에 대한 반응이 없었고, 집단 3은 위험 통제 반응, 집단 4는 공포 통제 반응이 작동하였다.

① 집단 1은 위협의 수준이 높았을 것이다.
② 집단 3은 효능감의 수준이 낮았을 것이다.
③ 집단 4는 위협과 효능감의 수준이 서로 같았을 것이다.
④ 집단 2와 집단 4는 위협의 수준이 서로 같았을 것이다.
⑤ 집단 3과 집단 4는 효능감의 수준이 서로 달랐을 것이다.

[79~82] 다음 글을 읽고 물음에 답하시오.

1987년 2월 마지막 주에 과학자들은 오랜만에 육안으로 별의 장렬한 죽음을 목격했다.

큰 별은 수명을 다하는 순간, 대폭발을 하며 태양보다 몇 억 배의 찬란한 빛을 내면서 타 버린다. 그리고 그 잿더미 속에 중성자별이나 블랙홀이라는 강한 중력장을 만드는 실체를 남긴다는 것이 천체 물리학의 통설이다. 이렇게 폭발하는 순간, 너무 멀리 있어서 보이지 않았던 별이 갑자기 밝아짐으로써 마치 새로운 큰 별이 나타난 것처럼 보이게 된다. 이러한 까닭에 과학자들은 이런 별을 초신성(超新星)이라고 부르는데, 우리 선조들은 객성(客星), 즉 손님별이라 불렀다. 아마 불쑥 찾아온 손님을 연상했던 모양이다.

실제로 『조선왕조실록』 선조 37년(1604년) 10월 31일 조를 보면 객성을 발견한 당시의 생생한 기록이 있다. 즉 "초저녁에 객성이 미수 10도 거극(去極) 110도 자리에 있었는데 목성보다 작고 황적색 빛깔로 흔들리고 있었다. 이른 새벽녘에는 안개가 끼었다."라고 하였으며, 그 뒤 약 1년 동안 관측된 이 객성의 모습이 상세히 기록되어 있다. 또한 『증보문헌비고』에는 삼국사기 이래의 객성 관측 기록을 모아 정리하면서, 객성이란 돌연히 출현한 괴이한 별들을 이른다고 하였다. 여기에서 특이한 것은 항성(恒星)의 하나인 노인성(老人星)을 객성에 포함시켰다는 점이다. 아울러 이 점에 대하여 편찬자는 노인성이 우리나라에서는 쉽게 관측되지 않기 때문이라고 부연하고 있다.

그러나 일찍이 고려 시대에는 ㉠ 노인성을 수성(壽星)으로 보았으며, 따라서 이 별이 나타나면 장수한다는 믿음이 널리 퍼져 있었다. 『고려사』에 의하면 의종 24년(1170년) 2월에 낭성(狼星)이 남극에 나타났는데, 이를 서해도 안찰사 박순가가 노인성으로 알고 역마를 달려 보고하게 했다. 의종은 이 노인성의 출현을 기뻐하여 잔치를 거듭하다가 그해 9월 정중부에 의해 왕위에서 쫓겨나고 말았다. 그 후 낭성을 노인성으로 잘못 보고한 박순가에게는 그 자손까지 금고에 처해지는 벌이 내려졌다.

이렇게 인간의 삶과 연관 지어 파악되던 별들도 그 나름의 삶을 가지고 있다. 대부분의 별은 우주 공간에 퍼져 있는 수소가 중력에 의하여 뭉쳐지면서 탄생한다. 별의 중심부는 그 외부에서 가해지는 압력을 받아 수축하면서 내부 온도가 높아진다. 태양의 경우도 중력에 의한 압력 때문에 중심부의 온도는 수천만 도가 되어 ㉡ 핵융합 반응이 일어나게 된다. 핵융합 반응은 핵들이 서로 합쳐지는 과정을 말한다. 이 과정에서 많은 에너지가 방출되며, 이 에너지는 태양이 붉게 타는 원천이 되고 있다. 그러나 별이나 태양의 중심부에 있는 핵연료는 언젠가는 소진될 것이다. 그렇게 되면 별은 짓누르는 중력의 압력을 감당하지 못하여 수축할 수밖에 없다. 수축이 한계에 다다르게 되면 별의 중심부는 마치 억눌린 거대한 용수철처럼 그 위에 떨어지는 물질들을 튕겨내고, 그 때 생기는 거대한 충격파가 별을 폭파시켜 최후를 맞이한다.

79. 윗글의 내용과 일치하지 않는 것은?

① 객성은 어느 날 갑자기 출현한다.
② 별이 폭발한 후에도 그 실체는 남아 있다.
③ 별의 형태는 시간에 따라 달라질 수 있다.
④ 전통 사회에서는 별의 관측에 관심이 없었다.
⑤ 별에 부여하는 의미는 시대에 따라서 변한다.

80. 윗글을 바탕으로 할 때, '별이 탄생하는 과정'과 '객성이 되는 과정'에서 공통적으로 나타나는 현상은?

① 충격파 발생
② 핵연료 소진
③ 중성자별 형성
④ 수소의 뭉쳐짐
⑤ 중력에 의한 수축

81 ㉠에 관한 설명으로 가장 적절한 것은?

① 노인성은 태양의 영향을 받아 빛을 낸다.
② 의종은 노인성의 출현으로 왕위에서 쫓겨났다.
③ 노인성은 블랙홀이 폭발하는 데 영향을 미친다.
④ 우리 선조들은 노인성을 상서로운 별로 생각했다.
⑤ 『조선왕조실록』에 따르면 우리나라에서는 노인성을 관측하기 어렵다.

82 윗글을 바탕으로 할 때, ㉡과 함께 발생할 현상으로 적절하지 <u>않은</u> 것은?

① 별의 크기를 변화시킬 것이다.
② 별 외부의 압력이 높아지면 나타날 것이다.
③ 별의 온도가 높아진 상태에서 일어날 것이다.
④ 에너지를 방출하여 별이 밝게 빛나게 할 것이다.
⑤ 우주 공간 속의 수소 핵이 있어야 발생할 것이다.

[83~85] 다음 글을 읽고 물음에 답하시오.

2024년 온라인 아동학대 예방 교육 안내

1. 온라인 아동학대 예방 교육 프로그램 계획
   (1) 가출, 별거, 이혼 등으로 해체된 가정이 많아지면서 학대 및 방임과 유기로 아동의 권리가 큰 위협을 받고 있음. 이에 아동의 건전한 성장을 도모하고, 아동 학대를 예방하며, 범국민적으로 아동 학대 방지를 위한 인식 개선을 하고자 함.
   (2) 법적 근거
      아동복지법 제26조, 아동복지법 시행령 제26조
   (3) 실시 계획

구분	대상	교육 내용	교육 방법	실시 시기
1	신고의무자	영상 강의 (강연 및 시험)	개별 사이버 교육	2024년 1~3월
2	공공 부문 종사자			2024년 4~6월

2. 온라인 아동학대 예방 교육 프로그램 내용

과목명	강좌명	교육 기간
2024년 법정 의무 아동학대 예방 교육 (국문/영문)	① 4대 폭력 예방 교육 ② 아동학대 인식 개선 교육 ③ 아동학대 신고 방법 교육 ④ 피해아동 보호 절차 교육 ⑤ 긴급복지지원 신고 교육	2024년 1월 ~ 2024년 6월

3. 교육 절차 안내 및 유의사항
   (1) 보육진흥원 e-Learning System 접속
   (2) 시·도 교육원수원에 가입된 통합 아이디 이용하여 회원가입 및 로그인
   (3) 수강 과목에 자동 생성된 '2024년 법정 의무 아동학대 예방 교육' 언어별 강의 선택
   (4) 신청하고자 하는 강좌명의 '신청하기' 선택(신청과 동시에 학습 가능)
   (5) '나의 학습방 – 수강 과정 – 강의실 – 학습하기'에서 영상 아래의 '시작' 선택
   (6) 진도율 90% 이상 충족 시 설문 조사 참여(필수)
   (7) 설문 조사 참여 후 시험에 응시하여 답안 제출(필수)
   (8) 시험 응시 기회는 세 번이며, 주어진 기회 내에 70점을 넘기지 못하면 재수강해야 함.

4. 이수증 발급 방법
   (1) 이수 조건: 조건 1, 2 모두 충족 시 이수 인정
      [조건 1] 학습 진도율 90% 이상
      [조건 2] 평가 70점 이상(100점 만점)
   (2) '나의 학습방 – 이수증 발급' 선택 후 출력(이수 처리와 동시에 발급 가능)

83 윗글에 대한 이해로 적절하지 않은 것은?

① 아동학대 예방 교육은 국문과 영문 중 선택하여 수강할 수 있다.
② 아동학대 예방 교육은 수강자가 누구든 동일한 방법으로 진행된다.
③ 아동학대 예방 교육은 설문 조사 참여 후 이를 제출하여야 수강할 수 있다.
④ 아동학대 예방 교육이 완료되면 바로 이수증을 신청하여 발급받을 수 있다.
⑤ 아동학대 예방 교육에는 4대 폭력 예방, 피해아동 보호 절차에 대한 내용이 포함된다.

84 수강 대상자들이 해당 교육을 위해 취했을 행동으로 적절하지 <u>않은</u> 것은?

① 김 씨는 진도율이 85%가 된 것을 확인한 후 설문 조사에 참여했다.
② 이 씨는 6월 마지막 날 수강 신청을 하고 그 자리에서 바로 강의를 들었다.
③ 박 씨는 모든 강의를 수강하였으나, 시험에서 세 번 연속 65점을 받아 결국 재수강했다.
④ 최 씨는 교육연수원에 가입된 아이디와 같은 아이디로 보육진흥원 온라인 사이트에 가입했다.
⑤ 정 씨는 이 교육이 법적으로 꼭 들어야 하는 강의임을 인식하고 옆자리 동료에게도 알려 주었다.

85 〈보기〉는 어느 공공단체에 게시된 교육 프로그램 안내문이다. 〈보기〉를 준비하기 위해 고려한 것으로 적절하지 <u>않은</u> 것은?

• 보기 •

- 일시: 4월 1일 9시부터 6월 30일 18시까지
- 대상: 전 직원(필수)
- 방법: 비대면 온라인 강의로 진행
- 내용: 수강 후 설문 조사 및 시험 응시,
  총 5강좌, 진도율 90% 이상, 시험 70점 이상

※ 자세한 내용은 인트라넷 공지사항을 참고해 주십시오.

① 교육 기간은 눈에 띄게 앞으로 배치하고 가능하다면 자세히 제시한다.
② 보는 사람의 이해를 돕고 주제를 한눈에 알 수 있도록 이미지를 삽입한다.
③ 모두가 받아야 하는 법정 의무 교육이므로 대상자가 전 직원임을 강조한다.
④ 온라인 교육이므로 대면이 아닌 비대면으로 강의가 진행된다는 사실을 안내한다.
⑤ 포스터를 보고 개별적으로 추가 확인을 하지 않아도 되도록 중요 정보를 모두 기재한다.

[86~87] 다음 글을 읽고 물음에 답하시오.

미분 적분학의 탄생

그리스 신화에 등장하는 힘센 거인 안타이오스는 땅의 여신 가이아의 아들이었습니다. 그는 대지(大地)에 발을 붙이고 있는 한 절대로 지지 않았죠. 그의 영토를 통과하려는 여행자는 그와 겨루어야만 했는데, 살아서 지나간 사람은 아무도 없었습니다. 어느 날 헤라클레스와 맞붙는 일이 벌어졌습니다. 안타이오스의 어마어마한 힘의 원천을 알고 있던 헤라클레스는 그를 번쩍 들어올렸습니다. 발이 땅에서 떨어진 안타이오스는 제대로 힘도 쓰지 못한 채 죽을 수밖에 없었죠.

이 신화는 수학자들에게 중요한 사실을 시사해 줍니다. 안타이오스가 대지에서 태어나 거기에서 힘을 얻었듯이, 영속적이고 중요한 모든 수학이 자연 세계로부터 탄생하고 그 속에서 성장해 왔음을 수학의 역사는 보여 줍니다. 안타이오스의 경우와 같이, 수학도 자연 세계와 접촉하고 있는 경우에만 강력한 힘을 발휘할 겁니다. 만약 수학이 자신이 태어난 견고한 대지에서 공기가 희박한 높은 공중으로 올라가서 순수하게 형식적이고 추상적인 상태로 너무 오래 머무르면, 힘이 약화되는 위험을 감수해야 하죠. 따라서 새로운 힘을 보충하려면 때때로 자연 세계로 돌아와야만 합니다.

수학은 본래 자연에 대한 관찰과 실생활의 경험을 통해 얻은 실용적인 사실들의 수집에서 출발했습니다. 그 후 고대 그리스 시대에 이르러 증명과 공리(公理)적 방법의 도입으로 확고한 체제를 갖추게 되었지요. 여기에서 증명은 다른 사람을 설득하기 위한 논리적 설명이고, 공리적 방법은 증대된 수학 지식의 체계적인 정리(整理)라고 할 수 있습니다. 그러므로 증명이나 공리적 방법은 발견의 도구가 될 수는 없으며, 창의적 발상을 저해할 수도 있습니다. 그리스 시대 이후 오랫동안 정체의 늪에 빠져 있던 수학은, 저명한 수학자이며 과학자인 갈릴레오와 케플러의 놀라운 발견이 이루어진 후, 17세기에 새로운 힘을 얻게 되었습니다. 갈릴레오는 일련의 실험을 통해 지구 중력장 내의 물체 운동에 관한 기초적인 사실을 많이 발견했고, 케플러는 그 유명한 행성의 운동 법칙 세 가지 모두를 밝혀 냈죠. 이들의 업적은 수학 발전의 위대한 계기로 인정되어야 할 것입니다. 이들의 발견이 현대 동역학(動力學)과 현대 천체 역학으로 발전하는 과정에서 이러한 변화와 운동을 다룰 수 있는 새로운 수학 도구를 필요로 했기 때문이죠.

이렇게 해서 미분 적분학이라는 새로운 형태의 수학이 탄생했습니다. 옛 수학과 새로운 수학을 비교하면, 옛것은 고정되고 유한한 대상을 고려하며 정적인 반면에, 새것은 변화하고 무한한 대상을 연구하며 역동적입니다. 이렇듯 수학은 자연에 발을 딛고 있을 때, 현대 동역학이나 현대 천체 역학과 같은 자연 과학의 발전에 공헌함은 물론 수학 자체의 지속적인 발전을 이루어 낼 수 있었던 거랍니다.

86 윗글의 논지에 가장 가까운 것은?

① 수학은 사고를 절약하는 과학이다. – 앙리 푸앵카레
② 자연은 불필요한 것을 만들지 않는다. – 아리스토텔레스
③ 수학적 발견의 원동력은 논리적 추론이 아니고 상상력이다. – 드모르간
④ 자연에 대한 깊이 있는 연구는 수학적 발견을 위한 풍성한 공급원이다. – 푸리에
⑤ 인간의 어떠한 탐구도 수학적으로 보일 수 없다면 참된 과학이라 부를 수 없다. – 레오나르도 다 빈치

87 '옛 수학'과 '새로운 수학'의 특징을 바르게 짝지은 것은?

	옛 수학	새로운 수학
①	정적	역동적
②	구체적	관념적
③	분석적	종합적
④	비조직적	조직적
⑤	무한함을 연구	유한함을 연구

[88~90] 다음 글을 읽고 물음에 답하시오.

수신자	수신자 참조
(경유)	
제목	제18호 태풍 북상 대비 시장 지시 사항

1. 지난 7월부터 10월 초 현재까지 우리 시는 수차례의 태풍 북상에 철저히 대비하고 대응 조치를 취하였습니다. 이로써 시민의 생명과 재산을 보호하고 피해를 최소화할 수 있었습니다.
2. ㉠ 금번 제18호 태풍은 지형적인 영향으로 태풍이 내륙 지역을 통과할 때 정동풍이 강하게 분다는 기상청 예보가 있었습니다. 예상 강수량은 100~300mm(많은 곳 500mm)이며, 2일 밤부터 5일 새벽까지 강한 비바람이 몰아칠 것으로 예상됩니다.
3. 이에 따라, 제18호 태풍이 우리 지역에 본격적인 영향을 주기 전인 오늘(10. 2. 수) 중으로 부서별, 분야별 대비 조치를 철저히 이행하여 완료해 주시기 바랍니다. 재난 및 재해 대비에는 절대 허술함이 없어야 함을 명심하시기 바랍니다.

— 제18호 태풍 대비 ⓐ 조치 요령 —

가. 재난 관리 부서는 오늘(10. 2. 수) 11시까지 태풍 진로 및 세력 전망 보고서를 작성하여 관리 시스템에 ㉡ 업로드
나. 동 지원 부서는 오늘(10. 2. 수) 13시까지 동 주민 센터 등록 후 각 동장 책임 아래 현장에서 근무하며 태풍에 대비
    1) 가로변 쓰레기통 ㉢ 결박하고, 현수막 등은 제거함.
    2) 모래 ㉣ 포대, 수중 펌프, 양수기를 꼭 설치하고, 빗물받이를 모두 점검함.
다. 오늘(10. 2. 수) 17:30, 시장님 주재 상황 판단 회의 시 ㉤ 체크리스트와 조치 상황 보고. 끝.

88 ㉠~㉤을 다듬은 말로 적절하지 않은 것은?

① ㉠ 금번 → 이번
② ㉡ 업로드 → 올릴 것
③ ㉢ 결박하고 → 고정해 두고
④ ㉣ 포대 → 자루
⑤ ㉤ 체크리스트 → 점검표

89 윗글에 대한 반응으로 적절하지 않은 것은?

① 비가 계속될 것으로 예상되니 모레 야유회는 다음 주로 연기해야겠군.
② 이 시에서는 약 석 달 동안 태풍에 대비해서 단단히 조치를 취해 왔군.
③ 어제 우리 동네 양수기가 고장 났으니 동장에게 빨리 알려 주어야겠군.
④ 우리 지역은 오늘 낮쯤에 태풍이 관통할 테니 가게를 좀 일찍 닫아야겠군.
⑤ 이번 태풍은 바람이 강할 것으로 예상되니 창문이 깨지지 않도록 대비해야겠군.

90 ⓐ에 대한 설명으로 적절하지 않은 것은?

① 오늘 회의에서 시장에게 보고해야 한다.
② 부서에 따라 다른 내용으로 같은 날 진행된다.
③ 시민의 생명을 보호하고 피해를 최소화하기 위한 것이다.
④ 헌법과 법률에 기초하여 이루어지는 시장의 지시 사항이다.
⑤ 수중 펌프 설치, 빗물받이 점검, 현수막 제거 등이 포함된다.

91~100 | 국어문화

91 〈보기〉에서 설명하는 문학 작품은?

― 보기 ―

사물을 의인화하여 전기 형식으로 서술한 작품이다. 작가는 엽전을 의인화하여 그것이 사회에 미치는 폐단을 역설함으로써 재물에 대한 인간의 탐욕을 비판한다.

① 국순전
② 공방전
③ 저생전
④ 국선생전
⑤ 정시자전

92 〈보기〉에서 설명하는 문학 작품은?

― 보기 ―

1979년 11월부터 『문학사상』에 발표되기 시작한 박완서의 연작 소설이다. 시골에서 아버지를 잃은 '나'는 어머니를 따라 오빠와 함께 서울 외곽으로 이사를 온다. 그러나 한국 전쟁이 일어나 힘들게 잡은 삶의 터전을 잃고 오빠마저 인민군의 총살에 죽자 어머니는 낙담한 채 하루하루를 살다 다리를 다쳐 수술 후유증으로 7년 뒤 사망한다. 이러한 내용은 작가의 자전적 경험을 바탕으로 하였으며, 가족사적 비극과 이의 극복을 민족사적 차원으로까지 끌어올렸다는 평을 받고 있다.

① 나목
② 엄마의 말뚝
③ 겨울 나들이
④ 그 여자네 집
⑤ 그 많던 싱아는 누가 다 먹었을까

93 〈보기〉에서 설명하는 작가는?

― 보기 ―

1920년 7월 동인지 『폐허』를 창간하였고, 리얼리즘과 자연주의 기법의 대표적 작가로 꼽힌다. 주요 작품에는 단편 「임종」, 「짖지 않는 개」, 장편 「만세전」, 「삼대」 따위가 있다.

① 김동인
② 나혜석
③ 박두진
④ 염상섭
⑤ 현진건

94 〈보기〉는 일제 강점기 신문에 게재된 기사이다. 이를 이해한 내용으로 적절하지 <u>않은</u> 것은?

● 보기 ●

『중앙보육』 주최로 연합원유회개최

사면에 산으로 울타리를 하고 송림이시 신록의 향기 그윽한 속에 서 잇는 중앙보육학교(中央保育學校)의 새로 건설된 운동장에서 내각유치원연합원유회(內殼幼稚園聯合園遊會)를 오는 六月 六日에 개최하게 되엇다 합니다. 조선에 움트는 어린 싹을 잘 붓도다 길러내는 유치원 보모 원장은 물론 더욱 우리의 꼿이오 히망인 어린 아기네들이 한날 한자리에 모여서 어깨를 가치하여 손에 손을 잡고 쒸놀게 되엇습니다. 때 마츰 산곡의 쎄 쑤기 벗고 녹음이 싱싱한 맑은 공기 속에서 하로를 유쾌히 보냄도 쯧기쁜 일이라 하겟습니다. 그리고 이미 가입한 단체는 아래와 갓다 하며 아직 가입 못한 유치원은 오는 삼십일까지 가입하기를 바란다고 합니다.

- 『매일신보』 1941년 5월 25일 자

① 중앙보육학교는 사방이 산으로 둘러싸여 수목이 우거진 곳이다.
② 중앙보육학교는 새 운동장에서 연합원유회를 진행할 예정이다.
③ 연합원유회는 기사가 난 날을 기준으로 약 두 달 뒤에 진행될 예정이다.
④ 연합원유회는 유치원 원장과 아이들이 모여 즐거운 시간을 보내려는 데 목적이 있다.
⑤ 아직 연합에 가입하지 못한 유치원도 5월 30일까지 가입하면 연합원유회에 참가할 수 있다.

95 ㉠~㉤의 의미로 적절하지 <u>않은</u> 것은?

● 보기 ●

홍안박명(紅顏薄命)은 옛날부터 있었으니, ㉠ <u>비단(非但)</u> 미천(微賤)한 저에게만 그러한 것은 아닙니다. 살아서 이렇듯 이별하니, 죽어서도 이렇듯이 ㉡ <u>원통(冤痛)</u>할 것입니다. 죽고 사는 것은 꽃이 시들고 나뭇잎이 떨어지는 것과 같으니, 굳이 날씨가 추워지기를 기다릴 필요도 없습니다. 낭군은 ㉢ <u>철석(鐵石)</u> 같은 마음을 가진 남아인데, 어찌 ㉣ <u>소소(小小)</u>하게 아녀자를 염려하다가 성정(性情)을 해쳐서야 되겠습니까? 엎드려 바라건대, 낭군께서는 이별한 뒤에는 제 얼굴을 가슴속에 두어 ㉤ <u>심려(心慮)</u>치 마시고, 천금(千金)같이 귀중한 몸을 잘 보존하십시오. 또 학업을 계속하여 과거에 급제하고 운로(雲路)에 올라 평생의 소원을 이루시길 간절히 바라고 또 바라옵니다!

- 작자 미상, 『영영전』

① ㉠ 비단(非但): 당연히
② ㉡ 원통(冤痛)할: 분하고 억울할
③ ㉢ 철석(鐵石) 같은: 쇠와 돌같이 매우 굳고 단단한
④ ㉣ 소소(小小)하게: 작고 대수롭지 아니하게
⑤ ㉤ 심려(心慮)치: 마음속으로 걱정하지

96 〈보기〉는 『훈민정음』 언해본의 일부이다. 이에 대한 설명으로 적절하지 않은 것은?

> • 보기 •
>
> 乃냉終즁ㄱ소리는 다시 첫소리로 ᄡᅳᄂᆞ니라
> ㅇ를 입시울쏘리 아래 니ᅀᅥ 쓰면 입시울 가ᄇᆡ야ᄫᆞᆫ소리 ᄃᆞ외ᄂᆞ니라
> 첫소리를 어울워 ᄡᅮᇙ디면 글ᄫᅡ 쓰라
> 乃냉終즁ㄱ소리도 ᄒᆞᆫ가지라

① 두음 법칙이 적용되었음을 알 수 있다.
② 현대 국어에서 쓰이지 않는 자음이 나타난다.
③ 현대 국어에서 쓰이지 않는 모음이 나타난다.
④ 모음조화가 잘 지켜지고 있었음을 알 수 있다.
⑤ 첫음절 초성에 서로 다른 자음이 함께 나타난다.

97 〈보기〉는 남북의 어문 규범 차이를 알기 위해 조사한 자료이다. 이에 대한 의견으로 적절한 것은?

> • 보기 •
>
> **조선말 규범집**
>
> **제12항** 모음으로 끝난 말줄기와 모음으로 시작한 토가 어울릴적에 소리가 줄어든것은 준대로 적는다.
>   고이다 – 고이여, 고이였다
>   괴다 – 괴여, 괴였다
>
> 위의 북한 규정과 남한의 한글 맞춤법을 비교하면 '쏘이다'의 준말인 '쐬다'를
> 북에서는 ㉠ _____ 로, 남에서는 ㉡ _____ 로 표기하겠군.

	㉠	㉡
①	쐬여	쐬여
②	쐬여	쐬어/쏘여
③	쏘여	쐬어
④	쏘여	쏘여
⑤	쐬여/쏘여	쐬어/쏘여

98 〈보기〉를 바탕으로 할 때 점자 표기의 연결이 적절하지 않은 것은?

― 보기 ―

기본 자음자와 모음자는 다음과 같이 적는다.

구분	ㄱ	ㄷ	ㅂ	ㅅ	ㅇ	ㅈ	ㅌ
자음(초성)	⠈	⠊	⠘	⠠	(⠛)	⠨	⠦
자음(종성)	⠁	⠂	⠃	⠄	⠶	⠅	⠖

구분	ㅏ	ㅓ	ㅕ	ㅗ	ㅜ	ㅡ	ㅣ
모음	⠣	⠎	⠱	⠥	⠍	⠪	⠕

* 된소리 글자 'ㄲ, ㄸ, ㅃ, ㅆ, ㅉ'이 첫소리 자리에 쓰일 때에는 각각 'ㄱ, ㄷ, ㅂ, ㅅ, ㅈ' 앞에 된소리 표(⠿)를 적어서 나타낸다.

① 소뼈
② 솥뚜껑
③ 쓰기
④ 짜증
⑤ 찌꺼기

99 밑줄 친 법령에 사용된 어려운 용어를 국어답고 쉬운 용어로 정비한 예로 적절하지 않은 것은?

① 이사장은 공제중앙회를 대표하고 공제중앙회의 업무를 통할한다.(→ 총괄한다)
② 사위(詐僞) 기타 부정한 방법으로 건축사 자격을 취득하거나 제18조에 따른 자격등록 또는 갱신등록을 한 사람(→ 거짓이나 그 밖의)
③ 상환기준소득은 교육부장관이 「국민기초생활 보장법」 제2조제11호에 따른 기준 중위소득 및 물가상승률 등을 고려하여 매년 고시한다.(→ 감안하여)
④ 제3항에 따른 검사에 합격된 카지노기구에는 문화체육관광부령으로 정하는 바에 따라 검사에 합격하였음을 증명하는 증명서(이하 "검사합격필증")를 붙이거나 표시하여야 한다.(→ 검사합격증명서)
⑤ 자기가 관리하고 있는 곳에 도움을 받아야 할 노인, 어린이, 불구자, 다친 사람 또는 병든 사람이 있거나 시체 또는 사산아가 있는 것을 알면서 이를 관계 공무원에게 지체 없이 신고하지 아니한 사람(→ 장애인)

100 〈보기〉는 방송 보도 내용이다. 보도의 특성을 고려할 때 ㉠~㉤에 대해 설명한 것으로 적절하지 <u>않은</u> 것은?

> • 보기 •
>
> 기자: 한 기업에서 충남 천안에 있는 독립기념관에서 학생 독립운동가를 위한 '세상에서 가장 늦은 졸업식'을 열었습니다. 독립운동으로 부당한 징계를 받아 학업을 포기해야 했던 학생 독립운동가를 위해 마련한 ㉠ <u>겁니다</u>. 대상자는 국가보훈부 공훈전자사료관 내 퇴학 기록과 복원 가능한 사진이 남아 있는 학생 독립운동가 중 후손들의 ㉡ <u>동의</u>를 받은 ㉢ <u>사람들입니다.</u>
> 시민: 1928년인가. 네. 수원역에서 잡히셨어요. 잡히시면서 그냥 거기로 가셨고 그 잡힌 날⋯⋯ ㉣ <u>네, 퇴학을⋯⋯</u>.
> 화면: 행사에 참여한 독립운동가와 후손 클로즈업
> 자막: 1928년인가. 수원역에서 잡히셨어요. ㉤ <u>잡히시면서 그냥 (아무런 절차 없이 바로) 서대문감옥소로 가게 되셨고, 그 잡힌 날에 퇴학 처분을 받으셨어요.</u>

① ㉠: 기자의 리포트에서는 공식적인 언어를 사용해야 하므로 '겁니다'를 '것입니다'로 수정해야 한다.
② ㉡: 기자의 리포트에서는 발음에 주의해야 하므로 '동의'를 표준 발음인 [동의] 또는 [동이]로 정확하게 발음해야 한다.
③ ㉢: 기자의 리포트에서는 객관적 정보를 전달해야 하므로 졸업장을 받게 된 사람들의 정확한 수를 제시하는 것으로 수정해야 한다.
④ ㉣: 인터뷰에서는 일반인을 대상으로 하는 것이므로 문장 성분이 모두 갖추어지지 않은 문장을 인용해도 괜찮다.
⑤ ㉤: 보도의 특성상 자막은 시청자의 이해를 돕기 위해 제공하는 것이므로 인터뷰에서 생략된 내용을 보충해야 한다.

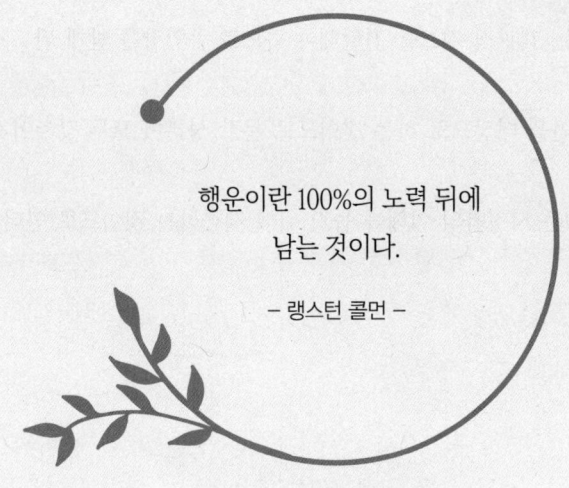

행운이란 100%의 노력 뒤에
남는 것이다.

– 랭스턴 콜먼 –

KBS한국어능력시험 모의 답안지

답 안 란 (ANSWER SHEET)

KBS한국어능력시험 모의 답안지

기 록 란(DATA SHEET)

성명	한글	
	한자	
	영문	

응시일자 : 20   년   월   일

수험번호

주민등록번호

감독관 확인

답 안 란(ANSWER SHEET)

수험생이 지켜야 할 일
1. 답안지에는 반드시 연필을 사용하여 표기해야 합니다.
   (※ 기타 필기구 사용시 불이익 있음)
   표기란에는 "●"와 같이 바르게 표기해야 합니다.
2. 표기란에는 "●"와 같이 바르게 표기해야 합니다.
   (잘못된 표기 예시 → ⓐⓑⓒⓓ)
3. 표기란 수정은 지우개만을 사용하여 완전(깨끗)하게 수정해야 합니다.

KBS한국어능력시험 모의 답안지

답안란(ANSWER SHEET)

KBS한국어능력시험 모의 답안지

답 안 란(ANSWER SHEET)

좋은 책을 만드는 길, 독자님과 함께하겠습니다.

2025 KBS 한국어능력시험 기출 분석 2주 합격

개정6판1쇄 발행	2025년 01월 15일 (인쇄 2024년 09월 24일)
초 판 발 행	2019년 04월 05일 (인쇄 2019년 02월 22일)
발 행 인	박영일
책 임 편 집	이해욱
편 저	한국어능력시험연구회
편 집 진 행	구설희 · 김지수
표지디자인	박종우
편집디자인	장성복 · 홍영란
발 행 처	(주)시대고시기획
출 판 등 록	제10-1521호
주 소	서울시 마포구 큰우물로 75 [도화동 538 성지 B/D] 9F
전 화	1600-3600
팩 스	02-701-8823
홈 페 이 지	www.sdedu.co.kr
I S B N	979-11-383-7799-7
정 가	25,000원

※ 이 책은 저작권법의 보호를 받는 저작물이므로 동영상 제작 및 무단전재와 배포를 금합니다.
※ 잘못된 책은 구입하신 서점에서 바꾸어 드립니다.

한국실용글쓰기

빠른 목표 점수 완성을 위한 최고의 선택
시대에듀로 쉽게 학습하기!

www.sdedu.co.kr

객관식 답 빠르게 찾아내기
- 기출문제로 알아보는 객관식 공략 TIP
- 새로운 출제 경향을 알려 주는 강의

서술형 답안 감점 없이 작성하기
- 기출문제로 알아보는 서술형 공략 TIP
- 논술형 문제를 단시간 내에 해결하는 강의

※ 도서의 이미지 및 강의 구성은 변경될 수 있습니다.

강의 도서

수강 방법

www.sdedu.co.kr 접속
▼
'언어/외국어' 클릭
▼
'한국실용글쓰기' 클릭

QR코드로
무료 특강
유튜브 접속

시대에듀
공기업 취업을 위한 NCS
직업기초능력평가 시리즈

NCS부터 전공까지 완벽 학습 "통합서" 시리즈

공기업 취업의 기초부터 차근차근! 취업의 문을 여는 **Master Key!**

NCS 영역 및 유형별 체계적 학습 "집중 학습" 시리즈

영역별 이론부터 유형별 모의고사까지! 단계별 학습을 통한 **Only Way!**

정답 및 해설

한국어능력시험연구회 편저

빛나는 당신의 내일을 위해 ──────── 시대에듀가 함께합니다.

2025
KBS 한국어능력시험
기출 분석 2주 합격

시대에듀

정답 및 해설

- 제1편　듣기·말하기 · 2
- 제2편　어휘 · 4
- 제3편　어법 · 11
- 제4편　쓰기·창안 · 19
- 제5편　읽기 · 21
- 제6편　국어문화 · 27
- 부록　　실전 모의고사 · · · · · · · · · · · · · · · · · · 30

KBS 한국어능력시험 기출 분석 2주 합격

책 속의 책

정답 및 해설

제1편 듣기 · 말하기

제2편 어휘

제3편 어법

제4편 쓰기 · 창안

제5편 읽기

제6편 국어문화

부록 실전 모의고사

정답 및 해설
제1편~제6편

제1편 듣기·말하기

01	02	03	04	05	06	07	08	09	10
②	③	③	④	②	⑤	①	③	③	②

[01] 먼저 그림에 대한 설명을 들려드립니다.

> 오늘은 네덜란드의 화가 빈센트 반 고흐의 작품을 함께 보도록 하겠습니다. 고흐는 선명한 색채와 정서적인 감화로 20세기 미술에 지대한 영향을 미친 작가입니다. 현대에 그의 작품이 미친 영향력과 명성과 달리 그는 일생을 통해 빈번한 정신적 질환과 근심으로 고통을 겪었습니다.
>
> 오늘 소개해 드릴 그림인 '별이 빛나는 밤' 또한 그가 고갱과 다투다가 자신의 귀를 자른 사건 이후 생 레미의 정신병원에 있을 때 그린 작품입니다. 고흐에게 밤하늘은 무한함을 표현하는 대상이었습니다. 여기 그림을 보시면, 그가 그린 밤하늘에서는 구름과 대기, 별빛과 달빛이 폭발하듯 빛나고 있습니다. 황량하고 짙은 파란색 하늘에는 구름이 소용돌이치며 떠 있고, 달과 별의 둘레에는 뿌옇게 무리가 져 있습니다. 동적이면서도 비연속적인 터치로 그려진 하늘은 거칠고 굽이치는 바람과 함께 강렬한 느낌을 주지만 그와 대조적으로 아래의 마을은 평온하고 고요해 보입니다. 마을의 모습은 있는 그대로 그린 것이 아니라 부분적으로는 고안되었는데요, 그림 하단에 보이는 교회의 첨탑은 고흐의 고향 네덜란드를 연상시킵니다. 그는 병실에서 내다보이는 밤 풍경을 자신의 기억과 상상을 결합시켜 이 열정적이고도 강렬한 그림을 완성하였습니다.

01 설명 – 사실적 듣기
- 정답 ②
- 해설 바람을 표현한 선은 굴곡져 있긴 하지만 거칠고 굽이쳐 있기 때문에 부드럽기보다는 강렬한 느낌을 준다.

[02] 이번에는 정보 통신 기술에 대한 강연을 들려드립니다.

> 요즘 들어 널리 사용되고 있는 IT 관련 용어에 대해 말씀드리겠습니다. 바로 클라우드인데요. 클라우드란 인터넷상의 서버를 통해 데이터를 저장하고 이를 네트워크로 연결하여 콘텐츠를 사용할 수 있는 컴퓨팅 환경을 말합니다.
>
> 그렇다면 클라우드는 기존의 웹하드와 어떤 차이가 있을까요? 웹하드는 일정한 용량의 저장 공간을 확보해 인터넷 환경의 PC로 작업한 문서나 파일을 저장, 열람, 편집하고 다수의 사람과 파일을 공유할 수 있는 인터넷 파일 관리 시스템입니다. 한편 클라우드는 이러한 웹하드의 장점을 수용하면서 콘텐츠를 사용하기 위한 소프트웨어까지 함께 제공합니다. 그리고 저장된 정보를 각종 IT 기기를 통하여 언제 어디서든 이용할 수 있게 합니다. 클라우드는 구름과 같이 무형의 형태로 존재하는 하드웨어, 소프트웨어 등의 컴퓨팅 자원을 자신이 필요한 만큼 빌려 쓰고 이에 대한 사용 요금을 지급하는 방식의 컴퓨팅 서비스입니다. 여기에는 서로 다른 물리적인 위치에 존재하는 컴퓨팅 자원을 가상화 기술로 통합해 제공하는 기술이 활용됩니다.

02 설명 – 추론적 듣기
- 정답 ③
- 해설 강연자는 강연 내용의 주요 제재인 클라우드를 기존 파일 관리 시스템인 웹하드와 비교하며 설명하였다. 클라우드의 이용 방식을 설명하고, 클라우드에 활용되는 기술을 설명했지만 클라우드의 종류나 전망, 한계점, 다른 데이터 저장 시스템에 대한 설명은 나와 있지 않다.

[03] 다음에는 기상 정보를 들려드립니다.

> 오늘은 전국이 맑은 가운데 아침에 반짝 춥겠으나 낮부터는 기온이 올라 추위가 주춤하겠습니다. 중부와 경북 북부 지방은 영하 10도 내외를 보여 강추위가 예상되지만 낮부터 포근해지겠습니다. 낮 기온은 최고 4도에서 11도로 예상됩니다.
>
> 건조 특보는 오늘도 지속되어 강원 영동과 전남 동부, 경상 해안에 건조 특보가 발효 중입니다. 등산 가시는 분들은 산불과 화재 예방에 각별히 유의하시기 바랍니다. 오늘 해상은 동해 먼 바다에 강한 바람이 불고 물결이 높겠습니다.
>
> 오늘 미세 먼지는 전국 대부분 지역에서 미세 먼지 농도 '보통'으로 예상되지만, 일부 서쪽 지역에서는 미세 먼지 농도가 높다고 하니까 외출하실 때 마스크 꼭 챙기시기 바랍니다.
>
> 주말인 내일은 전국이 낮부터 흐려지겠습니다. 중부 지방은 오후부터 비나 눈 날림이 있겠고, 전남과 제주도는 밤에 비가 예상되므로 주말 나들이에 참고하시기 바랍니다.
>
> 모레는 낮부터 찬바람이 강하게 불고 체감 온도가 뚝 떨어지면서 다시 추워지겠습니다. 남부 지방은 흐리고, 비나 눈이 오다가 새벽에 대부분 그치겠습니다.
>
> 기상 정보였습니다.

03 설명 – 사실적 듣기
- 정답 ③
- 해설 전국 대부분 지역에서 미세 먼지 농도가 '보통'으로 예상되지만, 일부 서쪽 지역에서는 미세 먼지 농도가 높다고 하였다.

[04] 이번에는 시 한 편을 들려드립니다.

> 내게 행복이 온다면 / 나는 그에게 감사하고, / 내게 불행이 와도 / 나는 또 그에게 감사한다.
>
> 한 번은 밖에서 오고 / 한 번은 안에서 오는 행복이다.
>
> 우리의 행복의 문은 / 밖에서도 열리지만 / 안에서도 열리게 되어 있다.
>
> 내가 행복할 때 / 나는 오늘의 햇빛을 따스히 사랑하고 / 내가 불행할 때 / 나는 내일의 별들을 사랑한다.
>
> 이와 같이 내 생명의 숨결은 / 밖에서도 들이쉬고 / 안에서도 내어쉬게 되어 있다.
>
> 이와 같이 내 생명의 바다는 / 밀물이 되기도 하고 / 썰물이 되기도 하면서 / 끊임없이 끊임없이 출렁거린다!
>
>   - 김현승, 「행복의 얼굴」

04 낭독 – 추론적 듣기

정답 ④

해설 화자가 '내일의 별'을 사랑한다고 하는 것은 밤하늘에 별들이 반짝이고 있는 것처럼 오늘의 불행, 즉 어둠 속에서도 빛나는 내일이 있을 것이라 기대하는 것을 의미한다. 즉, '내일의 별'은 화자가 추구하는 미래의 희망을 의미하는 것이다.

[05~06] 이번에는 뉴스 보도를 들려드립니다. 5번은 듣기 문항, 6번은 말하기 문항입니다.

> 앵커: 최근 날씨가 추워지면서 노로 바이러스 감염증으로 병원을 찾는 사람들이 많아져 개인위생 등 철저한 예방수칙 준수가 요구되고 있습니다. 노로 바이러스는 겨울철부터 이듬해 봄까지 주로 발생하는데요. 이 노로 바이러스를 어떻게 주의해야 하는지 김명진 기자가 전해 드립니다.
> 기자: 한겨울에도 기승을 부리는 식중독 바이러스인 노로 바이러스. 노로 바이러스 감염증은 노로 바이러스에 의한 유행성 위장염으로, 노로 바이러스에 오염된 음식물을 섭취하거나 환자 접촉을 통해 발생합니다. 60도에서 30분 동안 가열하여도 감염성이 유지될 정도로 저항성이 강하며 감염자의 대변 또는 구토물에 의해서 음식이나 물이 노로 바이러스에 오염될 수 있습니다. 노로 바이러스에 감염되면 평균 하루나 이틀의 잠복기를 거친 뒤에 구토·설사의 증상이 나타나고 복통·오한·발열이 동반되기도 합니다. 전문가들이 추천하는 노로 바이러스 감염증 예방법을 들어 보겠습니다.
> 전문가: 노로 바이러스 감염증을 예방하려면 먼저, 손씻기를 자주 해야 합니다. 외출 후나 식사 전, 배변 후에는 30초 이상 깨끗이 손을 씻어야 합니다. 음식물은 반드시 익혀 먹어야 합니다. 음식을 85도 이상의 열로 1분 이상 가열하면 노로 바이러스가 죽기 때문입니다. 물로도 전파되므로 지하수를 마신다면 반드시 끓여 마셔야 합니다. 전염성이 강하므로 노로 바이러스 증상이 있다면 오염된 옷, 이불 등을 살균·세탁하고, 감염자가 음식 조리나 다른 사람과 접촉 등은 피해야 합니다. 그리고 채소·과일은 수돗물에 깨끗이 씻어서 껍질을 벗겨 먹는 것이 좋고, 요리를 할 때도 위생적으로 조리해야 합니다.
> 기자: 감염될 경우 어린이나 노인과 같은 면역력이 약한 사람은 병원을 찾아 적절한 치료를 받아야 합니다.

05 공적 대화 – 사실적 듣기

정답 ②

해설 노로 바이러스는 60도에서 30분 동안 가열하여도 감염성이 유지된다고 하였으며, 노로 바이러스를 죽이려면 85도 이상의 열로 1분 이상 가열해야 한다고 하였다.

06 공적 대화 – 추론적 듣기

정답 ⑤

해설 뉴스에서는 노로 바이러스 감염증에 대한 설명과 함께 노로 바이러스 감염증을 예방할 수 있는 방법을 알려 주었다. 그러므로 마지막 말에서 기자는 다시 한번 예방법의 중요성을 강조하는 말로 마무리하는 것이 적절하다.

[07~08] 다음은 강연을 들려드립니다. 7번은 듣기 문항, 8번은 말하기 문항입니다.

> 오늘은 발레에 대해 말씀드릴게요. 먼저, 낭만 발레는 19세기 초 프랑스에서 기틀이 잡혔는데, 목가적인 분위기의 무대를 배경으로 낭만적인 줄거리가 전개됩니다. 낭만 발레는 환상적이고 신비로운 장면으로 연출되어, 정교한 구성보다는 주인공인 여성 무용수를 돋보이게 하는 안무가 우선시되었습니다. 이 시기 발레의 주역은 여성 무용수들이었고, 남성 무용수들은 대개 여성 무용수를 들어 올렸다 내리거나 하는 보조자에 불과했습니다. 여성 무용수들은 '로맨틱 튀튀'라고 부르는 하늘하늘하고 여러 겹으로 된 발목까지 오는 긴 의상을 입어서 움직일 때마다 우아한 느낌을 주었습니다.
> 19세기 후반, 유럽에서 낭만 발레의 인기가 시들해진 가운데 러시아에서 고전 발레가 꽃을 피웠습니다. 고전 발레는 낭만적인 줄거리를 지니고 있다는 점에서는 낭만 발레와 비슷하지만 화려하고 입체적인 무대 장치를 배경으로 정형화된 아름다움을 구현하였습니다. 무용수의 화려한 기교를 보여 주기 위해 정교하고 정확한 동작을 바탕으로 한 안무가 정해졌습니다.
> 20세기에는 기존 발레에서 반복되었던 정형화된 형식을 벗어난 모던 발레가 등장했습니다. 모던 발레는 특별한 줄거리 없이 특정 장면의 이미지나 주제를 무용수의 움직임 자체로 표현하는 것이 특징입니다. 정해진 줄거리가 없기 때문에 무용수의 성별에 따른 역할 구분이 약화되고, 다양한 형태의 동작과 몸의 선 자체의 아름다움을 강조하다 보니 무대 장치나 의상도 점차 간결해졌습니다.

07 설명 – 사실적 듣기

정답 ①

해설 강연에서는 발레를 사조별로 19세기 초 프랑스의 '낭만 발레', 19세기 후반 러시아의 '고전 발레', 20세기의 '모던 발레'로 나누어 각 발레 사조의 특징을 설명하였다.

08 설명 – 비판적 듣기

정답 ③

해설 낭만적인 줄거리를 지녔고, 무대 장치가 화려하고 입체적이며, 안무가 정교하고 정확한 것은 고전 발레의 특징이다.

[09~10] 끝으로 건강 강좌를 들려드립니다. 9번은 듣기 문항, 10번은 말하기 문항입니다.

> 오늘은 무좀에 대해서 설명해 드리겠습니다. 무좀은 암이나 뇌졸중처럼 생명을 위협할 만큼 위험한 병은 아니지만, 무좀으로 인한 고통은 이만저만이 아닙니다. 더러우면 걸린다는 사람들의 인식 때문에 발이 간지러운데도 대놓고 긁을 수도 없고 혼자 꼼지락거리는 경우가 많기 때문입니다. 사실 무좀은 더러우면 걸린다는 인식과는 달리 위생 상태가 좋은 현대에 들어서 발병률이 더 높아졌습니다. 구두와 양말을 신고 생활하면서 발에 습기가 유지되면서 곰팡이가 번식할 가능성이 높아지기 때문입니다. 그렇다면 무좀균은 어디서 전염될까요? 보통 습기 찬 곳을 맨발로 걸어 다니다가 많이 옮게 됩니다. 예를 들면, 목욕탕이나 락커룸 같은 곳이죠. 무좀 환자에게서 떨어져 나온 무좀 물질이 발에서 발로 전파되는 겁니다.
> 무좀은 치료하기가 불가능하다는 분들이 많은데, 올바른 치료를 한다면 당연히 치료가 되는 병입니다. 무좀에 걸리면 먼저 약을 하루 두 번씩 무좀이 일어난 곳에 발라 줌으로써 치료를 합니다. 하지만 약을 바른다고 다 낫는 것은 아닙니다. 치료 후에 발을 항상 깨끗하게 씻고, 씻은 후에 잘 말리는 게 중요합니다. 또한, 가족 내에서 전염이 되는 것을 예방하기 위해 환자는 양말이나 발수건을 항상 구분해서 써야 합니다. 그리고 항간에는 식초로 무좀 부위를 소독하면 낫는다는 치료법을 믿는 분들도 있는데 이런 행동은 무좀을 더 악화시킬 뿐입니다. 초기에 치료하고, 깨끗하게 발을 관리하는 습관을 가지면 무좀 치료가 가능하므로 민간요법에 의지하지 마시기 바랍니다.

09 설득 – 사실적 듣기

정답 ③

해설 오히려 구두와 양말을 신고 생활하면서 발에 습기가 유지되어 곰팡이가 번식할 가능성이 높아진다고 하였다.

10 설득 – 추론적 듣기

정답 ②

해설 무좀이 일어난 곳에 하루에 두 번씩 약을 발라 무좀을 치료하고, 치료 후에는 발을 깨끗하게 씻은 뒤 잘 말리는 것이 중요하다고 하였다. 또 무좀 환자는 양말이나 발수건을 구분해서 써야 가족에게 전염되지 않는다며 무좀을 치료하는 방법을 자세히 설명하였다.

제2편 어휘

제1장 고유어

01	02	03	04	05	06	07	08	09	10
③	①	②	⑤	④	④	⑤	②	⑤	②

11
④

01 고유어의 사전적 의미

정답 ③

해설 '여남은'이 지닌 뜻은 '열이 조금 넘는 수. 또는 그런 수의'이다. '남아 있음. 또는 그런 나머지'의 뜻을 지닌 말은 '잔여'이다.

02 고유어의 사전적 의미

정답 ①

해설 '싹둑싹둑'이 옳은 표현이다.

03 고유어의 사전적 의미

정답 ②

해설 '몽니'가 지닌 뜻은 '심술궂게 욕심부리는 성질'이다. '남에게 귀엽게 보이는 태도'의 뜻을 지닌 말은 '애교'이다.

04 고유어의 사전적 의미

정답 ⑤

해설 '한들한들'이 지닌 뜻은 '가볍게 자꾸 이리저리 흔들리거나 흔들리게 하는 모양'이다. '바람에 빠르고 힘차게 나부끼는 소리. 또는 그 모양'의 뜻을 지닌 말은 '펄럭'이다.

05 고유어의 사전적 의미

정답 ④

해설 '열없다'가 지닌 뜻은 '1. 좀 겸연쩍고 부끄럽다. 2. 담이 작고 겁이 많다. 3. 성질이 다부지지 못하고 묽다.'이다. '생각이나 행동이 감정에 좌우되지 않고 침착하다.'의 뜻을 지닌 말은 '냉정하다'이다.

06 고유어의 문맥적 의미

정답 ④

해설 '추스르다'는 '1. 추어올려 다루다. 2. 몸을 가누어 움직이다. 3. 일이나 생각 따위를 수습하여 처리하다.'의 뜻을 지니고 있으므로 적절하지 않다. 어떤 것을 고른다는 뜻의 어휘가 들어가야 한다. 따라서 '섞여 있는 것에서 여럿을 뽑아내거나 골라내다.'라는 뜻인 '추리다'가 적절하다.
① 저미다: 칼로 도려내듯이 쓰리고 아프게 하다.
② 괴괴하다: 쓸쓸한 느낌이 들 정도로 아주 고요하다.
③ 후리다: 휘몰아 채거나 쫓다.
⑤ 주리다: 제대로 먹지 못하여 배를 곯다.

07 고유어의 문맥적 의미

정답 ⑤

해설 '쓰렁쓰렁'은 '1. 남이 모르게 비밀리 행동하는 모양 2. 일을 건성으로 하는 모양'의 뜻을 지니고 있으므로 적절하지 않다. 기둥에서 날 만한 소리를 나타내는 어휘가 들어가야 한다. 따라서 '큰 방울이나 매달린 물체 따위가 자꾸 흔들릴 때 나는 소리. 또는 그 모양'이라는 뜻인 '덜렁덜렁'이 적절하다.
① 포슬포슬: 덩이진 가루 따위가 물기가 적어 엉기지 못하고 바스러지기 쉬운 모양
② 티적티적: 남의 흠이나 트집을 잡으면서 자꾸 비위를 거스르는 모양
③ 우물우물: 말을 시원스럽게 하지 아니하고 입 안에서 자꾸 중얼거리는 모양
④ 얼키설키: 관계나 일, 감정 따위가 복잡하게 얽힌 모양

08 고유어의 문맥적 의미

정답 ②

해설 '곰살궂다'는 '1. 태도나 성질이 부드럽고 친절하다. 2. 꼼꼼하고 자세하다.'의 뜻을 지니고 있다.
① 호쾌하다: 호탕하고 쾌활하다.
③ 괄괄하다: 1. 성질이 세고 급하다. 2. 풀 따위가 세다. 3. 목소리 따위가 굵고 거세다.
④ 실팍하다: 사람이나 물건 따위가 보기에 매우 실하다.
⑤ 수더분하다: 성질이 까다롭지 아니하여 순하고 무던하다.

09 고유어의 문맥적 의미

정답 ⑤

해설 '꺽지다'는 '성격이 억세고 꿋꿋하며 용감하다.'의 뜻을 지니고 있으므로 적절하지 않다. 돌멩이를 묘사하는 어휘가 들어가야 한다. 따라서 '사람이나 물건 따위가 보기에 매우 실하다.'라는 뜻인 '실팍하다'가 적절하다.
① 듬쑥하다: 옷, 그릇 따위가 조금 큰 듯하면서 꼭 맞다.
② 암팡지다: 몸은 작아도 힘차고 다부지다.
③ 깨단하다: 오랫동안 생각해 내지 못하던 일 따위를 어떠한 실마리로 말미암아 깨닫거나 분명히 알다.
④ 몰강스럽다: 인정이 없이 억세며 성질이 악착같고 모질다.

10 고유어의 문맥적 의미

정답 ②

해설 '눈비음'은 '남의 눈에 들기 위하여 겉으로만 꾸미는 일'의 뜻을 지니고 있으므로 적절하지 않다. 일을 배울 때 좋은 요소와 관련 있는 어휘가 들어가야 한다. 따라서 '한두 번 보고 곧 그대로 해내는 재주'라는 뜻인 '눈썰미'가 적절하다.
① 동티: 건드려서는 안 될 것을 공연히 건드려서 스스로 걱정이나 해를 입음. 또는 그 걱정이나 피해
③ 뒷갈망하다: 뒷감당하다.
④ 고샅: 시골 마을의 좁은 골목길. 또는 골목 사이
⑤ 남우세: 남에게 비웃음과 놀림을 받게 됨. 또는 그 비웃음과 놀림

11 고유어의 사전적 의미

정답 ④

해설 '도드밟다'는 '오르막길 따위를 오를 때 발끝에 힘을 주어 밟다.'라는 뜻으로, ㉠에 들어가기에 적절하다.
① 내밟다: 밖이나 앞으로 옮겨 디디다.
② 짓밟다: 1. 함부로 마구 밟다. 2. 남의 인격이나 권리 따위를 침해하다.
③ 내리밟다: 위에서 아래로 힘주어 밟다.
⑤ 지르밟다: 위에서 내리눌러 밟다.

제2장 한자어

01	02	03	04	05	06	07	08	09	10
⑤	②	③	①	③	①	①	⑤	②	④
11	12	13	14	15	16	17	18	19	20
⑤	③	①	③	①	④	③	⑤	①	③

01 한자어의 사전적 의미

정답 ⑤

해설 '부의(賻儀)'는 '상가(喪家)에 부조로 보내는 돈이나 물품. 또는 그런 일'의 뜻을 지닌 말이다. '노력이나 행동으로 남을 도와줌.'의 뜻을 지닌 말은 '보조(輔助)'이다.

02 한자어의 사전적 의미

정답 ②

해설 '주재(主宰)'는 '어떤 일을 중심이 되어 맡아 처리함.'이라는 뜻을 지닌 말이다. '행사나 모임을 주장하고 기획하여 엶.'의 뜻을 지닌 말은 '주최(主催)'이다.

03 한자어의 사전적 의미

정답 ③

해설 '도래(到來)'는 '어떤 시기나 기회가 닥쳐옴.'이라는 뜻을 지닌 말이다. '목적한 곳에 다다름.'의 뜻을 지닌 말은 '도착(到着)'이다.

04 한자어의 사전적 의미

정답 ①

해설 '추대(推戴)'는 '윗사람으로 떠받듦.'이라는 뜻을 지닌 말이다. '직무를 맡기어 사람을 씀.'의 뜻을 지닌 말은 '임용(任用)'이다.

05 한자어의 문맥적 의미

정답 ③

해설 '요약(要約)'은 '말이나 글의 요점을 잡아서 간추림.'을 뜻하므로 적절하지 않다. '한데 모아서 요약함.'이라는 뜻의 '집약(集約)'이 적절하다.
① 추종(追從): 남의 뒤를 따라서 좇음.
② 힐난(詰難): 트집을 잡아 거북할 만큼 따지고 듦.
④ 지축(地軸): 대지의 중심
⑤ 체계(體系): 일정한 원리에 따라서 낱낱의 부분이 짜임새 있게 조직되어 통일된 전체

06 한자어의 문맥적 의미

정답 ①

해설 '시시비비(是是非非)'는 '1. 여러 가지의 잘잘못 2. 옳고 그름을 따지며 다툼.'의 뜻을 지니고 있고, '이해(利害)'는 '이익과 손해를 아울러 이르는 말'이므로, ㉠과 ㉡에 대응하는 한자어로 가장 적절하다.
- 우열(優劣): 나음과 못함.
- 득실(得失): 1. 얻음과 잃음. 2. 이익과 손해를 아울러 이르는 말 3. 성공과 실패를 아울러 이르는 말 4. 장점과 단점을 아울러 이르는 말
- 갑론을박(甲論乙駁): 여러 사람이 서로 자신의 주장을 내세우며 상대편의 주장을 반박함.
- 언행일치(言行一致): 말과 행동이 하나로 들어맞음. 또는 말한 대로 실행함.

07 한자어의 문맥적 의미

정답 ①

해설 '주창(主唱)'은 '주의나 사상을 앞장서서 주장함.'을 뜻하므로 적절하지 않다. '자기의 의견이나 주의를 굳게 내세움. 또는 그런 의견이나 주의'라는 뜻의 '주장(主張)'이 적절하다.
② 동량(棟梁): 기둥과 들보를 아울러 이르는 말
③ 도탄(塗炭): 진구렁에 빠지고 숯불에 탄다는 뜻으로, 몹시 곤궁하여 고통스러운 지경을 이르는 말
④ 동정(動靜): 일이나 현상이 벌어지고 있는 낌새
⑤ 난삽(難澁): 글이나 말이 매끄럽지 못하면서 어렵고 까다로움.

08 한자어의 문맥적 의미

정답 ⑤

해설 '비호(庇護)'는 '편들어서 감싸 주고 보호함.'을 뜻하므로 적절하지 않다. '위험한 일이 일어나지 않도록 미리 조심하고 보호함.'이라는 뜻의 '경호(警護)'가 적절하다.
① 물의(物議): (대개 부정적인 뜻으로 쓰여) 어떤 사람 또는 단체의 처사에 대하여 많은 사람이 이러쿵저러쿵 논평하는 상태
② 상념(想念): 마음속에 품고 있는 여러 가지 생각
③ 불식(拂拭): 먼지를 떨고 훔친다는 뜻으로, 의심이나 부조리한 점 따위를 말끔히 떨어 없앰을 이르는 말
④ 성토(聲討): 여러 사람이 모여 국가나 사회에 끼친 잘못을 소리 높여 규탄함.

09 한자어의 문맥적 의미

정답 ②

해설 '출연(出演)'은 '연기, 공연, 연설 따위를 하기 위하여 무대나 연단에 나감.'을 뜻하므로 적절하지 않다. '나타나거나 또는 나타나서 보임.'이라는 뜻의 '출현(出現)'이 적절하다.
① 신수(身手): 얼굴에 나타난 건강 색
③ 야기(惹起): 일이나 사건 따위를 끌어 일으킴.
④ 순연(順延): 차례로 기일을 늦춤.
⑤ 윤색(潤色): 사실을 과장하거나 미화함을 비유적으로 이르는 말

10 한자어의 표기

정답 ④

해설 ㉠이 포함된 문장의 내용은 학창 시절과 관련 있는 장소에 대한 것이므로 '학교의 마당이나 운동장'의 뜻을 지닌 '교정(校庭)'이 알맞다. ㉡이 포함된 문장의 내용은 책의 출판에 대한 것이므로 '남의 문장 또는 출판물의 잘못된 글자나 글귀 따위를 바르게 고침.'의 뜻을 지닌 '교정(校訂)'이 알맞다. ㉢이 포함된 문장의 내용은 발음을 바로잡는 프로그램에 대한 것이므로 '틀어지거나 잘못된 것을 바로잡음.'의 뜻을 지닌 '교정(矯正)'이 알맞다.

11 한자어의 표기

정답 ⑤

해설 ㉠이 포함된 문장의 내용은 바른 행동에 대한 것이므로 '뛰어난 식견이나 건전한 판단'의 뜻인 '양식(良識)'이 알맞다. ㉡이 포함된 문장의 내용은 컴퓨터가 읽을 수 있는 형식에 대한 것이므로 '일정한 모양이나 형식'의 뜻인 '양식(樣式)'이 알맞다. ㉢이 포함된 문장의 내용은 정신적 바탕에 대한 것이므로 '지식이나 물질, 사상 따위의 원천이 되는 것'을 비유적으로 이르는 말인 '양식(糧食)'이 알맞다.

12 한자어의 표기

정답 ③

해설 ㉠이 포함된 문장의 내용은 이제 방송이 끝났다는 것이므로 '수량이나 정도가 일정한 기준보다 더 많거나 나음.'의 뜻인 '이상(以上)'이 알맞다. ㉡이 포함된 문장의 내용은 몸이 좋지 않다는 것이므로 '정상적인 상태와 다름.'의 뜻인 '이상(異常)'이 알맞다. ㉢이 포함된 문장의 내용은 교육과 관련된 생각에 대한 것이므로 '생각할 수 있는 범위 안에서 가장 완전하다고 여겨지는 상태'의 뜻인 '이상(理想)'이 알맞다.

13 한자어의 표기

정답 ①

해설 ㉠이 포함된 문장의 내용은 어떤 사건의 전환점이 된다는 것이므로 '전환점이 되는 기회나 시기'의 뜻인 '전기(轉機)'가 알맞다. ㉡이 포함된 문장의 내용은 앞의 시기와 뒤의 시기를 비교한 것이므로 '일정 기간을 몇 개로 나눈 첫 시기'의 뜻인 '전기(前期)'가 알맞다. ㉢이 포함된 문장의 내용은 스승에 대해 기록했다는 것이므로 '한 사람의 일생 동안의 행적을 적은 기록'의 뜻인 '전기(傳記)'가 알맞다.

14 한자어의 표기

정답 ③

해설 '한 번 하였던 행위나 일을 다시 되풀이함.'이라는 뜻인 '재연(再演)'이 알맞다. '재연(再燃)'은 '1. 꺼졌던 불이 다시 탐. 2. 한동안 잠잠하던 일이 다시 문제가 되어 시끄러워짐.'의 뜻이다.
① 준수(遵守): 전례나 규칙, 명령 따위를 그대로 좇아서 지킴.
② 접경(接境): 경계가 서로 맞닿음. 또는 그 경계
④ 찰나(刹那): 어떤 일이나 사물 현상이 일어나는 바로 그때
⑤ 추징(追徵): 부족한 것을 뒤에 추가하여 징수함.

15 한자어의 표기

정답 ①

해설 '장기간'이라는 뜻인 '장기(長期)'가 알맞다. '장기(長技)'는 '가장 잘하는 재주'의 뜻이다.
② 채근(採根): 어떻게 행동하기를 따지어 독촉함.
③ 제재(制裁): 일정한 규칙이나 관습의 위반에 대하여 제한하거나 금지함. 또는 그런 조치

④ 진보(進步): 정도나 수준이 나아지거나 높아짐.
⑤ 장고(長考): 오랫동안 깊이 생각함.

16 한자어의 표기

정답 ④

해설 '사회 활동에서 앞장서서 이끄는 사람'을 비유적으로 이르는 말인 '기수(旗手)'가 알맞다. '기수(機首)'는 '비행기의 앞부분'의 뜻이다.
① 동향(動向): 사람들의 사고, 사상, 활동이나 일의 형세 따위가 움직여 가는 방향
② 변질(變質): 성질이 달라지거나 물질의 질이 변함. 또는 그런 성질이나 물질
③ 모략(謀略): 사실을 왜곡하거나 속임수를 써 남을 해롭게 함. 또는 그런 일
⑤ 눌변(訥辯): 더듬거리는 서툰 말솜씨

17 한자성어

정답 ③

해설 '득의지추(得意之秋)'는 '일이 뜻대로 이루어졌거나 이루어질 좋은 기회'의 뜻을 지닌 반면, 나머지는 공통적으로 '한 무리 가운데 가장 뛰어난 것'을 뜻한다.
① 백미(白眉): 흰 눈썹이라는 뜻으로, 여럿 가운데에서 가장 뛰어난 사람이나 훌륭한 물건을 이르는 말
② 낭중지추(囊中之錐): 주머니 속의 송곳이라는 뜻으로, 재능이 뛰어난 사람은 숨어 있어도 저절로 사람들에게 알려짐을 이르는 말
④ 철중쟁쟁(鐵中錚錚): 여러 쇠붙이 가운데서도 유난히 맑게 쟁그랑거리는 소리가 난다는 뜻으로, 같은 무리 가운데서도 가장 뛰어남. 또는 그런 사람을 이르는 말
⑤ 군계일학(群鷄一鶴): 닭의 무리 가운데 한 마리의 학이라는 뜻으로, 많은 사람 가운데서 뛰어난 인물을 이르는 말

18 한자성어

정답 ⑤

해설 '숙맥불변(菽麥不辨)'은 '콩인지 보리인지를 구별하지 못한다는 뜻으로, 사리 분별을 못 하고 세상 물정을 잘 모름을 이르는 말'이다.
① 곡학아세(曲學阿世): 바른 길에서 벗어난 학문으로 세상 사람에게 아첨함을 이르는 말
② 만시지탄(晩時之歎): 시기에 늦어 기회를 놓쳤음을 안타까워하는 탄식을 이르는 말
③ 유만부동(類萬不同): 여러 사람의 의견이 서로 달라 같지 않음을 이르는 말
④ 상전벽해(桑田碧海): 뽕나무밭이 변하여 푸른 바다가 된다는 뜻으로, 세상일의 변천이 심함을 비유적으로 이르는 말

19 한자성어

정답 ①

해설 '목불식정(目不識丁)'은 '아주 간단한 글자인 'ㄒ' 자를 보고도 그것이 '고무래'인 줄을 알지 못한다는 뜻으로, 아주 까막눈임을 이르는 말'이다.
② 방약무인(傍若無人): 곁에 사람이 없는 것처럼 아무 거리낌 없이 함부로 말하고 행동하는 태도가 있음을 이르는 말
③ 연목구어(緣木求魚): 나무에 올라가서 물고기를 구한다는 뜻으로, 도저히 불가능한 일을 굳이 하려 함을 비유적으로 이르는 말
④ 우공이산(愚公移山): 우공이 산을 옮긴다는 뜻으로, 어떤 일이든 끊임없이 노력하면 반드시 이루어짐을 이르는 말
⑤ 자가당착(自家撞着): 같은 사람의 말이나 행동이 앞뒤가 서로 맞지 아니하고 모순됨을 이르는 말

20 한자성어

정답 ③

해설 '낙정하석(落穽下石)'은 '함정에 빠진 사람에게 돌을 떨어뜨린다는 뜻으로, 어려운 처지에 놓인 사람을 도와주기는커녕 도리어 괴롭힘을 비유적으로 이르는 말'이다.
① 용호상박(龍虎相搏): 용과 범이 서로 싸운다는 뜻으로, 강자끼리 서로 싸움을 이르는 말
② 좌정관천(坐井觀天): 우물 속에 앉아서 하늘을 본다는 뜻으로, 사람의 견문(見聞)이 매우 좁음을 이르는 말
④ 명약관화(明若觀火): 불을 보듯 분명하고 뻔함.
⑤ 중구삭금(衆口鑠金): 뭇사람의 말은 쇠도 녹인다는 뜻으로, 여론의 힘이 큼을 이르는 말

제3장 단어 간 의미 관계

01	02	03	04	05	06	07	08	09	10
③	⑤	④	①	②	③	⑤	③	①	⑤

11	12	13	14	15
④	③	③	①	①

01 유의 관계

정답 ③

해설 선지에 제시된 단어들은 모두 유의 관계에 놓여 있다. 유의어는 뜻이 비슷하다고 해서 언제나 바꾸어 쓸 수 있는 것은 아니고 상황에 따라 단어를 선택해서 사용한다. ③의 덩굴과 넝쿨은 유의어가 아니라 동의어이다.

02 유의 관계

정답 ⑤

해설 다의어 '가다'의 뜻 중에서 맥락상 '유지되다'와 유의 관계에 있는 '가다'를 고르는 문제이다. '유지되다'는 '어떤 상태나 상황이 그대로 보존되거나 변함없이 계속되어 지탱되다.'라는 뜻이므로 '어떤 현상이나 상태가 유지되다.'의 뜻으로 쓰인 ⑤가 정답이다.
① '가다'의 '어떤 일에 대하여 납득이나 이해, 짐작 따위가 되다.'의 뜻으로 사용되었다.
② '가다'의 '말이나 소식 따위가 알려지거나 전하여지다.'의 뜻으로 사용되었다.
③ '가다'의 '기계 따위가 제대로 작동하다.'의 뜻으로 사용되었다.
④ '가다'의 '어떤 상태나 상황을 향하여 나아가다.'의 뜻으로 사용되었다.

03 반의 관계

정답 ④

해설 가로 3번에 들어갈 단어는 '수임'이므로 이와 반대 의미를 가진 단어를 선택해야 한다. '수임(受任)'은 '임무나 위임을 받음.'의 뜻으로 쓰이고 '수임(授任)'은 '임무나 위임을 줌.'의 뜻으로 쓰이므로, '수임'과 반대의 의미를 지니는 말로 '수임(授任)'이 적절하다. 이와 같이 음은 같으나 뜻이 정반대인 한자어는 혼동될 수 있으므로 주의해야 한다.

가로 열쇠	세로 열쇠
• 가로 1: 회자(膾炙)	• 세로 2: 자충수(自充手)
• 가로 5: 종식(終熄)	• 세로 4: 임종(臨終)

① 각축(角逐): 서로 이기려고 다투며 덤벼듦.
② 접수(接受): 신청이나 신고 따위를 구두(口頭)나 문서로 받음.
③ 응대(應對): 부름이나 물음 또는 요구 따위에 응하여 상대함.
⑤ 방출(放出): 비축하여 놓은 것을 내놓음.

04 반의 관계

정답 ①

해설 〈보기〉의 '사망'의 뜻은 '사람이 죽음.'으로, '죽다'와 동의어이고, 이와 반의 관계에 놓인 단어는 '살다'이다. 선지에서 이와 같은 의미 관계를 가진 단어는 '임대'와 '빌리다'이다. '임대'는 '돈을 받고 자신의 물건을 남에게 빌려준다.'라는 뜻이므로 이와 반의 관계에 있는 단어로는 '빌리다'가 옳다. '임대'와 반대되는 뜻인 '돈을 내고 남의 물건을 빌리다.'라는 뜻을 가진 한자어는 '임차(賃借)'이다.
② 제고(提高): 쳐들어 높임.
③ 도탄(塗炭): 몹시 곤궁하여 고통스러운 지경
④ 망라(網羅): 널리 받아들여 모두 포함함.
⑤ 발군(拔群): 여럿 가운데에서 특별히 뛰어남.

05 부분 관계

정답 ②

해설 〈보기〉는 부분 관계에 놓인 단어들을 제시하고 있다. 부분 관계는 한 단어가 다른 단어의 부분이 되는 관계이다. 따라서 ㉠에는 '옷'의 부분이 되는 '옷감'이, ㉡에는 '식물'의 부분이 되는 '줄기'가 들어가야 한다.
① 상의, 나무는 모두 제시어와 상하 관계이다.
③ 풀은 식물과 부분 관계이나 하의는 옷과 상하 관계이다.
④ 잎은 식물과 부분 관계이나 모자는 옷과 상하 관계이다.
⑤ 신발, 꽃 모두 제시어와 상하 관계이다.

06 상하 관계

정답 ③

해설 '곤충'과 '다리'는 부분 관계이다.

07 다의어

정답 ⑤

해설 〈보기〉의 '들다'는 '어떤 범위나 기준, 또는 일정한 기간 안에 속하거나 포함되다.'를 뜻한다. 이와 같은 뜻으로 쓰인 문장은 ⑤이다.
① '들다'의 '안에 담기거나 그 일부를 이루다.'의 뜻으로 사용되었다.
② '들다'의 '['눈', '마음' 따위의 뒤에 쓰여] 어떤 물건이나 사람이 좋게 받아들여지다.'의 뜻으로 사용되었다.
③ '들다'의 '어떤 일에 돈, 시간, 노력, 물자 따위가 쓰이다.'의 뜻으로 사용되었다.
④ '들다'의 '수면을 취하기 위한 장소에 가거나 오다.'의 뜻으로 사용되었다.

08 동음이의어

정답 ③

해설 단어의 형태는 같으나 뜻은 다른 동음이의어를 바르게 이해하고 있는지 묻는 문제이다. 빈칸에 공통으로 들어갈 단어의 기본형은 '바르다'이다.
• 바르다¹: 풀칠한 종이나 헝겊 따위를 다른 물건의 표면에 고루 붙이다.
• 바르다²: 껍질을 벗기어 속에 들어 있는 알맹이를 집어내다.
• 바르다³: 사실과 어긋남이 없다.

09 동음이의어

정답 ①

해설 '다른 곳으로 가기 위하여 있던 곳에서 다른 곳으로 떠나다.'의 뜻을 가진 '뜨다³'와 '누룩이나 메주 따위가 발효하다.'의 뜻을 가진 '뜨다²'가 쓰인 ①이 동음이의어가 쓰인 문장이다.

> **TIP** 다의어는 여러 뜻을 이어 주는 중심 의미가 있고, 동음이의어는 뜻끼리 연관되는 점이 없다.

10 다의어의 품사 구분

정답 ⑤

해설 단어의 품사를 구별할 수 있는지 평가하는 문제이다. ⓜ의 '크다'는 '동식물이 몸의 길이가 자라다.'라는 뜻을 가진 동사이다. 나머지 문장은 모두 형용사로 쓰였다.
① '신, 옷 따위가 맞아야 할 치수 이상으로 되어 있다.'의 뜻으로 사용되었다.
② '일의 규모, 범위, 정도, 힘 따위가 대단하거나 강하다.'의 뜻으로 사용되었다.
③ '몸이나 마음으로 느끼는 어떤 일의 영향, 충격 따위가 보통 정도를 넘다.'의 뜻으로 사용되었다.
④ '생각의 범위나 도량이 넓다.'의 뜻으로 사용되었다.

11 다의어의 품사 구분

정답 ④

해설 단어의 품사를 구별할 수 있는지 평가하는 문제이다. 〈보기〉의 '하다'는 형용사 뒤에서 '-기는 하다', '-기도 하다', '-기나 하다' 따위의 구성으로 쓰여 앞말이 뜻하는 상태를 일단 긍정하거나 강조함을 나타내는 보조 형용사이다. 따라서 〈보기〉와 같은 역할로 쓰인 문장은 ④이다. 나머지 문장은 모두 동사로 쓰였다.
① '하다'의 '어떤 방식으로 행위를 이루다.'의 뜻으로 사용되었다.
② '하다'의 '무엇을 사거나 얻거나 하여 가지다.'의 뜻으로 사용되었다.
③ '하다'의 '특정한 대상을 어떤 특성이나 자격을 가지는 것으로 만들거나 삼다.'의 뜻으로 사용되었다.
⑤ '하다'의 '사건이나 문제 따위를 처리하다.'의 뜻으로 사용되었다.

12 다의어

정답 ③

해설 문맥상 '숙이다'의 반의어로 사용되고 있으므로 '뒤로 기울게 하다.'의 뜻을 가진 '젖히다'를 사용해야 한다.
① '제치다'의 '경쟁 상대보다 우위에 서다.'의 뜻으로 사용되었다.
② '제치다'의 '일을 미루다.'의 뜻으로 사용되었다.
④ '제치다'의 '거치적거리지 않게 처리하다.'의 뜻으로 사용되었다.
⑤ '제치다'의 '일정한 대상이나 범위에서 빼다.'의 뜻으로 사용되었다.

13 혼동하기 쉬운 동음이의어

정답 ③

해설 형태가 비슷해 혼동하기 쉬운 어휘이다. 문맥에 맞게 알맞은 단어를 써야 한다.
- 들이다: '들다'의 사동사
- 드리다: '주다'의 높임말
- 들리다: '듣다'의 피동사
- 들르다: 지나는 길에 잠깐 들어가 머무르다.

14 다의어

정답 ①

해설 다의어가 아닌 단어 관계를 찾아야 하는 문제이다. ①은 동음이의어 관계이다.
- 귀가 먹다: 먹다¹. 귀나 코가 막혀서 제 기능을 하지 못하게 되다. 또는 그렇게 되게 하다.
- 겁을 먹다: 먹다². 겁, 충격 따위를 느끼게 되다.

15 다의어의 품사 구분

정답 ①

해설 단어가 문장에서 어떤 역할로 쓰이는지 알아내야 하는 문제이다. ①의 '있다'는 '사람이나 동물이 어느 곳에서 떠나거나 벗어나지 아니하고 머물다.'라는 뜻으로, 동사로 쓰였다. 나머지는 모두 형용사로 쓰인 문장이다.
② 어떤 처지나 상황, 수준, 단계에 놓이거나 처한 상태
③ 어떤 물체를 소유하거나 자격이나 능력 따위를 가진 상태
④ 사람이나 사물 또는 어떤 사실이나 현상 따위가 어떤 곳에 자리나 공간을 차지하고 존재하는 상태
⑤ 어떤 사람에게 무슨 일이 생긴 상태

제4장 속담 · 관용구 · 순화어

01	02	03	04	05	06
④	①	⑤	③	②	⑤

01 속담

정답 ④

해설 '나무 끝의 새 같다'는 '오래 머물러 있지 못할 위태로운 곳에 있음을 비유적으로 이르는 말'이다. '어떤 일을 성취하기 위해 더 이상 물러설 수 없음을 비유적으로 이르는 말'은 '배수진(背水陣)'이다.

02 속담과 한자성어

정답 ①

해설 '하룻강아지 범 무서운 줄 모른다'는 '철없이 함부로 덤비는 경우'를 말한다. 이와 비슷한 뜻을 가진 한자성어는 '당랑거철(螳螂拒轍)'이다. 사마귀가 앞발을 들고 수레바퀴를 멈추려 했다는 데서 유래한 말로, '제 역량을 생각하지 않고, 강한 상대나 되지 않을 일에 덤벼드는 무모한 행동거지를 비유적으로 이르는 말'이다.
② 토사구팽(兎死狗烹): 토끼가 죽으면 토끼를 잡던 사냥개도 필요 없게 되어 주인에게 삶아 먹힌다는 뜻으로, 필요할 때는 쓰고 필요 없을 때는 야박하게 버리는 경우를 이르는 말
③ 호가호위(狐假虎威): 남의 권세를 빌려 위세를 부림을 이르는 말
④ 주마간산(走馬看山): 말을 타고 달리며 산천을 구경한다는 뜻으로, 자세히 살피지 아니하고 대충대충 보고 지나감을 이르는 말
⑤ 목불식정(目不識丁): 아주 간단한 글자인 '丁' 자를 보고도 그것이 '고무래'인 줄을 알지 못한다는 뜻으로, 아주 까막눈임을 이르는 말

03 관용구

정답 ⑤

해설 '귀가 열리다'는 '세상 물정을 알게 되다.'라는 뜻이다. 따라서 다른 나라의 언어를 배워 '말을 알아듣게 되다.'라는 뜻을 전하려면 '귀가 뚫리다'를 써야 한다.
① 귀가 질기다: 1. 둔하여 남의 말을 잘 이해하지 못하다. 2. 말을 싹싹하게 잘 듣지 않고 끈덕지다.
② 귀에 익다: 1. 들은 기억이 있다. 2. 어떤 말이나 소리를 자주 들어 버릇이 되다.
③ 귀에 못이 박히다: 같은 말을 여러 번 듣다.
④ 귀를 팔다: 귀를 딴 데로 돌리어 잘 듣지 않다.

04 관용구

정답 ③

해설 '손을 맺다'는 '할 일이 있는데도 아무 일도 안 하고 그냥 있다.'라는 뜻이다. '서로 뜻을 같이 하여 긴밀하게 협력하다.'의 뜻을 지닌 말은 '손을 맞잡다'이다.

05 순화어

정답 ②

해설 '대다수'의 순화어가 '대부분'이다.

06 순화어

정답 ⑤

해설 '액티브에이징'의 순화어는 '활기찬 노년'이다.

제2편 어휘 심화 문제

01	02	03	04	05	06	07	08	09	10
④	③	④	④	①	③	①	③	③	⑤
11	12	13	14	15	16				
③	⑤	②	②	④	②				

01 유의 관계

정답 ④

해설 유의 관계가 아닌 단어를 찾는 문제이다. '대수롭다'는 '중요하게 여길 만하다.'라는 뜻의 형용사로 '느슨하다'의 뜻과는 정반대이다. 이와 비슷한 단어는 '짜임새나 단정함이 없이 느슨한 데가 있다.'라는 뜻의 '허수롭다'를 써야 한다.
① • 곤욕: 심한 모욕. 또는 참기 힘든 일
   • 영금: 따끔하게 당하는 곤욕
② • 능력: 일을 감당해 낼 수 있는 힘
   • 깜냥: 스스로 일을 헤아림. 또는 헤아릴 수 있는 능력
③ • 정리: 흐트러지거나 혼란스러운 상태에 있는 것을 한데 모으거나 치워서 질서 있는 상태가 되게 함.
   • 갈무리: 1. 물건 따위를 잘 정리하거나 간수함. 2. 일을 처리하여 마무리함.
⑤ • 요긴하다: 꼭 필요하고 중요하다.
   • 종요롭다: 없어서는 안 될 정도로 매우 중요하다.

02 반의어

정답 ③

해설 '늙다'와 '젊다'는 정도 반의 관계이다. 늙지도, 젊지도 않은 중간항이 존재하는 단어 관계이기 때문이다.
① '살다'와 '죽다'는 상보 반의 관계이다. 중간항이 없는 상호 배타적인 관계를 나타낸다.
② '사다'와 '팔다'는 방향 반의 관계이다. 어떤 행위의 대립 관계를 나타낸다. 물건을 사고 팔 때, '물건'이 어느 한 방향으로 이동한다고 생각하면 이해하기 쉽다.
④ '오다'와 '가다'는 방향 반의 관계이다. 서로 반대쪽으로 움직이는 방향성을 가지고 있다.
⑤ '맞다'와 '틀리다'는 상보 반의 관계이다. 맞으면서 틀리는 중간항이 존재할 수 없는 상호 배타적인 관계이다.

03 다의어의 품사 구분

정답 ④

해설 형용사는 청유형과 진행형을 사용할 수 없기 때문에 바꿔서 생각해 본다면 쉽게 답을 알아낼 수 있다. '담이 크자', '담이 크는 중이다' 등의 형태는 사용할 수 없다. 따라서 '담이 크다'에 쓰이는 '크다'는 형용사이다.
① · ② · ③ · ⑤ 모두 동사로 쓰였다.

04 다의어의 품사 구분

정답 ④

해설 〈보기〉의 '깔다'는 동사이다. 반면, '낮다'는 형용사이다.
① · ② · ③ · ⑤ 모두 동사로 쓰였다.

05 한자성어와 속담

정답 ①

해설 '우공이산(愚公移山)'은 '우공이 산을 옮긴다는 뜻으로, 어떤 일이든 끊임없이 노력하면 반드시 이루어짐을 이르는 말'이다. 하지만 '앉은뱅이 뜀뛰듯'은 '노력은 하나 능력이 없어서 좋은 결과를 얻지 못하는 경우를 이르는 말'이므로 우공이산과 비슷한 뜻으로 볼 수 없다.

06 한자성어와 속담

정답 ③

해설 〈보기〉의 '인산인해(人山人海)'는 사람이 '산을 이루고 바다를 이루었다는 뜻으로, 사람이 수없이 많이 모인 상태를 이르는 말'이다. 따라서 이와 비슷한 의미를 가진 속담으로는 '송곳 끝도 세울 수 없을 정도라는 뜻으로, 발 들여놓을 데가 없을 정도로 많은 사람들이 꽉 들어찬 경우를 비유적으로 이르는 말'인 '입추의 여지가 없다'가 적절하다.
① 중의 빗: 몹시 구하기 어려운 물건을 비유적으로 이르는 말
② 하늘의 별 따기: 무엇을 얻거나 성취하기가 매우 어려운 경우를 비유적으로 이르는 말
④ 서울 가서 김서방 찾기: 넓은 서울 장안에 가서 주소도 모르고 덮어놓고 김 서방을 찾는다는 뜻으로, 주소도 이름도 모르고 무턱대고 막연하게 사람을 찾아가는 경우를 비유적으로 이르는 말
⑤ 마른땅에 물이 잦아들듯: 땅이 물을 흡수하는 힘이 매우 강하듯 무엇을 받아들이는 기세가 매우 강한 상태를 비유적으로 이르는 말

07 순화어

정답 ①

해설 '잔고(殘高)'는 나머지 금액을 일컫는 말로 '나머지', 혹은 '잔액(殘額)'으로 순화해야 한다. '잔액'을 '잔고'로 순화하는 것은 적절하지 않다.

08 고유어의 사전적 의미

정답 ③

해설 '머쓱하다'는 '1. 어울리지 않게 키가 크다. 2. 무안을 당하거나 흥이 꺾여 어색하고 열없다.'라는 뜻을 가지고 있다.
① • 쾌: 북어를 묶어 세는 단위. 한 쾌는 북어 20마리
   • 축: 오징어를 묶어 세는 단위. 한 축은 오징어 20마리
② • 실팍하다: 사람이나 물건 따위가 보기에 매우 실하다.
   • 괴팍하다: 붙임성이 없이 까다롭고 별나다.
④ • 재겹다: 몹시 지겹다.
   • 정겹다: 정이 넘칠 정도로 매우 다정하다.
⑤ • 티적티적: 남의 흠이나 트집을 잡으면서 자꾸 비위를 거스르는 모양
   • 비적비적: 싸 놓은 물건이 좁은 구멍이나 틈새로 여기저기 밖으로 비어져 나오는 모양

09 고유어의 문맥적 의미

정답 ③

해설 '곰살궂다'는 '1. 태도나 성질이 부드럽고 친절하다. 2. 꼼꼼하고 자세하다.'의 뜻을 가지고 있다. '넉살이 좋다.'라는 뜻은 없다.

10 한자어의 문맥적 의미

정답 ⑤

해설 다른 선지의 '정상(正常)'은 '특별한 변동이나 탈이 없이 제대로인 상태'의 뜻을 가지고, ⑤의 '정상(情狀)'은 '1. 있는 그대로의 사정과 형편 2. 딱하거나 가엾은 상태 3. 구체적 범죄에서 구체적 책임의 경중에 영향을 미치는 일체의 사정'이라는 뜻을 지닌다.

11 한자어의 문맥적 의미

정답 ③

해설 혼동될 수 있는 한자어를 구별하는 문제이다. '실재(實在)'는 '실제로 존재함.'이라는 뜻이고, '실제(實際)'는 '사실의 경우나 형편'이라는 뜻으로 문맥상 '실재'가 어울린다.
① • 면목(面目): 남을 대할 만한 체면
　• 안목(眼目): 사물을 보고 분별하는 견식
② • 당황(唐慌/唐惶): 놀라거나 다급하여 어찌할 바를 모름.
　• 황당(荒唐): 말이나 행동 따위가 참되지 않고 터무니없다.
④ • 방증(傍證): 사실을 직접 증명할 수 있는 증거가 되지는 않지만, 주변의 상황을 밝힘으로써 간접적으로 증명에 도움을 줌. 또는 그 증거
　• 반증(反證): 어떤 사실이나 주장이 옳지 아니함을 그에 반대되는 근거를 들어 증명함. 또는 그런 증거
⑤ • 체재(體裁): 생기거나 이루어진 틀. 또는 그런 됨됨이
　• 체제(體制): 사회를 하나의 유기체로 볼 때에, 그 조직이나 양식. 또는 그 상태

12 한자어의 표기

정답 ⑤

해설 '전쟁이나 운동 경기 따위에서, 몹시 힘들고 어렵게 싸움. 또는 그 싸움'이라는 뜻을 가진 '고전'은 '苦戰'으로 표기한다. '古傳'은 '예로부터 전하여 내려옴.'이라는 뜻이다.
① 교사(敎唆): 남을 꾀거나 부추겨서 나쁜 짓을 하게 함.
② 부정(不正): 올바르지 아니하거나 옳지 못함.
③ 보수(保守): 새로운 것이나 변화를 적극적으로 받아들이기보다는 전통적인 것을 옹호하며 유지하려 함.
④ 감수(甘受): 책망이나 괴로움 따위를 달갑게 받아들임.

13 한자성어와 속담

정답 ②

해설 '갈이천정(渴而穿井)'은 '목이 말라야 비로소 샘을 판다는 뜻으로, 1. 미리 준비를 하지 않고 있다가 일이 지나간 뒤에는 아무리 서둘러 봐도 아무 소용이 없음. 2. 자기가 급해야 서둘러서 일을 함.'의 뜻을 지닌다. '우물 안 개구리'의 뜻을 지닌 한자성어는 '좌정관천(坐井觀天)'이다.
① 격화소양(隔靴搔癢): 신을 신고 발바닥을 긁는다는 뜻으로, 성에 차지 않거나 철저하지 못한 안타까움을 이르는 말
③ 고장난명(孤掌難鳴): 외손뼉만으로는 소리가 울리지 아니한다는 뜻으로, 혼자의 힘만으로 어떤 일을 이루기 어려움을 이르는 말
④ 엄이도령(掩耳盜鈴): 귀를 막고 방울을 훔친다는 뜻으로, 모든 사람이 그 잘못을 다 알고 있는데 얕은 꾀를 써서 남을 속이려 함을 이르는 말
⑤ 목불식정(目不識丁): 아주 간단한 글자인 '丁' 자를 보고도 그것이 '고무래'인 줄 알지 못한다는 뜻으로, 아주 까막눈임을 이르는 말

14 한자성어와 고유어

정답 ②

해설 '유비무환(有備無患)'은 '미리 준비가 되어 있으면 걱정할 것이 없음.'이라는 뜻으로, 일어날 일에 대비해 단단히 준비한다는 뜻에서 '잡도리'와 일맥상통한다.
① 임시방편(臨時方便): 갑자기 터진 일을 우선 간단하게 둘러맞추어 처리함을 이르는 말
③ 수구초심(首丘初心): 여우가 죽을 때에 머리를 자기가 살던 굴 쪽으로 둔다는 뜻으로, 고향을 그리워하는 마음을 이르는 말
④ 괄목상대(刮目相對): 눈을 비비고 상대편을 본다는 뜻으로, 남의 학식이나 재주가 놀랄 만큼 부쩍 늚을 이르는 말
⑤ 학수고대(鶴首苦待): 학의 목처럼 목을 길게 빼고 간절히 기다림을 이르는 말

15 한자성어

정답 ④

해설 〈보기〉의 밑줄은 사건 현장에 있다가 공연히 의심을 산 상황을 나타낸다. 따라서 '까마귀 날자 배 떨어진다는 뜻으로, 아무 관계도 없이 한 일이 공교롭게도 때가 같아 억울하게 의심을 받거나 난처한 위치에 서게 됨을 이르는 말'인 '오비이락(烏飛梨落)'이 문맥상 어울린다.
① 풍수지탄(風樹之嘆): 효도를 다하지 못한 채 어버이를 여읜 자식의 슬픔을 이르는 말
② 부화뇌동(附和雷同): 줏대 없이 남의 의견에 따라 움직임을 이르는 말
③ 설상가상(雪上加霜): 눈 위에 서리가 덮인다는 뜻으로, 난처한 일이나 불행한 일이 잇따라 일어남을 이르는 말
⑤ 망양보뢰(亡羊補牢): 양을 잃고 우리를 고친다는 뜻으로, 이미 어떤 일을 실패한 뒤에 뉘우쳐도 아무 소용이 없음을 이르는 말

16 순화어

정답 ②

해설 '스크린 도어(screen door)'의 순화어는 '안전문'이다.

제3편　어법

제1장 어문 규범

01	02	03	04	05	06	07	08	09	10
②	①	④	⑤	③	③	③	①	④	⑤

11	12	13	14	15
③	③	⑤	⑤	②

01 헷갈리는 표기

정답 ②

해설 '이미 썼던 내용을 다시 써먹다.'라는 뜻의 단어는 '우려먹다'이다. '울궈먹다'는 잘못된 표기이다.
① '갯벌'과 '개펄' 모두 표준어이므로 수정할 필요가 없다. 또한

사이시옷은 순우리말이 들어간 합성어로서 뒷말의 첫소리인 예사소리가 된소리로 바뀌거나 'ㄴ' 혹은 'ㄴㄴ' 첨가가 일어날 때 쓰므로 뒷말의 첫소리가 예사소리인 '갯벌'은 사이시옷을 쓰고, 뒷말의 첫소리가 거센소리인 '개펄'은 사이시옷을 쓰지 않는다.
③ 어간 '설레-'와 어미 '-어서'가 결합하면 '설레어서'가 된다. '설레어서'는 '설레서'로 준 대로 적을 수 있으며, '설레이다'는 '설레다'의 잘못된 표기이다.
④ '일이나 차림차림이 간편하다'라는 뜻을 가진 말은 '단출하다'이다. '단촐하다'는 '단출하다'의 북한어이다.
⑤ '다른 사람의 목소리나 새, 짐승 따위의 소리를 흉내 내는 일을 비유적으로 이르는 말'은 '성대모사'이다. '성대묘사'는 '성대모사'의 잘못된 표기이다.

02 표준어 규정

정답 ①

해설 '노을'과 '놀'은 준말과 본말이 다 같이 널리 쓰이면서 준말의 효용이 뚜렷이 인정되는 경우로, 둘 다 표준어이다.

03 헷갈리는 표기

정답 ④

해설 문맥상 '먹고 자는 일을 제집이 아닌 다른 곳에서 하다.'의 뜻을 가진 '부치다'가 적절하다. '붙이다'는 '맞닿아 떨어지지 아니하다.'의 뜻을 가진 '붙다'의 사동사이다.
① • 깨치다: 일의 이치 따위를 깨달아 알다.
  • 깨우치다: 깨달아 알게 하다.
② • 겉잡다: 겉으로 보고 대강 짐작하여 헤아리다.
  • 걷잡다: 한 방향으로 치우쳐 흘러가는 형세 따위를 붙들어 잡다.
③ • 임신부: 아이를 밴 여자
  • 임산부: 임부(아이를 밴 여자)와 산부(아이를 갓 낳은 여자)를 아울러 이르는 말
⑤ • 부시다: 그릇 따위를 씻어 깨끗하게 하다.
  • 부수다: 단단한 물체를 여러 조각이 나게 두드려 깨뜨리다.

04 헷갈리는 표기

정답 ⑤

해설 어간 '열어젖히-'와 어미 '-어'가 결합하면 '열어젖히어'가 되어 '열어젖혀'라고 준 대로 적을 수 있다.
① '천장'이 옳은 표현이다.
② '본새'가 옳은 표현이다.
③ '댑싸리'가 옳은 표현이다.
④ '귀띔'이 옳은 표현이다.

05 헷갈리는 표기

정답 ③

해설 '마음이 초조하고 불안하여 어찌할 바를 모르는 모양'을 '안절부절'이라고 하기 때문에 헷갈리기 쉽지만, '마음이 초조하고 불안하여 어찌할 바를 모르다.'라는 뜻을 가진 말은 '안절부절못하다'이다. '안절부절하다'는 잘못된 표기이다.
① '움추리다'는 '움츠리다'의 잘못된 표기임을 주의해야 한다.
② • ④ 복수 표준어로 각각 '개수통/설거지통', '변덕맞다/변덕스럽다'라고 쓴다.
⑤ '쌍둥밤'은 '쌍동밤'의 잘못된 표기임을 주의해야 한다.

06 헷갈리는 표기

정답 ③

해설 부사 '곰곰'에 부사 파생 접미사 '-이'가 결합된 것으로 한글 맞춤법 제25항에 따라 원형을 밝혀 적는다.
① • ② • ④ • ⑤ 모두 '하다'와 결합할 수 있는 어근을 가지며 각각 접미사 '-히/-이'와 결합한 부사이므로 그 원형을 밝혀 적는다.

> **TIP** '-하다'가 붙지 않거나 어근의 원래 뜻에서 벗어난 경우에는 소리대로 적는다.
> 갑자기   반드시(꼭)   슬며시

07 헷갈리는 표기

정답 ③

해설 한글 맞춤법 제40항에 따르면 어간의 끝음절 '하'의 'ㅏ'가 줄고 'ㅎ'이 다음 음절의 첫소리와 어울려 거센소리로 될 적에는 거센소리로 적는다. 단, 평파열음화를 거친 어근의 말음이 'ㄱ, ㄷ, ㅂ'일 경우에는 '하'가 탈락하며 줄어든다. '넉넉하다'는 이 경우에 속한다. 따라서 '하'가 탈락한 '넉넉지 않다 → 넉넉잖다'가 올바른 표기이다.
① • ② • ⑤ 어간의 끝음절 '하'의 'ㅏ'가 줄고 'ㅎ'이 다음 음절의 첫소리와 어울려 거센소리가 되므로 거센소리로 적는다.
④ 어근 '익숙'이 'ㄱ'을 말음으로 가지고 있어 '하'가 탈락되며 줄어든다.

08 띄어쓰기

정답 ①

해설 '어떤 일이 있었던 때로부터 지금까지의 동안'을 이르는 '지'는 의존 명사이므로 관형사형 어미와 띄어 쓴다.
② • ③ 한글 맞춤법 제47항에 따르면 보조 용언은 띄어 씀을 원칙으로 하되 경우에 따라 붙여 씀도 허용한다(할만하다). 다만 앞말에 조사가 붙거나 앞말이 합성 용언인 경우(다시없을 듯하다), 그리고 중간에 조사가 들어갈 적에는 그 뒤에 오는 보조 용언은 띄어 쓴다.
④ • ⑤ 한글 맞춤법 제43항에 따르면 단위를 나타내는 명사는 띄어 쓴다(집 한 채). 다만, 순서를 나타내는 경우나 숫자와 어울리어 쓰이는 경우에는 읽기 단위를 고려하여 붙여 쓸 수 있다(삼학년).

09 띄어쓰기

정답 ④

해설 '섭섭하거나 가여워 마음이 언짢다.'의 뜻으로 사용된 형용사이므로 붙여 쓰는 것이 적절하다.
① '비교 대상에 미치지 아니하다.'의 뜻으로 사용된 형용사이므로 붙여 쓰는 것이 적절하다.
② '볼만한 가치가 없을 정도로 하찮다.'의 뜻으로 사용된 형용사이므로 붙여 쓰는 것이 적절하다.
③ '감쪽같이 자취를 감추어 찾을 수가 없다.'의 뜻으로 사용된 형용사 '온데간데없다'와 연결 어미 '-ㄹ뿐더러'가 결합한 것이므로 모두 붙여 쓰는 것이 적절하다.
⑤ 사전에 등재된 전문 용어로, 한글 맞춤법 제50항에 따르면 단어별로 띄어 씀을 원칙으로 하되 붙여 쓸 수 있다.

10 문장 부호

정답 ⑤

해설 비밀을 유지해야 하거나 밝힐 수 없는 사항임을 나타낼 때에는 숨김표(○ 또는 ×)를 써야 한다. 반면 빠짐표(□)는 옛 비문이나 문헌 등에서 글자가 분명하지 않을 때 그 글자의 수효만큼 쓰거나, 임의로 뺀 글자가 들어가야 할 자리를 나타낼 때 쓴다.

① 물음표(?)는 주로 의문을 나타낼 때 쓰며, 의심이나 빈정거림 등을 표시할 때에는 소괄호 안에 쓸 수 있다.
② 쉼표(,)는 주로 같은 자격의 어구를 열거하는 사이에 쓰며, 구어적 상황에서 짧게 더듬는 말을 표시할 때도 쓸 수 있다.
③ 쌍점(:)은 주로 표제 다음에 해당 항목을 들거나 설명을 붙일 때 쓰며, 시와 분, 장과 절을 구별할 때도 쓸 수 있다.
④ 겹낫표(『 』)는 책의 제목이나 신문 이름 등을 나타낼 때 쓴다. 큰따옴표(" ")로 바꿔 쓸 수 있다.

11 문장 부호

정답 ③

해설 예시의 '해와 달'은 사무실의 상호이다. 이때에는 홑낫표(「 」)나 홑화살괄호(〈 〉)를 대신하는 작은따옴표(' ')가 쓰이는 것이 바람직하다. 반면 큰따옴표(" ")는 글에서 직접 대화를 표시하거나, 말이나 글을 직접 인용할 때, 그리고 책의 제목이나 신문 이름 등을 나타내는 겹낫표(『 』)나 겹화살괄호(《 》)를 대신할 때 쓴다.

① 빗금(/)은 개념적으로 대비되는 말들을 하나로 묶어 나타낼 때 쓴다. 상위어와 하위어, 유의어, 반의어 관계에 있는 말들이 올 수 있다. 대비해서 보일 필요가 없을 때에는 쉼표를 쓸 수 있다.
② 가운뎃점(·)은 열거할 어구들을 일정한 기준으로 묶어서 나타낼 때 쓰며 쉼표로 바꾸어 쓸 수 있다.
④ 줄표(─)는 제목 다음의 부제 앞뒤에 쓰며, 뒤에 오는 줄표는 생략이 가능하다.
⑤ 마침표(.)는 의문을 표현하는 물음표 대신 쓸 수 있다.

12 문장 부호

정답 ③

해설 문장 내용 중에서 주의가 미쳐야 할 곳이나 중요한 부분을 특별히 드러내 보일 때 드러냄표(˙)와 밑줄(＿)을 쓰며, 작은따옴표(' ')를 대신 쓸 수도 있다.

• 대괄호([ ]): 괄호 안에 또 괄호를 쓸 필요가 있을 때, 고유어에 대응하는 한자어를 함께 보일 때, 원문에 대한 이해를 돕기 위해 설명이나 논평 등을 덧붙일 때 사용한다.
• 빠짐표(□): 옛 비문, 문헌 등에서 글자가 분명하지 않을 때, 글자가 들어가야 할 자리를 나타낼 때 사용한다.
• 홑낫표(「 」): 소제목, 그림이나 노래와 같은 예술 작품의 제목, 상호, 법률, 규정 등을 나타낼 때 사용한다.
• 큰따옴표(" "): 말이나 글을 직접 인용할 때 사용한다.

13 표준 발음법

정답 ⑤

해설 주로 'ㄴ'으로 끝나는 2음절 한자어의 뒤에 붙는 한자어 초성 'ㄹ'은 [ㄴ]으로 발음한다. 따라서 '공권' 뒤에 한자어 '력'이 결합된 '공권-력'은 [공꿘녁]으로 발음한다.

① 난로[날:로]: 'ㄴ'은 'ㄹ'의 앞에서 [ㄹ]로 발음한다.
② 칼날[칼랄]: 'ㄴ'은 'ㄹ'의 뒤에서 [ㄹ]로 발음한다.
③ 찰나[찰라]: 'ㄴ'은 'ㄹ'의 뒤에서 [ㄹ]로 발음한다.
④ 닳는지[달른지]: 첫소리 'ㄴ'은 받침 'ㄶ, ㄾ' 뒤에서 [ㄹ]로 발음한다.

> **TIP** 표준어 규정 제20항
> 'ㄴ'은 'ㄹ'의 앞이나 뒤에서 [ㄹ]로 발음한다.
> 난로[날:로]   신라[실라]
> [붙임] 첫소리 'ㄴ'이 'ㄶ, ㄾ' 뒤에 연결되는 경우에도 이에 준한다.
> 닳는[달른]   뚫는[뚤른]
> 다만, 다음과 같은 단어들은 'ㄹ'을 [ㄴ]으로 발음한다.
> 공권력[공꿘녁]   이원론[이:원논]

14 표준 발음법

정답 ⑤

해설 용언의 단음절 어간에 어미 '-아/-어'가 결합되어 한 음절로 축약되면 긴소리로 발음하는 경우가 있다. 2음절인 '보아'를 1음절인 '봐'로 발음하게 되면 장음이 나타나는 것이 그 예이다. 이러한 현상을 '반모음화에 의한 보상적 장음화'라고 한다.

①·②·③·④ 예전부터 반모음화가 필수적으로 적용된 단어들로, 긴소리로 발음하지 않는다.

> **TIP** 용언의 활용형에 나타나는 '져, 쪄, 쳐'는 [저, 쩌, 처]로 발음한다. 초성에 오는 'ㅈ' 계열의 자음과 이중 모음의 반모음 'j'의 조음 위치가 모두 경구개로 서로 비슷하여 'j'가 탈락되기 때문이다.

15 표준어 규정

정답 ②

해설 '사글세'는 방언이 아닌 표준어이다. 어원의 일부인 '월세'를 의식하여 '삭월세'로 적지 않도록 주의한다.

③ 문맥상 ⓒ은 '시골 마을의 좁은 골목길'을 의미하므로 '고샅'으로 표기하는 것이 맞다. 한편 '초가지붕을 일 때 쓰는 새끼'를 의미하는 '고샷'도 표준어이다. 이처럼 비슷한 표기의 단어들은 함께 공부하며 의미와 표기를 정확히 구분해 두는 것이 좋다.
⑤ 〈보기〉의 예문에 사용된 무등은 '목말'의 방언이 맞다. 참고로 무등이 '등급이나 차별이 없음' 또는 '그 이상 더 할 수 없을 정도로'의 의미로 쓰이면 표준어이다.

제2장 올바른 문장 쓰기

01	02	03	04	05	06	07	08
④	②	④	②	⑤	②	④	⑤

01 어법에 맞는 문장 찾기

정답 ④

해설 어법에 맞고 문장의 흐름이 자연스럽다. 이처럼 '와/과'가 쓰인 문장에서는 앞뒤가 대등하게 연결되었는지 확인해 보는 것이 좋다.

① '얻다'는 목적어를 필요로 하는 타동사이다. '행복을 얻는 사람'으로 고쳐 목적어를 보충해 주어야 한다.
② '추구하는데도'의 주어와 '얻지 못하는 데는'의 목적어가 생략

되어 있다. '사람들이 행복을 열심히 추구하는데도 그것을(행복을) 얻지 못하는 데는'으로 내용을 보충해 주는 것이 좋다.
③ '생각되어진다'는 '되다' 뒤에 '어지다'가 결합한 이중 피동의 표현이다. '-어지다'를 생략한 '생각된다'로 수정해야 한다.
⑤ '여간'은 부정의 서술어와 호응하므로 '여간(해선) 쉽지 않지만'으로 수정해야 한다.

02 단어 차원에서 중복된 표현 찾기

정답 ②

해설 '착석'에 이미 '자리'라는 뜻이 포함되어 있으므로 '자리에 착석'과 같이 쓰지 않도록 주의한다.
① '재고'는 '어떤 일이나 문제 따위에 대하여 다시 생각함.'의 뜻으로, '다시'의 뜻이 중복되었다.
③ '예약'은 '약속함. 또는 미리 정한 약속'의 뜻으로, '미리'의 뜻이 중복되었다.
④ '측근'은 '1. 곁의 가까운 곳 2. 곁에서 가까이 모시는 사람'의 뜻으로, '가까운'의 뜻이 중복되었다.
⑤ '여생'은 '앞으로 남은 인생'의 뜻으로, '남은'의 뜻이 중복되었다.

> **TIP** 같은 뜻이 중복된 표현
> 함성 소리   모래사장
> 미리 예견하다   과반수를 넘다
> 계속 속출하다   서로 상충하다
> 물에 침수되다   전부 매진되다

03 문장 차원의 중의성 찾기

정답 ④

해설 제시된 두 문장 모두 '어머니가 아버지를 좋아하는 것보다 아들을 좋아하는 것이 더 크다'는 뜻과 '아버지가 아들을 좋아하는 것보다 어머니가 아들을 좋아하는 것이 더 크다'는 뜻의 두 가지로 해석된다. '아버지가 아들을 좋아하는 것보다'나 '아버지를 좋아하는 것보다'와 같이 비교 대상을 명확히 하여 표현의 중의성을 해소할 수 있다.
① '혜교와 준기가 둘이 결혼했다'는 것인지, '혜교와 준기가 각각 다른 사람과 결혼했다'는 것인지 분명하지 않다. '혜교와 준기는 둘이 결혼했다'와 같이 내용을 보충하여 표현의 중의성을 해소할 수 있다.
② '서준이가 귀엽다'는 것인지, '서준이의 남동생이 귀엽다'는 것인지 분명하지 않다. '서준이의 남동생이 귀엽다'와 같이 어순을 바꾸거나, '귀여운, 서준이의 남동생을 보았다'처럼 반점을 사용하여 표현의 중의성을 해소할 수 있다.
③ '학생들이 전부 탑승하지 않았다'는 것인지, '학생들 일부가 탑승하지 않았다'는 것인지 분명하지 않다. '학생들이 모두 버스에 탑승하지는 않았다'와 같이 보조사를 사용하거나, '학생들이 일부만 버스에 탑승했다'와 같이 어휘를 교체하여 표현의 중의성을 해소할 수 있다.
⑤ '몰티즈 한 마리와 달마티안 두 마리를 키운다'는 것인지, '몰티즈와 달마티안을 합쳐 두 마리를 키운다'는 것인지 분명하지 않다. '몰티즈와 달마티안 한 마리씩을 키운다'나 '몰티즈 한 마리와 달마티안 한 마리를 키운다'와 같이 내용을 보충하여 표현의 중의성을 해소할 수 있다.

04 어법에 맞는 문장 찾기

정답 ②

해설 어법에 맞고 문장의 흐름이 자연스럽다. 이 문장처럼 주어(생태 관광은)와 서술어(시작되었다)가 멀리 떨어져 있는 경우 둘의 호응이 자연스러운지 확인할 필요가 있다.
① '혼합되어진'은 이중 피동 표현이다. '혼합되다'는 피동 접사 '-되다'가 붙은 피동사인데 여기에 피동 접사 '-어지다'가 중복으로 붙어 어법에 맞지 않다.
③ 많은 사람이 '참여하고자' 하는 대상이 무엇인지 나타나 있지 않다. '생태 관광에 참여하고자'로 고쳐 필요한 문장 성분을 보충해 주어야 한다.
④ '생태 관광의 열기'가 중복되므로 '생태 관광의 뜨거운 열기로 인한'을 '그로 인한'으로 수정하는 것이 어법에 맞고 자연스럽다.
⑤ 문장 성분 간의 호응을 위해 '자연 상태가'를 '자연 상태를'로 수정하는 것이 어법에 맞고 자연스럽다.

05 어법에 맞는 문장 찾기

정답 ⑤

해설 부사어 '비록'은 '-ㄹ지라도', '-지마는'과 같은 어미가 붙은 용언과 함께 쓰인다.
① 아마 이번에는 내가 일등일 것이다.
② 사람은 모름지기 생명의 소중함을 알아야 한다.
③ 시험 문제를 모두 맞히는 것은 여간 어려운 일이 아니다.
④ 지하철 고장으로 지각한 사람은 비단 나뿐만이 아니었다.

06 문장 차원의 중의성 찾기

정답 ②

해설 조사 '의' 구문의 중의성에 의해 '어머니의 그림'이 '어머니 소유의 그림'인지, '어머니가 그린 그림'인지, '어머니를 그린 그림'인지 명확하지 않다. 부사어(거실에를) 삭제한다고 해서 이러한 중의성이 해소되는 것은 아니다.
① '그녀의 손 크기가 크다'는 것인지, '그녀의 씀씀이가 후하고 크다'는 것인지 분명하지 않다. '그녀는 씀씀이가 후하고 크다'는 문장으로 수정하면 문맥적으로 표현의 중의성이 해소된다.
③ '그가 파란 넥타이를 맨 상태'라는 것인지, '그가 파란 넥타이를 매는 동작 중'인지 분명하지 않다. '그는 파란 넥타이를 매는 중이다'라는 문장으로 내용을 보충하면 표현의 중의성을 해소할 수 있다.
④ '친구와 공연을 가는 날이 내일'이라는 것인지, '공연 티켓을 예매하는 날이 내일'이라는 것인지 분명하지 않다. '친구와 갈 공연 티켓을 내일 예매할 것이다'와 같이 문장 성분의 위치를 옮기면 표현의 중의성을 해소할 수 있다.
⑤ '혼자 있던 동생이 함께 있던 언니와 나 둘을 따라다녔다'는 것인지 '동생과 언니가 둘이 함께 혼자인 나를 따라다녔다'는 것인지 '동생이 언니도 따라 다니고 나도 따라 다녔다'는 것인지 분명하지 않다. '동생은, 언니와 나를 따라다니곤 하였다'처럼 반점을 사용하거나, '언제나 함께 있는 언니와 동생은 나를 따라다니곤 하였다'와 같이 내용을 보충하여 중의성을 해소할 수 있다.

07 어법에 맞는 문장 찾기

정답 ④

해설 '~을/를 가지다'는 영어를 그대로 번역한 표현이므로 '을/를 보내다'로 고치는 것이 적절하다. 따라서 '유익한 시간을 가졌다'를 '유익한 시간을 보냈다'로 고쳐야 한다.

08 어법에 맞는 문장 찾기

정답 ⑤

해설 어법에 맞고 문장의 흐름이 자연스럽다. 이처럼 부사어 '아무리' 뒤에는 '-해도/-ㄹ지라도' 등의 표현이 어울린다.
① '로부터'는 영어 전치사 'from'을 직역한 것이다. '로부터' 대신 '에게(서)'를 사용하거나 '부모님이 많은 재산을 물려주셨다'로 고쳐 써야 한다.
② 행위자 자신이 하는 행동이므로 '-시키다' 대신 '-하다'를 써서 '주장을 관철했다'로 고치는 것이 자연스럽다.
③ '~에 위치하다'는 영어 'be located in'을 직역한 것이다. '우리 할머니 댁은 산 중턱에 있다'로 수정하는 것이 좋다.
④ '주의가 요구된다'가 아니라 '주의해야 한다'로 쓰는 것이 바른 표현이다.

제3장 문법 요소

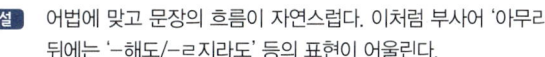

01	02	03	04	05	06	07	08	09	10
④	①	⑤	④	③	②	④	①	⑤	④

01 음운 변동

정답 ④

해설 ㉠은 음절의 끝소리 규칙, ㉡은 'ㄴ' 첨가, ㉢은 비음화로 이 음운 변동 현상이 모두 일어난 것은 ④이다. '홑이불'은 우선 음절의 끝소리 규칙이 일어나 [혿이불]이 되고, 그다음으로 'ㄴ' 첨가 현상이 일어나 [혿니불]이 된 후 첨가된 'ㄴ'에 의해 비음화가 발생해 [혼니불]로 발음된다.
① 'ㄴ' 첨가와 비음화만 일어났다.
② 비음화만 일어났다.
③ 구개음화만 일어났다.
⑤ 비음화만 일어났다.

02 단어의 합성법

정답 ①

해설 '덮밥'은 동사 어간 '덮-'과 명사 '밥'이 결합된 비통사적 합성어이다. 우리말의 일반적인 단어 배열법을 따른다면 어간 뒤에 명사가 직접 오지 않고 관형사형 전성 어미에 의해 연결되는데, '덮밥'에는 관형사형 전성 어미 '-은'이 생략되었기 때문이다.
② 명사 '논'과 명사 '밭'이 결합된 합성어로, 명사와 명사의 결합은 우리말의 일반적인 단어의 배열법이다.
③ 용언의 명사형(비비- + -ㅁ)에 명사 '밥'이 결합한 합성어로, 우리말의 일반적 문장 구조에서 나타나는 방식을 따르고 있다.
④·⑤ '낯설다'와 '힘들다'는 명사와 동사가 결합하면서 주격 조사가 생략된 경우인데, 조사는 생략이 가능하므로 우리말의 일반적인 문장 구조에서 나타나는 방식을 따른 것이다.

03 문장 성분

정답 ⑤

해설 '주다'는 '~에/에게 ~을 주다'의 문장 구조로 실현되므로 '연아에게'는 문장 구조상 반드시 요구되는 필수적 부사어이며, '빌리다'는 '~에서/에게서 ~을 빌리다'의 문장 구조로 실현되므로 '친구에게'도 필수적 부사어이다.
① '비슷하다'는 '~과 비슷하다'의 문장을 이루므로 '이것과'는 필수적 부사어이나, '듣다'는 '~을 듣다'의 문장을 이루므로 '삼촌과'는 필수적 부사어가 아니다.
② '이탈하다'는 '~에서 이탈하다'의 문장을 이루므로 '궤도에서'는 필수적 부사어이나, '만나다'는 '~을 만나다'의 문장을 이루므로 '공원에서'는 필수적 부사어가 아니다.
③ '잡다'는 '~을 잡다'의 문장을 이루므로 '마취총으로'는 필수적 부사어가 아니며, '삼다'는 '~을 ~으로 삼다'의 문장을 이루므로 '사위로'는 필수적 부사어이다.
④ '적합하다'는 '~에/에게 적합하다'의 문장을 이루므로 '벼농사에'는 필수적 부사어이며, '방문하다'는 '(어떤 사람이나 장소에) 방문하다'의 문장을 이루므로 '오후에'는 필수적 부사어가 아니다.

04 문장의 종류

정답 ④

해설 '밥 좀 먹읍시다'에서 밥을 먹을 사람은 화자이며, 청자에게 밥을 먹는 행위를 기대하는 것은 아니다. 행위의 주체가 화자만으로 한정되는 것은 ④이다.
① 청자인 '떠드는 아이'만 조용히 하는 행위의 주체에 해당한다.
② 청자인 아이만 약을 먹는 행위의 주체에 해당한다.
③ 화자와 화자의 친구인 청자 모두가 영화를 보러 가는 행위의 주체에 해당한다.
⑤ 화자와 청자를 포함한 모두가 토의하는 행위의 주체에 해당한다.

05 문법 요소

정답 ③

해설 '오랜만'은 '오래간만'의 준말로 '오래간'과 '만'이 결합한 명사이다. '십 년 만'의 '만'은 앞말이 가리키는 동안이나 거리를 나타내는 의존 명사이다.
① '-ㄹ걸'은 가벼운 뉘우침이나 아쉬움을 나타내는 종결 어미이고, '걸'은 '것'과 '을'의 준말로 의존 명사이다.
② '-ㄹ게'는 어떤 행동을 할 것을 약속하는 뜻을 나타내는 종결 어미이고, '게'는 '것이'의 준말로 의존 명사이다.
④ '-ㄴ데'는 상황을 미리 말할 때에 쓰는 연결 어미이고, '데'는 '일'이나 '것'의 뜻을 나타내는 의존 명사이다.
⑤ '-ㄴ바'는 앞 절의 상황이 이미 이루어졌음을 나타내는 연결 어미이고, '바'는 앞에서 말한 내용 그 자체나 일 따위를 나타내는 의존 명사이다.

06 피동사

정답 ②

해설 ① '걸린'은 '걸다 ④'의 피동적 의미가 있다.
③ '걸렸다'는 '걸다 ①'의 피동적 의미가 있다.
④ '걸린'은 '걸다 ⑤'의 피동적 의미가 있다.
⑤ '걸리기'는 '걸다 ③'의 피동적 의미가 있다.

07 문장 성분

정답 ④

해설 명사절 '국어 공부에 전념하기'에 조사 '로'를 결합하여 부사어로 쓰고 있다.

08 단어의 품사

정답 ①

해설 '먹고 싶다'에서 '싶다'는 보조 형용사이고, 나머지 '놓았다', '주었다', '버렸다', '두었다'는 보조 동사이다.

09 서술어의 자릿수

정답 ⑤

해설 '닮았다'는 '승호는'이라는 주어만으로는 문장이 성립하지 않으며, '지섭과'라는 부사어를 필수적으로 요구하므로 두 자리 서술어이다.
③ '입었다'는 두 자리 서술어이며, '입혔다'는 세 자리 서술어가 된다.
④ '여긴다'는 '누가', '무엇을', '무엇으로'를, '주었다'는 '누가', '누구에게', '무엇을'이라는 성분을 필요로 하므로 모두 세 자리 서술어이다.

10 주동문과 사동문

정답 ④

해설 ㄴ의 주동문 '그가 집에 가다'에서 '집에 가다'의 동작의 주체는 '그'이며, 이 문장의 사동문인 '(영희가) 그를 집에 가게 하다'에서도 '집에 가다'의 동작의 주체는 '그'이므로 동작의 주체는 동일하다.
① ㄱ~ㄷ의 주동문을 사동문으로 바꾸면 ㄱ에서는 '경희가', ㄴ에서는 '영희가', ㄷ에서는 '명희는'이라는 새로운 주어가 필요하다.
② ㄱ에서 주동문의 주어는 사동문에서 부사어로, ㄴ과 ㄷ에서 주동문의 주어는 사동문에서 목적어로 바뀌었다.
③ ㄱ의 '읽다'에는 접사 '-시키다'를 붙일 수 없다.
⑤ ㄴ의 '가다'에 사동 접사를 붙인 형태는 성립할 수 없다.

제4장 외래어 · 로마자 표기법

01	02	03	04	05	06
⑤	⑤	④	④	③	③

01 외래어 표기

정답 ⑤

해설 '재즈(jazz[dʒæz])'는 어말에 마찰음 [z]가 놓이는데, 한국어에서는 어말에서 마찰음의 소리가 날 수 없다. 따라서 '으'를 붙여 다음 음절의 초성이 되도록 표기한다.
① 차트(chart[tʃɑːt]): 모음 앞의 파찰음 [tʃ]는 'ㅊ'으로 적는다. 그리고 한국어에서는 경구개음인 'ㅈ, ㅉ, ㅊ' 뒤에서 이중 모음 'ㅑ, ㅕ, ㅛ, ㅠ'가 단모음 'ㅏ, ㅓ, ㅗ, ㅜ'로 발음되기 때문에 단모음으로 외래어를 표기한다.
② 비전(vision[viʒən]): 모음 앞의 마찰음 [ʒ]은 'ㅈ'으로 적는다. 그리고 한국어에서는 경구개음인 'ㅈ, ㅉ, ㅊ' 뒤에서 이중 모음 'ㅑ, ㅕ, ㅛ, ㅠ'가 단모음 'ㅏ, ㅓ, ㅗ, ㅜ'로 발음되기 때문에 단모음으로 외래어를 표기한다.
③ 플래시(flash[flæʃ]): 어말의 [ʃ]는 '시'로 표기한다. 자음 앞의 [ʃ]는 '슈'로 모음 앞의 [ʃ]는 뒤따르는 모음에 따라 '샤', '섀', '셔', '셰', '쇼', '슈', '시'로 표기한다.
④ 브리지(bridge[bridʒi]): 어말 또는 자음 앞의 파찰음 [dʒ]는 '지'로 표기한다.

02 외래어 표기

정답 ⑤

해설 짧은 모음 [e] 다음의 어말 무성 파열음 [p]는 받침으로 적어야 한다.
① 캣(cat[kæt]): 짧은 모음 다음의 어말 무성 파열음([p], [t], [k])은 받침으로 표기한다.
② 로브스터(lobster[lɔbstər]): 어말과 모든 자음 앞에 오는 유성 파열음([b], [d], [g])은 '으'를 붙여 표기한다. 단, 관용 표기인 '랍스터'도 복수 표기로 인정한다.
③ 앱트(apt[æpt]): 짧은 모음과 유음 · 비음([l], [r], [m], [n]) 이외의 자음 사이에 오는 무성 파열음([p], [t], [k])은 받침으로 표기한다.
④ 케이프(cape[keip]): 긴 모음이나 이중 모음 다음의 어말과 자음 앞의 [p], [t], [k]는 '으'를 붙여 표기한다.

03 외래어 표기

정답 ④

해설 외국어에는 유성 파열음과 무성 파열음의 대립이 존재하지만 한국어에는 무성 파열음만 존재한다. 이를 보완하기 위해 외국어의 유성 파열음은 한국어의 예사소리로, 무성 파열음은 거센소리로 표기한다. 따라서 'conte[kɔ́ːnt]'의 무성 파열음 [k], [t]는 거센소리 'ㅋ, ㅌ'로 표기한다.
① 이중 모음 [ei] 뒤에 오는 [k]는 '으'를 붙여 표기한다. 따라서 'cake'는 '케이크'로 표기한다.
② 외래어의 1 음운은 1 기호로 표기한다는 원칙에 따라 영어의 'f'는 일관되게 'ㅍ'으로 적는다. 따라서 '화일, 환타지아, 화이팅'은 잘못된 표기이고, '파일(file), 판타지아(fantasia), 파이팅(fighting)'으로 표기해야 한다.
③ 외래어 표기법의 종성 표기에서 [t]은 'ㅅ'으로 표기한다. 'supermarket[suːpərmɑːrkət]'에 모음으로 시작하는 조사를 결합하면 [슈퍼마케슬]인 것처럼 종성을 [ㅅ]으로 발음하기 때문에 현실 발음을 반영하여 [ㄷ]이 아닌 'ㅅ'으로 표기한다.
⑤ 'circle'은 외래어 표기 규정에 따라 '서클'로 표기한다. 이미 굳어진 외래어의 예로는 'lamp'가 일본을 거쳐 우리말에 들어온 '남포'가 있다. 이는 원어 발음에 가까운 '램프'가 존재하지만 역사적으로 '남포'가 오래 쓰였기 때문에 이를 존중하여 그대로 쓰인다.

04 국어의 로마자 표기

정답 ④

해설 'ㄱ, ㄷ, ㅂ'은 모음 앞에서는 'g, d, b'로, 자음 앞이나 어말에서는 'k, t, p'로 표기한다.
① 부산 Busan: 고유 명사는 첫 글자를 대문자로 표기한다.
② 묵호 Mukho: 음운 변화가 일어날 때에는 변화의 결과에 따라 표기하지만, 체언에서 'ㄱ, ㄷ, ㅂ' 뒤에 'ㅎ'이 따를 때에는 'ㅎ'을 밝혀 표기한다.
③ 압구정 Apgujeong: 한국어의 무성 파열음은 'p'로 표기한다. 또한 된소리되기는 예측 불가능한 경우가 많아 표기에 반영하지 않는다.
⑤ 대관령 Daegwallyeong: 'ㄹ'은 모음 앞에서는 'r'로, 자음 앞이나 어말에서는 'l'로 표기한다. 단, 'ㄹㄹ'은 'll'로 표기한다.

05 국어의 로마자 표기

정답 ③

해설 'ㅢ'는 'ㅣ'로 소리 나더라도 'ui'로 표기하므로 의상대는 'Uisangdae'로 적는다.
① 백마[뱅마] Baengma: 비음 동화가 일어난 [뱅마]를 로마자로 표기했다.
② 신라[실라] Silla: 유음화가 일어난 [실라]를 로마자로 표기했다.
④ 학여울[항녀울] Hangnyeoul: 'ㄴ' 첨가가 일어난 [항녀울]을 로마자로 표기했다.
⑤ 해돋이[해도지] haedoji: 구개음화가 일어난 [해도지]를 로마자로 표기했다.

06 국어의 로마자 표기

정답 ③

해설 인명은 성과 이름의 순서로 띄어 쓴다. 이름은 붙여 쓰는 것을 원칙으로 하되, 음절 사이에 붙임표(-)를 쓰는 것을 허용한다.
① 한국어의 음운 중에는 로마자로 표기하기 어려운 것들이 존재한다. 하지만 새로운 부호를 사용하여 음운을 표기할 경우에 음성 기호를 알지 못하는 사람들에게 혼란을 줄 뿐, 로마자 표기를 통해 실제 발음을 이해하는 데 도움이 되지 않는다. 따라서 한국어 음운과 로마자의 대응이 어려운 경우라도 로마자 이외의 부호는 되도록 사용하지 않는다.
② 된소리되기는 예측하기 어려운 경우가 많으므로 표기에 반영하지 않는다.
④ 행정 구역 단위를 나타내는 '도, 시, 군, 구, 읍, 면, 리, 동'과 '길, 가(街)' 앞에 붙임표(-)를 넣고, 붙임표 앞뒤에서 일어나는 음운 변화는 표기에 반영하지 않는다.
⑤ 지명에 '산, 강'이 결합하거나 건축물에 '궁(宮), 사(寺)' 등이 결합했을 때에는 전체를 한 단어로 보아 붙임표(-)를 사용하지 않는다.

제3편 어법 심화 문제

01	02	03	04	05	06	07	08	09	10
①	③	④	④	①	②	①	③	①	⑤

11	12	13	14	15
③	③	④	⑤	⑤

01 헷갈리는 표기

정답 ①

해설 한글 맞춤법 제8항에 따르면 한자 '偈(게), 揭(게), 憩(게)'는 본음이 [게]이므로 '게송(偈頌), 게시판(揭示板), 휴게실(休憩室) 등'은 '게'로 적는다. 마찬가지로 '게양(揭揚)'도 소리 나는 대로 적는 것이 적절하다.
② 사례(謝禮) [사:례]
③ 연예(演藝) [여:예/연예]
④ 폐품(廢品) [폐품/페품]
⑤ 혜택(惠澤) [혜택/헤택]

02 헷갈리는 표기

정답 ③

해설 '십상'은 '꼭 맞게'의 의미를 가지는 부사로 적절한 표현이다.
① '쓰다'의 피동형은 '쓰이다'이며 이것이 줄어든 말은 '씌다'이다. 따라서 '쓰여/씌어'가 올바른 표기이다.
② '쫓다'는 어떤 구체적인 대상을 잡거나 만나기 위하여 뒤를 급히 따르는 행위이고, '좇다'는 남의 말이나 뜻, 행복 등 추상적 대상을 따르는 행위이다. 따라서 '교수님의 뜻'과 같은 추상적인 대상은 '좇다'의 활용형과 어울리는 것이 바람직하다.
④ '띄다'는 피동사 '뜨이다'의 준말이다. 따라서 감정이나 기운 따위를 나타내는 '미소'는 '띠다'와 어울려 쓰는 것이 바람직하다.
⑤ 지나는 길에 잠깐 들어가 머무르는 행위를 나타내는 단어는 '들르다'이다. '들르다'가 과거형으로 나타날 때에는 어간의 'ㅡ'가 탈락하고 과거 시제 선어말 어미 '-었-'이 결합하여 '들렀다'로 표기해야 한다.

03 헷갈리는 표기

정답 ④

해설 '낟알'은 껍질을 벗기지 않은 곡식의 알맹이를 뜻한다. 구슬과 같이 셀 수 있는 하나하나 따로인 알은 '낱알'로 표기해야 한다.
① • 받치다: '받다(뿔이나 머리 따위로 세차게 부딪치다)'의 피동사
 • 밭치다: '밭다(건더기와 액체가 섞인 것을 체나 거르는 장치에 따라서 액체만을 따로 받아 내다)'를 강조하는 말
 • 받치다: 물건의 밑이나 옆 따위에 다른 물체를 대다.
② • 합의: 서로 의견이 일치함. 또는 그 의견
 • 협의: 여러 사람이 모여 서로 의논함.
③ • 시각: 시간의 어느 한 시점
 • 시간: 어떤 시각에서 다른 시각까지의 동안
⑤ • 벌이다: 일을 계획하여 시작하거나 펼쳐 놓거나 물건을 늘어놓는 행위
 • 벌리다: 둘 사이를 넓히거나 멀게 하다.

04 띄어쓰기

정답 ④

해설 '데'는 '곳, 일, 경우' 등을 나타내는 의존 명사로 수식하는 말과 띄어 쓴다.
① 만큼: 앞말과 비슷한 정도나 한도임을 나타내는 격 조사이므로 앞말인 체언과 붙여 쓴다.
② 간: 한 대상에서 다른 대상까지의 사이를 나타내는 의존 명사이므로 앞말인 체언과 띄어 쓴다.
③ 는커녕: 앞말을 지정하여 어떤 사실을 부정하는 뜻을 강조하는 보조사이다. 보조사 '는'에 보조사 '커녕'이 결합한 말이므로 둘을 붙여 쓰며 앞말 체언과도 붙여 쓴다.
⑤ 체: 그럴듯하게 꾸미는 거짓 태도나 모양을 뜻하는 의존 명사로 앞말인 관형어와 띄어 쓴다.

05 헷갈리는 표기

정답 ①

해설 '으레(두말할 것 없이. 당연히)'는 원래 '의례(依例)'에서 '으례'가 된 것인데, 표준어 규정 제10항에 따라 모음이 단순화한 형태인 '으레'를 표준어로 삼는다.
② 덩굴: 표준어 규정 제26항에 따라 '넝쿨', '덩굴'은 모두 복수

표준어로 삼는다. 단, '덩쿨'은 비표준어이다.
③ 윗목: 표준어 규정 제12항에 따라 '위, 아래'의 대립이 있는 단어 앞에는 '윗-'을, 대립이 없는 단어 앞에는 '웃-'을 쓴다.
④ 삼짇날: 한글 맞춤법 제29항에 따라 끝소리가 'ㄹ'인 말과 딴 말이 어울릴 적에 'ㄹ' 소리가 'ㄷ' 소리로 나는 것은 'ㄷ'으로 적는다. 이는 중세 국어에서 합성어에 사이시옷을 쓴 것에 유래한다. [삼질(三-) + -ㅅ + 날 → 삼짒날 → 삼짓날 → 삼짇날]
⑤ 구절: 표준어 규정 제13항에 따라 한자 '구(句)'가 붙어서 이루어진 단어는 '귀'로 읽지 않고 '구'로 통일한다. 따라서 '귀절, 대귀, 인용귀'는 모두 '구절, 대구, 인용구'로 쓴다.

06 어법에 맞는 문장 찾기

정답 ②

해설 ⓒ은 필수 성분이 자연스럽게 호응하여 어법에 맞는 문장이다. 주어인 '사람들은'과 목적어 '디아스포라를', 그리고 서술어 '형성한다'가 자연스러운 호응 관계를 이루고 있다.
① ㉠은 '지시한다'를 문장의 의미에 적절한 서술어인 '지칭한다'로 고쳐야 한다.
③ ⓒ은 이어지는 문장과의 의미 연결을 고려하여 '그래서'를 '그런데'로 고쳐야 한다.
④ ㉣은 주어인 '디아스포라는'과의 호응 관계를 고려하여 '자연스러운 융합이다'를 '자연스럽게 융합하는 곳이다'로 고쳐야 한다.
⑤ ㉤은 '역활'은 잘못된 표기이므로 '역할'로 고쳐야 한다. 또한 글의 전체 흐름을 고려하였을 때 외국의 기존 문화와 융합한 문화가 생겨나는 역할을 담당한다는 내용이 포함되는 것이 좋다.

07 단어 차원의 중의성 찾기

정답 ①

해설
② '약술'은 간략하게 논술한다는 뜻이므로 '짧게'와 중복된다.
③ '근'은 수량과 거의 가깝다는 뜻이므로 '가까이'와 중복된다.
④ '자필'은 자기가 직접 글씨를 쓰는 행위 또는 그 글씨를 뜻하므로 '본인의'와 중복된다.
⑤ '명시되다'는 분명하게 드러내 보이는 행위를 뜻하므로 '분명하게'와 중복된다.

08 문장 차원의 중의성 찾기

정답 ③

해설 접미사에 의한 사동 표현 '입히다'는 사동문의 주어가 피사동주에게 행위를 직접 가하는 직접 사동과 행위를 직접 가하지 않는 간접 사동으로 해석될 수 있다. ③은 '입혀 주다'의 형태를 사용하여 직접 사동을 나타냈으므로 중의성이 사라졌다.
① 동음이의어로서의 '배'는 문맥상 '신체, 선체, 과일 등' 다양하게 해석될 수 있으므로 중의적인 문장이다.
② 관형어인 '자그마한'이 수식하는 대상이 '그'와 '그의 손'으로 다양하게 해석될 수 있으므로 중의적인 문장이다.
④ '여러 아이들이' 과자를 '한 봉지씩 각자' 먹었는지, '한 봉지를 전체가 나누어' 먹었는지 다양하게 해석될 수 있으므로 중의적인 문장이다.
⑤ 부정하는 대상을 '지영이는', '어제를', '숙제를', '집에서', '하지' 등 다양하게 해석할 수 있으므로 중의적인 문장이다.

09 음운 변동

정답 ①

해설 '국화[구콰]'는 'ㄱ'과 'ㅎ'이 만나 'ㅋ'으로 줄어든 것으로 축약에 해당한다.
② '실내[실래]'는 'ㄴ'이 'ㄹ'을 만나 'ㄹ'이 되는 유음화가 일어난 것으로 교체에 해당한다.
③ '놓는[논는 → 논는]'은 받침 'ㅎ'이 음절 끝소리 대표음 'ㄷ'으로 바뀐 후 'ㄴ'과 만나 비음화가 일어나는데 이들 모두 교체에 해당한다.
④ '쌓이다[싸이다]'는 'ㅎ'로 끝나는 용언 어간 뒤에 모음으로 시작하는 문법 형태소(어미, 접사, 조사)가 올 때 'ㅎ'이 탈락한 것으로 탈락에 해당한다.
⑤ '신여성[신녀성]'은 자음으로 끝나는 말 뒤에 모음 'ㅣ'나 반모음 'ㅣ'로 시작하는 말이 결합할 때 'ㄴ'이 덧붙은 것으로 첨가에 해당한다.

> **TIP** 한글 맞춤법 제10항 붙임 2
> 접두사처럼 쓰이는 한자가 붙어서 된 말이나 합성어에서, 뒷말의 첫소리가 'ㄴ' 소리로 나더라도 두음 법칙에 따라 적는다.

10 단어의 합성법

정답 ⑤

해설 '검붉다'는 형용사와 형용사의 결합임에도 연결 어미가 생략되었으므로 비통사적 합성어이다.
① '빈집'은 용언의 관형사형과 명사의 결합으로 한국어의 일반적인 문장 구조에 해당하는 통사적 합성어이다.
② '어깨동무'는 명사와 명사의 결합으로 한국어의 일반적인 문장 구조에 해당하는 통사적 합성어이다.
③ '귀먹다'는 명사와 동사 어간의 결합으로 한국어의 일반적인 문장 구조에 해당하는 통사적 합성어이다. 명사와 후행하는 동사의 관계에 따라 주어, 목적어로 해석된다.
④ '겉늙다'는 명사와 동사 어간의 결합으로 한국어의 일반적인 문장 구조에 해당하는 통사적 합성어이다. 명사와 후행하는 동사의 관계에 따라 주어로 해석된다.

11 능동문과 피동문

정답 ③

해설 능동문의 주어 '아이들은'이 유정물이고 목적어인 '꽃씨'는 서술어 '묻다'의 대상으로 무정물이다. 따라서 능동문의 대상인 '꽃씨'를 주어로 한 '꽃씨가 아이들에 의해 땅에 묻혔다'라는 피동문이 능동문에 대응될 수 있다.
① 피동사 '풀리다'가 쓰인 피동문이다. 하지만 이는 자연적 변화를 표현하는 문장으로 '무의지적/비의도적 상황, 탈(脫)행동성'을 띤다. 따라서 능동문의 서술어가 되는 '풀다'의 주어를 상정할 수 없어 능동문과 대응 관계를 이루지 못한다.
② 보조 용언 '-어지다'가 쓰인 피동문이다. 이에 대응하여 '찢다'를 능동문의 서술어로 두면 주어를 상정할 수 없어 능동문과 대응 관계를 이루지 못한다.
④ 피동문의 주어가 될 수 있는 '칭찬'은 무정물이므로 의지를 가질 수 없다. 따라서 '부모님의 칭찬이 그녀에게 들렸다'는 비문에 해당하며 능동문에 대응될 수 없다.
⑤ 피동사 '밀리다'가 쓰인 피동문이다. 이는 '상대 후보'가 '나'를 의도적으로 민 것이 아니라 '상대 후보'가 표를 더 많이 얻어서 생긴 결과를 뜻하는 문장이다. 따라서 '비의도적 상황'을 가지므로 '상대 후보가 나를 의원 선거에서 밀었다'는 비문에 해당하며 피동문에 대응될 수 없다.

12 문장 부호

정답 ③

해설 열거된 항목 중 어느 하나가 자유롭게 선택될 수 있음을 보일 때에는 중괄호({ })가 쓰인다. 대괄호([ ])는 괄호 안에 또 괄호를 쓸 필요가 있을 때 바깥쪽의 괄호로 쓰인다.
① 느낌표(!)는 감정을 넣어 대답하거나 다른 사람을 호명할 때 쓰인다.
② 쉼표(,)는 여러 가지 내용을 열거할 때 사용하는 말 다음에 쓰인다.
④ 붙임표(-)는 기간이나 거리 또는 범위를 나타내는 물결표(~) 대신 쓸 수 있다.
⑤ 밑줄(＿)은 드러냄표(˙)와 함께 문장에서 중요한 부분을 특별히 드러내 보일 때 쓴다.

13 표준 발음법

정답 ④

해설 의사[의사]의 'ㅢ'는 이중 모음으로 발음해야 한다.
① 희망[히망]은 자음을 첫소리로 가지고 있으므로 [ㅣ]로 발음한다.
② 국민의[궁미늬/궁미네]는 단어의 첫음절 이외의 조사 '의'를 가지고 있으므로 [ㅢ] 또는 [ㅔ]로 발음할 수 있다.
③ 동의[동의/동이]는 첫음절 이외의 '의'를 가지고 있으므로 [ㅢ] 또는 [ㅣ]로 발음할 수 있다.
⑤ 의의[의의/의이]는 자음 없는 첫음절의 '의'를 [ㅢ]로 발음하고, 첫음절 이외의 '의'는 [ㅢ] 또는 [ㅣ]로 발음할 수 있다.

14 외래어 표기

정답 ⑤

해설 '섀도복싱'이 올바른 표기이다.
① '쥬스'는 '주스'의 잘못된 표기이다.
② '비스켓'은 '비스킷'의 잘못된 표기이다.
③ '쵸콜릿, 초콜렛'은 '초콜릿'의 잘못된 표기이다.
④ '앙케이트'는 '앙케트'의 잘못된 표기이다.

15 국어의 로마자 표기

정답 ⑤

해설 고유 명사는 첫 글자를 대문자로 적는다. 또한 행정 구역 단위를 나타내는 '도, 시, 군, 구, 읍, 면, 리, 동' 앞에 붙임표(-)를 넣고, 붙임표 앞뒤에서 일어나는 변화는 표기에 반영하지 않는다. 로마자 표기법의 표기 일람에 따라 '제주도'는 파찰음 'ㅈ'을 'j'로 표기하고 모음 'ㅔ'를 'e', 모음 'ㅜ'를 'u'로 표기한다.
① 강원도 Gangwon-do: 'ㄱ, ㄷ, ㅂ'는 모음 앞에서 'g, d, b'로 표기한다.
② 경상북도 Gyeongsangbuk-do: 모음 'ㅕ'는 'yeo'로 표기한다. 'yu'는 모음 'ㅠ'에 대응한다.
③ 충청남도 Chungcheongnam-do: 파찰음 'ㅊ'은 'ch'로 표기한다.
④ 전라북도 Jeollabuk-do: 유음 'ㄹ'은 모음 앞에서 'r'로, 자음 앞이나 어말에서는 'l'로 표기한다. 단, 'ㄹㄹ'은 'll'로 표기한다. 전래[절라]는 'ㄹㄹ'이므로 'll'로 표기한다.

제4편 쓰기·창안

제1장 쓰기

01	02	03	04	05
③	⑤	③	④	⑤

01 쓰기 계획 수립

정답 ③

해설 공연 전용 상설 극장이 생기면서 미국과 일본의 공연 한 편당 평균 고객 동원 수가 증가하고 있음을 나타내고는 있지만, 이를 구체적인 수치를 들어 제시하지는 않았다.

02 자료 수집과 활용

정답 ⑤

해설 33%가 인터넷에서 여행 정보를 얻는다는 (가)-2와 극단 자체의 해외 홍보나 마케팅에 한계가 있다는 (다)를 활용하면, 인터넷이 여행 정보를 제공하는 비중이 높으므로 인터넷 홍보에 대한 정부의 관심이 필요하다고 주장할 수 있다.
① (가)-1은 외국인 방문 기간의 활동 내용에 대한 자료이고, (다)는 극단 자체의 한계에 대한 자료이므로 '공연 상품의 경제적 효과'와 '외국인의 공연 관람 실태'를 전달하기에는 적절하지 않다.
② (가)-2는 여행 정보를 얻은 곳에 대한 자료이고, (나)는 성공적인 공연 사례에 대한 자료이므로, '정부의 지원'을 촉구하기에는 적절하지 않다.
③ (다)는 정부의 도움이 필요한 요소에 대한 자료이므로 '대사가 많은 공연에 필요한 요소'를 설명하기에는 적절하지 않다.
④ (가)-1은 외국인의 방문 활동, (가)-2는 외국인 정보 획득 경로에 대한 자료이므로 제작자의 꾸준한 노력이 필요함을 강조하기에는 적절하지 않다.

03 개요 작성

정답 ③

해설 글의 체계적 구성을 고려하여 Ⅲ-1과 Ⅲ-2의 순서를 바꾸지 않아야 한다.

04 고쳐쓰기

정답 ④

해설 공연 관계자들이 공연 컨텐츠를 개발하는 것이 중요하다는 내용과 언어 장벽 해소를 위해 노력해야 한다는 내용이 대등하게 이어지고 있으므로 ⓓ에는 '또한'이 적절하다.

05 글쓰기

정답 ⑤

해설 전용 상설 극장 설치가 가져오는 효과가 뒤에 이어지고 있으므로 ㉠에는 전용 상설 공연장 건설을 통한 상품화가 필수적이라는 내용이 들어가야 한다.

제2장 창안

01	02	03	04	05	06	07	08	09	10
④	①	①	②	④	④	⑤	①	⑤	②

11	12	13	14	15
⑤	④	④	②	②

01 시각 자료의 의도 파악
정답 ④
해설 〈보기〉에는 관련된 내용이 제시되어 있지 않다.
① 〈보기〉의 1과 관련된 내용을 담은 시각 자료이다.
② 〈보기〉의 2와 관련된 내용을 담은 시각 자료이다.
③ 〈보기〉의 5와 관련된 내용을 담은 시각 자료이다.
⑤ 〈보기〉의 3과 관련된 내용을 담은 시각 자료이다.

02 수사법
정답 ①
해설 이 글은 매화를 의인화하여 매화의 고결한 성품을 예찬하고 있다.
② 시적 화자는 매화를 바라보고 있으며 다른 대상을 향한 시선의 이동은 나타나지 않는다.
③ 추위를 이겨낸 국화를 예찬하고 있으며, 대상에 대한 비판적 시각은 나타나지 않는다.
④ 시적 화자가 매화를 대상으로 말을 건네고 있을 뿐 둘 사이의 대화가 나타나지는 않는다.
⑤ 음성상징어는 나타나지 않는다.

03 시각 자료의 의도 파악
정답 ①
해설 〈보기〉 사진은 뇌물을 받지 않고 거절하는 상황이다. 따라서 '부정부패 척결, 나부터 실천해야 합니다.'라는 내용이 적절하다.

04 조건을 반영한 글쓰기
정답 ②
해설 '병은 병끼리, 종이는 종이끼리'에서 분리수거의 구체적 실천 방안이 드러나고, 대구의 표현 방식이 사용되고 있다.

05 시각 자료의 의도 파악
정답 ④
해설 ㄱ. '피우다'는 다의어로, '이야기꽃을 피우다.'라는 뜻과 '어떤 물질에 불을 붙여 연기를 빨아들였다가 내보내다.'라는 뜻으로 활용되었다.
ㄷ. '화(火)'와 '화(花)'로 한자음의 발음이 동일한 어휘를 활용하였다.
ㄹ. '화(火) 피우지 말고 화(花) 피우세요'에서 비슷한 어구를 반복하는 대구의 표현 방식을 활용하였다.

06 조건을 반영한 글쓰기
정답 ④
해설 '-ㅂ시다'와 같은 청유형 어미가 사용되었고 가벼운 활동을 통해 여름을 건강히 보내는 방법과 관련된 내용이 담겨 있다.
① 여름을 건강하게 보내는 방법이 담기지 않았다.
②·③·⑤ 청유형 어미가 사용되지 않았다.

07 시각 자료의 의도 파악
정답 ⑤
해설 가정 폭력에 대한 내용으로, 부모는 집 안과 밖에서 이중적인 모습을 보이므로 겉으로만 봤을 때는 가정 폭력의 상황을 알아채기 어려울 수 있다는 내용을 담고 있다.
①·③·④ 가정 폭력에 대한 내용이 없으며, 이중적인 부모의 모습을 표현하지 않았다.
② 이중적인 부모의 모습을 표현하지 않았다.

08 시각 자료의 의도 파악
정답 ①
해설 컴퓨터에서 나온 손이 사람을 향해 총을 겨누고 있는 것으로 보아, [가]에는 '온라인상의 폭력이 한 사람을 공격할 수도 있습니다.'라는 문구가 가장 적절하다.

09 시각 자료의 의도 파악
정답 ⑤
해설 〈보기〉의 '야외 활동 안전 수칙'에서는 취사 금지 지역과 불꽃놀이와 관련된 내용을 설명하고 있다. 그런데 ⑤는 불장난 금지에 대한 시각 자료이므로 제시할 필요가 없다.

10 조건을 반영한 글쓰기
정답 ②
해설 '옹기의 주재료인 흙가래를 만든다'는 내용으로 '글을 쓰는 과정에서 계속 검토해야 한다'는 내용을 유추하기 어렵다.
① '만들고자 하는 옹기를 정하고 그 목적에 따라 흙을 채취한다'는 내용으로, '작성할 글을 정하고 목적에 따라 글감을 선정한다'는 내용을 유추하는 것은 적절하다.
③ '흙가래를 연결하여 몸체를 만든다'는 내용으로 '각 문장들을 연결하여 하나의 글을 써야 한다'는 내용을 유추하는 것은 적절하다.
④ '몸체를 만들고 나서 살피고 손질한다'는 내용으로 '글을 작성한 후 글을 다시 검토하여 고쳐 써야 한다'는 내용을 유추하는 것은 적절하다.
⑤ '옹기를 만든 후에 특별한 무늬를 새겨 넣어 자신의 개성을 드러낸다'는 내용으로 '글에 자신만의 문체나 기법으로 개성이 드러나도록 글을 써야 한다'는 내용을 유추하는 것은 적절하다.

11 텍스트 창안 – 유비 추론을 활용한 내용 생성
정답 ⑤
해설 식물이 광합성을 하는 모습이 안과 밖을 소통하는 특성을 드러낸 것이라고 볼 수 있고, 대구의 표현 방식을 사용하였다.
① 설의법이 사용되었다.
②, ④ 대구법을 사용했지만, 안과 밖을 소통하는 특성을 드러내지는 않는다.
③ 가마의 온도는 도자기의 품질에 일방적으로 영향을 줄 뿐 서로 소통하지는 않는다.

12 텍스트 창안 - 유비 추론을 활용한 내용 생성

정답 ④

해설 도자기는 옹기와는 달리 관상용에 지나지 않아 보기에만 아름다울 뿐 실속이 없다는 내용이므로 은퇴한 선수의 뛰어난 운동 능력은 도자기의 사례로 적절하지 않다.

13 조건을 반영한 글쓰기

정답 ④

해설 '마라톤'에서 추출한, '장거리를 끝까지 달리기 위해서는 처음부터 너무 무리하지 말아야 한다'는 내용으로는 '인생의 목표를 성취하려면 조급한 마음을 가지지 않는 것이 좋다'는 교훈을 연상할 수 있다. ④의 '지나간 일에 집착하지 않는 여유로움을 가져야 한다'는 내용은 '마라톤'에서 추출한 내용과 연관성이 떨어진다.

14 조건을 반영한 글쓰기

정답 ②

해설 하계 올림픽이 높은 위상을 가지는 이유는 동계 올림픽보다 날씨와 기후의 영향을 덜 받고, 종목의 인기도가 높아 모든 세계인이 즐길 수 있는 축제로 여겨지기 때문이다.

15 조건을 반영한 글쓰기

정답 ②

해설 올림픽에 대한 내용으로, '응원하는 사람들이 공처럼 튄다'는 비유적인 표현이 사용되었다.
① '구름 같은 인파'라는 비유적 표현은 사용되었지만 올림픽과 관련된 내용이 담기지 않았다.
③·④·⑤ 올림픽에 대한 내용이 담기지 않았고, 비유적 표현도 사용되지 않았다.

제5편 읽기

제1장 문학

01	02	03	04	05	06	07	08	09	10
③	④	⑤	②	①	②	⑤	①	②	④

11	12	13	14	15	16	17
③	②	①	③	④	④	②

01 시의 표현상 특징

정답 ③

해설 어머니가 나를 데리고 간 '바다'를 중심으로 뻘밭에서 살아가는 생명체들의 생동감 넘치는 모습과 그곳에서 생계를 위해 힘겹게 살아가는 사람들의 모습을 형상화하고 있다.

02 시어와 시구의 의미

정답 ④

해설 화자의 어머니는 화자를 바다로 데려가 '검은 뻘밭'을 보여 주었다. 화자는 그곳에서 힘겹지만 치열하게 살아가는 생명들을 발견하고 그들의 모습에서 삶의 숭고한 가치를 깨닫는다. 이 시는 이러한 '검은 뻘밭'과 아무런 깨달음을 주지 못하는 '푸른 물'을 대비하여 주제를 효과적으로 드러내었다.

03 시의 표현상 특징

정답 ⑤

해설 다양한 색채어는 사용하고 있지 않으며, '어둠 속'과 '밝는 날'이라는 시어를 통해 명암의 대비만 나타난다.
① '어둠이 오는 것이 왜 두렵지 않으리', '불어 닥치는 비바람이 왜 무섭지 않으리'에서 설의법을 활용하여 어둠과 비바람이 두렵고 무섭더라도 극복해 내야 한다는 주제를 강조하고 있다.
② 어둠과 밝음의 대비를 통해 화자의 나무들이 겪는 시련에 대한 걱정과 나무들의 잎과 꽃이 활짝 피어나는 날에 대한 기대를 드러내고 있다.
③ 청자인 나무에게 말을 하는 형식을 취하고 있으며, '작은 손, 흐느낌, 아프고 서러워' 등의 표현에서 나무에 대한 화자의 연민과 애정을 확인할 수 있다.
④ 시의 '나무'는 민중의 모습을 상징한다.

04 화자의 정서와 태도

정답 ②

해설 화자는 나무들의 연대에 대한 강한 믿음을 드러내고 있다. 이러한 믿음은 과거가 아닌 미래에 대한 믿음이다. 비록 현재는 어둠과 비바람에 시련을 겪는 나약한 존재로 '작은 손'으로 표현되었지만, 이러한 고통을 이겨낸 뒤에는 많은 꽃과 열매를 달게 될 것을 기대하고 있다.
③·④ 시련을 극복한 상태가 아니라 앞으로 극복할 것에 대한 믿음을 드러내고 있다.

05 시의 표현상 특징

정답 ①

해설 자신의 삶에 대한 자괴감은 나타나 있지 않다. 오히려 자신의 삶의 태도를 타인에게 제안하고 있다.

06 시어와 시구의 의미

정답 ②

해설 주어진 자료의 '순수, 결백'이라는 상징적 의미와 '사물을 보고 판단하는 힘'이라는 사전적 의미를 종합하면 '눈'은 '현실 비판의 능력을 지닌 순수한 생명력, 즉 옳고 그름을 판단할 수 있는 순수한 생명력'을 의미한다.

07 시의 표현상 특징

정답 ⑤

해설 인간과 자연의 대비는 나타나 있지 않다.
① '새벽 새가 울며 지새는 그늘로 / 세상은 희게, 또는 고요하게 / 번쩍이며 오는 아침부터'에서 시간의 흐름을 감각적으로 표현하고 있다.

② '그대인가고, 그대인가고'에서 시어의 반복을 통해 그대를 기다리는 화자의 간절한 심정을 나타내고 있다.
③ '나는 지으리, 나의 집을'처럼 도치법을 활용하여 화자의 의지를 강조하고 있다.
④ '하이얀', '희게'라는 색채어를 통해 맑고 깨끗한 시적 분위기를 형성하고 있다.

08 시어와 시구의 의미
정답 ①
해설 ㉠에서 화자가 집을 지은 곳이 '들가에 떨어져 나가 앉은 메기슭의 넓은 바다의 물가 뒤'라는 것은 기존의 터가 아닌 새로운 터임을 강조하기 위함이다. 화자는 자신이 지은 집 앞에 큰길을 두고 지나가는 사람들을 바라보며 그대를 기다린다고 하였으므로, 화자는 현실 상황을 극복하려는 태도를 드러내고 있을 뿐 속세를 떠난 삶을 소망하는 것은 아니다.

09 소설의 서술상 특징
정답 ②
해설 '일제 강점기'라는 시대적 배경과 '패강'이라는 공간적 배경이 인물이 처한 상황을 부각시켜 주제를 효과적으로 드러낸다.

10 소설의 사실적 이해
정답 ④
해설 '현'은 '박'을 만나러 평양에 왔다. 혼자 평양 시내를 돌아다니다가 예전과는 다르게 많이 변해 버린 도시의 모습을 보고 평양의 원래 모습과 아름다움을 잃어버린 것 같아 서글퍼졌다.

11 종합적 이해와 감상
정답 ③
해설 '상전벽해(桑田碧海)'란 '뽕나무밭이 변하여 푸른 바다가 된다는 뜻으로, 세상일의 변천이 심함을 비유적으로 이르는 말'이다.
① 구곡간장(九曲肝腸): 굽이굽이 서린 창자라는 뜻으로, 깊은 마음속 또는 시름이 쌓인 마음속을 비유적으로 이르는 말
② 대기만성(大器晩成): 큰 그릇은 늦게 이루어진다는 뜻으로, 크게 될 인물은 오랜 공적을 쌓아 늦게 이루어짐을 이르는 말
④ 괄목상대(刮目相對): 눈을 비비고 다시 보며 상대를 대한다는 뜻으로, 다른 사람의 학식이나 업적이 크게 진보한 것을 이르는 말
⑤ 주경야독(晝耕夜讀): 낮에는 농사짓고 밤에는 공부한다는 뜻으로, 바쁜 틈을 타서 어렵게 공부하는 것을 이르는 말

12 소설의 서술상 특징
정답 ②
해설 이 소설은 전지적 작가 시점으로 서술되나 모든 인물의 시점에서가 아닌 특정 인물인 강 노인의 시각에서 글이 전개되고 있다.

13 소설의 사실적 이해
정답 ①
해설 고흥댁은 남편인 박 씨가 얼마나 애를 썼는지 강조하며 강 노인을 설득하고 있다. 논리적인 근거를 들었다기보다는 인정에 기대어 강 노인의 마음을 움직이려 했다는 것을 알 수 있다.

14 종합적 이해와 감상
정답 ③
해설 '온갖'은 '감언이설'이라는 명사를 수식하는 관형사이고 나머지는 부사이다. 관형사도 활용이 되지 않아 부사와 헷갈릴 수 있으나 관형사는 체언의 앞에서 체언을 수식하고, 부사는 위치 이동이 비교적 자유로우며 용언이나 문장 전체를 수식한다.

15 소설의 서술상 특징
정답 ④
해설 이 소설은 전지적 작가 시점으로, 작품 밖의 전지적인 서술자가 사건을 종합적으로 제시하고 있다. 앞부분에서는 대화와 행동을 통해 사건을 '극적으로 제시'하고 있고 뒷부분에서는 인물의 내면 심리를 '말하기의 방식'으로 제시하고 있다.

16 종합적 이해와 감상
정답 ④
해설 민도식을 비롯한 많은 사원들이 제복을 착용하는 데 반대하였으나 회사의 강요로 대부분의 사람들이 제복을 착용하게 된다. 이때의 '제복'은 '개인의 개성과 자유에 대한 사회적 억압'을 상징하며 제목의 '수갑'도 같은 상징성을 지닌다. 또 '날개'는 '사회적 억압으로부터 자유를 얻고자 하는 바람'을 상징하므로 '날개 또는 수갑'이라는 제목이 가진 의미로는 ④의 '개인에 대한 속박과 그것에서 자유롭고자 하는 바람'이 적절하다.

17 소설의 사실적 이해
정답 ②
해설 사장은 민도식의 말에 처음에는 동의하는 듯한 태도를 취하나 곧 자신의 논리를 펼치며 상대방에게 자신의 주장을 관철하고자 한다.

제2장 비문학

01	02	03	04	05	06	07	08	09	10
⑤	④	③	①	①	④	②	③	⑤	②
11	12	13	14	15	16	17	18	19	20
①	⑤	①	⑤	⑤	④	③	④	②	①
21	22	23	24	25					
④	③	⑤	③	①					

01 사실적 독해
정답 ⑤
해설 3문단에 따르면, 이성은 단지 심(心)의 일면일 뿐이며 인간을 살리고 자유롭게 하는 생동적 진리는 언어적 지성을 넘어선다고 하였으므로 동양 사상에서는 마음이 언어를 초월한다고 인식함을 알 수 있다.

02 종합적 이해

정답 ④

해설 2문단에 따르면, 지고(至高)의 진리란 언제나 언어화될 수 없는 어떤 신비한 체험의 경지임이 늘 강조되어 왔으며 동양 사상의 정수(精髓)는 말로써 말이 필요 없는 경지를 가리키려는 데에 있다고 해도 과언이 아니라고 하였으므로 앎에 있어서 언어의 효용은 크지 않다는 내용의 ④가 적절하다.

① 행동이나 책임이 뒤따르지 아니하는 말은 무슨 말이든지 다 할 수 있다는 말
② 말과 글에 담겨 있는 뜻은 무궁무진함을 비유적으로 이르는 말
③ 고기의 참맛을 알려면 겉만 핥을 것이 아니라 자꾸 씹어야 하듯이, 하고 싶은 말이나 해야 할 말은 시원히 다 해 버려야 좋다는 말
⑤ 가루는 체에 칠수록 고와지지만, 말은 길어질수록 시비가 붙을 수 있고 마침내 말다툼까지 가게 되니 말을 삼가는 말

03 추론적 독해

정답 ③

해설 ㉠ 앞의 문장에서는 지고(至高)의 진리란 언제나 언어화될 수 없다고 하였고 ㉠ 뒤의 문장에서는 동양 사상의 정수(精髓)는 말로써 말이 필요 없는 경지를 가리키려는 데에 있다고 해도 과언이 아니라고 하였다. 따라서 언어는 진리를 담을 수 없으므로 최고의 진리는 무언(無言)의 진리라는 내용의 ③이 적절하다.

04 글의 서술 방식

정답 ①

해설 이 글은 차원에 대한 다양한 이론이 역사적으로 어떻게 발전해 왔는지 유클리드부터 데카르트, 리만에 이르기까지의 시간의 흐름에 따라 고찰하고 있다.

05 사실적 독해

정답 ①

해설 4문단에 따르면, 리만은 데카르트의 좌표에 대한 정의를 활용하여 0차원에서 무한대의 차원까지 기술할 수 있다는 점을 입증하였다.

06 추론적 독해

정답 ④

해설 4문단에 따르면, 리만은 감지할 수 있는 공간에서만 수학적 차원을 언급해야 하는 것은 아니며 논리적으로 개념적 공간을 언급할 수 있으면 족하다고 하였고, 그 결과 데카르트의 좌표에 대한 정의를 활용하여 0차원에서 무한대의 차원까지 기술할 수 있게 되었다. 따라서 리만은 감지할 수 있는 공간의 차원을 개념적 공간으로 해방시켰다고 볼 수 있다.

07 사실적 독해

정답 ②

해설 사회 정체성이 높은 집단의 구성원일수록 합리적 논리에 따르기보다는 자신이 속한 내집단과 자신을 동일시하여 집단의 규범에 강하게 영향을 받게 된다. 따라서 사회 정체성이 높은 집단일수록 집단 규범에 동조하는 행동을 하게 되며 비합리적인 의사 결정 구조를 형성하기 쉽다.

08 종합적 이해

정답 ③

해설 〈보기〉에 따르면, 찬반 두 집단 간의 갈등이 점차 심화되었다고 하였으므로 찬성론자들의 견해가 설득력이 있다고 하더라도 노키즈존 반대론자들이 그에 동의하는 현상이 생긴다고 볼 수 없다. 윗글에서 설명하고 있는 '집단 극화' 현상 역시 내집단에서는 극단적인 하나의 결정이 도출될 가능성이 높고 시간이 갈수록 내집단과 외집단의 견해차가 심화되는 현상을 설명하고 있다.

① '집단 사고'의 부정적 경향성은 높은 스트레스 상황에 처한 집단에서 강화된다.
② 집단 의견의 방향과 일치하는 주장이 제시되면 극단의 의견이 더 설득적이라고 여겨, 집단의 결정이 양극의 하나로 정해지게 된다.
④ '설득 주장 이론'에서는 집단 성향과 일치하면서 그럴듯한 주장에 더 잘 설득된다고 본다.
⑤ 내집단의 의견이 외집단의 의견과 차별화되는 과정에서 외집단과 내집단의 견해차는 커질 수 있다.

09 글의 서술 방식

정답 ⑤

해설 이 글은 많은 척추동물의 장기가 비대칭 구조를 이루고 있음을 설명하고 이러한 현상에 대한 이유를 2가지의 가설을 소개하여 독자의 이해를 돕고 있다.

10 사실적 독해

정답 ②

해설 3문단에 따르면, ㉡은 척추동물의 심장이 왼쪽으로 치우친 이유는 중력의 힘을 덜 받기 위해서가 아니라 혈액의 효율적인 순환을 위해 나선형 구조를 취하게 되었기 때문이다. 5문단에 따르면, ㉢은 척추동물은 진화 과정에서 외형은 좌우 대칭성을 회복했지만 내장은 그대로 비대칭으로 남아 있다.

11 글의 서술 방식

정답 ①

해설 1문단에서는 사실적이고 입체적인 표현을 중시한 서양 회화가 빛에 큰 관심을 가졌음을 설명하였고, 2문단에서는 빛이 물리적 실체로서 본격적으로 묘사되기 시작한 르네상스기의 서양화가들과 작품들에 대해 설명하였다. 3문단에서는 빛의 심리적 효과를 인식한 17세기 바로크 시대의 서양화가와 작품에 대해 설명한다. 4문단에서는 빛의 밝기나 각도, 대기의 흐름에 따라 사물의 색이 변할 수 있음을 인식한 인상파 화가들에 대해 설명하고 있다. 5문단에서는 이러한 내용을 근거로 하여 빛을 중심으로 서양화를 감상하는 것이 훌륭한 감상법이 될 수 있음을 진술하고 있다. 따라서 이 글은 빛에 대한 인식을 중심으로 서양 회화의 흐름을 살펴보고 있다고 할 수 있다.

12 종합적 이해

정답 ⑤

해설 5문단에 따르면, 빛을 중심으로 서양화를 감상하는 것도 그림이 주는 감동에 젖을 수 있는 훌륭한 방법이 될 수 있으므로 글쓴이는 빛을 중심으로 서양화를 감상할 것을 제안하고 있다. ⑤의 경우 입체감과 관련하여 빛을 이용한 명암의 대비를 언급하고 있는데, 이는 2문단에서 설명한 내용과 관련이 있다. 그리고 이 빛이 그림 속 인물의 내면을 드러내고 있다고 본 것은 빛의 심

리적 효과에 주목한 3문단의 내용과 관련이 있다.
④ 특정 소재를 통해 작가의 의도를 파악하는 작품 감상 방법으로, 글의 내용과는 무관하다.

13 실용문의 사실적 이해
정답 ①
해설 카드 발급일이 아니라 신청일의 익월부터 사용할 수 있다.

14 실용문의 사실적 이해
정답 ⑤
해설 강좌 등록 시 지원되는 금액만 알 수 있다.
① 신용 카드와 체크 카드로 지급된다.
② 스포츠 강좌 월 최대 7만 원까지 지급된다.
③ 만 5세~만 19세 유소년 및 청소년을 대상으로 한다.
④ 시, 군, 구에서 부여한 한도기간(최대 12개월)만큼 사용 가능하다.

15 자료 해석을 통한 사실적 이해
정답 ⑤
해설 2010년 여성 일평균 여가 시간은 4.9시간이고, 2010년 남성 일평균 여가 시간은 4.8시간으로 0.1시간 차이가 난다.
① 2010년 남성 일평균 여가 시간은 4.8시간이고 2014년 남성 일평균 여가 시간은 4.0시간으로 2010년 남성 일평균 여가 시간이 더 많다.
③ 2018년 여성 일평균 여가 시간은 3.9시간으로 2014년 여성 일평균 여가시간인 4.3시간보다 5% 이상 감소하였다.
④ 2006년과 2018년의 여성 일평균 여가 시간과 남성 일평균 여가 시간의 차이는 0.1로 동일하다.

16 안내문의 사실적 이해
정답 ④
해설 중요 안전수칙에 보이지 않는 손상이라도 제품 작동상 문제를 발생시킬 수 있으므로 사용을 중단해야 한다고 명시하였다.

17 글의 서술 방식
정답 ③
해설 이 글은 바로크 시대 음악의 전개를 서술하고 있다. 르네상스 말기에 탄생한 기악이 바로크 시대에 들어와 당시 가사가 있는 성악에 익숙한 사람들에게 어떻게 일정한 의미를 담아 다가갈 수 있을까 하는 과제를 안게 되었음을 설명한다. 그리고 이를 해결하기 위한 음악가들의 노력으로서 정서론과 음형론이라는 큰 틀에서의 접근을 통해 기악에 의미를 담아내는 과정을 설명하는 것이다.
① 설의법은 사용되지 않았다.
② 정서론과 음형론의 발달을 보여 주고 있지만, 이론의 다양한 분화 과정은 아니다. 특히 정서론의 경우에는 다양성을 찾기 어렵다.
④ 비유적인 예가 아니라, 실제의 사례를 통해 문제를 해결하기 위한 노력을 보여 주고 있다.
⑤ 부어마이스터나 마테존, 한슬리크 등의 구체적 사례를 통해 음악 이론의 전개 과정을 설명하고 있지만, 통념이 잘못되었음을 증명한 것은 아니다.

18 사실적 이해
정답 ④
해설 5문단을 보면, 마테존은 성악곡인 아리아를 분석하면서, 마치 기악곡인양 가사는 전혀 언급하지 않고 형식에 주목하여 논의하고 있음을 진술하고 있다.
① 1문단에서 악기의 발달, 다양한 장르 형성을 언급하고 있다.
② 2문단에서 정서론과 음형론이 성악 음악을 배경으로 태동하였으나 기악 음악에 적용되었음을 말하고 있다.
③ 3문단에서 부어마이스터는 가사의 뜻에 맞춰 가락이 올라가거나, 쉬거나, 음들이 끊어지게 연주하는 방식에 주목하였음을 설명하고 있다. 이는 가사로 표현되는 언어와 음악의 기법들이 연관되어 있음을 보여 주는 것이다.
⑤ 5문단에서 한슬리크는 음들의 순수한 결합 그 자체로 깊은 정신세계를 보여 줄 수 있음을 주장한다.

19 종합적 이해
정답 ②
해설 연주 방식과 관련된 어휘를 판단하는 문제이다. 손가락으로 가야금을 연주하는 것은 '현악기의 줄을 퉁겨서 소리를 내다.'의 의미를 지닌 '뜯기'가 적절하며, 채로 장구를 연주하는 것은 '손이나 물건 따위를 부딪쳐 소리 나게 하다.'의 의미를 지닌 '치기'가 적절하다.

20 자료 해석을 통한 사실적 이해
정답 ①
해설 민원 처리 상황 및 처리 결과 통보에 대한 만족도는 시 평균이 도 평균보다 더 높다.

21 자료 해석을 통한 사실적 이해
정답 ④
해설 2017년 30대의 삶의 만족도는 같은 연도 40대의 삶의 만족도보다 낮다.

22 자료 해석을 통한 사실적 이해
정답 ③
해설 지역별 재활용품 수거량은 A>B>C>D>E>F>G 순이지만 1인당 재활용품 수거량은 B>C>A>E>D>F>G 순이므로 이 둘은 비례하지 않는다.

23 실용문의 사실적 이해
정답 ⑤
해설 마이홈 앱에 가입한 이용자는 임대주택 모집공고를 관심 지역 최대 3곳까지 푸시 서비스를 통해 받을 수 있다.

24 실용문의 추론적 이해
정답 ③
해설 마이홈 앱은 '앱스토어'에서 '마이홈'을 검색하여 다운받을 수 있다고 설명한다.

25 실용문의 사실적 이해

정답 ①

해설 현재 최종적으로 9개의 아이디어가 선정되었고, 이와 연계하여 시너지 효과를 창출할 수 있는 아이디어 5개를 추가 검토하여 총 14개의 아이디어가 신규 사업 기획에 활용될 예정이다.

제5편 읽기 심화 문제

01	02	03	04	05	06	07	08	09	10
②	③	③	④	①	③	①	③	③	①
11	12	13	14	15	16	17	18	19	20
⑤	③	⑤	②	③	③	⑤	④	①	①

01 표현상 특징

정답 ②

해설 '그 화려한 자태를 감추듯……'에서 시행을 말줄임표로 끝맺어 여운을 주고 있으므로 적절하다.

02 시어와 시구의 의미

정답 ③

해설 '해체나 분석'은 '상상'과 대비되는 시어로 이성적 사유를 의미한다. 〈보기〉에 따르면 시인은 시간으로서의 '밤'이 감성을 자극하여 창작 능력을 높여 준다고 했을 뿐 자아를 성찰하고 있지는 않다.

① '달다는'에서 '과실'의 이미지와 '고요하다'에서 '밤'의 이미지가 드러나는데, 〈보기〉에서 작가는 의도적으로 두 소재의 이미지를 중첩시켰다고 했으므로 적절하다.
② 시간 '밤'은 '어린것들'이 성장하는 시간으로 볼 수 있는데, 〈보기〉에서 과실 '밤'이 익어가는 것이 시간 '밤'과 더불어 '생명의 힘'을 보여 준다고 했으므로 적절하다.
④ '저들의 나래를 이끌어 준다'는 것에는 '밤'이 '상상으로' '시인'의 능력을 키워 주는 이미지가 드러나고, 또한 〈보기〉에서 '밤'은 감성을 자극하는 시간이라고 했으므로 시인의 창작 능력을 배가시키는 시간이라고 보는 것이 적절하다.
⑤ '껍질'을 '서서히 탈피케' 하여 시간을 '새벽'으로 향해 가게 하는 것은 '밤'의 풍성하고도 능동적인 힘으로 이해할 수 있는데, 〈보기〉에 따르면 이는 시간 '밤'이 지닌 '성장'이라는 시적 의미에 해당하므로 적절하다.

03 소설의 서술상 특징

정답 ③

해설 (가)는 작품 내부의 서술자인 '나'가 관찰자의 관점에서 수추와 마을 사람들의 모습을 전달하고 있으나, (나)는 작품 외부의 서술자가 수추의 내면 심리까지 직접 서술하고 있다. 따라서 1인칭 관찰자 시점에서 전지적 작가 시점으로 시점이 이동했다고 볼 수 있다.

① 저자의 사람들이 수추의 노래를 듣고 모였다가 그의 흉한 얼굴을 보고 흩어진 것과 강 건너편에서 동물들이 그러했던 것은 유사한 사건으로 볼 수는 있으나, 동일한 사건을 여러 번 서술했다고 볼 수는 없다.
② 시대적 배경을 드러내는 소재는 등장하지 않는다.
④ '미워할수록 그의 얼굴은 추악하게 떠올랐다.', '그가 물을 마시려고 시냇물에 구부렸을 적에 수추는 환희의 얼굴을 만났다.' 등을 통해 수추의 내면 변화가 표정의 변화로 드러나고 있음을 확인할 수 있으므로 인물의 표정 변화와 내면 변화를 반대로 서술했다고 볼 수는 없다.
⑤ (가)에서는 서술자가 사건을 주관적으로 해석하여 전달하고 있으며, (나)에서는 서술자가 전지적 작가의 시점으로 서술하고 있으므로 서술자가 관찰자의 입장에서 사건을 객관적으로 전달하고 있다고 볼 수 없다.

04 소설의 종합적 이해

정답 ④

해설 수추는 마을 사람들 앞에서 아름다운 노래를 불렀지만 그의 흉한 얼굴 때문에 사람들의 미움을 받게 된다. 이후 강 건너편에서 시냇물에 추악한 자신의 모습을 비춰 보며 괴로워한다. 이를 통해 (가)와 (나)의 전반부에서 수가 그의 예술과 용모의 괴리감으로 인해 내적 갈등을 가지고 있었음을 알 수 있다. 그러나 이후 노래에 대한 집착에서 벗어나게 되면서 환희와 해방감을 느끼게 되므로 이러한 내적 갈등이 해소된 것으로 볼 수 있다.

① (가)에는 인물 간의 대립을 통한 외적 갈등이 드러나 있지 않다.
② (나)의 전반부에 보이는 수추의 갈등은 타인과의 관계가 아니라 우연한 사건으로 인해 내적으로 해소되고 있다.
③ (가)에서가 아니라 (나)에서 인물의 성격 변화가 두드러진다.
⑤ 저자 사람들과 짐승들은 수추의 노래에 매혹되어 모여든 것이므로 모여든 이유가 다르다고 볼 수 없다.

TIP 소설의 갈등
1. 개념: 등장인물들 사이의 대립과 충돌, 등장인물과 주변 환경 사이의 대립, 등장인물 내면의 고민과 불안·근심 등을 의미한다.
2. 기능: 사건을 전개시키고 인물의 성격을 강화하며 주제를 분명히 제시한다.

05 소설 속의 소재

정답 ①

해설 ㉠, ㉡은 모두 수추가 자신의 모습을 비춰 봄으로써 자기를 확인할 수 있게 하는 매개물이다. ㉠을 통해서는 음률을 완성한 자신의 모습이 추악하게 일그러져 있음을 확인했고, ㉡을 통해서는 노래에 대한 집착을 벗어나 환희에 찬 자신의 모습을 확인하고 있다.

06 종합적 독해

정답 ③

해설 3문단에 따르면, 물분자가 단독으로 존재하는 것을 찾으려는 것은 소용없는 일이라고 할 정도로 물분자들은 강한 결합력을 바탕으로 집단을 이루고 있음을 알 수 있다. 〈보기〉의 '$(H_2O)n$'은 바로 이런 물분자들의 특징을 표현한 것이다. '$(H_2O)n$'에서 'n'은 여러 개의 분자들을, '$(H_2O)n$'은 그들의 결합을 나타낸다. 결국, 물을 정확하게 표현할 수 있는 분자식이 '$(H_2O)n$'이라는 말은 물분자들의 강한 결합력을 강조하는 표현인 것이다.

① 물분자들이 강한 용해력을 지니고 있는 것은 사실이지만, 그것은 물분자들끼리가 아니라 다른 극성 물질과 결합하는 힘이 강해서 나타나는 것이다.

⑤ 물분자 자체를 나타내는 분자식은 'H₂O'이다. 이를 괄호로 묶고, 정수를 나타내는 'n'을 뒤에 붙인 것은 물분자가 복수로 뭉쳐 있다는 뜻으로 이해해야 한다.

07 글의 서술 방식
정답 ①
해설 이 글은 물이 지니고 있는 특성을 제시하고, 그러한 특성이 생기는 원인을 설명해 보인 후 그에 수반되어 나타나는 효과를 제시하는 방식으로 내용을 전개하였다. 즉, 분자들의 강한 결합력으로 인해 물의 끓는점과 비열이 매우 높다는 점과 용해력이 크다는 점을 제시하고, 그런 강한 결합력과 용해력은 물 분자들이 극성 공유 결합을 하고 있기 때문임을 알려 주었다. 그리고 글의 마지막 부분에서는 이러한 물의 특성으로 인해 생기는 결과를 생물체의 생존에 초점을 맞추어 설명하고 있다.

08 추론적 독해
정답 ③
해설 ㉠은 물분자가 극성 공유 결합의 형태로 존재한다는 것인데, 이런 결합을 한 분자의 경우 분자의 한쪽 끝은 양전하를 띠고 다른 쪽 끝은 음전하를 띠기 때문에 분자 간의 결합력이 강하고 다른 극성 물질과도 쉽게 결합한다. 이는 상반된 전하를 가진 부분이 쉽게 결합하는 성질에서 비롯된 것이다. 막대자석의 경우에도 한쪽은 양의 극성을 띠고 다른 쪽은 음의 극성을 띠기 때문에, 상반된 극끼리 강하게 결합하려 할 뿐만 아니라 극성을 지닌 다른 물질을 끌어당겨 결합하려는 성질을 지니고 있으므로, ㉠을 설명하기 위해 사용할 보조 자료로 가장 적절하다.
① · ② · ④ '발광 다이오드', '태양전지', '발전기' 등은 어떤 에너지를 다른 종류의 에너지로 전환시키는 것들이다.

09 사실적 독해
정답 ③
해설 고대인들은 실체를 볼 수 없는 소리와 음악에 주술적인 힘이 있는 것으로 믿었다. 질료적 상징이 생겨난 것도 같은 이유에서이다.
④ 넷째 문단에 의하면 음악은 가볍지만 형상을 가지지 못하고 있으며, 춤은 형상을 가지고 있지만 중력의 속박에 얽매여 있다. 그러기에 두 장르는 서로가 서로를 필요로 하게 된다.

10 글의 서술 방식
정답 ①
해설 2, 3문단에서 주술성과 관련된 개념의 변화 과정을 부분적으로 확인할 수 있으나, 가설의 설정 혹은 그것의 입증 과정을 찾을 수는 없다.
② 넷째 문단에서는 음악(소리)과 춤의 기본적 속성과 그것의 결합을 비유적 진술과 대조를 통해 서술하고 있다.
④ 이 글에서는 먼저 소리(음악)의 '비물질성'이라는 핵심 개념에 대해 설명한 후, 이를 전제로 그것이 인간의 삶과 문화에 남긴 영향을 살펴보고 있다.

11 추론적 독해
정답 ⑤
해설 소리가 가지는 상징성은 그런 소리의 진원이 된 물질에 대한 주술적 믿음에서 비롯된 것이다. 이런 점에서 질료적 상징이 생겨나게 된다. 풀피리의 소리는 그것이 풀로 만들어졌기 때문에 곡식을 자라게 한다는 상징성을 갖는다. ⑤는 귀한 청동으로 만든 방울(재료)을 제사 용품으로 사용하면 그것을 지니고 있는 사람 또한 하늘이 점지한 귀한 사람이 된다는 주술적 믿음과 관련이 있다.

12 추론적 독해
정답 ③
해설 글쓴이는 철학자들 중 쓰기와 읽기에 부정적 생각을 가진 사람들이 많은 것이 플라톤에서 비롯되었다고 밝힌 다음, 플라톤이 문자와 텍스트에 대해 어떤 생각을 가졌는지를 설명하고 있다. 이 과정에서 진정한 앎, 자신 현존의 의미를 밝히고 있다. 그런 다음 심각한 문제에 관해 쓴 글은 생각할 필요가 없다면서도 정작 이러한 말을 글로 써서 남긴 플라톤의 모순된 태도에 대해 마지막 문단에서 해석하고 있다. '어떤 철학자보다도 치밀하게 다듬어진 저작들을 남겼다.'라는 진술이 있기는 하지만 그것은 글쓴이의 평가이지 플라톤 당대의 평가가 아니다.

13 사실적 독해
정답 ⑤
해설 4문단을 보면 글쓴이는 철학과 사유는 문자와 텍스트를 통해 지탱되고 유지될 수밖에 없다고 생각한다. 텍스트를 통해서만, 텍스트를 초월하여 현실과 진리의 문제에 다가설 수 있기 때문이다. 레비나스도 책이 물음을 던지고 문제를 보게 하여 삶의 본질에 접근하게 한다고 하면서 텍스트가 갖는 의미를 인정하고 있다. 그런 반면 나머지 답지에서는 문자나 책에 대한 부정적 인식이 드러나 있다.

14 비판적 독해
정답 ②
해설 글쓴이의 관점은 역사가 기록되었다고 해서 절대적인 가치를 지니는 것이 아니라는 것이다. 한중록의 경우에도 객관성을 확보하려면 다른 기록을 참고하여 역사적 진실성을 검증해야 한다고 보고 있다.

15 추론적 독해
정답 ③
해설 1문단에서 '객관성과' '공정성'이라는 개념이 나왔고 5문단에 '개연성'이라는 개념이 나왔다. 5문단을 보면 객관성을 위한 최소한의 안전장치로 개연성이 필요하다고 하였고, 1문단을 보면 공정성에 대한 의문과 관련하여 객관성을 이야기한다고 하였다. 이로 볼 때 객관성과 공정성의 전제로 개연성을 들고 있음을 알 수 있다.

16 사실적 독해
정답 ④
해설 이 글은 '세계 대공황'과 '스태그플레이션'이라는 특수한 경제 상황을 해결하기 위해 등장한 경제학 이론을 변천 과정에 따라 보여 주고 있다.

17 사실적 독해

정답 ③

해설 ⓒ은 정부의 적극적인 개입을 주장하고 있고, ⓒ은 시장의 자동 조절 기능의 회복을 주장하고 있다.

18 실용문의 추론적 독해

정답 ④

해설 파일을 모르고 받았다가 지운 것은 의도성이 있다고 볼 수 없기 때문에 아동음란물 소지죄에 해당하지 않아 처벌을 받지 않는다.
⑤ '명백히 인식될 수 있는'이라는 표현에서 '명백하게'의 해석 기준이 분명하지 않을 수 있으나 '아동 · 청소년으로 인식될 수 있는 사람이나 표현물'이 등장하는 음란물이라는 개정 사항에서 '표현물'에 '교복'이 해당될 수 있으므로 처벌 대상이 될 수 있다.

19 안내문의 사실적 독해

정답 ①

해설 '산정절차' 항목을 보면 건강보험공단 DB를 활용하여 재단이 소득분위를 산정함을 알 수 있다.

20 안내문의 비판적 독해

정답 ①

해설 '신청방법 및 절차'를 보면 서류제출대상자는 한국장학재단에 관련 서류를 팩스로 보내야 한다. 그러므로 관련 서류를 우편으로 송부하면 되겠다고 하는 ①은 글을 제대로 이해하지 못한 반응이라 할 수 있다.

제6편 국어문화

제1장 국어사와 국문학

01	02	03	04	05	06	07	08	09	10
⑤	②	④	⑤	⑤	③	①	④	③	①

11	12	13
④	③	③

01 훈민정음의 제자 원리

정답 ⑤

해설 'ㄹ'은 'ㆁ, ㅿ'과 함께 이체자에 해당한다.
① · ② 기본자
③ 기본자 ㅁ에 획을 더한 가획자
④ 기본자 ㅇ에 획을 더한 가획자

02 중세 국어의 관형격 조사

정답 ②

해설 '부텨'는 존칭의 유정물이므로 관형격 조사 'ㅅ'을 취해서 '부텻'으로 써야 한다.
① 사ᄅᆞ미: '사ᄅᆞᆷ'은 유정물이므로 관형격 조사로 '이'가 적절하다.
③ 世尊ㅅ: '世尊(세존)'은 존칭의 유정물이므로 관형격 조사로 'ㅅ'이 적절하다.
④ 本來ㅅ: '本來(본래)'는 무정물이므로 관형격 조사로 'ㅅ'이 적절하다.
⑤ 나랏: '나라'는 무정물이므로 관형격 조사로 'ㅅ'이 적절하다.

03 중세 국어의 객체 높임 선어말 어미

정답 ④

해설 '막습거늘'은 어간 끝소리가 ㄱ이고, 자음 앞이므로 객체 높임의 선어말 어미는 '-습-'으로 실현되어야 한다.
① 업습던: 어간 끝소리가 ㅂ이고, 자음 앞이므로 '-습-'이 적절하다.
② 듣즙고: 어간 끝소리가 ㄷ이고, 자음 앞이므로 '-즙-'이 적절하다.
③ 보ᅀᆞᆸ게: 어간 끝소리가 모음이고, 자음 앞이므로 '-ᅀᆞᆸ-'이 적절하다.
⑤ 請ᄒᆞᅀᆞᄫᅡ: 어간 끝소리가 모음이고, 모음 앞이므로 '-ᅀᆞᇦ-'이 적절하다.

04 근대 국어의 특징

정답 ⑤

해설 '뎨일(제일)'을 통해 구개음화가 표기에 반영되지 않은 것을 알 수 있다.
① 'ᄯᅩ'를 통해 어두에 합용 병서가 남아 있음을 확인할 수 있다.
② 'ᄡᅳ게'를 통해 표기에 아래 아(ㆍ)가 사용되었음을 확인할 수 있다.
③ '십흔'을 통해 거센소리를 재분석하여 적는 양상을 확인할 수 있다.
④ '누구던지(누구든지)'를 통해 연결 어미 '-던지'가 조사 '든지' 처럼 사용되었음을 확인할 수 있다.

05 근대 국어의 특징

정답 ⑤

해설 어두에서 병서의 사용은 나타나지 않는다.
① '텬하'를 통해 구개음화가 표기에 반영되지 않았음을 확인할 수 있다.
② 'ᄒᆞᄂᆞᆫ이들은'을 통해 현대 국어와 띄어쓰기 양상이 다른 것을 확인할 수 있다.
③ '만국이, 규칙을'을 통해 분철 표기 방식이 일반적으로 나타났음을 확인할 수 있다.
④ '신문샤, 와셔'를 통해 이중 모음의 단모음화가 이루어지지 않은 것을 확인할 수 있다.

06 근대 국어의 특징

정답 ③

해설 '보시기를'은 용언 '보다'에 명사형 어미 '-기'가 붙어 활용된 것이다.

07 근대 국어의 특징

정답 ①

해설 각자 병서(ㄲ, ㄸ, ㅃ, ㅆ, ㆀ, ㅉ, ㆅ)의 사용은 나타나지 않는다.
② '사룸이, 거시'를 통해 연철과 분철의 표기 방식이 혼용되었음을 확인할 수 있다.
③ '견주엇시니'를 통해 과거형 어미 '-앗-/-엇-'이 사용되고 있음을 확인할 수 있다.
④ '죠선, 주셰히'를 통해 이중 모음의 단모음화가 이루어지지 않은 것을 확인할 수 있다.
⑤ '-읍ᄂ지라'를 통해 종성의 표기가 현대 국어와 다르게 사용된 예를 확인할 수 있다.

08 국문학사 – 문헌

정답 ④

해설 훈민정음언해는 『월인석보』의 권1 앞에 실려 있다. 『월인석보』는 『월인천강지곡』과 『석보상절』의 합편이므로 『석보상절』 권1 앞에도 실려 있었을 것으로 추측되지만, 『석보상절』 권1은 현전하지 않는다.

09 국문학사 – 고전작품

정답 ③

해설
① 장끼전: 장끼와 까투리를 통해 전통 사회 부부의 문제를 다룬 우화 소설
② 홍길동전: 신분 차별에 대해 비판한 영웅 소설
④ 유충렬전: 중국을 배경으로 하여 영웅의 전형적인 일대기를 보여 주는 군담 소설
⑤ 사씨남정기: 처첩 갈등을 통해 숙종의 인현왕후 폐위를 비판한 가정 소설

10 국문학사 – 고전작품

정답 ①

해설 '공방(孔方)'이란 엽전에 뚫린 네모난 구멍을 가리키는 말로, 이 소설은 엽전을 의인화한 작품이다.
② 혜심 – 빙도자전 – 얼음
③ 이첨 – 저생전 – 종이
④ 식영암 – 정시자전 – 지팡이
⑤ 이곡 – 죽부인전 – 대나무

11 국문학사 – 작가

정답 ④

해설
① 김소월: 짙은 향토성을 바탕으로 한국의 전통적인 한을 노래함.
② 박목월: 자연과의 교감을 바탕으로 향토적 서정에 민요적 율조를 재창조함.
③ 조지훈: 전통 의식과 민족의식을 바탕으로 식민지 치하의 아픔과 전쟁의 비극을 그려 냄.
⑤ 이육사: 일제 강점기에 대한 비판과 강렬한 저항 정신을 표출함.

12 국문학사 – 작품

정답 ③

해설 채만식의 「레디메이드 인생」은 1930년대 식민지 지식인의 비애를 풍자적으로 보여 주는 작품이다.
① 황석영 「객지」: 간척 공사장을 배경으로 하여 노동자들의 투쟁 과정을 그려 냄.
② 황석영 「삼포 가는 길」: 부랑하는 노역자들이 우연히 만나 나누는 정을 통해 근대화 과정에서 소외된 노동자들의 모습을 그려 냄.
④ 윤흥길 「아홉 켤레의 구두로 남은 사내」: 평범한 소시민의 삶이 불합리한 도시개발정책으로 인해 급변하는 과정을 보여 줌.
⑤ 조세희 「난장이가 쏘아올린 작은 공」: 도시 빈민의 궁핍한 삶과 자본주의의 모순을 보여 줌. (표준어는 '난쟁이'이지만 원문의 표기를 따름.)

13 국문학사 – 작가

정답 ③

해설 김영하는 도회적 감수성을 잘 그려 낸다는 평가를 받고 있다. 특히 냉정한 시선으로 인물들의 삶을 건조하게 그려 내는 것이 특징이다.
① 한강: 일상생활에서의 삶과 죽음의 의미를 밀도 있게 그려 내는 작가이다. 대표작으로 광주 민주화 운동을 소재로 한 「소년이 온다」와 욕망, 죽음 등에 대해 그려낸 「채식주의자」 등이 있다.
② 강소천: 낭만적이지만 자연에 대한 예리한 관찰과 현실에 대한 교훈을 전하는 동요·동시 작가이다. 대표작으로 「꿈을 찍는 사진관」, 「바둑이와 편지」 등이 있다.
④ 성석제: 해학과 풍자, 과장과 익살을 통해 인간의 다양한 면을 그려 내는 작가이다. 대표작으로 「황만근은 이렇게 말했다」가 있다.
⑤ 이순원: 초기에는 현실 비판적이었다면, 그 이후에는 구체적인 삶의 체험과 내면세계를 밀도 있게 그려 내고 있다. 대표작으로 「은비령」이 있다.

제2장 생활국어

01	02	03	04	05	06	07	08	09	10
③	③	①	①	③	①	①	④	②	③

11
④

01 방송 언어

정답 ③

해설 문맥상 고유어가 아닌 한자어 [삼시벼일]로 읽는 것이 적절하다.
① 미망인은 '남편과 함께 죽어야 할 것을, 아직 죽지 못하고 있는 사람'이라는 뜻이다. 아내를 여의고 따라 죽지 못한 남자를 일컫는 말은 없으므로 성차별적 표현에 해당한다.

02 방송 언어

정답 ③

해설 화물차와 승용차가 택시를 뒤에서 들이받은 상황이므로 '추돌하다'가 적절하다.

② '주기'는 '사람이 죽은 뒤 그 날짜가 해마다 돌아오는 횟수'를 나타내는 말이다.

03 방송 언어
정답 ①
해설 '앵간히'는 '엔간히(적당히. 또는 어지간히)'의 방언이다.
④ 지짐: '부침개'의 방언
⑤ 푸대: '부대(큰 자루)'의 방언

04 표준어와 방언
정답 ①
해설 '억새'는 '볏과의 여러해살이풀'로 표준어이다.
② 무등: '목말'의 방언
④ 다디미: '다듬이'의 방언
⑤ 국시: '국수'의 방언

05 남북한 언어
정답 ③
해설 남한에서도 '손등'은 손의 바깥쪽을 의미하는 합성 명사이므로 붙여 쓰는 것이 적절하다.

06 남북한 언어
정답 ①
해설 두음 법칙은 단어의 첫머리에 특정한 소리가 출현하지 못하는 현상이다. 주로 한자음의 초성 'ㄴ'이나 'ㄹ'이 이에 해당한다.
② 북한에서는 용언의 본용언과 보조 용언을 붙여 쓴다.
③ 남한에서는 '동굴 속'으로 띄어 쓴다. 단, '산속'과 같이 사전에 등재되어 있는 합성 명사는 붙여 쓴다.
④ 남한에서는 의존 명사를 띄어 쓴다.
⑤ 남한에서는 의문문 종결 어미를 '-까'라고 쓴다.

07 표준 언어 예절
정답 ①
해설 위로를 목적으로 한 말이라 해도 그 기준이 없을 뿐더러 '호상'이라는 말 자체가 상심이 큰 유족들에게는 상처를 줄 수 있으므로 예의에 어긋난 표현이다.
② 어른에게 '만수무강하십시오.', '오래 사세요.' 등과 같이 수명에 관련된 말은 삼가는 것이 좋다.
③ '압존법(자신이 말하는 대상이 자신에게는 높여야 할 대상이지만 듣는 이가 더 높을 경우 그 공대를 줄이는 어법)'은 사적인 관계에서만 쓰고 직장과 사회에서는 쓰지 않는 것이 좋다.

> **TIP** 표준 언어 예절
> • 고마운 마음을 전할 때에는 과거형보다 현재형이 바람직하다. 그것이 더 정감 있고 진심을 전할 수 있기 때문이다.
> • '감사합니다'는 한자어이고 '고맙습니다'는 우리말이므로 가급적 '고맙습니다'를 쓰는 것이 좋다.
> • 어른에게 '건강하십시오'라는 표현은 쓰지 않는 것이 좋다. 어른에게 명령형을 쓰는 것은 예의에 어긋나며, 어법적으로도 '건강하다'는 형용사이므로 명령문을 만들 수 없기 때문이다.

08 표준 언어 예절
정답 ④
해설 아내 여동생의 남편은 '동서'나 '서방'으로 부르는 것이 적절하다. '자부'는 동음이의어로서 '며느리[子婦]' 또는 '매형[姊夫]', 즉 누나의 남편을 의미한다.

09 방언
정답 ②
해설 〈보기〉는 제주도의 방언으로, '날 데리고 가 주십시오.'의 뜻을 가진다. 따라서 '도랑'은 '데려'로 바꾸는 것이 적절하다.

10 수어
정답 ③
해설 1·5지 끝을 맞댄 두 주먹을 모로 세워 좌우에서 접근시켜 맞대는 수형은 '짧다, 가깝다'라는 뜻이다.

① 작다, 약간, 적다   ② 크다, 꽤, 대단히

④ 길다, 오래다, 오래   ⑤ 넓다, 널찍하다

11 점자
정답 ④
해설 〈보기〉에 따라 '죽'을 점자 표기하면 ⠨⠕⠁ 이 된다. 자음은 위치에 따라 즉, 초성인지 종성인지에 따라 표기법이 달라지므로 주의해야 한다.

정답 및 해설
부록 실전 모의고사 제1회

01	02	03	04	05	06	07	08	09	10	11	12	13	14	15	16	17	18	19	20
②	⑤	④	④	①	④	④	③	③	④	②	①	③	①	④	④	④	⑤	④	①
21	22	23	24	25	26	27	28	29	30	31	32	33	34	35	36	37	38	39	40
①	①	④	⑤	⑤	①	③	④	②	⑤	①	①	①	④	④	②	④	④	④	②
41	42	43	44	45	46	47	48	49	50	51	52	53	54	55	56	57	58	59	60
②	⑤	⑤	③	⑤	②	④	②	②	②	①	③	①	①	⑤	⑤	⑤	⑤	②	④
61	62	63	64	65	66	67	68	69	70	71	72	73	74	75	76	77	78	79	80
④	④	⑤	⑤	④	③	③	④	⑤	②	②	③	③	②	④	⑤	⑤	⑤	④	④
81	82	83	84	85	86	87	88	89	90	91	92	93	94	95	96	97	98	99	100
②	①	④	⑤	③	⑤	①	④	②	④	③	①	③	⑤	④	⑤	④	②	④	⑤

01~15 듣기 · 말하기

[01] 먼저 그림에 대한 설명을 들려드립니다.

> 여러분이 보고 계시는 이 그림은 요하네스 페르메이르의 '진주 귀걸이를 한 소녀'입니다. 이 작품은 '네덜란드의 모나리자'로 불릴 만큼 유명한 작품으로, 네덜란드 국민들은 이 작품을 네덜란드에서 가장 아름다운 작품으로 꼽기도 했습니다.
> 이 작품 속 소녀는 고개를 돌린 채, 크고 맑은 눈으로 어깨 너머의 우리와 눈을 마주칩니다. 살짝 벌린 입술은 무언가 말하고자 하는 것 같은데요. 소녀의 얼굴을 비추는 한줄기의 빛이 소녀를 더욱 신비로워 보이게 하고 묘한 생동감을 줍니다. 소녀의 귀에서 반짝이는 우아한 진주 귀걸이는 소녀의 아름다움을 한층 더 돋보이게 하네요.
> 그런데 이 작품을 확대해서 본다면 깜짝 놀랄 수 있습니다. 작품을 조금 더 자세히 보면 진주 귀걸이는 소녀의 귀에 닿지도 않은 채 전체적인 윤곽조차 잡혀 있지 않습니다. 분명 멀리서는 아름답게 반짝이는 진주 귀걸이로 보였던 것이 가까이서 보니 그냥 콕 찍힌 하얀 물감 덩어리로만 보입니다. 우리는 착시를 통해 진주 귀걸이를 본 것이죠. 재미있지 않나요?
> 또 다른 재미있는 점은 이 소녀가 누구인지 알 수 없다는 것입니다. 심지어 소녀가 실존하는 인물이 아닌 추상적인 인물이라고 주장되기까지 했는데요. 작품 속 소녀에게 속눈썹과 주근깨, 머리카락과 같은 신체 세부 사항이 묘사되지 않았다는 이유에서였습니다. 그런데 최근의 연구에서 엑스레이와 디지털 현미경 기술, 페인트 샘플 분석 등을 통해 소녀의 속눈썹을 발견했습니다. 이는 소녀가 실존 인물이 아니라는 것을 반박하는 증거가 되었습니다. 하지만 이 소녀가 누구인지는 여전히 미스터리로 남아 있습니다.
> 매혹적이고 호기심을 유발하는 이 작품은 현대에 와서 다양한 작품들을 탄생시켰습니다. 이 작품을 주제로 한 여러 소설들이 세상에 나왔고, 할리우드 영화로도 제작되었으며, 이 작품을 모티브로 한 벽화도 그려졌습니다. 이토록 많은 이들이 이 그림에 매료되는 이유는 무엇일까요? 아마도 호기심과 상상력을 불러일으키는 신비로운 아름다움을 지녔기 때문일 것입니다.

01 설명 – 사실적 듣기

정답 ②

해설 이 작품에 대한 작가의 의도는 설명되어 있지 않다.
① 작품 속 소녀가 정확히 누구인지는 알 수 없지만, 추상적인 인물이 아닌 실존 인물임을 밝힌 최근의 연구를 소개하며 작품의 모델에 대해 언급하고 있다.
③ 이 작품은 '네덜란드의 모나리자'로 불릴 만큼 유명한 작품으로, 네덜란드 국민들이 이 작품을 네덜란드에서 가장 아름다운 작품으로 꼽기도 했다는 사실을 소개하며 작품에 대한 평가를 언급하고 있다.
④ 작품 속 소녀의 외형과 진주 귀걸이의 형태를 설명하며 작품의 형태적 특징을 언급하고 있다.
⑤ 이 작품을 주제로 한 여러 소설과 영화, 이 작품을 모티브로 한 벽화를 소개하며 이 작품이 다른 작품에 미친 영향을 언급하고 있다.

참고 매경ECONOMY 「사후 200년 뒤 알려진 비운의 천재 화가, 요하네스 페르메이르」(2021), 조선일보 「'진주 귀걸이를 한 소녀' 비밀이 벗겨졌다」(2020), 경향신문 올댓아트 「진주귀걸이를 한 소녀? 알고보면 '깜놀'할 그림 디테일」(2019)

[02] 이번에는 이야기를 들려드립니다.

> 어느 바닷가에 엄마 게와 아기 게가 살고 있었습니다. 어느 날, 엄마 게가 아기 게에게 옆으로 걷지 말고, 발을 앞으로 내밀고 똑바로 걸어 보라고 이야기했습니다. 그 말에 아기 게는 똑바로 걸어 보려고 애썼지만 앞으로 걸을 수가 없었습니다.
>
> 아기 게가 걸음을 멈추고 뒤를 돌아보니 엄마 게 역시 옆으로 걷고 있었습니다. 그런데도 엄마 게는 자꾸 아기 게에게만 똑바로 걸으라고 나무랐습니다. 짜증이 난 아기 게는 엄마 게에게 똑바로 걸을 테니 걷는 방법을 알려 달라고 하였습니다. 그래서 엄마 게는 똑바로 걸어 보려고 애쓰고 또 애썼습니다. 하지만 엄마 게도 아기 게처럼 옆으로 걸을 수밖에 없었습니다.
>
> 결국 엄마 게는 발을 앞으로 내밀어 보려다가 발이 꼬여 그만 넘어지고 말았습니다. 이 이야기가 우리에게 주는 교훈은 무엇일까요?

02 스토리텔링 – 추론적 듣기

정답 ⑤

해설 아이들은 특히 가장 가까운 어른인 부모를 보고 배우게 되므로 부모가 원하는 모습을 강요하기보다는 아이들에게 좋은 본보기가 되는 것이 필요하다는 이야기를 담고 있다.

참고 이솝우화 「엄마 게와 아기 게」

[03] 이번에는 강연을 들려드립니다.

> 사람들이 제게 "살은 왜 찔까요?"라고 물어보면 저는 '많이 먹어서'라고 대답할까요? 아닙니다. 지금 우리는 10~20년 전보다는 많이 먹지 않습니다. 오히려 1일 1식, 소식, 간헐적 단식 같은 것들이 유행하고 있고, 적게 먹어야 오래 산다는 것을 모두가 압니다. 그런데 비만은 해마다 늘고 있습니다. 최근 발표에 따르면 성인 59%, 어린이 3명 중 1명이 과체중과 비만에 해당하는 것으로 나타났습니다. 왜 그럴까요? 여러 복합적인 요인들이 있겠으나 가장 큰 요인은 바로 '쉬지 않고 먹어서'입니다.
>
> 인간을 포함한 동물은 24시간을 주기로 하는 생물학적 리듬을 가집니다. 보통 우리가 제때 점심을 먹었다고 했을 때, 오후 3~4시쯤 슬슬 배가 고픕니다. 그럼 그때 간단한 음식을 먹게 되는데요. 그리고 나서도 저녁 먹을 시간이 되면 다시 배가 고픕니다. 그런데 재미있는 건 저녁을 먹고 다음날 아침까지는 배가 고프지 않다는 겁니다. 그렇기 때문에 우리는 그동안 잠을 잘 수 있습니다. 정상적인 리듬이라면 저녁까지 먹은 우리의 몸은 활동 모드에서 휴식과 수면 모드로 바뀝니다. 그리고 다시 아침이 되면 스트레스 호르몬이 올라오면서 다시 활동 모드로 바뀌게 됩니다. 이렇게 활동 모드로 바뀌게 되면 허기감이 생깁니다. 이게 정상적인 생물학적 리듬입니다.
>
> 그런데 현대인들의 모습은 어떨까요? 우리가 전기를 이용하게 되면서 밤낮없이 불빛 아래에서 지내고, 밤늦게까지 일하다 새벽에 잠자리에 들기도 합니다. 그러다 보면 수면 리듬이 깨지고 정상적인 생물학적 리듬도 깨지게 되죠. 그러면 우리 몸이 정상적인 리듬을 잃게 됩니다. 그래서 우리는 시도 때도 없이 찾아오는 배고픔에 자꾸만 야식을 먹게 되고, 숙면을 취하지 못하게 됩니다. 그러면서 우리 몸은 지방을 쓰지 않는 몸으로 바뀌게 됩니다. 그런데 우리는 단순히 많이 먹어서 살이 쪘다고 생각하고, 적게 먹는 것으로 해결을 하려고 합니다. 하지만 먹어야 하는 양보다 한참 적게 먹게 되면 몸은 스트레스를 받게 되고, 도리어 과식과 폭식을 하게 되는 것은 당연한 반응입니다.

03 설명 – 사실적 듣기

정답 ④

해설 비만이 발생하는 원인을 '생물학적 리듬'이라는 생물학적 원리를 근거로 설명하고 있다.
① 생물학적 리듬에 대해 이야기하고 있을 뿐 운동의 효과에 대해 설명하고 있지는 않다.
② 현대인들이 살이 찌는 이유는 '많이 먹어서'가 아니라 '쉬지 않고 먹어서'라고 설명하고 있으며, 이는 단순히 먹는 양이 아닌 생물학적 리듬과 관련이 있다.
③ 비만율이 증가하는 이유를 '쉬지 않고 먹어서'라고 설명하고 있으므로 다양한 이유에 대해 설명한 것은 아니다.
⑤ 과거와 달리 전기를 이용하게 되면서 생물학적 리듬이 깨지게 되었음을 설명하고 있지만 이에 대한 장단점을 설명한 것은 아니다.

참고 KBS 라디오 '강원국의 지금 이 사람' 박용우 교수(강북삼성병원 가정의학과)

[04] 이번에는 라디오 방송의 일부를 들려드립니다.

> 지금 듣고 계신 이 곡은 뮤지컬 「지킬 앤 하이드」의 '지금 이 순간(This is the moment)'입니다. 「지킬 앤 하이드」는 로버트 루이스 스티븐슨의 소설인 「지킬 박사와 하이드 씨의 이상한 사건」을 무대로 옮겨온 작품인데요. 이 작품은 영국의 빅토리아 시대를 배경으로 하여, 높은 생활 수준 속에서 겉치레를 중시하던 영국인들의 이중성을 정신분석학적으로 풀어냈습니다. 인간의 선과 악에 대해 근원적으로 통찰하며, '이중인격'을 정신적인 병으로 보지 않고, 일반적인 사람에게도 두 가지의 인격이 공존하는 모습으로 묘사했다는 점이 이 작품의 큰 특징입니다.
>
> 뮤지컬에서 사용되는 노래나 음악을 뮤지컬 넘버라고 하는데요. 특히 한국에서 「지킬 앤 하이드」의 뮤지컬 넘버라고 하면 대부분의 사람들이 바로 이 곡, '지금 이 순간'을 가장 먼저 떠올릴 것입니다. 이 노래는 어느 장면에서 등장할까요?
>
> 작품 속에서 저명한 의사이자 과학자인 '헨리 지킬'은 한 인격체 속의 선과 악을 분리하기 위해 연구에 몰두합니다. 여러 실험 끝에 선과 악을 분리할 수 있는 화학 약물을 만들어 냅니다. 이 약물을 임상 실험하고자 했지만, 수많은 반대에 부딪히게 됩니다. 그러자 지킬은 연구에 대한 뜻을 굽히지 않고, 스스로를 실험 대상으로 삼아 끝까지 도전하기로 결심합니다. 그 도전의 서막이 열리는 순간 등장하는 뮤지컬 넘버가 바로 '지금 이 순간'입니다. '지금 이 순간에 내 모든 것을 바쳐 꿈을 이루겠다.'라는 내용의 가사와 함께 잔잔하게 시작해서 힘차게 마무리되는 극적이고 웅장한 멜로디 때문에 한국에서 가장 유명하고 인기 있는 뮤지컬 넘버이기도 합니다.

04 설명 – 사실적 듣기

정답 ④

해설 '잔잔하게 시작해서 힘차게 마무리되는 극적이고 웅장한 멜로디'라는 표현을 통해 적절한 설명임을 알 수 있다.
① 로버트 루이스 스티븐슨은 이 곡의 작곡가가 아닌, 뮤지컬 「지킬 앤 하이드」의 원작 소설 「지킬 박사와 하이드 씨의 이

상한 사건」의 작가이다.
② '이중인격'을 정신적인 병으로 보지 않고, 일반적인 사람에게도 두 가지의 인격이 공존하는 모습으로 묘사했다고 하였으므로 이중인격의 위험성을 알리고자 한 것은 아니다.
③ 이 곡은 지킬이 연구에 대한 뜻을 굽히지 않고 스스로를 실험 대상으로 삼아 끝까지 도전하기로 결심하는 순간 등장한다.
⑤ 「지킬 앤 하이드」의 뮤지컬 넘버인 '지금 이 순간'이 한국에서 가장 유명하고 인기 있다고 설명하고 있다.

참고 위드인뉴스「선과 악이 나뉜다면 그 몸의 주인은 누가 될 것인가」(2022), 월간중앙「미국선 컬트 취급 작품, 한국선 대성공 반전 '지킬 앤 하이드'」(2022)

[05] 이번에는 시 한 편을 들려드립니다.

> 돌에 / 그늘이 차고, //
> 따로 몰리는 / 소소리 바람. //
> 앞섰거니 하여 / 꼬리 칠날리어 세우고, //
> 종종 다리 까칠한 / 산새 걸음걸이. //
> 여울 지어 / 수척한 흰 물살, //
> 갈갈이 / 손가락 펴고, //
> 멎은 듯 / 새삼 듣는 빗낯 //
> 붉은 잎 잎 / 소란히 밟고 간다.
>
> — 정지용, 「비」

05 낭독 – 추론적 듣기

정답 ①

해설 1~2연에서는 비가 오기 직전, 돌에 그늘이 들어서고 바람이 불어오는 모습을 표현하고 있고, 3~4연에서는 빗방울이 앞서거니 뒤서거니 하며 튀기고, 종종거리는 산새 걸음걸이처럼 떨어지기 시작하는 모습을 표현하고 있다. 5~6연에서는 여울 지어 (개울이 되어) 가늘게 흐르는 물줄기를 '수척한'이라는 표현을 통해 의인화하며, 손가락을 펴듯 갈래로 가늘게 흐르는 모습을 표현하고 있다. 7~8연에서는 멎은 듯했지만 다시 내리기 시작하는 비들이 붉은 잎(단풍잎) 위에 소란히(시끄럽고 어수선하게) 떨어지며 내리는 모습을 표현하고 있다. 따라서 시에서 묘사하고 있는 대상은 '비'이다.

[06~07] 이번에는 라디오 방송 대담의 일부분을 들려드립니다. 6번은 듣기 문항, 7번은 말하기 문항입니다.

> 사회자: 오늘은 이희석 교수님과 함께 환경 문제에 대한 이야기를 나눠 보겠습니다. 안녕하세요. 교수님, 오늘 주제가 다소 충격적입니다. 우리가 매일 사용하는 자외선 차단제가 바다를 파괴하고 있다고요?
> 전문가: 네, 요즘같이 자외선이 강한 날이나 해변에서 물놀이를 할 때엔 자외선 차단제가 필수죠. 얼굴과 몸에 자외선 차단제를 듬뿍 바른 후 바닷물에 뛰어들어 수영을 한다면 얼마나 많은 자외선 차단제가 바다로 들어갈까요?
> 사회자: 사실 감이 잘 안 되는데요. 얼마 정도인가요?
> 전문가: 전 세계에서 해마다 1만 4천여 톤의 자외선 차단제가 암초에 쌓인다고 하는데요. 이런 자외선 차단제가 산호에겐 치명적인 독약이나 다름없습니다.
> 사회자: 독약이라면……. 자외선 차단제의 어떤 성분 때문에 그런 것인가요?
> 전문가: 옥시벤존과 옥티녹세이트, 바로 이 두 성분 때문인데요. 특히 대부분의 자외선 차단 제품에 함유되어 있는 옥시벤존의 경우, 올림픽 규격의 수영장 6.5개 정도의 물인, 16,250톤에 단 한 방울만 떨어져도 산호에겐 치명적입니다.
> 사회자: 우리가 사용하는 자외선 차단제에 산호에게 치명적인 성분이 들어 있는지 전혀 몰랐습니다. 그렇다면 옥시벤존이 물속으로 흘러들어갔을 때 산호들에게는 어떤 일이 발생하나요?
> 전문가: 옥시벤존은 내분비계를 교란하여 산호의 성장과 번식을 방해하고, 산호의 치명적인 기형을 초래하기도 합니다. 산호의 몸이 자라는 만큼 껍질도 자라야 하는데, 옥시벤존이 이 껍질의 성장을 방해해, 산호가 껍질에 갇혀 죽게 하기도 하죠. 또한, 산호가 하얗게 색을 잃다가 일찍 죽게 되는 '백화 현상'을 일으키기도 합니다. 산호는 수많은 해양 생물들의 서식처이자, 바다의 생태계 그 자체라고 해도 과언이 아닌데요. 그래서 세계 각지에서는 산호 보호를 위해 자외선 차단제를 규제하는 움직임을 보이고 있습니다. 태국과 인도네시아, 필리핀 등의 국가에서는 산호 보호를 위해 일부 지역의 관광객 출입을 금지하기도 했고요. 미국 하와이, 플로리다 남부, 버진아일랜드 등에서는 옥시벤존이 함유된 자외선 차단제를 바르지 못하도록 하는 법을 만들기도 했습니다.
> 사회자: 산호 보호를 위해 여러 국가들이 많은 노력을 하고 있었군요. 그렇다면 산호를 보호하기 위해서는 해수욕과 각종 수상 레저를 즐길 때 자외선 차단제를 아예 바르지 말아야 할까요?
> 전문가: 그건 아닙니다. 일반적으로 사용하는 자외선 차단제에는 자외선을 흡수해 열로 방출하는 화학적 차단제와 자외선이 피부에 닿기 전에 산란시키는 물리적 차단제 두 종류가 있는데요. 옥시벤존이 함유된 차단제는 화학적 차단제에 해당합니다. 옥시벤존은 자외선 차단 성능이 뛰어난 데다 가격이 저렴해 전 세계에 판매되는 3,500종 이상의 자외선 차단제에 흔히 쓰입니다. 반면, 물리적 차단제는 화학적 차단제보다는 발림성이 좋지 않지만, 자외선을 차단하는 기능이 오래 가는 편이고 피부 자극이 적습니다. 무엇보다도 화학적 차단제에 비해 바다에 노출되었을 때 산호에 덜 해롭기 때문에, 물리적 차단제를 사용하시는 것이 좋습니다. 따라서 자외선 차단제 구입 시, 뒷면의 성분표를 유심히 보신 후, 화학적 차단제보다는 물리적 차단제를 구입하시는 것이 산호와 다른 해양 생물을 보호하기 위한 방법이 되겠습니다.
> 사회자: 성분을 잘 보고 사용하는 게 생태계 보호에 조금이나마 도움이 되겠군요. 저부터 앞장서서 환경을 위해 무엇을 할 수 있는지 생각해 봐야겠습니다. 오늘 말씀 잘 들었습니다.

06 공적 대화 – 사실적 듣기

정답 ④

해설 산호의 몸이 자라지 않아 죽는 것이 아니라, 산호의 몸은 계속 자라는데 껍질은 그대로 있어, 결국 산호가 껍질에 갇혀 죽게 된다고 설명하고 있다.
① 옥시벤존은 자외선을 흡수해 열로 방출하는 화학적 차단제 성분이다.
② 석회 성분으로 산호가 하얗게 색을 잃다 죽게 되는 현상을 '백화 현상'이라고 한다.

③ 옥시벤존은 자외선 차단 성능이 뛰어나고, 가격도 저렴해 자외선 차단제에 흔하게 쓰인다.
⑤ 미국 하와이, 플로리다 남부, 버진아일랜드 등에서는 옥시벤존이 함유된 자외선 차단제를 바르지 못하도록 하는 법을 만들었다.

참고 YTN사이언스 「열대 바다 속 사라지는 산호초 … 10년 뒤 멸종 위기」(2022), 한겨레 「산호는 선크림이 두렵다」(2022), 조선일보 「美해안에만 6000t 흘러든다 … 선크림이 산호 해치는 원리 첫 규명」(2022), 한겨레 「선크림 그렇게 바르다가 산호초 다 죽어요」(2018), 경향신문 「선크림이 산호를 하얗게 죽인다 … 하와이 '금지법' 계기로 본 선크림과 바다 오염」(2018), SBS 「선크림이 산호초 죽인다고요? … 우리가 몰랐던 이야기」(2018), 연합뉴스 「녹색연합 '국내 시판 선크림 60%, 산호에 해로운 성분 함유'」(2018)

07 공적 대화 – 추론적 듣기

정답 ④

해설 사회자가 전문가에게 주제와 긴밀하게 연관된 질문을 던지며 대답을 이끌어 나가고, 전문가는 이에 대해 답변하는 방식으로 진행되고 있다.

참고 위와 같음.

[08~09] 다음은 드라마의 일부분을 들려드립니다. 8번은 듣기 문항, 9번은 말하기 문항입니다.

아들: 엄마, 나 할 얘기가 있어.
엄마: 뭐? 용돈? 안 돼. 이번 달 용돈 끝이야.
아들: 그런 거 아니야.
엄마: 그럼? 독서실? 그냥 다녀라.
아들: 아이 참, 엄마. 그런 게 아니고 좀 심각한 얘기야. 나 자퇴 할래.
엄마: 뭐? 그게 무슨 소리야?
아들: 말 그대로야. 나 고등학교 그만 다닐래.
엄마: 안 돼.
아들: 이유도 안 들어 보고?
엄마: 들어 보나 마나. 공부하기 싫으니까 그만둔다는 거지. 네가 무슨 거창한 이유가 있어서 그만두겠어?
아들: 엄마, 학교는 내 인생에 도움이 안 돼.
엄마: 네 인생에 도움이 될지 안 될지, 네가 어떻게 알아?
아들: 그러니까 엄마 내 말 좀 들어 봐.
엄마: 그만! 엄마가 먼저 얘기할게. 고등학교를 관뒀다고 치자. 그런데 지금도 공부 안 하는 네가 검정고시 준비하면서 공부를 할 것 같아? 그럼 인생이 뭐가 되니? 백수지. 백수가 결혼할 수 있을 것 같아? 당연히 못하지. 그럼 그렇게 엄마, 아빠 이 세상 떠나고 나면 너 외롭고 쓸쓸한 독거노인 되는 거야. 그러다가 고독사하는 거지!
아들: 아니, 엄마는 왜 그렇게 극단적으로 생각해?
엄마: 너는 뭐 잘할 수 있는데? 이 녀석이 정말. 배부르게 밥 먹여 가지고 공부하라고 해 놨더니 무슨 헛소리를 하고 있어. 쓸데없는 소리하지 말고 빨리 들어가서 공부나 해!
(잠시 후)
아빠: 아들, 우리 잠깐 이야기 좀 할까? 우리 아들이 고민을 많이 했나 보네. 검정고시를 본다는 게 쉬운 결정은 아닌데, 왜 이런 결정을 했는지 얘기해 줄 수 있어?
아들: 학교에서 배우는 게 뭔가요? 인생에 도움이 안 되는 주입식 교육만 하고…….
아빠: 그러니까 준호는 실용적인 공부를 하고 싶었나 보구나.
아들: 네, 맞아요. 예를 들어 제가 게임하는 거 나쁘게 보지 마시고, 잘하면 선수도 되고 돈도 벌잖아요. 아니면 장사하는 법을 일찍 배우는 게 나을 걸요? 요즘 대학 가도 취업하기 힘들던데.
아빠: 그래. 취준생이 얼마나 많은지 몰라.
아들: 사실 저도 1학년 때보다 성적이 많이 떨어지고, 친구들과 점수도 많이 차이 나고 그래서 자신감이 많이 떨어졌어요. 친한 친구들은 다른 학교에 있어서 학교도 재미없고요.
아빠: 2학년 되니까 부담도 많이 되고, 스트레스도 많이 받았겠구나. 혼자 많이 고민했겠네. 그렇다면 준호야, 이렇게 해 보는 건 어떨까? 올해는 너무 성적에 치중하지 말고 좋은 친구들 만나면서 최대한 재미있는 학교생활을 한다는 데 의미를 두는 거야. 네가 이렇게 진지하게 고민하는 모습을 보니까 엄마, 아빠는 따로 간섭할 필요가 없겠는데?

08 사적 대화 – 추론적 듣기

정답 ③

해설 "공부하기 싫으니까 그만둔다는 거지. 네가 무슨 거창한 이유가 있어서 그만두겠어?"라며 아들의 의견을 단순히 공부가 하기 싫어서 반항하는 것으로 받아들이고 있다.
① 학교의 주입식 교육이 아닌 실용적인 공부에 대한 하나의 예로 든 것일 뿐, 실제로 아들이 게임 분야로 진로를 생각하고 있는지는 알 수 없다.
② 아들의 의견은 존중하지만 결정을 받아들인 것은 아니다. 아빠는 아들에게 바로 자퇴를 하기보다 올해에는 너무 성적에 치중하지 말고 즐거운 학교생활을 해 보기를 제안하고 있다.
④ 아들이 자퇴했을 때를 가정하여 검정고시를 언급한 것이지, 자퇴하여 검정고시를 보는 과정에 대해서는 회의적인 입장을 가지고 있다.
⑤ 아들이 자퇴 결심을 하기까지의 고민을 경청하고, 그 고민을 해소할 수 있도록 성적에 치중하지 않는 학교생활을 제안함으로써 자퇴 결정을 유보하고자 한다.

참고 여성 가족부 가족소통 캠페인(2018)

09 사적 대화 – 추론적 듣기

정답 ③

해설 아버지는 기분이 좋지 않을 아들을 위해 차분한 어조로 고민을 경청하고 공감해 주고 있으며, 아들의 고민 해소를 위해 성적에 치중하지 않는 학교생활을 대안으로 제시하고 있다.
① 본인의 의견을 강하게 주장하지 못하고 있다.
② 차분한 어조를 사용하고 있으나 갈등을 중재하고 있지는 않다.
④ 아들이 자퇴를 선택하였을 때의 미래의 모습을 가정하고, 부정적인 결론을 단정하여 말하고 있다.
⑤ 상대의 의견에 대해 부정적인 입장임을 강한 어조로 말하고 있다.

참고 위와 같음.

[10~11] 이번에는 강연을 들려드립니다. 10번은 듣기 문항, 11번은 말하기 문항입니다.

> 농촌의 노령화 극복을 위하여 각종 첨단 기계들이 들어오고 있습니다. 그러나 작물 재배를 위해 투입하는 농업용 중장비가 오히려 땅을 죽이는 역설적인 상황이 벌어지고 있습니다. 트랙터로 가는 밭이나 논은 보기엔 흙이 포슬포슬해 보이지만 땅속 20~30cm만 들어가도 쟁기바닥이 나타납니다. 쟁기바닥이란 경반층의 순우리말로, 흙바닥 위 쟁기가 지나간 자리에 생기는 딱딱한 층을 말합니다.
>
> 미국 국립과학원에 따르면, 농업용 중장비의 평균 무게가 처음 기록된 1958년부터 2020년까지 10배 가까이 는 것으로 분석되었습니다. 그만큼 타이어의 크기도 커져 땅의 표면에 가해지는 압력은 분산되었지만 깊은 토양층이 받는 무게는 점점 늘어 왔습니다.
>
> 스웨덴의 한 연구팀에서는 농업용 중장비의 무게 변화가 토양의 기능에 미치는 영향을 분석했는데요. 중장비의 무게 증가로 인해 토양이 생태적 기능을 발휘할 수 있는 한계를 넘어서고 있다고 합니다. 토양에는 흙 알갱이 사이에 공극이라는 미세 공간이 있습니다. 이 공극은 공기와 물을 저장하고 작물이 뿌리를 뻗을 수 있게 해 줍니다. 이러한 토양의 공극이 사라지게 되면 더 이상 물과 공기가 통하지 않게 되고 습해에 취약해져, 결국 작물도 잘 자랄 수 없습니다.
>
> 이러한 현상은 전세계적으로 나타나고 있으며, 세계 경작지의 20% 가량이 경반화에 의한 수확량 감소의 위험에 처해 있습니다. 경반화에 따른 피해 방지를 위해 개별적으로는 토양이 잘 마른 경우에만 중장비를 운행하거나 가급적 기계의 하중을 줄여 소형 트랙터를 사용하고 주기적으로 심토 파쇄를 하는 등의 노력이 필요합니다. 또, 국가적 차원에서는 농업지 토양의 경반화 방지를 위한 본질적인 방안을 연구해 볼 필요가 있겠습니다.

10 설득 – 사실적 듣기

[정답] ④

[해설] 경반층 생성에 따른 피해를 방지하기 위한 방안 중 하나로, 가급적 기계의 하중을 줄여 소형 트랙터를 사용하는 것을 제안하고 있으나, 농업용 중장비를 사용하면 안 된다고는 하지 않았다.

[참고] 연합뉴스 「농업용 중장비의 역설 … 토양 딱딱하게 만들어 생산성 위협」(2022)

11 설득 – 추론적 듣기

[정답] ②

[해설] 미국 국립과학원과 스웨덴의 한 연구팀의 연구 결과를 인용하여, 점점 무거워지는 농업용 중장비의 무게와 그 변화에 따른 토양의 기능 저하 위험성을 알리고, 이를 토대로 경반화 방지를 위한 개별적인 노력과 국가적 차원의 연구가 필요함을 주장하고 있다.

[참고] 위와 같음.

[12~13] 이번에는 두 사람의 대화 중 한 장면을 들려드립니다. 12번은 듣기 문항, 13번은 말하기 문항입니다.

> 역무원: 고객님, 안녕하세요? 역무원 김성철입니다. 무엇을 도와드릴까요?
>
> 고객: 저기요! 내가 여기서 40분을 넘게 기다렸는데 환승을 못 한다는 것이 말이 됩니까?
>
> 역무원: 불편을 드려서 죄송합니다. 고객님. 현재 열차 고장으로 인한 지연이 오래 지속되어 예정된 열차는 운행이 불가능합니다.
>
> 고객: 내가 저녁에 아주 중요한 업무 미팅이 있는데 환승할 수 있는 기차가 없으면 어떡합니까? 다른 기차도 있을 거 아닙니까?
>
> 역무원: 죄송합니다, 고객님. 탑승 예정 시간대에 환승 가능한 열차를 확인해 보았으나 열차 지연이 오래 지속되어 예정 시간에 환승할 수 있는 다른 열차가 없습니다.
>
> 고객: 일 다 망치게 생겼네. 이번 일 잘못되면 당신들이 다 책임질 거요?
>
> 역무원: 저희로 인하여 고객님의 업무 일정에 차질이 생기게 되어 대단히 죄송합니다. 대신 마지막 행선지가 어딘지 말씀해 주시면 탑승하실 수 있는 가장 빠른 시간대의 다음 열차를 확인해 보겠습니다.
>
> 고객: 용산역으로 갑니다.
>
> 역무원: 감사합니다, 고객님. 조회해 보니 다음 열차가 15분 뒤에 옵니다. 괜찮으시다면 제가 우선 다음 열차에 탑승하실 수 있도록 좌석유용권을 드리겠습니다. 다음 열차는 목적지까지 6시에 도착할 예정입니다.
>
> 고객: 기차 고장이니 어쩔 수 없는 일이긴 한데, 정말 지금 다른 기차는 없단 말입니까? 나 원 참…….
>
> 역무원: 예, 그렇습니다. 가장 빠른 시간대의 열차가 15분 뒤에 도착하는 열차입니다. 이용에 불편을 끼쳐 드려 대단히 죄송합니다.
>
> 고객: 그 표라도 일단 주세요. 그리고 기차 고장으로 예정 시간에 환승을 못 했으니 전액 환불 처리는 되는 거죠?
>
> 역무원: 예, 당연합니다. 환불은 추후 홈페이지나 대표 번호로 연락 주셔서 날짜와 열차 번호, 그리고 고객님의 성함과 계좌 번호를 말씀해 주시면 바로 환불 처리 도와드리겠습니다. 앞으로는 동일 사고 발생 시 체계적이고 신속한 조치를 취할 수 있도록 하겠습니다. 큰 불편을 드린 점 다시 한번 사과드립니다.

12 협상, 중재 – 사실적 듣기

[정답] ①

[해설] 열차 고장으로 인한 운행 지연에 항의하는 고객에게 역무원은 고객이 가능한 한 빠르게 최종 목적지에 도착할 수 있도록 다음 열차의 좌석유용권을 제공하고, 고객이 환승하지 못한 열차의 환불 절차에 대해 설명하고 있다. 그러나 고객이 다음 열차를 기다리는 상황에 대해서는 제시되지 않았다.

[참고] 한국철도(코레일) 친절사례(2021)

13 협상, 중재 – 추론적 듣기

[정답] ③

[해설] 열차 고장으로 인한 운행 지연 때문에 제때 환승하지 못한 고객을 위해 역무원은 고객의 최종 목적지를 확인한 후, 가장 빠른 열차를 조회하여 좌석유용권을 제공하였다. 이를 통해 고객이

원하는 바를 파악하고 적절한 대안을 마련하여 대처하였음을 알 수 있다.

참고 위와 같음.

[14~15] 끝으로 발표를 들려드립니다. 14번은 듣기 문항, 15번은 말하기 문항입니다.

> 인공지능(AI)에게 늘 붙는 꼬리표가 있습니다. 바로 편향성 문제입니다. 보통 AI는 사람처럼 컨디션과 체력, 전문화된 지식에 영향을 받지 않고 결정을 내리기 때문에 공정하다고 생각할 수 있습니다. 하지만 AI가 내린 결론이 모두 공정하진 않습니다. 쉽게 말해, 사람들의 경험이 담긴 데이터로 사람에게서 탄생한 AI가 사람보다 공정할 순 없다는 겁니다.
>   AI가 편향적인 결과를 내놓은 사례는 많습니다. 한 대학의 미디어랩에서 얼굴인식 기술을 분석한 결과 백인의 경우 얼굴인식을 정확히 했고, 흑인이면서 여성인 경우 약 35%의 얼굴인식 오류가 발생했습니다. 이렇게 인종과 성별에 따라 다른 성능을 보이는 것은 AI가 학습한 데이터의 차이 때문입니다. AI의 학습 과정에서 다양한 인종과 성별 이미지를 많이 접하지 못하고, 백인 남성 이미지 위주로 학습이 되었기 때문에 아시아인이나 흑인, 그리고 여성의 얼굴은 인식하기 어려웠습니다. 그렇다면 이러한 편향성 문제를 극복하기 위해 어떤 노력을 해야 할까요? 과연 극복할 수 있을까요?
>   아이가 스스로 사회성을 배우고 생존력을 키우는 것처럼 AI가 스스로 학습하는 것을 딥러닝이라고 합니다. 부모는 아이가 태어나면 좋은 것만 보여 주고 가르치려 합니다. 하지만 그 아이는 어느 날 욕을 하기도 하고 폭력을 행사하기도 합니다. 좋은 것만 가르쳤는데 왜 그럴까요? 그건 미디어에서 욕을 하는 장면을 보았거나 부부 싸움에서 욕을 들었거나 친구들과 어울리면서 욕을 배웠기 때문입니다. 이처럼 AI의 편향성 문제 역시 근본적으로 뿌리 뽑긴 어렵습니다. AI는 결국 사람이 설계한 알고리즘을 학습하기 때문에 어떤 데이터를 학습시키든 편향성 문제에 부딪힐 수밖에 없고, 편향적이지 않은 데이터만 골라 학습시키는 것도 불가능합니다.
>   그러면 아이가 욕을 하지 않도록 하려면 어떻게 해야 할까요? 우선 욕이라는 것이 나쁘다는 것을 알려 줘야 하고, 어떤 단어가 욕으로 사용되는지도 알려 주고, 그 욕을 사용하면 혼난다는 강제적 조치도 취해야 합니다. AI의 편향성 문제를 극복하는 방법도 이와 비슷합니다. 편향적인 것에 대한 기준을 세우고, AI가 내리는 결론이 편향적이지 않도록 데이터를 재정립하는 것입니다. 기술적 문제를 또 다른 기술로 극복해 나가는 방법으로, AI 모델을 테스트하여 공정성에 이상이 있으면 조치하는 AI 공정성 진단 검증 도구도 개발되고 있습니다. AI가 발전하면 발전할수록 해결해야 할 과제도 많아질 것입니다. 따라서 AI의 편향성 문제는 AI 검증 도구의 꾸준한 업데이트와 이를 위한 지속적인 지원과 관심을 통해 해결해 나가야 합니다.

14 발표 – 사실적 듣기

정답 ①

해설 결국 편향성 문제는 사라지지 않을 것이고 이 문제를 계속 찾아내고 고쳐나가야 한다고 하였으므로 AI 편향성 문제에 대한 완전한 해결 방법은 없음을 알 수 있다.
② AI가 내린 결론이 모두 공정하지 않다고 설명하고 있다.
③ AI가 어떤 데이터를 학습하든지 편향성 문제에 부딪힐 수밖에 없다고 했으므로 단순히 많은 데이터를 입력하는 것은 AI의 편향성을 줄이는 데 도움이 되지 않는다.
④ AI가 발전하면 발전할수록 해결해야 할 과제도 많아질 것이라고 설명하고 있다.
⑤ AI의 편향성 문제를 해결하기 위해서는 완전한 중립의 입장에서가 아니라, 편향적인 것에 대한 기준을 세우고 결론이 편향적이지 않도록 데이터를 재정립하기 위한 판단이 필요하다.

참고 AI타임즈 「AI가 편향성 문제를 극복하는 방법」(2022)

15 발표 – 추론적 듣기

정답 ④

해설 AI를 어린 아이에 비유하여 생소한 개념인 'AI의 편향성 문제'에 대한 이해를 돕고 있다.

참고 위와 같음.

16~30 어휘

16 고유어의 사전적 의미

정답 ④

해설 '남에게서 비웃음이나 조롱을 받게 되다.'를 의미하는 표준어는 '남우세하다'이다.
① 남상대다: 1. 좀 얄밉게 자꾸 넘어다보다. 2. 남의 것을 탐내어 가지려고 자꾸 좀스럽게 기회를 엿보다.
② 남실하다: 1. 물결 따위가 보드랍게 굽이쳐 움직이다. 2. 액체가 가득 차서 넘칠 듯 말 듯 하다.
③ 남짓하다: 크기, 수효, 부피 따위가 어느 한도에 차고 조금 남는 정도이다.
⑤ 남포질하다: 남포(도화선 장치를 하여 폭발시킬 수 있게 만든 다이너마이트)를 터뜨려 바위 따위의 단단한 물질을 깨뜨리다.

17 한자어의 사전적 의미

정답 ④

해설 '발의(發意)'는 '의견을 내놓음.'이라는 의미이다. '토론회나 연구회 따위에서 어떤 주제를 맡아 조사하고 발표함.'이라는 의미를 가진 한자어는 '발제(發題)'이다.

18 고유어의 문맥적 의미

정답 ⑤

해설 '거뿐하다'는 '1. 들기 좋을 정도로 거볍다. 2. 말이나 행동 따위가 가볍다.'의 의미를 지닌다.

19 한자어의 문맥적 의미

정답 ④

해설 '강변(強辯)'은 '이치에 닿지 아니한 것을 끝까지 굽히지 않고 주장하거나 변명함.'의 의미를 지니므로 '어떤 부분을 특별히 강하게 주장하거나 두드러지게 함.'의 의미인 '강조(強調)'가 들어가는 것이 적절하다.

20 고유어의 문맥적 의미

정답 ①

해설
- ②·④ '어쩔 줄을 몰라 겸연쩍거나 어색하다.'의 의미로 사용되었다.
- ③·⑤ '몸의 일부가 자유롭지 못하여 움직임이 자연스럽지 않다.'의 의미로 사용되었다.

21 혼동하기 쉬운 어휘의 구별

정답 ①

해설 ㉠에는 '생각하거나 계획한 대로 일을 해냄.'의 의미인 '遂行'이, ㉡에는 '사람으로서의 도리를 저버린 짐승 같은 행실'의 의미인 '獸行'이, ㉢에는 '일정한 임무를 띠고 가는 사람을 따라감. 또는 그 사람'의 의미인 '隨行'이 들어가는 것이 적절하다.

22 다의어와 동음이의어

정답 ①

해설 빈칸에 공통으로 들어갈 단어의 기본형은 '달다'이다. '마음이 달다.'에서는 '안타깝거나 조마조마하여 마음이 몹시 조급해지다.'의 의미, '작품에 제목을 달다.'에서는 '이름이나 제목 따위를 정하여 붙이다.'의 의미, '생선을 저울에 달다.'에서는 '저울로 무게를 헤아리다.'의 의미로 사용되었다.

23 혼동하기 쉬운 어휘의 구별

정답 ④

해설 '열없다'는 '좀 겸연쩍고 부끄럽다.'의 의미이므로 '오랜만에 사람들 앞에 서려니 열없다.'라고 쓰는 것이 알맞다.
- ① '벼리'는 '1. 그물의 위쪽 코를 꿰어 놓은 줄. (잡아당겨 그물을 오므렸다 폈다 한다.) 2. 일이나 글의 뼈대가 되는 줄거리'의 의미로, 적절하게 사용되었다.
- ② '몽니'는 '받고자 하는 대우를 받지 못할 때 내는 심술'의 의미로, 적절하게 사용되었다.
- ③ '여남은'은 '열이 조금 넘는 수(의)'의 의미로, 적절하게 사용되었다.
- ⑤ '달포'는 '한 달이 조금 넘는 기간'의 의미로, 적절하게 사용되었다.

24 고유어와 한자어

정답 ⑤

해설 '영특(英特)하다'는 '남달리 뛰어나고 훌륭하다.'의 의미로, '깨끗하고 깔끔하다.'의 의미인 '정갈하다'와는 대응되지 않는다.

25 다의어와 동음이의어

정답 ⑤

해설 〈보기〉의 '오르다'는 '값이나 수치, 온도, 성적 따위가 이전보다 많아지거나 높아지다.'의 의미로 사용된 것으로, ⑤의 '온도가 오르다'에서 사용된 '오르다'와 의미가 같다.
- ① '기운이나 세력이 왕성해지다.'의 의미로 사용되었다.
- ② '몸 따위에 살이 많아지다.'의 의미로 사용되었다.
- ③ '어떤 정도에 달하다.'의 의미로 사용되었다.
- ④ '탈것에 타다.'의 의미로 사용되었다.

26 속담

정답 ①

해설 '여름 하늘에 소낙비'는 '흔히 있을 만한 일이니 조금도 놀랄 것이 없음을 비유적으로 이르는 말'이므로, '뜻하지 아니한 상황에서 뜻밖에 입는 재난'을 의미할 때는 '마른하늘에 날벼락'이라는 속담이 적절하다.
- ② '하늘을 쓰고 도리질하다'는 '1. 세력을 믿고 기세등등하여 아무것도 거리낌 없이 제 세상인 듯 교만하고 방자하게 거들먹거림을 비꼬는 말 2. 터무니없는 것을 믿는 어리석음을 조롱하는 말'로, 적절하게 사용되었다.
- ③ '손가락에 불을 지르고 하늘에 오른다'는 '1. 상대편이 어떤 일을 하는 것에 대하여 도저히 할 수가 없을 것이라고 장담할 때 하는 말 2. 자기가 주장하는 것이 틀림없다고 장담하는 말'로, 적절하게 사용되었다.
- ④ '하늘로 호랑이 잡기'는 '하늘의 힘을 빌려 호랑이를 잡는다는 뜻으로, 온갖 권력을 다 가지고 있어 못하는 일이 없음을 비유적으로 이르는 말'로, 적절하게 사용되었다.
- ⑤ '하늘 보고 주먹질(손가락질) 한다'는 '1. 상대가 되지도 아니하는 보잘것없는 사람이 건드려도 꿈쩍도 아니 할 대상에게 무모하게 시비를 걸며 욕함을 비유적으로 이르는 말 2. 어떤 일을 이루려고 노력을 하나 그럴 만한 능력이 없으므로 공연한 짓을 함을 비유적으로 이르는 말'로, 적절하게 사용되었다.

27 한자성어

정답 ③

해설
- ① 백가쟁명(百家爭鳴): 많은 학자나 문화인 등이 자기의 학설이나 주장을 자유롭게 발표하여, 논쟁하고 토론하는 일을 이르는 말
- ② 백고불마(百古不磨): 몇백 년이 지나도 닳아 없어지지 아니하고 남음을 이르는 말
- ④ 백면서생(白面書生): 한갓 글만 읽고 세상일에는 전혀 경험이 없는 사람을 이르는 말
- ⑤ 백척간두(百尺竿頭): 백 자나 되는 높은 장대 위에 올라섰다는 뜻으로, 몹시 어렵고 위태로운 지경을 이르는 말

28 관용 표현

정답 ④

해설 '시색 좋다'는 '당대에 행세하는 것이 버젓하다.'는 의미로, '자기보다 잘되거나 나은 사람을 공연히 미워하고 싫어하다.'의 의미를 지닌 표현은 '시새우다'이다.

29 한자어의 순화

정답 ②

해설 '고지(告知)하다'는 게시나 글을 통하여 알린다는 의미로, 쉬운 말로 표현하면 '알렸다(알리다)'가 적절하다.

30 외래어의 순화

정답 ⑤

해설 '가이드라인(guide-line)'은 '생활이나 행동 따위의 지도적 방법이나 방향을 인도하여 주는 준칙'이라는 의미이므로 '지침' 또는 '방침'으로 바꾸어 쓰는 것이 적절하다. '한계선'은 '데드라인(deadline)'의 순화어이다.
- ① '팝업 창'은 '특정 웹사이트에서 어떠한 내용을 표시하기 위해 갑자기 생성되는 새 창'이라는 의미로, '알림 창'으로 바꾸

어 쓰는 것이 적절하다.
② '셔틀 버스'는 '일정한 구간을 정기적으로 반복하여 다니는 버스'란 의미로, '순환 버스'로 바꾸어 쓰는 것이 적절하다.
③ '페이백'은 '물건을 구매하거나 계약을 체결할 때, 지불할 금액에서 일정 금액을 되돌려 주는 것'이란 의미로, '보상 환급'으로 바꾸어 쓰는 것이 적절하다.
④ '박스 오피스'는 '영화나 공연의 흥행으로 거두어들이는 수익'이란 의미로, '흥행 수익'으로 바꾸어 쓰는 것이 적절하다.

31~45 어법

31 표준어
정답 ①
해설 수컷을 이르는 접두사는 '수-'로 통일한다. 다만, '수캉아지, 수캐, 수컷, 수탉, 수평아리, 수퇘지' 등의 단어에서는 접두사 다음에서 나는 거센소리를 인정한다. 꿩의 수컷을 나타내는 표준어는 '수꿩'이다.

32 한자어의 표기
정답 ①
해설 한자어의 첫 번째 음절은 두음 법칙이 적용되고 두 번째 음절은 두음 법칙이 적용되지 않으므로, '낭랑(朗朗)하다'로 표기해야 한다.
②·③·④ 한자어의 첫 번째 음절은 두음 법칙이 적용되고, 두 번째 음절은 두음 법칙이 적용되지 않으므로 적절한 표기이다.
⑤ [여:년불망]으로 발음되나, 관습화된 표기를 존중하여 '연연불망(戀戀不忘)'으로 적는다.

> **TIP** 한자어의 두음 법칙
> • 두음 법칙을 적용하는 경우
>   예 낭랑(朗朗)하다, 냉랭(冷冷)하다, 녹록(碌碌)하다, 늠름(凜凜)하다, 연년생(年年生), 염념불망(念念不忘), 역력(歷歷)하다, 인린(燐燐)하다
> • 관습화된 표기를 존중하여 두음 법칙을 적용하지 않는 경우
>   예 연연불망(戀戀不忘), 연연(戀戀)하다, 유유상종(類類相從), 누누(屢屢/累累)이

33 표준어
정답 ④
해설 '짤막하다'가 옳은 표기이다. 명사나 어간 뒤에 자음으로 시작된 접미사가 붙어서 된 말은 그 명사나 어간의 원형을 밝히어 적는다. 다만, '짤막하다, 말끔하다, 말쑥하다, 널따랗다, 할짝거리다'와 같이 겹받침의 끝소리가 드러나지 아니하는 것은 소리대로 적는다.

34 띄어쓰기
정답 ②
해설 보조 용언은 띄어 씀을 원칙으로 하되, 경우에 따라 붙여 씀도 허용한다. 다만, 앞말에 조사가 붙거나 앞말이 합성 용언인 경우, 그리고 중간에 조사가 들어갈 적에는 그 뒤에 오는 보조 용언은 띄어 쓴다. '덤벼들어 보다'의 '보다'는 '어떤 행동을 시험 삼아 함.'의 의미로 쓰인 보조 동사이지만, '덤벼들어'가 합성 용언이므로 뒤의 보조 용언 '보다'는 반드시 띄어 써야 한다.
①·③ '먹어 보다'와 '열어 보다'의 '보다'는 '어떤 행동을 시험 삼아 함.'의 의미로 쓰인 보조 동사로 붙여 쓰는 것도 허용된다.
④ '당해 보다'의 '보다'는 '어떤 일을 경험함.'의 의미로 쓰인 보조 동사로 붙여 쓰는 것도 허용된다.
⑤ '때리고 보다'의 '보다'는 '앞말이 뜻하는 행동을 하고 난 후에 뒷말이 뜻하는 사실을 새로 깨닫게 되거나, 뒷말이 뜻하는 상태로 됨.'의 의미로 쓰인 보조 동사로 붙여 쓰는 것도 허용된다.

35 용언의 활용
정답 ④
해설 어간의 끝 'ㅅ'이 줄어질 적에는 준 대로 적으므로 '그으니'가 올바른 활용형이다. 예 그어/그으니(긋다), 나아/나으니(낫다), 이어/이으니(잇다), 지어/지으니(짓다)
① 어간의 끝 'ㄹ'이 줄어질 적에는 준 대로 적는다. 예 가니(갈다), 노니(놀다), 둥그니(둥글다), 부니(불다), 어지니(어질다)
② 어간의 끝 'ㅜ, ㅡ'가 줄어질 적에는 준 대로 적는다. 예 꺼(끄다), 담가(담그다), 떠(뜨다), 커(크다), 퍼(푸다)
③ 어간의 끝 'ㄷ'이 'ㄹ'로 바뀔 적에는 바뀐 대로 적는다. 예 걸어/걸으니(걷다), 들어/들으니(듣다), 물어/물으니(묻다), 실어/실으니(싣다)
⑤ 어간의 끝음절 '르'의 'ㅡ'가 줄고, 그 뒤에 오는 어미 '-아/어'가 '-라/러'로 바뀔 적에는 바뀐 대로 적는다. 예 갈라(가르다), 굴러(구르다), 별러(벼르다), 불러(부르다), 올라(오르다)

36 문장 부호
정답 ④
해설 괄호 안에 또 괄호를 쓸 필요가 있을 때 바깥쪽의 괄호는 대괄호([ ])를 쓴다. '이번 회의에는 두 명[이혜정(실장), 박철용(과장)]만 빼고 모두 참석했습니다.'와 같이 대괄호([ ])를 사용하는 것이 적절하다.
① 고유어에 대응하는 한자어를 함께 보일 때 대괄호([ ])를 쓴다.
② 열거된 항목 중 어느 하나가 자유롭게 선택될 수 있음을 보일 때 중괄호({ })를 쓴다.
③ 주석이나 보충적인 내용을 덧붙일 때 소괄호(( ))를 쓴다.
⑤ 생략할 수 있는 요소임을 나타낼 때 소괄호(( ))를 쓴다.

37 표준 발음법
정답 ②
해설 받침 'ㄷ, ㅌ(ㄾ)'이 조사나 접미사의 모음 'ㅣ'와 결합하는 경우, 뒤 음절 첫 소리의 발음이 [ㅈ, ㅊ]으로 바뀌는 현상이다. 예 굳이 → [구지], 굳히다 → [구치다]
① 예사소리였던 것이 된소리로 바뀌는 현상이다. 예 국밥 → [국빱], 심다 → [심따]
③ 음절 끝 자음이 그 뒤에 오는 자음과 만날 때, 어느 한쪽이 다른 쪽과 비슷하거나 같은 소리로 바뀌거나 양쪽의 소리가 서로 닮는 현상이다. 예 밥물 → [밤물], 섭리 → [섭니]
④ 두 음절 이상의 단어에서, 뒤의 모음이 앞 모음의 영향으로 그와 가깝거나 같은 소리로 바뀌는 현상이다. 예 알록달록, 얼룩덜룩

⑤ 'ㅣ'로 끝나는 어간 뒤에 '어'로 시작하는 어미가 올 때 '어'를 [ㅕ]로 발음하는 현상이다. 예 되어[되어/되여], 피어[피어/피여]

38 방언

정답 ④

해설
① '깊이 숙이다.'라는 의미를 지닌 말로 표준어이다.
② '맨 처음으로 물건을 파는 일'이라는 의미를 지닌 말로 표준어이다.
③ '과연 정말로'라는 의미를 지닌 말로 표준어이다.
⑤ '재물 따위를 함부로 써 버리다.'라는 의미를 지닌 말로 표준어이다.

39 표준 발음법

정답 ④

해설 'ㅎ(ㄶ)' 뒤에 'ㅅ'이 결합하는 경우, 'ㅅ'을 [ㅆ]으로 발음하는 된소리되기 현상이 일어난다. '않소'는 된소리되기 현상이 일어나 [안쏘]로 발음된다.
① '않게'는 'ㅎ(ㄶ)' 뒤에 'ㄱ'이 결합되는 경우로 뒤 음절 첫소리와 합쳐서 'ㅋ'으로 발음하는 음운 축약 현상이 일어나 [안케]로 발음된다.
② '않는'은 'ㅎ(ㄶ)' 뒤에 'ㄴ'이 결합되는 경우로 'ㅎ'을 발음하지 않는 음운 탈락 현상이 일어나 [안는]으로 발음된다.
③ '않다'는 'ㅎ(ㄶ)' 뒤에 'ㄷ'이 결합되는 경우로 뒤 음절 첫소리와 합쳐서 'ㅌ'으로 발음하는 음운 축약 현상이 일어나 [안타]로 발음된다.
⑤ '않은'은 'ㅎ(ㄶ)' 뒤에 모음으로 시작된 어미나 접미사가 결합되는 경우로 'ㅎ'을 발음하지 않는 음운 탈락 현상이 일어나 [아는]으로 발음된다.

40 외래어 표기법

정답 ②

해설
① '라이선스'가 옳은 표기이며, 가능한 한 '면허, 허가'와 같은 우리말로 바꾸어 쓰는 것이 좋다.
③ '난센스'가 옳은 표기이며 가능한 한 '당찮은 말' 같은 우리말로 바꾸어 쓰는 것이 좋다.
④ '카스텔라'가 옳은 표기이다.
⑤ '엔도르핀'이 옳은 표기이다.

41 로마자 표기법

정답 ②

해설 된소리되기는 표기에 반영하지 않으므로 'Sanae Matseon'으로 표기해야 한다.
① 'ㅓ'는 'eo'로 표기한다.
③ 'ㅘ'는 'wa', 'ㅡ'는 'eu', 'ㅕ'는 'yeo'로 표기한다.
④ 'ㄹ'은 모음 앞에서는 'r'로, 자음 앞이나 어말에서는 'l'로 표기한다.
⑤ 'ㄱ, ㄷ, ㅂ'은 모음 앞에서는 'g, d, b'로, 자음 앞이나 어말에서는 'k, t, p'로 표기한다.

42 어법에 맞는 표현

정답 ③

해설 '사망이나 부상'은 서술어 '당하다'의 목적어로, '부상을 당하다'는 적절하게 호응되나 '사망을 당하다'는 어색하다. 따라서 '사망이나 부상을 당하면'을 '사망하거나 부상을 당하면'으로 고치는 것이 적절하다.

43 어법에 맞는 표현

정답 ①

해설 '누님'을 높이기 위해 '께서'라는 주격 조사와 '계시다'라는 특수 어휘를 사용하였다. '-어요'라는 종결 어미는 '누님'이 아니라 청자인 '형님'을 높이기 위해 사용한 상대 높임법이다.

44 어법에 맞는 표현

정답 ③

해설 현서와 연희의 위치만 바뀌었을 뿐 여전히 중의성이 있다. '연희와 현서는 은결을 격려해 주었다.'로 수정하는 것이 적절하다. 만약 격려를 받는 사람이 현서와 은호라면 '연희는 현서와 은호 두 사람을 격려해 주었다.'로 수정할 수 있다.
① 적절한 표현이다. 만약 표현하려는 의미가 '희주가 키가 크다.'라면, '키가 큰, 희주의 친구를 만났다.'로 수정할 수 있다.
② 적절한 표현이다. 만약 '나'와 '동생'이 비교 대상이라면, '내가 강아지를 좋아하는 것보다 동생이 더 강아지를 좋아한다.'로 수정할 수 있다.
④ 적절한 표현이다. 만약 표현하려는 의미가 '지수가 아이들을 만나고 싶어 한다.'라면, '지수는 만나고 싶은 아이들이 많다.'로 수정할 수 있다.
⑤ 적절한 표현이다. 만약 표현하려는 의미가 '준혁이가 소유한 그림이 아니다.'라면 '준혁이가 가진 그림이 아니다.'로 수정할 수 있다.

45 번역 투 표현

정답 ⑤

해설 '~을/를 필요로 한다'와 '~이/가 요구된다'의 뜻을 지닌 영어 'require'의 번역 투 표현이므로 '각별하게 주의해야 한다'로 고쳐 써야 한다.
① 일본어의 번역 투 표현으로, 적절하게 수정되었다.
② 영어의 수동태를 직역한 번역 투 표현으로, 적절하게 수정되었다.
③ 영어의 'cannot ~ too(아무리 ~ 하여도 지나치지 않다)'를 직역하여 쓴 표현으로, 적절하게 수정되었다.
④ 영어 'have'의 번역 투 표현으로, 적절하게 수정되었다.

46~50 쓰기

46 글쓰기 계획 – 계획하기

정답 ③

해설 글의 목적이 우리나라의 고령화 문제와 해결책을 제시하는 것이므로 고령화된 사회의 문제점과 심각성을 밝혀야 한다. '우리나라 복지 제도의 실태와 과제'는 글에서 다루는 내용과 비교하여 범주가 너무 커서 글의 통일성이 떨어지므로 〈글쓰기 계획〉의 내용으로 적절하지 않다.
① 우리나라 고령화의 실태를 제시함으로써 사안의 심각함을 효과적으로 알릴 수 있으므로 글의 내용으로 적절하다.

② 앞서 고령화로 인한 문제점을 제시해야 뒤에 해결책을 제시할 수 있으므로 글의 내용으로 적절하다.
④ 글의 목적이 고령화 문제와 그에 대한 해결책을 제시하기 위한 것이므로 글의 내용으로 적절하다.
⑤ 초고령 사회를 대비하여 고령화 문제와 그에 대한 해결책을 제시하는 글이므로 마지막에 초고령 사회를 위한 대비를 촉구하는 것은 글의 내용으로 적절하다.

47 글쓰기 계획 – 자료의 활용

정답 ④

해설 ㉢에 따르면 국민연금의 재정전망이 좋지 않으므로 고령 인구를 위한 예산 확대는 적절하지 않으며, 추가적인 노후 대비의 필요성과도 관련이 없다. 또한 ㉤에서 들고 있는 해외 선진국들의 노령 인구에 대한 일자리 제공 노력 사례와도 관련이 없다. 따라서 ㉢과 ㉤을 활용하여, 국민연금의 재정전망이 좋지 않으므로 노령 인구의 일자리 제공을 통해 노령화 문제의 개선이 필요함을 밝히는 것이 적절하다.

48 글쓰기 계획 – 개요 수정

정답 ①

해설 '우리나라 사회의 실태'는 문제가 되는 대상이 명확하지 않으므로 하위 항목과 관련된 내용인 '우리나라의 고령화 실태'가 더 적절하다.
② '노동 생산성 저하'는 고령화로 인한 문제점에 해당하므로, Ⅱ의 하위 항목에 적절하다.
③ Ⅱ의 하위 항목에는 고령화로 인한 문제점과 관련된 내용이 들어가야 하므로 '고령화 사회의 원인'은 어울리지 않는다.
④ '사회 비용 증가'는 고령화로 인한 문제점을 나타내기에 대상의 범위가 포괄적이므로 '의료·복지 비용 증가'로 한정하여 구체화해야 한다.
⑤ '캠페인 제안'은 고령화 문제의 해결 방안에 해당하므로 글의 마무리로 적절하지 않으며, 앞서 고령화로 인한 문제점을 파악하고 그에 따른 해결 방안을 모색해 보았으므로, 정부에게 초고령 사회를 대비하기 위한 노력을 촉구하는 내용으로 마무리되는 것이 적절하다.

49 고쳐 쓰기 – 미시적 점검

정답 ⑤

해설 '확립하다'의 주어는 생략되었지만, 문맥상 '각종 제도를 확립'할 수 있는 권한을 가진 '정부'가 주어임을 알 수 있으며, 목적어는 '각종 제도를'이다. 따라서 수동의 표현인 '확립되다'가 아닌 능동의 표현인 '확립하다'가 적절하므로 수정하지 않아도 된다.
① 고령화는 문맥상 부정적인 현상이기 때문에 '발전되다'라는 어휘와는 어울리지 않는다.
② 앞뒤의 두 문장 모두 의료·복지 측면의 문제점을 제시하고 있다. 앞의 문장은 의료·복지 비용이 증가한다는 내용이고, 뒤의 문장은 국가 재정 위기가 올 수 있다는 내용이므로 두 문장 사이에 '또한'이 들어가는 것이 적절하다.
③ 고령자의 신체 기능 및 인지 능력 감퇴는 업무의 생산성 하락으로 이어질 수 있어, 이로 인해 고령자의 고용률이 낮다는 흐름이 자연스럽다.
④ 해당 문단에는 고령자에게 지속가능한 일자리를 제공해 주는 것이 해결 방안이라고 하였으므로 사람을 사귀고 사회성을 향상시킨다는 내용은 어색하다.

50 고쳐 쓰기 – 거시적 점검

정답 ②

해설 글에 15세 이상 인구 전체 고용률과 고령자의 고용률, 그리고 노인빈곤율의 구체적인 수치는 나와 있지만 출처가 나와 있지 않아 신뢰성이 떨어진다. 따라서 정보의 출처를 제시하여 신뢰성을 높여야 한다.
① 인구 증가율을 조사하는 방식으로는 고령화 문제나 이에 대한 해결 방안을 도출할 수 없으므로 이를 삽입하는 것은 글의 타당성을 높이는 것과 관련이 없다.
③ 남녀별 사망 원인을 제시하는 것은 고령화 문제와는 내용상 관련이 없으므로 사실성을 높이는 것과 관련이 없다.
④ 국민연금 수급 중인 고령자와의 인터뷰는 글의 주제를 뒷받침할 수 없으므로 내용의 적절성이 확보되지 않는다.
⑤ 제시된 글은 고령화 문제를 대비하고 해결하도록 촉구하는 내용이므로 구체적인 시행 내용과 시행 기간은 정부에서 마련할 부분이다.

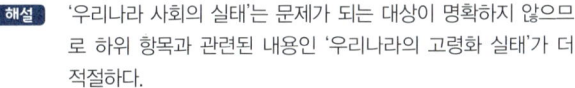

51 텍스트 창안 – 유비 추론을 활용한 내용 생성

정답 ①

해설 탁구의 복식 경기는 단식 경기와는 다르게 같은 팀의 파트너를 항상 고려하여 경기해야 하므로, 이를 팀 업무에 비유했을 때 개인 업무의 빠른 진행보다는 파트너에 대한 이해, 사전 업무 조율, 서로 다른 능력이나 전문성으로 얻을 수 있는 효과 등에 초점을 맞추는 것이 적절하다.
② 둘만의 사인을 만들면 효율적인 경기 운영이 가능해진다는 점에서 업무에 들어가기 전에 공유할 양식이나 규칙을 만들어 두면 업무의 효율적인 진행이 가능하다는 점을 착안할 수 있다.
③ 복식 경기 시 좁은 공간에서 각자의 공간을 확보하며 빠르게 움직여야 한다는 점에서 서로 겹치지 않도록 역할을 분담하여 업무를 진행하였을 때 더욱 효율적으로 일을 해결할 수 있다는 점을 착안할 수 있다.
④ 선수가 오른손잡이인지, 왼손잡이인지에 따라 다른 움직임을 보이며, 선수의 조합이 경기 운영에 영향을 미친다는 점에서 업무 시 서로의 강점이 되는 능력이나 전문성을 잘 파악해 두는 것이 중요하다는 점을 착안할 수 있다.
⑤ 복식 경기의 특성상 오른손잡이 선수와 왼손잡이 선수의 조합이 가장 이상적이라는 점에서 업무 시 능력이나 전문성에서 차별점이 있는 파트너와의 업무 결과가 더 좋을 수 있다는 점을 착안할 수 있다.

52 텍스트 창안 – 유비 추론을 활용한 내용 생성

정답 ②

해설 문맥상 ㉠의 '단식 경기'와 ㉡의 '복식 경기'는 대립의 의미 관계를 가지고 있으므로, 대립 관계를 맺고 있지 않은 사자성어를 찾아야 한다. '연목구어(緣木求魚)'는 '나무에 올라가서 물고기를 구한다는 뜻으로, 도저히 불가능한 일을 굳이 하려 함을 이르는 말'이고, '육지행선(陸地行船)'은 '육지에서 배를 저으려 한다는 뜻으로, 안 되는 일을 억지로 하려 함을 이르는 말'이다. 따라서 비슷한 의미 관계에 있다고 볼 수 있다.
① '견원지간(犬猿之間)'은 '개와 원숭이의 사이라는 뜻으로, 사이가 매우 나쁜 두 관계를 이르는 말'이고, '수어지교(水魚之

하)'는 '물이 없으면 살 수 없는 물고기와 물의 관계라는 뜻으로, 아주 친밀하여 떨어질 수 없는 사이를 이르는 말'이다.
③ '역지사지(易地思之)'는 '처지를 바꾸어서 생각하여 봄을 이르는 말'이고, '적반하장(賊反荷杖)'은 '도둑이 도리어 매를 든다는 뜻으로, 잘못한 사람이 아무 잘못도 없는 사람을 나무람'이르는 말'이다.
④ '백년대계(百年大計)'는 '먼 앞날까지 미리 내다보고 세우는 크고 중요한 계획을 이르는 말'이고, '고식지계(姑息之計)'는 '우선 당장 편한 것만을 택하는 꾀나 방법. 한때의 안정을 얻기 위하여 임시로 둘러맞추어 처리하거나 이리저리 주선하여 꾸며 내는 계책을 이르는 말'이다.
⑤ '금상첨화(錦上添花)'는 '비단 위에 꽃을 더한다는 뜻으로, 좋은 일 위에 또 좋은 일이 더하여짐을 이르는 말'이고, '설상가상(雪上加霜)'은 '눈 위에 서리가 덮인다는 뜻으로, 난처한 일이나 불행한 일이 잇따라 일어남을 이르는 말'이다.

53 텍스트 창안 – 유비 추론을 활용한 내용 생성

정답 ④

해설 내가 친 공이 상대 팀을 통해 파트너에게 어떻게 전달될지를 고려하여 적절한 높이와 강도로 공을 쳐야 한다는 점에서 나의 말에 영향을 받을 파트너를 고려하여 적절한 방식으로 말해야 한다는 점을 착안할 수 있다.
① 경기 시 파트너와 같은 목표를 가지므로 상대방과 의견이 다른 것으로 착안하는 것은 적절하지 않다.
② 오른손잡이, 왼손잡이라는 서로 다른 특성을 가진 선수의 조합이 경기 시 가장 이상적이라고 하였으므로, 같은 경험을 공유한 상대방이 아니라면 대화에서 유의미한 내용을 기대할 수 없다는 내용은 적절하지 않다.
③ 해당 주장을 착안할 수 있는 내용이 없다.
⑤ 내가 말하고자 하는 것에 대한 이해 여부에 따라 말을 하거나 하지 않는 문제가 아니라, 나의 말이 상대방에게 어떻게 전달될지를 고려해야 한다는 점에 초점이 맞춰져야 한다.

54 그림 창안 – 시각 리터러시

정답 ④

해설 (가)의 프리즘은 한 가지의 빛을 다양한 색상의 빛으로 통과시킨다는 특징이 있다. 따라서 '하나의 대상이 다양한 형태로 인지될 수 있다.'라는 내용이 핵심으로 적절한 반면, ㉣의 '다양한 자료를 적절하게 잘 활용하여 하나의 주제로 명확하게 전달해야 한다.'라는 내용은 프리즘을 분석한 내용과 반대되는 주제이다.
(나)의 양파는 여러 겹의 잎으로 이루어졌다는 특징이 있으므로, '하나의 대상에도 다양한 면이 있다.'라는 내용이 핵심으로 적절하며, 또한 '보이는 것만으로 판단하지 말고, 다양한 면을 발견하고자 노력해야 한다.'라는 내용이 주제로 적절하다.

55 그림 창안 – 구체적 그림을 활용한 내용 생성

정답 ①

해설 (가)와 (나)의 공통적인 특징은 프리즘을 거쳐서 보거나 내면을 자세히 살펴보았을 때 겉으로 봐서는 알 수 없는 또 다른 면모를 발견할 수 있다는 것이다. 따라서 (가), (나)의 특징을 담고 있는 시로는 자세히 보고, 오래 보아서 예쁘고 사랑스러움을 발견하게 되는 나태주의 「풀꽃」이 가장 적절하다.

56 그림 창안 – 유비 추론을 활용한 내용 생성

정답 ⑤

해설 프리즘은 한 가지 색상의 빛을 다양한 색상의 빛으로 통과시키는 특징을 가지고 있기 때문에, 한 가지의 색상을 한 분야의 학문 또는 기술로 보았을 때, 한 분야의 연구를 통해 만들어 낸 결과물을 다양한 분야에 활용할 수 있다는 내용이 가장 적절하다.

57 그림 창안 – 구체적 그림을 활용한 내용 생성

정답 ③

해설 (가)-B, (나)-B, (다)-B는 각각 '물고기', '요리', '화재'에 대한 그림으로, 공통적으로 '필요 관계'에 있는 것은 '물'이다. '물고기'에게는 살아가는 환경으로 '물'이 필요하고, '요리'에는 재료로 '물'이 필요하며, '화재'에는 진압 또는 제지를 위해 '물'이 필요하다.

58 그림 창안 – 구체적 그림을 활용한 내용 생성

정답 ①

해설 A가 (가)-B의 환경이 되는 관계와 유사한 표현은 '쑥이 삼밭에 섞여 자라면 삼대처럼 곧아진다는 뜻으로, 좋은 환경에서 자라면 좋은 영향을 받게 됨을 비유적으로 이르는 말'인 '삼밭에 쑥대'가 가장 적절하다.
② '금강산도 식후경'은 '아무리 재미있는 일이라도 배가 불러야 흥이 나지 배가 고파서는 아무 일도 할 수 없음을 비유적으로 이르는 말'로, 배부르게 하는 식사에서 '동력원'의 의미를 찾을 수 있다.
③ '마른논에 물 대기'는 '일이 매우 힘들거나 힘들여 해 놓아도 성과가 없는 경우를 이르는 말'로, 논에 대는 물에서 '도구 또는 재료'의 의미를 찾을 수 있다.
④ '다 된 죽에 코 빠뜨린다'는 '거의 다 된 일을 망쳐 버리는 주책없는 행동을 비유적으로 이르는 말'로, '제지 또는 방해'의 의미를 찾을 수 있다.
⑤ '이가 없으면 잇몸으로 산다'는 '요긴한 것이 없으면 안 될 것 같지만 없으면 없는 대로 그럭저럭 살아 나갈 수 있음을 이르는 말'로, '대체'의 의미를 찾을 수 있다.

59 텍스트 창안 – 유비 추론을 활용한 내용 생성

정답 ⑤

해설 남극 펭귄 무리들이 바다에 뛰어들기를 머뭇거리다가 '퍼스트 펭귄'이 먼저 뛰어들면 잇달아 뛰어드는 모습을 통해 일부 소비자가 새로운 제품을 구매하기 망설이다가 다른 사람들이 구매하면 덩달아 구매하는 모습을 착안할 수 있다.

60 텍스트 창안 – 유비 추론을 활용한 내용 생성

정답 ④

해설 '퍼스트 펭귄'은 불확실하고 불안정하더라도 먼저 도전하고, 다른 펭귄들을 위해 살신성인하는 성격을 가지고 있다. 그러나 '그 순간에만 할 수 있는 경험'과는 관계가 없다.

61~90 읽기

61 문학 텍스트 이해하기
정답 ④
해설 ㉠은 화자가 청자와 함께 물이 되어 만나, 가문 집에서 반가워하고 키 큰 나무와 함께 서는 비와 같이 만나기를 기대하고 있고, ㉡은 물로 불을 끄고 화자와 청자가 흐르는 물로 만나기를 기대하고 있다.
① ㉠은 하강의 이미지는 맞지만, '비'는 '생명력', '순수성'의 의미를 가진 '물'을 의미하므로, '소멸'을 의미하지 않는다. ㉡은 불이 꺼지는 모습을 구체화한 것으로, 상승의 이미지라고 볼 수 없으며, '불'은 '물'과 대립적인 이미지로, '죽음', '순수함이 결여된 존재'를 의미하므로 '생명'을 의미한다고 볼 수 없다.
② · ③ ㉠과 ㉡은 화자가 청자와 함께 물이 되어 만나 다른 생명을 살리고자 하는 이상을 나타낸 것이므로, 상황의 진행 여부나 이에 대한 불안감 또는 안도감은 나타나지 않으며, 공동체의 이상향, 위태로운 현실 상황과도 관련이 없다.
⑤ ㉠과 ㉡은 '우르르 우르르', '푸시시 푸시시'라는 음성 상징어를 사용하여 생동감을 주고 있다. 화자의 현실에 대한 인식과는 관련이 없다.

62 문학 텍스트 비판하기
정답 ④
해설 대립적인 대표적인 이미지인 '물'과 '불'을 이용해 시상을 전개하고 있으나, 이를 통해 현대 사회에 대한 비판 의식을 드러내고자 하는 것은 아니다.

63 문학 텍스트 이해하기
정답 ⑤
해설 주인공은 아내가 고무신짝을 발견하고 취했을 행동을 추측하면서 사건의 경과를 요약하고 있다. 이를 통해 독자들은 '나'와 아내가 겪는 현재 상황에 대해 쉽게 이해할 수 있다.
① 장면 전환이 크게 이루어지지 않으며, 시간의 흐름에 따라 사건이 진행된다. 또한 '나'와 아내 간의 갈등이 아니므로 인물 간의 갈등이라고 볼 수 없다.
② 큰 산을 회상하는 장면이 있으나 구체적인 내부 이야기가 있는 것은 아니므로 액자식 구성을 취한다고 보기는 어렵다.
③ 1인칭 주인공 시점으로 서술되어 있으며, 주인공의 주관적인 시선으로 사건들을 설명하고 있다. 따라서 자신의 심리를 배제하고 객관적인 시선으로 사건들을 설명한다는 것은 적절하지 않다.
④ 주인공 '나'는 '이치에 닿지 않는 소리는 싫다.'라는 말을 하면서도 고무신짝을 발견하고 공포를 느끼고 있다. 이를 통해 '나'는 합리적 사고방식과 비합리적 사고방식(주술적 사고방식)이 혼재되어 혼란을 겪고 있음을 알 수 있다.

64 문학 텍스트 비판하기
정답 ⑤
해설 액을 넘긴 이웃에 대한 분노 때문이 아닌, 집 마당에 남이 신던 고무신짝이 떨어져 있으면 액운이 생긴다고 믿는 비합리적 사고방식 때문에 공포감을 느끼는 것이다.

65 문학 텍스트 비판하기
정답 ④
해설 〈보기〉에서는 맑고 막힘없는 통찰, 시선, 미래에 대한 전망, 포용 등의 다각적인 의미를 가지고 있는 '큰 산'이 부재하기 때문에 현대인들이 흰 고무신 한 짝에 놀라고 어떻게든 다른 사람에게 액운을 넘길 생각만 하며 서로 조화를 이루지 못하고 윤리성을 잃어가고 있음을 이야기하고 있다. 결국, '큰 산'은 이기적이고 소시민적인 모습을 보이는 현대인들이 윤리성을 회복하고 서로 조화를 이루며 포용할 수 있도록 균형을 잡아 주는 존재라고 할 수 있다.
참고 KBS 라디오 책방 '큰 산' 방민호 교수(서울대학교 국어국문학)

66 학술 텍스트 이해하기
정답 ③
해설 특정 현상의 원인과 이에 대한 정부의 대처법, 그리고 핵심 개념을 설명하면서 구체적인 사례를 함께 제시하여 독자의 이해를 돕고 있다.
참고 2018학년도 대학수학능력시험

67 학술 텍스트 추론하기
정답 ③
해설 1문단에 따르면, 자동성은 정책을 수행하기 위해 별도의 행정기구를 설립하지 않고 기존의 조직을 활용하는 정도를 말하는 것으로, 전기 자동차 보조금 제도를 별도의 기구를 설립하여 시행하는 것은 자동성이 낮은 사례라고 볼 수 있다.
참고 위와 같음.

68 학술 텍스트 추론하기
정답 ①
해설 4문단에 따르면, 국내 통화량이 증가하면, 단기의 물가의 경직성으로 실질 통화량이 증가하고 시장 금리는 하락하게 된다. 이는 투자의 기대 수익률 하락으로 이어져, 단기성 외국인 투자 자금이 해외로 유출되거나 신규 해외 투자 자금 유입을 위축시키는 결과를 초래한다. 이 과정에서 자국 통화 가치는 하락하고 환율은 상승한다. 물가가 신축적인 경우에 예상되는 환율 상승에, 금리 하락에 따른 자금의 해외 유출이 유발하는 추가적인 환율 상승이 더해져 추가적으로 나타나는 상승 현상을 환율의 오버슈팅이라고 한다.
참고 위와 같음.

69 학술 텍스트 추론하기
정답 ④
해설 '방지(防止)하다'는 '어떤 일이나 현상이 일어나지 못하게 막다.'의 의미이고, '제어(制御/制馭)하다'는 '상대편을 억눌러서 제 마음대로 다루다.'의 의미이므로 바꿔 쓰기에 적절하지 않다.
참고 위와 같음.

70 학술 텍스트 이해하기
정답 ⑤
해설 4문단에 따르면, 불리한 조건을 스스로 만들어 두면 과제 수행에 실패했을 때는 물론이고 성공했을 때도 자신에게 유리한 평가를 이끌어 낼 가능성이 있다고 하였다.

① 3문단에 따르면, 자존심 같은 성격적 특성이 두드러질 때도 셀프 핸디캐핑이 일어나기 쉽다고 하였으므로 자존심이 강할수록 쉽게 일어난다고 볼 수 있다.
② 4문단에 따르면, 사람들은 누가 셀프 핸디캐핑을 사용한다는 것을 알더라도 그 사람과의 평소 관계를 고려해서 당사자 앞에서는 그것을 직접적으로 지적하지는 않는다고 하였으므로 타인에게 들키지 않는다는 점이 셀프 핸디캐핑의 유혹에 빠지는 이유라고 할 수 없다.
③ 3문단에 따르면, 수행할 과제가 본인에게 중요할수록 일어나기 쉽다고 하였으므로 수행할 과제의 중요도가 높을수록 쉽게 일어난다고 볼 수 있다.
④ 5문단에 따르면, 셀프 핸디캐핑이 단기적으로는 이익이 될지 모르지만 장기적으로는 더 큰 손해가 될 수밖에 없다고 하였다.

참고 2010학년도 11월 고1 전국연합학력평가

71 학술 텍스트 추론하기
정답 ②
해설 셀프 핸드캐핑은 수행할 과제로 인해 긍정적인 평가를 받을 수 있을지 불확실한 경우 과제 수행을 방해할 불리한 조건을 스스로 만들어 내어 부정적인 평가를 약하게 하고자 사용하는 것으로, 가진 능력에 비해 과하게 좋은 평가를 받는 경우는 이에 해당되지 않는다.
참고 위와 같음.

72 학술 텍스트 추론하기
정답 ①
해설 곤란한 목표를 설정하고 불리한 조건을 스스로 만들었으므로 외적 셀프 핸디캐핑과 획득적 셀프 핸디캐핑에 부합한다고 볼 수 있다.
② 내적 셀프 핸디캐핑과 획득적 셀프 핸디캐핑에 부합한다.
③·⑤ 외적 셀프 핸디캐핑과 주장적 셀프 핸디캐핑에 부합한다.
④ 내적 셀프 핸디캐핑과 주장적 셀프 핸디캐핑에 부합한다.
참고 위와 같음.

73 학술 텍스트 추론하기
정답 ①
해설 아리스토텔레스의 목적론에 대한 비판점들에 대해 근거를 들어 목적론의 타당성을 주장하고 있다.
② 질문을 통해 독자의 궁금증을 유발하며 글을 시작하였으나 해당 사안에 대한 관심을 촉구하는 것은 아니다.
③ 아리스토텔레스의 목적론과 그에 대립되는 의견들을 제시하며, 목적론에 대한 타당성을 주장하고 있다.
④ 현재 당면한 과제의 해결을 주제로 한 글이 아니다.
⑤ 인과관계를 설명하고 있지 않으며, 순차적으로 진행되는 사건 또한 설명하고 있지 않다.
참고 2018학년도 대학수학능력시험

74 학술 텍스트 이해하기
정답 ③
해설 1문단에 따르면, 아리스토텔레스의 목적론은 모든 자연물이 내재적 본성에 따라 목적을 추구하는 본성과 그 목적을 실현할 능력을 타고나며, 그 본성적 목적의 실현은 운동 주체에 항상 바람직한 결과를 가져온다고 믿는다.

① 자연물의 물질적 구성 요소를 통해 그것의 본성을 모두 설명할 수 있다는 주장은 목적론과 대립되는 의견으로, 아리스토텔레스는 자연물이 단순히 물질로만 이루어진 것이 아니며, 그것의 본성이 단순히 물리·화학적으로 환원되지 않는다고 반박하였다.
② 근대 사상가들이 당시 과학에 기초한 기계론적 모형이 더 설득력을 갖는다는 일종의 교조적 믿음에 의존하여 아리스토텔레스의 목적론을 거부하고자 하였으나 그에 따른 충분한 근거를 제시하지 못하였다.
④ 생물뿐 아니라 무생물까지 모든 자연물은 본성적 목적을 가진다고 보았다.
⑤ 아리스토텔레스는 인간만이 이성을 지닌다고 생각했다.
참고 위와 같음.

75 학술 텍스트 이해하기
정답 ②
해설 2문단에 따르면, 근대에 모든 사물이 생명력을 갖지 않는 일종의 기계라는 견해가 강조되면서 이를 배경으로 목적론은 인간 이외의 자연물도 이성을 갖는 것으로 의인화한다는 비판을 받았다.
① 3문단에 따르면, 목적론을 거부하거나 거짓이라 단정지을 수 없음을 주장했으나, 과학적인 이론임을 증명한 것은 아니다.
③ 4문단에 따르면, 환원론은 목적론과 대립되는 이론으로, 모든 생물학적 과정이 물리·화학 법칙으로 설명된다고 주장하며, 살아 있는 생명체가 죽은 물질과 다르지 않음을 함축한다.
④ 아리스토텔레스는 목적론이 비과학적이라는 견해에 동의하지 않았으며, 절충안 또한 제시하지 않았다.
⑤ 5문단에 따르면, 아리스토텔레스의 목적론은 자연물이 존재하고 운동하는 원리와 이유를 밝히고자 하는 탐구의 출발점이 되었으며, 생명체의 존재 원리와 이유를 정확히 규명하는 과제는 아직 진행 중이다.
참고 위와 같음.

76 학술 텍스트 추론하기
정답 ④
해설 엠페도클레스의 견해는 목적론과 대립되는 입장을 취하는 것으로, '생물학적 결정론', '환원주의', '자연의 인과적 결정', '유전자 프로그램'은 타고난 생물학적인 특성과 이에 따른 인과가 모든 것을 결정한다는 주장과 맥을 같이 하는 반면, '실천의 자유'는 이들과 대립되어 인간은 내재적 목적에 따른 존재임을 나타낸다.
참고 사이언스타임즈 「생물학적 환원주의 놓고 '격론'」(2008)

77 학술 텍스트 이해하기
정답 ⑤
해설 디지털 카메라가 작동하는 원리인 대비 검출 방식과 위상차 검출 방식의 차이점을 서로 비교하여 설명하고 있다.
참고 2022년도 4월 고3 전국연합학력평가

78 학술 텍스트 이해하기
정답 ④
해설 3문단에 따르면, 위상차 검출 방식은 피사체로부터 반사된 빛 중 주 반사 거울을 통과한 빛이 보조 반사 거울에서 반사되어 한 쌍의 마이크로 렌즈를 통과하면서 분리되고 각각의 AF 센서에 도달한다고 하였다. 주 반사 거울을 통과한 후 보조 반사 거울에 반사된 ㉠이 마이크로 렌즈로 이동한 후 분리되는 것이다.
① 2문단에 따르면, 대비 검출 방식은 촬영 렌즈를 통해 들어온 빛을 피사체의 상이 맺히는 이미지 센서로 바로 보낸다고 하였다.
② 3문단에 따르면, 위상차 검출 방식은 주 반사 거울을 통과한 빛이 보조 반사 거울에서 반사된다고 하였다.
③ 2문단에 따르면, 대비 검출 방식은 빛의 대비가 클수록 이미지 센서에 맺히는 상이 선명해져 초점이 정확하게 맞게 된다고 하였다.
⑤ 3문단에 따르면, 위상차 검출 방식은 주 반사 거울에서 반사된 빛이 뷰파인더로 보내져 촬영자가 피사체를 눈으로 확인할 수 있게 해 준다고 하였다.

참고 위와 같음.

79 학술 텍스트 추론하기
정답 ③
해설 2문단에 따르면, 대비 검출 방식은 촬영 렌즈가 반복적으로 움직여야 하므로 초점을 맞추는 속도가 상대적으로 느려 빠르게 움직이는 피사체를 촬영할 때는 초점을 맞추기 힘들다고 하였으며, 4문단에 따르면, 위상차 검출 방식은 AF 센서에서 초점을 검출하여 촬영 렌즈를 한 번만 이동시키기 때문에 초점을 맞추는 속도가 상대적으로 빠르다고 하였다. 이를 통해 대비 검출 방식보다 위상차 검출 방식이 초점을 맞추는 데 시간이 더 짧게 걸린다는 것을 알 수 있다. 따라서 ⓐ는 '위상차 검출', ⓑ는 '대비 검출', ⓒ는 '짧아서'가 적절하다.

참고 위와 같음.

80 학술 텍스트 추론하기
정답 ④
해설 4문단에 따르면, 빛들이 각각 AF 센서의 b 영역과 c 영역에 퍼져서 도달한 경우 측정된 위상차 값은 정해진 위상차 기준값보다 작아진다. 따라서 (나)의 경우는 X_2가 정해진 위상차 기준값보다 작을 것이다.
① 4문단에 따르면, 빛들이 각각 AF 센서의 a 영역과 d 영역에 퍼져서 도달한 경우 측정된 위상차 값이 정해진 위상차 기준값보다 커지기 때문에 초점이 맞지 않는다. 따라서 (가)에서 초점을 맞추려면 측정된 위상차 값인 X_1을 줄여야 한다.
② 3문단에 따르면, AF 센서는 광학적으로 이미 결정되어 있는 위상차 기준값과 새롭게 측정한 위상차 값을 비교해 초점이 맞았는지 판단한다. 즉, 위상차 기준값은 변하는 것이 아님을 알 수 있다.
③ 4문단에 따르면, 빛들이 AF 센서에 도달하기 전에 수렴하게 되면 초점을 맞추기 위해 촬영 렌즈를 뒤로 이동시킨다. 따라서 (나)의 경우는 초점을 맞추기 위해서 촬영 렌즈를 뒤로 옮겨야 한다.
⑤ 4문단에 따르면, 위상차 검출 방식은 AF 센서에서 초점을 검출하여 촬영 렌즈를 한 번만 이동시킨다. 따라서 (가), (나) 모두 촬영 렌즈는 한 번만 움직이면 된다.

참고 위와 같음.

81 실용 텍스트 이해하기
정답 ②
해설 '나. 서식 정비 내용'에 따르면, 주민등록번호는 앞자리의 생년월일까지만 기재하는 것으로 바뀌었다.
① 워크숍 참석 가능 여부는 워크숍 이틀 전인 23일까지 알려 주어야 한다.
③ 내규 서식 정비 결과는 개정 전문을 보내야 한다.
④ 워크숍을 정기적으로 개최한다는 내용은 나오지 않는다.
⑤ 내규 서식은 자체적으로 정비한 후 규제개혁법무담당관실에 결과를 통보하면 된다.

참고 국립국어원 「한눈에 알아보는 공공언어 바로 쓰기」(2019)

82 실용 텍스트 추론하기
정답 ①
해설 워크숍을 개최하는 목적은 '2.'에 서식 정비의 원활한 추진을 위함이라고 명시되어 있으므로 추가로 제시할 필요는 없다.
② 워크숍 신청 서류를 공문 또는 메일로 제출하라고 하였으므로 메일 주소를 추가로 제시해야 한다.
③ 일시는 날짜와 시간을 의미하므로 시간을 추가로 제시해야 한다.
④ 신청 서류를 서식에 따라 작성하라고 하였으므로 서식을 제공해야 한다.
⑤ 워크숍 당일 자가용 이용 시 지정된 주차장을 이용하라고 하였으므로 주차장의 이름이나 위치를 알려 주어야 한다.

참고 위와 같음.

83 실용 텍스트 이해하기
정답 ④
해설 멸강나방은 2차 이동기인 5~6월, 즉 늦봄에서 초여름에 매우 많은 성충이 중국으로부터 들어온다고 하였다.
① 기온이 높아지면 알이 빨리 부화하기 때문에 해충의 발생 시기도 당겨질 것이라 예상하고 있다.
② 잔류효과가 긴 살충제는 옥수수 6~7잎 시기에 살포해야 하는데, 애벌레가 많은 시기는 9~11잎 시기이다.
③ 방제 시기를 놓치면 살충제를 처리해도 효과가 거의 없고, 적절한 방제 시기 외에 살충제를 쓰면 재배지의 천적을 죽여 오히려 피해가 커질 수도 있다.
⑤ 조명나방의 애벌레는 옥수수 잎 뒷면에 숨어서 옥수수를 가해하므로 눈에 잘 띄지 않는다. 그러므로 성충이 월동한 후 알을 낳으면 그 알에서 깨어난 애벌레를 방제하는 것이 중요하다.

참고 농촌진흥청(2022)

84 실용 텍스트 추론하기
정답 ⑤
해설 앞에서 왕담배나방 발생의 지역적 편차와 피해가 많았던 지역에 대해 이야기하였다. 따라서 옥수수 수확 시기에 발생한 해충의 85%가 왕담배나방이었던 평창의 사례를 이어서 드는 것이 적절하다.

참고 위와 같음.

85 실용 텍스트 추론하기
정답 ③
해설 전문가 의견은 옥수수 수확 시기가 아닌, 방제 시기의 중요성에 대한 내용만 제시되었다.

참고 위와 같음.

86 실용 텍스트 이해하기

정답 ⑤

해설 '1. 정의'에 따르면, ㉠은 '말기환자나 임종과정에 있는 환자', ㉡은 '본인', ㉢은 '담당의사', ㉣은 '상담사'가 적절하다. 제시된 글에 나와 있지는 않지만 ㉤의 연명의료계획서를 등록하는 곳은 '의료기관윤리위원회가 설치되어 있는 의료기관'이다.

참고 국립연명의료기관

87 실용 텍스트 추론하기

정답 ①

해설 '2. 유의사항'에 따르면, 방문기관에서 비용을 요구하는 경우는 보건복지부가 지정한 등록기관이 아닐 가능성이 있다고 하였으므로 등록기관에 비용을 지불할 필요가 없음을 이미 알 수 있다.

참고 위와 같음.

88 실용 텍스트 이해하기

정답 ③

해설 ⓒ: 뇌사에 빠진 환자가 미리 써 둔 사전연명의료의향서가 있는 경우 담당의사와 전문의의 총 2인이 의향서를 확인한다.
① ⓐ: 미리 작성한 사전연명의료의향서가 없지만, 말기 또는 임종 과정에 있는 환자가 자신의 의사를 표현한 경우 담당의사와 연명의료계획서를 작성한다.
② ⓑ: 환자가 미리 작성한 사전연명의료의향서가 있는 경우 환자의 의사 능력이 있다면, 담당의사와 환자가 함께 의향서 등록을 확인한다.
④ ⓓ: 환자가 작성한 서식도 의사 능력도 없으나, 환자의 의사 추정이 가능하다면 환자 가족 2인 이상이 동일하게 진술해야 하고, 이를 담당의사와 해당 분야 전문의가 확인한다.
⑤ ⓔ: 환자가 작성한 서식도, 의사 능력도 없고 환자의 의사 추정도 불가능하다면, 환자 가족 전원이 합의한 연명의료중단 등결정에 대해 담당의사와 해당 분야 전문의가 확인한다.

참고 위와 같음.

89 실용 텍스트 이해하기

정답 ②

해설 ① 70대 이상부터는 연명의료계획서 등록자 수가 줄어드는 추세이다.
③ 사전연명의료의향서 등록자 중 30대 남성(2,380명)의 수는 30대 여성(5,173명)의 수보다 적다.
④ 사전연명의료의향서 등록자 중 80세 이상 여성(161,406명)의 수는 80세 이상 남성의 두 배(81,969×2=163,938명)를 넘지 않는다.
⑤ 사전연명의료의향서는 여성이, 연명의료계획서는 남성이 더 많이 등록했다.

참고 국가생명윤리정책원

90 실용 텍스트 이해하기

정답 ④

해설 2019년 사전연명의료의향서의 등록 건수는 432,138명이므로 적절하지 않다.
① 인구 1,000명당 사전연명의료의향서 등록 비율이 매년 증가하고 있다.
② 사전연명의료의향서의 연 등록 건수는 2019년에 432,138명이다.
③ 사전연명의료의향서의 누적 등록 건수는 2020년에 790,193명이다.
⑤ 사전연명의료의향서의 누적 건수 그래프의 기울기가 2019~2020년보다 2020~2021년에 더 가파르다.

참고 위와 같음.

91~100 국어문화

91 매체와 국어 생활 – 남북한 언어

정답 ③

해설 남한에서는 어간 끝소리 '-ㅂ'이 모음과 어울릴 적에는 모두 '-우'로 변하는 것을 표준으로 하므로, 남북 모두 '미워'로 표기한다. 단, '돕-, 곱-'과 같은 단음절 어간일 경우는 예외적으로 '-오'를 표준으로 한다.
① 남한에서는 순우리말과 순우리말 또는 순우리말과 한자어로 된 합성어 중 앞말이 모음으로 끝날 때 뒷말의 첫소리가 된소리로 나거나 'ㄴ' 소리가 덧나는 경우 사이시옷을 적는다. 반면 북한에서는 소리가 덧나더라도 사이시옷을 표기하지 않는다.
② 남한에서는 첫소리가 'ㄴ, ㄹ'인 한자가 단어의 첫머리에 올 때, 발음에 따라 'ㄴ, ㄹ'이 탈락되거나 변한 소리대로 표기한다. 반면 북한에서는 어느 경우에나 일정하게 한자의 본음 'ㄴ, ㄹ'을 밝혀 표기한다.
④ 북한에서는 어간의 끝소리가 'ㅣ, ㅐ, ㅔ, ㅚ, ㅟ, ㅢ' 등인 경우와 어간의 끝소리가 어간이 '하-'인 경우에 어미 '-어'를 '-여'로 적는다. 반면, 남한에서는 '-여'의 표기를 어간이 '하-'인 경우로 한정하고 있다.
⑤ 북한에서는 어간 끝소리 '-ㅂ'이 양성모음과 어울리면 '-오'로, 음성모음과 어울리면 '-우'로 변하는 것을 그대로 적는다.

참고 국립국어원 「간추린 남북 언어 차이」(2018), 최호철 「북한의 맞춤법」(1988)

92 매체와 국어 생활 – 남북한 언어

정답 ①

해설 '거밋거밋하다'는 '(색깔이) 군데군데 검은 듯하다.'라는 의미의 북한어이다. 조선말대사전(2017)에 따르면, 선지에 제시된 북한어의 의미는 다음과 같다.
② 꺽두룩하다: 키가 멋없이 크다.
③ 데꾼하다: (주의해보거나 놀랐을 때) 눈이 휘둥그렇다.
④ 쭈밋하다: 무엇인가 하려다가 문득 망설이며 머뭇거린다.
⑤ 챙챙하다: 되알지고 맑다.

93 매체와 국어 생활 – 수어

정답 ③

해설 두 손을 펴서 손끝이 위로 향하게 하여 가슴 앞에서 밖으로 내려 손바닥이 위로 향하게 하는 수형은 '쉬다, 휴가, 휴게, 휴식, 휴양'이라는 의미이다.

① 눕다, 눕히다, 드러눕다, 누이다　② 듣다, 소리, 소식, 청각

④ 씻다, 세면, 세수　⑤ 앉다, 자리

94 매체와 국어 생활 – 점자

정답 ⑤

해설 〈보기〉에 제시된 점자 약자 표기에 따라 '하마'를 쓰면 가 된다. 제시된 점자 는 '하나'이다.

95 국어사 – 훈민정음

정답 ④

해설 ④는 부서법 중 중성을 초성 밑에 붙여 쓰는 것에 대한 설명이다. 그러나 '낛'의 'ㅏ'는 중성을 초성 오른쪽에 붙여 쓴 것이므로 적절한 예가 될 수 없다.
① '곶'의 받침 'ㅈ'은 종성부용초성에 해당한다.
② '수비'의 'ㅸ'은 연서에 해당한다.
③ '꿈'의 'ㄲ'은 병서에 해당한다.
⑤ '나랏'의 'ㅏ'는 부서법을 적용하여 중성을 초성 오른쪽에 붙여 쓴 것이다.

> **TIP** 훈민정음 자모의 운용 방식
> • 종성부용초성: 종성의 글자를 별도로 만들지 않고, 초성으로 쓰는 글자를 다시 사용함. 예 곶(꽃), 빛나시니이다
> • 연서(이어 쓰기): 순음 ㅁ, ㅂ, ㅍ 밑에 ㅇ을 이어 써서 순경음 ㅱ, ㅸ, ㅹ, ㆄ을 만듦. 예 수비(쉽게), ᄀᆞᄅᄫᅵ(가랑비), 고봐(고와)
> • 병서(나란히 쓰기)
> – 각자 병서: ㄲ, ㄸ, ㅃ, ㅆ, ㅉ, ㆅ 등과 같이 동일한 글자를 가로로 나란히 씀. 예 쏘다, 히ᅇᅧ(하여금)
> – 합용 병서: ㅺ, ㅳ, ㅄ, ㅘ, ㅝ, ㅙ, ㅞ, ㅢ, ㄺ, ㅀ 등과 같이 서로 다른 글자를 가로로 나란히 씀. 예 쑴(꿈), 홁(흙), 낛(낚시)
> • 부서(붙여 쓰기): 중성인 모음을 초성의 아래나 오른쪽에 붙여 씀. 예 스믈(스물), 도죽(도적), 나랏(나라의), 어엿비(불쌍히)

96 국문학 – 문학 이론

정답 ⑤

해설 피카레스크식 구성은 연작 형식의 소설에 자주 쓰이는 것으로 인물과 배경이 동일하면서도 일어나는 사건은 각각 다르게 구성된다. 스페인에서 악당을 주인공으로 한 소설을 신문에 연재하면서 회마다 다른 이야기를 담은 데서 비롯되었으며, 대표적으로 양귀자의 「원미동 사람들」이 있다. 즉, 피카레스크식 구성은 인물에 변화가 없고 같은 배경 안에서 진행되는 이야기의 모음인 반면, 옴니버스식 구성은 인물과 배경이 각각 다른 이야기들을 한데 묶어 놓은 구성이라는 차이점이 있다.
① 복합 구성: 두 개 이상의 중심 사건에 대한 이야기가 복잡하게 얽혀 진행되는 구성
② 여로 구성: 인물의 내면 심리가 여정에 따라 변화하는 것을 보여주는 구성 예 전상국 「동행」, 박완서 「엄마의 말뚝」
③ 액자식 구성: 하나의 이야기 속에 또 하나의 이야기가 들어 있는 구성 예 김동인 「배따라기」, 현진건 「고향」
④ 옴니버스식 구성: 하나의 대주제 아래 다양한 인물들이 등장하여 각자 독립된 이야기를 보여 주는 구성 예 김시습 「금오신화」, 봉산탈춤

> **TIP** 전기적 구성
> • 전기적(傳記的 – 이야기 전 + 기록할 기): 일대기적 형식. 한 인물의 출생부터 사망까지를 기록한 이야기 예 「홍길동전」, 「유충렬전」
> • 전기적(傳奇的 – 전할 전 + 기이할 기): 현실적으로 믿기 어려워 세상에 전할 만한 기이한 사건. 주로 용궁, 천상, 저승 등이 배경이 됨. 예 김시습 「금오신화」

97 국문학 – 한국 현대문학

정답 ④

해설 미성숙, 무교양, 무지로 인해 자기가 서술하는 일들을 제대로 인식, 해설, 평가하지 못하는 화자를 신빙성 없는 화자라고 한다. 채만식의 「치숙」에서는 사회주의 운동을 하다가 옥살이를 하고 나온 아저씨의 좌절을 신빙성 없는 화자인 조카 '나'의 눈으로 포착하여 서술하고 있다. 작품 표면에 등장하는 풍자의 주체인 '나'는 일제 강점하의 삶에 만족하면서 자신만의 영달을 꾀하는 인물이며, 풍자의 대상인 아저씨는 부정적 현실에 저항하는 면모를 지니고 있기는 하지만 실천적 모습이 부족한 것으로 그려지면서 둘 다 풍자의 대상이 되고 있다.
① 이청준 「줄」: 신문 기자인 '나'를 중심으로 한 바깥 이야기와 2대에 걸친 줄광대의 삶을 중심으로 한 안 이야기로 구성된 액자 소설이다. 줄광대 허 노인과 아들 운의 2대에 걸친 삶을 통해 장인 정신을 추구하는 전통적 삶의 모습을 보여 주면서 그러한 삶이 사라져 가는 현대 사회를 비판하고 있다.
② 현진건 「고향」: 1920년대 중반, 기차 안에서 우연히 알게 된 한 인물의 인생 역정(歷程)을 통해 당대 조선의 농촌 공동체가 어떻게 파괴되었는지, 식민지 현실이 개인의 삶을 얼마나 짓밟았는지를 사실적으로 그린 액자식 구성의 소설이다.
③ 이상 「날개」: 일제 강점기 지식인의 자기 소모적인 삶을 통해 현대인의 분열된 자의식과 고독, 자기 극복 의지를 의식의 흐름에 따라 기술한 실험적인 소설이다. 1930년대 현대인의 무의미한 삶과 자아 분열을 그려 낸 최초의 심리 소설로서 독백적인 어조로 현실과 단절된 의식 상태를 표현하고 있다.
⑤ 염상섭 「만세전」: 주인공 '나'가 아내의 병으로 귀국했다가 아내가 죽은 뒤 다시 일본으로 돌아가는 여로형 구조를 사용하여, 여행이 진행됨에 따라 주인공이 현실을 인식하고 자아를 각성하는 모습을 보여 준다. 일제의 수탈, 무지한 민중의 모습 등 일제 강점기 우리 민족의 암담한 상황을 사실적으로 표현하며 그것을 바라보는 주인공을 통해 당시 지식인의 무기력한 의식과 고뇌를 잘 드러낸 작품이다.

98 국문학 – 한국 현대문학

정답 ②

해설 '북도에 소월, 남도에 영랑'이란 말이 나올 정도로 김영랑은 김소월 이후 우리말을 가장 아름답게 구사하는 시인이었다. 그는 1920년대 중반 이후 확산되던 카프(KAPF) 중심의 목적주의적 계급 문학을 배격하고, 박용철과 함께 『시문학』을 주도하여 순

수 서정의 세계를 새로운 문학의 한 지평으로 제시했다. 시문학파는 일체의 목적적, 정치적, 사회적 관심을 떠나 섬세한 언어의 조탁(彫琢)과 아름답고 그윽한 서정의 세계에 탐닉하는 순수시를 추구하였다. 그리하여 한편으로 지나치게 개인의 내면세계에만 빠져들어 역사의식이나 사회 현실을 외면한 채 언어적 기교에만 치중했다는 비판을 받기도 한다.

① 김광균: 해외의 모더니즘과 이미지즘 경향을 한국 도시 문명적 소재를 시각적으로 새롭게 형상화하면서 도시인이 느끼는 허무함이나 고독감을 드러냈다. 대표작으로 「와사등」, 「추일서정」, 「외인촌」, 「유리창 1」 등이 있다.

③ 박목월: 조지훈, 박두진과 함께 일컬어지는 '청록파' 시인으로서 향토색이 짙은 산수의 서경을 민요적 가락으로 노래하였다. 대표작으로 「나그네」, 「청노루」, 「산도화」 등이 있다.

④ 유치환: 정지용, 김영랑, 박용철 등이 중심이 되는 시문학파의 기교주의, 감각주의에 반대한 '생명파' 시인이다. 생의 근원에 자리 잡고 있는 허무와 그 허무를 극복하려는 강인한 대결 의지를 표현하였다. 대표작으로 「깃발」, 「바위」, 「일월」, 「생명의 서」 등이 있다.

⑤ 이육사: 실향민의 비애, 초인 의지와 조국 독립에 대한 열망 등을 바탕으로 한 저항 의식을 주제로 삼고 정제된 형식미와 안정된 운율감을 보인다. 대표작으로 「황혼」, 「절정」, 「청포도」, 「광야」, 「꽃」 등이 있다.

> **TIP** 1930년대 시문학의 흐름
> - 시문학파: 시어의 조탁과 시의 음악성을 중시함. 김영랑, 정지용, 신석정 등
> - 모더니즘: 도시적 감각과 시의 회화성을 중시함. 김광균, 김기림, 정지용, 이상 등
> - 생명파: 삶의 본질적 문제와 생명 의식을 상징적 기법으로 표현함. 서정주, 유치환 등
> - 청록파: 자연을 고향으로 인식하여 향토적 정서와 전통 회귀적 요소를 강조함. 조지훈, 박두진, 박목월 등
> - 전원파: 도시를 벗어난 전원생활을 이상향으로 동경함. 신석정, 김상용 등
> - 저항파: 민족적 비극과 죽음을 초월한 저항 정신을 노래함. 이육사, 윤동주 등

99 매체와 국어 생활 - 매체 언어

정답 ④

해설 〈보기〉는 이태리 「오페라」단 일행이 극장 '단성사'에 출연했다는 소식을 전하는 신문 기사이다. 처음 시작한 19일 밤 7시부터 구경꾼이 들이닥쳤고 8시가 넘어서는 객석이 만원을 이룰 정도로 관객이 많이 와 입석표도 팔지 못하는 상황이었다고 나와 있다. 따라서 입석만 판매했다는 설명은 적절하지 않다.

100 국문학 - 한국 고전문학

정답 ⑤

해설 ⓜ '물색없다'는 '눈치가 없다.'의 의미이다.
③ '무렴하다'는 '1. 염치가 없다. 2. 염치가 없음을 느껴 마음이 부끄럽고 거북하다.'의 의미이다.

정답 및 해설
부록 실전 모의고사 제2회

01	02	03	04	05	06	07	08	09	10	11	12	13	14	15	16	17	18	19	20
④	①	④	③	⑤	①	①	④	③	③	④	⑤	①	⑤	②	⑤	④	②	①	①
21	22	23	24	25	26	27	28	29	30	31	32	33	34	35	36	37	38	39	40
③	⑤	②	①	⑤	③	④	②	①	①	⑤	②	③	①	③	②	②	④	④	②
41	42	43	44	45	46	47	48	49	50	51	52	53	54	55	56	57	58	59	60
④	①	①	②	②	②	②	④	①	⑤	⑤	②	②	④	④	③	②	②	④	①
61	62	63	64	65	66	67	68	69	70	71	72	73	74	75	76	77	78	79	80
④	①	①	⑤	②	②	④	④	④	③	③	④	④	②	②	④	④	⑤	④	⑤
81	82	83	84	85	86	87	88	89	90	91	92	93	94	95	96	97	98	99	100
④	①	③	①	⑤	④	①	④	④	④	②	②	④	①	①	②	④	④	③	①

01~15 듣기 · 말하기

[01] 먼저 그림에 대한 설명을 들려드립니다.

> 색채의 마술사로 불리는 마르크 샤갈은 다양하면서도 선명한 색을 사용하여 환상적인 분위기를 나타내는 것으로 유명합니다. 다채로운 색채가 아름답게 어우러지는 특징이 가장 잘 나타나는 작품으로 '나와 마을'이 있습니다.
>
> 샤갈의 그림 중 가장 상징적인 작품의 하나로 꼽히는 '나와 마을'에서는 어릴 적 고향 마을에 대한 샤갈의 여러 가지 소중한 추억들을 살펴볼 수 있습니다. 화면의 오른쪽에는 초록색 얼굴을 한 '나', 즉 샤갈의 옆모습이, 화면의 왼쪽에는 하얀 염소의 옆모습이 크게 그려져 있습니다. 샤갈과 염소는 커다랗고 영롱한 눈을 빛내며 서로를 바라보고 있는데, 다정다감한 친구 같은 모습으로, 서로를 바라보고 대화를 나누는 듯합니다. 샤갈의 얼굴과 염소의 얼굴은 동그라미로 이어져 있으면서, 화면을 두 개의 대각선으로 분할시키기도 합니다. 둘 다 목에 십자가를 걸고 있는 인간과 동물의 기이한 공존은 붉은색과 푸른색의 대조로 더욱 두드러집니다.
>
> 작품의 상단에는 남녀 한 쌍도 등장합니다. 풍요를 상징하는 여인과 낫을 들고 있는 농부인데요, 여인과 여인 발치의 몇몇 집은 공중에 거꾸로 떠 있습니다. 이 그림에는 이와 같이 비합리적인 요소들이 가득 차 있는데, 그림 아래쪽에 있는 생명의 나무와 달을 가리고 있는 태양 역시 부조화를 이루는 초자연적인 요소들로서 이 작품의 상징주의적인 특징을 잘 보여 줍니다.

01 설명 – 사실적 듣기

정답 ④

해설 샤갈과 염소는 서로 마주 보고 있는데, 샤갈의 얼굴과 염소의 얼굴은 동그라미로 이어져 있으면서, 화면을 두 개의 대각선으로 분할시키기도 한다.
① 「나와 마을」은 샤갈의 어릴 적 고향 마을에 대한 추억을 나타낸 작품이다.
② 「나와 마을」은 초록색, 흰색, 붉은색, 푸른색 등 다양하면서도 선명한 색을 사용하였다.
③ 남자의 모습은 샤갈을 표현한 것이지만 염소는 샤갈이 아닌 서로 유대감을 느끼는 동물을 나타낸 것이다.
⑤ 「나와 마을」은 비합리적인 요소나 부조화를 이루는 초자연적인 요소를 이용하여 상징주의적인 특징을 잘 나타내었다.

참고 두산백과 「나와 마을(I and the Village)」, 안산타임스 「마르크 샤갈 – 나와 마을(Moi et le Village)」(2020)

[02] 이번에는 이야기를 들려드립니다.

> 원효대사는 불교를 대중화시켜 누구라도 부처님의 가르침을 믿고 따를 수 있는 기틀을 마련한 신라 시대의 고승입니다. 원효대사가 의상대사와 함께 당나라 유학 중 해골물을 마시고 깨달음을 얻은 일화는 유명합니다.
>
> 원효대사는 의상대사와 함께 불법을 제대로 배우고 익히기 위해 당나라로 길을 떠났습니다. 어느 날, 날이 저물었는데 묵을 곳이 없어 동굴에서 묵어가기로 하였습니다. 동굴 속 불빛 하나 없이 깜깜했지만, 날이 밝을 때까지 지내기는 괜찮아 보였습니다. 원효는 잠을 자다가 목이 말라 눈을 떴고 어둠 속에서 우연히 둥근 그릇에 담겨 있는 물을 발견하고는 단숨에 들이키며

물이 참 달고 시원하다고 생각했습니다. 그런데 다음 날 일어나 보니, 그곳은 동굴이 아니라 인골이 흐트러져 있는 무덤이었습니다. 전날 달게 마신 물도 해골 속의 썩은 물이었습니다. 속이 메스꺼워 토하는 순간 원효는 문득 깨달음을 얻었습니다.

"아무것도 모르고 마실 때는 그렇게 달던 물이 해골에 고인 썩은 물임을 알게 되자 온갖 추한 생각과 함께 구역질이 일어나다니!"

깨달음을 얻은 원효는 당나라 유학을 포기하고, 신분이 낮은 농민이나 천민들과 함께 일하고 어울리며 불법을 전하였습니다.

02 스토리텔링 - 추론적 듣기

정답 ①

해설 이야기는 원효대사와 의상대사가 당나라로 불법을 배우러 가는 길에 깨달음을 얻은 내용을 담고 있다. 원효대사는 앞이 잘 보이지 않는 깜깜한 곳에서 목이 마르자 둥근 그릇에 담긴 물을 마시고는 아주 달고 시원하다고 생각했지만 다음 날 그것이 해골물이라는 것을 알고 나서는 구역질이 났다. 물을 어떻게 생각하느냐에 따라서, 즉 원효가 마음먹기에 따라서 물맛이 달라진 것이다. 따라서 모든 것은 마음먹기에 달렸다는 주제를 파악할 수 있다.

참고 한국일보 「원효 해골 물 사건의 진실과 허상」(2020), 조선에듀 「해골 물 마신 원효의 깨달음 '모든 건 마음 먹기에 달렸다'」(2015), 제주불교 「불화의 세계 '해골물 마시고 깨달음 얻은 원효대사」(2009)

[03] 이번에는 강연을 들려드립니다.

SNS는 지인들과 안부를 공유하고, 맛집이나 여행지 등의 정보를 교환하고, 시공간의 제약 없이 다양한 사람과 커뮤니케이션을 할 수 있다는 장점을 가지고 있습니다. 그러나 SNS를 통해 타인의 사생활을 들여다보는 것이 용이해지면서 카페인 우울증을 겪는 사람들이 늘고 있습니다. 카페인 우울증이란 대표적 소셜미디어인 카카오스토리, 페이스북, 인스타그램의 앞글자를 딴 것으로, 타인의 소셜미디어를 보면서 상대적 박탈감을 느끼고 우울해하는 것을 뜻합니다. 즉 다른 사람들의 SNS를 자주 확인하고 타인의 행복한 일상에 상대적 박탈감과 열등감을 느끼는 증상을 의미합니다.

카페인 우울증은 비교적 쉽게 알아차릴 수 있습니다. 제가 카페인 우울증의 증상을 말씀드릴 테니 여러분은 자신이 얼마나 해당하는지 한번 살펴보세요.

먼저, 가족이나 친구와 있을 때도 수시로 SNS를 확인한다. 그리고 SNS에 올린 게시물에 '좋아요'나 댓글과 같은 피드백이 없으면 초조하다. 그 다음으로 '예쁘다', '잘생겼다'는 얘기를 듣고 싶어 SNS 업로드용 셀카를 하루 한 번 이상 찍는다. 마지막으로 다른 사람의 글이나 사진을 보고 나면 잠을 못 잔다. 이와 같은 증상이 나타난다면 카페인 우울증일 가능성이 높습니다.

그렇다면 카페인 우울증에 걸린 사람들은 어떻게 우울증을 극복할 수 있을까요? 심리학자들은 카페인 우울증에 대한 해결책으로 다음과 같은 몇 가지를 추천했습니다. 먼저 '끝이 있는' 취미 생활을 하는 것입니다. 운동이나 독서와 같은 취미 생활에는 끝이 있지만, 스마트폰을 통한 정보 습득에는 끝이 없어 카페인 우울증에 걸릴 위험이 크다는 겁니다. 두 번째로 스마트폰 사용을 절제하는 것입니다. 주중 일정한 시간에 스마트폰을 사용하지 않는 규칙을 정하거나 주말엔 휴대폰을 비행 모드로 전환하는 등의 방법이 있겠죠. 실제로 이러한 규칙을 세우고 지킨 사람들은 자기 삶의 만족도가 높았고, 자신의 삶을 더 즐길 수 있었다고 합니다. 세 번째로 SNS에 보이는 내용은 특별한 순간임을 인지하는 것입니다. SNS에 올라온 게시물은 그 사람의 특별한 한순간이지 그 사람의 일상은 아니라는 것을 알아야 하는 거죠. 마지막으로 직접 만나서 소통하는 것입니다. 우리가 사람을 만나 눈을 맞추거나 악수를 하고, 웃거나 손뼉을 치는 것만으로도 스트레스 호르몬인 코르티솔의 수치가 내려갈 수 있다고 합니다. 즉, SNS를 통한 간접적인 소통보다는 사람을 직접 만나서 소통을 할 때 더 건강한 생활을 할 수 있는 것이죠.

03 설명 - 사실적 듣기

정답 ④

해설 제시문에서 사람을 직접 만나 눈을 맞추거나 악수를 할 때 스트레스 호르몬인 코르티솔의 수치가 내려갈 수 있고, 더 건강한 생활을 할 수 있다고 하였으므로 ④가 적절하다.
① 카페인 우울증의 증상을 소개하면서 카페인 우울증은 비교적 쉽게 알아차릴 수 있다고 하였다.
② 카페인 우울증을 극복하기 위해서는 운동이나 독서와 같은 끝이 있는 취미 생활을 하라고 하였다.
③ SNS에 올린 게시물에 피드백이 없을 때 초조하다면 카페인 우울증일 가능성이 높다고 하였다.
⑤ 카페인 우울증은 대표적 소셜 미디어의 앞 글자를 따서 만든 단어로, 타인의 소셜미디어를 보면서 상대적 박탈감을 느끼고 우울함을 겪는 것이다.

참고 네이버 지식백과 「카페인 우울증」, 헬스조선 「인스타 볼 때마다 박탈감·우울감 … 나도 '카페인 우울증'?」(2023), SBS 「'나 빼고 다 행복해 보여' SNS 우울증 심해지고 있다 … 카페인 우울증」(2017)

[04] 이번에는 라디오 방송의 일부를 들려드립니다.

코미디 영화이면서 그 어떤 영화보다 보는 이들의 가슴을 저리게 하는 슬픈 영화가 있습니다. 「인생은 아름다워」가 바로 그런 영화입니다. 이 영화는 칸 영화제에서 그랑프리를 수상했으며 아카데미 시상식에서는 음악상, 외국어영화상, 그리고 남우주연상을 수상했으니 언어와 국경을 초월해 그 작품성을 인정받았다 하겠습니다. 그럼 이제 정말 인생이 아름다운지 영화 속으로 들어가 봅시다.

이탈리아에 사는 낙천적이고 유쾌한 유대인 귀도는 사랑하는 아내 도라, 귀여운 아들 조수아와 함께 행복한 나날을 보내고 있었습니다. 조수아가 다섯 살이 되었을 때, 이탈리아는 독일 치하에 들어가고 귀도와 가족들은 수용소에 가게 됩니다. 수용소는 희망이라고는 찾아볼 수 없는 곳이었지만, 아버지 귀도는 아들에게 삶의 아름다움과 희망을 심어 주고자 온 힘을 다합니다. 평소 탱크를 좋아하던 조수아에게 수용소는 단체 게임을 하고 있는 곳이고 1,000점을 먼저 획득하면 상품으로 탱크를 받을 수 있다고 꾸며 말합니다. 천진난만한 조수아는 아버지의 말을 믿고 1,000점이 쌓이기를 기다리며 희망을 가지고 수용소 생활을 견딥니다. 그러던 어느 날, 독일군 장교들의 파티에서 음식 시중을 들던 귀도의 눈에 축음기가 들어옵니다. 그는 다가가서 축음기를 창문 쪽으로 돌립니다. 이때 아름다운 음악이 흘러 어두운 수용소를 가로지릅니다. 여자 수용소에 있던 도라는 이 곡이 단번에 자신을 향한 노래라는 것을 느낍니다. 귀도와의 첫 데이트 때 함께 들었던 바로 그 노래이기 때문이죠. 사랑하는 이가 보낸 선물을 듣던 도라의 눈에는 눈물이 가득합니다. 영화에서 가장 아름다운 장면으로 꼽히는 이 순간에 흐르는 음악은 바로 독일 작곡가 오펜바흐의 오페라 「호프만의 이야기」 중 「뱃노래」입니다. 이중창으로 진행되는 이 곡은 잔잔한 물결에 배가 흔들리는 것과 같이 불안한 듯한 리듬으로 시작하다가 이어서 나오는 아름다운 하프의 반주가 매력적입니다.

04 설명 – 사실적 듣기

정답 ③

해설 「인생은 아름다워」는 제2차 세계대전 당시 이탈리아에서 유대인인 귀도의 가족이 겪었던 강제수용소의 끔찍한 상황과 거기서 살아남은 어린이를 통해 '인생은 아름답다'는 희망을 그린 영화이다. 귀도가 아내 도라를 위해 위험을 무릅쓰고 음악을 들려주는 장면에서 나온 음악은 오펜바흐의 오페라 「호프만의 이야기」 중 「뱃노래」이다. 영화를 위해 만든 음악이라는 말은 없으므로 ③은 틀린 설명이다.

① 라디오 방송에서 「인생은 아름다워」는 코미디 영화이면서 그 어떤 영화보다도 보는 이들의 가슴을 저리게 하는 영화라고 하였으므로 적절하다.
② 라디오 방송에서 「인생은 아름다워」는 칸 영화제에서 그랑프리를 수상했으며, 아카데미 시상식에서 음악상, 외국어영화상, 남우주연상을 수상하여 작품성을 인정받았다고 하였으므로 적절하다.
④ 라디오 방송에서 「인생은 아름다워」의 귀도는 아들에게 수용소는 사실 단체 게임을 하고 있는 곳이고 1,000점을 먼저 획득하면 상품으로 탱크를 받는다고 꾸며 말하였으며, 아들은 이 말을 그대로 믿고 희망을 가졌다고 하였으므로 적절하다.
⑤ 라디오 방송에서 「인생은 아름다워」 속 음악인 「호프만의 이야기」 중 「뱃노래」는 잔잔한 물결에 배가 흔들리는 것과 같이 불안한 듯한 리듬으로 시작하다가 이어서 나오는 아름다운 하프의 반주가 매력적이라고 하였으므로 적절하다.

참고 경남도민일보 「영화 속 클래식 이야기 '인생은 아름다워'」(2019)

[05] 이번에는 시 한 편을 들려드립니다.

> 우리가 눈발이라면 / 허공에서 쭈빗쭈빗 흩날리는 / 진눈깨비는 되지 말자 / 세상이 바람 불고 춥고 어둡다 해도 / 사람이 사는 마을 / 가장 낮은 곳으로 / 따뜻한 함박눈이 되어 내리자 / 우리가 눈발이라면 / 잠 못 든 이의 창문가에서는 / 편지가 되고 / 그이의 깊고 붉은 상처 위에 돋는 / 새살이 되자
> – 안도현, 「우리가 눈발이라면」

05 낭독 – 추론적 듣기

정답 ⑤

해설 이 시는 우리에게 가장 낮은 곳에 함박눈이 되어 내릴 것과 잠 못 든 이의 창문가에는 편지가 되어 줄 것, 그이의 깊고 붉은 상처 위에 돋는 새살이 될 것을 권유하고 있다. 위로, 사랑, 희망 등의 긍정적인 존재가 되어 힘들고 어려운 이웃을 도우며 따뜻한 삶을 살자는 의미이므로 ⑤가 적절하다.

[06~07] 이번에는 진행자와 전문가의 대담을 들려드립니다. 6번은 듣기 문항, 7번은 말하기 문항입니다.

> 진행자: 최근 유명 과자에 우리나라 국민 미세플라스틱 일일 섭취량의 70배가 넘는 미세플라스틱이 들어있다는 조사 결과가 나오면서 미세플라스틱에 대한 관심이 뜨겁습니다. 오늘은 ○○○ 교수님 모시고 미세플라스틱에 대한 이야기를 나눠 보겠습니다. 안녕하세요, 교수님.
> 전문가: 네, 안녕하세요.
> 진행자: 먼저 미세플라스틱이 무엇인지부터 여쭤봐야 할 것 같은데요. 도대체 미세플라스틱이 뭔가요?
> 전문가: 미세플라스틱이란 말 그대로 작은 플라스틱, 플라스틱 쓰레기 중 5mm 이하의 작은 조각이나 파편을 의미합니다. 플라스틱 쓰레기가 아주 조그맣게 깨지거나 마찰로 깎이면 미세플라스틱이 되지요. 예를 들어, 우리가 생활하면서 입는 옷 중에는 합성섬유 소재가 많은데요. 이 합성섬유 소재의 옷이 마찰될 때 공기 중으로 미세한 플라스틱 섬유가 부유해서 인체로 흡입될 수 있어요. 우리가 생수병을 개봉해 물을 마실 때에도 플라스틱 조각이 먹는 샘물에 침투할 수 있고요. 이뿐만 아니라 해변에서 채취한 천일염이나 수돗물에도 미세플라스틱이 존재한다고 알려져 있습니다.
> 진행자: 네, 그렇군요. 그런데 미세플라스틱이 왜 문제가 되는 건가요? 그렇게 위험한가요?
> 전문가: 학계 여러 연구에 따르면, 우리 몸속으로 들어온 미세플라스틱은 호흡기 문제와 심혈관 질환을 유발할 수 있고, 장내 유산균과 같은 미생물을 교란해 소화기 문제를 일으킬 수 있다고 합니다. 또 내분비계 균형을 깨뜨리는 환경호르몬이 있어 호르몬 작용과 생식 기능에 문제가 발생할 수도 있고요.
> 진행자: 위험성이 크군요. 성인 1명이 일주일에 신용카드 1장 정도 분량의 미세플라스틱을 흡입하고 있다는 기사도 있더라고요. 이 같은 상황이라면 몸에 아주 좋지 않을 것 같은데요. 미세플라스틱의 발생을 줄이기 위해 우리가 어떤 노력을 할 수 있을까요?
> 전문가: 첫 번째, 개개인이 음료수병, 빨대 등과 같은 일회용 플라스틱 제품들을 줄여 나가야 합니다. 두 번째, 정부는 쓰레기 수거와 재활용 시스템을 강화해야 합니다. 이는 재활용률을 높이고 플라스틱 쓰레기가 자연으로 새는 것을 방지하기 위한 것입니다. 세 번째, 플라스틱 분해 기술이나 플라스틱 대체 소재에 대한 과학자들의 연구가 활발히 이루어져야 합니다.
> 진행자: 그렇군요. 정부와 개인 모두가 다방면에서 노력을 해야겠네요. 오늘 말씀 잘 들었습니다.

06 공적 대화 – 사실적 듣기

정답 ①

해설 전문가는 해변에서 채취한 천일염이나 수돗물에도 미세플라스틱이 존재한다고 하였다.

참고 네이버 지식백과 「미세플라스틱」, 대전일보 「미세플라스틱 오염, 환경과 건강을 위협하고 있다」(2023), 뉴스펭귄 「당신이 미세플라스틱에 대해 알아야 할 모든 것」(2023), 그린뉴스360 「미세플라스틱 해결 방안 3단계, 구체적 대책들」(2020)

07 공적 대화 – 사실적 듣기

정답 ①

해설 진행자가 전문가에게 주제와 관련된 질문을 던지면 전문가는 이에 대해 답변하는 방식으로 대담이 진행되고 있다.
② 진행자는 미세플라스틱에 대한 궁금증을 가지고 질문하고 있으며 반박하고 있지는 않다.
③ 다양한 예를 들어가며 설명을 하고 있는 사람은 전문가이다.
④ 진행자가 다시 한번 설명을 요구한 부분은 나오지 않았다.
⑤ 진행자는 대담을 진행하고 있을 뿐 설득은 하지 않고 있다.

참고 위와 같음.

[08~09] 이번에는 드라마의 일부분을 들려드립니다. 8번은 듣기 문항, 9번은 말하기 문항입니다.

아들·딸: 다녀왔습니다.
아빠: 왔어?
아들: 아빠! 이걸 보고 있으면 어떡해요!
아빠: 왜들 그래. 난리 난 것처럼.
엄마: 오늘 애들이 제일 좋아하는 힙합 오디션 프로그램 결승전이잖아.
아들·딸: 한다, 한다, 한다!
아빠: 뭐야, 저 힙합하는 오디션? 어이구, 고작 저것 때문에 이 난리야?
아들·딸: 뭐? 고작?
아빠: 무슨 비렁뱅이들도 아니고. 멜로디도 엉망이고, 가사는 또 왜 저래? 야, 니들 인생에 하등 도움 안 되는 프로네, 저거.
딸: 아오, 나 방에 가서 스마트폰으로 볼래.
엄마: 다영아, 티비는 같이 봐야 재밌지.
아들: 아, 나도 들어갈래. 아빠, 아빠는 왜 우리가 좋아하는 문화를 이해해 주려고 하지 않아요?
딸: 진짜. 엄마는 노래도 다운받고 같이 들어 주는데. 아빠 때문에 갑분싸야!
아빠: 갑분싸?
딸: 갑자기 분위기 싸해졌다고!
아빠: 아니, 내가 그렇게 잘못한 거야?
엄마: 응, 잘못했어. 요즘 애들이 제일 좋아하는 장르가 뭐야? 힙합이야, 힙합. 당신은 애들 취향을 몰라도 너무 몰라.
아빠: 참 나.
엄마: 당신도 너무 당신 기준으로만 생각하지 말고 애들 문화를 좀 이해하려고 노력해.

08 사적 대화 – 추론적 듣기

정답 ④

해설 아빠는 힙합 프로그램을 깔보기는 했지만 아이들이 자신이 좋아하는 문화를 이해해 주지 않는다고 한 것은 아니다.

참고 여성가족부 가족소통 캠페인(2018)

09 사적 대화 – 사실적 듣기

정답 ③

해설 아빠는 아이들이 좋아하는 문화를 깔보며 아이들의 의견을 무시하고 있다.

참고 위와 같음.

[10~11] 이번에는 강연을 들려드립니다. 10번은 듣기 문항, 11번은 말하기 문항입니다.

밥에 여러 재료를 넣고 김으로 돌돌 말아서 먹는 김밥. 소풍이나 여행을 갈 때 먹는 음식 하면 가장 먼저 떠오르는 음식이기도 하죠. 만드는 방법이 독특한 이 김밥은 어디서 만들어졌을까요?
김밥의 유래에 대해서는 두 가지 설이 있습니다. 김밥이 한국에서 유래했다는 설과 일본에서 유래했다는 설이 있는데요. 먼저 한국 유래설에 대해 말씀드리겠습니다. 김밥의 주재료인 김이 최초로 우리나라 문헌에 등장하는 책자는 일연의 『삼국유사』입니다. 이에 따르면 신라 시대부터 우리 민족은 김을 식용으로 이용하였다고 합니다. 『본초강목』에도 신라인들이 깊은 바다에서 김을 채취하였다는 내용이 나와 있습니다. 반면 일본에서 김을 식용으로 이용한 시점은 우리나라보다 훨씬 늦은 18세기 초 중반 이후라고 합니다. 김밥의 유래를 찾으면서 김의 역사를 되짚는 이유는 김은 형태적 특성상 자연스럽게 밥에 싸먹을 수밖에 없기 때문입니다. 또한 우리나라의 김밥과 일본의 김초밥은 여러 가지 음식을 김으로 싼다는 형식은 비슷하지만, 활용 방식이 상당히 다르다는 점에서도 김밥이 우리 고유의 음식이라는 의견을 뒷받침한다고 합니다. 예를 들어, 우리나라의 김밥은 실용성을 강조했지만, 일본의 김초밥은 장식성을 더 강조한다고 하네요.
다음으로 일본 유래설에 대해 말씀드리겠습니다. 한국에서 예전부터 김을 식용으로 먹어오긴 했지만 지금과 같이 단무지가 들어간 원통 모양의 김밥은 일제 강점기 이후에 보이는데 '데까마끼'는 에도시대 말부터 메이지 시대 초기에 동경에서 만들어진 것으로 전해집니다. 김 속에 참치와 고추냉이를 넣은 데까마끼는 일본의 한량들 사이에 간단식으로 애용되다가 일본이 제2차 세계대전에 뛰어들면서 군인들의 전투식량으로 발전하였습니다. 일본군은 김에 두어 가지 재료와 식초를 첨가한 김초밥을 군인들에게 공급했는데 당시 일제 치하였던 우리나라에도 이 같은 형태의 김초밥이 전해지면서 김밥으로 발전했다고 주장을 하고 있습니다.

10 설명 – 사실적 듣기

정답 ③

해설 김밥의 유래에 대한 두 가지 주장을 소개하면서 한국에서 유래하였다는 의견과 일본에서 유래하였다는 의견을 소개하였을 뿐 김밥이 일본의 김초밥에서 유래하였다고 한 것은 아니다.

참고 한국일보 「김밥의 원조는 한국일까, 일본일까」(2022), 전북일보 「김밥의 유래」(2010)

11 설명 – 사실적 듣기

정답 ④

해설 김밥 한국 유래설은 우리나라가 일본보다 더 빨리 김을 식용으로 이용했다는 기록이 있는 문헌을 소개함으로써, 그리고 김밥 일본 유래설은 김밥의 원형으로 지목되는 '데까마끼'의 발전과정을 소개함으로써 각 주장을 제시하고 있다.

참고 위와 같음.

[12~13] 이번에는 발표를 들려드립니다. 12번은 듣기 문항, 13번은 말하기 문항입니다.

> 챗GPT는 크게 두 가지의 학습 과정을 통해 만들어졌습니다. 첫 번째 과정은 챗GPT의 본체 격인 'GPT'에 지식을 학습시키는 과정이고 두 번째 과정은 GPT에게 질문에 답을 하도록 학습시키는 과정입니다.
>   먼저, GPT에게 어떤 방법으로 지식을 학습시킬 수 있을까요? GPT가 지식을 학습하는 과정은 간단히 말하자면 '다음에 올 단어 맞추기 연습'입니다. 예를 들어 볼게요. '나는 밥을 (   )'라는 문장을 주고, 빈칸에 들어갈 단어가 무엇인지 맞추도록 하는 거죠. 과학자들이 '나는 옷을'로 시작하는 문장 수십 수백만 개를 구해 GPT에게 문제를 내줬을 때 답이 늘 같지는 않겠지만 '입었다'와 같이 특별히 자주 나타나는 답이 있을 겁니다. 이러한 문제풀이를 통해 GPT는 '옷을' 다음에 '입었다'와 같은 단어들이 등장할 가능성이 높다는 것을 학습합니다. GPT는 '옷'이 무엇인지, '입었다'가 무엇인지 전혀 알지 못합니다. 단지 이 단어들끼리 관련성이 높고, 그래서 같은 문장 안에 나타날 가능성이 크다는 것만 알고 있는 것이죠. 이 학습 내용을 바탕으로, 훗날 챗GPT에게 '옷과 관련된 이야기를 써 줘.'라고 부탁하면 서로 관련 있는 단어들을 집어넣은 그럴듯한 문장을 지어내게 됩니다.
>   여기서 다른 의문이 생깁니다. GPT가 단어를 이어 붙여 그럴듯한 글을 써 내는 것까지는 이해가 될 겁니다. 그렇다면 GPT는 어떻게 사람이 묻는 말에 답도 하게 됐을까요? 바로 GPT의 두 번째 학습 과정 덕분입니다. GPT는 학습한 문서의 형식을 따라 문장을 생성합니다. 예를 들어 GPT에게 '질문과 답변' 형식의 글을 학습시키면 GPT는 '질문 – 답변' 형식을 띈 글을 생성하게 되는 겁니다. 그러면 이 GPT에게 '질문'이 담긴 글을 주고, 글의 다음에 올 부분을 완성시켜보라고 하면 어떨까요? GPT는 '답변'을 생성하게 되겠죠. 이렇게 질문을 하고 나머지 '답변' 부분을 완성시키도록 학습된 모델이 바로 챗GPT입니다.
>   챗GPT는 인간이 하는 질문에 상호작용을 해서 대답을 하는 것이 아니라 단지 '나는 옷을'의 다음 단어를 찾아내듯, 반쯤 끊긴 글의 나머지 절반을 채우는 작업을 학습된 대로 수행하고 있을 뿐입니다.

12 설명 – 사실적 듣기

정답 ⑤

해설 챗GPT는 인간이 하는 질문에 상호작용을 해서 대답을 하는 것이 아니라 학습한 대로 다음에 올 내용, 즉 답변을 생성하는 작업을 수행할 뿐이다.

참고 동아일보 「챗GPT란 무엇인가: 가장 쉽게 설명해 드립니다」(2023)

13 설명 – 사실적 듣기

정답 ①

해설 GPT에 지식을 학습시키는 과정과 GPT에게 질문에 답을 하도록 학습시키는 과정을 예로 들어 챗GPT의 학습 과정에 대해 설명하였다.

[14~15] 마지막으로 두 사람의 대화 중 한 장면을 들려드립니다. 14번은 듣기 문항, 15번은 말하기 문항입니다.

> 박 팀장: 김 팀장님, 안녕하십니까?
> 김 팀장: 어서 오세요, 박 팀장님. 저희 재무팀에는 어쩐 일이십니까?
> 박 팀장: 다름이 아니라 교통비와 식대 청구 건 때문에요. 저희 영업팀 최 과장이 청구한 교통비랑 식대가 다 반려돼서요. 몇 번 재청구를 했는데 그때마다 반려됐다고 하네요.
> 김 팀장: 아, 그거 제가 반려했습니다. 회사 규정상 주말 근무는 인정 안 되는 거 박 팀장님도 잘 아시지 않습니까?
> 박 팀장: 규정은 그렇죠. 하지만 예외란 게 있지요. 주말에 지방 대리점에서 요청이 들어와서 지방으로 현장 방문 갔던 겁니다. 출장 다녀온 거예요.
> 김 팀장: 네, 그렇다고 하더라도 원칙적으로 주말 교통비, 식대 청구는 인정하지 않고 있어요.
> 박 팀장: 아니, 최 과장이 어디 놀러 갔습니까? 지방으로 출장 간 겁니다. 고객이 요청을 하는데 그럼 "월요일에 갈 테니 기다리세요." 합니까? 책임감 있다고 격려는 못 해 줄망정 업무에 쓰는 돈도 안 주면 어떡합니까?
> 김 팀장: 네, 하지만 회사 규정이 왜 있겠습니까? 다들 각자 사정이 있는데 이거저거 다 받아 주다 보면 어떻게 되었어요. 회사 재정에 문제가 생기지요. 정해진 곳에, 꼭 필요한 곳에만 써야죠.
> 박 팀장: 하 참, 답답하네. 회사가 성장하려면 매출을 올려야죠. 매출 올리려면 많이 팔아야 하고요. 팔기 위해선 돈을 써야 할 곳엔 써야 될 것 아닙니까!

14 협상, 중재 – 사실적 듣기

정답 ⑤

해설
① 박 팀장이 "규정은 그렇죠. 하지만 예외란 게 있지요."라고 한 부분을 볼 때 규정 자체는 인정을 하고 있으며, 예외를 둘 수 있지 않느냐는 생각을 하고 있음을 알 수 있다.
② 박 팀장이 "책임감 있다고 격려는 못 해 줄망정 업무에 쓰는 돈도 안 주면 어떡합니까?"라고 한 부분을 볼 때 최 과장이 책임감 있다고 생각하고 있음을 알 수 있다.
③ 김 팀장은 출장비를 모두 지원해 줄 수 없다는 것이 아니라 주말 근무를 인정할 수 없다는 입장이다.
④ 김 팀장은 박 팀장의 불만에 회사 규정을 지켜야 한다는 근거를 들어 반박을 하고 있다.

참고 월간 인재경영 「부서 갈등이 조직을 망가뜨린다」

15 협상, 중재 – 추론적 듣기

정답 ②

해설 영업팀은 물건을 팔아서 매출을 올리려면 돈을 써야 할 곳에는 써야 한다는 입장이고, 재무팀은 회사 규정대로 정해진 곳에만 돈을 써야 한다는 입장이다. 두 팀 간에 목표가 상충되어 갈등이 일어나게 되었다.

16~30 어휘

16 고유어의 사전적 의미
정답 ⑤
해설 '산뜻하지 못하게 조금 하얗다.'를 의미하는 고유어는 '해읍스름하다'이다.
① 드티다: 1. 자리가 옮겨져 틈이 생기다. 2. 날짜·기한 등이 조금씩 연기되다.
② 미쁘다: 믿음성이 있다.
③ 아귀차다: 1. 휘어잡기 어려울 만큼 벅차다. 2. 마음이 굳세어 남에게 잘 꺾이지 아니하다.
④ 해찰하다: 일에는 마음을 두지 않고 쓸데없이 다른 짓만 하다.

17 한자어의 사전적 의미
정답 ④
해설 '경신(更新)'은 '이미 있던 것을 고쳐 새롭게 함.'이라는 의미이다. '법률관계의 존속 기간이 끝났을 때 그 기간을 연장하는 일'이라는 의미를 가진 한자어는 '갱신(更新)'이다.

18 고유어의 문맥적 의미
정답 ②
해설 '모지락스럽다'는 '보기에 억세고 모질다.'의 의미를 지닌다. '급하게 서두르거나 시끄럽게 떠들어 어수선하다.'는 '부산하다'의 의미이다.

19 한자어의 문맥적 의미
정답 ①
해설 '규명(糾明)'은 어떤 사실을 자세히 따져서 바로 밝힘을 뜻한다.
② '강보(襁褓)'는 어린아이를 업을 때 쓰는 작은 이불을 뜻한다. 비슷한 말로 '포대기'라고 한다.
③ '연패(連敗)'는 '싸움이나 경기에서 계속 짐'을 뜻하며, '연패(連霸)'는 '운동 경기 등에서 연달아 우승함'을 뜻한다.
④ '이상(異常)'은 '정상적인 상태와 다름.'을 뜻한다.
⑤ '창달(暢達)'은 '거침없이 쑥쑥 뻗어 나가다. 또는 그렇게 되게 하다.'를 뜻한다.

20 한자어의 문맥적 의미
정답 ①
해설 '전기, 수도, 가스 따위의 사용량을 알기 위하여 계량기의 숫자를 검사함.'이라는 의미는 '검침(檢針)'이다.

21 혼동하기 쉬운 어휘의 구별
정답 ③
해설 '베다'는 '날이 있는 연장 따위로 무엇을 끊거나 자르거나 가르다.'의 의미이며, '배다'는 '스며들거나 스며 나오다.'의 의미이므로 서로 바꾸어 써야 쓰임이 적절하다.
① '붙다'는 '맞닿아 떨어지지 아니하다.'의 의미이고, '붓다'는 '살가죽이나 어떤 기관이 부풀어 오르다.'의 의미로 적절하다.
② '맞다'는 '오는 사람이나 물건을 예의로 받아들이다.'의 의미이고, '맡다'는 '자리나 물건 따위를 차지하다.'의 의미이므로 적절하다.
④ '썩이다'는 '썩다'의 사동사로 '걱정이나 근심 따위로 마음이 몹시 괴로운 상태가 되게 만들다.'의 의미이고, '썩히다'는 '썩다'의 사동사로 '물건이나 사람 또는 사람의 재능 따위가 쓰여야 할 곳에 제대로 쓰이지 못하고 내버려진 상태로 있게 하다.'의 의미이므로 적절하다.
⑤ '부수다'는 '단단한 물체를 여러 조각이 나게 두드려 깨뜨리다.'의 의미이고, '부시다'는 '그릇 따위를 씻어 깨끗하게 하다.'의 의미이므로 적절하다.

22 다의어와 동음이의어
정답 ⑤
해설 첫 번째 밑줄의 '묻다'는 '일을 드러내지 아니하고 속 깊이 숨기어 감추다.'라는 의미이고, 두 번째 밑줄의 '묻다'는 '무엇을 밝히거나 알아내기 위하여 상대편의 대답이나 설명을 요구하는 내용으로 말하다.'라는 의미로 두 단어는 동음이의어 관계이다.
① 첫 번째 밑줄의 '누르다'는 '자신의 감정이나 생각을 밖으로 드러내지 않고 참다.'라는 의미이고 두 번째 밑줄의 '누르다'는 '물체의 전체 면이나 부분에 대하여 힘이나 무게를 가하다.'라는 의미로 두 단어는 다의어 관계이다.
② 첫 번째 밑줄의 '말'은 '단어, 구, 문장 따위를 통틀어 이르는 말'이라는 의미이고 두 번째 밑줄의 '말'은 '일정한 주제나 줄거리를 가진 이야기'라는 의미로 두 단어는 다의어 관계이다.
③ 첫 번째 밑줄의 '짐'은 '다른 곳으로 옮기기 위하여 챙기거나 꾸려 놓은 물건'이라는 의미이고 두 번째 밑줄의 '짐'은 '맡겨진 임무나 책임'이라는 의미로 두 단어는 다의어 관계이다.
④ 첫 번째 밑줄의 '눈'은 '사람들의 눈길'이라는 의미이고 두 번째 밑줄의 '눈'은 '빛의 자극을 받아 물체를 볼 수 있는 감각 기관'이라는 의미로 두 단어는 다의어 관계이다.

23 다의어와 동음이의어
정답 ②
해설 〈보기〉의 '마르다'는 '물기가 다 날아가서 없어지다.'의 의미로 쓰였다. 이와 같은 의미로 쓰인 '마르다'는 ②이다.
① '살이 빠져 야위다.'의 의미로 쓰였다.
③ '강이나 우물 따위의 물이 줄어 없어지다.'의 의미로 쓰였다.
④ '돈이나 물건 따위가 다 쓰여 없어지다.'의 의미로 쓰였다.
⑤ '입이나 목구멍에 물기가 적어져 갈증이 나다.'의 의미로 쓰였다.

24 고유어와 한자어
정답 ①
해설 '조소(嘲笑)'는 '비웃음'의 의미로, '쓴웃음'의 의미인 고소(苦笑)와는 대응되지 않는다.

25 어휘의 관계
정답 ③
해설 〈보기〉의 두 어휘의 관계는 상하 관계로 '곤충'은 상의어, '귀뚜라미'는 하의어이다. '천둥'과 '우레'는 유의 관계이다.

26 한자성어
정답 ⑤
해설 망양지탄(望洋之嘆)은 '큰 바다를 바라보며 하는 한탄으로 어떤 일에 자신의 힘이 미치지 못할 때에 하는 탄식을 이르는 말'이다. ⑤는 망양지탄(亡羊之歎)이다.

27 속담

정답 ③

해설 '거적문에 (국화) 돌쩌귀'는 '실제의 경우에 알맞지 않거나 전혀 어울리지 않음을 이르는 말'로 '지나친 치장은 주의해야 한다.'는 의미와 일맥상통하므로 적절하다.
① '망건 쓰자 파장'은 나갈 채비만 하다가 장이 끝나 버린다는 뜻으로, 고민만 하다가 일의 때를 놓쳤을 때 쓰는 말이다.
② '뜬쇠도 달면 어렵다'는 성격이 순하고 부드러운 사람도 한번 화나면 더 무섭게 화를 낸다는 말이다.
④ '황소 제 이불 뜯어 먹기'는 제게 이익이 되라고 한 일이 결국은 손해를 끼치는 경우를 비유적으로 이르는 말이다.
⑤ '새도 앉는 데마다 깃이 든다'는 새가 앉았다 날 때마다 깃이 떨어지듯이 사람의 살림도 이사를 자주 다닐수록 세간이 줄어듦을 비유적으로 이르는 말이다.

> **TIP** '치장'과 관련된 속담
> - 돼지우리에 주석 자물쇠: 제격에 맞지 않거나 지나치게 치장함을 비유적으로 이르는 말
> - 파리한 강아지 꽁지 치레하듯: 빼빼 마른 강아지가 앙상한 몰골은 생각하지 아니하고 꽁지만 치장한다는 뜻으로, 본바탕이 좋지 아니한 것은 헤아리지 아니하고 지엽적인 것만 요란스럽게 꾸미는 어리석은 행동을 하는 경우를 비꼬는 말
> - 색시 짚신에 구슬 감기가 웬일인고: 분에 지나치는 호사는 도리어 보기 어색함을 비꼬아 이르는 말

28 관용 표현

정답 ④

해설 '오금이 박히다'는 큰소리치며 장담하였던 말과 반대의 말 또는 행동을 할 때, 그것을 빌미로 몹시 논박을 당하거나 다른 사람으로부터 함부로 말이나 행동을 하지 못하게 으름을 당할 때 사용하는 관용 표현이다.

> **TIP** '오금'과 관련된 관용 표현
> - 오금이 쑤시다: 무슨 일을 하고 싶어 가만히 있지 못한다.
> - 오금이 저리다: 공포감에 맥이 풀리고 마음이 졸아든다.
> - 오금이 붙다(얼어붙다): 팔다리가 잘 움직이지 않는다.
> - 오금이 굳다: 꼼짝을 못하게 되다.

29 한자어의 순화

정답 ④

해설 '잔고(殘高)'는 '잔액(殘額)'으로 순화해야 하며, '잔액(殘額)'은 '나머지 돈'으로 순화할 수 있다.

30 외래어의 순화

정답 ①

해설 타임캡슐은 기억상자로 순화하여 쓸 수 있다.
② 팝업창(→ 알림창)
③ 정크푸드(→ 부실음식, 부실식품)
④ 컨설턴트(→ 상담원)
⑤ 칠부바지(→ 칠푼 바지)

31~45 어법

31 표준 발음법

정답 ①

해설 '갯값'은 [개ː깝/갠ː깝]으로 발음된다.

32 표준어

정답 ⑤

해설 문맥상 '몹시 귀찮게 구는 짓'을 의미하는 '등쌀'로 표기하는 것이 알맞다.

33 표준어

정답 ②

해설 '숫제'는 '처음부터 차라리 또는 아예 전적으로'라는 의미이다.
① '헤이하다'는 '해이하다'로 표기하는 것이 알맞다.
③ '아둥바둥'은 '아등바등'으로 표기하는 것이 알맞다.
④ '당체'는 '당최'로 표기하는 것이 알맞다.
⑤ '흐리멍텅하다'는 '흐리멍덩하다'로 표기하는 것이 알맞다.

34 띄어쓰기

정답 ⑤

해설 '-투성이'는 그것이 너무 많은 상태 또는 그런 상태의 사물, 사람을 뜻하는 접미사이므로 앞말에 붙여 쓰는 것이 알맞다.
① '뿐'이 조사로 쓰일 때는 붙여 쓴다. 따라서 '내가 가진 것은 이것뿐이다.'로 쓰는 것이 알맞다.
② '내지'는 순서나 정도를 나타내는 데 그 중간을 줄일 때 쓰는 말로, 두 말을 이어 주거나 열거할 때 쓰이는 말들은 띄어 쓴다. 따라서 '내일 비가 올 확률은 60% 내지 70%이다.'라고 쓰는 것이 알맞다.
③ '몸'과 '둘'은 한 단어가 아니므로 띄어 써야 한다. 따라서 '넘치는 배려와 사랑에 몸 둘 바를 모르겠습니다.'라고 쓰는 것이 알맞다.
④ '-차'는 일부 명사 뒤에서 목적을 뜻하는 접미사이므로 붙여 써야 한다. 따라서 '그녀는 사업차 인도에 갔다가 지금의 남편을 만났다.'가 알맞다.

35 표준어

정답 ③

해설 '하숙을 부치다'라고 하는 것이 알맞다. 여기에서 '부치다'는 일정한 곳을 정해두고 그곳에서 먹고 자며 지내는 것을 의미한다.

36 한자어의 순화

정답 ②

해설 줄임표는 머뭇거림을 나타낼 때 사용할 수 있고, 점은 가운데가 아닌 아래쪽에 찍을 수도 있다. 여섯 점을 찍는 대신 세 점을 찍는 것도 허용된다. 다만, 두 점만 찍는 것은 적절하지 않은 표기이다.
① 줄임표는 말이 없을 때 사용할 수 있으며, 이때 문장의 기능을 하는 것이므로 줄임표 뒤에 마침표를 쓰는 것이 원칙이다.
③ 줄임표는 머뭇거림을 나타낼 때 사용할 수 있고, 세 점을 찍는 것도 허용되므로 적절하다.

④ 하고자 하는 말을 줄였을 때 사용할 수 있으며, 이때 문장의 기능을 하는 것이므로 줄임표 뒤에 마침표 또는 물음표, 느낌표를 쓰는 것이 원칙이다.
⑤ 문장이나 글의 일부를 생략할 때 사용할 수 있으며, 이때 문장의 일부분 또는 여러 문장의 역할을 할 수 있으므로 줄임표의 앞뒤에 쉼표나 마침표 따위를 쓰지 않고 양쪽을 띄어쓰기하여 사용한다.

37 표준어

정답 ②

해설 '초점(焦點)'은 한자어이므로 사이시옷을 붙이지 않는다. 다만, 두 음절로 된 여섯 개의 한자어 '곳간, 셋방, 숫자, 찻간, 툇간, 횟수'는 'ㅅ'이 붙은 형태가 굳어진 것으로 보아 사이시옷을 받침으로 적는다. 따라서 '초점'과 '횟수'는 〈보기〉의 ㉠과 ㉡에 해당하는 올바른 예로 볼 수 있다.
① '세방'은 한자어이지만 'ㅅ'이 붙은 형태가 굳어진 것으로 보아 '셋방'으로 적어야 하며, '뱃속'은 ㉡에 해당하는 한자어 사이시옷 표기의 예외가 아니다.
③ '죄값'은 한자만으로 이루어진 단어가 아니기 때문에 '죗값'으로 쓰여야 올바르며, '잇몸'은 ㉡에 해당하는 한자어 사이시옷 표기의 예외가 아니다.
④ '외과'는 ㉠에 해당하지만, '찻길'은 ㉡에 해당하는 한자어 사이시옷 표기의 예외가 아니다.
⑤ '대가'는 ㉠에 해당하지만, '곗날'은 ㉡에 해당하는 한자어 사이시옷 표기의 예외가 아니다.

38 방언

정답 ④

해설 〈보기〉의 방언은 모두 무말랭이를 가리킨다.

39 표준 발음법

정답 ④

해설 표준 발음법 제6장 제23항에 따르면, 받침 'ㄱ(ㄲ, ㅋ, ㄳ, ㄺ), ㄷ(ㅅ, ㅆ, ㅈ, ㅊ, ㅌ), ㅂ(ㅂ, ㅍ, ㄼ, ㄿ, ㅄ)' 뒤에 연결되는 'ㄱ, ㄷ, ㅂ, ㅅ, ㅈ'은 된소리로 발음한다. 또, 제25항에 따르면, 어간 받침 'ㄼ, ㄾ' 뒤에 결합되는 어미의 첫소리 'ㄱ, ㄷ, ㅅ, ㅈ'은 된소리로 발음해야 한다. 마지막으로, 제28항에 따르면, 표기상으로는 사이시옷이 없더라도 관형격 기능을 갖는 사이시옷이 있어야 할 합성어의 경우에 뒤 단어의 첫소리를 된소리로 발음해야 한다.
ㄷ. '뚫다'는 [뚤타]로 발음하여야 한다.
ㄹ. '물질'은 의미에 따라 발음도 달라진다. '해녀가 물질하다'의 물질은 [물질]로 발음되며, '물질에 욕심을 내다'의 물질(物質)은 [물찔]로 발음된다.

40 외래어 표기법

정답 ②

해설 애드리브의 올바른 외래어 표기는 'ad lib'이다.

41 로마자 표기법

정답 ④

해설 묘향산의 올바른 로마자 표기는 'Myohyangsan'이다.

42 어법에 맞는 표현

정답 ①

해설 '되어지다'는 이중 피동 표현으로 어법상 자연스럽지 않다. '되다' 등의 피동 표현으로 사용하는 것이 알맞다.

참고 경남도민일보, 「일개미의 생존법칙, 쉬어야 산다!」(2017)

43 어법에 맞는 표현

정답 ①

해설 '나도 좀 보자.'는 화자가 자신의 행동 수행을 제안하는 경우에 쓰이므로 형식은 청유문이지만 그 의미가 나머지와 다르다.

44 어법에 맞는 표현

정답 ④

해설 '선희를 보고 싶어 하는 동창생이 많다.'라는 문장에서 중의성은 찾아볼 수 없다.
① 삼촌이 '나와 지우'를 불렀다는 의미로도 해석되고 삼촌이 나와 함께 '지우'를 불렀다는 의미로도 해석된다.
② 내가 '멋진 오빠'의 친구를 보았다는 의미로도 해석되고 내가 오빠의 '멋진 친구'를 보았다는 의미로도 해석된다.
③ 이번 시험에서 전체 문제 중 '몇 문제만을' 풀지 못했다는 의미로도 해석되고 이번 시험에서 전체 문제 중 '몇 문제밖에' 풀지 못했다는 의미로도 해석된다.
⑤ 나를 사랑하는 '친구'의 여동생을 만났다는 의미로도 해석되고 나를 사랑하는 '친구의 여동생'을 만났다는 의미로도 해석된다.

45 번역 투 표현

정답 ③

해설 '근처에'는 번역 투 표현이 아니다.

46~50 쓰기

46 글쓰기 계획 – 계획하기

정답 ②

해설 우리나라 1인 가구에서 나타나는 공통적인 문제점보다 중년 1인 가구에서 나타나는 문제점만 제시하고 있다.

참고 브라보 마이 라이프 「50대 중년 남성의 고립 위험 … 외톨이로 내몰리는 이유」(2023), 머니 투데이 「스웨덴 집합주택·영국 고독부 … 중장년 1인 가구 챙기는 나라들」(2022), 한국가족복지학 성혜영 「중년 1인 가구의 사회적 관계와 경제적 노후 준비」(2021), 여가학연구 정영금·윤소영 「여가활동과 행복의 관계 분석을 통한 1인 가구의 여가관련 산업 방향 연구」(2021), MBN 뉴스 「'경제난·외로움' 위기의 나홀로 중년 남성」(2012)

47 글쓰기 계획 – 자료의 활용

정답 ②

해설 연구 보고서는 '중년 1인 가구의 여가'를 이야기하고 있으므로 글의 내용과는 관련이 없는 자료이다.

참고 위와 같음.

48 글쓰기 계획 – 개요 수정

정답 ③

해설 중년 1인 가구의 현황과 증가 원인 등을 제시하고 있으므로 중년 1인 가구에 대해 구체화하는 것이 적절하며 다인 가구와 비교하는 것은 적절하지 않다.
① ㉠은 모든 1인 가구의 현황과 1인 가구가 부상하게 된 배경을 보여 주므로 적절하다.
② ㉡은 하위 항목과의 연관성을 고려하여 '중년 1인 가구의 현황과 원인'으로 구체화하였으므로 그대로 두는 것이 적절하다.
④ ㉣은 상위 항목과의 연관성을 고려하여 Ⅱ의 하위 항목 그대로 두는 것이 적절하다.
⑤ ㉤은 글 전체의 흐름을 고려하여 '중년 1인 가구를 위한 정책 제안 및 촉구' 그대로 두는 것이 적절하다.

참고 위와 같음.

49 고쳐쓰기 – 미시적 점검

정답 ③

해설 ㉢은 앞문장과 중복되는 내용이므로 삭제하는 것이 적절하다.
① ㉠이 포함된 2문단은 1인 가구 형태의 비율과 연령별 비중을 보여 주고 있으므로, ㉠은 첫 문단으로 이동하지 않는 것이 적절하다.
② ㉡은 통일성을 해치는 문장이 아니므로 삭제하지 않는 것이 적절하다.
④ ㉣은 유기적인 연결이 이루어지기 위해서 순서를 바꾸지 않는 것이 적절하다.
⑤ ㉤은 유기적인 연결이 이루어지기 위해서 '또한'을 추가하는 것이 적절하다.

참고 한국가족복지학 성혜영 「중년 1인 가구의 사회적 관계와 경제적 노후 준비」(2021), 머니 S 「늘어나는 중년 1인가구 "나 어떡해"」(2020), 보건복지포럼 이여봉 「1인 가구의 현황과 정책 과제」(2017), 보건복지포럼 강은나·이민홍 「우리나라 세대별 1인 가구 현황과 정책 과제」(2016)

50 고쳐쓰기 – 거시적 점검

정답 ①

해설 제시된 글에 1인 가구의 비율, 중년 1인 가구의 현황 등 구체적인 수치는 나와 있지만 정확한 출처가 없어 자료의 신뢰성이 떨어진다. 따라서 자료의 출처를 제시하여 신뢰성을 높여야 한다.
② 중년 1인 가구의 긍정적인 부분을 부각하여 자료를 제시하는 것은 제시된 글과 관련이 없으므로 내용의 공정을 확보하는 데 적절하지 않다.
③ 제시된 글은 중년 1인 가구의 현 문제와 해결 방안을 촉구하는 내용이므로 글의 논증을 평가하고, 자신의 관점으로 자료를 재구성하는 것은 자료의 적절성을 확보하는 데 적절하지 않다.
④ '높은 이혼율'은 중년 1인 가구 형성의 주원인이 아닌 다양한 원인 중 하나이므로 이혼 연령 추이 그래프를 삽입하는 것은 자료의 적절성을 확보하는 데 적절하지 않다.
⑤ 중년층의 국민연금 납부율이 경제적 노후 준비에 미치는 영향을 분석하는 것은 주제에서 벗어나므로 내용을 타당성을 높이는 데 적절하지 않다.

51~60 창안

51 텍스트 창안 – 유비 추론을 활용한 내용 생성

정답 ⑤

해설 터널의 조명등은 차가 입구에 진입할 때와 출구를 빠져나올 때 마주하게 되는 밝기에 차츰 익숙해지도록 설치되었다. 이를 트라우마를 가진 내담자를 상담하는 과정에 비유하면, 내담자가 불편할만한 상황을 접하게 될 때 갑작스러운 변화를 느끼지 않고 차츰 익숙해지게 하여 그 상황을 불편하지 않도록 만든다는 내용이 적절하다.

참고 충청타임즈 「졸음운전 막는 노면 요철 포장」(2019)

52 텍스트 창안 – 유비 추론을 활용한 내용 생성

정답 ④

해설 '다양한 경험'을 '서로 다른 홈'으로, '인생'을 '하나의 노래'로 빗대어 '경험'과 관련한 교훈을 제시하였으며 '~자.'라는 청유형 문장으로 제시하였다.

53 텍스트 창안 – 유비 추론을 활용한 내용 생성

정답 ②

해설 4문단에 따르면, 나무 종마다 공생하는 균이 다른 만큼 뿌리가 자라는 방식도 달랐고 단풍나무에는 수지상체 균근이, 참나무에는 외균근이 살고 있으며 영양분을 모으는 전략이 각각 다르다고 하였다. 따라서 '나무뿌리'를 '아이'로, '땅속 세균의 생존 방식'을 '학습'에 비유하였을 때, '아이마다 필요한 학습 방법과 방향은 모두 다르다.'라는 내용을 착안해 낼 수 있다.

참고 동아사이언스 「균과 공생해 뿌리 성장 조절 … 나무도 영양분 스스로 찾는다」(2016)

54 텍스트 창안 – 유비 추론을 활용한 내용 생성

정답 ④

해설 굵은 뿌리는 수명이 긴 대신 빨리 자랄 수 없다고 하였으므로 '빨리 자라는 것'을 '활약'에, '굵은 뿌리'는 '내공'에 비유하였을 때, '눈에 띄는 활약은 없어도 묵묵히 내공을 쌓아가는 사람이 오래가는 법이다.'라는 내용을 착안해 낼 수 있다.

55 그림 창안 – 구체적 그림을 활용한 내용 생성

정답 ④

해설 그림 (가)는 멀리서 보면 사람을 그린 그림으로 보이고 가까이서 보면 온갖 채소와 과일, 꽃을 그린 그림으로 보인다. 따라서 어떤 시각에서 보느냐에 따라 같은 대상도 다르게 보이므로 대상을 정확하게 이해하기 위해서는 다양한 시각에서 보려는 노력이 필요하다.

56 그림 창안 – 구체적 그림을 활용한 내용 생성

정답 ④

해설 그림 (나)는 좁은 간격으로 교차된 선 위의 막대가 넓은 간격으로 교차된 선 위의 막대보다 멀리 있는 것으로 인식되어 같은 크기의 막대라도 더 큰 것처럼 보인다. 따라서 막대의 크기를 '좋고 나쁨'에 빗대었을 때, 좋아 보이거나 나빠 보이는 것은 상대적인 것이므로 타인과 비교하지 말아야 한다는 내용인 ④가 가장 적절하다.

57 텍스트 창안 – 유비 추론을 활용한 내용 생성
[정답] ②
[해설] ㉠은 쥐에게 은혜를 베풀고 이후에 자신이 위험에 처했을 때 쥐에게 도움을 받았으며, ㉡은 친구가 위험에 처했을 때 구해 주지 않고 혼자만 큰 나무에 기어 올라갔다. 따라서 ㉠은 쥐에게 은혜를 베푼 후 위험할 때 은혜를 돌려받은 경험을 바탕으로 "남에게 베푼 만큼 자신에게 돌아온다."라는 조언을 할 수 있다.

58 텍스트 창안 – 유비 추론을 활용한 내용 생성
[정답] ③
[해설] 〈보기〉에서 순자는 인간의 본성이 본래 악하지만 교육으로 선해질 수 있다며 교육의 필요성을 주장하였고, 인간을 삼밭에서 자라는 쑥에 비유하여 좋은 환경에서는 저절로 곧게 자라게 된다며 환경의 중요성을 강조하였다. 따라서 악한 본성을 가진 뱀이 교육과 환경을 통해 선해지지 못한 것을 안타까워하는 내용인 ③이 가장 적절하다.

59 구체적 그림을 활용한 내용 생성
[정답] ①
[해설] 수신자가 수신을 거부하는 의사를 밝혔음에도 불구하고 광고 문자를 또 보냈기 때문에 스팸 신고의 대상이 되는, 잘못된 광고 문자의 사례로 볼 수 있다.
② '해당 번호를 수신거부'해 달라는 문구를 보아, 발신 번호와 연락처가 동일한 것을 알 수 있다. 이런 경우에는 발신 번호를 별도 기재를 하지 않아도 된다. 또 전송한 업체명인 '팜팜팜 게임랜드'도 기재되어 있으므로 잘못된 광고 문자가 아니다.
③ 문자 첫머리를 (광고)로 시작했으므로 잘못된 광고 문자가 아니다.
④ 수신자가 '무료수신거부' 표현을 할 수 있도록 'DO NOT CALL 등록번호(무료)'를 안내하였으므로 잘못된 광고 문자가 아니다.
⑤ 수신자의 별도 동의를 얻고 오후 9시 이후에 광고 문자를 보낸 것이므로 잘못된 광고 문자가 아니다.

60 구체적 그림을 활용한 내용 생성
[정답] ①
[해설] 제시된 글은 광고 문자에 대한 수신자의 동의 여부와 발송자 정보 기재의 필요성에 대해 안내하고 있다. 이를 반영한 광고 문구라면 소비자의 알 권리와 의사 표현 존중을 강조하는 내용이 담겨야 한다.

61~90 읽기

61 문학 텍스트 이해하기
[정답] ④
[해설] 여리고 부드러운 속성의 '새싹'과 두껍고 단단한 속성의 아스팔트 각질을 가진 '지구'의 대조를 통해 생명이 가진 경이로운 힘을 나타내고 있으나 자연의 아름다움을 예찬하고 있지는 않다.
① 단단한 아스팔트 틈새를 비집고 자라난 새싹을 소재로 삼아 생명의 경이로운 힘에 대해 말하고 있다.
② 시각적, 촉각적 심상을 통해 여리고 부드러운 속성의 '새싹'과 두껍고 단단한 속성의 '아스팔트'를 대비하고 있다.
③ 새싹이 단단한 아스팔트를 비집고 자라난 모습을 지구를 들어 올리는 모습으로 표현하고 있다.
⑤ 현재형 표현을 활용하여, 무심히 지나치던 골목길의 아스팔트를 비집고 자라난 새싹에 대한 놀라움을 나타내고 새싹의 성장이 주는 상승감과 현장감을 강화하고 있다.

62 문학 텍스트 비판하기
[정답] ①
[해설] 이 시에서 '새싹'은 작고 부드럽지만 강인한 생명력으로 표현되는 내면적 힘을 가진 존재이다. 따라서 이를 아이들에 대입했을 때 아이들은 여리고 순수하지만 어려움을 이겨내고 세상을 바꿀 수 있는 내면적 힘을 가진 존재로 이해할 수 있다.
② 이 시에서 '얼랄라' 하고 놀란 이유는 여리고 부드러운 새싹에게 지구를 들어 올리는 힘이 숨어 있음을 깨달았기 때문이지 실제로 불가능한 것을 가능하게 만드는 모습을 보았기 때문은 아니다.
③ 이 시의 '새싹의 촉'은 특정한 두각을 드러내는 아이들을 지칭하는 것은 아니며 어려운 환경에서 주로 발견되는 것도 아니다.
④ 이 시의 '새싹'은 '한 개의 촉 끝'에 '지구를 들어 올리는 힘'을 가진 존재로 아이들에게 대입할 수 있지만 이러한 내면적 힘을 어른들에게서는 기대할 수 없는 것은 아니다.
⑤ 이 시에서는 '무심하게 골목길을 지나감. – 아스팔트를 뚫고 나오는 새싹을 보고 놀람. – 새싹의 강인한 생명력을 깨달음.'의 순으로 화자의 심리 변화를 나타내고 있다. 따라서 '무심히 지나치는 골목길'은 '새싹'을 발견하지 못했던 때의 심리 상태를 나타낸 것으로 눈에 띄지 않는 아이들을 나타내는 것은 아니다.

63 문학 텍스트 이해하기
[정답] ①
[해설] '병일'이 겪는 사건을 있는 그대로 서술하면서 그의 내면 의식을 중심으로 서술하고 있다.
② 장면의 빈번한 전환을 통해 병일의 일상을 세세하게 제시하여 이러한 일상에서 '병일'이 느끼는 피로감과 무기력함을 상세히 드러내고 있다.
③ 일련의 사건들은 '병일'의 일상을 보여 주고 있으며, '병일'과 공장 주인 간의 갈등이 조성되어 있기는 하나 이것이 해소된 것은 아니다.
④ 인물의 모습이나 행동, 대화 등을 통해 인물의 내면을 간접적으로 나타내는 보여 주기 방식이 아닌 서술자가 인물의 내면을 직접 설명하는 말하기 방식을 사용하고 있다.
⑤ '장마'는 '병일'이 사무실에서 반복적인 일을 하는 것과 같이 지루하게 반복되어 피곤한 '병일'에게 지루함을 더하는 요인으로, 지치고 피곤한 '병일'의 일상을 상징한다.

64 문학 텍스트 추론하기
[정답] ⑤
[해설] '사진관'은 '병일'이 현실에서 일시적으로 도피하여 위안을 얻는 장소로, 사진사와 술을 마시며 한담을 나누고 약간의 만족감을 느끼나 이후 집으로 돌아오면서 이에 대해 반성과 자기변명을

한다. 따라서 큰 만족감을 얻어 고독감을 완전히 해소하였다고는 볼 수 없다.
① '누렇던 길'이 자동차의 매연과 사람들의 발걸음으로 '꺼멓게 멍들기 시작한 이 거리'가 된 것으로, 도시화·산업화로 인해 변화하고 있는 주변 환경을 나타낸다.
② '소사'는 '잔심부름을 하는 사람', '급사'는 '급한 심부름을 하는 사람', '서사'는 '서류를 작성하는 사람'이라는 의미로, '병일'이 사무실에서 매일 하는 잔심부름과 급한 심부름, 서류 작성하는 일을 가리킨다.
③ 계속되는 '장마'는 반복되는 일상으로 피곤한 '병일'에게 지루함을 느끼게 하는 요인이다.
④ '하숙방'은 '병일'이 퇴근 후, '나의 시간'을 보내는 장소이자 '내 마음대로 할 수 있는 시간'이 모두 없어진 것을 새삼스럽게 느끼고 있는 자신을 발견하며 대면하게 되는 장소이다.

65 문학 텍스트 비판하기
정답 ⑤
해설 '병일'은 장부를 정리하며 니체가 바위에 이마를 부딪치는 상상을 하였다. 이는 인간이 사회가 강요하는 제도와 관습에서 벗어나 주체적으로 자신의 삶을 살아야 한다고 주장한 니체의 철학과는 다르게 무의미한 노동을 매일 반복하며 삶의 의미를 찾지 못하고 있는 '병일'이 소외 의식을 느끼며 괴로워하는 것을 의미한다.
① '병일'에게 사진관은 사진사와 함께 술을 마시며 한담을 나누고 일시적인 위안을 얻은 곳이다. 따라서 추구해야 할 삶의 가치와는 관련이 없으며 '병일'과 사진사의 인물 대비도 나타나지 않는다.
② 공장은 '병일'이 무의미한 노동을 매일 반복하도록 하는 곳으로 병일이 삶의 의미를 찾지 못하고 무기력·소외 의식을 느끼도록 하는 공간이다.
③ '병일'은 주인이 노동을 강요당하지 않고 신문 외에는 글을 읽지 않아 자신과 같은 고뇌를 하지 않아도 됨을 부러워하는 것으로 주인이 후회 없는 인생을 살고 있다고 생각하는 것은 아니다.
④ '전날 큰 구렁이가 기왓장을 떨어쳤다는 말'은 누각이 그동안 인적 없이 방치되어 있었음을 보여 주는 것으로 '병일'의 고독함·쓸쓸함을 나타낸다. 따라서 현재 환경에서의 불안감을 나타내는 것은 아니다.
참고 한국민족문화대백과사전

66 학술 텍스트 이해하기
정답 ②
해설 5문단에 따르면, 우리나라는 은행이 믿을 만하다는 징표를 국제 금융 시장에 보여 주기 위해(재무 건전성을 증명하기 위해) 바젤위원회에 가입하기 훨씬 전부터 BIS 비율을 도입하여 시행하였다.
참고 2020학년도 대학수학능력시험

67 학술 텍스트 추론하기
정답 ②
해설 1문단에 따르면, 경제 관련 국제기구에서 한 결정은 권고적 효력만 있을 뿐 법적 구속력은 없는 것이 일반적이나 바젤위원회가 결정한 BIS 비율 규제와 같은 것들이 비회원의 국가에도 엄격히 준수되는 모습을 종종 볼 수 있다고 하였다. 또한 ㉠의 앞 문장에서 이러한 현실이 위반에 대한 제재를 통해 국제법의 효력을 확보하는 데 주안점을 두는 일반적 경향을 되돌아보게 한다고 하였으므로, '제재'와 반대되는 '신뢰'로 구속력을 얻는다는 내용이 가장 적절하다.
참고 위와 같음.

68 학술 텍스트 비판하기
정답 ④
해설 '말랑말랑한 법'은 신뢰가 형성하는 구속력을 가진 것으로, 5문단에 따르면, 우리나라 금융 당국은 바젤위원회에 가입하기 전부터 바젤 기준을 따름으로써 재무 건전성을 국제 금융 시장에 보여 주고자 하였으므로, 이는 바젤위원회 회원이 없는 국가에서 바젤 기준을 제도화하여 국내에 효력이 발생하도록 한 사례에 해당한다고 볼 수 있다.
① 말랑말랑한 법은 법적 구속력 없이도 여러 국가의 자발적인 시행이 뒤따른다는 특성을 가지는 것으로, 필요에 따른 개정은 말랑말랑한 법의 사례로 적절하지 않다.
② 국가나 국제기구들이 지켜야 할 권리와 의무를 명시적으로 합의하는 것은 국제법에 해당하는 것으로, 이는 '딱딱한 법'에 해당한다.
③ 바젤위원회는 국제 사회 일반이 아닌 바젤위원회에 가입한 회원들에게 바젤 기준을 자국에 도입할 의무를 부과하며 이는 법적 구속력이 없다.
⑤ 바젤위원회에서 회원의 국가가 바젤 기준을 지키지 않더라도 법적 구속력은 없으나 국제 금융 시장에서의 불이익은 생길 수 있다.
참고 위와 같음.

69 학술 텍스트 이해하기
정답 ④
해설 4문단에 따르면, 알렉산더는 파슨스와 스멜서의 이론은 받아들였지만 그들이 사용한 생물학적 은유가 복잡한 현대 사회의 집합 의례를 탐구하는 데 한계가 있다고 보았고 그 대안으로 '사회적 공연론'을 제시하였다.
참고 2018학년도 대학수학능력시험 9월 모의평가

70 학술 텍스트 추론하기
정답 ④
해설 3문단에 따르면, 현대 사회에서는 가치가 평상시 사회적 삶 아래에 잠재되어 있다가, 그 도덕적 의미가 뿌리부터 뒤흔들리는 위기 시기에 위로 올라와 전국적으로 일반화된다고 하였다. 이어 속된 일상에서 사람들은 가치를 추구하기보다는 자기 이해관계를 추구한다고 하였으므로 위기 시기에는 사람들의 관심이 자신들의 '특수한 이해관계'에서 '보편적인 가치'로 상승한다고 볼 수 있다.
참고 위와 같음.

71 학술 텍스트 비판하기
정답 ③
해설 1~3문단에 따르면, 뒤르켐·파슨스·스멜서는 공통적으로 평소에는 속된 세계에서 자기 이해관계를 추구하며 살다가 문제 상황(위기 시기)이 발생하면 '성스러움(가치)'을 추구하게 된다고 하였다. 따라서 상황에 따라 '성스러움'과 '자기 이해관계'를 달리 추구하게 되는 것이지 '성스러움'이 '자기 이해관계'의 발전된 개념이라고는 볼 수 없다.
참고 위와 같음.

72 학술 텍스트 비판하기

정답 ③

해설 A시에서는 다양한 가치가 대립하고 있는 상황으로 가치의 일반화가 일어나는 것은 아니다.

참고 위와 같음.

73 학술 텍스트 추론하기

정답 ③

해설 문명 중심의 역사를 이해하기 위해 몇 가지 가설들을 세웠고, 그 중심축이 되는 '도전과 응전' 및 '창조적 소수와 대중의 모방' 개념을 바탕으로 내용을 전개하고 있다.

참고 2014학년도 대학수학능력시험

74 학술 텍스트 이해하기

정답 ⑤

해설 4문단에 따르면, 대중은 일종의 사회적 훈련인 '모방'을 통해 그들의 역할을 수행하였다고 하였으며, 5문단에 따르면, 모방의 유무가 중요한 것이 아니라 모방의 작용 방향이 중요하다고 하였다.
① 3문단에 따르면, 최적의 도전에서만 성공적인 응전이 나타난다고 하였다.
② 2문단에 따르면, 인간의 창의적 행동은 역경을 당해 이를 이겨 내려는 분투 과정에서 발생한다고 하였다.
③ 4문단에 따르면, 소수의 창조적 인물들이 역량을 발휘해야 할 뿐만 아니라 다수의 대중까지 힘을 결집해야 한다고 하였다.
④ 5문단에 따르면, 모방이 선조들과 구세대를 향하여 선조들이 연장자의 권위를 강화하고 사회에 인습이 지배하게 되면 발전적 변화가 나타나지 않으며, 반대로 모방이 창조적 소수에게로 향하여 인습의 권위를 인정하지 않으면 문명이 지속적으로 성장한다고 하였다.

참고 위와 같음.

75 학술 텍스트 비판하기

정답 ④

해설 '창조적 소수'에 해당하는 특정 분야에서 저명한 과학자의 연구 방법을 '다수의 대중'에 해당하는 다른 과학자들이 모방하여 다양한 목적의 연구가 이루어진 것이라고 할 수 있다.
① A 제과의 유명한 과자를 같은 규모의 B 제과가 모방한 것이므로 적절하지 않다.
② '유구한 우리 민족의 역사'라는 인습의 권위를 인정한 것이므로 적절하지 않다.
③ 현재의 문제와 과거의 경험 모두 개인의 것이므로 적절하지 않다.
⑤ 상위권 학생의 개인적인 학습을 위한 것이지 다른 다수의 학생들이 모방하여 함께 발전하는 것이 아니므로 적절하지 않다.

참고 위와 같음.

76 학술 텍스트 이해하기

정답 ②

해설 3문단에 따르면, 위티의 공포 소구 연구를 먼저 진행되었던 재니스의 연구와 레벤달의 연구에 연결 지어 설명하고 있다.

참고 2024학년도 대학수학능력시험 6월 모의평가

77 학술 텍스트 이해하기

정답 ④

해설 공포 소구의 위협 수준과 효능감 수준은 비례하는 관계가 아닌 별개의 개념으로, 2문단과 4문단에 따르면, 공포 소구의 위협 수준이 높더라도 효능감이 낮으면 공포 통제 반응이 작동하여 공포 소구에 담긴 위험을 무시하려는 반응을 보이게 된다고 하였다.

참고 위와 같음.

78 학술 텍스트 추론하기

정답 ⑤

해설 4문단에 따르면, 집단 1과 집단 2는 반응이 없었던 점으로 미루어 보아 위협의 수준이 낮았을 것이다. 집단 3은 위험 통제 반응을 보인 것으로 보아 위협과 효능감의 수준이 모두 높았을 것이다. 집단 4는 공포 통제 반응을 보인 것으로 보아 위협의 수준은 높고 효능감의 수준은 낮았을 것이다. 따라서 집단 3과 집단 4의 효능감 수준은 서로 달랐을 것이다.

참고 위와 같음.

79 학술 텍스트 이해하기

정답 ④

해설 3문단과 4문단에 따르면, 『조선왕조실록』, 『증보문헌비고』, 『고려사』 등에 상세한 기록이 남아 있을 만큼 전통 사회에서는 별의 관측에 관심이 많았음을 알 수 있다.

참고 1996학년도 대학수학능력시험

80 학술 텍스트 이해하기

정답 ⑤

해설 5문단에 따르면, 별은 수소가 중력에 의해 수축하면서 탄생한다. 그러다 수축이 한계에 다다르면 폭발하여 객성이 된다.
① · ② · ③ 1문단과 5문단에 따르면, 충격파 발생, 핵연료 소진, 중성자별 형성은 객성이 만들어지는 과정에서 나타나는 현상이다.
④ 5문단에 따르면, 수소의 뭉쳐짐은 별이 탄생하는 과정에서 나타나는 현상이다.

참고 위와 같음.

81 학술 텍스트 이해하기

정답 ④

해설 4문단에 따르면, 우리 선조들은 노인성을 수명을 관장하는 별 즉, 수성(壽星)으로 보고 이 별을 보면 장수한다고 믿을 정도로 상서롭게 여겼다.
① 3문단과 5문단에 따르면, 노인성은 태양과 같은 항성의 하나라고 했으므로, 태양과 같이 핵융합 반응을 통해 밝게 빛난다고 할 수 있다.
② 4문단에 따르면, 의종은 노인성이 출현하자 기뻐서 잔치를 반복하다 정중부에 의해 왕위에서 쫓겨났다.
③ 1문단에 따르면, 큰 별이 수명을 다하면 대폭발을 일으킨다. 이때 중성자별이나 블랙홀을 만들어 내면서 갑자기 밝아지는데 이를 객성이라 한다.
⑤ 3문단에 따르면, 『증보문헌비고』에서는 우리나라에서 노인성을 관측하기 어렵다고 하였다.

참고 위와 같음.

> **TIP** '별'과 관련된 단어
> - 객성(客星): 일정한 곳에 늘 있지 않고 일시적으로 나타나는 별
> - 항성(恒星): 태양처럼 자체 중력으로 묶여 움직이지 않으며, 내부에서 핵융합 반응으로 열을 생산함으로써 스스로 빛을 방출하는 별

82 학술 텍스트 추론하기

정답 ①

해설 5문단에 따르면, '핵융합 반응'이란 별이 압력을 받아 수축하면서 내부 온도가 높아질 때 별 내부의 수소 핵들이 서로 합쳐지는 과정을 말하며, 이 과정에서 많은 에너지가 방출된다. ①은 '핵연료의 소진'과 직접적인 관련이 있다.
②·③·⑤는 '핵융합 반응 조건'이며, ④는 그 결과이다.

참고 위와 같음.

83 실용 텍스트 이해하기

정답 ③

해설 아동학대 예방 교육 수강 진도율이 90% 이상이면 설문 조사에 참여할 수 있으며 설문 조사 참여 후 시험에 응시할 수 있다. 따라서 설문 조사 후 아동학대 예방 교육을 수강하는 것은 순서에 맞지 않다.

84 실용 텍스트 추론하기

정답 ①

해설 진도율이 90% 이상 되어야 설문 조사에 참여할 수 있다.

85 실용 텍스트 추론하기

정답 ⑤

해설 중요 정보를 위주로 포스터를 구성해야 하는 것은 맞지만, 모든 정보를 실을 수 없으므로 자세한 내용은 개별 확인을 하도록 안내하는 것이 좋다.

86 학술 텍스트 추론하기

정답 ④

해설 4문단에 따르면, 수학은 자연에 발을 딛고 있을 때 발전을 이루어 낼 수 있다고 하였다.

참고 1999학년도 대학수학능력시험

87 학술 텍스트 이해하기

정답 ①

해설 4문단에 따르면, 옛것은 고정되고 유한한 대상을 고려하며 정적인 반면 새것은 변화하고 무한한 대상을 연구하며 역동적이다.

참고 위와 같음.

88 실용 텍스트 이해하기

정답 ④

해설 '포대', '자루' 모두 일본식 한자어 '마대(麻袋)'를 다듬어 쓴 말로 적절한 표현이다.

① '금번(今番)'같이 어려운 한자어는 쉬운 말로 다듬어 쓰는 것이 적절하다.
②·⑤ '업로드(upload)', '체크리스트(check list)' 같은 외국어는 될 수 있으면 우리말로 바꾸어 쓰는 것이 적절하다.
③ '결박'은 몸이나 손 따위를 움직이지 못하게 묶는 것이므로 '쓰레기통'에 쓰기는 부적절하다.

참고 국립국어원, 「한눈에 알아보는 공공언어 바로 쓰기」(2019)

89 실용 텍스트 추론하기

정답 ④

해설 우리 지역에 본격적인 영향을 주기 전인 오늘 조치를 취하라고 했으므로 오늘은 태풍이 관통하지 않을 것임을 알 수 있다.
① 비는 오늘 2일부터 글피 5일까지 계속될 것이므로 모레인 4일에 있을 야유회는 취소하는 것이 좋다.
② 이 시에서는 7월부터 10월 초까지 약 석 달 동안 태풍에 대비하고 대응 조치를 취해 왔다.
③ 양수기 고장 사실을 동장에게 미리 알려 주면 동장이 현장에 나올 동 지원 부서의 담당자를 통하여 바로 조치를 취할 수 있을 것이다.
⑤ 이번 태풍은 내륙 지역을 통과할 때 정동풍이 강하게 부는 등 바람이 셀 것으로 예상된다.

참고 위와 같음.

90 실용 텍스트 이해하기

정답 ④

해설 시장의 지시 사항은 맞지만 헌법과 법률에 기초하였다는 내용은 나오지 않는다.
① 오늘 17시 30분에 있을 시장 주재 상황 판단 회의에서 태풍 대비 조치 상황을 보고해야 한다.
② 태풍 대비 조치 사항은 부서별, 분야별로 다르지만 모두 오늘 안으로 완료해야 한다.
⑤ 수중 펌프 설치, 빗물받이 점검, 현수막 제거는 동 지원 부서의 태풍 대비 조치 사항에 포함된다.

참고 위와 같음.

91~100 국어문화

91 국문학 – 한국 고전문학

정답 ②

해설 엽전(돈)을 의인화하여 돈의 폐해를 비판한 가전체 소설이다. 인간의 필요에 의해 생겨난 돈이 결국 인간을 타락시키는 결과를 부르기도 한다는 것을 우의적으로 제시했다.
① 임춘, 「국순전」: 술(누룩)을 부정적으로 의인화하여 향락에 빠진 임금과 이를 따르는 간신들을 풍자했다. 현전하는 가전체 문학의 효시로서 이규보의 「국선생전」에 영향을 끼쳤다.
③ 이첨, 「저생전」: 종이를 의인화하여 문인의 도리를 서술하고, 당시 부패한 선비의 도에 대해 비판했다.
④ 이규보, 「국선생전」: 술(누룩)을 긍정적으로 의인화하여 술의 효용과 위국충절의 교훈을 전달하고자 했다.
⑤ 석식영암, 「정시자전」: 지팡이를 의인화하여 사람의 도리를 서술하고, 인재를 알아보지 못하는 세태를 풍자했다.

> **TIP** 그 외의 가전체 작품
> - 이곡, 「죽부인전」: 대나무를 의인화하여 절개 있는 여성상을 제시했다.
> - 이규보, 「청강사자현부전」: 거북이를 의인화하여 안분지족의 처세와 절개를 강조했다.

92 국문학 - 한국 현대문학

정답 ②

해설 박완서의 「엄마의 말뚝」은 총 세 편으로 구성된 연작 소설이다. 「엄마의 말뚝 1」은 식민지 근대를 배경으로 신여성의 근대 체험을 탁월하게 형상화한 성장 소설이라는 평가를 받았으며, 「엄마의 말뚝 2」는 개인적인 전쟁 체험을 넘어 민족사적 비극으로서의 전형성과 보편성을 확보했다는 평가를 받았다.

① 박완서, 「나목」: 6·25 전쟁으로 사망한 오빠들에 대한 죄의식을 가진 주인공 '이경'이 한때 사랑했던 사람인 화가 '옥희도'가 그린 그림이 고목(枯木)이 아닌 나목(裸木)임을 뒤늦게 깨닫고 진정한 삶에 대한 깨달음을 얻게 된다는 내용의 전후 세태 소설이다.

③ 박완서, 「겨울 나들이」: 남편이 그린, 전처와의 사이에서 낳은 딸의 초상화를 보고, 주인공 '나'는 배신감과 허탈함에 겨울 여행을 떠난다. 그러다 여행 중 만나게 된 어느 고부의 사연을 듣고 6·25 전쟁의 상처를 지닌 남편과 딸을 뒷바라지하며 살아온 자신의 삶이 헛되지 않았음을 깨닫게 된다는 내용의 액자식 구성의 여로형 소설이다.

④ 박완서, 「그 여자네 집」: 서술자 '나'의 고향 마을에 살았던 '만득이'와 '곱단이'의 이별을 통해 일제 강점기와 분단을 겪은 민족의 아픔을 그려 낸 액자식 구성의 단편 소설이다.

⑤ 박완서, 「그 많던 싱아는 누가 다 먹었을까」: 작가 자신의 이야기가 담긴 자전적 소설이다. 후속작인 「그 산이 정말 거기 있었을까」와 함께 일제 강점기와 해방을 거쳐 6·25 전쟁에 이르는 한국 현대사의 굴곡을 그대로 담고 있다.

93 국문학 - 한국 현대문학

정답 ④

해설 염상섭은 김동인과 더불어 한국 리얼리즘 소설을 대표하는 작가로 손꼽힌다. 김동인이 발간한 『창조』에 대항하여 1920년 김억, 나혜석, 황석우 등과 함께 동인지 『폐허』를 창간했다. 한국 최초의 자연주의 소설로 평가받는 「표본실의 청개구리」를 비롯해 「임종」, 「짖지 않는 개」, 「두 파산」 등 중·단편 소설 150여 편과 「만세전」, 「삼대」 등의 장편 26편을 남겼다.

① 김동인: 1919년 우리나라 최초의 문학 동인지 『창조』를 발간했다. 우리나라 단편 소설의 전형을 확립했으며, 이광수의 계몽주의 문학에 반기를 들고 순수문학운동을 벌였다. 작중 인물을 '그'로 통칭하고, 시간관념을 정확히 보여 주는 과거 시제와 짧고 간결한 문장을 사용했다. 대표작은 「배따라기」, 「감자」, 「광염 소나타」 등이 있다.

② 나혜석: 일제 강점기에 활동한 우리나라 최초의 여성 서양화가이자 작가이다. 대표작은 유화 「무희」, 「낙랑묘」와 단편 소설 「경희」, 「정순」 등이 있다.

③ 박두진: 박목월, 조지훈과 함께 청록파 시인으로 활동했다. 초기에는 자연과 함께하는 기독교 신앙을 바탕으로 창작 활동을 하였으나, 광복 후에는 광복의 감격과 생명감을 주제로 하여 30여 권의 시집과 평론, 수필, 시평 등을 남겼다. 대표작은 「해」, 「청산도」, 「어서 너는 오너라」 등이 있다.

⑤ 현진건: 1920년 월간 종합지 『개벽』에 단편 소설 「희생화」를 발표함으로써 등단했다. 염상섭과 더불어 사실주의를 개척한 작가라는 평가를 받고 있으며, 민족주의적 색채가 짙은 작품을 주로 창작했다. 대표작은 「운수 좋은 날」, 「술 권하는 사회」, 「B사감과 러브레터」, 「빈처」 등이 있다.

94 매체와 국어 생활 - 중세 국어

정답 ③

해설 연합원유회는 6월 6일에 개최되므로 기사가 난 5월 25일을 기준으로 약 2주 뒤에 진행될 예정이다.

참고 국립중앙도서관 대한민국 신문 아카이브

95 국문학 - 한국 고전문학

정답 ①

해설 '비단(非但)'은 부정하는 말 앞에서 '다만', '오직'의 뜻으로 쓰이는 말이다.

96 국어사 - 훈민정음

정답 ①

해설 두음 법칙은 'ㄹ'과 'ㄴ' 등의 일부 소리가 단어의 첫머리에서 발음되는 것을 꺼려 다른 소리로 발음되는 일'을 뜻한다. '니서쓰면(이어쓰면)'을 통해 중세 국어에서는 두음 법칙이 적용되지 않았음을 알 수 있다.

② 'ㅿ(반치음)', 'ㅸ(순경음 ㅂ)' 등은 현대 국어에서 쓰이지 않는 자음이다.

③ 'ㆍ(아래아)'는 현대 국어에서 쓰이지 않는 모음이다.

④ '어울워'에 음성 모음 'ㅓ', 'ㅜ', 'ㅟ'가 함께 사용된 데서 모음 조화가 잘 지켜졌음을 알 수 있다.

⑤ '쓰ᄂ니라', '뚫디면'의 초성에 'ㅂ'과 'ㅅ'이 함께 쓰인 데서 알 수 있다.

> **TIP** 현대어 풀이
> 나중 소리(종성)는 다시 첫소리(초성)를 쓴다. ㅇ을 입술소리 아래 이어 쓰면 입술 가벼운 소리가 된다. 첫소리를 아울러 쓰려면 나란히 써야 하니 나중 소리도 마찬가지이다.

97 매체와 국어 생활 - 남북한 언어

정답 ②

해설 '쏘이다'가 줄어든 '쐬다'의 형태는 남북 모두 인정한다. 하지만 그 활용형은 남한에서 '쐬어'와 '쏘여'를 모두 인정하는 반면, 북한에서는 '쐬여'만 인정하고 '쏘여'는 인정하지 않는다.

> **TIP** 한글 맞춤법 제38항
> 'ㅏ, ㅗ, ㅜ, ㅡ' 뒤에 '-이어'가 어울려 줄어질 적에는 준 대로 적는다.
> 'ㅏ, ㅗ, ㅜ, ㅡ'로 끝난 어간 뒤에 '-이어'가 결합하여 모음이 줄어들 때는 준 대로 적는다. 이때에는 'ㅏ, ㅗ, ㅜ, ㅡ'와 '-이어'의 '이'가 하나의 음절로 줄어 'ㅐ, ㅚ, ㅟ, ㅢ'가 될 수도 있고, '-이어'가 하나의 음절로 줄어 '-여'가 될 수도 있다. 예를 들어 '쏘다'의 어간에 '-이어'가 결합한 '쏘이어'는 '쐬어'가 되기도 하고 '쏘여'가 되기도 한다.
> 예 [본말] 싸이어 [준말] 쌔어, 싸여
> [본말] 뜨이어 [준말] 띄어
> [본말] 보이어 [준말] 뵈어, 보여
> [본말] 쓰이어 [준말] 씌어, 쓰여

98 매체와 국어 생활 – 점자

정답 ④

해설 〈보기〉에 제시된 점자 표기에 따라 '짜증'을 쓰면 ⠠⠅⠣⠅⠶ 이 된다. 제시된 점자 ⠠⠅⠣⠚⠶은 종성 ㅇ을 초성 ㅇ으로 잘못 표기한 것이다.

참고 국립국어원 「한국 점자 규정」(2020)

99 매체와 국어 생활 – 매체 언어

정답 ③

해설 일본식 한자어는 법령 내용에 따라 그에 대응하는 우리말이나 쉬운 한자어로 바꾸어 쓰고 있다. '고려(考慮)하다'는 일본식 한자어 '감안(勘案)하다'를 쉬운 한자어로 바꾸어 쓴 것이다.

① 시대에 맞지 않는 관행적인 용어, 권위적인 용어는 일반 국민의 정서에 맞는 표현으로 바꾸어 쓰고 있다. '통할하다'는 '모두 거느려 다스리다'의 뜻을 가진 말로서 권위적인 느낌을 준다. 지휘 통솔의 목적이 강한 조직 등 특별한 경우 외에는 일상적인 표현인 '총괄하다'로 고쳐 쓴다.

② 일상생활에서 사람들이 자주 쓰는 용어로 바꾸어 쓰고 있다. '사위(詐僞)'는 일상에서 거의 쓰지 않는 말이다. 같은 뜻을 가진 '거짓'이나 '속임수'로 고쳐 쓴다. 법령문에서 관습적으로 써온 한자어나 옛말 투 역시 쉽고 간결한 용어나 표현으로 바꾸어 쓰고 있다. '기타(其他)'는 수식 관계를 고려하여 '그 밖의' 또는 '그 밖에'로 고쳐 쓴다.

④ 법률적으로 특별한 의미가 없으면서 어렵기만 한 한자어로 된 용어는 쉬운 말로 바꾸어 쓰고 있다. '어떤 것을 마쳤음을 증명하는 서류'란 뜻으로 쓰는 '필증(畢證)'은 '증명서'나 확인증' 등으로 고쳐 쓴다. 한편 '합격하였음을 증명하는 증명서'는 '합격하였다는 증명서'로 더 간결하게 쓸 수 있다.

⑤ 특정 집단, 계층, 대상에 대해 부정적 인식이나 고정 관념을 심어줄 우려가 있는 용어는 적절한 다른 말로 바꾸어 쓰고 있다. '불구자'는 장애인을 비하하는 느낌을 주기 때문에 '(신체) 장애인'으로 고쳐 쓴다.

참고 법제처, 「알기 쉬운 법령 정비기준」(제10판)

100 매체와 국어 생활 – 매체 언어

정답 ①

해설 기자의 리포트에서는 문어체와 구어체를 적절하게 섞어서 자연스럽게 쓰는 것이 좋다. 따라서 구어체 '겁니다'를 굳이 문어체 '것입니다'로 수정하지 않아도 된다.

참고 연합뉴스 「빙그레, 학생 독립운동가 위한 명예졸업식 열어」 (2023), 빙그레 유튜브 채널 「세상에서 가장 늦은 졸업식」

시대에듀와 함께하는
KBS 한국어능력시험

하나! 영역별 핵심 이론으로 학습하기
둘! 빈출 유형과 신유형 문제로 실전 적응력 기르기
셋! 어휘·어법·국어문화 집중 공략으로 고득점 대비하기

기출 분석 한 권 합격
기본 개념 확실히 잡기

기출 분석 2주 합격
효율적으로 학습하기

기출 동형 모의고사
실전 감각 키우기

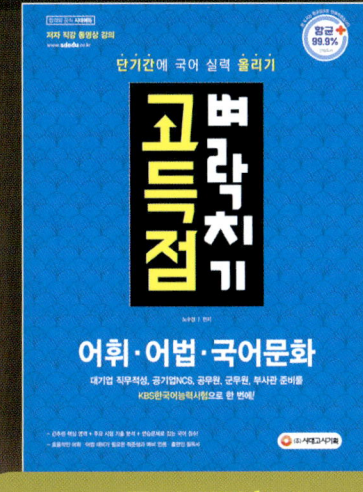

고득점 벼락치기
암기 영역 집중 공략

수험생 여러분의 합격을 기원합니다!

※ 도서의 이미지는 변동될 수 있습니다.

2025
KBS 한국어능력시험
기출 분석 2주 합격

빛나는 당신의 내일을 위해 ——— 시대에듀가 함께합니다.

기업별 맞춤 학습 "기본서" 시리즈

공기업 취업의 기초부터 심화까지! 합격의 문을 여는 **Hidden Key!**

기업별 시험 직전 마무리 "모의고사" 시리즈

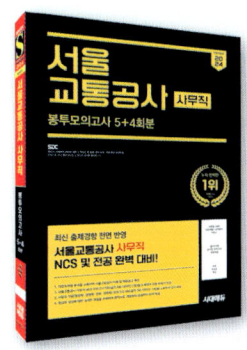   

실제 시험과 동일하게 마무리! 합격을 향한 **Last Spurt!**

※ **기업별 시리즈**: HUG 주택도시보증공사/LH 한국토지주택공사/강원랜드/건강보험심사평가원/국가철도공단/국민건강보험공단/국민연금공단/근로복지공단/발전회사/부산교통공사/서울교통공사/인천국제공항공사/코레일 한국철도공사/한국농어촌공사/한국도로공사/한국산업인력공단/한국수력원자력/한국수자원공사/한국전력공사/한전KPS/항만공사 등

※ 도서의 이미지 및 구성은 변동될 수 있습니다.

한자 자격증 도서

상공회의소 한자
- 대한상공회의소 시행 한자 시험 대비서
- 알기 쉽게 풀이한 배정 한자
- 시험 유형이 한눈에 보이는 출제 유형별 한자
- 빅데이터 합격한자 특별부록 제공

진흥회 한자자격시험
- 한자교육진흥회 시행 한자 시험 대비서
- 3박자 연상 암기법으로 완벽 암기
- 최신 기출문제 5회분과 자세한 정답 및 해설
- 필수암기 합격한자 특별부록 제공

어문회 한자능력검정시험
- 한국어문회 시행 한자 시험 대비서
- 3박자 연상 암기법으로 완벽 암기
- 기출 동형 모의고사
- 빅데이터 합격한자 특별부록 제공

한자 도서 시리즈

- 易知 상공회의소 한자 1급 기본서
- 易知 상공회의소 한자 2급 기본서
- 易知 상공회의소 한자 3급 기본서
- 易知 상공회의소 한자 2급 최종모의고사
- 易知 상공회의소 한자 3급 최종모의고사
- 易知 중국어와 한자

- 어문회 한자능력검정시험 2급 한 권으로 끝내기
- 어문회 한자능력검정시험 3급 한 권으로 끝내기
- 어문회 한자능력검정시험 4급 한 권으로 끝내기
- 어문회 한자능력검정시험 5급 한 권으로 끝내기
- 어문회 한자능력검정시험 6급 한 권으로 끝내기

- 진흥회 한자자격시험 2급 한 권으로 끝내기
- 진흥회 한자자격시험 3급 한 권으로 끝내기

- 한자암기박사1 + 쓰기 훈련 노트
- 한자암기박사2
- 일본어 한자암기박사1 상용한자 기본 학습 + 쓰기 훈련 노트
- 일본어 한자암기박사2 상용한자 심화 학습 + 쓰기 훈련 노트
- 중국어 한자암기박사1 기초 학습[1~5급 어휘 연계]
- 중국어 한자암기박사2 심화 학습[6~9급 어휘 연계]

※ 도서의 이미지 및 세부사항은 변경될 수 있습니다.